조선어언어력사연구

리 득 춘

도서출판 역락

조선어언어력사연구

朝鮮語歷史研究　　　리득춘

흑룡강 조선민족 출판사

조선어언어력사연구

인   쇄   2006년 7월 3일
발   행   2006년 7월 13일

지 은 이   리득춘
펴 낸 이   이대현
편   집   이태곤·권분옥·박소정·이소희
제   작   안현진
펴 낸 곳   도서출판 역락 / 서울 성동구 성수2가3동 301-80
                        지시코 별관 3층(우133-835)
전   화   3409-2058(대표) 3409-2060(편집부) FAX 3409-2059
이 메 일   yk3888@kornet.net / youkrack@hanmail.net
홈페이지   www.youkrack.com
등   록   1999년 4월 19일 제303-2002-000014호

정   가   20,000원
ISBN   89-5556-482-1-93710

* 잘못된 책은 교환해 드립니다.

总　序

　　《延边大学朝鲜·韩国语言文学学科系列研究丛书》即将陆续推出。此系列丛书集中了延边大学朝鲜·韩国语言文学学科在"十五"期间所取得的重要科研成果。

　　延边大学是一所民族特色鲜明的综合性大学，朝鲜·韩国语言文学学科自建校初期就开始担负起本大学教学、科研的重任。经过半个多世纪的建设和发展，朝鲜·韩国语言文学学科不仅成为延边大学的龙头学科之一，而且在国内外同类学科当中也确立了其独特的地位。本学科于2002年被评为国家级重点学科。

　　在上世纪90年代，尤其在"十五"期间，随着延边大学"211工程"建设的全面展开，朝鲜·韩国语言文学学科的建设也迎来了全新的机遇和进一步发展的大好局面。以"凝练学科方向、强化学科交叉、发挥双语双文化特色优势"为主要思路，通过人才引进和师资队伍建设、教学科研体系的全新规划等一系列卓有成效举措的相继实施，本学科在教学、科研领域得到了长足的发展。

　　在科研项目的规划与实施上，本学科本着紧跟学科前沿领域研究的宗旨，力争体现延边大学朝鲜·韩国语言文学学科所独有的特色与优势。"中国文字音韵对朝鲜（韩国）文字生活的影响"（教育部普通高校人文社科重点研究基地重大项目）、"中朝韩日诗歌比较研究"（教育部普通高校人文社科重点研究基地重大项目）、"朝鲜族民俗文化及其中国特色研究"（国家人文社会科学基金项目）、"朝鲜实学派文学与中国文化之关联研究"（教育部高校人文社科重点研究基地重大项目）、"韩国古典美学思想研究"（教育部普通高校人文社科重点研究基地重大项目）等大型项目的实施，不仅体现了本学科现有的科研能力和水平，更体现了本学科在朝鲜·韩国语言文学学科领域中其他国内外学科所无法比拟的科研特色与优势。

本学科特色与优势的核心就是"双语双文化"。延边大学地处中国东北，毗邻朝鲜、日本，使得本学科具备了兼具朝鲜（韩国）语言文化与中国语言文化或日本语言文化的双语双文化比较研究的优势。本学科大多数成员除了熟练掌握朝鲜语与汉语以外，还能比较熟练地使用日语或英语，形成了双语双文化或多语种多文化的科研优势。因此，本学科在国内外朝鲜·韩国语言文学研究领域具有跨语言、跨国界、跨意识形态的特殊科研优势。

同时，朝鲜·韩国语言文学学科在国际上的地位日趋显著，尤其随着中日建交、中韩建交，中国与韩国、日本、朝鲜等东亚各国的经济、文化交流的迅速发展，朝鲜语言文学学科在全国各大学相继建立。在国际上，朝鲜语言文学学科也具有比较重要的地位。在中国，无论是对促进文化发展和高等教育的国际化，还是促进经济建设，朝鲜语言文学学科都具有非常重要的地位。

认清自身的优势和特色，加以合理的发挥，以此来推进学科建设和科学研究，这正是延边大学朝鲜·韩国语言文学学科在长时间的建设实践中总结出来的宝贵经验，也是本学科所一贯坚持的原则和基本思路。

此次推出的系列丛书中不仅包括朝鲜·韩国语言文学领域的研究，也有朝鲜·韩国语言文学与中国、日本以及其他国家语言文学的比较研究，此外还有朝鲜·韩国语言文学的教学研究。一言以蔽之，此系列丛书充分体现了延边大学朝鲜·韩国语言文学学科在"十五"期间取得的科研成就。

正如上文所述，延边大学朝鲜·韩国语言文学学科的发展，正是得益于朝鲜·韩国语言文学在国内外的学科领域里地位的提高以及影响，本学科所取得的成果更是令人瞩目、前所未有的。如不注重这些学科发展所必需的环境，"孤注一掷"、"闭门造车"，是不可能取得任何成就的。

此系列丛书的推出，其目的之一就是将这些成果呈现给国内外广大的学者、教授、研究生等同仁们，广泛接受他们的批评，进而通过交流和切磋来实现取长补短，最终的目的当然还是要共同推进朝鲜·韩国语言文学学科的发展。

　　最后向此系列丛书的编撰者以及黑龙江朝鲜民族出版社的编辑同志们表示深深的谢意。

蔡美花

二〇〇六年元月

머리말

이 책은 《연변대학211공정프로젝트(延邊大學10·5－211资助项目)》 성과의 하나로 이루어진것이다.

책에 실린 글들은 모두 조선어의 언어사적인 변천과 관련된것이다. 구성상 크게 연구편과 기초문헌편으로 나뉘는데 연구편은 다시 고대편, 중세편, 근대편, 현대편 등 시기별로 갈라 묶었다. 연구편은 총 21편의 론문으로 엮어졌다.

언어에 대한 력사적인 연구는 쉬운 일이 아니다. 특히 15세기에 와서야 자기의 고유한 문자를 가지게 된 조선어의 력사적인 고찰은 더욱 그러하다. 문자창제이전의 서사체계가 가지고있었던 특수성과 제약성으로 말미암아 중세이전시기의 음운, 어휘, 문법적인 특징을 정확히 고찰하는것은 큰 어려움을 겪게 된다. 지금껏 조선어의 변화에 대한 연구가 꾸준히 진행되여왔음에도 기초적인 언어현상에서부터 아직도 론의되여야 할 문제가 많은것 역시 이러한 원인때문이기도 하다.

조선어의 발전력사가 지니고있는 이와 같은 불투명성외에 문헌자료의 부족, 학문연구진의 결핍 등 여러 방면의 제한으로 중국에서의 조선어력사연구는 더욱더 힘겹게 이루어지고있다.

이러한 여건하에서 그나마 이 책이 이루어질수 있은것은 매우 다행스런 일이라 생각한다. 일부 글들은 필자들이 대학원생으로 공부하던 시기에 쓴것이라 학문적으로 새로운 발견은 부족할지 모르나 특정한 언어현상에 대한 종합과 정리라는 그 자체만으로도 의의있는 작업이라 할수 있다.

    이 책이 이루어지기까지 수고로움이 특히 많았던 몇사람이 있다. 우선 이 책의 편집과 입력, 설계, 교정을 맡아주었던 황영철, 김홍련 두 박사의 로고가 많았다. 이에 감사함을 전한다. 다음 번거로움을 마다하지 않고 묵묵히 봉사를 많이 한 연변대학 중조한일문화비교연구중심의 최산옥선생에게도 고마움을 전한다.

    끝으로 이 책이 조선어의 발전력사를 료해하고 연구하려는 모든 학도들에게 유익한 도서가 되기를 바라마지않는다.

2005년 12월 28일 편저자로부터

차　례

현 대 편

기초편

고 대 편

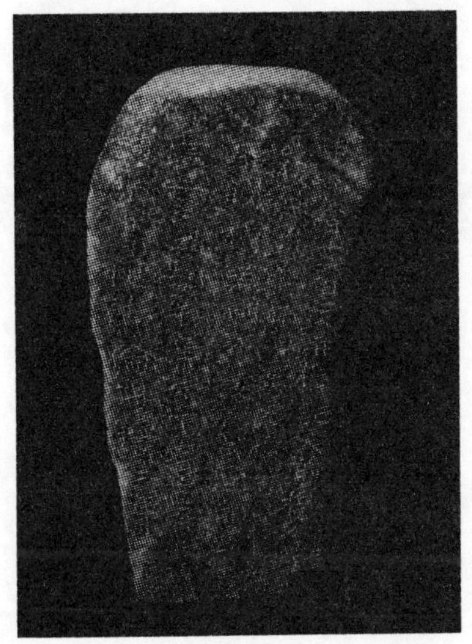

임신서기석

조선민족의 언어력사관과 문자관

리 득 춘

어떠한 민족이든지 자기언어와 그리고 문자에 대하여 아끼고 사랑하고 자랑하고 선호한다. 우리 민족도 우리의 말과 글이 있음으로 하여 자긍심을 갖고있으며 세세로 그것을 이어오고있다. 그러나 우리는 21세기에 넘어선 오늘에 있어서도 우리 말과 우리 글의 력사에 대하여 떳떳이 말하지 못하는 부분이 있다. 이런 부분을 어떻게 보며 어떻게 서술해야 하는가 하는것은 상당히 중요한 과제로 나서고있다. 물론 력사비교언어학과 언어형성사라는 학문적범위에서 연구되여야 하겠지만 그 속에는 우리 민족어에 대한 력사관이 비치기 마련이다. 그러나 조선반도 남북 학자들의 부동한 조선어력사관1)에는 판단하기 어려운 곳이 한두곳이 아니다. 따라서 우리들 자체가 약간의 자세를 바로잡을 필요성을 느낀다.

이런 념원에서 아래에 한두가지를 진맥해보려 한다.

첫째, 조선어 계통설과 형성사 문제.

조선어의 계통설과 조선어의 형성사 문제에서 한국과 조선의 론점들은 심각한 대립을 하고있다. 한국 학자들사이에도 부동한 견해가 존재하지만 그래도 가장 기본적인 주장은 조선어의 알타이어족설이다. 이 가설에 의하면 조선어는 만주·퉁구스어, 몽골어, 터키어와 함께 알타이제어에 속하며 부족되는 점은 있어도 이들 언어와의 공통특질은 보유하고있다. 이와는 정반대로 이북의 학자들은 조선어가 알타이어족에 속한다는것을 실지 똑똑히 론증한 사람은 아무도 없다고 하면서 조선어는 저 알타이산줄기너머와 같은 머나먼 다른 지역에서 형성되어 옮아온 《나그네》가 아니라 바로 조선반도를 중심으로 한 지역에서 인류력사의 아득한 려명기부터 뿌리 내려 형성되었다고 한다. 따라서 조선어의 계통문제는 알

---

1) 아래에 언어사관이라 한다.

타이어설과는 손을 끊고 근본적으로 반성해볼 필요가 있다고 주장한다.2)

한국의 대표적학자들은 오늘날 우리 민족은 단일한 언어를 사용하지만 서력 기원을 전후한 시기만 해도 오늘의 조선반도와 중국 동북지역에 걸친 광대한 지역에는 여러 언어가 말해지고있었다고 한다. 알타이 공통어로부터 원시한국어가 갈라져 나왔는데 실질상 이는 북방계 제어를 산생시킨 부여공통어와 남방계 제어를 산생시킨 한공통어로서 이 두 가지 언어는 같은 언어가 아니였다고 한다.3) 이와는 달리 이북에서는 이구동성으로 조선어는 바로 조선땅에서 살던《조선옛류형사람》의 원인단계에 형성되기 시작하였으며 고인단계를 거쳐 신인단계에 이르러 완성되였다고 하면서 조선어형성의 네가지 특성을 다음과 같이 말한다. ㉠조선어는 신석기시대에 이미 확고히 형성되였으며 시기적으로 매우 이르다. ㉡조선반도를 포함하여 동북아시아의 넓은 지역에서 형성되였다. ㉢력사적으로 합법칙적과정을 차례로 다 거쳤다. ㉣조선어는《혼혈종》이거나《혼성어》가 아니라 구성상 순결성을 보장하고있는 단일한 언어다.4)

계통설에서의 이러루한 차이에 대하여 각자 자기나름대로의 근거를 제시하고있다. 오늘의 시점에서 딱히 흠잡을 그럴만한 근거도 서로 불충분하지만 여기서 우리가 류의해야 할 점은 남들의 리론을 맹목적으로 추종하지 말고 우선 우리들 자신이 결정적인 연구에 몰두하여야 한다는것이다. 조선어속에 내포된 알타이어적인 많은 요소들을 현시점에서는 석연하게 설명하지 못하고있다는것이 솔직한 사실이라면 그를 해명하기 위해 방법을 취해야 할것이다.

알타이 제언어의 비교연구는 이미 2백년의 력사를 기록하고있다. 몇세대 학자들의 끊임없는 노력과 오랜 조사연구를 거쳐 일정한 진전을 이루었지만 언어의 력사발전과 관계되는 여러가지 리론 및 실제문제는 아직도 심각한 연구가 있어야 한다. 중국 북방(양자강 이북)에는 알타이어계통의 몽골어 제어, 돌궐어 제어(turkey), 만주·통구스 제어 등 20여가지나 있다. 중국학자들은 이런 언어들에 대하여 현지조사와 연구를 꾸준히

---

2) 김수경《세나라시기 언어력사에 관한 남조선학계의 견해에 대한 비판적 고찰》, 1989년, 평양출판사. 류렬《조선말력사》 1권, 1990년, 사회과학출판사.
3) 리기문《국어사개설》, 1972년 개정판, 민중서관.《한국문화사대계》(ⅴ)중의《조선어형성사》, 1967년, 고려대학교 민족문화연구소.
4) 류렬,동상,p15

해오고있다. chaoke(朝克)와 같은 젊은이는 3년이란 시간을 들여 만주어, 시버어, 허저어, 오르죤어, 오원커어(에벤키어)를 현지답사하면서 《만주·퉁구스 제어 비교연구》라는 저서를 펴내고 만주어와 시버어는 만주어군에 속하고 허저어는 남퉁구스어군에 속하며 오르죤어와 오원커어는 북퉁구스어군에 속함을 확실시했다. 비겨보면 우리의 연구는 각자 자기나름대로 글에서 글로, 문헌에서 문헌으로만 옮겨다니는것 같고 현지실제조사와 대비가 부족한듯한감을 준다. 실제 같은 계통의 산 언어가 있음에도 외면하고 산 언어와의 대비와 비교를 앞세우지 않는다면 쟁점은 쟁론속에서 빠져 나오지 못할것이다. 다른 한 방면 우리가 선인들이 연구한 계통적언어 분류를 무작정 부인하면서 《조선어는 조선어다.》식으로 계통설을 외면하고 나간다면 그것은 또한 너무도 비과학적이고 비학술적인것이 아닐수 없으며 일종 변태적인 허무주의가 아닐수 없다.

둘째, 문헌에 대한 신빙여부문제.

우리 글자 《훈민정음》이 15세기에 창제되였다는데 대하여 이전에는 남북학자들 사이에 이견이 없었고 그 창제자에 대하여도 비록 세종 친제설과 세종 명제설, 그리고 8신하 협찬설의 차이는 있어서도 모두 세종에 대하여는 부인하지 않았었다. 《조선말력사》에서는 《세종을 중심으로 하여 집현전의 성삼문, 신숙주를 비롯한 당대의 이름난 언어학자들인 훈민정음 창제자들은 ……1444년 드디여 새로운 민족글자를 만드는 력사적인 사업을 완수하였다.》고 하였다.5)

1990년대 중반에 들어서면서 조선학자들중 세종의 훈민정음창제를 의심하는 설이 출현하였다. 그것인즉 《고조선 시초의 신지글자가 이러저러한 과정을 거쳐 가림토 글자에 이르고 그것이 고조선말기, 〈삼한〉 초기에 훈민정음의 〈옛날체(비인체)〉로 발전하였으며 또다시 부단한 변천, 발전과정을 밟아 훈민정음(지금체)으로 계승 완성되였다》는것이다. 그리고 《여기서의 옛날체의 글자라는것은 곧 〈가림토〉글자를 가리키는것이고 그것이 다름아닌 〈비인서〉(肥人書)이며 또 〈아비루 글자〉이며 이른바 〈신대 글자〉라는것을 잘 말해준다.》고 한다.6)

《신대문자설》이나 《가림토설》은 실제상 이미 부정되였거나 학계의 승인을 얻지 못한 상태다. 그럼에도 불구하고 단군릉 발견과 함께 종전의 주장을 고쳐 신지글자, 가림토, 신대문자(아비루글자, 비인서)를 하나로

---

5) 《조선말력사》 2권,1992년,사회과학출판사, p485.
6) 《단군과 고조선에 관한 연구론문집》, 1994년, 사회과학출판사, p97.

련결시키고있다. 《단군릉이 발견된것과 때를 같이하여 언어학계에서는 단군시기부터 고조선에서 써오던 고유한 민족글자가 있었다는것을 밝히였다.》 7)고 하는 주장은 이남에도 있다. 《고려때 지은 〈단군세기〉에 훈민정음과 동일한 가림다문이 전재되어있다는 사실로 미루어 正音의 원형은 세종임금때 비로소 창제된것이 아니고 우리 겨례의 고유언어가 그 독자성을 오랫동안 지켜온것과 더불어 우리의 고유글자 역시 오랜 문자사를 가졌음이 확실하다.》 8)고 하는것과 같은 주장이 바로 그러하다. 아직 믿을만한 문헌적 근거가 없는 이른바 1911년 계연수가 지었다는 《한단고기》중의 《단군세기》에 의해 3세단군인 가륵이 을보륵에게 명하여 만들었다는 이른바 5000년전의 가림토 38자에서 훈민정음이 비롯되였다는 주장이다. 가림토 글자가 몽골의 어느 동굴과 중국 동북의 경박호암벽에 새겨져있다고 하며 연길 발해박물관 자료에 고증이 있다9)고 하지만 그것의 탁본이나 촬영사진을 제시하고 소개한것은 우리는 아직 보지 못하고있다.

훈민정음의 기원을 동북아 고대문자와 련결시키는 외국 학자들도 있다. 동북아 고대문자에 대하여는 연구하고 발굴할 필요성이 있다. 우리가 보건대 고대의 동북아에 문자가 없었을수 없으며 한자의 시초 형태든 그 어떤 문자이전의 형태든 있었을것은 의심할바 없다. 이런 의미에서 력사기록에 가끔 나오는 신지(神志)글자에 대하여도 계속 범위를 넓혀 연구할 필요성이 있다. 그러나 동북아 고대문자가 곧 가림토라거나 혹은 일본의 신대문자와 관련된다거나 더 나아가서 훈민정음의 옛날체라고 단언하는것은 너무도 현실적이 아닌 때이른 결론이 아닐수 없다.

셋째, 리념과 학술견해와의 관계문제.

한국의 대표적학자들은 오늘의 조선어가 중세조선어의 계속이요, 중세조선어는 신라어를 근간으로 형성된것이므로 엄격한 의미에서 고대조선어라는것은 신라어를 가리킨다고 말한다. 《한국어형성사》에서는 《우리 나라에 있어서의 언어의 단일성은 통일신라 이후에 성취되기 시작했던것이다.》라고 썼다. 이북의 학자들은 단군조선때로부터 그 수도인 평양은 민족어의 형성발전의 중심지였으며 그후의 종족국가들도 평양을 중심으로 단일한 언어를 사용하였다고 한다. 고려가 국토를 통일하고 수도를 개

---

7) 상동, p11.
8) 송호수 《위대한 민족—한글은 세종 이전에도 있었다》, 1989년, 서울.
9) 《인쇄계》, 1996년 10월 5일, p97.

성에 정했으나 개성말은 고구려의 수도였던 평양말의 지역적변종이였다고 한다. 이북에서는 오늘의 평양말은 이런 력사적계승성을 가진 언어로서 앞으로의 통일언어의 기지언어라고 한다.10) 이처럼 한국학자들과 조선학자들은 서로 《신라어 정통설》과 《고구려어 중심설》을 주장한다. 이북에서 보는 서울말은 리조시기 사대주의에 젖어 한자어를 많이 끌어들인 말이며 또한 그것을 전국에 보급하는 중심지의 말이며 일제 강점시기 일본말과 일본식 한자어가 가장 많이 섞인 말이다. 오늘에 이르러서는 《서울은 다른 나라 말들이 판을 치고있으며 외래어의 〈홍수지대〉로 전변되였다. 서울말은 영어와 일본어, 한자어가 뒤섞인 잡탕말로 변질되였으며 우리 말의 민족적특성과 고유성이 점차 사라진 말로 되였다.》 11)고 한다. 이런 결과 이른바 《심히 병들고 크게 변질된》 서울말은 자본주의적 민족어인 《표준어》에 이어지고 《사회주의적 민족어 건설의 기준어》인 평양말은 《문화어》에 이어졌다고 역설한다.12)

고대 3국의 언어관계에 대해서도 조선학자들은 단일한 언어관계라고 하면서 《조선어 기원의 일원설》을 주장하지만 이남에서는 고구려어는 《잃어진 고리》로서 백제어 및 신라어와 달랐던것으로 인정한다. 《고구려어에 의해서 대표되는 부여계 제 언어-이들이 알타이 제어, 조선어 및 일본어를 연결하는 고리였다.》고 지적하면서 《고구려어(부여계 제어)는 신라어(한계 제어)와 알타이 제어 사이에 놓인 고리였던것이다.》라고 한다. 그러면서 《(고구려어)는 신라어와는 다른 언어였다는 결론에 도달하게 된다.》고 한다.13)기초방언문제에서도 조선학자들은 현대언어의 기초방언은 고구려어에 이어진것이라고 하는데 반하여 한국의 대표적학자들은 기초방언이 신라어에 이어진것이라고 한다. 우에서도 말한바와 같이 한국의 대표적 학자들은 7세기 신라의 3국 통일로 신라어를 중심으로 중세조선어의 근간이 이루어졌다고 보며 이북의 학자들은 10세기 고려의 통일로 하여 조선반도에서 고려어를 중심으로 언어적 통일이 이루어졌다고 한다. 따라서 통일적 언어의 기초방언문제에서 한쪽에서는 고구려어, 다른 한쪽에서는 신라어를 기초방언으로 주장하고있으며 고려의 수도인 개성방언도

---

10) 《위대한 지도자 김정일동지의 사상리론》 [언어학],1996년,사회과학출판사,p56.
11) 상동, p54.
12) 김영황, 권승모 편 《주체의 조선어연구 50년사》, 1996년, p34.
13) 《신동아》,1973년 1호. 《월간중앙》, 1973년 3호.

한쪽에서는 본질적으로 신라어라 하는데 반하여 다른 한쪽에서는 고구려어라고 한다. 고구려어라고 하는 원인은 개성이 본래 고구려의 판도에 속해있었고 7세기 중엽이후 판도상 변화가 있었으나 의연히 고구려적 언어요소들을 유지하였기때문이라는것이다.14) 신라어라고 하는 까닭은 개성지방은 본래 고구려의 옛땅이지만 후에는 통일신라의 서북변방이였으며 따라서 신라어의 한 방언이라고 규정할수밖에 없다는것이다.15) 이와 같은 견해 차이로 하여 고대 3국의 언어관계에서도 이북은 방언적차이라고 하고 이남은 언어적차이라 한다.

리념적인것을 학술적관점에 반영시켜 제3국 학자들과 학술견해상 상사성이 있다 하여 《부르죠아학자들의 반동적견해》라거니 《어용학자》들의 리론을 되풀이한다거니 하면서 비난하고 불신임하여서는 안될것이며 언어의 력사연구를 가지고 《민족분렬론》이라느니 《두개 조선》 책동을 추동한다느니 하는 따위의 선입견에서 나오는 말들을 삼가해야 할것이다. 오직 력사사실에 대해서 충실히 연구하면서 진실로 학술적인 립장에서 출발해야 할것이다.

넷째, 언어정책과 민중의 언어생활문제.

이른바 언어정책이란 정부거나 국가기구에서 언어학리론을 운용하여 언어문제의 해결을 위하여 확정한 방침, 정책을 가리킨다. 언어정책은 언어의 자연발전법칙을 존중하면서 민중의 언어생활을 인도해주어야 한다. 언어는 점차적으로 발전하는것으로서 절대로 폭발식으로 질적변화를 하지 않는다. 좋은 생각도 사람들의 인식을 초월하여 객관법칙을 어기게 되면 좋은 결과를 가져올수 없다. 급급하게 알묘(揠苗)하면 되려 실패하게 된다.어문정책에서 산만성을 극복해야 하지만 너무 인공적이 되여서도 안될것이다.

이남과 이북은 언어정책에서도 차이를 보여주고있다. 언어정책 결정구조측면에서 남북은 좀 다른 점들을 보여준다. 북쪽에서는 당 주도형의 언어정책관, 바꾸어 말하면 하향식 결책관을 지침으로 삼는다. 즉 《주체의 언어사상》이 언어정책관의 핵심을 이루고 언어와 민족, 언어의 기능, 어휘정리, 언어의 발전방향 등을 정부적행위로 인도하고있다. 남쪽에서는

---

14) 김영황 《조선민족어발전력사연구》, 1978년, 과학백과사전출판사, p125.
15) 리기문 《국어사개설》, p40.

이와는 좀 달리 많은것들이 정부적인행위로 집행되지 못할뿐만아니라 그 결책도 상향적인 부분이 많아서 통제력이 강하지 못한 감을 준다.《남쪽의 어문정책은 처음은 조선어학회의 뒷받침을 받으며 군정청 문교부가 주관하였고 정부 수립 이후 지금까지 문교부/문화부 안에 설치된 국어심의회가 이끌어 오고 있다. ……남한은 자유세계의 대부분 나라들과 마찬가지로 국가기관에서 특별히 어문정책의 강령을 명문화한것이 없다. 어문정책의 대상만이 부각되어 있다.》16) 한국에서 대통령의 재가를 얻은《법령》이라도, 그리고 국회의 비준을 받은《법》이라도 반대 의견이 강하면 그 정책은 수렴되지 못한다.《한글전용법》이 오늘까지 그대로 실시되지 못한 원인이 바로 여기에 있다고 보아야 할것이다. 그러나《국가에서 사회의 언어문제를 인지하고서 관망하고 있는것과, 문제 자체도 인식하지 못하고 있는것과는 별개의 차원이다. 이러한 측면에서 북한과 남한의 언어정책을 비교하여 보면 남한의 언어정책은 무정책의 언어정책이라 할 수도 있을것이다.》17)

이북에서는 언어발전에 대한 당과 수령의 령도문제는 민족언어발전에서의 근본문제라고 하면서 지금까지 해결못했던 목적의식적으로 민족어를 발전시키는 리론을 해명했다고 한다. 그리고 언어생활에서의 주체를 세우기 위하여서는 사회적운동을 벌려야 하며 또 이를 위해서는 언어생활에 대한 통제를 강화해야 한다고 한다.《지금까지는 민족어를 의식적으로 발전시킬데 대한 문제가 리론실천적으로 해명되지 못하였던 관계로 하여 언어과학에서는 이 문제에 대한 체계적인 연구는 거의 진행되지 못하였던것이다.…사회적운동은 사회주의하에서 모든 사업을 전격적으로 힘있게 밀고 나가기 위한 위력한 방도이며 방법이다. 사회적운동을 벌려야만 전사회적 범위에서 일치성과 통일성을 보장할수 있고 제기된 문제를 빠른 시일 안에 성과적으로 해결할수 있다. 언어생활에서 주체를 세우는 사업도 마찬가지이다.》18)

이렇듯 어문정책은 서로 다른 점이 있어도 언어와 민족과의 상관관계를 추구하고 언어가 민족문화 창조의 중요한 요소라는 점과 언어에 민족정신이 반영된다는 점을 인식하는 면에서는 일치를 보여준다. 따라서 공

---

16) 고영근《북한의 언어문화》, 1999년, 서울대학교출판부, p123~127.
17) 김홍식《남북한 언어정책 비교연구》, 2000년, 박사학위론문, p20.
18)《위대한 령도자 김정일동지의 사상리론》 [언어학] , 1996년, 사회과학출판사, p64, 174.

리적 언어사관은 남북에 다 통한다. 《때로는 국가적인 차원에서 국어 순화가 필요할것이다. 이에 대한 국가간의 견해와 입장은 일치하고 있지 않다. 영국과 미국 같은 나라는 제한 없이 방임하는 개방주의를 택하고 있는가 하면, 프랑스나 중국과 같이 수정을 통해 제한하는 페쇄주의의 립장을 취하는 나라도 있다. 우리 나라의 경우는 남북한 공히 후자에 해당된다.》 19)

요컨대 이상에서 우리가 말하여 온 모든것은 언어관과 력사관에서 기인된것이다.

정확한 언어사관은 오직 력사사실과 언어사실 자체로부터 비롯되여야 하며 실사구시적이고 유물론적이여야 한다. 또 언어학적인것외 사학적, 고고학적, 인류학적인 재료들이 충분히 검토되여야 할것이다. 언어의 본질, 구조와 발전법칙을 떠났을 때, 언어와 사회와의 변증법적 관계 해명을 떠났을 때 도출된 결론은 궤도에서 리탈될것이다. 조선어의 력사와 관련하여 생기는 민족내부의 견해 차이에는 언어적인 요인뿐만아니라 사회적, 력사적 요인들이 복잡하게 얽혀있으며 거기에다가 또 다른 요인까지 얽혀있으므로 우리들은 스스로 이 점을 감안하고 옳바른 자세를 취하여야 할것이다. 꼭 일치를 가져오기는 어렵다 할지라도 일치에로의 접근을 위해 힘써야 할것이다.

---

19) 김흥식, 상동, p106.

조선어와 문자

리 득 춘

1. 고대조선의 문자생활

① 한자의 수입

고대의 조선민족에게는 고유한 문자가 있었다는 말들이 있지만 아직 과학적론증을 할수도 없고 또 론증할만한 근거도 없다. 례를 들면 《삼황문자(三皇文字)》, 《신지비사문(神誌秘詞文)》, 《부여문자(夫餘文字)》, 《각목문자(刻木文字)》 등이 그러하며 또 《고구려문자》, 《백제문자》, 《발해문자》, 《탐라문자》 등등도 그러하다.

중국고대문헌인 《포박자(抱朴子)》에는 중국고대의 《황제가 동쪽으로 청구(조선)에 이르러 풍산을 지나다가 자부선생을 만나 삼황내문을 받았다(皇帝東到靑丘, 過風山, 見紫府先生, 受三皇內文)》고 기록되였다. 이 기록에 의하여 고대조선 즉 《청구》에 는 《삼황내문(三皇內文)》이란 글자가 있었겠다고 추측하는 사람도 있다.

리조시기의 책인 《룡비어천가(龍飛御天歌)》(1447년)의 주석에는 《판국이 아홉번 변하는 그림은 단군때의 사람 신지가 만든 도참(미래의 길흉을 예언하는 책)의 이름인데 이것은 동국의 력대의 도읍이 아홉번 변할것과 아울러 리조가 천명을 받아 도읍을 세울것을 말함이다.(九變圖局, 檀君時人神誌所撰圖識之名, 言東國歷代定都凡九變其局, 竝言本朝受命建都之事)》라는 기록이 있다. 이에 의해서 단군(檀君, 기원전 24세기경)시기에 벌써 신지라는 사람이 책을 썼으니 글자가 이미 있었다고 한다.

그런데 신지와 《신지비사문(神誌秘詞文)》이 있었겠다고 추측하는데는 또 다음과 같은 문헌들이 있다. 리조시기의 《대동운옥(大東韻玉)》에 는 《신지는 단군때의 사람으로 자기스스로 선인이라 불렀다. (神誌, 檀君時人, 自號仙人)》고 기록되여있고 또 《서운관비기(書云觀秘記)》에 는 《아홉번 변하는 진단(震檀)의 그림이 있는데 조선이 곧 진단이다(書云觀秘記有九變震檀之圖, 朝鮮卽震檀)》고 기록되여있다. 고려시기의 《삼국유사(三國遺事)》에는 《신지비사의 서문에 의하면 소문 대영홍이 서문과 주를 달았다. (又按神誌秘詞序云蘇文大英弘序竝注)》고 쓴것이 있는데 어떤 사람은 소문이라는 벼슬을 가진 대영홍은 고구려사람으로 그가 신지비사를 한문으로 번역하고 서문과 주를 단것으로 해석하면서 신지비사글자는 고려시기에도 전해졌다고 한다. 《세종실록》에는 《고조선비사를 바치게 하라(古朝鮮秘詞……許令進上)》는 기록이 있으며 예종과 성종의 실록에도 류사한 기록이 있다. 이것으로써 리조시기에도 전해지고있었다고 본다. 그런데 조선평안북도녕변읍지에 신지글자는 원래 80자였던것이 지금 남아있는것은 16자라고 한 기록이 있는것으로 보아 옛적에 신지비사글이 있은것 같이 보인다.

《평양지(平壤誌)》에 의하면 《평양 법수교에 옛비가 있었는데 그것은 언문도 아니고 인도의 범문도 아니고 중국의 전자도 아닌 글자로서 깨칠수 없는것이다.(平壤法首橋有古碑非諺非梵非篆人莫能曉)》라고 하면서 《선조16년(1583년) 2월에 법수다리에 묻힌 돌비를 캐내여 본즉 세 쪼각으로 잘렸는데 그 비문을 보면 예서가 아니고 마치 범서와 같기도 하며 혹 말하기를 이는 단군때 신지가 썼다는것이리라고 한다. 세월이 오래되여 없어졌다.(癸未(宣祖十六年)二月掘覓石碑之埋於法首橋者, 出而示之, 則折爲三段, 碑文非隷字如梵書樣, 或謂此是檀君時神誌所書云, 歲久遺失)》라고 하였다.

이 기록에 의하여 법수교글자가 있었는바 한자, 범자와 비슷하나 구별되는 독특한 글자였으리라 추정한다. 그러나 어떤 학자는 법수교글자가 따로 있은것이 아니라 우에서 지적한 신지비사글자가 법수교에 새겨진것이라고 한다. 그러나 지금 남아있지 않으며 또 누구도 본 사람이 없으니 단정하기 어렵다.

문화 류씨의 족보인 《柳文化譜》에는 《왕문이 쓴 글은 전문과 같기도 하고 부적과 같기도 한데 왕문은 곧 수궁의 아버지다. (王文書文字, 而如

篆如符, 文卽受就之父)》라고 씌여있다. 여기서 말하는 전자란 한자이며 부적이란 귀신을 쫓고 재앙을 물리친다고 하여 불교나 도교에서 붉은 먹으로 쓰는 글자모양의 괴상한것을 그린 종이쪽지이다. 왕문은 기원전 12세기경의 부여사람이므로 그의 글자는 부여에 글이 있었음을 말해준다고 추측하는 사람도 있다.

중국의《량서(梁書)·신라》에는《신라는 원래 진한종이다. … 글자가 없어서 나무에 새겨 통신을 하였다. 언어는 백제를 거쳐서 통한다. (新羅者其先本辰韓種也……無文字刻木爲信, 言語待百濟而后通焉)》란 기록이 있다. 력사를 회고하면 기원 500~514년의 지증마립간(智證麻立干) 때에야 왕이란 말을 썼고 진흥왕때에야 문사를 모아 국사를 편찬하였다는 기록이 있다. 이리하여 이전에는 그 어떤 한자가 아닌 글자가 있었겠다고 말하면서 나무에 새겼다는것이 신라에 글자가 있은 근거가 아니겠는가고 한다.

경상남도 남해군 이동면 어느 섬에는 글자를 새긴 바위가 있다. 수천년이 흘렀으리라고 하는 이 글자는 전자와는 완전히 다르다고 한다. 그리하여 이것이 고대글자가 아니겠는가 하는 설도 있다.

이상과 같은 편단적인 기록이 산재되여있는데 이런것들만으로는 고대조선민족이 자기 고유의 글자를 가지고있었다는 결론을 내리기 어렵다.

이와 같은 고유문자설은 편단적인 기록에 의한 추측으로 현재 그 실태를 알 여지가 없다.

현존하는 력사적기록을 통하여 보면 훈민정음창제이전의 장구한 력사시기 조선민족은 한자를 써왔다.

한자의 수입은 중국과의 언어접촉의 결과였다. 아울러 한자는 조선사람들이 접한 최초의 문자였다. 한민족(漢民族)과의 접촉가운데서 한자를 빌어 문자생활을 하여왔는데 고대 동아세아에서의 중국의 영향이 가중되는 가운데 특히 통치계급은 기록해야 할 필요를 절실히 느끼게 되여 한자에 의존하여 그 수요를 충족시킬수밖에 없었던것이다. 중국의《상서대전(尙書大傳)》,《사기(史記)》,《한서(漢書)》그리고 일본력사의 기록과 조선의《삼국사기(三國史記)》등 문헌을 통하여 보다 아주 오래전에 한자가 조선에 수입되였다는것을 아주 똑똑히 알수 있다. 물론 이러한 책들에서 한자의 수입경로와 시간은 똑똑히 밝혀지지 않고있다.

중국 옛문헌에는 기원전 1119년에 주무왕(周武王)이 기자(箕子)를 조선에 봉하였는데 기자가 조선으로 가서 임금이 되였다 한다. 기자는 조선 사람에게 례절, 의리, 농사, 작잠, 길쌈 등을 가르쳤다고 기록되여있는바 이로써 기자에 의해서 한자가 조선에 전파되였겠다고 말하는 사람들이 있지만 문헌에는 꼭 한자를 전파했다는 기록은 없다. 또 중국문헌에는 기원전 195년(한고조 12년)에 연(燕)나라사람인 위만(衛滿)이 조선에 망명하여 스스로 임금이 되였다고 기록되여있다. 이러한 사실들은 그때에 벌써 한민족과의 관계가 밀접했다는것을 증명함에는 손색이 없다.

이상과 같은것들을 통해 보면 3천년전에 기자가 조선에 한자를 인입하였다는것은 아직 믿기 어려운 가설로 되고있는것이다. 아울러 반도인이 아닌 기자와 같은 개별적인물이거나 소수인들이 한자를 알수 있었겠다는 것으로써 조선에서의 한자인입을 확인하기는 어려운것이다.

일찍 고조선과 제(齊)나라사이에는 무역이 진행되였다. 그러다가 기원전 3세기말엽이후 진(秦), 한(西漢)시기에 무역래왕은 더욱 활기를 띠였다. 기원전 109년부터 108년사이에 서한은 고조선과만 무역하는데 만족을 느끼지 않은 나머지 고조선이 반도 남부의 진국과 서한과의 통로를 방애한다는 구실로 수륙 량면으로 5만 대군을 파견하여 고조선을 정복하고 그곳에 락랑군, 림둔군, 진번군, 현도군 등 이른바 한사군(漢四郡)을 설치하였다. 한사군의 설치는 객관상에서 한조 두 민족의 래왕과 경제, 문화교류를 촉진하였다. 두 민족간의 래왕과 접촉은 한민족문화가 조선민족에게 전파되는 과정이라고 하지 않을수 없다.

이러한 접촉과 래왕외에 중국본토의 사람들이 조선반도에 이주하는 현상도 종종 나타났다.《삼국지》 위서동이전예조(魏書東夷傳濊條)에는 《진승 등 농민봉기군이 들고일어나 천하가 진을 모반하매 연, 제, 조의 수만의 백성이 조선으로 피난갔다.》(陳勝等起, 天下叛秦, 燕、齊、趙民避地朝鮮數萬口)라고 썼다. 이러한 사실만 보아도 당시 조선으로 이주한 한족의 수자는 상당히 많았음을 알수 있다. 이들이 조선사람들과 함께 생활하자면 말만으로써는 안되였을것이다. 이러한것은 평양지방에서 발견된 청동제무기 진과(秦戈)에 한자가 적혀있는데서도 알수 있다. 진과는 기원전 222년의것이라 하니 한자가 조선에 인입된 년대는 적어도 그보다 이전이라고 볼수 있다[1]. 조선반도에서 발굴된 연나라때의 명도전(明刀錢)을

---

1) 《조선사개요》, 국립출판사, 1957년판, P136.

통해서도 알수 있다. 이 명도전은 춘추전국시대에 쓰던 연(燕)나라 청동화폐로서 기원전 4~3세기경에 류통되였는데 작은 칼모양으로 주조되였다. 이 명도전은 주로 반도 서북부에서 발굴되였고 반도 남반부에서도 발굴되였다. 서북부의 6개 지방에서만도 4,694매가 발굴되였는데 그가운데는 《左》,《右》,《行》,《匕(化)》 등 한자가 새겨져있는것도 있었다. 명확하게 알아볼수 없는것까지 합치면 도합 한자 3,021자가 있었다. 또 대동강 류역, 평양부근에서는 진전체(秦篆体)로 20여개의 한자를 새긴 진나라의 철과(鐵戈)가 발견되였으며 기원전 41년 서한 원제(元帝)시기에 주조된 《한효문묘동종(漢孝文廟銅鐘)》도 발견되였는데 여기에도 도합 19자의 한자가 새겨져있었다. 이러한 화페가 발견된것은 중국본토의 문화가 반도에 파급된 증거로 된다. 한자를 새긴 이러한 화페가 통용되였다는것은 그 시기에 이미 한자가 조선에로 전해졌음을 증명해준다.

이상의 여러가지 사실을 통하여 우리는 기원전 3세기를 전후하여 한자가 조선에 전해졌다는것을 엿볼수 있다.

이러한 사실은 《삼국사기》 고구려본기에 있는 고구려 제2대왕 류리왕(琉璃王)이 지은 황조가(黃鳥歌)에서도 실증된다.

기원전 17년 10월 류리왕의 왕비가 죽었다. 그후 왕은 다시 두 녀자에게 장가들었는데 한 녀자는 화희(禾姬)이고 다른 한 녀자는 치희(雉姬)였다. 치희는 한나라 사람의 딸이였다. 어느날 왕이 사냥을 떠났는데 7일간이나 돌아오지 않았다. 이때 화희는 치희를 보고 너는 한나라에서 온 비첩으로서 무례하기만 하다고 핀잔을 주었더니 치희는 그만 분하여 자기집으로 도망쳐갔다. 왕이 돌아와 뒤쫓았으나 때는 이미 늦었다. 이렇게 시앗싸움으로 도망간 치희를 뒤쫓아가다가 돌아오는 길에 꾀꼬리를 두고 왕은 다음과 같은 노래를 지었다.

翩翩黃鳥, 雌雄相依;
念我之獨, 誰其與歸.

기원전에 조선사람에 의하여 이러한 한시가 지어졌다는것은 당시 이미 한사가 인입되여 적지 않은 사람들속에서 사용되였으며 그 수준도 낮지 않았다는것을 말해준다.

인입된 한자가 완전히 정착하여 국가적공용문자로 되기까지는 또 일정한 시간과 실용과정이 수요된다. 이에 대하여는 당시 고구려, 백제, 신라 등 세 나라를 분별하여 고찰할 필요가 있다.

　《삼국사기》(1145년)에 의하면 고구려에서는 건국초에 류기(留記) 백권이 있었던것을 600년에 이르러 리문진을 시켜 5권으로 고쳤다고 하였고, 백제에서는 375년에 고흥을 시켜 서기(書記)를 편찬케 하였으며 신라에서는 545년에 거칠부 등을 시켜 국사(國史)를 편찬케 하였다고 한다[2].

　우리가 알다싶이 고구려는 기원전 1세기에 세워진 나라이다. 나라의 건립초기에 벌써 류기 백권을 썼다는것은 고구려 상층인물들의 한자 습득수준과 사용수준이 아주 높았다는것을 말해준다. 이러한 사실은 기원 98년에 태조왕이 《동쪽으로 책성(柵城)을 순행하다가 …책성관리들에게 물품을 차등이 있게 하사하고 그들의 공적을 바위에 세겨놓고 돌아왔다》(《삼국사기》 제15권, 고구려본기 제3, 태조왕 46년조)는 기록에서도 보여진다. 고구려에서는 기원 372년 즉 제17대왕 소수림왕(小獸林王) 2년에 태학을 세우고 유교사상을 교수하였다. 주지하다싶이 유교경전은 한문으로 된 중국의 서적들이다. 이런 서적에 대한 교수는 한자를 떠날수 없었는바 이 사실은 이 시기에 벌써 한자가 국가의 공용서사도구로 되고있었다는것을 말해준다. 《구당서(舊唐書》 동이고구려전에는 고구려에서 그 후시기에 중앙의 태학외에 지방에 경당(扃堂)을 세우고 자제들이 미혼시기에 주야로 거기에서 독서하였다(子弟未婚之前, 晝夜於此讀書)고 하면서 읽은 책들로는 《오경(五經)》을 비롯하여 《사기》, 《한서》, 《후한서》, 《진춘추(晉春秋)》, 《옥편》, 《자통(字統)》, 《자림(字林)》, 《문선(文選)》 등이였다고 서술하였다. 이러한 책들이 지방에서까지 퍼지는 과정은 바로 한자, 한문의 지위가 더욱 높아지는 과정이였음을 말해주며 이미 그 이전시기에 나라적으로 그러한 책들을 전수할수 있는 한자수준을 갖고있었음을 말해준다.

　이미 말한바와 같이 백제에서 357년에 서기를 편찬케 하였다는것은 역시 한자에 대한 국가적사용의 실증이 아닐수 없다.

　《신당서》의 동이백제전에는 백제에 이미 문자가 있어 경전을 기록했다고 기록하고있다(有文籍). 이는 위불없이 한자를 가리켜 일컫는 말이다.

---

2) 詔大學博士李文眞, 約古史爲新集五卷, 國初始用文字時, 有人記事一百卷, 名曰留記, 至是刪修. (《三國史記》 高句麗本記第八, 嬰陽王十一年條)

　古記云, 百濟開國以來, 未有以文字記事, 至是得博士高興, 始有書記. (《三國史記》 百濟本記第二, 近肖王三十年條)

　伊湌異斯夫奏曰, 國史者, 記君臣之善惡, 示褒貶於萬代, 不有修撰, 後代何見. 王深然之命大阿湌居柒夫等, 廣集文士, 俾之修撰. (《三國史記》 新羅本記第四, 眞興王六年條)

신라는 545년에 거칠부 등에 의하여 국사가 편찬되기전에 벌써 왕호와 국호를 한문식으로 고쳤다[3].

지증왕 4년(503년)에 이렇게 하였다는것은 신라에서도 벌써부터 한자로써 국호와 왕호까지 고쳐도 무방할 정도로 한자, 한문이 성행했다는것을 말해준다.

오늘날에 이르기까지 유구한 세월이 거침없이 흘러가고 전쟁과 재앙에 의해 문물이 사라져 소실되여갔지만 그래도 이상과 같은 기록들은 우리앞에 남아있다. 이러한 기록들을 보충해주는 금석문들도 있는데 이것들 역시 한자의 국가적사용과 공용서사수단으로서의 정착을 설명해줌에는 아주 귀중한것으로 된다.

고구려의것으로서 357년의 《동수묘지(冬壽墓地)》, 396년의 《영강명금동불상광배명(永康銘金銅佛像光背銘)》, 408년의 《진묘북벽묵서(鎭墓北壁墨書)》, 그리고 광개토경왕의 비문과 이와 비슷한 년대의것인 경주에서 발굴된 호우(壺杆), 우리 나라 집안현에서 발굴된 모두루총지문(牟頭婁塚志文) 등이 있고 신라의것으로서 551년에 세운 창녕비(昌寧碑), 568년에 세운 황초령비(黃草岺碑)와 마운령비(磨云岺碑), 그 중간년대로 추정되는 북한산비(北漢山碑) 등 진흥왕시대의 네개의 비문이 있다. 백제의것으로는 525년의 《무녕왕릉지석명(武寧王陵誌石銘)》, 654년의 《사택지적비명(砂宅智積碑銘)》이 있다. 이가운데서도 414년에 세워진 광개토경왕비문(廣開土境王碑文)은 높이 6.12메터로서 지금도 중국 길림성 집안시에서 동북쪽으로 10리 되는 지점에 남아있다. 비문에는 《웃대의 예전 임금들로부터 내려오면서 무덤우에 돌비를 만들지 않았기때문에 무덤지기의 연호(煙戶)들을 섞바뀌게 하였는데 광개토경호태왕이 조상임금들을 위하여 무덤위에 비를 세움으로써 그 연호(煙戶)를 새기여 섞바뀌지 않게 하였다.》고 기록하였다. 이 비문에는 도합 1,800여자의 한자가 사용되였는데 그 내용은 고구려왕실의 기원, 광개토경왕의 위훈, 릉묘를 보호하기 위한 《수묘인제도》 등에 관한것들이다. 비문에 나오다싶이 없던 돌비를 광개토성왕때로부터 세우기 시작히였다는것은 한자의 정착과 나라적인 공용이

---

3) 四年冬十月, 群臣上言: 《臣等以爲新者德業一新, 羅者罔羅四方之義, 則其爲國號宜矣. 又觀
　　自古有國家者皆稱帝稱王, 自我始祖立國, 至今二十二世, 但稱方言, 未正尊號. 今群臣一意,
　　謹上號新羅國王.》 王從之. (《三國史記》 卷四, 新羅本記第四, 智證)

더욱 공고해진것을 의미한다.

이외에도 조선어적어순이 간혹 보이는 파격적인 한문금석문으로 고구려의 《중원고구려비문(中原高句麗碑文)》(495년), 백제의 무녕왕비의 《은천명(銀釧銘)》(520년), 신라의 《영일랭수리신라비(迎日冷水里新羅碑)》(503년)가 있다.

이상에서 렬거한 사실들을 통하여 한자와 한문은 3국시기에 이미 이 나라들의 문자생활을 지배하기에까지 이르렀다는것을 알고도 남음이 있다. 고대 3국의 발전정황과 지리적관계에 따라 인입된 한자가 전 사회적 공용문자로 되고 조선민족의 서사수단으로 되기에는 시간이 수요되였으며 그 실용과정은 세 나라가 동일할수 없었다. 고구려가 앞장에 섰는바 4세기이전에 이미 공용서사도구로 한자를 사용했다고 볼수 있다. 발굴된 유물과 력사적기록에 의해 신라는 고구려보다 뒤늦게 아마 5세기에 한자를 공용서사도구로 하였다고 추정할수 있다. 백제는 우에 서술한 력사기록과 백제국가의 형성과정을 련계시켜보면 고구려와 비슷한 시기에, 늦어도 신라보다는 좀 앞선 시기에 한자를 공용서사수단으로 사용한것으로 추측된다.

②한자와 조선어표기

한자는 뜻글자로서 매 글자마다 뜻과 소리를 가지고있다. 한자의 뜻도 물론 개념을 토대로 하여 이루어진것이다. 그런데 개념은 민족적인것이 아니라 전인류적인것으로서 모든 민족에게 공통적이다. 따라서 한자는 중국본토의 한민족에게만이 아니라 조선민족에게도 그대로 쓰일수 있는 가능성을 가지고있었다. 주지하다싶이 한자는 고립어인 한어를 표기하기 위한 문자이므로 어순만으로가 아니라 문법적형태가 복잡한 교착어인 조선어를 표기하기에는 적당하지 않다. 이리하여 한자를 쓸수 있는 가능성을 최대한도로 리용하면서 부닥치는 난관을 해결하기 위하여 한자수입후 다음과 같은 몇개 단계를 거치지 않으면 안되였다.

첫째, 한문식 표기단계.

최초에 있어서 한자와 더불어 중국의 한문을 그대로 끌어들여 쓰는 과정에 자기의 의사를 글로 나타낼 경우에 있어서 한문식으로 적어 엮었다. 그 결과 말은 조선말을 하지만 글은 중국의 한문식이였다. 이 기형적인 상태의 출현은 입말과 글말의 불일치를 초래했고 매우 특수한 의미에서 《두개언어》의 《병용》을 이루었다. 이 현상은 한문요소가 조선어에 대량으로 수용되는 길을 열어주어 순수한 고유어이던 조선어에 방대한 한문요소를 첨가시켰다. 바꾸어 말하면 한문식 글말요소가 고유적입말과 함께 사용되게 되였다.

둘째, 리두식고유명사표기단계.

우에서도 이야기했지만 뜻글자인 한자는 어디까지나 한어를 표기하기 위한 한민족의 민족문자이지 결코 조선어를 표기하기 위해 만들어진것은 아니였다. 하여 삼국시기 한자와 한문사용과정에 한자를 리용하여 독자적인 표기방법을 창안하기 위하여 모색하게 되였다. 나중에 한자의 표음적기능과 표의적기능을 조선어에 활용하여 독특한 조선적인 표기방법을 만들어내여 고유명사들을 표기하였는데 이 단계를 리두식고유명사표기단계라고 한다. 이 방법은 두가지 요소로 이루어졌는데 하나는 한자의 가차(假借)원리를 본받아 다만 한자의 음만 빌어 조선어의 대등한 음을 나타내는것이고 다른 하나는 한자의 표의적기능을 따서 한자의 조선어뜻으로 한자를 읽는것이다. 례를 들어 《水》, 《夜》자를 《수》, 《야》로 읽으면 음을 빈것이고 《물》, 《밤》으로 읽으면 뜻으로 읽는것으로 되는것과 같은 방법이다. 전자는 가차식음독법이고 후자는 조선식의독법(意讀法)이다. 이 방법을 매 단어에 적용함에 있어서 어떤것은 음독만으로 어떤것은 의독만으로 그리고 또 어떤것은 음독의독이 합성적으로 쓰이기도 한다. 이 방법은 통일신라이전에 이미 광범히 사용되였다.

(A) 고대인명에 나타나는 고유명사표기

○ 赫居世王, 蓋鄕言也, 或作弗矩內王, 言光明理世也(《三國遺事》卷一)

○ 辰人謂瓠爲朴, 以初大卵如瓠, 故以朴爲姓(《三國史記》卷一新羅本記始祖赫居世居西干)

○ 居柒夫或云荒宗(《三國史記》卷四十四列傳)

○ 異斯夫或云苔宗(《三國史記》卷四十四列傳)

○ 王夜聞金城西始林樹間有鷄鳴聲, 遲明遣瓠公視之, 有金色小櫝桂樹枝, 白鷄鳴於其下. 瓠公還告, 王使人取櫝開之, 有小兒在其中,姿容奇偉.……　及長聰明多智略，乃名關智，以其出於金櫃，姓金氏.
(《三國史記》卷一脫解王九年)

　　○　以關智名之，關智卽鄕言小兒之稱也.……　因金櫃而出乃姓
金氏……新羅金氏自關智始.(《三國遺事》卷一金關智)

(B) 고대지명에 반영된 고유명사표기

　　○　火王郡本比自火一云比斯伐(《三國史記》卷三十四雜誌第三
地理一)

　　○　泗水縣本史勿縣(同上)

　　○　伊川縣本高句麗伊珍買縣(《三國史記》卷三十五雜誌四地理二)

　　○　松峴縣本高句麗夫斯波衣縣(同上)

　　○　玉馬縣本高句麗古斯馬縣，景德王改名今奉化縣(同上)

　　○　橫川縣一云於斯買(《三國史記》卷三十七雜誌六地理四)

　　○　水入縣一云買伊縣(同上)

　　○　水城郡本高句麗買忽郡，景德王改名今水州(《三國史記》卷三
十五雜誌四地理二)

　　○　德水縣本高句麗德勿縣(同上)

　　○　曲城郡本高句麗屈火郡，景德王改名今臨河郡(同上)

　　○　翰山縣本百濟大山縣，景德王改名今鴻山縣(《三國史記》卷三
十六雜誌五地理三)

　　○　永同郡本吉同郡(《三國史記》卷三十四雜誌第三地理一)

　　○　固城郡本古自郡(同上)

　　○　密城郡本推火郡(同上)

　　○　陰峰縣本百濟牙述縣(《三國史記》卷三十六雜誌第五地理三)

(C) 고대관직명사에 나타난 고유명사표기

　　○　始祖姓朴氏，諱赫居世……號居西干……居西干辰言王(或云
呼貴人之稱)(《三國史記》卷1新羅本紀第一赫居世居西干)

　　○　南解次次雄(次次雄或云慈充，金大問云方言謂巫也.　世人以
巫事鬼神尙祭祀，故畏敬之，逐稱尊長者爲慈充.)(《三國史記》卷一
新羅本紀第一　南解次次雄)

　　○　儒理尼師今立.……初南解薨，儒理當立，以大輔脫解素有德

望, 推讓其位. 脫解曰: ……吾聞聖智人多齒, 試以餠噬之. 儒理齒理
多, 乃與左右奉立之, 號尼師今, 世傳如此. 金大問則云: 尼師今, 方言
也, 謂齒理.(《三國史記》卷一 新羅本紀第一 儒理尼師今)

이상의 례들에서는 《或作, 或云, 一云, 本》등으로 원래의 고유명사
표기와 한자식표기를 병기하고있다.

셋째, 서기체표기단계.

고유명사표기는 많은 제한성을 가지고있으므로 그것만으로는 언어문자
생활의 수요를 만족시킬수 없었다. 그래서 문장까지도 조선어식으로 표기해
보려는 시도를 하였는데 처음 나타난것이 서기체표기형식이다.

《서기체》란《壬申誓記石》이 그 대표적금석문이라 해서 그로부터 따
온 이름이다. 서기체단계의 문장들을 보면 한자를 조선어순에 따라 배렬
했는데 가히 조선화된 한문이라고도 할수 있다. 바꾸어 말해서 어순만 바
꾸어놓은 조선어의 한문식표기이다.

566년의 평양고구려성돌에 새겨진 글을 보면 다음과 같다.

○ 丙戌二月中漢城下后部小兄文達節自此西北行涉之.
(병술 2월에 한성하후부의 소형 문달이라는 건설자가 여기서
부터 서북쪽으로 가는데를 맡아하였다.)

여기서 《한성》은 《큰성》으로 그때의 《평양》을 가리키며 《하후부》는
행정구역 《후부》와 《하부》를 가리킨다. 《소형》은 고구려벼슬이름이다.
보다싶이 《自此》와 같은 한문적인 어순이 있지만 대체로 조선어어순이다.
552년(또는 612년)의 《임신서기석》은 다음과 같다.

○ 壬申年六月十六日二人幷誓記, 天前誓, 今自三年以后, 忠道
執持過失無誓, 若此事失天大罪得誓, 若國不安大亂世可容行誓之, 又
別先辛未年七月廿二日大誓, 詩尙書禮傳倫得誓三年
(임신년 6월 16일에 두 사람이 함께 맹세하여 기록한다. 하
느님앞에 맹세한다. 지금으로부터 3년이후에 충도를 집지하고 과
실이 없기를 맹세한다. 만일 이 일을 잃으면 하느님에게 큰 죄를
얻을것이라고 맹세한다. 만일 나라가 편안치 않고 크게 세상이 어
지러우면 가히 모름지기(忠道를) 행할것을 맹세한다. 또 따로 앞서

신미년 7월 22일에 크게 맹세하였다. 시, 상서, 례기, 좌전을 차례
로 습득하기를 맹세하되 3년으로써 하였다.)

보다싶이 조선어어순대로 적은 문장이다.《평양고구려성돌》의 《自
此》와 같은 표현도《自今3年以後》로 하지 않고《今自三年以後》로 하고있
다.

《임신서기석》을 중국의 한문식으로 고쳐 서로 대비해보면 다음과
같다.

(誓記石) 天前誓	今自三年以後	忠道執持
(漢文)　誓於天前	自今三年以後	執持忠道
(誓記石) 過失天誓	若此事失	天大罪得誓
(漢文)　誓無過失	若失此事	誓得大罪於天

넷째, 리두의 본격적출현.

서기체표기단계에서는 조선어의 특징의 하나인 문법적형태를 나타낼
수 없었다. 물론 극히 희소하게나마 그런 시도를 한 흔적이 엿보이지만
그것은 아직 맹아상태였다. 례를 들어《평양고구려성돌》에서의 《二月中》
의 《中》자 같은것이다. 이는 후시기의 《良中》,《亦中》 등과 련관되고있는
것으로 볼수 있다. 그러나 서기체표기단계는 어디까지나 그 어순으로서
자기의 특징을 가진다.

주지하다싶이 중국의 한문을 그 어순을 바꾸어놓았다 하더라도 조선
어의 형태변화는 나타낼수 없다. 이 부족점으로 해서 모색하던 끝에 또다
시 새로운 방법을 창안하게 되였다.

리두란 광의적의미에서 리찰, 향찰, 구결의 세가지를 다 포함하고있
다. 협의적으로는 리찰만 가리키기도 하지만 여기선 전자를 가리키기로
한다. 고유명사표기에서 이미 말했지만 리두식표기란 한자의 음이나 새김
을 리용하여 조선말을 표기하는 방법의 총칭이다. 그러나 리찰, 향찰, 구
결에 있어서 이런 간단한 정의만으로써는 명확한 해답과 구별을 줄수 없
다. 그러므로 우리는 아래에 리두의 세개형태에 대해 각각 설명하고 아울
러 그 구성요소와 표기법을 설명하는 가운데서 풀어나가려 한다.

력사상에서 《제왕운기(帝王韻記)》나 《대명률직해》에서 리두는 신라의

설총이 지은것이라고 하고들 있다.

> ○ 新羅薛聰, 始作吏讀, 官府民間, 至今行之(鄭麟止 《訓民正音 例》序)
>
> ○ 弘儒薛公制吏書, 俗言鄕語通科隷(李承休 《帝王韻紀》)
>
> ○ 李朝三韓時, 薛聰所制方言文字, 謂之吏道(金祗 《大明律直解》 跋文)

그러나 리두는 이미 설총이전에 발생하였으므로 이 기록들은 믿기 어렵다. 7세기말 신라의 설총이 리두를 만들었다는 설에 대하여 일정한 전해온 이야기가 있었을수 있다. 그러나 리두와 같이 복잡한 형식을 갖춘것들은 한문을 사용하는 동안 점차 축적되여 이루어진것이지 어느 한 시기나 어느 한 개인이 만들 물건이 아니다. 그리고 리두의 맹아적형태들은 벌써 고구려에서도 발생했던것이다. 결코 신라에서 처음 시작된것도 아니다.

하지만 설총시대 즉 7세기에 이미 새로운 독송법이 성행했으며 설총이 그것을 집대성했다는것만은 부정할수 없다.

> ○ 薛聰明銳, 生知道術. 以方言讀九經, 訓導後生, 至今學者宗之(《三國史記》卷四十六列傳第六)
>
> ○ 聰生而審敏, 博通經史, 新羅十賢中之一也. 以方音通會華夷方俗物名, 訓解六經文字, 至今海東業明經者傳受不絶(《三國遺事》卷四元曉不羈)
>
> ○ 新羅薛聰, 以方言解九經(《文獻備考》藝文考歷代著述條)
>
> ○ 聰博學, 能以方言解九經義訓導(《文獻撮錄》卷八高句麗太學之法)

《방언》으로 한문을 풀이하여 읽었다는것은 한문독송법에 대한 큰 개변이 아닐수 없다. 추측컨대 설총은 리찰이나 향찰보다도 구결과 더욱 깊은 관련이 있지 않겠는가 생각된다. 그런데 구결과 리찰을 혼동하여 설총이 리두를 지었다는 설이 생겨난것이 아닐까 한다.4)

---

4) 이기문 《국어사개설》 新訂版, 63페지, 태학사, 2002년.

(A) 리찰(吏札)

리찰이란 통속적으로 말해서 서기체 표기에 문법형태를 보충하여 그 문맥을 더욱 분명히 한것이라고 할수 있다. 리찰은 주로 관공문서에 씌였다. 《갈항사조탑기(葛項寺造塔記)》(758년)를 보면 서기체와 본격적으로 여실한 차이를 나타내고있는것을 볼수 있다.

二塔天寶十七年戊戌中立在之

娚姉妹三人業以成在之

娚者零妙寺言寂法師在旀

姉者照文皇太后君姉在旀

妹者敬信太王姉在也

(두 탑은 천보 17년 무술에 세웠다. 오라버니, 언니, 녀동
생, 세사람의 일로 이루었다. 오라버니는 령묘사 언적법사이시며
언니는 조문황태후님네이시며 녀동생은 경신대왕네이시다.)

여기서 《中(에), 以(으로), 在(계시/이시), 旀(며)》 등 리두토형태를 볼수 있으며 《之》의 용법은 임신서기석과 같이 종결형의 표시로 나타나는데 리두토 《齊》와 련계시킬수 있다. 《갈항사조탑기》에서 보면 토가 있어야 할 위치에 리두토가 다 사용되지 못했으며 한자조사인 《之》가 그대로 쓰이고있는것 등으로 보아 본격적인 리찰문이라고 이르기 어렵다.

리찰은 계속 완성화되면서 훈민정음 창제이전에는 한문의 번역에 사용되기도 하였다. 《대명률직해》와 《양잠경험촬요(養蠶經驗撮要)》가 그 대표적인것으로서 량적으로나 질적으로 가장 중요한 문헌으로 된다. 《대명률직해》의 《남녀혼인》을 례를 들어보면 다음과 같다.

凡男女是定婚之初良中萬一殘疾老弱及妻妾子息收養子息等乙兩
邊弋只仔細相知爲良只各從所願以婚書相送依禮結族爲乎矣女家亦婚
書乙曾只通報爲旀私音丁定約爲遣臨時爲去沙卽時應對不冬爲在乙良
苔五十爲乎矣婚書乙使內不冬爲良置聘財乙受爲在乙良罪同齊.

(무릇 남녀가 정혼지초에 만일 잔질로약 및 첩처자식, 수양자
식들을 두편이 자세히 서로 알아서 각각 소원으로 혼서를 서로 보
내여 례에 의하여 결족하오되 녀가가 혼서를 일찌기 통보하며 사
사로이 정약하고 때에 림하여서 즉시 대하지 아니하거들랑 태 50

하오되 혼서를 쓰지 아니하여도 장가들 재물을 받았거들랑 죄는 같다.)

　보다싶이 조선식어순으로 일관되여있으며 리두토도 해당한 자리에 거의 다 쓰이고있다.

是:이	良中:아희(에)
等乙:들을	弋只:익기(가/이)
以:으로	亦:여(이)
乙:을	齊:제(다)

　아울러 《爲良只(ᄒᆞ얏기), 爲乎矣(ᄒᆞ오되), 爲去沙(ᄒᆞ거사), 爲遣(ᄒᆞ고), 爲在乙良(ᄒᆞ견들랑), 使內不冬爲良置(바리안들ᄒᆞ여두), 爲旀(ᄒᆞ며)》 등 《爲(ᄒᆞ~)》 동사와 결합된 형태도 쓰였으며 《曾只(일찌기), 私音丁(사사로이), 不冬(안들)》 등 리두어까지 쓰이고있다.

　그러나 여기에는 한자어휘가 많다. 즉 리찰에서는 어순과 토가 조선어적으로 되고있는 반면에 어휘적면에서 리두어보다 한자어가 우세를 차지하고있다.

　아래에 리찰문번역원문인 한문과 리찰문을 중세어로 대응시켜놓고 례를 들어본다.

[한문] 凡奴婢毆家長者皆斬, 殺者皆凌遲處死, 過失殺者絞.

[리찰문] 凡奴婢亦 家長乙 把打爲在乙良 竝只斬齊. 致殺爲在乙良, 竝只車裂處死齊. 失錯殺害爲在乙良, 絞死齊. (《大明律直解》 刑律 奴婢毆家長)

[해독] 凡奴婢이 家長을 把打ᄒᆞ견을랑 다모기 斬ᄒᆞ졔. 致殺ᄒᆞ견을랑 다모기 車裂處死ᄒᆞ졔, 失錯殺 ᄒᆞ견을랑 絞死ᄒᆞ졔.

[한문] 蠶陽物, 大惡水, 故食而不飮.

[리찰문] 蠶段 陽物是乎等用良 水氣乙壓却 桑葉叱分 喫破爲遣 飯水不冬.(《養蠶經驗撮要》 韓尙德1415)

[해독] 蠶짠 陽物이온돌쓰아 水氣롤壓却 桑葉쏜 喫破ᄒᆞ고 飮水안돌

(C) 향찰

향찰은 조선어를 가능한데까지 완전하게 기사하려고 하였다. 그러므로 극소수외에 순조선어어순, 순조선어어휘를 썼으며 리찰에서보다도 토들이 더 다양하게 발전하고있다.

향찰은 가사체작품 다시 말해서 향가에 집중적으로 씌였다. 향찰은 고유명사표기법과 리찰의 종합적리용결과라고 가히 말할수 있다. 또한 향찰은 한자를 가지고 조선어를 표기하려는 모색의 집대성이였다고 말할수 있다.

현존하는 향가중 《삼국유사(권2)》에 기록되여있는 《처용가》는 고려가요의 《처용가》(《악학궤범》에 있음)에 기록되여있는 부분과 일치되므로 향찰에 대한 정음해독의 실마리를 열어준다.

[삼국유사]	東京明期月良, 夜入伊遊行如可
	入良沙寢矣見昆, 脚烏伊四是良羅
	二肹隱吾下於叱古, 二肹隱誰支下焉古
	本矣吾下是如馬於隱, 奪叱良乙何如爲理古.
[악학궤범]	東京 볼ᄀ도래 새도록 노니다가
	드러 내자리를 보니 가ᄅ리 네히로 새라
	(아으) 둘흔 내해어니와 둘은 뉘해 어니오

《악학궤범》에서 《삼국유사》에 기록된 《처용가》의 마지막 부분은 나타나지 않고있다. 이 부분을 다음과 같이 해독할수 있다.

미틔 내해다마ᄅ 아사ᄂᆞᆯ 엇디ᄒ릿고

《처용가》의 원문을 보면 모두가 리두어순으로 되였으며 모두가 리두어이고 필요한 곳에는 리두토가 다 쓰이고있다. 이처럼 향찰은 조선말 입말을 되도록 충실하게 표기하였다.

아래에 《도솔가(兜率歌)》의 원문과 한시번역을 보이면 다음과 같다.

[향찰문]

今日此矣散花唱良

巴寶白乎隱花良汝隱

直等隱心音矣命叱使以惡只
彌勒座主陪立羅良
[삼국유사한문번역시]
龍樓此日散花唱
挑送靑云一片花
殷重直心之所使
遠邀兜率大仙家

　　서기체의 특징이 조선어적어순에 있다면 리찰의 특징은 조선어적어순과 다양한 리두토에 있다고 말할수 있다. 그리고 리찰에서 어휘는 한자어휘가 절대 다수였다. 그러나 향찰에 이르러서는 어순, 토, 어휘 등 모든 기본요소가 다 조선어적으로 되였다. 이것은 조선어 전반을 표기하려는 고도의 민족어의식이 《향찰》에 반영되고있음을 보여준다. 의미적요소는 의독법을 위주로 하고 형태적요소에 대하여서는 음독법을 위주로 하고있다. 따라서 향찰은 향가문학작품에 사용되여 오늘까지 전해진다. 《향찰》은 삼국시기에 나타나서 통일신라에서 집대성되였는바 888년의 《삼대목(三代目)》에서 그 완성을 보았는데 고려초기까지 존속되여오다가 그후 점차 소실되고말았다. 원인은 향찰이 아무리 조선어전반을 나타내려 하였다 하더라도 조선어와는 이질적인 한자를 리용했던것만큼 실용면에서 매 한자마다 규범된 규칙이 없었고 광범한 대중은 그것을 소유하기조차 어려웠기때문이다. 아울러 리찰과 병행하는 과정에 한문, 리찰, 향찰은 서로 혼잡을 일으켰다. 이리하여 한문숭상의 시대사조에 의하여 향가문학형식의 소실과 함께 쇠퇴해지게 되였다.

　　발전의 견지에서 보면 서기체가 초기적형태임에 반하여 향찰은 가장 발달된 형태이며 리찰은 그 중간위치에 놓여있다. 하지만 리찰은 향찰의 소실과는 관계없이 고려시대에 계속 발달하였고 리조시기에 들어와서는 유교의 성행에 따라 그 용법과 용도가 확고해졌다.

　　리찰이 비록 한자를 빌어쓴것이지만 한문과는 별개의 서사어다. 15세기 문자가 창제되기 이전시기 실제상 한문과 리두 이 두가지 서사형식이 병행되였다. 이 현상은 《훈민정음》창제이후에도 타개되지 않았다. 원인은 한문과 리두는 량반계층과 통치계층속에 깊은 뿌리를 박았고 문자생활의 상층을 이루고있었기때문이였으며 또한 치국의 대본으로 된 유학과 더불어 사대의존에 물젖은 그들은 19세기와 20세기의 교체기에 이르기까지 한문을 숭상하면서 정음에 대해서 속된 글로 여기면서 한문의 지위를 개변시키지 않았기때문이다. 하여 《훈민정음》창제후 조선에서의 서사형식은 한문, 리두(리찰), 언문의 순서로 3중체계로 있었던것이다. 19세기말과 20세기초에 이르러서야 칙령 제1호에 의하여 한문은 공식적서사수단에서 물러나게 되였다. 1894년 11월 21일 공포한 《칙령(勅令)》제1호는 다음과 같다.

> 《法律勅令, 總以國文爲本, 漢文附譯, 或混用國漢文》(公文式
> 第十四條)

(C) 구결(口訣)

구결은 한문 원전독송의 리해를 돕기 위하여 한문의 구절마다 토를 달아 읽는 방법을 말한다.

구결은 사용형식으로 보아 의독구결, 음독구결, 문형구결(文型口訣), 점토구결(點吐口訣) 등 여러가지로 나누어볼수 있다.

의독구결: 의독구결에는 두가지 중요한 표기원칙이 있다. 의독구결에서는 어순의 차이를 들어내기 위하여 구결이 한문의 오른쪽뿐만아니라 왼쪽에도 적혀있다. 오른쪽구결은 먼저 순서에 따라 읽는것이다. 왼쪽구결은 순서에서 읽기를 보류했거나 오른쪽구결아래 역독점(逆讀點) 《丶》을 찍은 경우 다시 왼쪽구결로 거슬러 올라가 읽도록 된것이다. 결과 한문의 문장구조는 조선어의 구조로 바뀌여 언해에 접근하게 된다. 이 방법은 불경독송에 한정되고 유교경전에는 없는 14세기초엽의 《구역인왕경(舊譯仁王經)》이 그 일례로 된다. 아래에 《구역인왕경》5)의 한 구절을 례들면 다음과 같다.

---

5) 《구역인왕경》은 충남 瑞上 文殊寺의 佛像腹藏遺物이다.

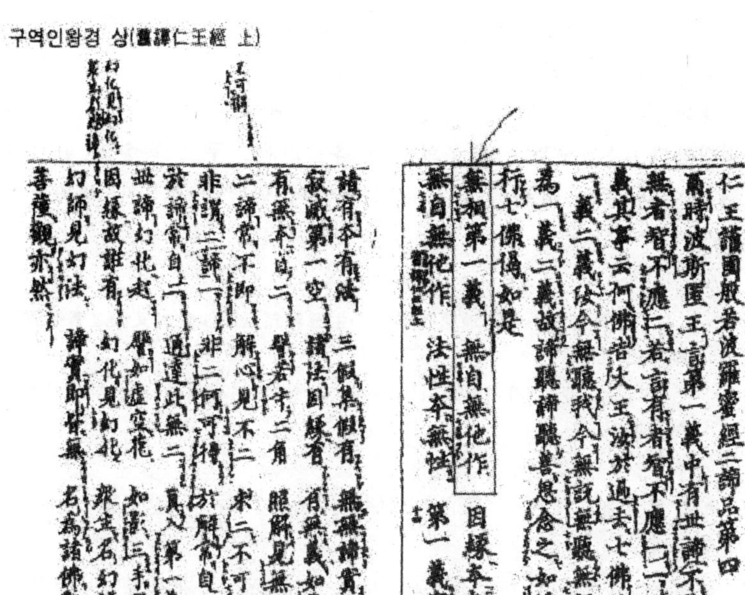

구역인왕경 상(舊譯仁王經 上)

(1) 無相第一義　無自無他作

(2) 無ㄴㄱㅌㄴ　相ヽ　第一義ㄱ　無ㄴㅎ　自ヽ　無ㄴㅎゝ　ゝ 他作ヽ

(3) 相　無ㄴㄱㅌㄴ(叱隱飛叱)　第一義ㄱ(隱)　自　無ㄴㅎ(叱焉) 他作　無ㄴㅎゝゝ(叱焉爲旀)　(舊仁 十四 24)

(4) 相　업슨ㄴ　第一義는　自　업슨　他作업슨ㅎ며

　　(1)은 한어원문이고 (2)는 구결을 단 한어원문을 가로쓰기로 옮긴것
인데 오른쪽에 있던 구결은 아래 첨자(添字)로, 왼쪽에 있던 구결은 위첨
자로 표시하고, 역독점(逆讀点)은 (ヽ)로 나타낸것이다. (3)은 (2)를 의독
구결의 읽는 방식에 따라서 순서대로 배렬한것인데 無는 왼쪽에 구결이
있으므로 건너뛰고 相은 역독점이 있으므로 먼저 읽는다. 다음 앞의 無를
읽는다. 第一義는 오른쪽구결이 있으므로 그대로 읽는다. 다음 無 역시
왼쪽구결이 있어 두었다가 역독점이 있는 自 다음에 읽고 그 다음에 오는

無도 왼쪽구결이므로 역독점이 있는 他作 다음에 읽는다. (4)는 (3)을 정음으로 표기한것이다.

음독구결: 유교경전의 정통성은 의독구결을 배제하고 음독구결만을 사용해왔다. 음독구결은 한문의 순서를 그대로 두고 독송의 편의를 위하여 조선어의 토나 동사를 써서 한문구절의 단락을 짓는데 사용되게 하였다.

父母者隱子之天地尼孔子曰子生三年然后厓沙免於父母之懷伊羅
爲時古(正俗)
　　(부모자는 자지천지니 공자왈 자생3년연후에야 면어부모지회
　이라ᄒ시고)

여기서 《隱》, 《尼》, 《厓沙》, 《伊羅爲時古》 등 구결토를 빼내면 한문 그대로이다.

구결은 처음부터 한문독송의 보조수단으로 존재하였다. 구결의 몇개 류형에서와 마찬가지로 음독구결에서도 정자체토 외에 략자체토가 쓰였는데 《김유신전》의 한단락을 들어보면 다음과 같이 략자체가 쓰인것을 볼 수 있다.

金庾信ㅏ王京人也ㅅ. 十二世祖首露ㅏ不知何許人也ㅅ. 以後漢
建武十八年壬寅乙ㅈ登龜峰ㆍㄱ望駕洛九村ㆍㅁ…
　　(김유신은 왕경인야라. 12세조 수로는 부지하허인야라. 이후
　한건무 18년 임인을로 등구봉ᄒ야 망가락구촌ᄒ고…)

여기서 《ㅏ(隱)》, 《ㅅ(羅>ㅊ)》, 《ㅈ(奴)》, 《ㆍ(爲>ᄒ)》, 《ㄱ(也)》, 《ㅁ(古)》 등이 구결략자체토이다.

문형구결: 문형구결은 음독구결에 사설을 덧붙여 하나의 문장으로써 조선어화하는 방향으로 나간것을 말한다.

一身破作二物 而羅 物到南 南到 乃家到也本歌
　　(이라 나도남 남도 ㄴ가되야본ㄱ)

이는 고려공민왕 20년(1371년)에 신득청(申得淸)이 지어바친 노래인

데 정음부분은 조선조 단종 2년(1454) 범숭락(范承洛)이 붙인것이다. 원
래 음독구결이며 《而羅(이라)》로 끝내야 할것을 다시 의독하였다. 원한문
을 되풀이하여 의독하지 않고 사설을 붙이기도 한다.

一朝殺之無三日高

(무삼일고)

墨卿跡而 乃嫩 押喜 拔可盆高

(이 닉눈 압회 발ㄱ잇고)

③ 리두의 구성요소와 표기법

앞에서 말한 리두의 여러 류형은 조선어적어순과 토, 그리고 조선어
적고유어휘 혹은 한자어휘와 이러저러하게 련계되여있다. 바꾸어 말하면
리두어순, 리두토, 리두어와 갈라질수 없게 되는데 이것들은 또 리두자,
리두음, 리두뜻과 갈라져 존재할수 없다. 이런 의미에서 리두는 리두음,
리두뜻, 리두자, 리두어, 리두토, 리두어순으로 구성된다고 보아야 한다.

(A) 리두음

리두음이란 리두에 쓰인 글자가 리두식으로 읽게 될 때의 음을 말한
다. 례를 들어 《去隱春皆理米》을 《간 봄 그리매》로 읽는것과 같은것이
다. 여기엔 두가지 방면이 고려되여야 한다. 《去》, 《春》과 같이 뜻으로
읽은 리두음도 있고 《隱》, 《皆》, 《理》, 《米》 등과 같이 한자음 또는 류
사음, 부분음으로 읽은 리두음도 있다. 그리고 《作》, 《干》과 같이 원래의
한자음 《작》, 《간》으로 읽지 않고 새로 《질》, 《한》으로 읽은 음도 리두음
이라고 한다.

(B) 리두뜻

리두뜻은 리두에 쓰인 글자가 리두식으로 읽게 될 때의 뜻을 말한다.
리두뜻은 한자의 여러가지 뜻을 다 포함하는것이 아니라 리두에 쓰인 어
느 하나의 뜻을 가리키거나 또는 중국에는 없는 새로운 조선저인 뜻을 가
리킨다. 례를 들어 《去隱春》에서의 《去》자는 《가다》는 뜻과 《없애다》의
뜻을 가진 한자이지만 《가다》란 뜻만 이 말마디에서 쓰이는데 이것을 리
두뜻이라 한다. 그리고 원래의 한자뜻에는 없는 뜻을 새로 부여한 아래의
한자들의 뜻도 당연히 리두뜻으로 된다.

作(음) 질　　　(새 뜻) 관청문서
干(음) 한　　　(새 뜻) 벼슬이름의 뒤붙이
串(음) 곳　　　(새 뜻) 곳.

이런 자들은 음도 리두음을 따로 가졌고 그에 따라 뜻도 리두뜻을 새
로 가진것이다.

主(새 뜻) 님
娚(새 뜻) 오라비
太(새 뜻) 콩

이런 자들은 음은 한자음 그대로 쓰나 뜻은 원래 한자에 없는 뜻을
가진것들이다.

(C) 리두어

리두어란 리두표기로 된 조선어어휘를 가리킨다. 다시 말해서 한자로
적혔지만 리두식으로 읽게 될 때의 단어를 말한다. 이것은 원래 한자로
조성된 한자어휘와 다르다. 다 같은 한자로 표기되였지만 한자어휘는 원
래 한자로 되였고 리두어는 원래는 고유어인데 한자로 적었을뿐 리두음으
로 읽는다.
　　리두어는 명사에만이 아니라 동사, 형용사 지어는 부사에까지 다 나
타나고있다.

物物　　　　　　갓갓(가지가지)
更良　　　　　　가시아(다시)
幷只　　　　　　다모기(도무지)(모두)
舍音　　　　　　마름(마름)
不喩　　　　　　아닌디(아니라)
自乎　　　　　　절로(절로)
隨乎　　　　　　조초(좇아)
茂火　　　　　　지북녀(같이)
故只　　　　　　짐줏(일부러)
爲良如　　　　　ㅎ야다(하다)

不冬   안들(아니하다)
擬只   비기(비기다)

(D) 리두자

넓은 의미에서 리두자란 리두에 쓰이는 한자를 일컫는다. 그러나 여기서 착중하여 말하는것은 조선어에서 독자적으로 만든 글자인데 조선말의 일정한 뜻을 나타내기 위하여 한자모양으로 만든 조선어한자이다.

◉ 새로 만든 자:

畓(음) 답 (뜻) 논
垈(음) 대 (뜻) 터
稤(음) 수 (뜻) 창고
榌(음) 비 (뜻)사다리
迚(음) 지 (뜻) 움푹 꺼진 땅
閪(음) 서 (뜻) 잃다
襨(음) 대 (뜻) 옷감
獷(음) 광 (뜻) 고양이
浘(음) 벌 (뜻) 바다벌

◉ 한자음에 받침소리를 표음한 자:

乫(갈)   乻(얼)   乺(솔)   乬(걸)(ㄹ받침)   穒(감)(ㅁ받침)

旕(곳)   旀(것)   乽(갓)   㕦(읫)(ㅅ받침)

이와 같은 부류에 속할수 있는것으로 한자를 조선어뜻으로 읽을 때의 《ㄹ》, 《ㅅ》받침을 《乙》, 《叱》로 나타내고 의독하는 글자가 있다.

乭(돌)   㐎(들)   乷(쌀)   旕(끝)

또 받침소리를 한자로 표음하지 않고 정음으로 표음한것도 있는데 이는 문자창제이후의 글자로 보아진다.

솩(둑)　　　특(거)　　　(ㄱ받침)

톤(둔)　　　辱(한)　　　(ㄴ받침)

峇(놈)　　　畬(얌)　　　(ㅁ받침)

쌍(둥)　　　　　　　　　(ㅇ받침)

극히 일부 글자에 있어서는 표음부분의 한자가 아래에 붙었으나 발음은 우에 올 때가 있다.

畚 (쌴)

◉ **합성자**

두 글자를 합치여 한글자로 만들고 읽기는 여전히 두 글자로 읽는다.
  ○ 夬: 《功夫》의 합성, 혹은 《부》라고도 읽는데 《인부(人夫)》의 뜻이다.
  ○ 朶: 《乃末》의 합성, 혹은 략칭하여 《말》이라고도 읽는데 신라의 벼슬이름이다.
  ○ 召: 《大口》의 합성, 대구어(大口魚)를 가리킨다. 《화》라고 읽는다.
  ○ 朶: 《大奈末》의 략칭, 혹은 략칭하여 《말》이라고도 읽는다.
  ○ 罕: 이 자는 두글자로 되였으나 따로따로 읽거나 략칭하지 않고 새음 《쇼》로 읽는다.

(E) 리두토

리두토는 아주 다양하게 쓰였는데 위치토와 비위치적토에 걸쳐 여러가지로 나타나는 외 합성토들로도 나타나고있다. 몇개 례를 들면 다음과 같다.

乃:나　　　　　如:다　是遣:이고　是去等:이거든

爲乎:ㅎ온　　　敎是:이시　乙良:을안　在乙良:견을랑

특히 구결토에 있어서는 정자체와 함께 많은 략자체들이 쓰이고있다.

ㄅ(다)多의 반쪽　　　　　ㄴ(니)尼의 하부

厂(면)面의 상부　　　　　ㅅ(라)羅>ㅉ 의 하부

ㄱ(ㄴ)飛의 상부   ㄱ(야)也의 중간

ㅇ(ㅎ)爲 > ㅅ의 상부   ㅒ(나)那의 좌변

ㄷ(애)厓의 상부   ㅑ(은)隱의 좌변

ㅅ(이)是의 하부   ㅓ(며)旀의 우변

ㅓ(든)等의 하부   又(노)奴의 우변

ㅁ(고)古의 하부   ㅏ(와)臥의 우변

(F) 리두어순

리두어순이란 한문어순이 아니라 조선어어순을 따른 리두의 어순이다. 서기체단계의 설명에서 《今自三年以後》는 한문 《自今三年以後》와 다름을 이미 설명한바 있다. 다른 한 례를 들면 신라 흥덕왕(興德王) 2년(827년)의 《중초사돌기둥》에 《一石分二得》이란 말이 있는데 이는 《한돌을 쪼개서 둘로 내다》는 조선어어순인바 한문 《分一石得二》와 대응된다. 금석문들에서 나타난 이런 어순은 후에 리찰, 향찰에 있어서는 전면적으로 관통되고있었다.

이상의 구성요소들은 모두 한자와 관련되여있다. 앞에서 우리는 리두식표기란 한자의 음이나 새김을 리용하여 조선말을 표기하는 방법의 총칭이라고 말한바 있다. 실질상 리두의 구성요소들은 어순을 제한 모든 면에서 이를 떠나지 못한다. 그럼 아래에 구체적으로 이 표기법들을 말하려 한다.

(A) 음역

한자를 빌어 그 음에 해당한 조선어단어를 표기하는것을 음역이라 한다. 즉 조선말단어의 소리를 표기하기 위하여 한자의 음만 빌어온것을 말한다.

弗矩內(赫居世)   (《삼국유사》)

閼智(小兒)   (《삼국유사》)

徐伐(서볼)   (《삼국유사》)

朴(瓠)   (《삼국유사》)

阿次加伊(蓖麻子-아ᄌ가리)   (《향약구급방》)

古冬非居參(葨藜子-고들비거슴)   (《향약구급방》)

居柒夫(荒宗)　　　　　　　　　(《삼국사기》)

(B) 의역

　　한자를 빌어 그 뜻에 해당한 조선어단어를 표기하는것을 의역이라 한
다. 즉 조선말단어의 소리를 표기하기 위하여 한자의 음은 무시하고 그
뜻으로 읽는것이다. 일명 훈차(訓借)라고도 한다.

大山(翰山-한뫼)　　　　　　　(《삼국사기》)
酒多(舒弗邯)　　　　　　　　　(《삼국사기》)
水鐵(무쇠)　　　　　　　　　　(《경국대전》)
金川(素那)　　　　　　　　　　(《삼국사기》)
板麻(苦參-너삼)　　　　　　　(《향약구급방》)
精朽草(黄芩-所邑朽斤草)　　　(《향약구급방》)
甘板麻(黄薔-단너삼)　　　　　(《향약구급방》)

(C) 반음역

　　해당 한자음의 일부(모음이나 자음)를 빌어쓰는것을 반음역이라 한
다. 즉 한자로는 하나의 글자이지만 그 한자의 어느 음소만 조선어에 빌
어오는것이다.

尼師今(齒叱今-닛금)　　　　　(《삼국유사》)
道羅次(吉梗-도랏)　　　　　　(《향약구급방》)
犬刀次草(白斂-가히돗플)　　　(《향약구급방》)
居兒乎(蚯蚓-것휘)　　　　　　(《향약구급방》)
鳥伊麻(菟絲子-새삼)　　　　　(《향약구급방》)
目非也次(菟蔚子-눈비앗)　　　(《향약구급방》)
鷄矣碧叱(鷄冠-돌기볏)　　　　(《향약구급방》)

(D) 합성법

　　이는 한 단어를 표기하기 위하여 음역과 의역을 어울려서 쓰는것을
말한다. 즉 어떤 음절은 뜻으로 어떤 음절은 음으로 읽는바 우에서 말한
표기법을 서로 합성해 쓰는것으로서 반음반의법이라고도 한다.

角 干(쓸한)   (《삼국사기》)
의+음
屈 火(曲城)   (《삼국사기》)
음+의
山 叱 伊 斯 羅 次(郁李-묏이스랏)   (《향약구급방》)
의+반음+음+음+음+반음
高參猪(蝟皮-고슴돝)   (《향약구급방》)
沙參矣角(鹿角-사스미뿔)   (《향약구급방》)
苦參猪矣皮(蝟皮-고슴도퇴갗)   (《향약구급방》)
思內曲宅(溪曲宅-시내구빗집)   (《삼국유사》)
犬乃里花(百合-개나리꽃)   (《향약구급방》)

음역과 의역은 리두식표기법의 핵심으로 된다. 이 표기법들은 실용면
에서 또다시 각기 두 방면으로 고려해야 할 문제들이 있다. 음독, 의독이
단순한 표음적기호로 쓰이는가 아니면 원뜻과 관계를 가지면서 쓰이는가
하는 문제이다.

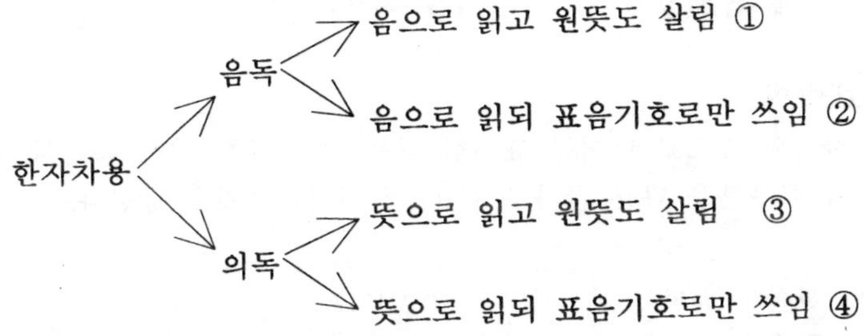

《례경제불가》의 첫두행을 례를 들어 보자.

[향찰문]
    心未筆留
    慕呂白乎隱佛體前依
[번역문]
    무슨미 부드루
    그리슨본 부텨 알픠

心未(3+2)　　口숨+이>口ᅀᅵ
筆留(3+2)　　붇+으루>부드루
慕呂白乎隱(3+2+4+4+2)　　　그리+(리)+숩+온+ㄴ>그리ᅀᆞ본
佛體(3+2)　　부텨+(텨)>부텨
前依(3+2)　　앒+이>알픠

표기법고찰에서 이런 관계는 아주 주의하여 처리하고 해독할 필요를 우리에게 알려준다.

(E) 동음이의법

이는 한자의 원음이나 직접적인 뜻과는 관계없이 훈차와 동음이의적 관계로 단어를 표기한것을 말한다.

　　三角-牛耳(쇠귀)　　　　（서울지방명)
　　車-戌衣(단어)　　　　　（《동국세시기》）
　　角干-酒多(쌸한)　　　　（《삼국사기》）
　　絲浦-谷浦(실개)　　　　（《삼국유사》）

(F) 보충법

이는 한자의 뜻으로 단어를 표기한 다음 그 형태를 더욱 똑똑히 하기 위해 단어의 끝부분을 다른 글자로 한번 더 나타내는것을 말한다.

　　赫居世 (弗矩內)　　　　（《삼국사기》）
　　厭髑 (伊處)　　　　　　（《삼국유사》）
　　炤知 (毗處)　　　　　　（《삼국사기》）
　　熊問山 (功木達)　　　　（《삼국사기》）

2. 중세이후의 문자생활

① 훈민정음의 창제

조선문자는 15세기에 이르러서야 비로소 창제되였다. 문자가 언제 완

성되였는가 하는 년대에 대하여는 대체로 《훈민정음해례》의 정린지의 서문과 《세종실록》의 기록이 일치되는 점으로 보아 세종 25년 12월에 그 례의(例義)가 공포된것으로 알수 있다. 정린지의 서문에는 《계해년 겨울 우리 전하께서 정음 28자를 만드시고 간략하게 례의를 들어보이시고 이름을 훈민정음이라고 하셨다.(癸亥年, 我殿下創制正音二十八字, 略揭例義以示之, 名曰訓民正音)》고 썼으며 세종실록 권 102, 25년 계해 12월조에는 《이달에 임금께서 몸소 언문 28자를 만드셨는데 글자가 비록 간단하고도 요긴하나 전환이 무궁한데 이를 훈민정음이라고 이른다.(是月上親制諺文二十八字…字雖簡要, 轉換無窮, 是謂訓民正音)》고 썼다. 이를 방증할 수 있는 사실로써 훈민정음이 완성되자 그 이듬해인 세종 26년 2월 16일에 집현전학사 최항 등에게 운회언해(韻會諺解)를 시킨것과 또 그해 2월 20일에 최만리(崔萬里)등이 갑자반대상소문을 올린것과 같은것이 있다. 이와 같이 세종 25년 즉 계해년 12월에 우리의 고유문과 훈민정음이 창제되였다. 세종 25년은 1443년이 된다.

훈민정음이 창제된후 세종은 집현전학사들인 정린지(鄭麟趾), 최항(崔恒), 박팽년(朴彭年), 신숙주(申叔舟), 성삼문(成三問), 강희안(姜希顔), 리개(李塏), 리선로(李善老)들에게 새 글자에 대하여 자세히 해석하여 여러 사람들을 가르치라고 명하였다. 이에 이들은 모든 해와 례를 지어서 글자의 경개를 서술하여 보는 사람으로 하여금 스승이 없어도 스스로 깨칠수 있도록 《훈민정음해례》를 지어 세종 28년 9월 세상에 공포하였다.[6]

훈민정음의 창제과정에 대하여서는 문헌적기록이 없어 자세히 알수는 없다. 다만 세종 24년 3월에 세종이 《룡비어천가》를 지으라고 전지(傳旨)를 내렸다는 사실과 련계시켜 미루어보면 세종 24년 3월이전에 훈민정음 창제는 착수되였으리라고 추측할따름이다.[7]

《훈민정음》과 관계되여 몇개 문헌들이 전해지고있는데 례를들면 《실록본》, 《언해본》, 《해례본》 등이다.

《해례본(解例本)》은 훈민정음의 원본이다. 《훈민정음》이 문자로서는 1443년 12월에 창제되였지만 저서로서는 1446년 이루어졌는데 그것이 곧 《훈민정음해례》이다. 《해례본》에는 우선 원문이 있고 그다음 해례가 있으며 마지막에 서문이 있다. 첫부분의 원문은 세종이 쓴 례의이녀 둘째

---

6) 逐命詳加解釋, 以喩諸人. 於是臣與集賢殿應敎臣崔恒…等, 謹作諸解及例, 以叙其梗槪, 庶使觀者不師而自悟.(《훈민정음해례》 서문)
7) 上方欲撰龍飛御天歌, 故乃下此傳旨.(《세종실록》 권 95, 24년 壬戌 3월조)

부분의 해례는 최항 등 8명에 의해 씌여졌는데 제자해, 초성해, 중성해, 종성해, 합자해, 용자례의 순서로 6개 부분으로 구성되였으며 세번째 부분의 서문은 정린지가 쓴것이다.

이 책은 세상에 나온지 500년이 되도록 세상에 알려지지 못했다. 그러다가 1940년 경상북도 안동군 와룡면(安東郡臥龍面)의 리한걸의 집에서 발견되였다. 일찍 그의 선조께서 녀진정벌에 공이 있어 세종으로부터 이 책을 상을 받아 가보(家寶)로 남겨오다가 연산군의 언문금란시기 부득불 첫머리 두장(겉장과 첫장)을 뜯어버리고 돌돌 말아서 비장(秘藏)해서 보존한것이라고 한다.8)

《언해본(諺解本)》은 한문으로 씌여진 원문-례의부분을 조선말로 언해한것이다. 보통 《훈민정음언해》라고 한다.

《실록본(實錄本)》은 일명 《례의본》이라고도 하는데 이는 리조실록에 기록되여있는것으로서 그 내용은 해례본의 원문과 꼭 같다.

② 훈민정음창제의 사회력사적인 배경

리씨조선이 고려왕조를 대체한 이후 조선의 사회생산력은 상대적으로 일정한 발전을 가져오게 되였다. 이에 따라 봉건문화도 발전을 가져왔다. 이러한 력사조건은 문서의 래왕과 사람들 호상지간의 교제에 더욱 높은 요구를 제기하게 되였다.

그러나 당시 조선에서 사용한 한문이거나 리찰은 이러한 새 정세에 근본적으로 적응될수 없었다. 이런 서사체계는 한자를 알아야 하며 아울러 한자자체는 조선어를 그대로 나타낼수 없었다. 리두가 조선어를 표기하기 위한 방법이기는 하나 그것은 또 허다한 제한성을 가지고있었다. 하여 문자와 언어와의 모순, 입말과 글말과의 모순은 더욱더 돌출해지게 되였다.

새 국가를 이룩한 후 15세기에 넘어서서 단일 민족국가의 공통어로서의 조선어는 그 규범성을 높이지 않으면 안되였다. 더욱 높아진 민족어의식은 봉건적중앙집권의 진일보적집중속에서 한문과 리두라는 이러한 제

---

8) 정철 《원본훈민정음의 보존경위에 대하여》. 정철의 문장과는 달리 최근에 훈민정음의 보존경위에 대하여 새롭게 말하는 주장이 나오고있다. 리한걸의 소장이 아니고 다른 사람이 소장해온것이라는 주장이다. 《한글새소식》 2005년 9월호(총 397호) 17페지를 참조.

한된 서사형식을 타파할수는 없었지만 감히 민족문자의 창제를 시도할수
는 있게 하였다.

이것은 훈민정음을 창제하게 되는 력사적인 필연성으로 된다.

두말할바없이 당시 광범한 인민대중은 조선어에 알맞는 배우기 쉽고
쓰기 쉬운 자기의 문자에 대한 욕망이 아주 강렬하였다. 리두는 그 자체
가 불완전한것으로서 오직 봉건통치배들사이에서만 쓰였을뿐 인민대중은
배우기도 어려웠고 또 배울수도 없었다.

이와 반면에 문자생활을 독점하다싶이 한 통치계급자신도 한문을 옳
바르게 리해하고 리두가 조선어에 더욱 적응하게 하려면 조선말음운에 대
해 더욱 정확히 알아야 한다는것을 날로 느끼고있었으며 날로 빈번해지는
교린관계에서 일본, 녀진, 몽골 그리고 인도 등 나라의 언어와 접촉하는
가운데 자기문자에 대한 필요성을 더한층 느끼고 또한 그들의 문자에 대
해서도 연구하게 되였다. 정치적으로 볼 때에도 통치계급들은 중앙집권의
봉건국가로서의 자기들의 통치를 강화하고 자기들의 의지를 백성들에게
강요하기 위하여는 알기 쉬운 자기문자가 있어야 된다는것을 느꼈던것이
다. 이러한 사정은 표음문자창제의 동기로 된다. 《훈민정음》 첫머리의
어제문과 정린지의 서문이 이를 똑똑히 말해주고있다.

國之語言, 異乎中國, 與文字不相流通, 故愚民有所欲言, 而終
不得伸其情者多矣. 予爲此憫然, 新制二十八字, 欲使人易習, 便於日
用耳(《훈민정음》)

(나라의 말소리가 중국과 달라 한자로는 서로 (말과 글이) 통
하지 아니하므로 이런 까닭으로 우둔한 백성이 말할것이 있어도
마침내 자기의 뜻을 능히 펴지(쓰지)못할 사람이 많다. 내 이를 딱
하게 생각하여 새로 28자를 만들었으니 사람마다로 하여금 쉽게
익혀 날마다 쓰는데서 편리케 하려고 할뿐이다.)

假中國之字以通其用, 是猶枘鑿之鉏鋙也. 豈能達而無礙乎. 要
皆各隨所處而安, 不可强之使同也. 吾東方禮樂文章, 侔擬華夏, 但方
言俚語不與之同. 學書者患其旨趣之難曉, 治獄者病其曲折之難通. 昔
新羅薛聰, 始作吏讀, 官府民間至今行之, 然皆假字而用, 或澁或窒,
非但鄙陋無稽而已. 至於言語之間, 則不能達其萬一焉(《訓民正音解
例》序文)

(중국의 한자를 빌어서 그 쓰임에 통하나 이는 둥근데 모난
것을 끼움과 같이 이가 맞지 않으니 어찌 능히 통달하여 막힘이
없으랴. 요컨대 각각 그 처한바를 따라서 편의케 할것이요 억지로

같게 할수 없다. 우리 동방의 례악과 문물제도가 중국과 대등하지
만 말이 다르다. 글을 배우는 사람들이 뜻을 깨닫기 어렵고 옥사
를 다스리는 사람이 에두르는것을 알기 어려워한다. 옛날 신라의
설총이 리두를 만들어 지금까지 관부와 민간에서 써오지만 한자를
빌어쓰기에 걸리고 혹은 막히여 비루하고 무계할뿐만아니라 말에
이르러서는 만분의 일도 통하지 않는다.)

이렇게 15세기의 조선의 언어현실은 새 문자창제의 조건들을 마련해
주었다. 리두가 제한성을 갖고있었지만 그것이 또한 조선문자창제의 내재
적인소로 되여 표음문자의 관념을 지어주었고 명나라초기의 음운학연구의
영향 그리고 교린관계에 있는 나라들의 표음문자와의 접촉 등은 새 문자
의 창제가능성을 촉진하였다.

이러한 력사적배경에 의해 드디여 1443년 계해 12월 조선문자는 세
상에 태여나게 되였다.

③ 훈민정음의 제자원리

《훈민정음해례》의 제자해에는 다음과 같이 쓰고있다.

正音二十八字, 各象其形而制之.

(정음 스물여덟자는 제각기 그 모양을 본따서 만들었다.)

이것은 조선글자가 상형적원리에 의해 만들어졌음을 말해준다. 그러
나 해례본이 발견되기전 문자창제에 대하여 각종 외곡된 저술들이 있었
다. 《고전기원설》, 《범자기원설》, 《몽골문자기원설》, 《서장문자기원설》이
거나 《창호기원설》, 《일본신대문자기원설》 등이 바로 그러하다.

이가운데 《몽골문자기원설》을 례를 들어보면 다음과 같다. 원세조는
방대한 원제국안의 여러 언어를 표기할수 있는 문자를 서장의 승 파스파
에게 명하여 만들게 하였다. 이 문자가 곧 파스파문자이다. 훈민정음이
이에 련관이 있듯이 《성호새설》(리익)에도 적혀있고 또 서양학자들도 주
장했었다. 이 문자는 확실이 세종때 조선에 알려져있었다는 분명한 기록
이 있다. 파스파도 중국음운학을 참고하였었다. 파스파글자의 기본자 5자
와 그 청탁대립의 한 례를 들어보면 다음과 같다.

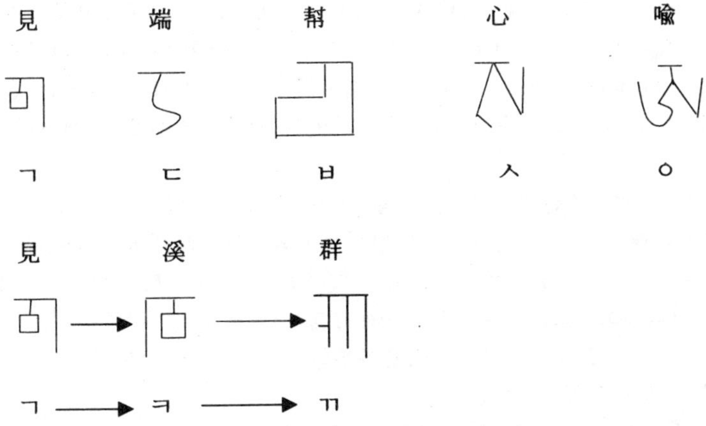

이러루한 단편적 류사성과 기록에 의해 파스파기원설을 주장하였지만 훈민정음해례의 발견과 함께 자연히 그러한 주장은 물러나게 되였다.

1928년 서양사람 엑갈뜨(Eckardt)는 《창호기원설(窓戶起源說)》이라는것을 들고나왔다. 그는 그때까지 나온 여러가지 기원설을 하나하나 부정하고는 아무런 문헌적근거와 력사적사실근거도 없이 피상적인 주관생각에 의하여 이 설을 내놓았다. 아마 그가 조선에 와서 조선식문창을 보고 새롭게 느껴진 깊은 인상을 문자에까지 련계시킨것 같다. 그는 문장가운데 다음과 같이 썼다.

《창문본뜸기원설은 가장 간단하고 또 비근한것이다. 곧 조선집의 창문은 전국적으로 대략 한가지의 모양을 가져 조선적특색을 이루는것이다.

세종대왕이 새 글자를 지어내기 위하여 백방으로 연구하실새 그 보필의 문신으로 더불어 방안에 앉아계시다가 문득 눈이 창문의 문살의 수직선과 수평선에 마주치매, 단번에 여기에서 새글자창제의 광명을 발견하여 〈훈민정음〉28자를 지어낸것이다.》 이자는 자기의 억설을 늘어놓다가 네모격의 창문에서 동그라미를 설명할수 없으니 이어 다음과 같이 말하였다.

《과연 우리가 글자의 모든 형상을 창호에서 발견하여 읽을수 있다. 혹 이떤 이는 동그라미의 없음을 탈잡을지 모른다. 그러나 그것은 문고리가 있으니까 무엇 근심할것이 없겠다.》

이른바 신대(神代)문자설이란 일찍 일본에서 자기들의 고대문자가 발견되였다고 하면서 그것인즉 신대문자라고 주장한것을 일컫는다.

원래 《일본서기》에 《天武帝十一年(638년)三月, 命境部連石積等, 更肇

碑造新字一部四十四卷》이란 기록이 있고 《신대구결》(1367년)이란 책에 《神代文字象形也…聖德太子以漢字附日本字後, 百有余年而成此書焉》이란 기록이 있는데 16세기에 일본의 일부 학자들은 이 책들에서 말하는 문자가 바로 일본고대의 고유문자라고 주장하면서 신대문자설을 끌어내기 시작하였다.

그들은 그것이 조선에 전해져서 정음자의 원형이 되였다고 퍼뜨렸다.

19세기이래 신대문자론자와 그 반대론자의 사이에 격렬한 론쟁이 있었다. 결과적으로 이 조작설은 19세기 일본학자 방노부토모(伴信友), 20세기초의 가나자와 쇼오사부로우(金澤庄三郞), 오꾸라 신뻬이(小倉進平)를 대표로 하는 학자들에 의해서 신대문자부인론자들이 승리하게 되고 위조된 학설은 까밝혀지게 되였다.

1940년 해례본이 나타남에 따라 여러가지 기원설과 수수께끼도 풀리게 되였다.

첫째, 초성 17자

제자해에는 다음과 같이 기록되였다.

初聲凡十七字. 牙音ㄱ, 象舌根閉喉之形. 舌音ㄴ, 象舌附上腭之形. 脣音ㅁ, 象口形. 齒音ㅅ, 象齒形. 喉音ㅇ, 象喉形.

(초성은 무릇 열입곱자다. 어금이소리 《ㄱ》는 혀뿌리가 목구멍을 막는 모양을 본떴다. 혀소리 《ㄴ》는 혀가 웃이몸에 닿는 모양을 본떴다. 입술소리 《ㅁ》는 입모양을 본떴다. 이소리 《ㅅ》는 이의 모양을 본떴다. 목구멍소리 《ㅇ》는 목구멍모양을 본떴다.)

이렇게 자음의 발음위치에 따라 먼저 다섯개의 기본자를 만들었다.

이러한 기본자를 선택함에 있어서 혀소리, 입술소리, 목구멍소리에서는 소리가 가장 약한 불청불탁음을, 이소리에서는 소리가 약한 전청자를, 어금이소리에서는 불청불탁의 《ㅇ》가 목구멍소리 《ㅇ》와 비슷하기에 전청자를 선택했음을 제자해에서는 말하였다.

이렇게 기본자를 만든 다음 그에 기초하여 가획자를 만들었다는것을 다음과 같이 말하였다.

ㅋ比ㄱ, 聲出稍厲, 故加畵, ㄴ而ㄷ, ㄷ而ㅌ; ㅁ而ㅂ, ㅂ而ㅍ; ㅅ而ㅈ, ㅈ而ㅊ; ㅇ而ㆆ, ㆆ而ㅎ, 其因聲加畵之義皆同.

(ㅋ는 그에 비하여 소리가 좀 세므로 획을 더하였다. ㄴ에서
ㄷ, ㄷ에서 ㅌ, ㅁ에서 ㅂ, ㅂ에서 ㅍ, ㅅ에서 ㅈ, ㅈ에서 ㅊ, ㅇ에
서 ㆆ, ㆆ에서 ㅎ도 각기 그 소리를 따라 획을 더한것은 모두 마
찬가지다.)

여기서 보면 획을 더함에 있어서 한번 더한것과 두번 더한것으로 나
누어지는데 그것은 기류의 강약(厉不厉)에 의한것임을 알수 있다.

(모양)	(기본자)	(일차가획)	(이차가획)
어금이	ㄱ……………… ㅋ		
혀	ㄴ………………	ㄷ………………	ㅌ
입	ㅁ………………	ㅂ	ㅍ
이	ㅅ………………	ㅈ………………	ㅊ
목구멍	ㅇ………………	ㆆ	ㅎ

그러나 반혀소리, 반이소리는 발음기관의 형상을 본따면서도 기본자
에 획을 더하는 방법을 취하지 않았다. 이는 이 음들의 특수성에 기인되
는것이였다.

半舌音ㄹ, 半齒音△, 亦象舌齒之形而異其体, 無加畵之義焉.
(반혀소리 ㄹ와 반이소리 △는 역시 혀와 이의 모양을 본뜬것이
기는 하나 글자모양을 달리 하였으므로 획을 더한 뜻은 없다.)

다시 말해서 이 음들은 혀소리거나 이소리에 획을 더하는 방법을 취
하지 않고 권설현상(捲舌形象)을 따서 《ㄹ》, 이와 혀끝의 마찰 및 유성의
표식으로 《△》를 만들었다.
어금이소리 《ㅇ》는 《오직 ㅇ만은 다르다. (而唯ㅇ爲異)》고 하면서 가
획자에 넣지 않았다. 그러면서 또 다음과 같이 썼다.

唯牙之ㅇ, 雖舌根閉喉聲氣出鼻, 而其聲與ㅇ相似, 故韻書疑與
喩多相混用, 今亦取象於喉, 而不爲牙音制字之始.
(오직 어음이소리 ㅇ만은 비록 혀뿌리가 목구멍을 막아 소리
기운이 코로 나오지만 그 소리가 ㅇ와 비슷하여 운서에서도 의(疑
즉ㅇ)와 유(喩즉ㅇ)를 서로 혼동한다. 이제 목구멍의 모양을 본따
서 만들었으나 어금이소리글자의 시초로 삼지 않는다.)

보다싶이 혀뿌리가 목구멍을 막아서 소리가 코로 나온다는 조음적특성을 문자에 반영시키고있으면서 《ㅇ》와 비슷한 측면을 강조하였다. 따라서 목구멍의 모양을 본뜸에 있어서는 《ㅇ》와 비슷하나 《ㆁ》이 목구멍소리에 가획한것이 아니다. 원인은 목구멍소리와 어금이소리는 다른 계렬의 음이므로 가획의 방법을 쓸수 없으며 아울러 《ㆁ》은 유성음으로서 기류의 강약적대립을 수요로 하지 않기때문이다. 결국 《ㆁ》은 목구멍에서 나온 날숨이 코로 흘러나오는 모양을 본뜬것이다.

이상의 초성자는 조선어의 발음과 그 모양에 맞게 만든 아주 과학적인 글자이다. 이와 아울러 정린지의 서문에 《발음기관의 모양을 본떴으나 글자는 옛전자를 본받다.(象形而字倣古篆)》라 했고 최만리의 상소문에는 《자형이 비록 옛전문을 모방하였다고 하나 용음합자에서는 모두 옛전자에 반대된다(字形雖倣古之篆文用音合字盡反於古)》라 했다. 이러한 기록들은 제자원리에 서로 부합되지 않는듯도 하다. 이 기록은 상형원리에서 글자모양을 제정하였지만 글자모양에 전자의 선획관념이 작용하였다는것을 말하는것 같다. 그러나 정음자는 결과적으로 전연 새로운 글자모양에로 발전된것이다. 오히려 최만리의 말은 그 독창성을 엿보게 하고있다. 례를 들어 《口》,《齒》자에서 《ㅁ》,《ㅅ》 등이 계발을 받을수 있었을것이다.

한자 口→ㅁ(정음자)

한자 齒→ㅅ(정음자)

주지하다싶이 이 글자들은 고전에서도 상형인것이다. 정음에서도 상형이다. 량자는 일치한 원리이다. 이리하여 정음자가 상형과정에 이 두 글자에서 어떤 계발을 받았을수 있지만 그러나 그것은 기본적으로 이와 입의 모양을 떠난것은 아니다. 그리고 한자의 《口》,《齒》가 한자의 구성에 여러 위치에 쓰이는것과 꼭 같이 쓰이는것도 아니다. 따라서 종당에는 새로운 자기체계에 속한것이지만 고전에 속하는것이 아닌것이다.

모두어 말하여 초성자는 발음기관을 모상하면서 이를 기본으로 소리에 따라 획을 더하는 방법으로 이루어졌다.

둘째, 중성 11자
제자해에는 다음과 같이 기록되였다.

《中聲凡十一字. ·舌縮而聲深, 天開於子也, 形之圓, 象乎天

也. 一舌小縮而聲不深不淺, 地闢於丑也, 形之平, 象乎地也. ㅣ舌不
縮而聲淺, 人生於寅也, 形之立, 象乎人也.》

　　　　(중성은 무릇 11자이다. ·는 혀가 끌어들고 소리가 깊다. 하
늘이 자(子)에서 열리므로 모양이 둥근것은 하늘을 본뜬것이다. ―
는 혀가 조금 끌어들고 소리가 깊지도 얕지도 않다. 땅이 축(丑)에
서 열리므로 모양이 평평한것은 땅을 본뜬것이다. ㅣ는 혀가 끌어
들지 않고 소리가 얕다. 사람이 인(寅)에서 생기므로 모양이 선것
은 사람을 본뜬것이다.)

　　이렇게 소리가 깊고 옅음에 따라 기본자 세개를 먼저 들었다. 그리고
그 글자모양은 하늘, 땅, 사람에 귀결시켰다.

소리	혀	상형	문자
깊다	끌어들이다	하늘	·
깊지도 얕지도 않다	조금 끌어들이다	땅	―
얕다	끌어들이지 않다	사람	ㅣ

　　이 기본자에 근거하여 나머지 여덟자는 이들을 서로 포함하여 만들었다.

　　　　　此下八字,　一闔一闢,　ㅗ與·同而口蹙,　其形則·與―合而
成……ㅏ與·同而口張,　其形則ㅣ與·合而成……ㅜ與―同而口蹙　,
其形則―與·合而成……ㅓ與―同而口張, 其形則·與ㅣ合而成.

　　　　(이 아래 여덟소리는 하나는 입을 닫는것이며 하나는 입을 여
는 음이다. ㅗ는 ·와 같지만 입이 오므라지며 그 모양은 ·와 ―가
어울려서 된것이다.…ㅏ는 ·와 같지만 입이 벌어지며 그 모양은 ㅣ
와 ·가 어울려서 된것이다.…ㅜ는 ―와 같지만 입이 오므라지며 그
모양은 ―와 ·가 어울려서 된것이다…ㅓ는 ―와 같지만 입이 벌어
지며 그 모양은 ·와 ㅣ가 어울려서 된것이다.)

　　이렇게 한번 조합한 자들을 초출(初出)자라고 하였는데 도표로 보이
면 다음과 같다.

문자	같은 성질	조합한 자	입
ㅗ	·	·와 ―	오므라지다
ㅏ	·	ㅣ와 ·	벌어지다
ㅜ	―	―와 ·	오므라지다
ㅓ	―	·와 ㅣ	벌어지다

　　초출자외 넉자는 재출(再出)자라고 하였는데 다음과 같이 설명했다.

ㅛ與ㅗ同而起於ㅣ, ㅑ與ㅏ同而起於ㅣ, ㅠ與ㅜ同而起於ㅣ, ㅕ
與ㅓ同而起於ㅣ.

(ㅛ는 ㅗ와 같지만 ㅣ에서 일어나고, ㅑ는 ㅏ와 같지만 ㅣ에
서 일어나며 ㅠ는 ㅜ와 같지만 ㅣ에서 일어나고 ㅕ는 ㅓ와 같지만
ㅣ에서 일어난다.)

이렇게 두번 조합한 자들을 도표로 보이면 다음과 같다.

문자	선행음	같은 성질음	조합한 자
ㅛ	ㅣ	ㅗ	ㅣ와 ㅗ
ㅑ	ㅣ	ㅏ	ㅣ와 ㅏ
ㅠ	ㅣ	ㅜ	ㅣ와 ㅜ
ㅕ	ㅣ	ㅓ	ㅣ와 ㅓ

이상과 같이 만들어진 중성 11자에서의 점과 선은 다 일정한 규정된
의미를 갖고있음을 제자해에서 밝혔는데 그것을 귀납하면 다음과 같다.

ㅡ는 닫힌 음을 표시하며 ㅣ는 열린 음을 표시한다.

《·》는 음양을 표시하는바 《·》가 《ㅡ》나 《ㅣ》의 우거나 오른쪽에
있으면 양성모음을 나타내며 《·》가 《ㅡ》와 《ㅣ》의 아래거나 왼쪽에 있
으면 음성모음을 표시한다. 기본자에서 《·》는 양성이고 《ㅡ》는 음성이며
《ㅣ》는 중성이다.

두번 조합한 자에서 처음의 《·》는 선행음 《ㅣ》를 표시하는바 짧은
모음 《ㅣ》를 가리킨다.

《·》가 《ㅡ》의 아래거나 우에 있으면 원순모음이며 《·》가 《ㅣ》의
왼쪽이거나 오른쪽에 있으면 비원순모음이다.

이상의것은 정음해례 작자들의 설명을 종합한것이다. 그들이 말한 이
른바 《천지인삼재(天地人三才)》설은 당시의 철학사상인 역학(易學)리론에
의한것이다. 제자해에 말한 정음 28자는 각기 그 모양을 본따서 만들었다
는 서술은 모음도 포괄하고있다.

이처럼 상형원리(자음은 발음기관상형, 모음은 천지인삼재상형)에 의하
여 창제된 정음문자는 표음문자이면서 자모식문자이다. 자모식문자는 자음
과 모음을 따로따로 적을수 있기에 적은 수의 문자로 문자생활을 할수 있
다. 그러나 정음창제시 이를 음절식철자를 하도록 규정하였다.

정음문자는 비록 상형원리에 립각했지만 그림계단을 거치지 않고 처
음부터 고도로 세련된 글자형태를 구비하고 오늘까지 사용되고있다.

④ 훈민정음의 어음리론

훈민정음은 하나의 음절을 초성, 중성, 종성으로 나누었다. 전통적인 중국의 음운학에서도 음절을 중심으로 소리를 나누었다. 그러나 당시 중국에서는 음절을 성과 운의 2분법으로 나누었다. 훈민정음창제자들은 전통적인 이 방법을 대담히 버리고 위치에 따른 3분법을 채취하였다. 이것이 훈민정음의 어음리론의 하나의 리론기초라면 또 다른 하나는 초성과 종성의 동일성을 포착한데 있다.

훈민정음에서는 《종성은 다시 초성을 쓴다(終聲復用初聲)》고 규정함으로써 초성과 종성과의 음운적일치성을 말하고있다. 이렇게 초성과 중성의 문자를 만들고 초성과 종성의 동일성을 확인한데 기초하여 종성자는 따로 만들지 않았다. 사실상 이것은 자모음에 따른 분류로서 훈민정음에서 이미 그것을 포착했음을 말해준다.

[자음]

자음(초성자)의 분류에서 훈민정음은 한어운서의 영향을 직접적으로 받아 오음청탁(五音淸濁)의 분류법을 채용하였다. 오음은 이미 제자에서 말했지만 어금이, 혀, 입술, 이, 목구멍소리들을 가리키는바 한자로는 《牙, 舌, 脣, 齒, 喉》로 된다. 반설음과 반치음은 각각 설음과 치음에 속한다. 청탁이란 소리를 맑고 흐림의 구별에 의해 나눈것이다.

《훈민정음》 제자해의 설명들을 귀납하여 도표로 보면 다음과 같다.

五音 淸濁	牙音	舌音	脣音	齒音	喉音	半舌音	半齒音
全淸	ㄱ	ㄷ	ㅂ	ㅈ ㅅ	ㆆ		
次淸	ㅋ	ㅌ	ㅍ	ㅊ	ㅎ		
全濁	ㄲ	ㄸ	ㅃ	ㅉ ㅆ	ㆅ		
不淸不濁	ㆁ	ㄴ	ㅁ		ㅇ	ㄹ	ㅿ

오음청탁에 대해 이렇게 말하면서 훈민정음해례 초성결(初聲訣)에서는 《23자로써 자모를 이루니 만가지소리가 모두 여기서 난다(二十三字是爲母, 萬聲生生皆自此)》라고 하였다. 원문에서는 각자병서 《ㄲ, ㄸ, ㅃ, ㅉ, ㅆ, ㆅ》에 대하여 창제된 글자를 거듭한것으로 보았을뿐 새 자형으로

보지 않았다. 창제당시 훈민정음이 조선어의 표기를 위한것이였지만 고유요소와 함께 외래요소도 표기하지 않으면 안되였다. 외래요소란 곧 한자이다. 이 한자음표기를 위한 조치의 하나가 각자병서(各字竝書)의 응용이다. 이리하여 제자 17자에 각자병서를 합하여 23자모로 말하고있는것이다.

이리하여 어음분류의 기본인 오음과 청탁의 함의는 결국 조음위치에서의 분류와 동일부위에서의 기류의 성질에 의한 음향적측면을 고려한 조음양식에서의 분류인것이다.

《훈민정음》 제자해에서는 또 청탁에 의한 분류와 함께 소리의 세기(厲)에 의한 구별도 표식으로 잡고있다. 따라서 《ㄴ,ㅁ,ㅇ》는 가장 세지 않은 소리로서 불청불탁이며 《ㄹ,ㅿ》는 세지 않은 불청불탁이다. 《ㄱ,ㄷ, ㅂ,ㅈ》는 센소리로서 전청이며 《ㅅ》는 《ㅈ》보다 세지 않은 전청이다. 《ㅋ,ㅌ,ㅍ,ㅊ》는 전청보다 좀 센 소리로서 차청이다.

제자해에는 또 다음과 같이 썼다.

全淸竝書則爲全濁, 以其全淸之聲凝則爲全濁也. 唯喉音次淸爲
全濁者, 蓋以ㆆ聲深不爲之凝, ㅎ比ㆆ聲淺, 故凝而爲全濁也.

(전청을 나란히 쓰면 전탁이 된다. 그 전청의 소리가 엉키면 전탁이 되기때문이다. 오직 목구멍소리만은 차청으로 전탁이 된다. 그것은 대개 ㆆ는 소리가 깊어서 엉키지 않기때문이다. ㅎ는 ㆆ에 비해 소리가 얕다. 때문에 엉키여 전탁이 된다.)

여기서 《훈민정음》은 청탁에 의한 분류에서 소리의 엉킴을 고려하였음을 알수 있다.

소리의 세기와 엉킴(厲와 凝)은 결국 자음을 음향적측면에서 고려한 것으로 된다. 즉 유기음과 무기음의 대립, 유성음과 무성음의 대립을 전제로 한것과 같은 리치이다. 이러루한것은 청탁분류가 음향적속성을 체현하고있다는것을 말해준다.

《훈민정음》은 소리의 경중(輕重), 완급(緩急), 허실(虛實)도 자음분류의 표식으로 참여하였음을 말하고있다.

○ ㅇ連書脣音之下, 則爲脣輕音者, 以輕音脣乍合而喉聲多也
(제자해)

(ㅇ를 입술소리아래 이어쓰면 입술가벼운 소리가 되는것은 가

벼운 소리로 입술을 잠시 합하면 목구멍소리가 많기때문이다.)

○ 初聲者, 或虛或實或颺或滯或重或輕(제자해)

(초성은 혹은 속이 비거나 속이 있고 혹은 날리거나 걸리며
혹은 무겁거나 가볍다)

○ 聲有緩急之殊. 故平上去其終聲不類入聲之促急(종성해)

(소리에는 느림과 빠름의 차이가 있다. 따라서 평성, 상성,
거성은 그 종성이 입성의 종성이 빠르게 끝나는것과 다르다.)

이러한 표식의 작용하에 소리의 경중에따라 ㅸ와 ㅂ를 구별했고 완급
에 따라 《ㄱㄷㅂㅅ》와 《ㅇ, ㄴ, ㅁ, ㅿ》가 대립되였다. 그리고 허실에
근거하여 《ㅇ》 같은것은 《소리가 맑고 비여 반드시 종성으로 쓰지 않더
라도 중성이 능히 음을 이룰수 있다.》(ㅇ聲淡而虛, 不必用於終, 而中聲可
得成音-종성해)

훈민정음에서 합용병서(合用竝書)라 하여 부동한 초성자를 어울러 쓴
것이 있다. 당시 문헌에 나타난것들을 보면 다음과 같다.

초 성	ㅅ계렬	ㅺ ㅼ ㅽ
	ㅂ계렬	ㅲ ㅄ ㅶ ㅳ ㅴ ㅵ
종 성		ㄳ ㄽ ㄺ ㄻ ㄼ ㅀ

이외 극히 희소하나 《ㅀ》(쓰인례는 없음), 《ㅆ》, 《ㆀ》, 《ㆅ》 등도 나
타나고있다.

이상에서 《훈민정음》의 자음의 어음조직리론을 보았다. 이것은 훈민
정음해례에 의하여 분석된것이다. 문자와 음운이 일치되였는가, 병서자들
이 구경 무엇인가, 당시의 실지 음운체계에는 어떤것들이 있었는가, 어떤
것은 사실상 음운으로 존재하지 않았는가 등등의 문제에 대하여 따로 연
구하게 된다.

[모음]
모음은 자음에 비하여 더욱 독창적인 일면이 있다.

모음은 심천(소리의 깊고 얕음)합벽(닫힌것과 열린것)의 원리에 립각
하였다.

이미 제자원리에서 말한바 있지만 이는 기본자에서 아주 똑똑히 교대
되였고 조합자들에서도 그 동일성이 설명되였다.

◉ 혀를 끌어들이고 깊은 소리: · ㅗ ㅏ ㅛ ㅑ

혀를 조금 끌어들이고 깊지도 얕지도 않은 소리: ㅡ ㅜ ㅓ ㅠ ㅕ

혀를 끌어들이지 않고 얕은 소리: ㅣ

◉ 닫히는 소리: ㅗ ㅜ ㅛ ㅠ

열리는 소리: ㅏ ㅓ ㅑ ㅕ

이처럼 심천에 의해 모음은 3개부류로 나뉘였고 합벽에 의해서도 3개부류(· ㅡ ㅣ 는 합벽에 대한 특별한 지적이 없으나 조합자설명에서 보면 다른 한 부류로 볼수 있다)로 나뉘였다. 그러면서 음양, 입모양, 혀의 위치, 조합차수 등을 다 고려하였던것이다. 제자원리에서 응용되지 않은 부분을 보면 다음과 같다.

ㅗ ㅏ ㅜ ㅓ始於天地, 爲初出也。 ㅛ ㅑ ㅠ ㅕ起於ㅣ而兼乎人, 爲再出也。ㅗ ㅏ ㅜ ㅓ之一其圓者, 取其初生之義也。ㅛ ㅑ ㅠ ㅕ之二其圓者, 取其再生之義也。ㅗ ㅏ ㅛ ㅑ之圓居上與外者, 以其出於天而爲陽也。ㅜ ㅓ ㅠ ㅕ之圓居下與內者, 以其出於地而爲陰也。·之貫於八聲者, 猶陽之統陰而周流萬物也。(제자해)

(ㅗ ㅏ ㅜ ㅓ 는 하늘과 땅에서 시작하였으니 초출이다. ㅛ ㅑ ㅠ ㅕ 는 ㅣ 에서 일어나서 사람을 겸하였으니 재출이다. ㅗ ㅏ ㅜ ㅓ 에서 둥근점을 하나로 함은 처음 나온 뜻을 취한것이며 ㅛ ㅑ ㅠ ㅕ 에서 둥근점을 둘로 한것은 다시 나왔다는 뜻을 취한것이다. ㅗ ㅏ ㅛ ㅑ 에서 둥근점이 우나 밖에 놓인것은 그것이 하늘에서 나와서 양이 되기때문이고 ㅜ ㅓ ㅠ ㅕ 에서 둥근점이 아래와 안에 놓인것은 그것이 땅에서 나와서 음이 되기때문이다. · 가 여덟음에 다 있음은 양이 음을 이끌어 만물에 두루 흐름과 같다.)

지금까지 인용된 말들을 도표로 종합하면 다음과 같다.

		舌	不縮	小縮	縮
		聲	淺	不深不淺	深
		陰陽	(中)	陰	陽
闔闢	口	基本字 初出 / 再出	ㅣ	ㅡ	·
闔	口蹙	初出		ㅜ	ㅗ
闔	口蹙	再出		ㅠ	ㅛ
闢	口張	初出		ㅓ	ㅏ
闢	口張	再出		ㅕ	ㅑ

여기서 《舌》은 혀의 위치적상태를 말하며 《深淺》은 음가를 말하며 《陰陽》은 모음조화대립체계를 말하며 《初出再出》은 모음음소의 증가를 말하며(초출자는 문자상에서는 조합했지만 음소상에서는 하나다) 《口》는 개구도를 말하며 《闔闢》이란 구강이 열린 정도를 말하면서 아울러 입술과 소리의 성질도 말한다. 그리고 《舌》과 《口》는 모음의 조음적특성을 지적하고있으며 심천과 합벽은 음향적표식을 지적하고있다.

보건대 집현전학사들은 모음에 대하여 아주 여러모로 고려하였는바 이는 그들의 뛰여난 재능과 깊은 연구에서 얻어진것이다.

이외에 《중성해》에서는 이상의 11자에 기초하여 산생되는 2중모음과 3중모음 지어 4중, 5중 모음까지 언급하였다. 물론 그 기초음들은 일곱개 홀모음과 네개의 점모음이다.

중성해의 기록을 다시 옮기지 않고 도표로 보면 다음과 같다.

류형	모음자
二字合用者	ㅘ ㆇ ㅝ ㆊ
一字中聲之與ㅣ相合者十	ㆎ ㅢ ㅚ ㅐ ㅟ ㅔ ㆉ ㅒ ㆌ ㅖ
二字中聲之與ㅣ相合者四	ㅙ ㅞ ㆈ ㆋ

《합자해》에는 시골말과 아이들말에 쓰인다고 하면서 《ㅣ》, 《ㅢ》 등 모음도 말하였다.

이리하여 《정음 28자》에 속한 모음 11자를 내놓고도 20개의 모음자를 더 들고있다. 그러나 이것들이 다 15세기 정음창제시의 음운을 반영한것은 아니다. 그러나 11자에 속하지 않았지만 음운으로 존재한것도 있다.

[**받침**]

《훈민정음해례》에서는 정음의 초성은 곧 운서의 자모이고 중성은 자운의 가운데 위치하여 초성과 종성을 합하여 음을 이루며 종성은 초성과 중성을 받아 자운을 이룬다고 썼다. 종성의 위치와 작용을 이렇듯 중히 본것은 한어음운학의 영향과 갈라놓을수 없다.

종성 다시 말해서 받침에 대하여 례의본문에서는 《종성은 다시 초성을 쓴다》고 하였지만 《종성해》에서는 《그러나 ㄱㅇㄷㄴㅂㅁㅅㄹ 여덟자만으로도 능히 다 쓸수 있다(然ㄱㅇㄷㄴㅂㅁㅅㄹ八字可足用也)》고 하였다. 그러면서 《빗곶》이 《배꽃》으로 되고 《엿의 갗》이 《여우가죽》으로 되는데 이것은 《ㅅ》만으로 통용할수 있으므로 오직 《ㅅ》만 써서 《빗》, 《곳》,《엿》,《갓》으로 할수 있다고 하였다. 이와 같이 통용되는 종성을 가지고 8자로 제한할수 있다는것을 제기한것은 초성자는 받침으로 될 때 폐쇄화된다는것을 념두에 둔것이다.

이를 다른 각도에서 말하면 초성자가 문자로서 받침위치에 다 올수 있으나 그 음가는 8가지로 귀납되므로 애당초 8가지를 대표한 여덟자만 써도 무방하다는것이다. 실제로 15~16세기문헌을 조사해보면 《룡비어천가》와 《월인천강지곡》에 례외가 있고는 거의 모든 문헌에서 8종성을 지켰으며 《ㅿ》이 종성으로 특수한 경우 쓰였을뿐이다.

훈민정음은 받침위치에서의 무성음과 유성음의 호상전환을 다음과 같이 말하고있다.

五音之緩急, 亦各自爲對。如牙之ㅇ與ㄱ爲對, 而ㅇ促呼則變爲ㄱ而急, ㄱ舒出則變爲ㅇ而緩。舌之ㄴㄷ, 脣之ㅁㅂ, 齒之ㅿㅅ, 喉之ㅇㆆ, 其緩急相對, 亦猶是也。(종성해)

(오음의 완급은 각각 상대가 된다. 례를 들면 어금소리의 ㅇ은 ㄱ와 상대되는바 ㅇ을 빨리 내면 ㄱ으로 변하여 급하고 ㄱ를 천천히 내면 ㅇ으로 변하여 천천한것과 같은것이다. 혀소리의 ㄴㄷ, 입술소리의 ㅁㅂ, 이소리의 ㅿㅅ, 목구멍소리의 ㅇㆆ도 그 완급상대 역시 그러하다.)

ㄱ—ㅇ: [-k]—[-ɦ]

ㄷ—ㄴ: [-t]—[-n]

ㅂ—ㅁ: [-p]—[-m]

ㅅ—ㅿ: [-s]—[-z]

ᅙ—ㅇ: [-ʔ]—[-ㅇ]

이는 아주 과학적인 분석이다. 조선어에서 이 대립현상과 전환현상은 하나의 법칙적현상으로 된다.

혁명[형명] 닫는다[단는다] 밥물[밤물]

훈민정음종성해에는 똑똑한 설명이 없으나 례의언해문에서 보면 한자 교정음에는 《ㄱㅇㆆㄴㅂㅁㆁㅇ》등 여덟개 받침을 쓰고있다.

⑤ 《훈민정음》의 합자원칙과 한자음 및 사성점

[합자원칙]
훈민정음의 합자원칙의 기본점은 음절을 단위로 초성, 중성, 종성의 결합체를 이루게 하는것이다. 이에 대하여 다음과 같이 여러곳에서 말하고 있다.

○ 凡字必合而成音(례의원문)

○ 初中終三聲合而成字(합자해)

○ 以初中終合成之字言之, 亦有動靜互根陰陽交變之義焉(제자해)

○ 初聲有發動之義…終聲有止定之義。中聲承初之生, 接終之成…蓋字韻之要, 在於中聲。(제자해)

이런 합자원칙은 옆으로 풀어 초성, 중성, 종성을 묶은것이 아니라 한자의 영향을 받아 네모꼴식 음절식철자를 하게 하였다.
ㅎㅜㄴ ㅁㅣㄴ ㅈㅓㅇ ㅇㅡㅁ (풀어쓰기)
훈   민   정   음   (음절식철자)
사실상 우수한 자모문자를 음절을 단위로 초성, 중성, 종성을 상하로 묶어썼기때문에 글자쓰기와 인쇄에 폐단을 가져왔다.

초성, 중성, 종성이 반드시 있어야 글자가 이루어진다고 한것은 당시 한자음(교정음)에서는 지켜졌으나 고유어에서는 지켜지지 않았다. 한자음에서는 《ㅱ, ㅇ》와 같은것을 형식적으로 순모음으로 끝난 음절에 붙여 초, 중, 종성을 꼭 갖추게 하였다.

字 쭝　　之 징　　予 영
有 울　　標 푱　　蚓 끃

　　고유조선어의 경우에는 순모음아래 이런 형식적종성을 달지 않았다.
훈민정음창제시 고유어에서는 한자어와 달리 표음주의적철자를 하였다.
그러므로 원래 종성이 있는 어근적단어가 문장속에서는 종종 종성이 소실
되였다. 하여 받침없는 경우와 받침이 하철된 경우 종성위치는 비여있었
다.

　　합자원칙과 더불어 글자속에서의 초, 중, 종성의 위치 및 서법에 대
하여 다음과 같이 규정하였다.

　　a. 례의원문에서 《·ㅡㅗㅜㅛㅠ는 초성의 아래쪽에 붙여쓰고 ㅣㅏㅓ
ㅑㅕ는 오른쪽에 붙여쓴다.》고 규정하였다. 다시 말해서 둥근 글자와 가
로 된 글자는 초성아래, 세로된 글자는 오른쪽에 쓴다는것이다. 중성자의
이 서법에 대하여 합자해에서도 다시 되풀이하였다.

　　　　中聲則圓者橫者在初聲之下, ·ㅡㅗㅛㅜㅠ是也。縱者在初聲之
右, ㅣㅏㅑㅓㅕ是也。
　　　　(중성으로서 둥근것과 가로된것은 초성의 아래에 있으니 ·
ㅡㅗㅛㅜㅠ가 그것이며 세로된것은 초성의 오른쪽에 있으니 ㅣㅏ
ㅓㅑㅕ가 그것이다.)

　　b. 초성은 중성의 우거나 왼쪽에 쓴다고 규정하였다.

　　　　初聲或在中聲之上, 或在中聲之左。(합자해)
　　　　(초성은 혹은 중성의 우에 있고 혹은 중성의 왼쪽에 있다.)

　　c. 종성은 초성과 중성의 아래에 쓴다고 규정하였다.

　　　　終聲在初中之下(합자해)
　　　　(종성은 초성과 중성의 아래에 있다.)

　　d. 초성을 둘 혹은 셋을 어울러 쓰려면 왼쪽으로부터 옆으로 나란히
써야 한다고 규정하였다.

初聲二字三字合用竝書,　如諺語ᄯᅡ爲地ᄧᅡᆨ爲雙ᄢᅳᆷ爲隙之類(합자해)

(초성 두자나 석자를 합하여 나란히 쓰면 조선말의 ᄯᅡ(땅), ᄧᅡᆨ(짝), ᄢᅳᆷ(쯤)등과 같다.)

e. 같은 초성을 어울러 쓰려면 역시 옆으로 나란히 써야 한다.

各字竝書如諺語혀爲舌而ᅘᅧ爲引, 괴여爲我愛人而괴ᅇᅧ爲人愛我, 소다爲覆物而쏘다爲射爲之類。(합자해)

(각각 같은것끼리 나란히 쓰면 조선말의 혀는 《혀》가 되고 ᅘᅧ는 《당기다》가 되고 괴여는 《남을 사랑하다》가 되고 괴ᅇᅧ는 《남의 사랑을 받다》가 되며 소다는 《업지르다》가 되고 쏘다는 《발사하다》가 되는것과 같다.)

f. 중성을 둘이나 셋을 어울러 쓸 때에도 역시 왼쪽으로부터 옆으로 붙여써야 한다.

中聲二字三字合用, 如諺語과爲琴柱홰爲炬之類.

(중성 두자나 석자를 합쳐쓰려면 조선말의 《과(거문고의 오리발)》나 《홰(홰불)》와 같이 쓴다.)

g. 종성도 초성과 마찬가지로 쓴다.

(종성 두자나 석자를 합하여 쓰려면 조선말의 《ᄒᆞᆰ(흙)》, 《낛(낚시)》, 《ᄃᆞᇌᄣᅢ(닭이 울 때)》와 같이 쓴다.)

이상의 규정들에서 어울러 쓰는것은 모두 왼쪽으로부터 오른쪽으로 나오며, 이는 초성, 중성, 종성에 다 통용됨을 지적하였다.(合用竝書, 自左而右, 初中終三聲皆同)

h. 한자와 정음을 섞어쓸 때 한자의 음에 따라 중성이나 종성을 보충할수 있다고 규정하였다.

文與諺雜用則有因字音而補以中聲終聲者,　如孔子ㅣ魯ㅅ사ᄅᆞᆷ之

類(합자해)

　　　(한자와 조선글을 섞어쓸 때 한자음에 따라 중성이나 종성을
보충할것이 있으니 《孔子ㅣ》와 《魯ㅅ사룸》과 같은것이다.)

이는 철자상에서 한자와 조선글을 섞어쓸 때 산생된 중성 및 종성보충의
방법이다. 《ㅣ》는 《공재》에서 《ㅐ》가 겹모음임에 따라 《ㅏ(子)》와 《ㅣ》가 두
음절이 아님을 나타낸것이였고 《룻》도 역시 마찬가지다.

[한자음]

《훈민정음》 창제시의　조선어한자음표기는　두개방면으로　고찰된다.
《훈민정음》 창제이전의 오랜 시기 한자를 써오는 가운데서 조선한자음은
자기의 특성을 가지고있었으며 이미 그 당시의 중국음 특히 전통적인 운
서와는 구별이 많았다. 이 전통적인 조선음을 통용음이라고 한다. 이 음
은 《훈몽자회(1527)》를 비롯한 언해서들에 기록되고있다.

그런데 정음창제시기 조선의 실제 한자음(통용음)이 중국의 운서와
거리가 멀어서는 안된다고 인식하고 중국운서의 체계에 맞추어 한자음을
교정하게 되였는데 그것이 곧 훈민정음을 리용한 운서 《동국정운(東國正
韻)》에 집중적으로 반영되고있다. 그러나 이 책을 보면 그것이 완전히 중
국운서의 체계에로 돌아간것은 아니였으며 통용음도 고려하면서 편찬하였
음을 알수 있다. 바꾸어 말하면 이 책은 중국운서와 전통적인 조선음의
타협적운서였다.

《동국정운》은 훈민정음례의의 초성 17자에 각자병서 6자를 더하여
23자모에 91운으로 하였다.

《훈민정음》 언해에서는 그 한자음표기에 《동국정운》식의 교정음을
달았다.

교정음인 경우 모든 경우에 종성을 갖추었다. 종성에는 고유어에도 있
는 《ㄱ, ㅂ, ㆁ, ㅁ, ㄴ》가 쓰인외 《ㅇ, ㅱ》도 쓰였다. 이미 말한바 모든 글
자는 반드시 종성이 있어야 된다고 하였기에 형식적인 이런 종성도 있었던
것이다. 이 두 형식적종성은 모두 순모음으로 끝난 음절에 쓰였지만 서로
구별되였다. 《ㅱ》는 《동국정운》의 《高, 鳩, 杲, 九, 誥, 救》 등 운에만 쓰이
고 기타에는 《ㅇ》를 썼다. 중국운서에서 보면 《流, 效》 등 한자에만 《ㅱ》를
쓰고 나머지 순모음 아래는 《ㅇ》를 썼다.

《ㄹ》종성의 경우에 고유어나 전통적인 한자음과는 달리 《ㄹ》에

《ㆆ》를 더하여 《ᄚ》와 같이 썼다. 《종성해》에서 이 점을 다음과 같이
쓰고있다.

> 半舌之ㄹ, 当用於諺, 而不可用於文。如入聲之彆字, 終聲当用
> ㄷ, 而俗習讀爲ㄹ, 蓋ㄷ變而爲輕也。若用ㄹ爲彆之終, 則其聲舒緩,
> 不爲入也。

> (반혀소리 《ㄹ》은 마땅히 조선말에서 쓸것이며 한자에는 쓰
> 지 않을것이다. 입성의 《彆》자와 같은것은 종성에 마땅히 《ㄷ》를
> 써야 할것이나 습관적으로 《ㄹ》를 쓴다. 이것은 대개 《ㄷ》가 변하
> 여 가볍게 된것이다. 만약 《ㄹ》로 《彆》자의 종성을 하면 그 소리
> 가 느리여 입성이 되지 않는다)

《동국정운》에서는 이미 통용음에서 《ㄹ》로 된것을 《ㄷ》로는 할수
없음을 고려하여 다음과 같이 하였다.

> 質勿諸韻宜以端母爲終聲, 而俗用來母, 其聲徐緩, 不宜入聲。
> (《東國正韻》 서문)
> (질물과 같은 운에는 마땅히 단모로 종성을 삼아야 하는데
> 속습에는 래모로 쓰므로 그 소리가 느리여져서 입성에 맞지 않는
> 다)
> 又於質勿諸韻, 以影補來, 因俗歸正(동상)
> (또 질물과 같은 운에는 영모(ㆆ)로써 래모(ㄹ)를 보충하여
> 풍습에 인하여 바름에 돌아오게 한다)

이처럼 《ㄹ》로도 《ㄷ》로도 하지 않고 타협적인 방법으로 《ᄚ》로 하
였다.

> 彆　별(통용음)
> 彆　볋(언해본)

（오음의 순서로 배렬）	ㄱ	ㆁ	ㄴ	ㅭ	ㅁ	ㅂ	ㅇ	ㆆ
國(귁)	輕(켱)	言(언)	不(붏)	南(남)	急(급)	加(강), 去(컹)	虯(끃)
得(득)	江(강)	君(군)	八(밣)	覃(땀)	業(업)	故(공), 語(엉)	斗(둫)
百(빅)	中(듕)	呑(툰)	發(벓)	点(뎜)	十(씹)	愚(웅), 牙(앙)	頭(뚷)
卽(즉)	通(퉁)	文(문)	彆(볋)	談(땀)	習(씹)	御(엉), 其(끵)	漂(푷)
則(즉)	同(똥)	民(민)	必(빓)	凡(뺌)	挹(흡)	快(쾡), 多(당)	復(뿡)
促(쵹)	並(뼝)	憫(민)	別(볋)	侵(침)	合(합)	所(송), 那(낭)	有(읗)
欲(욕)	平(뼝)	便(뼌)	舌(쎯)	音(흠)	入(입)	左(장), 乃(냉)	右(읗)
	相(샹)	半(반)	戌(슗)			齒(칭), 帝(뎽)	喉(흫)
	姓(셩)	伸(신)	一(힗)			慈(쫑), 步(뽕)	流(륳)
	上(썅)	新(신)	日(싏)			邪(썅), 附(뿡)	
	常(썅)	屑(쎧)				彌(밍) 矣(읭),	
	成(셩)	安(한)				無(뭉) 與(영),	
	終(즁)	漢(한)				予(영) 之(징),	
	聲(셩)	訓(훈)				爲(윙) 字(쫑),	
	情(쪙)	連(련)				易(잉) 者(쟝),	
	正(졍)	然(션)				於(헝) 此(충),	
	皇(훵)	人(신)				下(행) 制(졩),	
	洪(훃)					乎(횽) 使(숭),	
	用(용)					虛(형) 初(총),	
	穰(샹)					閭(령) 書(셩),	
						二(싱) 異(잉),	
						耳(싱) 如(셩)	

우의 도표는 《훈민정음언해》에 쓰인 한자를 종성에 따라 보인것이다.

교정음인 경우 초성에서는 각자병서 전탁음인 《ㄲㄸㅃㅆㅉㆅ》를 쓰고 있는데 이는 고유어에서와는 좀 다르다. 고유어에서는 《ㅆㆅ》가 개별적으로 쓰인외 그외의것은 쓰이지 않고있다. 그리고 고유어에 '나타나는 합용병서 《ㅺ, ㅼ, ㅽ, ㅄ, ㅳ》 등은 교정음에 쓰이지 않고있다. 례:

並뼝　平뼝　上썅　情쪙　皇훵　洪훃　屑쎧

便뼌　舌쎯　凡뺌　談땀　覃땀　十씹　習씹

合합　字쫑　乎횽　下행　附뿡　步뽕　邪썅

慈쫑　其끵　虯끃　頭뚷　復뿡　喉흫

또 교정음인 경우 중성자에서도 독특한것이 쓰이고있다.

《동국정운》의 교정음은 당시의 전통적인 조선음과는 맞지 않는것이 많다. 초성, 중성, 종성에서 각각 맞지 않는것을 몇개 례를 들면 다음과 같다.

초성:

風	뿡(동국정운)	풍(월인석보)
常	썅(동국정운)	샹(월인석보)
在	찡(동국정운)	지(월인석보)
合	합(동국정운)	합(삼강행실도언해)
日	싌(동국정운)	일(삼강행실도언해)
八	밣(동국정운)	팔(훈몽자회)

중성:

國	귁(동국정운)	국(훈몽자회)
習	씹(동국정운)	습(훈몽자회)
妻	쳉(동국정운)	처(훈몽자회)

종성:

一	힗(동국정운)	일(훈몽자회)
舌	쎯(동국정운)	셜(훈몽자회)
世	솅(동국정운)	세(훈몽자회)
右	윻(동국정운)	우(훈몽자회)
予	영(동국정운)	여(훈몽자회)
流	륳(동국정운)	류(훈몽자회)

[사성점]

사성점(四聲點)을 일명 방점(傍點)이라고 한다.

훈민정음은 사성을 평성, 상성, 거성, 입성으로 나누었는데 글자왼쪽에 점을 찍는 방법으로 그것을 표시하였다.

례의원문에는 《왼쪽에 한점을 더한것은 거성이고 점이 둘이면 상성이며 점이 없으면 평성이다. 입성은 점을 더하는것은 같으나 빠르다. (左加一點則去聲, 二則上聲, 無點平聲, 入聲加點同而促急)》고 하였다. 《훈민정음언해》에서 성조에 대하여 설명하기를 《평성은 가장 낮은 소리》, 《상성은 처음이 낮고 나중이 높은 소리》, 《거성은 가장 높은 소리》, 《입성은 빨리 끝닿는 소리》라고 하였다.

《합자해》에서는 또 다음과 같이 썼다.

平聲安而和…上聲和而擧…去聲擧而壯…入聲促而塞。

(평성은 그 소리가 편안하고 고르롭다… 상성은 고르롭고 들린다… 거성은 들리고 굳세다…입성은 빠르고 막힌다.)

이외에도 매 성조에 대한 설명이 문헌들에 나타나는데 좀씩 다르다.

성조란 원래 한어음운에서 불가결의 조성부분으로 되고있다. 그 이름 자체도 바로 한어에서 온것이다. 이 영향을 받아 훈민정음에서는 한자에는 물론 고유조선어에도 성조표기를 하였던것이다. 그러나 이것이 조선어에서 비음질음운의 역할을 놀았는가 아니면 인위적으로 적용한것인가 하는 문제는 앞으로 계속 해명해야 할것이다. 혹 고유어의 고저장단과 관련되여 한어를 답습한것이 아닌가고 생각하고도 있지만 아직 그렇게 단언하기는 어렵다.

《종성해》에는 다음과 같이 썼다.

聲有緩急之殊, 故平上去其終聲不類入聲之促急。不淸不濁之字, 其聲不厲, 故用於終則宜於平上去, 全淸次淸全濁之字, 其聲爲厲, 故用於終則宜於入。所以ㅇㄴㅁㅇㄹㅿ六字爲平上去聲之終,　而余皆爲入聲之終也。

(소리에는 느림과 빠름의 차이가 있다. 따라서 평성, 상성, 거성은 그 종성이 입성의 종성이 빠르게 끝나는것과 같지 않다. 불청불탁의 자는 그 소리가 거세지 않다. 따라서 종성에 쓰면 평성, 거성, 상성에 해당한다. 전청, 차청, 전탁의 자는 그 소리가 거세다. 때문에 종성으로 쓰면 입성에 해당한다. 그러므로 ㅇㄴㅁㅇㄹㅿ 여섯은 평성, 상성, 거성의 종성이 되고 그 나머지는 모두 입성의 종성이 된다.)

이렇게 《ㅇㄴㅁㅇㄹㅿ》만 평성, 상성, 거성의 종성에 쓰이며 기타는 입성의 종성에 쓰인다고 하면서 《합자해》에서는 다음과 같이 례를 들고 있다.

활(弓): 평성

ː돌(石): 상성

· 갈(刀): 거성

붇(筆): 입성

그러면서 계속하여 다음과 같이 썼다.

諺之入聲無定。或似平聲, 如긷爲柱, 녑爲脅。或似上聲, 如낟
爲穀, 깁爲繒。或似去聲, 如몯爲釘, 입爲口之類。其加點則與平上去
同。(합자해)

(조선말의 입성은 정함이 없어서 혹 《긷(기둥)》, 《녑(옆구
리)》과 같이 평성이 되고 혹 《낟(낟알)》, 《깁(비단)》과 같이 상성
이 되고 혹은 《몯(못)》, 《입》과 같이 거성이 된다. 그 점을 더함
은 평성, 상성, 거성과 같다.)

이처럼 조선말의 입성은 일정하지 않아서 혹 평성으로 혹 상성으로
혹은 거성으로 되기에 《ㄱㄷㅂ》종성도 입성으로 따로 묶이여지지 않으며
따라서 점을 치는것을 따로 정하지 않는다고 말하였다. 방점은 결국 평
성, 상성, 거성 세가지이다.

한자교정음에 대한 방점은 고유조선어와는 달리 완전히 중국운서를
본받았다. 《훈민정음》 언해에 쓰인 한자들은 《광운(廣韻)》과 그 사성표시
가 일치하다. 이것은 아래의 표9)에서 알수 있다.

---

9) 표에서 ◯는 입성자를 표시한다.

點聲＼攝	通	江	止	遇	蟹	臻	山	效	果	假	岩	梗	曾	流	深	咸
0 平	同通洪終中	江	彌之而其慈	乎無愚如閭 虛子書初於		君人文新屑吞民伸	便連然言安	漂	那多	牙邪加	皇常相穰当	聲輕成情平		叫頭喉流	音侵	覃南談凡
2 上			此耳矣齒使	所語與	乃	憫			左	下者	上			右有		點
1 去	用 ○促○欲		爲易二字異	故步附去御 ○彆	帝制快製	訓 ○不○必○日○一○戌	半安漢 ○日○別○舌○八○發		那			並姓正 ○百	○國○得○則○即	斗復	○急○入○習○挹○十	○合○業

표에서 보면 입성자는 규칙적으로 거성에 속했는데 이것은 《입성은 점을 더하는것은 같으나 빠르다》는 례의원문의 말과 《한문의 입성은 거성과 같다(文之入聲與去聲相似)》는 《합자해》의 말과 일치하다. 오직 한자에서는 고유조선어와 달리 거성과만 같았다는것을 헤아려볼수 있다. 한자의 방점은 인위적으로 중국운서를 따른것이다. 신숙주의 《동국정운》 서문에는 조선한자가 《상성과 거성이 구별없다(上去無別)》고 기록한 한단락의 말이 있다. 그러나 표에서 보다싶이 상성과 거성을 구별해 점을 찍었다. 이것은 인위적임을 말해주는것이다.

⑥ 《훈민정음》이 가지는 력사적의의

　　사회의식형태의 발전은 필연코 사회생산력의 발전과 동반된다. 그러므로 리씨조선왕조가 자기의 정치, 경제적지위로부터 그리고 자기의 리해관계로부터 출발하여 봉건문화의 발전에 대하여 관심을 돌리지 아니할수 없었던것이다. 이는 자기의 현존한 지위를 공고발전시키기 위해서도 꼭 필요한 과정이였던것이다. 세종본신이 바로 리씨봉건국가앞에 나타난 이 점을 보아냈고 아울러 각종 모순중에서 문자와 왕조의 번영발전과의 관계를 옳게 보아냈던것이다. 민족어발전로정에서 문자생활의 장애로 인해 나타난 백성들의 욕구와 봉건통치계급의 계급적리해가 일치하게 됨으로써 《훈민정음》은 왕조의 사업으로 산생되였던것이다. 이리하여 문자와 언어의 불일치와의 모순을 해결함으로써 인민대중들의 한문이거나 리두보다 알기 쉬운 고유문자에 대한 욕구와 희망을 간접적으로 반영하였다. 바로 이 점에서 《훈민정음》을 긍정하고 높이 평가하게 된다.

　　《훈민정음》의 탄생은 문자생활의 새길을 열어놓았으며 조선어발달과 민족문자의 력사에서 아주 의의있는 사건으로 된다. 그것이 통치계급의 세계관으로부터 나온 조치였지만 그들의 주관욕망을 초월하여 력사발전의 객관법칙을 반영했음으로 하여 빛나는 유산으로서의 력사적의의와 가치를 가지게 된다.

　　《훈민정음》은 자랑할만한 독창적인 문자이다. 적지 않은 사람들이 그 기원에 대하여 이렇게 저렇게 론급했지만 그것은 모두 문자창제의 독창성을 무마하려는 유설들이였다. 그렇기때문에 원본이 발견되기전에 그 어느 리론이든지 성립되지 못하였던것이다.

　　《훈민정음》은 한자로서는 정상적인 문자생활을 영위할수 없다는것을 똑똑히 밝히면서 그것만으로는 《만분의 일》도 통하지 않는다고 하였다. 이것은 바로 정상적인 문자생활을 도모하려고 한데서 보아낸 문제인것이다. 이리하여 《슬기가 있는 사람은 하루아침에 통달할수 있고 둔한 사람이라도 열흘안에 배울수 있는》 문자를 창제하였는바 이는 바로 이 문자의 대중성과 실용성 및 보급성을 말해준다. 기본자인 경우 초성자가 5개이고 중성자가 3개로서 자획이 간단하고 용법이 평이하며 쉽게 익혀쓸수 있다. 《훈민정음》의 이러한 특성은 언문불일치로 인한 통치계급의 한자독점으로 조성된 문자와 학문에 대한 독점을 소거하고 광범한 인민대중이 문화와 학문에 참여할수 있는 길을 열어주었다. 물론 그 이후시기에

도 평탄치 않았으나 그 시초를 열어주었다는 점에서는 력사적의의를 가지
지 않을수 없다.

《훈민정음》은 과학적이고도 정밀성을 가진 문자이다. 조선어의 음운
체계와 음운특성을 옳게 파악하고 음운과 문자의 일치를 기하기 위한 과학
적립장에서 만든 문자인것만큼 그 문자체계도 아주 정밀하며 융통성이 강
하다. 하여 집현전학자들은 자랑스럽게《자운으로서는 맑고흐림이 잘 분간
되고 노래로는 가락이 고르며 쓰는데 갖추어지지 않은것이 없고 가서 통하
지 않을데가 없으니 바람소리와 학의 울음과 닭의 홰침과 개의 짖음도 모
두 적을수 있다(훈민정음해례서문)》고 말한것이다. 이러한 특성은 한문에
의해 저애받던 조선어입말로 하여금 자유롭게 발전해나갈수 있게 하였으며
따라서 조선어는 자기의 모든 특성을 다 발휘하여 다듬어지게 되였다. 이
기초상에서 글말(서면어)이 발전되고 확립되여 나갈수 있게 되였으며 전반
조선어는 획기적인 발달의 길에 오르게 되였다.

《훈민정음》의 창제는 민족문화의 오랜 전통과 풍부한 유산에 토대
하여 실현된것이였다. 하지만 발달한 민족문화사에 비해보면《훈민정음》
의 창제는 아주 뒤늦었다고 말할수 있다. 그러나 그의 창제로 하여 민족
어의 규범을 세우고 민족어의 통일을 보장할수 있었는바 이로 하여 민족
문화는 더한층 높은 단계에로 오를수 있었다. 바로 이 점에서 문화발전에
대한《훈민정음》의 거대한 추동작용을 긍정하지 않을수 없었다.

마지막으로 우리는《훈민정음》의 창제는 조선민족본신의 발전을 추
진하였으며 조선어의 자주성에 하나의 초석을 쌓아주었다는것을 말하지
않을수 없다.

조선민족의 문자생활에서《훈민정음》은 새로운 길을 열어놓았지만
당시의 사대의존의식과 한문숭상사상에 의하여 한문의 지위를 개변시키지
는 못하였다.

향가의 격형태 일별(一瞥)

리 홍 매

훈민정음이 창제되기전 조선민족은 한자를 빌어 서사생활을 해왔다. 하지만 표의문자 한자는 본래 중국어에 맞는 문자로서 그것으로 조선어의 문자를 표시하는데는 적잖은 어려움이 존재하였다.

한자표기는 지명, 인명, 관직명 등 고유명사 표기에 처음으로 사용되였다. 하나의 한자가 소리와 뜻을 아울러 나타내는 원리를 응용하여 조선민족은 음차자(소리만 빌려 표기), 훈차자(뜻만 빌려 표기), 음훈독자(소리와 뜻을 다 빌려 표기)를 만들어 표기수단에 사용하였다.

> 례: 水谷城縣-云買旦忽 (《삼국사기》 권 37)
> 買忽-云水城 (《삼국사기》 권 37)
> 橫川縣-云於斯買 (《삼국사기》 권 37)
> 居柒夫-云荒宗 (《삼국사기》 권 44)
> 辰人謂瓠爲朴 (《삼국사기》 권 1)

그러나 이런 고유명사의 표기만을 가지고는 사람들의 복잡한 사상을 표현하는데 많은 장애가 존재한다. 하여 한자를 리용한 서사생활은 점차 문장표기에까지 이르게 된다. 즉 한자의 뜻은 그대로 사용하고 어순만을 조선어의 문장구조에 따라 표기하였던것이다. 조선어 문장의 어순을 뚜렷하게 보여주는 최초의 자료는 《임신서기석(壬申誓記石)》에 새겨있는 문장이다.

> 壬申年六月十六日 二人幷誓記 天前誓 今自三年以後 忠道執持
> 過失无誓 若此事失 天大罪得誓 若國不安大亂世 可容行誓之 又別先
> 辛未年七月廿二日大誓 詩尙書礼傳倫得誓三年
> (임신년 6월 16일 두 사람이 함께 맹세하여 기록한다. 하늘

앞에 맹세한다. 지금부터 3년 이후에 충성된 도덕을 잡아 지녀 잘 못이 없기를 맹세한다. 만약 이 일을 실패하면 하늘에 큰 죄를 얻으리라 맹세한다. 만약 나라가 불안하여 큰 난세가 되면 가히 힘써 행할것을 맹세한다. 또 따로 지난 신미년 7월 22일에 크게 맹세하되 시경, 상서, 예기, 춘추전을 차례로 습득할것을 맹세하여 3년이다.)

조선어는 교착어로서 문법형태소가 문장구조에 크게 작용한다. 때문에 문법형태소가 없이 단 어순에만 의존하여 뜻을 표현하는 경우에 중의적인 문장이 산생될 가능성이 존재한다.

        레: 영희 철수 몰라.

문법적인 형태소가 생략되고 단 어휘들의 라렬로만 된 이 문장은 영희가 철수를 모르는지 아니면 철수가 영희를 모르는지 의미파악이 어렵다. 즉 문법적인 형태소의 도움이 없이 어순만에 의해서는 명확한 정보를 제공할수 없고 뜻도 모호하다.

명확한 의미전달을 위해서는 우의 문장에 문법적형태를 넣어 《영희는 철수를 몰라》, 혹은 《영희를 철수는 몰라》라고 하여야 한다.

어순만으로는 의미전달을 완벽하게 하기 어려운 점 등으로 한자를 리용한 서사생활은 나중에 조선어문장 전부를 표기하는데까지 이르게 된다. 그것이 곧 향찰이다.

구결은 주로 문법적 형태소만을 표기한것이고 리두(吏讀는 吏頭, 吏吐, 吏道, 吏套, 吏書 등의 이름을 가지고있다.)는 여기에 다시 관용화된 명사, 부사와 조선식 한문을 합한 표기체계인 반면에 향찰은 리두와 구결의 표기원리를 진일보 확대하여 조선어문장 전부를 표기한것이다.

고대조선어 시기의 향가(향찰형태)에 쓰인 체언의 격체계에는 주격, 대격, 조격 외에 아직은 그 기능과 의미, 토의 형태가 첨가되는데서의 구별이 똑똑하지 않지만 속격, 여위격, 호격, 구격 등이 있었다.

【주격】

是 [이] : 훈차자로서 향가[1]와 《대명률직해》에 쓰인 가장 대표적인

주격토이다.

> 民是愛尸知古如 (안민가)
> 沙是八陵隱汀理也中 (찬기파랑가)

《是》는 고려시대의 리두표기에서는 그 사용례가 보이지 않는다.

亦 [여] : 고려시대의 리두에서 대표적인 주격토로 쓰인다.

> 所掌內 人民亦 仰屬官員乙 殺害爲於 (《대명률직해》1권 6장)
> 大有才爲在 人亦 軍衆乙 能整爲於 (《대명률직해》1권 7장)

伊 [이] : 음차자로서 향찰표기의 대표적인 주격토의 하나이며 고려 향가(균여향가)이후에는 주격토로 사용되지 않았다.

> 脚烏伊四是良羅 (《처용가》)
> 佛伊衆生毛叱所只 (《수희공덕가》)

矣 [이] : 음차자로서 주격, 속격으로 다 쓰였는데 주격으로는 드물게 쓰였다.

> 三花矣岳音見賜烏尸聞古 (《혜성가》)
> 仰頓隱面矣 改衣賜乎隱冬矣也 (《원가》)

衣 [외] : 대부분 속격으로 쓰였으나 주격으로도 쓰인 례가 보이므로 주격의 한 형태로도 인정한다.

> 吾衣修叱孫丁 (《수희공덕가》)
> 皆吾衣修孫 (《보개회향가》)

이외 《史 [시] 》, 《理 [리] 》, 《米 [미] 》가 있는데 이들은 각각 어

---

1) 향가는 《삼국유사》에 실린 신라향가 14수와 《균여전(均如傳)》에 실린 보현십원가(普賢十
   願歌) 11수 외에 《평산 신씨 세보(平山申氏世譜)》속의 시조 장절공 행적(始祖壯節公行蹟)
   에 실린 도이장가(悼二將歌) 1수를 합하여 26수로 전해지고있으며 최근에 《화랑세기(花郎世
   紀)》속에 실린 향가 1수가 추가 발견되였다.
   김동소(1998) 32페지에서 인용.

간의 끝받침 《ㅅ》, 《ㄹ》, 《ㅁ》와 주격의 의미를 동시에 표현하고있는것이
다.

> 兒史年數就音墮支行齊(《모죽지랑가》)
> 露曉邪隱月羅理(《찬기파랑가》)
> 人米無叱昆(《수희공덕가》)

끝받침 《ㄹ》의 레로 《月羅》을 더 들수 있다. 현대의 《달》을 고대에
는 《月羅》로 표기하였는데 《羅》의 모음 《ㅏ》는 모음 축략단계에 있었던
탓으로 약하게 발음되였다.

【대격】

대격에는 《肹〔흘〕》, 《乙〔을〕》 두가지 형태가 있는데 중세어에서
처럼 모음조화나 개음절과 페음절에 따른 차이가 없이 쓰였다.

> 肹〔흘〕: 吾肹不喩慚肹伊賜等 (《헌화가》)
>   花肹折叱可獻乎理音如 (《헌화가》)
>
> 乙〔을〕: 佛前燈乙直體良焉多衣 (《광수공양가》)
>   菩堤向焉道乙迷波 (《참회업장가》)

그리고 《肹》이 어간의 끝소리도 함께 나타낸다는 견해도 있는데 상
술한 레에서의 쓰임을 보아 긍정하기 어렵다. 물론 《此地肹捨遣只》(《안
민가》)에서 《地》를 《짜ㅎ》로 읽어 ㅎ끝소리를 적는다고 볼수 있지만 이
례 하나로 전체를 뒤집기는 곤난하다.

《肹》은 주로 신라향가에서 《乙》은 주로 고려향가에서 쓰였는데
《乙》은 《肹》의 《ㅎ》가 탈락하고 난 뒤의 쓰임이다. 아래의 레를 보면
고려초기에 이르러 《홀/흘》에서 《ㅎ》가 탈락한 사실을 리해할수 있다.

> 署童房乙, 夜矣卯乙抱遣去如 (《서동요》)

菩堤向焉道乙迷波 (《참회업장가》)

《卵: 알ㅎ》과 《道: 길ㅎ》은 분명히 《ㅎ》 끝소리지만 《乙》로 대격을 표시하고 있는것이다.

【여위격】

현대조선어에는 여격과 위격이 구분되여있고 또 여격은 활동체명사와 비활동체명사에 쓰이는 형태가 갈라져있고 그 의미도 세분되여있다. 현대의 여격이나 위격형태들이 중세, 고대를 거슬러올라갈수록 의미면에서 보다 단순한 범주에 묶여있다. 다른 격형태에 비하면 그 표시형태가 그래도 복잡하게 되여있다. 단순토만도 《中, 良, 矣, 衣, 之, 希, 未, 米, 阿》등이 있고 합성토로서는 《衣中, 良中, 也中, 良衣, 惡中, 惡之, 阿希, 惡希, 衣希》등이 쓰였다. 단순토든 합성토든 여위격의 의미를 표시한 점, 고대에 있어서의 여격과 위격의 미분화상태를 보여준 점은 다 동일하다.

中 [희] : 蓬次叱巷中宿尸夜音有叱下是 (《모죽지랑가》)
世呂中止以友白乎等耶 (《청불주세가》)

良 [아/어], [라] : 東京明期月良 (《처용가》)(1)
吾良遣知支賜尸等焉　　　(《도천수관음가》)(2)

(1)의 《良》은 음차자로서 어간의 끝받침을 함께 표시한다.
(2)의 《良》은 훈차자로서 《良》의 《어딜다》라는 의미로부터 그 음을 따왔다.

阿 [아] : 行尸浪阿叱沙矣以支如支 (《원가》)
法性叱宅阿叱寶良 (《보개회향가》)

乃 [나] : 음차자로서 명사의 끝받침을 아울러 나타냈다.

無量壽佛前乃 （《원왕생가》）

矣 [의] ： 음차자로서 역시 속격과 여위격에 통용된 리두토이다.
夜矣卯乙抱遣去如 （《서동요》）
於冬矣用屋尸慈悲也根古 （《도천수관음가》）

衣 [의] ： 음차자로서 역시 속격, 여위격에 모두 쓰였다.
目煙廻於尸七史以衣 （《모죽지랑가》）
月置八切爾數於將來尸波衣 （《혜성가》）

之 [의] ： 훈차자로서 속격토로서 쓰이기도 했다.
月羅理影支古理因淵之叱 （《원가》）
世理都之叱逸鳥隱苐也 （《원가》）

《之》뒤에 《叱》이 공통적으로 뒤따르는것을 보아 《엣, 앳》 등에 대응되는것으로 보인다.

希 [희] ： 음차자로서 모음조화에 따라 《-히/희》 두가지로 사용되었다.
紫布岩乎邊希 （《헌화가》）
未 [미] ： 어간의 끝받침 《ㅁ》을 아울러 표시한다.
於內秋察早隱風未 （《제망매가》）
郎也慕理尸心未 （《모죽지랑가》）

米 [미] ： 역시 어간의 끝받침 《ㅁ》를 함께 표시한다.
自矣心米 （《우적가》）

良中 [아희] ： 千手觀音叱前良中 （《도천수관음가》）
衣希 [이희] ： 誓音深史隱尊衣希仰支 （《원왕생가》）
也中 [야희] ： 모음 《ㅣ》로 끝나는 명사아래 특징적으로 씌였다. 즉 모음동화로 《아의/어의》가 《야희/여희》로 나타나는 현상을 표시한것이다.

沙是八陵隱汀理也中（《찬기파랑가》）

良衣 [아이]： 南无佛也白孫舌良衣（《칭찬여래가》）

惡中 [아히]： 一念惡中 湧出去良（《칭찬여래가》）

惡之 [아이]： 法界惡之叱佛會阿希（《청전법륜가》）

阿希 [아희]： 法界惡之叱佛會阿希（《청전법륜가》）

惡希 [아희]： 逸鳥川理叱磧惡希（《찬기파랑가》）

【조격】

주로 《留 [로]》, 《乙留 [으로]》가 쓰였다. 그러나 조격의 뜻에 해당한 한자로 《以》를 조격처럼 사용하는 일도 있다.

留 [로]： 淨戒叱主留卜以支乃遣只（《참회업장가》）

乙留 [으로]： 手良每如法叱供乙留（《광수공양가》）

以 [로/으로] (훈차)： 娚姊妹 三人 業以（《갈항사돌탑》）

【속격】

矣 [의]： 耆郎矣皃史是史藪耶（《찬기파랑가》）

未 [민]： 心未際叱肹逐內良齊（《찬기파랑가》）

衣 [의]： 於內人衣善陵等沙（《수희공덕가》）

【구격】

果 [과]：《果》는《대명률직해》에서 처음 나타나고 많이 발견된다. 그러나 향가에서는 나타나지 않는다.

果 [과]： 祖父母果 父母果 現在爲去乙（《대명률직해》 1권 5장）

小功以上親果 父祖妾等乙（《대명률직해》 1권 6장）

【호격】

　也 [야] : 고대에 주류를 이루는 호격토로서 감탄의 의미를 동반하고
있다.

郎也慕理尸心未 (《모죽지랑가》)
郎也持以支如賜鳥隱 (《찬기파랑가》)

　兮 [여] : 毛等盡良白乎隱乃兮 (《칭찬여래가》)

　良 [아] : 여위격으로 많이 쓰였으나 호격으로도 쓰였다.

哀反多矣徒良 (《풍요》)
花良汝隱 (《도솔가》)

　下 [하] : 높임의 뜻을 나타낸다.

月下伊底亦 (《원왕생가》)
佛道向隱心下 (《상수불학가》)

　　물론 고대 리두형태의 격토에 대해 학자에 따라서는 지나친 형태적 렬
거를 피하고 한 형태를 다른 형태의 이형태로 생각하는 경우도 있다. 례를
들면 속격에서 《矣》와 《衣》의 용법이 같다 하여 함께 다루면서 그 중에서
기저형 《矣》을 내세워 중점적으로 분석, 설명을 가하는 등이다.

　　훈민정음이 창제되기 전에 한자를 빌어 서사생활을 영위하던 시기 한
자의 소리와 뜻이 문장구조에 크게 작용하였다.

　　리두의 격형태를 보면 훈차자도 있지만 주로 음차자가 많이 쓰인다.
또 우리 말 음운에 대응되는 한자가 결코 하나인것이 아니다. 《矣》가 주
격, 속격으로 다 사용된것처럼 하나의 한자가 자기의 음과 훈으로 여러개
의 격에 통용되는 경우도 있다. 다시 말하면 문법적인 명확한 규정이 없
는 조건에서 격형태의 선택사용은 완전히 사람들의 의지, 습관에 좌우되
는것이다. 또 그것이 사용하는 사람의 의지에 따른 자유로운 선택이라 하
더라도 그 한자의 음과 훈을 빌어 격형태를 표현한것만큼 그에 부여된 문
법적작용은 부인할수 없다고 보는바이다.

★ 참고문헌:

홍기문(1957) 《리두연구》, 과학원출판사(평양).

최남희(1996) 《고대국어형태론》, 도서출판박이정(서울).

김동소(1998) 《한국어 변천사》, 형설출판사(서울).

류 렬(1983) 《세나라 시기의 리두에 대한 연구》, 과학, 백과사전출판사(평양).

徐鍾學(1995) 《吏讀의 歷史的硏究》, 영남대출판사(경산).

《대명률직해》에 나타난 용언토

렴 광 호

　　《대명률직해》(1395년)에는 풍부한 리두어뿐만아니라 다양한 리두토가 씌였다. 이런 리두토들은 기본상 문법적의미와 형태가 고정되여 일정한 문법적조건에서만 나타났다.

　　여기에 쓰인 토는 전반 리두토들중에서 대표성을 띨뿐만아니라 후기 리두토가 기본상 포함되여있다. 때문에 《대명률직해》의 리두토를 료해하면 전반 리두토를 기본상 료해했다고 말해도 과언이 아니다.

　　리두토는 리두자(한자형태)로 나타나기때문에 그 어음형태를 알아내기 쉽지 않으며 또 어떤것은 어휘적의미까지 포함되여있어 토라고 보기 어렵다. 여기서 소개하는 리두토는 현대조선어에서 말하는 토처럼 완전한 문법형태가 되지 못하는것이 많다. 그러므로 리두토에 대한 분류는 아직도 참답고 세밀한 연구가 계속 진행되여야 한다.

　　아래에 《대명률직해》에 나타난 용언토에 대하여 말해보려고 한다. 매개 토에서 그 의미와 용법에 따라 례구 하나씩 보이는것을 원칙으로 하고 필요한 경우에만 약간의 설명을 하기로 한다.

　　《대명률직해》에서는 종결토, 존칭토, 시태토, 수식토, 접속토 등 용언토가 나타난다.

　　종결토에는 《齊》, 《如》가 있었다.

　　존칭토에는 주체존칭토 《敎》, 《敎是》, 객체존칭토 《白》, 극존칭 《自敎是》가 있었다.

　　시태토에는 비위치적시태토에 과거완료를 나타내는 《有》, 《良》, 과거지속을 나타내는 《行》, 현재지속을 나타내는 《臥》이 있고 위치적시태토에는 과거완료를 나타내는 《在》과 용언규정형으로 쓰이면서 과거, 현재, 미래시칭을 나타낼수 있는 《乎》이 있었다.

　　수식토에는 《只爲》, 《巴只》가 있었다.

접속토는 다음과 같다.

합동관계: 遣, 旀(弥), 如可, 是果, 齊

대립관계: 乎矣, 矣, 良置, 在乃

원인관계: 良尔, 良只, 乎, 昆

목적, 의도: 要, 乎爲, 齊, 乙去(去)

조건관계: 去等, 在等, 等, 去沙, 在乙良, 乎等, 在隱

양보관계: 去乙, 在乙

방식관계: 良

선택관계: 去乃

기타 접속토처럼 쓰인 리두어들은 다음과 같다. 《爲》, 《音可》, 《等以》.

1. 종결토

종결토는 《齊》와 《如》가 씌였다. 그외에 종결토는 아니지만 종결토의 위치에 쓰인것들로 《果, 乎, 條》가 있었다.

1) 如

《如》(다-다,라)는 《대명률직해》에서 완전히 종결위치에 온것도 아니다. 《如》의 의미는 다양했다.

① 종결을 나타내면서 인용의 수식토처럼 씌였다.

　　○ 價賤物乙貴物是如爲旀 (十, 2)

② 기본상 인용의 수식토로 씌였다.

　　○ 凡公事以所送官物,　囚徒, 牛馬如爲在乙差人押領遞送爲乎矣 (十七, 6)

③ 용언규정형으로 쓰이기도 했다.

　　○ 各居爲如親屬乙戶內隱藏不報爲旀 (四, 2)

《如》가 쓰인 경우는 다음과 같다.

첫째, 직접 단어어근에 씌였다.

　　○ 他人乙殺死爲如冒弄爲在乙良 (十九, 7)

둘째, 체언전성토 《是》아래 씌였다.

　　○ 凡期親及祖父母是如称云爲乎矣 (一, 42)

셋째, 시태토아래에 씌였다.

○ 曾只在逃爲有如人乙良（一，19）

○ 女矣身乙行姦爲行臥乎如妄說爲在乙良（二十五，3）

2) 齊

《齊》(제-지어다, 다, 라)는 종결위치에 쓰이면서 아무런 식관계를 나타내지 않았다.

《齊》는 다음과 같이 씌였다.

① 단어어근아래에 직접 씌였다.

○ 罪狀施行齊（一，15）

② 체언전성토아래에 씌였다.

○ 合計一百杖是齊（一，30）

③ 존칭토 《白》아래에 씌였다.

○ 伏候王旨爲白齊（十二，4）

④ 사역형아래에 씌였다.

○ 配所良中當役四年令是齊（一，21）

⑤ 부정부사 《不喻, 不冬》아래 씌였다.

○ 私情不喻齊（一，35）

○ 自告爲乎矣直陳不冬齊（一，28）

3) 기타

기타 종결토는 아니지만 종결토위치에 쓰인것들은 다음과 같다.

《條》(조-조목)은 종결토가 아니라 명사로 해석된다.

○ 家長分論罪爲乎所不喻是乎條（一，32）

그 외 《果》와 《乎》가 있는데 각각 하나의 례만 발견된다.

《果》: 本色還徵不得爲乎物色乙偸取爲是果（一，28）

《乎》: 重罪論爲乎（三，5）

2. 존칭토

존칭토에는 주체존칭토 《敎》, 《敎是》와 객체존칭토 《白》이 있었고 청자존칭토는 나타나지 않는다.

1) 주체존칭토

주체존칭토 《敎, 敎是》(이시)는 같은 뜻으로 씌였다. 《敎是》는 다만 《시》음을 보충표기했을뿐이다.

(1) 敎

《敎》는 다음과 같이 씌였다.

① 단어어간에 직접 씌였다.

　　○ 所犯罪名乙臨時酌量寬赦敎罪人乙良 (一, 18)

② 사역형 《令是》아래 씌였다.

　　○ 卽時所司良中行下施行令是敎矣 (十二, 4)

③ 용언규정형처럼 씌였다.

　　○ 凡近有宥旨敎所乙聞知爲遣 (二十八, 17)

(2) 敎是

《敎是》는 다음과 같이 씌였다.

① 단어어간에 직접 씌였다.

　　○ 外任良中移差敎是去等 (二, 1)

② 부정부사 《不冬》아래 씌였다.

　　○ 宥旨內良中常赦所不原是如稱下不冬敎是遣 (一, 18)

③ 용언규정형처럼 씌였다.

　　○ 凡陪奉行幸敎是處良中近侍宿衛隨駕官軍外其餘軍民隱 (十三, 7)

　　○ 凡行幸敎時行宮外營門果之次營門良中 (十三, 8)

④ 시태토 《臥乎》앞에 씌였다.

　　○ 凡百官良中內賜敎是臥乎衣服等乙 (十二, 3)

2) 객체존칭토

객체존칭토 《白》(-숩, -옵)은 행동이 미치는 객체가 존경의 대상일 경우에 씌였다.

첫째, 직접 객체를 존경할 때 씌였다.

　　○ 凡王旨乙奉行爲白乎矣 (三, 2)

둘째, 간접객체를 존경할 때 씌였다. 때로는 존경의 대상이 문장에 나타나지 않을수도 있었다.

　　○ 進上爲白乎物色是去等 (二十九, 2)

《白》은 다음과 같이 씌였다.

① 주로 동사 《爲》아래 씌였다.
   ○ 世子令旨乙奉行爲白乎矣 (三, 2)
② 시태토 《乎, 良》앞에 씌였다.
   ○ 進上爲白乎物色是去等 (二十九, 2)
   ○ 朦朧申聞爲白良在乙 (三, 5)
③ 동사 《在》(겨시)아래에 씌였다.

이 경우는 동사 《爲》아래 쓰이지 않고 존칭토 《敎是》와 결합되는것
이다.
   ○ 凡徒流人亦路次良中逢音肩旨在白敎是去等行路日數亦限日已過已
只未到爲在乙良不許放赦齊 (一, 18)

《白》과 《敎是》가 결합한 《白敎是》(-숣겨시, -숩시, -옵시)는 극존
칭을 나타내면서 《대명률직해》에서는 반드시 《宥旨》(유지: 임금의 령)아
래에만 씌였다. 때문에 《宥旨在白敎是》(유지겨옵시)는 하나의 굳어진 결
합처럼 씌였다.
   ○ 宥旨在白敎是去等 (一, 18)

3. 시태토

시태토에는 비위치적토와 위치적토가 있었다.

1) 비위치적시태토

비위치적시태토에는 과거완료를 나타내는 《有》와 《良》, 과거지속을
나타내는 《行》, 현재지속을 나타내는 《臥》이 있었다.

(1) 과거완료를 나타내는 《有》와 《良》

과거완료를 나타내는 《有》(이시)는 그가 가첨되는 동사에 의하여 표
시되는 행동의 완료를 나타낸다. 또한 행동의 완료결과에 의하여 이루어
진 상태의 지속까지도 나타낼수 있다. 그러나 상태의 지속을 나타낼수
있는것은 《有》의 의미상특징보다 그 뒤에 오는 토들의 결합관계에 의해
이루어진다.

과거완료를 나타낼 때에는 《爲有去等, 爲有去乙, 爲有在乙良, 爲有去
乃, 爲有遣》등 결합경우이다.
   ○ 姦婦亦盈妊爲有去等本婦乙坐罪爲乎事 (二十五, 1)
과거상태지속을 나타낼 때에는 《爲有如可, 爲有如, 爲有臥乎》등의

결합경우이다.

○ 放送爲有如可更良執捉爲㫆 (二十八, 11)

《有》가 시태토로 쓰일 때 결합형태를 보면 다음과 같다. 《爲有去等, 爲有如可, 爲有臥乎, 爲有去乙, 爲有在乙良, 爲有去乃, 爲有如, 爲有在, 爲有遣》

과거완료를 나타내는 《良》(야)가 《有》와 다른 점은 과거완료의미만 나타내는것이다.

○ 墳墓乙掘取遣棺槨乙未及出爲良在乙良杖一百徒三年齊 (十八, 15)

《良》이 동사 《爲》처럼 쓰인것도 있다.

○ 犯者矣親人乙率良㫆 (二十八, 5. 6)

(2) 과거지속을 나타내는 《行》

과거지속을 나타내는 《行》(니)는 과거에 진행된 행동이 계속 지속됨을 나타낸다.

○ 凡無緣故亦街市良中馳車走馬爲行如可因此傷人爲在乙良 (十九, 8)

○ 隨去爲行如家口亦自願還鄉爲在乙良 (一, 19)

《行》이 때로 《有》처럼 과거완료를 나타내는것 같이 느껴지는데 이는 그에 가첨된 동사의 뜻에 의해 달라진다.

○ 謀殺爲行如事狀乙已發爲在乙良 (十九, 2)

○ 謀殺爲行如可傷人不冬爲在乙良 (十九, 1)

우의 례들에서 같은 《謀殺》인데 첫째 례에서 《동작의 완료》라 한다면 두번째 례에서 《동작의 완료》가 될수 없는것이다. 이는 《行》이 완료태가 아니라 지속태임을 설명해준다.

《行》은 다음과 같이 씌였다.

① 동사 《爲》아래 씌였다.

○ 凡强盜乙同謀爲行如可卽時不行爲良置 (十八, 17)

② 사역형 《使內》아래 씌였다.

○ 親亦使內行如人矣例良中減一等齊 (十九, 1)

③ 용언규정형처럼 쓰이면서 과거시칭을 나타내는 경우도 있었다.

○ 冤枉事無去乙朦朧辨明爲行人乙良杖一百徒三年 (二十八, 12)

④ 시태토 《臥乎》과 잘 결합되였다.

○ 作謀爲行臥乎事 (一, 5)

(3) 현재지속을 나타내는 《臥》

현재지속을 나타내는 《臥》(누온-는)은 언제나 《乎》과 결합하여 쓰이면서 현재지속의 의미를 나타낸다.

○ 賊徒乙追提爲臥乎機密大事乙 (三, 6)

시태토 《臥》은 다음과 같이 씌였다.

① 동사 《爲》아래 씌였다.

○ 父母乙毆打罵詈爲臥乎所乙仍于 (十九, 7)

② 사역형아래에 씌였다.

○當時用使內臥乎銅錢乙薄小爲只爲剪磨爲取銅生利爲在乙良　(二十四, 4)

○ 次知造作令是臥乎功課乙 (二十八, 15)

③ 시태토아래에 씌였다.

○ 彼國乙潛通謀叛爲行臥乎事 (一, 5)

○ 軍士亦仰屬爲有臥乎兵馬使, 千戶, 百戶乙謀殺爲弥 (十九, 2)

④ 존칭토 《敎是》아래 씌였다.

○ 王旨以決斷敎是臥乎定律不得爲乎罪囚隱 (二十八, 16)

⑤ 체언전성토 《是》아래 씌였다.

○ 前人是沙爲首是如白侉是臥乎事是良尒(一, 36)

⑥ 동사 《有》아래 씌였다.

○ 上前朝見進叱有臥乎官員人等乙 (十二, 3)

그외 시태토는 아니지만 현재진행을 나타내는 접속토 《在乙良, 在乙, 在等, 在隱, 在乃, 去等, 去乙, 去乃》 등이 있었다.

2) 위치적시태토

위치적시태토에는 《在》와 《乎》이 있었다.

(1) 在

《在》(견-인, ㄴ)은 언제나 용언의 규정형으로 되면서 과거완료를 나타내고있다.

○ 更良徒三年罪乙再犯爲在人乙良 (一, 21)

《在》은 일부 상태지속의 의미를 나타내는 경우도 있었다.

○ 王親亦同高祖爲在同姓八九寸親果 (一, 6)

○ 生存爲在祖父母及父母乙身故爲乎樣以 (一, 5)

여기에서 완료성의 의미와 상태지속의 의미는 앞에 첨가되는 용언어간의 어휘적의미에 관계됨을 알수 있다.

《在》은 현재시칭을 나타내면서 규정적관계만 지적하는 경우가 있었는데 체언 또는 부사 《不喻》아래에 오는 경우가 그러하다.

○ 父矣兄弟在伯叔父果伯叔妻在母果父矣同生妹在姑果 (一, 4)

○ 一家內死罪不喻在三人乙殺害爲旀 (一, 5)

《在》는 다음과 같이 씌였다.

① 동사 《爲》아래 씌였다.

○ 有大才爲在人亦軍衆乙能整爲旀 (一, 7)

② 체언어간아래 직접 씌였다.

○ 父矣兄弟在伯叔父果伯叔妻在母果 (一, 4)

③ 리두어 《無》, 부정부사 《不喻》아래 씌였다.

○ 價本無在文記乙如實造作爲 (五, 4)

○ 私事不喻在所乙用良 (二十八, 15)

④ 체언전성토 《是》아래 씌였다.

○ 價本亦一十貫是在如中二十貫減少爲齊 (十六, 4)

⑤ 사역형아래에 씌였다.

○ 伴倘以使內在人等乙良 (四, 6)

⑥ 시태토《有》아래 씌였다.

○ 累年別蒙恩德爲有在人 (一, 6)

⑦ 시태토 《在》아래에 체언토들이 많이 씌였다.

○ 傳傳他人亦中借與令是在果請借人等乙良 (十六, 6)

○ 各各下手人內重亦傷害爲在以從重論遣 (二十, 3)

○ 本夫乙侵逼休棄令是在亦中 (二十五, 2)

○ 知情不冬爲在是果文案良中同着署不冬爲在乙良 (十三, 9)

○ 財物乙受贈爲乎爲聽許爲在如中必于逢受不冬爲良置 (二十三, 7)

(2) 乎

《乎》(온-온, 올)은 그 자체에는 시태적 구분이 없고 다만 용언규정형으로 씌였다. 《乎》은 그와 결합되는 동사 또는 토와 함께 시태적의미를 나타냈다. 《乎》이 쓰인 경우는 다음과 같다.

① 동사 《爲》아래 씌였다. 이 경우 과거, 현재, 미래를 다 나타낼수 있었는데 뒤에 결합되는 단어의 의미에 의해 결정된다.

첫째, 과거시제를 나타낼 때에는 일반적으로 뒤에 명사나 불완전명사가 왔다.

　　○ 千石是如當言爲乎庫良中 (三, 3)

　　○ 枉道以騎持故失爲乎所不喩是去等 (十七, 5)

둘째, 미래시제를 나타낼 때에는 종결위치에 오면서 뒤에 《事》이 오는 경우이다.

　　○ 從重論爲乎事 (十五, 4)

셋째, 현재시제를 나타낼 때는 현재지속토 《臥》아래에 씌였다.

　　○ 當時推考爲臥乎公事亦 (一, 9)

② 존칭토 《白》아래에 쓰이면서 결합모음처럼 씌였다.

　　○ 　一同議定後良中沙申聞爲白乎旀死罪乙良唯只照律爲乎矣當死如申聞爲白遣 (一, 8)

③ 사역형아래에 씌였다.

　　○ 各家居住令是乎事 (六, 4)

④ 체언전성토아래에 씌였다.

　　○ 大祀神御之物是乎所乙知不得爲乎等 (一, 39)

⑤ 종결토 《如》아래 씌였다.

　　○ 其矣捧上上下爲如乎錢糧亦 (七, 9)

⑥ 리두어 《無》아래 씌였다.

　　○ 母子亦相絶爲乎道理無乎事 (一, 15)

⑦ 시태토 《臥》아래 씌였다.

　　○ 善政爲臥乎樣以申報令是在乙良 (十二, 5)

《대명률직해》에서 시태토들의 결합관계는 다음과 같다.

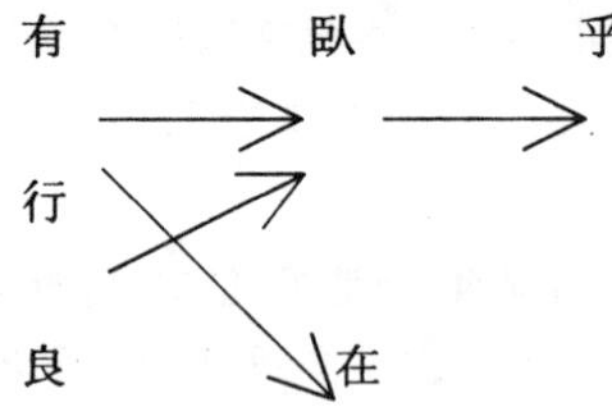

《대명률직해》의 시태토에서 과거완료《有》과 과거지속《行》를 한 부류로 하여 현재지속《臥》과 결합된다. (《臥》은 언제나《乎》을 동반하여 씌였다.)과거완료를 나타내는 비위치적인《良》과 위치적인《在》은 아직 대응되는 계렬을 이루지 못하였고 미래시칭을 나타내는 형태는 다만《乎》에서 일부 나타났다.

3) 기타

그외에 시태토는 아니지만 시태적의미를 나타내는것이 있었다.

(1) 音

《音》은《-ㄴ》처럼 쓰이면서 과거시칭을 나타낼수 있었다.

    ○　來到興利人等矣接處姓各行狀字號及持音物色等乙冊上施行 (十, 1)

(2) 乙

《乙》은《-ㄹ》처럼 쓰이면서 미래시칭을 나타낼수 있었다.

    ○ 親生父母亦難便棄置小兒是去有乙時亦中 (四, 4)

그러나 이상의 례들처럼 개별적인 결합관계에서만 나타나므로 시태토로 보지 않았다.

4. 수식토

수식토에는《只爲》과《巴只》이 있다.

1) 只爲

《只爲》(기압-도록, 게끔)는 동사《爲》또는 사역형《使內》아래에 쓰이면서 수식토로 씌였다.

    ○ 無罪人乙死地良中陷落爲只爲上前讒訴爲在乙良 (二, 8)
    ○ 官闕等乙毀亡爲只爲作謀爲臥乎事 (一, 4)
    ○ 本夫亦中率居爲去乃放賣爲去乃任意以使內只爲準受齊 (十九, 3)

2) 巴只

《巴只》(ᄃ록-도록)은 수식토의 역할을 하였다.

○ 限日亦已過爲巴只決斷不冬爲在乙良 （二十八, 18）

5. 접속토

접속토는《대명률직해》에서 가장 많이 쓰인 토들이다. 접속토들을
그 쓰인 뜻에 따라 분류하면 다음과 같다.

1) 합동적관계

합동적관계를 나타내는 토에는《遣, 旀(弥), 如可, 是果》가 있다.

(1) 遣

《遣》(고)는 다음과 같이 씌였다.

① 동사 《爲》아래에 씌였다.

○ 杖一百爲遣, 流二千里爲齊 （一, 40）

② 단어어간아래에 직접 씌였다.

○ 過名乙施行遣還本職齊 （一, 10）

③ 체언전성토아래에 씌였다.

○ 一百二十貫隱實事是遣八十貫隱虛事是去等 （二十二, 7）

④ 존칭토아래에 씌였다.

○ 伏候王旨爲白遣趣便以進來問當不冬爲旀 （一, 8）

⑤ 시태토 《有》아래에 씌였다.

○ 所犯罪乙決斷不冬爲有遣財産必于沒官爲在乃（一, 25）

⑥ 부정부사 《不冬》아래에 씌였다.

○ 信牌發送不冬遣所屬官良中身乎下去留連者 （三, 11）

⑦ 사역형 《使內》, 《令是》아래에 씌였다.

○ 凡公事乙失錯亦使內遣自以省覺現告爲在乙良 （一, 35）

○ 官司現告檢屍不冬令是遣他處移置爲旀 （十八, 15）

(2) 旀(弥)

《旀》(며)와 《弥》(며)는 같은 형태로서 모두 합동적관계를 나타냈다.

○ 他人矣一齒果手是一指乙折斷爲弥一目乙傷害爲旀 （二十, 1. 2）

《旀》와 《弥》의 결합관계도 기본상 같았다.

① 모두 동사 《爲》아래에 왔다.

○ 作謀爲旀放賣爲旀 （一, 5）

○ 不坐罪爲弥不追徵爲乎事 (十四, 9)

② 동사어간에 직접 왔다.

○他矣物色乙現然亦奪取爲臥乎所公取弥其矣形體乙知乎不冬　(十
八, 19)

○ 水火盜賊推旀僞造文案爲旀 (七, 11)

③ 사역형《令是》아래에 왔다.

○ 知非免役令是弥戶籍乙變亂爲在乙良 (四, 3)

○ 田地陳荒令是旀桑麻不種爲在乙良 (五, 6)

④ 존칭토아래에 왔다.

○ 上敎以諸處差送敎是旀又外任良中移差敎是去等 (二, 1)

○ 陪奉駕前良中訴告爲白弥登聞皷乙擊打申訴爲乎矣 (二十二, 1)

⑤ 체언전성토 또는《이》음을 가진 리두토아래에 왔다.

○ 凡祖父母父母年八十以上是旀又篤疾以起動不得爲弥 (十二, 8)

(3) 如可

《如可》(다가)는 앞의 행동이나 상태가 중도에서 그만두고 다른 행동, 상태로 넘어가거나 혹은 앞의 행동이 진행중에 다른 행동으로 넘어갈 때 씌였다.

○ 徒役時無病爲有如可限內良中廢疾有在乙良 (一, 23)

《如可》는 다음과 같이 씌였다.

① 동사《爲》아래 씌였다.

○ 生謀爲如可未成婚者 (六, 2)

② 시태토《有》,《行》아래에 씌였다.

○ 叛逆爲有如可現告爲在乙良 (一, 28)

○ 彼此良中互相出入爲行如可充官用爲在乙良 (七, 7)

③ 사역형아래에 씌였다.

○ 守護女人乙用良入獄看審令是如可産後百日是去等 (二十八, 18)

(4) 是果

《是果》(이과)에서《是》는 불완전명사이고《果》는 구격토였으나 량자가 결합하여 문장을 련결시키는 기능을 하였다.

《是果》는 다음과 같이 씌였다.

① 동사《爲》아래 씌였다. 이 경우 대격토《乙》이 첨가되기도 했다.

○ 知不得入於罪爲去乃決絶不冬爲是果又他人矣笞杖徒流死罪等乙故
只出於罪爲去乃知不得出於罪爲去乃放出不冬爲是果已放爲有如可更良執捉
爲是果囚人亦自死爲在乙良 (二十八, 12)
② 사역형 《令是》아래에서 《是》가 중복되여 탈락된다.
　　　○ 中人亇只敎誘通姦令是果許接主人等乙良 (二十五, 1)
《齊》(졔-져)접속토가 순수병렬관계를 나타내는 경우가 있었다.
　　　○ 姦所良中執捉不得爲齊行姦如指說爲在乙良勿論齊 (二十五, 1)

2) 대립적관계

대립적관계를 나타내는 토에는 《乎矣, 矣, 良置, 在乃》등이 있었다.

(1) 乎矣

《乎矣》(오듸-오되)는 앞에서 제시된 사실이 뒤의 사실과 대립적인
관계에 있음을 나타낸다. 《乎矣》는 다음과 같이 씌였다.

① 동사 《爲》아래 씌였다.
　　　○ 子孫亦如實居生爲乎矣父母乙奉養不冬爲去等 (二十二, 11)
② 사역형아래에 씌였다.
　　　○ 凡矣公事乙次知使內乎矣其中雜色掌以乎樣以妄称爲於生事擾民
爲在乙良 (四, 7)
③ 존칭토 《白》아래에 씌였다.
　　　○ 凡王旨乙奉行爲白乎矣遣者乙良 (三, 2)
④ 체언전성토아래에 씌였다.
　　　○ 管軍官員是乎矣領兵助戰不冬爲在乙良 (十四, 2)

(2) 矣

《矣》(되)는 《乎矣》와 마찬가지로 대립적관계를 나타냈다. 《矣》는
다음과 같이 씌였다.

① 사역형 《令是》아래 씌였다.
　　　○ 父祖職乙傳襲管軍令是矣子孫亦實無爲去等(二, 3)
② 존칭토 《敎》아래 씌였다.
　　　○ 卽時所司良中行下施行令是敎矣各官亦防遮爲在乙良(十二, 4)

(3) 在乃

《在乃》(견나-이나)는 앞의 사실을 인정하면서도 뒤에 그와 대립되

는 사실을 나타낸다. 《在乃》는 다음과 같이 씌였다.

① 모두 동사 《爲》아래 씌였다.

○ 必于沒官爲在乃犯罪人亦配流不冬爲在乙良 (一, 25)

② 반드시 앞에 부사 《必于》(비록)이 왔다.

○ 軍人亦爲盜爲去等必于刺字乙免爲在乃三犯是去等一體絞死爲乎事 (十八, 9)

(4) 良置

《良置》(아도-아도, 어도, 여도)는 양보의 뜻으로 어떤 사실을 인정함에도 불구하고 그와 대립되는 사실이 의연히 일어남을 나타낸다. 《良置》는 다음과 같이 씌였다.

① 동사 《爲》아래에 씌였다.

○ 右如因事罷任降等爲良置謝貼收取不冬爲在隱 (一, 14)

② 동사 《有》아래 씌였다.

○ 必于逢音宥旨有良置猶亦離異改正令是齊 (六, 10)

③ 체언전성토아래 씌였다.

○ 逢音赦是良置免罪不得爲乎事 (一, 17)

④ 부정부사 《不喻》아래 씌였다.

○ 近處軍官亦必于所屬不喻良置助戰爲弥 (十四, 2)

⑤ 존칭토 《敎是》아래 씌였다.

○ 必于宥旨白敎是良置流配合當爲在乙 (一, 19)

3) 원인관계

원인관계를 나타내는 토에는 《良尒, 良只, 昆, 乎》 등이 있다.

(1) 良尒

《良尒》(아금-기에, 므로)은 앞의 사실이 뒤의 사실에 대한 원인을 나타낸다. 《良尒》은 다음과 같이 씌였다.

① 동사 《有》 아래 씌였다.

○ 贖錢亦不等爲置有良尒各年月乙算計贖罪爲乎事 (一 , 24)

② 단어어간아래 직접 왔다.

○ 所能制良尒勿論爲乎事 (三十八, 2)

③ 체언전성토아래 왔다.

○　　他病乙因爲身故爲在亦中是爲他故是良尓本毆傷例乙依準科罪 (二十, 4)

④ 부정부사 《不喩》아래 왔다.

○　　凡人例以論爲乎不喩良尓罵家長絞罪良中減二等爲乎事　（二十一, 3)

(2) 良只

《良只》(얏기-엿기에)는 모두 두곳에 씌였는데 동사 《爲》아래에 왔다.

○　　兩邊弋只仔細相知爲良只各從所願以婚書相送依例結族爲乎矣 (六, 2)

○ 一家物色數多爲在乙從計爲良只科罪齊 (十八, 9)

(3) 昆

《昆》(곤- 므로)은 한곳에만 씌였다.

○ 犯人亦免罪爲昆幷以免放齊 (一, 25)

(4) 乎

《乎》(온-므로)는 하나의 례가 발견되는데 원인을 나타낸다.

○ 誤差亦本方文良中依法不冬因乎致死爲在乙良 (十九, 8)

4) 목적- 의도관계

목적, 의도관계를 나타내는 접속토에는 《要, 乎爲, 乙去(去), 齊》가 있다.

(1) 要

《要》(려)는 어떤 행동을 하기 위해 의도함을 나타낸다.《要》는 다음과 같이 씌였다.

① 주로 동사 《爲》아래 씌였다.

○ 死罪回避爲要加減爲在乙良 (三, 9)

② 동사어간에 직접 쓰인것이 하나 있다.

○ 他人矣錢物乙用謀取要爲弥 (十八, 12)

(2) 乎爲

《乎爲》(온삼-려고)는 어떤 일을 하려고 목적함을 나타낸다.《乎爲》는 다음과 같이 씌였다.

① 동사 《爲》아래에 씌였다.

　　○ 他人乙改嫁爲乎爲生謀爲如可 (六, 2)

② 사역형 《令是》아래에 씌였다.

　　○ 他人乙陷害得罪令是乎爲使內在乙良 (二十四, 6)

(3) 乙去, 去

《乙去》(去)(ㄹ가)는 어떤 사실이 어떻게 될가 하여 넘려하는 뜻을 나타낸다.《乙去》는 때로《去》로만 나타나지만 그 쓰임은 같으며 동사 《爲》아래에서만 씌였다.

《乙去》

　　○ 他人亦現告爲乙去知想只遣現告爲旀 (一, 28)

《去》

　　○ 犯法人亦他人亦現告爲去知想只遣先告爲在乙良聽減一等 (一, 13)

(4) 齊

《齊》(져-고저)는 접속토로도 나타난다.《齊》는 앞의 행동이 뒤의 행동의 목적을 나타내는 경우에 씌였다.

① 동사 《爲》아래에 씌였다.

　　○ 憑據雜役回避爲齊同意逢受爲在人 (五, 1)

② 동사어간에 직접 씌였다.

　　○ 原定數爻漏落齊詭謀以軍糧準受爲乎所 (五, 2)

③ 부정부사 《不冬》아래에 씌였다.

　　○ 自告爲乎矣直陳不冬齊漏落盡告不冬爲在乙良 (一, 28)

④ 사역형 《使內》아래 씌였다.

　　○ 　喪家亦齊醮修設乙仍于男女混雜使內齊飮酒食肉爲在乙良家長乙杖八十遣 (十二, 8)

5) 조건관계

조건관계를 나타내는 접속토에는《去等, 在等, 等, 去沙, 在乙良, 乎等, 在隱》등이 있다.

(1) 去等

《去等》(거든)은 주로 앞의 사실이 뒤의 사실이 일어나게 되는 가정적조건으로 됨을 나타낸다.《去等》은 다음과 같이 씌였다.

① 동사 《爲》아래 씌였다.

　　　○ 公事以犯罪爲去等當笞爲在官員乙良贖罪爲遣 (一, 10)

② 리두어 《有》, 《無》아래 씌였다.

　　　○ 本司官員亦四等官無去等時在員數以傳傳減數齊(一, 34)

③ 체언전성토아래 씌였다. 때로는 전성토가 없이 직접 체언아래에
씌였다.

　　　○ 小功以上親是去等各以犯奸以論齊 (六, 6)

　　　○ 私物去等本主乙呼喚看審令是良 (九, 3)

④ 존칭토 《敎是》아래에 씌였다.

　　　○ 外任良中移差敎是去等緣故推遣 (二, 1)

⑤ 사역형 《令是》아래에 씌였다.

　　　○ 統主名下五名乙逃亡令是去等降充軍齊 (十四, 13)

⑥ 시태토아래에 씌였다.

　　　○ 賊人亦出入爲行去等臨機領兵捕捉爲在隱 (十四, 6)

⑦ 부정부사 《不喩》아래에 씌였다.

　　　○ 折傷不喩去等勿論界齊 (二十, 10)

⑧ 불완전명사 《喩》아래에 씌였다.

　　　○ 價本乙生徵不得爲乎喩去等唯只決罪分是齊 (二十二, 4)

《去等》은 일부 대립적관계를 나타낸것도 있다.

　　　○ 又服制未盡爲有去等脫喪服着吉服爲在乙良 (十二, 7)

(2) 在等

《在等》(거든)은 《去等》과 같은 뜻으로 씌였다. 다른 점이라면 《在
等》은 반드시 시태토 《良》아래에 쓰인것이다. 《在等》은 다음과 같이 씌
였다.

① 주로 동사 《爲》아래 씌였다.

　　　○ 廢疾之人亦犯罪爲良在等流罪以下乙良幷只收贖齊 (一, 21)

② 사역형 《使內》에 쓰인것이 하나 있다.

　　　○ 所任官良中行移使內良在等遲慢失誤爲在乙良 (二十九, 4)

(3) 等

《等》(든)은 《去等》이 생략된 형태라고 본다.

　　　○ 奉命出征時是等與者受者不在此限 (二十三, 6)

(4) 乎等

《乎等》(오든-거든)은 앞의 사실이 뒤의 사실의 리유, 근거로 됨을 나타낸다. 《乎等》은 문장에서 뒤에 보조동사 《用良》가 붙은것이 있고 《因于》가 붙은것도 있다. 다만 하나의 례만 뒤에 명사가 씌였다.

    ○ 官司良中現告爲乎等用良差使捉來推問爲去乙 (一, 12)

    ○ 撫軍無法爲乎等因于管下軍人乙背逆令是在乙良 (十四, 7)

    ○ 人命殺害爲乎等事乙現告下去等 (二十二, 11)

《乎等》은 다음과 같이 씌였다.

① 동사 《爲》아래에 씌였다.

    ○ 生徵難便爲乎等用良不準自告爲㫆 (一, 28)

② 체언전성토아래에 씌였다.

    ○ 八十貫是乎等用良全科以決罪 (一, 30)

③ 종결토 《如》아래에 씌였다.

    ○ 相知不得爲如乎等用良姪亦叔乙打傷爲良在乙 (一, 39)

④ 시태토 《臥》아래에 씌였다.

    ○ 非法以公事行移爲臥乎等因于百姓乙激恐成俏背叛令是㫆 (十四, 7)

(5) 在乙良

《在乙良》(견을랑-거들랑)은 앞의 사실이 뒤의 사실에 대한 현실적인 가정적조건으로 되면서 그것을 전제로 아래의 결론을 내리는 추리적관계를 나타낸다. 《在乙良》은 다음과 같이 씌였다.

① 동사 《爲》아래에 주로 씌였다.

    ○ 同黨乙執捉付官爲在乙良亦得免罪遣 (一, 29)

② 리두어 《無》, 《向入》아래 씌였다.

    ○ 行狀無在乙良軍是去等逃軍以論遣 (十五, 2)

    ○ 父果祖果子孫果亦隨去向入在乙良聽許齊 (一, 17)

③ 사역형아래에 씌였다.

    ○ 囚人乙逃亡令是在乙良令史罪以同齊 (二十七, 5)

    ○ 親押煩雜亦使內在乙良杖八十齊 (十一, 3)

④ 시태토아래에 씌였다.

    ○ 放賣不冬爲有在乙良各減一等齊 (十八, 13)

⑤ 체언전성토아래에 씌였다.

　○ 叔是乎所知想只在乙良唯只常人鬪法例乙依準論齊 （一, 39）

⑥ 부정부사 《不喻》아래에 왔다.

　○ 本來同居不喻在乙良凡人例同 （二十, 16）

《在乙良》은 뒤에 도움토 《置》가 오면 양보적조건을 나타낼수 있었다.

　○ 冒名直入爲在乙良置同罪論齊 （十三, 2）

(6) 在隱

《在隱》(견은-ㄴ것은)은 앞의 사실이 뒤의 사실의 가정적조건으로 된다. 《在隱》은 다음과 같이 씌였다.

① 동사 《爲》아래에 씌였다.

　○ 互相自告爲在隱犯罪人矣首告以同爲幷只免罪齊 （一, 27）

② 사역형 《令是》아래에 씌였다.

　○ 其次知官司亦知而不禁行用令是在隱罪同齊 （二十四, 6）

《在隱》은 뒤에 도움토 《乙良》이 도는 경우가 많다.

　○ 預先捧上爲在隱乙良不在此律齊 （七, 3）

(7) 去沙

《去沙》(거사-여야)는 앞의 사실이 뒤의 사실의 필수조건이 됨을 나타낸다. 《去沙》는 다음과 같이 씌였다.

① 동사 《爲》아래에 씌였다.

　○ 三年乙造心不犯爲去沙官司以排門浮取爲齊 （二, 4）

② 리두어 《無》아래에 씌였다.

　○ 挾帶物色無去沙出送齊 （十九, 1）

③ 체언전성토아래에 왔다.

　○ 年十六是去沙父祖職乙傳襲管軍令是矣 （二, 3）

《去沙》는 특수하게 대립관계를 나타내는 례가 하나 있다.

　○ 臨時爲去沙卽時應對不冬爲在乙良 （六, 2）

6) 양보적관계

양보적관계를 나타내는 접속토에는 《去乙》, 《在乙》이 있다.

(1) 去乙

《去乙》(거늘)은 앞의 사실을 양보적으로 인정하면서 뒤의 사실이 대립, 조건, 원인관계에 있음을 나타낸다.

대립관계:

○ 祖父母果父母果現在爲去乙戶別各居家財分執爲旀 (一, 5)

조건관계:

○ 凡一人亦犯罪爲有去乙理合減等爲乎事段 (一, 13)

원인관계:

○ 祖父母父母乙他人亦殺害爲有去乙子孫亦右惡人乙趣便以殺害爲去等 (二十, 17)

《去乙》은 다음과 같이 씌였다.

① 동사 《爲》아래에 씌였다.

○ 限日已滿爲去乙放送不冬爲在官員乙良 (四, 6)

② 리두어 《有》,《無》아래에 씌였다.

○ 收養父母亦他子息無去乙背恩捨子者乙良 (四, 4)

○ 女夫有去乙他人再嫁令是在乙良 (六, 3)

③ 체언전성토아래에 왔다.

○ 其人亦笞決五十是去乙減作三十是如爲在乙良 (二十八, 11)

④ 시태토아래에 왔다.

○ 凡雜人亦倉庫中以出入爲行去乙看直人等亦搜檢不冬爲在乙良 (七, 8)

⑤ 사역형 《令是》아래에 왔다.

○ 公事乙負定令是去乙拒逆不順爲旀 (二十, 7)

(2) 在乙

《在乙》(견을-거늘, 것을)은 《去乙》과 마찬가지로 앞의 사실을 양보적으로 인정하면서 뒤사실이 그와 대립관계, 원인관계, 조건관계를 나타낸다. 그러나 때로 《것을》로도 해석될 때가 있다.

대립관계:

○ 理合贖罪爲在乙流配爲在乙良 (二十八, 19)

원인관계:

○ 敎令乙違犯爲在乙依法與罪次良中因此致死爲旀 (二十, 14)

조건관계:

○ 有能捕捉現告爲在乙官司以銀五十兩乙給賞齊 (二十四, 6)

불완전명사적:

○ 着枷合當爲在乙着鎖爲旀 (二十八, 1)

《在乙》은 《去乙》과 혼용될 때도 있었다.

○ 着枷合當爲在乙着鎖爲旀着鎖合當爲去乙着枷爲良去等 (二十八, 1)

《在乙》은 다음과 같이 씌였다.

① 동사 《爲》아래에 씌였다.

○ 申聞合當爲在乙申聞不冬爲在乙良 (三, 4)

② 리두어 《無》아래에 씌였다.

○ 大功勞無在乙所任官亦朦朧申聞爲 (二, 2)

③ 부정부사 《不喩》아래에 씌였다.

○ 逃軍妻女不喩在乙出送者杖八十齊 (十五, 4)

④ 시태토 《良》아래에 씌였다.

○ 家長等乙他人亦殺害爲良在乙子孫及妻妾奴婢傭人等亦私丁和論爲在乙良 (十九, 10)

⑤ 《在乙》아래에 도움토 《沙》가 오면 조건관계를 강조한다.

○ 須只毆乙仍于傷爲在乙沙論爲遣 (二十, 4)

7) 방식관계

방식을 나타내는 접속토에는 《良》이 씌였다.

《良》(여)는 앞의 행동이 뒤의 행동의 방식을 나타낸다.《良》은 다음과 같이 씌였다.

① 동사 《爲》아래에 씌였다.

○ 參酌事情輕重爲良定立罪名領行天下 (三, 1)

② 사역형 《令是》아래에 씌였다.

○ 本主乙呼喚看審令是良其內良中一半乙良得物人亦中給賞爲遣 (九, 3)

③ 도움토 《沙》와 결합하여 필수적조건을 나타내기도 한다.

○ 須只本夫亦自告爲良沙坐罪 (二十, 10)

8) 선택관계

선택을 나타내는 토에는 《去乃》가 있었다.

《去乃》(거나)는 두가지 사실가운에 어느 하나를 선택하는 뜻을 나타낸다. 《去乃》는 다음과 같이 씌였다.

① 동사 《爲》아래에 씌였다.

　○ 本夫亦中率居爲去乃放賣爲去乃任意以使內只爲準受齊 (十九, 3)

② 동사 《有》아래에 씌였다.

　○ 凡本條良中罪名亦有去乃斷例以不同爲在乙良 (一, 38)

③ 체언전성토거나 《이》로 끝난 체언아래에 씌였다.

　○ 他官良中移差是去乃出使是去乃隣官良中權知是齊 (一, 16)

　○ 本國法良中必于舊奴婢去乃本主乙毆打爲乎第亦中 (二十, 16)

④ 시태토 《有》아래에 씌였다.

　○ 　墳墓亦先亦頹落爲有去乃未殯未葬前良中棺槨乙偸取爲在乙良 (十八, 15)

《去乃》는 특수하게 대립적관계를 나타낸것이 하나가 발견된다.

　○ 　本條良中必于罪名亦明白爲去乃免罪爲要回避爲在乙良從重論
　　　齊 (一, 38)

9) 기타 접속토처럼 쓰인것

여기에서는 접속토는 아니지만 접속토처럼 쓰인 리두어들을 말한다.

(1) 爲

《爲》(ㅎ-하여, 하고)가 접속토처럼 쓰인것이 있다.

첫째, 주로 방식을 나타내면서 《여》의 뜻으로 사용되였다.

　○ 贓物數乙計爲監守自盜例以論遣 (二十九, 2)

둘째, 순수 병렬관계도 나타냈다.

　○ 垣墻良中穿穴爲汚穢之物乙街路良中出置爲在乙良 (三十, 2)

셋째, 특수하게 조건관계를 나타낸것이 한곳 발견된다.

　○ 打傷致死爲重爲下手人乙絞死齊 (十九, 5)

《爲》는 다음과 같이 쓰이면서 접속기능을 하였다.

① 주로 단어어간에 직접 씌였다.

　○ 贓物數乙計爲 (二十九, 2)

② 종결토 《如》아래에 씌였다.

○ 妻妾乙妾称姉妹如爲他人交嫁令是在乙良 (六, 3)

③ 부정부사 《不冬》, 《不得》아래에 씌였다.

○ 里長等亦用心不冬爲妄報損實爲在乙良 (五, 3)

○ 凡獄卒亦知不得爲囚人乙逃走令是在乙良 (二十七, 5)

(2) 音可

《音可》(ㅁ직)은 동사 《爲》와 결합되여 《함직하다, 할만하다》의 뜻으로 씌였다.

① 반드시 동사 《爲》아래에 씌였다.

○ 改正爲音可事乙改正不冬爲在乙良 (三, 8)

② 시태토 《良》아래에서 《良音可》으로 굳어진것이 많다.

○ 互相隱匿爲良音可人亦自告爲旀 (一, 27)

(3) 等以

《等以》(들로-줄로, 바로)는 불완전명사에 조격토가 결합된 형태인데 수단을 나타낸다. 《等以》는 다음과 같이 네개의 결합형태로 씌였다.

① **是去有在等以:**

○ 殿門良中犯夜出入不冬爲乎事是去有在等以入者乙良杖一百 (十三, 5)

② **爲在等以:**

○ 價本亦二十貫耳亦直爲在如中一十貫減少爲在等以減少價本乙計數爲 (十六, 4)

③ **爲去有等以:**

○ 尊卑名分不絶爲去有等以族長乙良凡鬪傷例良中減一等遣 (二十, 11)

④ **無去有等以:**

○ 本夫亦初亦賣休之意無去有等以本夫乙良不坐罪遣 (二十五, 2)

우리 말 받침소리에 대한 사적고찰

김 영 수

우리 글에서 모음자모밑에 받쳐쓰는 자음자모를 받침이라 하고 받침의 발음을 받침소리라 한다. 현대 우리 글의 받침소리는 《ㄱ, ㄴ, ㄷ, ㄹ, ㅁ, ㅂ, ㅇ》7개이지만 철자법에 따르는 받침은 도합 27개이다. 그중 홑받침은 《ㄱ, ㄴ, ㄷ, ㄹ, ㅁ, ㅂ, ㅅ, ㅇ, ㅈ, ㅊ, ㅋ, ㅌ, ㅍ, ㅎ, ㄲ, ㅆ》16개이고 둘받침은 《ㄳ, ㄵ, ㄶ, ㄺ, ㄻ, ㄼ, ㄽ, ㄾ, ㄿ, ㅀ, ㅄ》11개이다. 받침과 받침소리의 관계를 보면 받침 《ㄱ, ㅋ, ㄲ, ㄳ, ㄺ》의 받침소리는 《ㄱ》이고 받침 《ㄷ, ㅌ, ㅅ, ㅆ, ㅈ, ㅊ, ㅎ》의 받침소리는 《ㄷ》이며 받침 《ㅂ, ㅍ,ㄿ, ㅄ, ㄼ》의 받침소리는 《ㅂ》이고 받침 《ㄴ, ㄵ, ㄶ》의 받침소리는 《ㄴ》이며 받침 《ㄹ, ㄽ, ㄼ, ㄾ, ㅀ》의 받침소리는 《ㄹ》이고 받침 《ㅁ, ㄻ》의 받침소리는 《ㅁ》이며 받침 《ㅇ》의 받침소리는 《ㅇ》이다.

우리 언어는 이와 같이 질서정연한 받침소리와 형태가 풍부한 받침체계를 가지고 구체적인 문맥에서 련음, 절음, 동화 등 어음변화에 따라 다양하게 발음되면서 표현효과를 높이고있다.

그러나 지금의 받침소리와 받침체계가 자고로부터 이러하였던것은 아니다. 고대로 소급해 올라가면 우리 말의 받침소리는 없던데로부터 산생하였고 또 적잖은 변화를 가져와 오늘의 이 모습을 갖게 되였다는것을 엿볼수 있다.

학자들의 고찰과 연구에 의하면 우리 말은 산생될 때부터 받침소리를 갖고있은것은 아니다. 이에 대한 학자들의 의견은 대체로 일치하다. 대개 세나라(고구려, 신라, 백제)시기의 중기까지는 받침소리가 없은것으로 보인다. 다시 말하여 모든 소리마디는 다 모음으로만 끝나는 열린마디로 즉 내파음으로 되지 못하고 외파음으로 되였다는것이다. 이는 세나라 중기까지 망라한 현유의 유일한 문헌자료 리두식표기를 보면 가히 알수 있다.

첫째, 리두식표기에서는 후시기에 한음절로 된 《곰》, 《글》, 《곳》, 《섬》 등을 각기 두개 음절인 《功木》, 《斤尸》, 《古次》, 《斯摩》로 표기하였다. 둘째, 리두식표기에서는 한자의 받침소리를 빼버리거나 하나의 소리마디로 늘이기도 하였다. 례를 들면 《穴》을 《甲比》(가비)로 옮겨 받침 《ㅂ》를 빼버리거나 한자음 《翼呑》(익단)을 《於支呑》(이기다나)로 표기하여 한자의 받침소리 《ㄱ》, 《ㄴ》를 하나의 소리마디 《기》, 《나》로 되게 하였다. 그리고 신라어에서 《独, 頓》이 동일한 음을 표기하고 고구려어에서 《朱蒙, 中牟》로 같은 사람의 이름을 표기한것은 개음절과 폐음절의 구별이 없었다는것을 설명한다. 한국의 리기문선생은 《국어사개설》에서 《국어 음운사상 가장 특징적인 사실의 하나인 음절말 자음의 내파화가 고대에는 아직 일어나지 않았던것으로 보인다. 즉 고대국어에서는 《〈ㅅ〉, 〈ㅈ〉를 비롯한 모든 자음이 음절말 위치에서도 제대로의 음가를 가지고 있었다.》고 하였다. 헌데 하나의 문제로 되는것은 받침소리가 없은 력사를 어디까지 잡는가 하는것이다. 이는 언어의 시대적구분문제와도 관련되는데 한국의 리기문선생은 고대국어(고대조선어)를 통일신라까지 망라시키고 고대국어에 받침소리가 없다고 하였다. 이 문제를 해명하자면 우리 말에서 받침소리가 언제부터 어떻게 산생되였는가를 밝혀야 한다.

우에서 지적한바와 같이 우리 말은 시초에 폐음절이 없었다. 다시 말하여 모든 음절이 열린 소리마디로 되였었다. 받침소리는 어음의 련쇄속에서 《자음+모음》으로 된 음절의 모음이 탈락되면서 남은 자음이 그앞의 소리마디에 올라붙어 앞음절의 끝소리로 되는 과정을 거쳐 형성된다. 조선의 류렬선생은 《세나라시기의 리두에 대한 연구》에서 조선어의 받침소리는 늦어도 세나라시기의 끝무렵에는 발생하기 시작하였다고 인정하면서 그 근거로 6세기말~7세기초의 작품으로 전하는 향가의 받침소리와 8세기중엽 경덕왕때 행정구역과 고장이름을 한자말로 고치면서 한자의 받침소리를 살려썼다는것을 례로 들고있다. 이를테면 향가 《서동요》의 《善花公主主隠》에서 《主隠》은 《님은》의 표기로, 《삼국사기》의 지명표기 《首尓忽》(수니구루, 수리구루)를 한자이름 《戌城》(술성)으로, 《豆夫只》(도보기, 두부기)를 《同福》(도복, 두복)으로 하였다는것이다. 이와 반대로 한국의 최범훈선생은 《한국어발달사》에서 삼국시기와 통일신라때까지 어말모음은 탈락되였어도 신라어에서 내파화는 일어나지 않았다고 인정하면서 받침 /s/가 叱, 斯, 師, 召, 西 등으로 표기되는것을 례로 들었다.

여기에서 문제점으로 되는것은 당시 지명을 한자어식으로 바꿀 때 그 실제음가가 어떠하였는가를 구체적으로 밝힐수 없는것이다. 왜냐 하면 리두식표기에서 한음절로 되여야 할것이 두음절로 된 례들이 적잖은데 《活》자를 《호리》로, 《褥》를 《요히》의 《히》가 생략되여 《요》로 보는(홍기문 《조선어력사문법》) 등 견해들이 있었다. 이러한것들을 고증할 방법이 없거니와 같은 경덕왕때 지명이름을 차자표기로부터 석차표기로 바꾼 한자를 그 당시에 어떻게 발음하였는가는 역시 고증할수 없는것이다. 따라서 지명이름이 한자어식으로 된것을 그 시기에 받침소리가 있은 근거로 잡기는 어려울것 같다. 그러나 세나라 말기 즉 579년~632년 사이의 향가, 이를테면 《서동요》의 《主隱》이 《님은》으로, 《모죽지랑가》의 《道尸》가 《길》로 해석되고 이 시기에 소리마디 끝에 각기 /r/과 /l/이 쓰인것(최남희 《고대국어 형태론》)을 보아 세나라시기 중반기까지는 우리 말에 받침소리가 없었지만 그 후반기와 통일신라시대에는 적어도 《ㄴ, ㅁ, ㄹ》와 같은 받침소리는 있었다고 보는것이 바람직하다.

우에서 살펴본바와 같이 10세기이전에는 우리 말 받침소리가 극히 제한되여있었다. 그러나 고려시기(10~14세기)에는 받침소리가 많아지는 추세를 보이였다. 받침소리의 산생과 변화는 주로 두가지 어음적과정이 수요된다. 하나는 형태소들의 합성과 그에 따르는 소리마디축소의 일반적인 경향 즉 소리마디를 엉키게 하고 자음련속을 일으키게 하는 과정이다. 이를테면 《사티+가시 > 살가시 > 살갓, 나그+시 > 낙시》 등과 같이 형태소와 형태소의 결합이 모음탈락을 도래하고 자음과 자음이 엉키면서 받침소리를 일으키는것이다. 다른 하나는 새로운 토의 체계의 형성과 관련이 되는데 고대조선어에서는 모든 토들이 모음으로 이루어져있었다. 따라서 단어의 줄기가 열린마디로 끝나고 토 역시 모음으로 되여있어 자음련속이 배제되였다. 그러나 자음을 가진 새로운 토들이 산생되여 줄기에 붙음으로써 《자음+모음》의 말소리배렬관계가 《자음+자음》으로 바뀌게 되고 소리마디가 줄어들면서 받침소리가 형성된다. 례를 들면 《노프고-높고》와 같이 모음 《·》가 탈락되고 자음 《ㅍ》가 받침으로 되는것이다. (렴종률 《조선어문법사》) 이 시기의 문헌재료들로는 12세기초엽의 음운상태를 보여주는 《계림류사》와 13세기중엽의 음운상태를 보여주는 《향약구급방》 등이 있다. 이러한 자료들이 비록 한자로 조선어를 표기하였지만 당시 우리 말에 어떤 받침소리들이 있었는가에 중요한 재료를 제공해준다.

　　《계림류사》와 《향약구급방》의 《雪曰嫩》(눈) 《手曰孫》(손) 《三十曰戌奈》(슐한), 《云屈林》(굴림), 《旦曰阿掺》(아참), 《油曰几林》(긔림), 《天曰汉奈》(한낱), 《石曰突》(돌), 《斗曰抹》(말), 《燕脂　你叱花》의 《你叱》(닛), 《鸡冠　鸡矣碧叱》(돌기볏), 《獐矣加次》(영의갖), 《道罗叱》(도랏), 《七曰一急》(일급), 《口曰邑》(입), 《八曰逸答》(일답), 《搔曰批勒》(비륵), 《鼓曰濮》(복), 《猪曰突》(돌~돝), 《鞋曰盛》(셩~신), 《袜曰背成》(비셩~보션) 등을　보면 이　시기에　받침이　있었다고　느껴진다. 한국의　리기문선생은 《국어사개설》에서 《13세기중엽에 음절말자음의 대립은 〈ㄱ, ㄴ, ㄷ, ㄹ, ㅁ, ㅂ, ㅈ, △, ㅇ, ㅈ, ㅎ〉등이 있었던 셈이다.》고 추측하였다. 그런데 조선의 김영황선생의 《조선민족어발전력사연구》와　최정후선생의 《조선어학개론》에서는 이 시기의 받침소리가 《ㄱ, ㄴ, ㄷ, ㄹ, ㅁ, ㅂ, ㅅ, ㅇ》 8개였다고 한다. 이 두가지 견해의 차이점은 이 시기에 《ㅅ》와 《ㅈ》가 하나의 받침소리로 되는가와 《△》, 《ㅎ》의 받침소리가 있었는가 하는것이다. 물론 이 시기의 우리 말 받침소리를 한자로 표기하였기에 정확히 확정하기 어려운 것만은 사실이지만 우에서 볼수 있는바와 같이 《ㅅ》와 《ㅈ》가 부동한 한자로 표기되였고 신라시대부터 사이소리표기에 쓰이던 《叱》가 받침소리 《ㅅ》로는 쓰이였지만 받침소리 《ㅈ》로 쓰인 자료는 보이지 않고 또 《次》가 받침소리 《ㅅ》로 쓰인것이 없는것으로 미루어보아 고려시기에 이 두 받침소리가 구별되였다고 보는것이 타당하다. 그리고 《剪曰割子蓋》의 받침소리는 일종 추리에 불과하지만 15세기에 《△》가 받침으로 널리 쓰이였고 《割子蓋》가 《두시언해》의 《ᄀᆞᅀᅢ》와　대응되는것으로　보아 《△》가 이 시기에 하나의 받침소리로 되였을것으로 보인다. 다음 15세기에 《자ㅎ(尺)》, 《세ㅎ(三)》, 《나라ㅎ(国)》 등이 있은것으로 보아 고려시기에도 음절말의 《ㅎ》가 있었던것으로 즉 《尺曰作(자ㅎ)》으로 느껴진다. 이로부터 이 시기의 받침소리를 11개로 보는것이 바람직하다. 고려시기까지 우리 말의 받침소리에는 먼저 시대에 있던 《ㄴ, ㅁ, ㄹ》 외에 12세기 초에 《ㄱ, ㄷ, ㅂ, ㅅ, ㅈ, △, ㅎ》가 있었는데 이는 《계림류사》에 이러한 받침소리들이 기록된것으로 증명되며 《ㅇ》음은 제일 늦게 즉 12세기에서 13세기에로 넘어오는 중간시기에 발생된것으로 보인다. 그 근거로 12세기초까지 인명·지명에서 《ㅇ》 말음이 흔히 《ㄴ》 말음으로 대용되였다는 점을 들수 있다.(홍기문 《조선어력사문법》)

　　훈민정음이 나오기전까지 우리 말 표기는 다 한자로 되였기에 력사적으로 어떤 받침소리들이 있었는가를 정확히 밝히기는 어렵다. 그러나 훈민정음이 나오면서부터는 사정이 달라졌다. 우선 초성, 중성, 종성을 명확히 구분하였고 그 음가를 밝혔다. 이를테면 《쥭》자의 종성이 곧 《ㄱ》이고 《줌》자의 종성이 《ㅇ》이다. 이와 같이 종성을 밝히고 그 소리의 특성에 따라 종성표기에 《ㄱ, ㅇ, ㄷ, ㄴ, ㅂ, ㅁ, ㅅ, ㄹ의 여덟자로 사용하기에 충분하다》고 하여 이밖의 초성은 종성으로 쓸 필요가 없음을 지적하였다. 이것을 설명하여 《梨花》는 《빗곶》, 《狐皮》는 《엿의 갗》으로 써야 하겠지만 《ㅈ, ㅿ, ㅊ》 등을 《ㅅ》자로 바꾸어서 《빗곳》, 《엿의 갓》으로 써도 된다고 하였다. 이는 사실상 15세기 훈민정음이 창제될 때 우리 글의 받침소리가 《ㄱ, ㅇ, ㄷ, ㄴ, ㅂ, ㅁ, ㅅ, ㄹ》 8개라는것을 표시한다. 그런데 이에 대해 아래의 세가지 부동한 견해가 있다. ①당시의 발음이 8개가 아니라 《ㄱ, ㄷ(ㅅ), ㅂ, ㄴ, ㅁ, ㄹ, ㅇ》 7개로서 《ㄷ》와 《ㅅ》가 하나로 발음되였다. ②훈민정음 해례 종성해와 같이 8개이다. ③당시의 발음이 《ㅿ》까지 망라하여 9개이다.

　　첫번째 견해는 렴종률과 김영황 두 선생의 《훈민정음에 대하여》와 렴종률선생의 《조선어문법사》 등 책에서 제기되였는데 그 리유를 아래의 두가지로 개괄할수 있다. 하나는 8종성은 이 자음자들이 막힘소리화되여 있지 않으면 종성으로 될수 없다는것이다. 따라서 《ㅅ》가 종성으로 되였다는것은 《ㅅ》가 막힘소리로 되였다는것을 말하며 《ㄷ》와 똑같은 발음소리를 낸다는것이다. 다른 하나는 《ㅅ》와 《ㄷ》가 같은 소리임에도 불구하고 갈라놓은것은 훈민정음제작자들이 어음분류에서의 대표자를 설정하는 원칙을 취하였다는것이다. 즉 아음에서는 《ㄱ》와 《ㅇ》,설음에서는 《ㄷ》와 《ㄴ》, 순음에서는 《ㅂ》와 《ㅁ》, 치음에서는 《ㅅ》, 반설음에서는 《ㄹ》를 설정하였다는것이다. 이리하여 어말에서 똑같이 발음된다 하더라도 아, 설, 순; 치, 후, 반설, 반치의 7음의 한계를 무시할수 없어 《ㄷ》는 설음의 대표자로 《ㅅ》는 치음의 대표자로 설정하였다는것이다.

　　두번째 견해는 홍기문선생의 《조선어 력사문법》 등 책에서 제기되는데 이 견해가 보편성을 띠고있다. 홍기문선생은 그 리유를 아래의 세가지로 피력하였다. 첫째, 모음우에서 된시웃과 된비읍을 능히 구별할수 있었다면 모음아래서 《ㄷ》와 《ㅅ》의 두 말음도 구별하지 못할수 없다. 둘째,

해례 종성해에서 종성을 여덟자로 제한할 때《ㄷ》,《ㅅ》의 두음이 혼동
되였다면 그 두자를 다 함께 넣었을수 없다. 셋째,《ㄷ》,《ㅅ》의 종성이
발음상 서로 구별되지 않았다면 실지 용례에서 그렇게 명확하게 구별되였
을수 없다.

　　세번째 견해는 리기문선생의《국어사개설》에서 제기되는데 그는
《ㅅ》와《ㄷ》의 구별을 인정하는 전제하에 받침소리《△》도 있었다고 주
장한다. 그 리유로 해례의 규정에 위반되는《△》의 용법이《ㅇ》(드물게
<ㅸ>)에 선행한 위치에 한정되여 《엱이》,《엱은》형태로 쓰이였는데 이
위치에서《ㅅ》과《△》가 중화되여[z]로 발음된다는것이다.

　　우의 세가지 견해에서 구경 어느것이 당시의 언어실태를 반영하였는
가를 단정하기는 어렵지만 리기문선생의 견해가 합리하다고 인정된다. 우
선 7종성 견해에서 제기되는 반드시 막힘소리가 되여야 받침소리를 이룰
수 있다는것은 우리 말의 실정에 잘 맞지 않기때문이다. 이를테면 유향자
음《ㄴ, ㄹ, ㅁ, ㅇ》등은 비음을 동반하기에 막힘소리로 되지 않는다. 이
렇다 하여《ㄴ, ㄹ, ㅁ, ㅇ》를 받침소리가 아니라 할수 없다. 그리고
《ㅅ》도 페쇄음이 아니라 마찰음이므로 비음인《ㄴ, ㄹ, ㅁ, ㅇ》에 못지
않게 길게 발음할수 있다. 따라서 훈민정음 창제시에《ㅅ》가 막힘소리로
되지 않고 받침소리로 될수 있기에 막힘소리《ㄷ》와 구별될수 있다는것
이다. 다음 15세기 문헌으로 알려지고있는《조선관역어》에《ㅅ》와《ㄷ》
의 받침소리가 부동하게 표기되였다. 례를 들면 받침소리《ㅅ》의 표기에
《思》를 써서《花 果思》,《松子 杂思》,《衣服 卧思》로 표기하였지만
《ㄷ》받침에는 아무런 표기도 없었다. 이를테면《田 把》,《阳 别》등이다.
이는《ㅅ》와《ㄷ》가 엄연히 구별되였음을 표시하는 증거로 된다. 다음
《△》가 당시 초성에서나 종성에서 쓰인것은 많은 문헌들이 증명하고있
는데 해례 종성해가 나온 뒤에도《월인석보》와 같은 문헌재료들에 널리
쓰이였고 리기문선생이 지적한바와 같이《엱이》,《엱은》과 같은 언어환경
에서《△》는《ㅅ》와 구별되는 [z]로 발음되였다. 그리고 렴종률선생의
《조선어문법사》에서도《△》가 울림소리사이에서는 끝음으로도 쓰일수
있다고 하였다. 그러므로 훈민정음이 창제되던 시기에 9종성이였다는것이
사실에 부합된다고 본다.

　　그렇다면 고려시기의 11종성이 어떻게 15세기에는 9종성으로 되였고

또 중세기의 9종성이 어떻게 오늘의 7종성으로 되였겠는가 하는것이 문제로 제기된다. 우리 말의 받침소리의 법칙으로 보면 이러한 변천이 받침과 받침의 중화와 동화, 탈락으로 이루어진듯싶다. 우선 고려시기의 《ㅅ》와 《ㅈ》는 15세기에 이르러 중화되여 하나의 스침소리로 되였고 《ㅎ》는 일부는 어말에서 탈락되고 일부는 《세ㅎ〉셋》, 《네ㅎ〉넷》과정을 통해 《ㅅ》로 되였을것이다. 그리고 《△》 받침소리는 15세기와 16세기 교체기에 초성에서의 《ㅇ》가 먼저 《△, ㅇ》사이에서 소실되면서 《△》가 그다음 음절의 두음으로, 이를테면 《ᄀ애》가 《ᄀ새》형태로 변하면서 음절말에서 없어졌을것이다. 《ㅅ》는 15세기 문헌에서 《잇ᄂ니》, 《낫나치》 등으로 나타나던것이 16세기 문헌에서 《닌ᄂ니》, 《난나치》로 된것으로 보아 《ㅅ》이 《ㄷ》로 발음되여 《ㄴ》앞에서 《ㄴ》로 역행동화되였다는것을 알수 있다.

우리 말 받침소리의 력사를 대강 훑어보면 삼국시기 중기까지는 모든 음절이 개음절로 되여 받침소리가 없던데로부터 점차적으로 생기게 되면서 고려시기에는 무려 11개의 받침소리를 이루었고 그후로는 받침소리간의 중화, 동화, 탈락 등 어음의 변천을 경과하여 15세기에는 9종성으로, 현대에는 7종성으로 되지 않았는가 생각된다.

중 세 편

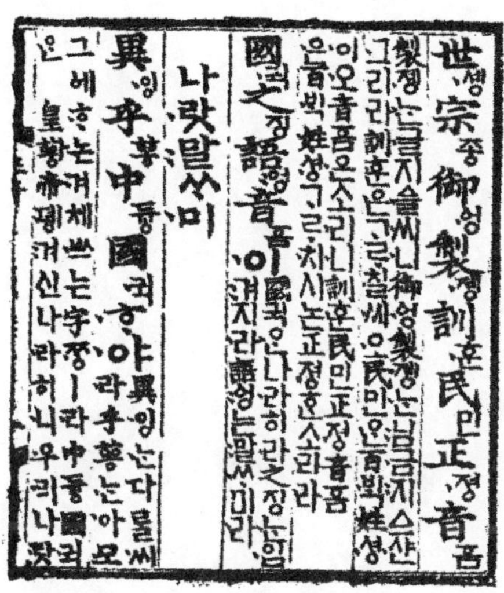

훈민정음언해

조선어 거센소리
현상에 대한 약간한 고찰

김 광 수

1. 문제의 제기

현대조선어의 자음체계를 보면 순한소리, 거센소리, 된소리의 삼대립체계를 이루고있다. 그것은 순한소리를 기본으로 하면서 기음의 동반여부에 따라 거센소리체계, 성대의 긴장여부에 따라 된소리체계로 나뉘였다. 즉《불(火)》,《풀(草)》, 뿔(角)》에서《ㅂ-ㅍ-ㅃ》의 대립이거나《자다(睡)》,《차다(凉)》,《짜다(擠)》에서《ㅈ-ㅊ-ㅉ》의 대립은 순한소리, 거센소리, 된소리의 대립을 이룬것들이다. 그러나 이러한 삼대립체계는 고대로부터 있은것이 아니라는것을 념두에 두어야 한다. 그것은 현대조선어의《칼(刀)》이나《팔(臂)》,《슬퍼하다(悲傷)》와 같은 단어들도 15세기 조선어에서는《갈ㅎ》,《불ㅎ》,《슬허하다》로 되여있던것으로 문헌에 나타나고있기때문이다. 필자는 이러한것들을 생각하면서 우선 거센소리 산생에 대한 남북학자들의 견해를 찾아보고 다음으로 리조문헌에 나타난 순한소리의 거센소리되기현상을 분석하고 그다음으로 거센소리가 산생하게 된 원인을 밝혀보면서 거센소리의 력사를 약간이나마 찾아보려 한다.

2. 거센소리현상에 대한 남북학자들의 견해

거센소리의 산생력사에 대한 남북학자들의 견해를 찾아보기로 한다. 한국의 리기문교수는《국어사개설》에서 조선어에는 고대(고구려, 백제, 신라)에 유기음(거센소리)이 있었던것으로 추정된다고 하면서 조선어에서 먼저 원시적인 무성음과 유성음의 합류가 일어나고 그뒤 유기음계렬이 발달한것으로 봄으로써만 설명될수 있는것이라고 하였다. 유기음은 처음 어

중의 음절(ph, hp 등)에서 생겨나고 아직 밝혀지지 않은 리유들로 어두에
도 나타나게 되였으리라는 잠시적인 가설을 세워볼수 있는것 같다고 하였
다. 어두유기음을 가진 단어는 중세조선어에 있어서도 그 수가 매우 제한
되여있었으며 중세조선어 후기와 근대조선어시기에 다소 늘어났음에도 불
구하고 현대조선어에 있어서 그 수가 어두 평음(순한소리)을 가진 단어의
그것과는 비교도 안되게 적다는 사실을 주목할만하다고 하였다. 그리고
조선어의 한자음(東音)과 한자차용표기 《居柒夫或云荒宗》(三國史記 卷44
列傳), 《佛體》(普賢十願歌) 등을 들면서 고대조선어에 거센소리가 있었다
는 근거를 들고있다.

　　최범훈교수는 《한국어발달사》에서 고대조선어시기(삼국시기로부터 통
일신라까지) 조선어에는 유기음이 발생하였다고 하였다. 무성음과 유성음의
대립으로부터 유기음과 무기음의 대립체계로 바뀐것이라고 하면서 그것은
후두음 《h》의 존재를 전제로 하는것이라 하겠는데 이는 알타이어 /s/의
일부가 형성기조선어시기에서 /h/로 변질되였기때문이라고 하였다. 유기
음 /h/는 첫단계에는 무기음 /p, t, ts, k/와 혼성되여 유기적인 현상을 거
쳐 차츰 완전한 자립음소로 정착되였을것이며 그리고 《삼국유사》나 《균
여향가》에 나오는 《居柒, 異次, 八陵, 佛體, 直體》에서 /tsh, ph, th/ 등을
확인할수 있다고 하였다.

　　남광우교수는 《한국어발음연구(1)》에서 평음인 《ㄱ, ㄷ, ㅂ, ㅈ》가
격음(거센소리, 기음, 유기음)인 《ㅋ, ㅌ, ㅍ, ㅊ》로 바뀌는것을 격음화라
고 하면서 격음화에는 어두에서의 격음화와 어중에서의 격음화, 한자음에
서의 격음화가 있다고 하고 문헌에서의 례를 들었다. 그리고 《ㅎ》곡용
경우의 격음화는 복합어를 이룰 때에 그 청각인상을 두드러지게 하는 작
용을 하는것으로 보인다고 하였다.

　　조선의 김영황교수는 《조선민족어발전력사연구》에서 초기중세조선어
(세나라시기)의 어음적특징을 연구하는데 있어서 귀중한 자료로는 세나라
시기 사람이름, 고장이름, 벼슬이름에 대한 리두식표기라고 하였다. 리두
식표기자로 《道(도)》와 《涿(탁)》, 《賭(도)》와 《髑(특)》, 《朱蒙(주몽)》과
《鄒蒙(추몽)》, 《弓福(궁복)》과 《弓巴(궁파)》, 《官壯(관장)》과 《官昌(관
창)》 등이 순한소리와 거센소리가 초성에서 구별되지 않았던것으로 보아
오늘날 순한소리와 거센소리가 이때에는 구별이 없었으리라고 추정하면서

이 시기에는 거센소리체계가 아직 형성되지 않았다고 하였다. 그리고 거센소리체계는 그 후인 중세전기(고려시기)에 이루어졌다고 하였다.

류렬교수는 《조선말력사》에서 고대조선어(기원전 1000년경-기원전 3세기)에서는 거센소리 《ㅍ, ㅌ, ㅋ, ㅊ》등은 아직 쓰이지 않았다고 하였다. 그것은 고대조선어에서 목구멍소리인 《ㅎ》가 아직 쓰이지 않고있는 사정과 직접적으로 관련되여있다고 하였다. 자음 《ㅎ》는 바로 순한소리를 거센소리로 되게 하는 특수한 자음이므로 그것을 떠나 거센소리는 있을수 없다고 하면서 거센소리 《ㅍ, ㅌ, ㅋ, ㅊ》는 다름아닌 [ㅂ+ㅎ/ㅎ+ㅂ], [ㄷ+ㅎ/ㅎ+ㄷ], [ㄱ+ㅎ/ㅎ+ㄱ], [ㅈ+ㅎ/ㅎ+ㅈ]이라고 하였다. 거센소리는 순한소리를 낼 때에 목구멍스침의 《ㅎ》를 함께 내는 소리인만큼 자음 《ㅎ》가 아직 쓰이지 않은 이 시기 조선어에서 거센소리가 쓰이지 않은 것은 필연적인것이라고 하였다. 중세조선어시기(기원전 3세기-기원 10세기)에 목구멍스침소리 《ㅎ》와 혀뿌리코소리 《ㆁ》가 쓰이고있었음을 볼수 있는데 나아가서 일정하게 거센소리도 쓰이기 시작한 자취를 볼수 있다고 하였다. 중세조선말의 말소리에서 7세기-8세기를 전후하여 거센소리 《ㅍ, ㅌ, ㅋ, ㅊ》등이 생겨나기 시작할수 있은것은 이 시기에 이미 목구멍스침소리 《ㅎ》가 생겨나서 그 지위와 기능을 확고히 한것과 직접적으로 관련된다고 하였다. 하지만 세나라시기에는 아직 거센소리가 하나의 말소리단위로는 되지 못하였다고 하였다.

렴종률교수는 《조선어문법구조사》에서 《삼국사기 · 신라본기》, 《삼국유사》의 인명, 관명, 지명 등에서 유기음과 무기음의 차이를 무시하였는데 그것은 통용한자음에 유기음이 없었던 사실과 관련되며 나아가서 유기음의 한자를 받아들인 조선통용한자음에 유기음이 없었다는것은 당시 조선어음운체계의 특성을 그대로 반영하는것이라고 하였다. 《훈몽자회》를 비롯한 일부 문헌들에 나타나는 통용한자음에는 현대어에서 거센소리로 읽는 일부 한자가 순한소리로 나타나고 고유조선어어휘에서 현재 거센소리로 적는 적지 않은 어휘들이 력사적으로 소급할 때는 순한소리로 되여있나고 하면서 이것은 거센소리가 후내에 발생하였다는것을 실명하여준다고 하였다. 조선어에서 거센소리의 발생은 된소리의 발생과 마찬가지로 일반적으로 페음절의 발생과 밀접히 련관을 가진다고 하였다. 15세기 조선어의 자료에서 유성음으로 끝난 단어아래에 기식음이 나타나 그의 영

향으로 어두음이 거센소리로 변화되는 경우(갈ㅎ→칼), 보조동사 《ㅎ다》
와 관련되여 거센소리가 이루어지는 경우(일ㅎ다 失→일타), 《시기다→식
히다→시키다》 등은 모두 《ㅎ》의 《페음절화》한 요소와 관련되거나 또는
《ㄱ, ㄷ, ㅂ, ㅈ》가 페음절화하여 《ㅎ》와 련접한 어음적조건에 의존한다
(곳히→꼬치→꽃이, 막다→막히다→마키다)고 하였다. 력사적으로 일정한
어음적조건에 나타나던 거센소리는 처음에는 변종에 불과하였겠으나 그것
이 부단히 사용되는 행정에서 점차 순한소리와 대립되는 자립적인 음운으
로 발달해나간것이라고 하였다.

　　상술한 학자들의 견해들은 조금씩 차이점이 있기는 하지만 종합해보
면 다음과 같다. 첫째, 거센소리는 조선어에 원래부터 있은것이 아니다.
둘째, 빨리 잡아서 삼국시기에 이루어진것으로 보거나 늦게 잡아서 중세
전기 즉 고려시기에 이루어진것으로 보며 거센소리가 완전한 체계를 이룬
시기는 썩 후에 있은 일이다. 셋째, 거센소리의 산생의 가장 중요한 근거
를 학자들은 모두 목구멍소리 《ㅎ》에 두고있다. 넷째, 거센소리는 어중에
서 먼저 나타나고 다음으로 어두에 나타난것으로 보고있다.

3. 리조어로부터 본 순한소리의 거센소리되기현상

　　그럼 고대어로부터 발전해온 거센소리현상이 리조어(순한소리가 거
센소리로 되기 마지막 시기)에 어떻게 나타나고있는가를 《고어사전》에 나
타난 일부 자료들을 렬거하여 보면서 고찰해보려고 한다.

1) ㄱ→ㅋ

① 갈: (칼)　　百帝　흔 갈해 주그니(龍歌 22章)

　　　　　　　두갈히 것그니(龍歌 36章)

　　　　　　　이 닐오딕 이눈 목수믈 그츌 갈히며(蒙法 53)

　　　　　　　우러 흐르눈 므레 갈홀 ᄀ다니(杜解 5:26)

◉ 칼:　　　　예 도적세히 칼 가지고 와서(東國新續三綱)

　　　　　　　칼을 쌔여(東國新續三綱)

　　　　　　　드눈 칼ㅎ로 감짜 여러(馬解下 108)

② 고: (코)　　고해 됴흔 내 맏고져ᄒ며(月印釋譜 1:32)

　　　　　　　ᄀ래춤과 곳믈와 고롬과 피와(圓覺上二之二 27)

　　　　　　　되사름이 고노프니 뮈여 무리이렛도다(杜解 4:26)

◉ 코:　　　　대통으로 뻐 부러 코 가온ᄃᆡ 드리고 머므디 말고(馬
　　　　　　　解下 1:13)

　　　　　　　코해 건 코히 흐르고(馬解下 56)

③ 혀다:(켜다)　燈을 혀 불고믈 닛ᄉ오며(楞解 5:41)

　　　　　　　나를 延引ᄒ야 ᄒ마 어듭거늘 블 혀 여러 門 열오
　　　　(杜詩諺解 1:3)

◉ 켜다:　　　主人아 등잔불 켜오라(老解上 22)

④ 혀다:(켜다)　ᄉ뎡이 노ᄒ야 토ᄇ로 혀 주기니(三綱)

　　　　　　　톱으로 혀 주기니(五倫 2:35)

⑤ 혀다:(켜다)　토ᄇ로 혀 주기니(三綱)

⑥ 잔즉고:(잠자코)　須達이 잔즉고 ᄉ랑ᄒ더니(釋譜詳節 6:25)

◉ 즘즉코: 雖摩ㅣ 즘즉코 마리 업거늘(月印釋譜 8:67)

　즘즘코: 부텨 許ᄒ시면 믈즈ᄇ리이다ᄒ고 즘즘코 잇거늘(月印釋
　　　　　譜 10:68)

⑦ 바회:(바퀴)무릐 술읫 바회ᄯ 靑蓮花ㅣ 나며(月印釋譜 2:31)

　　　　　　　심의산 세네 바회 감도라 휘도라드니(古時調)

　　문헌자료에는 《갈ᄒ→칼(刀), 고ᄒ→코(鼻), 혀다→켜다(引), 잔즉고→
즘즉코》로 나타나지만 《혀다, 혀다, 바회》는 순한소리로 나타나고있는데
이것들을 살펴보면 우선 거센소리 《ㅋ》의 연원은 《ㄱ+ㅎ》, 《ㅎ+ㄱ》,
《ㅎ》, 《ㆅ》 등이다. 여기서 례①②의 《ㄱ+ㅎ》가 거센소리로 된것은
《ㅎ》의 역행동화로 볼수 있으며 례⑥의 《ㅎ+ㄱ》가 거센소리로 된것은
《즘즉하고, 잠잠하고》의 《-하고》가 준것으로 보는것이 좋을것 같고 례
③④⑤⑦의 《ㅎ》나 《ㆅ》가 거센소리 《ㅋ》로 된것은 자생적이라고 할수

있는데 이것들이 혀뿌리소리와 가까운 목구멍마찰음이기에 거센소리 《ㅋ》로 발음될 가능성이 제일 많기 때문이다. 거센소리위치를 보면 어두 와 어중에 나타나는데 주로 어두에 많이나타났다. 어두에서 《ㅋ》가 순한 소리 《ㄱ》로 있을 때는 주로 15세기 중기 문헌 《룡비어천가》, 《월인석 보》, 《두시언해》에 많이 나타났다면 《ㅋ》로 된것은 주로 17세기초의 《동국신속삼강》, 《마경초집언해》에서 나타났다. 어중에서는 이미 15세기 중기인 《월인석보》에서 이미 《ㅋ》로 나타나고있다. 그리고 《ㅎ》, 《ㆅ》의 거센소리는 16세기 초기 《삼강》까지도 계속 순한소리와 된소리자모였으 며 일부는 17세기 중후기인 《로걸대언해》에 나타나지만 18세기말《오 륜》, 《고시조》까지도 《ㅎ》로 나타나고있다는것을 알수 있다.

2) ㄷ→ㅌ

① 닷:(탓)　　**官監**이 다시언마른(**龍歌** 17章)
　　　　　　도딘일 지순 다ᄉ로(**月印釋譜** 1:46)
　　　　　　간대로 **愛想**애 미ᄯ다시니(**楞解** 1:43)

◉ 탓:　　　이도 슬외 타ᄉ로 뼈뎟습더니(**新語** 9:7)
　　　　　　어와 내 병이야 이 님의 타시로다(**松江 思美人曲**)

② 독별이:(특별히) 내 독별이 내라 외방의 나가디 아니랴(**老解上** 37)
　　　　　　　　독별이 내가 외방의 나가면(**老解上** 39)

③ 듣글:(티끌)아모디도 마ᄀ디 업서 듣긇ᄠ 걸위디 몯홀씨라(**月
印釋譜** 8)
　　　　　　塵은 **世界**를 봇아 듣글 밍ᄀ라(**月印釋譜序** 8)
　　　　　　ᄒᆞᆫ 듣글로 ᄒᆞᆫ **德用**을 사믈식(**圓覺上一之二**)

④ 볼독:(팔뚝) 옷스미예 두 볼도기 낫도다(**杜詩諺解** 2:3)
◉ 볼톡:　볼톡 뒤헷 **醫方**으란 **寂靜**ᄒᆞᆫ디셔 보놋다(**杜詩諺解** 22:13)

⑤ 사당:(사탕) 스과ᄅᆞᆯ 달혀서 사당 ᄢᅡ 머가라(**諺簡集** 13)
　　　　　　사당 감쥬 섯거 ᄆᆞᆫ든 타락 **酪**(**漢淸文鑑** 12:43)

◉ 사탕: 사탕을 므레 프러(救急方下 69)

              사탕을 저기 믈조쳐 프러(救簡 6:37)

⑥ 발돕:(발톱) 발돕 다듬기는 다숫낫 돈이니(杜解上 47)

          머리 긁빗고 발돕 다듬고(杜解上 47)

문헌자료에는 《닷→탓, 블독→블톡, 사당→사탕》으로 나타나지만 《독별이, 들글, 발돕》 등은 순한소리로 나타나고있다 이것들을 살펴보면 우선 거센소리 《ㅌ》의 연원은 《ㅎ+ㄷ》로 혹은 《ㄷ》로 되여있다. 여기에서 례①②③은 거센소리의 자생적인 산생이고(ㄷ는 ㅌ음에 대응되는 순한소리)례④⑥은 순행동화 《ㅎ+ㄷ》에 의한 거센소리 산생이며 례⑤의 거센소리는 한자음에서 유기음과 무기음이 서로 혼동되다가 유기음으로 고착된것이다. 우의 여섯개 단어들은 15세기 중기의 《월인석보》, 《두신언해》에서는 기본상 순한소리로 되여있다가 어중과 한자음에서는 15세기 후기의 《구급방》, 《구급간이방》에서 거센소리로 나타나고 어두에서는 17세기 후기에 나타났다. 일부는 문헌에 거센소리로 나타나지 않고있다.

3) ㅂ→ㅍ

① 볼:(팔)   볼홀 드르샤 (楞解 1:83)

            허튀와 볼콰 굳ᄒᆞ니(內訓 2:28)

            올흔 볼히 偏히 이을오(杜詩諺解 11:14)

◉ 팔: 폴해 미엿던 구슬을 ᄇᆞ린대(內訓상 2:30)

           쏘 폴와 구브를 뿌추며 굽힐훠 보라 (救急簡易方1:60)

           김시 한 폴ᄒᆞ로 그 지아븨 시신을 그어(東國新續三綱)

② 굴비:(갈피) 界는 ᄀᆞᅀᅵ라 ᄒᆞ며 굴비라 ᄒᆞᄂᆞᆫ 마리니(月印釋譜 1:32)

             다숫 굴비 흐리니라(五疊混濁) (楞解 4:81)

◉ 굴피: 흔 굴피라(一重) (語錄10)

③ 슬허하다:(슬퍼하다) 구는 슬허ᄒᆞᄂᆞᆫ 病이라(月印釋譜 10)

             悽愴은 슬허ᄒᆞᄂᆞᆫ 양지라(月印釋譜 16)

◉ 슬프다: 츌히 그 모미 주거도 아디 몯ᄒ미 ᄀᆞᆮᄒ니 슬프다(初內
　　　 訓 1:22)
　　　 슬퍼 너겨 드르라(龍飛御天歌 96)

　문헌자료에는 《ᄇᆞᆯ→폴, ᄀᆞᆲ비→ᄀᆞᆳ피, 슬허하다→슬퍼하다》로 나타나고
있다. 이 단어들을 살펴보면 거센소리 《ㅍ》의 연원은 《ㅂ+ㅎ》, 《ㅂ》,
《ㅎ》로 되여있다. 여기에서 례①은 《ㅎ》음의 역행동화에 의해 된것이고
례②③은 자생적인 현상이라고 할수 있다. 그러나 이러한 자생적인 현상
도 아무런 근거가 없는것이 아니라 《ㅂ》는 거센소리 《ㅍ》에 대응되는
순한소리이고 후두마찰음 《ㅎ》도 거센소리와 직접 관계되는 음이다. 리조
어에서의 거센소리 《ㅍ》의 문헌자료 시기를 보면 순한소리는 기본상에서
15세기 중엽 《월인석보》,《릉엄경언해》,《두시언해》에 나타났고 거센소
리도 이와 같은 시기의 《룡비어천가》,《내훈》, 《구급간이방》 등 문헌에
나타났으며 늦어서 17세기 중기 《동국신속삼강》, 《어록》 등 문헌에 나
타나고있다.

4) ㅈ→ㅊ

① 자히:(채, 채로)　몰톤 자히 건너시니이다(龍歌 34章)
　　　　　　　　　 제 모미 누분자히셔 보ᄃᆡ(釋譜詳節 9:30)

② 지곡지고기: (차곡차곡) 지곡지고기 맛곫다가 머리니거ᅀᅡ 니른대즉자히
　　　　　　　 주거ᄇ리시라(三綱)

③ 직지기:(칙칙히) 다 극낙국토애 구룸 지픠돋ᄒ야 공듕에 직지기 년화좌애
　　　　　　　 안자 (觀經 29)
　　　　　　　 길헤 니펫는 고준 직직ᄒ고(杜詩諺解 9:21)

④ 마줌:(마침)　 여ᅀᅵ 마줌 무덤아래로 디나가더니(東國新續三綱
　　　　　　　 4:82)
　　　　　　　 건너신 날은 마줌 사오나온 ᄇ람의(新語 2:1)
　　　　　　　 ᄒ다가 마줌 날이 져믈거늘(太平光記 1:39)
◉ 마춤: 흉노에　ᄉ신 갓더니 마춤 우샹이 위률을 죽이려 하다가
　　　 (五倫 2:11)

　　문헌자료에는 《마줌→마춤》이 나타나고 《자히, 지곡지곡이, 직직이》는 거센소리가 나타나지 않고 순한소리로 나타나고있다. 거센소리 《ㅊ》의 연원은 《ㅈ+ㅎ》, 《ㅈ》이라고 볼수 있다. 례①은 《ㅎ》의 역행동화에 의해 산생되였다고 보며 례②③④는 모두 자생적이라 보아진다. 거센소리 《ㅊ》는 대부분 리조어에 그대로 순한소리로 유지되였고 18세기말엽 문헌 《오륜》에서만 거센소리로 나타나고있다. 이상하게도 《ㅊ》의 거센소리가 문헌자료에서 가장 늦게 순한소리로 남아있으며 그것도 부사가 많다. 례②③에서의 부사들은 그후 자생적으로 거센소리로 되였는데 이러한 격렬한 의미를 나타내는 부사들은 유기음화하기 쉽기때문이다.

4. 거센소리 산생원인

　　리조어의 순한소리의 거센소리되기과정을 고찰해보면 아래의 몇가지로 종합할수 있다. 첫째, 조선어의 거센소리는 목구멍 마찰음 《ㅎ》와 관계를 많이 가지고있다. 즉 순한소리 《ㄱ, ㄷ, ㅂ, ㅈ》의 앞이나 뒤에 《ㅎ》가 있는 경우에 거센소리가 많이 일어나고있다. 둘째, 일부 단어들의 거센소리는 자생적 현상이지만 그것도 아무런 근거가 없는것은 아니고 반드시 같은 발음부위의 순한소리나 목구멍스침소리 《ㅎ》만이 그에 대응되는 거센소리로 된다. 셋째, 극소수의 현상이지만 순한소리와 거센소리 두계렬로 존재하던 한자음이 거센소리로 고착된 현상과도 관계되며 또는 격렬한 의미를 나타내는 일부 어휘들도 유기음화할수 있던것과도 관계된다. 넷째, 순한소리의 거센소리되기현상을 력사적으로 고찰해보면 대부분의 어휘들은 15세기 중엽의 문헌 《룡비어천가》,《월인석보》,《릉엄경언해》,《두시언해》 등에서 그대로 순한소리로 남아있었으며 17세기 초기와 중기의 문헌 《동국신곡삼강》,《마경초집언해》, 《어록》,《신어》 등에서는 기본상 거센소리로 되였다. 극소수는 18세기 말엽의 문헌 《오륜》,《고시조》에서도 그대로 순한소리로 나타나고있다. 이것으로부터 조선어의 거센소리 현상은 기본상 17세기 이전에 완성되였다고 말할수 있다. 다섯째, 유기음화현상은 음절환경에서 보면 어중에서 먼저 나타나고 어두에서는 어중보다 조금 늦게 나타났다. 어중의 거센소리현상은 15세기 중기의 문헌 《월인석보》,《두시언해》에서 이미 나타나고있다. 여섯째, 문헌적으로 보면 마지막으로 남아있던 거센소리현상으로 제일 많이 남아있는것은 《ㅋ》이고 제일 적은것이 《ㅍ》이며 리조어에서 제일 깨끗이 거센소리가 완성된것이 《ㅍ》라면 기타 순한소리의 거센소리화는 늦게까지 남아있었다.

5. 마무리

상술한 내용을 종합해보면 우선 조선어의 거센소리는 원래부터 있은 것이 아니고 어음의 일정한 발전단계에 이르러 즉 후두마찰음 《ㅎ》가 산생된후 순한소리와 결합되여 유기음화하여 발음되다가 그후 삼국시기 혹은 고려시기에 자립적인 음운 거센소리로 되였으며 썩 이후에야 순한소리와 대응되는 하나의 체계를 이루었다. 다음으로 리조시기 문헌을 통해서도 순한소리의 거센소리화현상을 약간이나마 찾아볼수 있는데 그것은 거센소리의 산생조건과 거센소리의 산생과정이다. 그다음으로 세상의 모든 사물은 변화과정에 있는만큼 어음도 례외가 아니여서 없던데로부터 있게 되고 체계를 이루지 못하던데로부터 체계를 이루는 과정에 있었다.

★ 참고문헌

남광우 편　《보정고어사전》, 일조각, 1971년.
유창돈　　　《리조어사전》, 연세대출판부, 1990년.

된소리형성에 대한 학자들의 견해

황 영 철

1. 문제의 제기

조선어의 자음체계를 보면 《순한소리:거센소리:된소리》의 3계렬체계를 가지고있는데 이는 조선어음운체계의 특징의 하나이다. 이런 3계렬체계는 조선어가 형성되면서부터 형성된것이 아니라 오랜 시기의 변화발전을 거쳐서 이루어진것이다. 된소리의 생성과정과 변화발전과정에 대하여 지금까지 많은 학자들이 연구해왔고 또한 여러가지 견해를 보이고있다. 본고에서는 조선어 된소리형성과 된소리표기에 대한 여러 학자들의 견해에 대하여 정리해보고저 한다.

2. 된소리의 형성

된소리의 형성에 대하여 시대별로 살펴보기로 하자.[1]

2.1. 고대조선어시기

고대조선어시기에 된소리가 존재했는가 하는 문제에 대해 대부분의 학자들은 이 시기에는 된소리가 존재하지 않았다고 보고있다. 학자들의 견해를 정리해보면 다음과 같다.

---

[1] 본 론문에서의 시대구분은 김종훈 등의 《한국어의 력사》에서의 구분을 따른다.

　고대조선어시기:(~신라, ~934)
　중고조선어:(고려, 935~1391)
　중세조선어:(조선태조~임진란, 1392~1591)
　근대조선어:(임진란~갑오경장, 1592~1893)
　현대조선어:(갑오경장~, 1894~)

리기문은 고대조선어에 된소리가 존재하지 않은것으로 보면서 《고
대국어에 된소리계열이 존재했다면 그리하여 평음, 유기음, 된소리의 세
계열이 존재했다면 중국 중고음의 전탁계열이 동음에 된소리로 반영되었
을 가능성이 크다고 할 수 있는데 전탁은 동음에 원칙적으로 평음으로 반
영되었던것이다. 그리하여 동음에는 된소리가 하나도 없었던것이다.》 2)

안병희 등도 고대조선어에는 된소리계렬이 존재하지 않았다고 보면
서 교정음에 된소리가 나타나지 않은것을 된소리가 없었던 근거로 들고있
다.3) 그리고 박병채는 고대조선어를 《무성무기의 단선체계(無聲無氣單線
體系)》4)로 보았는데 이는 고대조선어시기의 조선어의 자음체계에는 순
한소리만 존재한다는 견해이다.

김종훈 등도 고대조선어에는 거센소리와 된소리가 없었고 오직 순한
소리만 있다고 보고있다.5)

최범훈도 고대조선어시기를 된소리산생이전시기로 보고있는데 한자
의 중고음 전탁계렬이 교정음으로 개조될 당시에 조선어에 전탁계렬이 없
었으므로 무기음으로 반영되였다고 보고있다. 그리고 차자(借字)표기에서
조선어의 된소리표기는 원칙상에서 불가능한것이라고 하였다. 그리고 음
절간의 모음탈락으로 이루어진 어두자음군도《계림류사》에서도《白米曰
漢菩薩》인것을 볼 때 이 시기는 된소리 발생이전시기인것으로 보고있
다.6)

김영황은 조선어력사에서 된소리는 거센소리보다도 뒤에 생겨났다고
인정하면서 한자음운학에서 전청음, 차청음과 구별되는 전탁음을 설정하
는데 한자음운학에서 말하는 전탁음이란 본래 유성음이며 따라서 한자음
운학에서는 순한소리, 거센소리, 유성음의 3계렬이 초성에서 대립한다고
하였다. 우리 말에서는 유성음이 어두에 나타나지 않으며 무성음의 변종
으로서 모음사이, 유향음과 모음사이에서 나타나기때문에 [g], [d], [b],
[dz]와 같은 유성음은 우리 말에서 자립적인 음운자격을 가지지 못하는바
고대조선어시기에도 이런것들은 자립적인 음운으로 존재하지 않은것으로

---

2) 리기문 《국어사개설》, 68페지.
3) 안병희, 리광호 《중세국어문법》, 54페지.
4) 박병채 《국어발달사》, 48페지.
5) 김종훈 등 《한국어의 력사》, 65페지―70페지.
6) 최범훈 《한국어발달사》, 71페지―72페지.

보았다. 따라서 유성음이 존재하지 않는 전제하에서 한자의 전탁음은 우리 말에서 순한소리로 대치되는데 고유명사에 대한 리두식표기를 보면 고구려고장이름 《伐音村/富林縣》의 경우 전탁자 《伐》이 전청음인 《富》와 대응되고 신라고장이름 《刀冬火/道同縣》의 경우 전청음 《刀》가 전탁음인 《道》와 대응된다고 하였다. 그리고 이런 전청음과 전탁음들은 현행 한자음에서 된소리로 발음되는것은 오직 《喫, 雙, 氏》 3개가 있는데 이들도 16세기 문헌 《훈몽자회》에서 각각 《긱》(하 14), 《솽》(하 33), 《시》(상 22)로 표기되였다는것은 16세기만 해도 이 한자들이 된소리로 발음되지 않았다는것을 말하여준다고 하였다.

김영황은 된소리계렬을 후기적발생으로 보면서 아래와 같은 근거를 제시한다.

첫째, 현대어에서 된소리로 되여있는 말들은 중세국어에서 순한소리로 되고있다.

소다 爲覆物(훈민정음해례 합자해) 쏟다
뒤 爲茅(훈민정음해례 용자례) 띠
불휘 기픈 남ᄀᆞᆫ(룡가 2) 뿌리
곳 됴코(룡가 2) 꽃

둘째, 15세기 국문문헌을 보면 오늘 된소리로 발음되는것이 여러가지 방식으로 다양하게 표기되고있다.

쩡(룡가 88)―쩡   싸 爲地(훈민정음해례 합자
해)―땅
뽕나모(훈몽 상10)―뽕나무   ᄠᅳᆮ(룡가 4)―뜻
ᄧᅡᆨ 爲双(훈민해례 합자본)―짝   ᄡᆞᆯ(월석 1:45)―쌀
ᄭᅦ니(월석7:65)―끼니   ᄢᅢ(월석 7:9)―때

이는 된소리가 그 어떤 자음들의 결합에서 왔거나 일정한 결합적 산물임을 말해준다.

셋째, 여러 방언들에서 차이를 들수 있다.

쌀—살(동남방언),   사시오— 싸이소(동남방언)
뜨리—동아리(서남방언),   삯—쌊(서남방언)

된소리는 거센소리와 달리 방언들사이에서 차이가 심하다. 이것은 된소리가 거센소리보다 후기적 발생에 속하고 또 각 방언에 따라 공고화된 정도가 서로 같지 않다는 증거로 된다.

따라서 김영황은 거센소리계렬은 고려이전시기 후반에 나타나기 시작하지만 된소리계렬은 그때까지도 아직 자립적인 음운으로 등장하지 못하였던것으로 보고있다.7)

최윤갑은 고대조선어의 자음체계에는 순한소리의 단일체계만 존재하였다고 보면서 된소리계렬이 존재하지 않은것으로 보고있다. 그는 15세기 조선어를 보면 된소리는 갓 산생된것으로 《ㅆ》 하나밖에 없는데 아직 체계를 이루지 못하고있다고 하며 때문에 고대조선어시기에 된소리가 있을리 없고 된소리계렬은 더욱 이룰수 없다고 하였다. 그리고 현대조선한자음에는 《雙, 氏》 등 몇자만 된소리를 가지는데 《훈몽자회》에서 《雙, 氏》는 《두 솽, 각시 시》로 되여 있는데 이는 고대조선어에 된소리가 없었다는것을 말한다고 하였다.8)

이처럼 대부분 학자들은 고대조선어시기에는 된소리가 존재하지 않는다고 주장하고있다. 그러나 고대조선어시기에 된소리가 존재한다고 주장하는 학자도 있다.

렴종률은 《조선말력사문법》(1992)에서 기원 6—7세기경에 된소리가 형성된것으로 보고있다. 그 근거는 다음과 같다.

《혜성가》의 《倭理叱軍置來叱多》에서 (예ㅅ군도 옷다)《來叱多》의 《叱》은 절음현상으로서의 사이소리의 표시이다. 《叱》이 절음의 표시라면 《多》는 《따》로 발음되였을것이다. 그리고 이 노래의 《道尸掃尸星利》(길 쓸 벼리), 《達阿羅浮去伊等邪》(달 아라 떠가 있다야)에서 《쓸다, 뜨다》와 같은 단어들은 15세기에도 된소리였는데 이 단어들이 된소리로 된 력사는 오랜것 같다고 하였다.

그리고 《서동요》에서 《抱遣去如》(안고가다)에서의 《고》도 된소리로

---

7) 김영황 《조선어사》, 44페지—46페지.
8) 최윤갑 《조선어 한국어 연구》, 158페지—159페지.

발음될 가능성이 크다고 보았고 《풍요》의 《섭다라》(哀多羅), 《닷다》(修叱如)에서도 페음절아래에 온 《다》는 된소리로 발음된것으로 보았다.

그리고 8세기의 《제망매가》의 《떠러질》(浮良落尸), 《헌화가》의 《것거》(折叱可) 등은 모두 된소리 또는 된소리와 관련된 표기로 볼수 있다고 보면서 우리 말의 된소리는 벌써 6세기경에 일부 단어에서 쓰이기 시작했다고 한다.

그리고 《계림류사》에서의 《女兒曰　寶妲》, 《粟曰　田菩薩》, 《白米曰漢菩薩》 등을 된소리의 표기로 보고있다. 또한 《조선관역어》에서 《米—色二》, 《地—大》는 우리 말의 된소리를 직접 중국음으로 적은것으로 보고 있다.

이런 례들에 근거하여 렴종률은 조선어의 된소리가 6~7세기경에 형성되기 시작하여 《계림류사》가 나오기전에 이미 하나의 음운으로 형성등장되였다고 보고있다.9)

이처럼 고대조선어시기에 된소리가 존재했는가 하는 문제에서 대부분 학자들이 존재하지 않는다고 주장하는 가운데 또한 고대조선어에 된소리가 존재했고 이미 독립적인 음운으로 존재했다는 주장도 있다. 비록 같지 않은 주장들이 있다고 하지만 된소리가 산생되는 원인에 대해서는 해석들이 대동소이하다.

리기문은 고대어에서 속격의 《叱(ㅅ)》이나 동명사 어미의 《尸》(ㄹ) 뒤에 오는 단어의 어두음 《ㅂ, ㄷ, ㅅ, ㅈ, ㄱ》 등이 된소리로 발음된것으로 추측하고있다. 그러나 된소리는 어두에 나타남으로써 비로소 음운체계 속에 확고히 자리를 잡게 되였다고 하였다.10) 안병희 등도 리기문과 견해를 같이하고있다.11)

박병채는 향찰표기의 《叱》(ㅅ)은 설내입성을 표기한것으로 실질적으로 뒤에 오는 음에 작용하는 후두폐쇄의 기능을 담당하였다고 보면서 이와 같은 용법은 그후 리두에서 그대로 습용되였으며 훈민정음에서는 《ㅅ》계렬의 합용자로 계승된다고 보고있다. 그리고 《叱》과 대응하는 훈민정음의 자모는 《ㆆ》이고 그 음가는 [ʔ]라고 하면서 이것을 된소리 생성의 중요한 요소로 보았다. 그리고 고대조선어에 [ʔ]는 음운으로 존재

---

9) 렴종률 《조선말력사문법》, 31페지—33페지.
10) 리기문 《국어사개설》, 93페지.
11) 안병희, 리광호 《중세국어문법론》, 55페지.

했으며 이는 후에 순한소리인 《k, t, p, s, c 》과 결합하여 중기조선어의 《k', t', p', s', c' 》등 새로운 음운을 생성시켰다고 보고있다.12)

오정란도 향찰표기의 《叱》을 고대조선어에 존재한 음운 [?]로 보면서 [?]가 후에 순한소리와 결합하여 중세조선어의 된소리계렬을 이루었다고 보고있다.13)

렴종률도 조선어의 된소리는 받침과 사이소리 《ㅂ》,《ㅅ》과 밀접한 관계를 가지는데 받침의 형성과 사이소리의 발생은 어음배렬에서 자음중복을 일으키고 자음중복은 된소리를 형성하게 하였다고 보고있다. 례하면 《이ㅅ대(이ㅅ때)》,《이ㅂ술(이ㅂ쌀)》 등이 이러하다고 했다. 절음현상으로서의 사이소리 《ㅅ, ㅂ》은 목구멍막힘소리를 조성하였으며 그것이 다음에 오는 순한소리에 가담하여 된소리를 조성한다고 하였다.14)

우에서 설명한 여러 학자들의 견해를 귀납해보면 고대조선어시기에 된소리가 존재하지 않았다는것을 알수 있다. 비록 된소리는 음운적으로는 존재하지 않았지만 향찰표기의 《叱》은 하나의 음운 [?]으로 존재했을 가능성도 있으며 [?]의 뒤에 오는 순한소리가 때로는 된소리로 발음되다가 중세조선어에 이르러 어두에 된소리가 출현한후에야 완전히 된소리계렬을 형성했을것이라고 추정을 한다. 비록 렴종률은 고대조선어에 된소리가 형성되였다고 주장하고있지만 이 시기 조선어의 표기가 모두 한자로 표기되여있고 또한 이런 한자가 당시에 어떻게 발음되였는지는 알수가 없으며 이런 한자로 표기된 조선어가 된소리로 발음되였는지 여부는 학자나름대로의 해석이라고 볼수 있겠다. 때문에 렴종률의 견해는 설득력이 약한것으로밖에 해석되지 않는다. 하지만 고대조선어시기에 일부 《叱》 뒤에 오는 음절의 자음을 된소리로 발음했을 가능성은 배제할수 없다.

2.2 중고조선어시기

조선어의 된소리의 형성시기에 대해 일부 학자들은 견해를 달리하고 있다. 학자들은 된소리가 음운체계에 확고히 자리를 잡았는가 하는 기준

·12) 박병채 《고대국어의 연구》, 315페지―316페지.
13) 오정란 《경음의 국어사적 연구》, 59페지―63페지.
14) 렴종률 《조선말력사문법》, 35페지―37페지.

을 된소리가 어두에 자리를 잡았는가를 들고있는데 일부 학자들은 중고조
선어에 된소리가 어두에 나타난것으로 보고 또한 일부 학자들은 중고조선
어시기가 아닌 뒤시기로 보고있다.

리기문은 중고조선어15)의 자음체계는 된소리계렬의 등장을 그 특징
으로 하고있는데 된소리는 단어 또는 형태소의 련결에서 나타난 현상으로
보고있다. 그는 고대조선어에서 속격의 《叱(ㅅ)》이나 동명사 어미의
《尸》(ㄹ)뒤에 오는 단어의 어두음 《ㅂ, ㄷ, ㅅ, ㅈ, ㄱ》 등이 된소리로 발
음된것으로 추측하고있다. 그리고 된소리는 어두에 자리를 잡은후에야 음
운체계속에 확고한 자리를 잡았다고 보고있으며 어떻게 어두에 나타나게
되었는지는 설명치 않았다. 그저 중세조선어 자료에서 이미 광범히 쓰인
것으로 볼 때 중고조선어에 된소리가 어두에 나타났을것으로 추측하고있
다.16)

최범훈은 중고조선어에 된소리가 음운체계를 이루고있는것으로 보았
다. 그도 된소리로 발음되던 음성학적인 된소리가 차츰 어두에 나타나면
서 자립된 음소로 정착된것으로 보고 《향약구급방》에서 《雉骨大, 荏子,
骨無伊》의 《雉, 荏 ,骨》은 각각 《끠, 째, 쎄》로 의독하지만 음차가 아닌
의독으로 표기된것을 정확한 된소리로 보기에는 확실한 증거로 되지 못한
다고 하였다. 그러나 《大明律直解》에서 《叱分》(*쁜), 《叱段》(*쭌)은 분명
한 례로 된다고 보았다. 그리고 그는 이 시기의 어두자음군은 아직 형성
되지 않은것으로 보았다. 최범훈은 중고조선어의 된소리로 《p', t', k
', ts', s'》가 있었다고 한다.17)

안병희 등도 리기문의 견해와 같이 고대조선어의 속격 《叱》이나 어
미 《尸》 뒤에 오는 어두음 《ㅂ, ㄷ, ㅅ, ㅈ, ㄱ》이 된소리로 발음된것으로
추측하면서 된소리가 어두에 자리를 잡은후에야 음운체계속에 확고한 자
리를 잡았다고 보는 견해를 취하였다. 그러나 된소리가 어두에 쓰인 시기
에 대하여서는 다른 견해를 취하고있다. 안병희 등은 된소리가 어두에 사
용된 시기를 중고조선어시기가 아닌 중세조선어시기로 보고있다.18)

---

15) 리기문은 중고조선어시기를 설정하지 않고 중세조선어를 전기중세어(고려시기)와 후기
   중세어(훈민정음창제—임진왜란)로 나누었다. 본 론문에서는 통일된 시기획분을 기하기
   위해 리기문의 전기중세어를 중고조선어시기에서 다루기로 한다.
16) 리기문 《국어사개설》, 93페지.
17) 최범훈 《한국어발달사》, 103페지—105페지.

김영황은 이 시기의 자음체계 특징의 하나로 일부 된소리의 등장을 들고있다. 그는 《ㅆ》와 《ㆅ》을 마찰음의 된소리로 보면서 고려시기에 산생된것으로 보았다.

《ㅆ》과 관련하여 《계림류사》에는 《寫字曰乞核薩,讀書曰乞舖》가 나오는데 여기서 《寫》는 《核薩》에 대응되는데 그것은 중세문헌에서 《스-》로 나온다고 하였다. (례:슬 샤寫 (류합 하 39)) 하지만 고려어에서 앞에 《核》을 덧붙여놓은것은 분명히 당시에 《스-》가 아닌 다른 음의 표기라고 하면서 《核》의 초성이 《ㅎ》이고 《ㅋ》 초성을 표기하기 위해 《根》에 《ㅎ》의 초성 《黑》을 덧붙여놓은것을 고려할 때 《核薩》 역시 《ㅅ》에 《ㅎ》의 초성을 붙여놓은것이라고 하면서 《ㅎ+ㄱ》이 《ㅋ》로 되었다면 《ㅎ+ㅅ》는 마찰음 《ㅅ》에 《ㅎ》와 같은 성문마찰음이 더해져 《ㅅ》의 된소리 《ㅆ》으로 발음될 수밖에 없다고 하였다.

그리고 《ㅅ》의 된소리로서 《ㅆ》이 존재하였다면 동일한 마찰음계렬에 속하는 《ㅎ》의 된소리로는 《ㆅ》을 상정해야 한다고 하였다. 그것은 음운은 일정한 상관관계속에서 존재하며 음운들에는 체계성의 원칙이 존재하기때문이다라고 하였다.[19]

류렬도 김영황과 같은 례를 들면서 《ㅆ》은 《아무리 늦잡아도 10~11세기에는 생겨났다고 볼수 있다》고 하였다. 그러면서 《된소리 〈ㆅ〉은 된소리 〈ㅆ〉과 함께 음운론적으로 대립되는 짝을 이루는만큼 된소리 〈ㅆ〉이 생겨난 10세기에는 생겨났다고 볼수 있다.》고 하였다. [20]

김종훈 등은 《한국어의 력사》에서 중고조선어(고려어)에는 된소리계렬이 존재하지 않았다고 보고있다. 이 책에서는 된소리는 자음의 련접관계를 통해 다시말하면 내파음에 연결되는 파렬, 파찰음 따위가 경음화한데서 비롯된것으로 보이는데 표기상으로 중고어에는 된소리가 존재했었다는 흔적을 어디에서도 찾아볼수 없다고 했다.[21]

김형규의 《국어사개요》에서는 된소리의 성립과정을 어두복합자음으로 표기된 페쇄음과 페쇄음의 결합으로 추정하였다. 그는 중고조선어에는 《계림류사》에서 《女兒曰 寶姐》, 《粟曰 田菩薩》, 《白米曰 漢菩薩》이 나오

---

18) 안병희, 리광호 《중세국어문법론》, 55페지—56페지.
19) 김영황 《조선어사》, 108페지—109페지.
20) 류렬 《조선말력사(2)》,25페지—28페지.
21) 김종훈 등 《한국어의 력사》, 106페지.

는데 이는 《女兒》이 [potal], 《米》가 [posal]이였음을 증명하는데 그러고 보면 이 시기에는 어두복합자음이 형성되지 않았다는것을 증명한다고 하면서 중세조선어 초기에 《ㅂ》 또는 《ᄡ》을 첨가한 복합자음의 어형이 수십개 나오고있는데 이런 복합자음은 갑자기 형성되였다고 하기 보다는 고려후기부터 산생되였다고 보는것이 타당하다고 하였다. 그리고 중세어에 《ᄭᅮᆷ, ᄡᆞᆯ, ᄯᅩ》와 같이 기록된 소위 된소리가 언제부터 나타났는지 알기 어려운데 《계림류사》에도 그런 음의 존재를 찾아보기 어렵고, 다만 《대명률직해》에 나오는 《叱分, 叱段》과 같은 리두는 《쑨, 쏜》의 표기로 볼수 있다고 하면서 된소리의 음운도 고려 말기부터 나타난것으로 추정하고있다.[22]

유창균은 론문 《고려시대의 언어개관》에서 고려전기의 향가 《보현십원가》에 나타난 자음의 종류는 《ㄱ, ㄷ, ㅂ, ㅈ, ㅅ, ㅎ, ㅌ, ㅿ, ㄴ, ㅁ, ㄹ》이 보일뿐 된소리계렬은 나타나지 않은것으로 보고 고려전기의 문헌 《계림류사》에서 나타난 자음에도 된소리가 나타나지 않았으며 15세기 조선어에 나타나는 어두자음군은 이 시기에 아직도 형성되지 않은것으로 보고있다. 《漢菩薩》(힌뿔), 《田菩薩》(조쌀), 《寶姐》(뚤)에서 어두의 《ㅂ》이 《菩, 寶》로 표기된것은 그러한 사정을 말해주고있다고 하였다. 그리고 고려후기의 문헌인 《향약구급방》에 나타난 자음에서도 된소리는 보이지 않고 또 다른 문헌인 《조선관역어》에서도 된소리가 나타나지 않고있다고 하였다.[23]

이상과 같이 여러 학자들의 된소리형성에 대한 견해를 론했는데 필자는 조선어의 된소리가 음운으로 나타난 시기는 고려말기로부터 조선조초기로 본다. 그것은 고대조선어시기에 이미 일부 어중에서 된소리가 발음되였다는 점과 고려시기의 문헌들에서 아직 된소리로 표기되지 않았다는 점, 그리고 중세조선어초기에 된소리가 활발히 사용된 점으로부터 그 형성년대를 고려말기로부터 조선조초기로 추정한다.

2.3 중세조선어시기

중세조선어시기는 된소리가 음운으로서 조선어 음운체계에 자리를 잡는 시기이다. 일부 학자들은 이 시기에 된소리가 독립된 음운으로 존재

---

22) 김형규 《국어사개요》, 58페지—59페지.
23) 한국어문학회 편 《한국어문학대계11 고려시대의 언어와 문학》,31페지—48페지.

했지만 된소리계렬이 확고하지 못하다고 보며 일부 학자들은 이 시기에 된소리계렬이 확고히 자리를 잡았다고 보고있다.

　　김종훈 등은《한국어의 력사》에서 된소리는 중세조선어에 등장한다고 했다. 이 책에서는《중세국어의 자음체계가 중고국어의 그것과 크게 다른 점으로는 파열, 마찰, 마찰음계렬에서의 된소리의 등장을 들수 있다. 된소리는 애초 내파음을 잇는 파열, 파찰, 마찰음에 자연발생적인 근육긴장이 수반됨으로써, 곧 자음끼리의 연접관계를 통해서 발달한것으로 추측되는데 중세국어의 단계에 와서는 이미 의미분화의 기능까지 갖추게 됨으로써 독립된 음운의 지위를 확보한것으로 보인다.》고 했다.

　　이 책에서는 계속하여《그러나 된소리 표기의 방법이 이른바 각자병서와 〈ㅅ〉계 합용병서 사이에서 동요하는것을 보면 아직 음운으로서의 인식이 확고하게 뿌리를 내리지 못하였던것으로 판단된다. 그럼에도 불구하고 중세국어에서 된소리 계렬의 존재는 확실하다고 단정할수 있다.》고 하였다. 이 책에서는 중세조선어에 된소리로《p', t', k', ts', s' 》가 있었다고 주장한다.24)

　　안병희, 리광호도 15세기에 각자병서《ㄲ, ㄸ, ㅃ, ㅆ, ㅉ》는 교정음을 표기하는데 쓰인외에 동사형어미《ᅳㄹ》밑에서만 사용되었고 오직《ㅆ,ㆅ》만 어두음을 표기하는데 쓰였다고 하면서《ㅅ》과 결합한 합용병서《ㅺ , ㅼ, ㅽ》등이 중세조선어에서 어두에 나타남을 보아 중세조선어의 된소리계렬은 합용병서로 표기되였다고 보았다. 그 구체적인 근거로《그스－(牽)》가《법화경언해》및《두시언해》에서《ㅄ스－》로,《딯－(搗)》이《구급간이방》에서《찧－》으로 나타난 사실을 들고있다. 이러한 된소리는 16세기에 더욱 늘어나는데 15세기의 《구짖－》(叱)이 《ᄭᅮ짖－》(속삼강행실도)으로,《빟－》(撤)이《ᄲᅦ－》(훔몽자회)으로《긇－》(沸)이《ᄭᅳᆯᇂ－》(분문온역이해방)로 변한것을 그 례로 들고있다. 이와 같이 어두에 된소리계렬이 확고하게 자리를 잡은것으로 보아 자음체계에서 된소리가 존재한것은 15세기 후반보다 앞선 시기로 보여진다고 하고있다. 그리고 15세기 조선어의 된소리에《ㅽ , ㅼ , ㅺ , ㅆ , ㆅ》이 있은것으로 추정하였다. 25)

　　리기문도 중세조선어의 된소리는 이미 어두에서 활발히 사용되고있

---

24) 김종훈 등 《한국어의 력사》, 156페지, 162페지.
25) 안병희, 리광호 《중세국어문법론》, 55페지—56페지, 59페지.

으며 오직 《ㅈ》의 된소리가 어두에 존재한 흔적이 보이지 않는다고 하였다. 그는 중세조선어의 된소리계렬을 《ㅽ, ㅼ, ㅺ, ㅆ, ㆅ 》으로 보았다.26)

김완진은 《한국어발달사》에서 15세기 조선어의 자음체계는 페쇄음에서 이미 《ㅂ-ㅍ-ㅃ (또는 ㅽ)》, 《ㄷ-ㅌ-ㄸ, (또는 ㅼ)》, 《ㄱ-ㅋ-ㄲ(또는 ㅺ)》의 삼지적상관속을 형성하였고 마찰음에서도 《ㅅ-ㅆ》의 대립을 이루고있다고 하면서 중세조선어에서 된소리계렬이 확립되였다고 보고있다.27)

김형규도 훈민정음 창제시기의 우리 말 자음에 《ㅺ, ㅼ, ㅽ, ㅶ, ㅆ》 등 된소리가 있었다고 보았다.28)

김영황은 리조전기어(중세조선어)에 된소리계렬이 형성되였다고 본다.

그는 이 시기에 조선어의 된소리는 고려어(중고조선어)에서 이미 형성된 《ㅆ》과 《ㆅ》외에 《ㅺ, ㅼ, ㅽ》으로 하나의 계렬을 이룬다고 하였다. 그는 고려어에서 《ㅆ, ㆅ》이 된소리가운데서 제일 먼저 음운으로서의 기능을 수행하게 되였는데 그것은 련쇄반응에 의하여 다른 된소리들이 음운으로 등장하게 되는 계기로 되였다고 하면서 《동국정운》 서문에서 《우리 나라 말이 그 청탁의 구별이 중국과 다름이 없는데 한자음에는 탁성이 없다》라고 한것은 조선한자음체계에는 탁성이 없지만 우리 말에는 탁성이 있다는것이니 그 당시에 된소리는 이미 존재하고있었다는것으로서 각자병서 《ㄲ, ㄸ, ㅃ, ㅆ, ㅉ, ㆅ》은 단지 한자교정음의 표기를 위해서만 만들어진것이 아니라 당시에 이미 존재하였던 된소리의 표기를 위한것이기도 하다고 하였다. 그럼에도 불구하고 초기문헌에서 《ㅆ, ㆅ》을 제외한 나머지의 각자병서는 우리 말 단어의 어두표기에 쓰인 일이 없다고 하였다.29)

류렬은 15~16세기에 《ㅆ, ㆅ》을 제외한 나머지 된소리들이 점차 형성되는 단계에 들어서게 되였다고 하면서 각자병서가 된소리를 나타낸다고 하면서도 《이 시기만 하여도 이 된소리들은 다만 일정한 결합적조건에

---

26) 리기문 《국어사개설》, 125페지, 130페지.
27) 김완진 《한국문화사대계 V 언어.문학사 (상)》, 128페지—129페지.
28) 김형규 《국어사개요》, 88페지.
29) 김영황 《조서어사》, 145페지—150페지.

서만 발음되였다. 그것은 이 시기의…… 단어의 첫머리에는 절대로 쓰이
지 않고 언제나 용언의 규정토 <ㄹ(을/를)>아래에서만 발음되고있는데서
뚜렷이 알수 있다.》고 하였다. 그러면서 단어 첫머리에 쓰인 복합자음에
대하여 《이러한 여러 가지 겹자음들은 이미 15~16세기초를 고비로 하여
점차…… 된소리 <ㅃ, ㄸ, ㄲ, ㅉ, ㅆ>로 넘어가기 시작하였다.》고 하였
다.30)

렴종률은 훈민정음의 전탁자 《ㄲ ,ㄸ ,ㅃ, ㅆ ,ㅉ》을 된소리로 보았
고 이들은 주로 교정음표기에 쓰였으며 고유어의 된소리표기는 합용병서
로 한다고 하였다.31)

최윤갑의 《중세조선어문법》에서는 15세기 조선어 음운체계에 된소리
는 《ㅆ》밖에 없다고 보고있다. 이 책에서는 합용병서를 복합자음으로 보
았기때문에 합용병서를 된소리표기로 보지 않았던것이다. 그 시기 문헌에
서도 《ㅆ》외의 된소리는 어두에 쓰인 일은 없고 형태부사이에서 쓰인 례
들만 있다고 하면서 《그려ㅿ 아ㅿ 볼까》(룡가 43), 《須達이 올똘 아ᄅ시
고》(석보 9:20), 《火災 여듧번짜히ᄉ》(월석 1:49)에서 된소리자모는 형태
부사이에서 일어나는 된소리표기를 위하여 사용되였다고 하였다. 그리고
이런 된소리의 원래의 형태는 《잇더신가》(룡가 88)에서 보여주는바와 같
이 순한소리라고 하고있다. 15세기 문헌에서는 오직 《ㅆ》만 활발히 쓰였
는데 순한소리 《ㅅ》과도 구별되여 사용되였다고 한다. 례하면 《소다爲覆
物而 쏘다 爲射之之類》(정음해례본), 《길 버서 쏘샤》(룡가 36), 《예와 싸
호샤》(룡가 52), 《갈바 쓰면》(정음언해)와 같다. 그러나 《두시언해》에서
《싸호다》는 《사호다》로, 《쓰다》는 《스다》로 표기하였는데 이는 이 음운
이 당시에 갓 산생되여 확고하지 못하였다는것을 알수 있다고 하였다. 그
러므로 15세기 조선어에서는 된소리가 아직 자기의 계렬을 형성하지 못
하였다고 보고있다.32)

우에서 론한바와 같이 중세조선어의 된소리에 대해 이미 체계를 확
립했다는 견해와 체계를 이루지 못했다는 견해가 있는데 이는 합용병서와
각자병서를 된소리를 표기하는 자음으로 보는가 보지 않는가 하는 학자들
의 인식상의 차이로 인한것이다. 합용병서나 각자병서를 된소리표기로 보

---

30) 류렬 《조선말력사(2)》, 237페지-240페지.
31) 렴종률 《조선어력사문법》, 68페지—69페지.
32) 최윤갑 《중세조선어문법》,26페지—28페지.

는 학자들은 중세조선어에서 된소리가 체계를 이루었다고 보고 합용병서를 복합자음으로 보는 학자들은 중세조선어시기에 된소리가 체계를 이루지 못하고있다고 본다. 합용병서와 각자병서를 된소리표기로 보는 일부 학자들도 《ㅂ》계렬의 합용병서와 《ㅅ》계렬의 합용병서, 그리고 각자병서가 서로 혼용되여 같은 된소리를 표기하는데서 중세조선어의 된소리계렬은 확립되지 못했다고 한다. 합용병서와 각자병서가 된소리표기에 쓰였는가 쓰이지 않았는가에 대해서는 뒤부분의 된소리표기에서 론하기로 한다.

필자는 중세조선어시기에 된소리계렬이 형성되였다고 본다. 그것은 된소리를 합용병서로 표기하든 각자병서로 표기하든 그들이 나타내는 소리는 된소리임이 틀림없기때문이다. 그리고 중세조선어시기에는 많은 된소리가 어두에 쓰였으므로 된소리는 이미 음운적 자질을 가지고 조선어 자음체계에 자리하였다고 볼수 있는것이다.

2.4. 근대조선어시기

근대조선어시기의 된소리에 대하여 이 시기에 된소리가 완전한 체계를 갖추었다고 보는 점에서 학자들의 견해는 일치하다. 이는 이 시기에 이르러 15세기의 문헌에 나타나던 《ㅂ》계렬의 합용병서와 각자병서가 모두 《ㅅ》계렬의 합용병서로 단일화하여 《ㅅ》계렬의 합용병서가 된소리를 표기하는 유일한 수단으로 되였기때문이다.

김종훈 등의 《한국어의 력사》에서는 근대조선어의 자음체계는 중세조선어와 다를바 없고 또 현대조선어의 자음체계와 완전히 일치하다고 하였다. 《자음의 표기에 국한하여 근대국어와 중세국어를 비교해 보면 우선 눈에 띄는것은 근대에 와서 된소리의 사용이 중세보다 훨씬 강화되였다는 점이다. 이는 국어 음운체계에서 된소리 계열이 단위 음운으로서의 지위를 확고히 구축했다는것을 의미하는 동시에 파열, 파찰음 계열에서 삼지적상관속적인 대립이 완전히 성취되였음을 뜻하기도 한다. 된소리 계열이 확보한 음운으로서의 지위는 당연히 된소리 표기의 통일성을 가져왔다. 그 기원이야 어쨌든 <ㅂ>계 합용병서와 각자병서 등으로도 표기되던 된소리는 <ㅅ>계 합용병서로 단일화된것이다.》 이 책에서는 근대조선어의 자음체계에 된소리로 《p', t', k', ts', s'》가 있는데 각각 《ㅺ, ㅼ, ㅽ,

ㅉ, ㅆ》로 표기된다고 했다.[33)]

안병희, 리광호는 근대조선어시기에 《ㅈ》의 된소리가 추가되였고 15세기에 나타나던 《ㆅ》이 17세기에 《ㅅㅎ》로 나타나 《ㅎ》의 된소리가 있었다고 한다. 례하면 《화를 ㅆㅕ》(彎弓)(동국신속삼강행실도 렬4:70), 《法을 ㅆㅕ》(引法)(개간경민편언해 서)가 그러하다고 했다. 중세조선어에서 어중에만 나타나던 《ㅈ》의 된소리 《마ᄍᆞ비, 연ᄍᆞᆸ고, 조ᄍᆞ와, 눈ᄍᆞᅀᆞ》 등은 17세기에는 어두에도 나타나는데 이는 어두자음군이 된소리로 변한 사실과 관련된다고 하면서 그 례로 《왜어류해》의 《ᄶᅩᆯ》(醎)(상 48), 《ᄶᅡᆨ》(雙)(하 33), 《첩해신어》의 《그 ᄶᅡᆷ올》(7:19)을 들고있다. 그리고 근대조선어의 자음체계에서 된소리로는 《ㅽ, ㅼ, ㅺ, ㅾ, ㅆ, ㅅㅎ》 등이 있다고 하였다.[34)]

리기문도 17세기의 된소리계렬에 《ㅎ》의 된소리로 《ㅅㅎ》이 나타남을 지적하였다. 그리고 《ㅅㅎ》은 그 기능의 부담량이 매우 적었기때문에 17세기 후반에 《ㅋ》에 합류된것으로 추정하고있다. 그리고 《ㅆ》의 표기는 이 시기에 나타났고 17세기 중엽에 이르러 어두자음군이 된소리로 되였다고 하였다.[35)]

김영황은 리조후반기에 조선어의 된소리계렬이 전면적으로 확립되였다고 한다.[36)] 된소리계렬의 전면적인 확립은 어두의 합용병서가 표기상에서 혼동되는데서 나타나는데 《동국신속삼강행실도》에서 《ㅴ, ㅺ, ㅲ》이 혼동되는데 이는 이런 합용병서들이 이 시기에 어두에서 발음상 구별되지 않았으며 된소리 《ㄲ》에 대한 표기상의 변종으로 되고말았음을 말하여준다고 했다. 그리고 17세기 후반기부터는 《ㅶ》이 《ㅼ》이나 《ㅷ》으로 표기되는것은 물론 《ㅼ》이 오히려 《ㅷ》으로 표기되는 경우가 늘어나는데 이 경우도 된소리 《ㄸ》의 표기에 있어 변종으로 각이한 합용병서가 쓰이고 있음을 말하고있다고 하였다.

결국 이 시기에 종래의 합용병서는 습관과 전통에 의해서 쓰이고있을뿐 그 어느것이나 다 된소리표기에 리용되고있다고 하면서 리조전반기

---

33) 김종훈 등 《한국어의 력사》, 247페지—250페지.

34) 안병희 리광호 《중세국어문법론》, 60페지.

35) 리기문 《국어사개설》, 196페지.

36) 김영황은 《조선어사》에서 조선어의 발전단계를 고려이전의 국어, 고려시기 국어, 리조전반기 국어, 리조후반기 국어, 근대국어(19세기 후반기—20세기 20년대중엽), 현대국어로 나뉘였다.

에 존재하였던 된소리들이 순한소리와 대립되는 자립적음운으로 하나의 체계를 이루게 됨으로써 순한소리-거센소리-된소리의 3계렬이 확립되게 되였다고 하였다.37)

최윤갑도 중세조선어에 《ㅆ》 하나뿐이던 된소리가 복자음이 변화되면서 근대조선어의 자음체계에는 《ㄲ, ㄸ, ㅃ, ㅉ》 등 된소리가 추가되였다고 하였다. 그는 《ㅳ, ㅵ》 복자음에서 중간의 《ㅅ》이나 앞의 《ㅂ》이 탈락되고 다음 《ㅂ》계렬과 《ㅅ》계렬의 복자음이 구별이 희미하여지다가 그것이 된소리로 넘어간것으로 보았다. 례를 들면 다음과 같다.

돐빼(정음해례)→ 열두빼(송강가사—16세기말 사본)→ 열두째(송강가
사—18세기 성주본)
뽐(정음해례)→ 씀(훈몽자회)

그리고 일부 순한소리를 가진 단어들도 된소리형성의 추세에 따라 된소리로 되였다고 하면서 《구짖다→꾸짖다》를 례로 들었다. 이리하여 대체로 17세기부터 복자음의 표시에 쓰이던 《ㅅ》(<ㅆ> 등에서의 <ㅅ>을 이름)이 기실 된소리 표시의 기호로 되였다고 하였다. 따라서 근대조선어부터 조선어의 자음체계는 현대조선어와 같게 되였고 보고있다.38)

이상에서 론한바와 같이 근대조선어의 된소리계렬은 어두자음군이 《ㅅ》계렬로 단일화하고 《ㅈ》의 된소리가 어두에서 사용됨으로 하여 완전히 확립되였다고 볼수 있다.

3. 된소리의 표기

된소리문제에 있어서 가장 론란이 되는것은 중세조선어의 된소리표기와 관련하여 합용병서를 된소리로 볼것인가 아니면 복합자음(복자음)으로 볼것인가 하는 문제와 각자병서를 교정음만 표기하는 자음으로 볼것인가 아니면 된소리를 표기하는 자음으로 볼것인가 하는 문제이다. 만약 합용병서와 각자병서가 된소리를 표기한것으로 본다면 조선어의 된소리계렬이 형성된 시기를 중세조선어시기로 볼수 있고 이들을 된소리표기수단으

---

37) 김영황 《조선어사》, 259페지.
38) 최윤갑 《조선어 한국어 연구》, 178—179페지.

로 보지 않고 교정음표기의 수단 또는 복합자음으로 볼 때는 조선어의 된소리계렬의 형성을 근대조선어로 보게 될것이다.

합용병서와 각자병서에 대한 여러 학자들의 견해를 정리해보면 다음과 같다.

3.1. 합용병서에 대하여

합용병서에는 《ㅂ》계렬과 《ㅅ》계렬의 합용병서가 있는데 이들에 대한 학자들의 견해도 부동하다.

(1) 《ㅂ》계렬과 《ㅅ》계렬을 복합자음으로 보는 견해

《조선전사》에서는 복합자음으로 보면서 그 근거를 다음과 같이 들고있다. 첫째, 정음창제자들은 《ㄲ, ㄸ, ㅃ, ㅆ, ㅉ, ㆅ》을 각각 《ㄱ, ㄷ, ㅂ, ㅅ, ㅈ, ㅎ》의 된소리라고 그 소리값을 밝혀놓으면서 합용병서들에 대하여서는 소리값을 밝히지 않았다. 둘째, 《뿔, 싸히, 쌀》의 고형이 《보살, 사나히, 수불》이였음을 볼 때 이들은 《보살>ㅂ살>뿔>뿔》, 《사나히 >ㅅ나히 >싸히》, 《수불>ㅅ불>쑬>쌀》의 변화를 입은것이다.39)

최윤갑은 합용병서를 복합자음으로 보았다.

《ㅅ》계렬에 대하여 다음과 같은 근거를 들고있다.

첫째, 18세기 학자 황윤석은 《화음방언자의해》에서 15세기 조선어 《쌀》은 고대에 《舒發》 또는 《舒弗》로 발음했으니 《쌀》의 《써》은 각각 《ㅅ》과 《ㅂ》으로 발음되였다는것을 알수 있다.

둘째, 15세기 조선어의 《싸히》는 현대어에서 《사나이》로 변화되였는데 이 단어는 15세기 조선어에서 《ㅅ》과 《ㄴ》이 다 발음되였을것이다.

셋째, 《ㅺ》이 된소리 《ㄲ》라면 받침으로 될 때는 《ㄱ》으로 발음되였을것이다. 그러나 15세기 조선어에서 《꺾고》와 《밖》은 《꺽고》와 《밧》으로 발음되였다. 이는 《ㅺ》이 단일음인 된소리가 아니라 복합자음이라는것을 알수 있다.

넷째, 《넘찌다》, 《삼끼다》, 《갓블》은 현대어에서 《넘치다》, 《삼키다》,

---

39) 《조선전사》 8권, 332—333페지.

《갖풀》로 발음되는데 이는 《ㅅ》이 마찰음 《ㅎ》과 같이 발음되면서 변화한것이라고 볼수 있다.

《ㅂ》계렬에 대해서도 다음과 같이 말하였다.

첫째, 《계림류사》에서의 《菩薩》은 《쌀》의 한자음표기이고 현대어 《햅쌀, 좁쌀, 찹쌀》에서 《ㅂ》은 《쌀》에서의 《ㅂ》의 잔재인것이다.

둘째, 《없다》의 《없이》를 《처용가》에서 《바늘도 실도 어뻐 누고 지여셔니오》와 같이 《어뻐》로 표기한것은 《ㅄ》을 각각 발음했다는것을 알수 있다.

셋째, 《ㅂ》이 된소리표기의 부호였다면 《뛰운들》에서의 《ㅳ》는 《ㅌ》의 된소리였겠는데 거센소리 《ㅌ》의 된소리는 존재할수 없다.40)

(2) 《ㅂ》계렬을 복합자음으로 《ㅅ》계렬은 된소리로 보는 견해

김형규는 다음과 같이 말하였다. 《알타이어족엔 어두에 두개의 자음이 안 온다고 한다. 현재 국어에 있어서도 그러하고 고대어에 있어서도 그러했다고 본다. 다만 도중에 어두 [p]음 다음에 있던 모음이 약화탈락해서 어두에 복합자음이 성립된것이다. 그리고 그 년대는 <계림유사>에 복합자음이 아닌 원형을 지키고있는것으로 미루어 고려후기부터 나타난것으로 보이며 중기어에서 <ㅂ>과 복합된 어두자음은 그런 발음을 충실히 표기한것이다. 그리고 이런 표기는 근대에 들어오면서 없어지고 소위 <ㅅ>된소리로 표기되는것으로 보아 그때부터 이런 복합자음은 없어지고 된소리로 통일된것이다.(<ㅄ>의 표기는 있으나 이는 각자병서 <ㅆ>과 혼동을 피해 된소리의 표기로 특별히 쓰인것이다.)》

《<ㅅ>합용병서는 오늘의 된소리에 해당한다고 본다. 그것은 이들 낱말은 오늘날 모두 된소리가 된것이요, 또 강음화 현상에 따라 된소리로 변해온 모든 낱말이 <ㅅ>된소리로 표기되여 왔으며 한글 맞춤법을 제정할 때 비로소 병서형태로 바뀐것이다.》41)

례하면 아래와 같다.

---

40) 최윤갑 《중세조선어문법》, 22페지―26페지.
41) 최윤갑 《중세조선어문법》, 22페지―26페지.

ᄲᅳ므로 알외시니 《龍歌,13》
楊子江南올 ᄢᅥ리샤 《龍歌, 15》
北狄이 ᄯᅩ 모ᄃᆞ나 《龍歌,9》
ᄲᅩᆼ나모 상(桑) 《訓蒙, 상, 10》[42)]

리기문도 후기중세조선어에서 어두에 두 자음이 올수 있는것이 특징적이라고 하면서 초성 합용병서중에서 《ㅂ》계와 《ㅄ》계는 진정한 자음군을 나타낸것으로 믿어진다고 하였다. 그리고 15세기 중엽의 표기법에서 《사이시옷》은 다음 음절의 초성이 《ㄱ, ㄷ, ㅂ, ㅅ》일 때 가능한한 내려쓸수 있었다고 하면서 이런 례외가 허용되는것은 단적으로 《ㅺ, ㅽ, ㅼ》등이 된소리였음을 립증해준다고 하였고 《ㅆ》은 전탁표기로 볼것이 아니라 사이시옷과 후행어 초성 《ㅅ》이 합한 된소리로 보아야 한다고 했다. 그리고 17세기에 가서 《ㅾ》과 《ㅭ》이 나타나는데 이들도 된소리였다고 한다.[43)]

김영황도 《ㅂ》계렬의 합용병서에 대해서는 복합자음으로 보았다. 그는 《계림류사》의 《菩薩》은 《ᄇᆞ살》의 발음으로 보았고 합용병서로 되였던 말들이 현대어로 될 때 나타나는 《ㅂ》도 이런 력사적배경에 의하면 능히 수긍된다고 하였다. (례:좁쌀)

그리고 이 합용병서가 된소리표기가 아니라 복합자음이라고 인정되는것은 《ㅌ》를 놓고 보면 더욱 그러하다고 하였다.

《ㅅ》계렬에 대해서는 《ᄮᅡ히》에서 《ㅅㄴ》을 보면 《ㅅ》계렬이 복합자음일수도 있는데 실제상 《ㅅ》계렬의 합용병서는 이 시기에 이미 자음결합이 상당한 정도로 동요되여있었던것으로 사이소리 《ㅅ》은 아래로 내려써서 《ㅺ, ㅼ, ㅽ, ㅾ》으로 쓰기도 하였다고 하면서 이들 합용병서는 《ㅆ》와 마찬가지로 각각 된소리의 표기로 인정하지 않을수 없게 된다고 하였다.[44)]

3) 합용병서를 된소리로 보는 견해

42) 김형규 《국어사개요》, 104페지—105페지, 107페지—108페지.
43) 리기문 《국어사개설》, 123페지—124페지, 131페지, 195페지—196페지.
44) 김영황 《조선어사》, 147페지—150페지.

렴종률은 고유어의 된소리글자는 《ㅅ》, 《ㅂ》를 병서하여 창조하였다고 하면서 같은 글자를 반복하여 만든 각자병서가 하나의 된소리인것처럼 서로 다른 글자를 반복하여 만든 합용병서도 하나의 된소리글자라고 했다.

중세조선어에서 《ㅅ ,ㅂ》은 사이소리인데 사이소리가 뒤에 오는 음절의 자음과 엉킨것을 옮긴것이 곧 합용병서라고 하였다.

《훈민정음언해》에 나오는 《니쏘리》의 《ㅅ》은 사이소리이며 이때 《ㅅ》은 두 단어 《니》와 《소리》사이를 일단 끊어서 내는 절음현상의 표시라고 하였다. (니ㅅ소리－니쏘리)

이와 같이 합용병서의 《ㅅ》은 사이소리였으며 사이소리가 엉키여 된소리가 조성된데로부터 련관성에 의한 원칙에서 그것을 그대로 가져다가 된소리의 요소로 한것이라고 보았다.

《ㅂ》도 역시 중세조선어에서는 사이소리였는데 례하면 《이ㅂ살, 좁쌀, 윕씨》에서와 같이 《ㅂ》이 된소리를 조성하였으며 이때 나타나는 사이소리 《ㅂ》을 아래에 내려쓰면 《ㅂ》계렬의 합용병서가 된다고 하였다.

석자병서도 두자병서의 표기상의 변종으로 보면서 《그쁴》에서 그것을 발음 되는대로 《급쯰》로 적을수 있으며 《ㅂ》을 내려쓰면 석자병서가 된다고 하였다. 그리고 실지로 일부 책들에서 이것을 《급쯰》로도 쓰고있다고 하였다.

급쯰 여릐 우션ᄒᆞ샤(그때 여래가 우션하여)(지장 상, 4)

또 《훈몽자회》에서 《들깨》를 다음과 같이 쓰고있다고 하였다.

듧ㅅ개임(훈몽 상, 13), 들쌔 (훈몽 상 14), 듧쌔 (사성 상 40)

우에서 《ㅂ》과 《ㅅ》은 모두 사이소리로서 아래에 썼는가 우에 썼는가의 차이와 《ㅂ》을 하나 더 쓰고있는 차이일뿐이라고 하였다.

렴종률은 결국 석자병서는 사이소리를 발음대로 복철하여 하나 더 쓴것으로 꼭 같은것을 각이하게 쓴 표기상의 변종으로 보았다. 이것이 두자병서의 변종이라는것을 다음과 같은 례를 들고있다.

가다기 넘씨고(가득 넘치고)(석보 9:26)
홀러 넘쎄고(홀러넘치고)(영가 상, 35)

그리고 《계림류사》에서 《딸》을 《寶姐》로 썼는데 만약 이것이 복합자음이라면 12세기에 《브달》이다가 15세기에 와서는 《스달》로 바꾸어진것으로 되는데 이는 《ㅂ》이나 《ㅅ》이 된소리 표기부호인 조건하에서만 가능하다고 하였다. 그리고 일부 방언에서도 《외ㅅ달》 또는 《외ㅂ달》이라고 하고있다고 하였다.

다음으로 《조선관역어》에서 《ᄠ-》(摘)나 《ᄯ》(地)를 중국어로 다 같이 《大》로 옮긴것도 《ㅂ》과 《ㅅ》이 된소리 표기부호였다는것을 말해준다고 하였다.

다음으로 《ᄠ》와 같은 표기도 겹자음으로 읽지 않았다고 하였다.

톡(턱)(해례 용자례)
뼉(턱)(선가귀감 상 15)

만약 《ㅂ》이 겹자음이였다면 《ㅂ》을 빼고 쓸수가 없다고 보며 이 글자의 《ㅂ》은 단순히 거기에 동반되는 음임을 나타내는 표시로 보았다.

그리고 《훈몽자회》의 《마초뼐 證》에서 《ㅂ》 역시 동반되는 음이라고 하였다.[45]

김종훈 등도 《한국어의 력사》에서 《ㅂ》계, 《ㅄ》계, 《ㅅ》계의 합용병서들을 된소리표기로 보았다.

이 책에서는 《ㅂ》계와 《ㅅ》계는 애초 해당 어휘의 앞부분에 《ㅂ》초성의 어떤 음절이 존재했다는 흔적을 보여주기 위한 일종의 형태음소적 표기로 보았다.

《계림류사》의 《白米曰 漢菩薩》, 《女兒曰 寶姐》에서 《菩薩》은 중세의 《뽈》에 대응하고 《寶姐》은 《딸》에 해당하는데 이는 《ㅄ》계를 포함한 《ㅂ》계 합용병서의 어휘들이 애초 어두에 《ㅂ》초성의 음절을 갖고있었음을 보여주며 무슨 리유인지는 모르겠지만 첫 음절의 모음이 빠져나감으로써 그 초성만 유흔으로 남아있는것이라고 하였다.

또한 《ㅂ》계 합용병서의 어휘들은 그 앞에 접두사가 붙게 되면 문제

---

45) 렴종률 《조선어력사문법》, 70페지—75페지.

의 《ㅂ》이 되살아 나는것을 흔히 볼수 있는데 례하면 다음과 같다.

> 뜨다(開眼): 부릅뜨다, 흡뜨다, 칩뜨다
> 쓰다(苦): 씁쓸하다
> 때(時): 입때, 접때

이런 례들은 애초 이들 어휘가 어두에 《ㅂ》초성을 가지고있었음을 보여준다고 하였다.

그러나 《ㅂ》계 합용병서의 어휘들은 어두의 자음군이 글자 그대로 모두 발음되였다고 보기는 어렵다고 하면서 알타이계언어들에서 어두자음군이 오는 례는 없으며 조선어의 음절 구성원칙상 《ㅂ》계 합용병서의 초성자는 발음상으로 된소리밖에 될수 없다고 보았다.

《ㅅ》계 합용병서의 경우는 《ㅅ》을 후두폐쇄를 뜻하는 일종의 상징적기호로 보았는데 후두폐쇄는 잇따르는 장애음의 된소리화를 의미한다고 했다.[46)]

3.2. 각자병서에 대하여

(1) 각자병서를 된소리로 보는 견해

렴종률은 각자병서를 된소리로 보고있다. 《해례》에서 우리 말에는 된소리가 있었다는데 대하여 명백히 지적하고있다. 여기서는 순한소리를 나란히 쓰면 된소리가 되는데 그것은 순한소리가 엉키면 된소리가 되기때문이라고 하면서 만일 우리 말에 된소리가 없었다면 《해례》에서 된소리가 조성되는 어음론적과정까지 구체적으로 밝히지는 못했을것이라고 하였다.

그리고 훈민정음창제자의 한사람인 신숙주도 《동국정운》의 서문에서 우리 말에 된소리가 있다는데 대하여 명백히 말하고있다고 하였다. 《해례》에서는 우리 말의 순한소리의 엉킴에 의해 조성된 음을 전탁음이라고 한다고 하면서 각자병서는 주로 교정음표기에 사용되였다고 하였다.(步 뽕, 邪 쌰...)[47)]

---

46) 김종훈 등 《한국어의 력사》, 156페지—158페지.
47) 렴종률 《조선말력사문법》, 68페지—69페지.

김종훈 등은 《한국어의 력사》에서 각자병서는 애초 한자의 탁음 초
성을 표기하기 위해 제정된 글자이지만 조선어의 자음체계에는 탁음계렬
에 드는 유성자음이 존재하지 않는만큼 음운대치의 원리상 한자의 탁성은
조선어에서 된소리로 받아들일 수밖에 없다고 하였다.[48)

(2) 각자병서를 된소리로 보지 않는 견해

박병채는 당시의 시대적환경으로 볼 때 중국의 성운학리론을 도입하
여 이를 제자에 적용한 당사자들의 심리는 한자, 한문을 사용하고있는 현
실성에서 보나 유교립국의 국시상 이왕에 제작되는 문자로 하여금 한자음
운도 표시할수 있는 반절의 역할을 기대하였을것으로 보았다. 그리하여
각자병서 《ㄲ, ㄸ, ㅃ, ㅆ, ㅉ》은 중국의 전탁음 표기자이며 《ㆀ, ㄴㄴ》도
이의 류추적사용으로 볼수 있어 중세조선어의 음운체계의 확립적조직에서
제외된다고 하였다.[49)

김형규는 다음과 같이 썼다. 《각자병서 문자가 표기하는 虯(끃), 覃
(땀) 들의 한자음은 전탁음이다. 중국음에 무성과 유성의 대립이 있어 무
성음 君(군)은 〈ㄱ〉(k)으로 표시하고 유성음 虯(끃)는 〈ㄲ〉(g)으로 표
시한것이다. 그래서 ㄷ:ㄸ, ㅅ:ㅆ, ㅈ:ㅉ, ㅎ:ㆅ 이 모두 그런 대립에서 만
들어진것이다.

그러나 각자병서는 한자음표기에만 쓰인것이 아니라 우리 말 표기에
도 나온다.

<blockquote>

天縱之才를 그러샤 아ᅀᆞᆯ까 (龍歌 43)

人力으로 이예 至티 몯홀꺼시니라 (맹자 1:32)

可히 뻐 道에 들띠니라 (소학 5:135)

ᄆᆞ음 뽈빼 업스면 (논어 4:4)

舉는 혈 씨라 (월석 서, 3)

</blockquote>

이들 각자병서로 표기된것을 보면 〈혀다〉를 제외하고 모두 불완전명
사 아니면 어미들이다. 그리고 이들의 기본형태는 〈-가, -것, -디, -바〉

---

48) 김종훈 등 《한국어의 력사》, 159페지—160페지.
49) 박병채 《국어발달사》, 139페지.

들이다. 이들은 미래형관형사 어미 〈ㄹ〉 다음에 왔으며 초기에는 〈ㅭ〉으로 표기되고 각자병서 아닌 기본형을 그대로 지켰었다.

> 모물 몯 미듫 거시니 (석보 6:11)
> 니르고져 홅 배이셔도 (훈정 언해본)
> 쏨 니르디 마롫디니라 (몽법, 55)

그렇다면 이들 각자병서는 앞의 〈ㄹ〉음 때문에 뒤에 오는 〈ㄱ, ㄷ, ㅂ〉 등 자음이 음의 변화를 일으킨 특수한 음성을 표기한것으로 본다. 그것이 유성음이였는지 또는 된소리였는지는 분명하지 않다. 다만 분명한것은 이들 각자병서는 음소는 아니고 다만 음성기호에 지나지 않았다.》[50]

(3) 일부 각자병서를 된소리로 보는 견해

리기문, 안병희, 김영황 등은 각자병서를 된소리로 밖에 볼수 없지만 《ㅆ, ㆅ》을 제외한 《ㄲ, ㄸ, ㅃ, ㅉ》는 《동국정운》에서 한자음을 표기하는데 쓰였을뿐 15세기 조선어에서는 어두에 쓰인곳이 한곳도 없다고 하였다. 례하면 《쏘다爲 射之》(훈민정음해례본), 《혀爲引》(훈민정음 해례본)과 같다. 그리고 《ㄲ, ㄸ, ㅃ, ㅆ, ㅉ》는 주로 동명사어미 《-ㄹ》밑에서만 사용되였다고 하였다. 그리하여 리기문과 안병호 등은 중세후기(15세기 후기) 자음체계에 된소리로 《ㅆ, ㆅ》를 포함시켰고[51] 김영황도 《당시에 만약 〈ㄲ, ㄸ, ㅃ, ㅉ〉가 당당한 음운의 자격을 가지고 자음체계의 한 성원으로 되었다면 그것이 어두위치에서 음운으로서의 의미구별적기능을 수행했어야 하며 어중의 된소리화도 당시의 표음주의적철자원칙에 비추어 처음부터 〈ㄲ, ㄸ, ㅃ, ㅉ〉로 표기하지 못할것이 없을것이다.》라고 하였다.[52]

최윤갑은 15세기 조선어의 음운체계에 된소리는 《ㅆ》를 제외하고는 없다고 하였다. 그리고 그 시기의 문헌들에서 《ㅆ》외의 각자병서가 어두에 쓰인 례는 없고 형태부사이에서 쓰인 례들만 있다고 하면서 15세기

---

50) 김형규 《국어사개요》, 105페지—107페지.
51) 리기문 《국어사개설》, 정판 144페지; 안병호 등 《중세국어문법론》,59페지.
52) 김영황 《조선어사》, 147페지.

조선어에서는 된소리가 아직 체계를 형성하지 못하였다고 보았다. 그리고 《ㆅ》는 어두에 쓰인 례가 있지만 국제음성기호의 [x]에 해당되는 음으로 〈ㅎ〉의 된소리가 아니라고 하였다.[53]

4. 결 론

이상으로 된소리의 형성에 관한 학자들의 견해를 고찰했는데 필자의 천박한 인식을 보충하면서 정리해보고저 한다.

첫째, 조선어에서 된소리의 형성에 대해 여러 학자들이 서로 다른 견해를 보이고있는데 일부 학자들은 고대조선어시기에 이미 된소리가 형성되였다고 주장하고 일부 학자들은 중고조선어시기에 형성되였다고 주장하며 일부 학자들은 중세조선어시기에 형성되였다고 주장하고 일부 학자들은 근세조선어시기에 형성되였다고 주장한다. 고대조선어시기거나 중고조선어시기에 된소리가 형성되였다고 하는 학자들은 주로 리두나 향찰로 된 문헌에 근거하여 추정한것이다. 때문에 이 시기에 된소리가 형성되였다는 주장은 의독에 의해 추정하는 경우가 많다. 그러나 이 시기에 된소리가 이미 형성되였다고는 보기 어렵다. 고대조선어시기에 《叱》이나 《尸》뒤에 오는 음절의 순한소리가 된소리로 발음되였을것이라는 주장은 합리하다고 본다. 그리고 중세조선어초기에 어두에 많은 된소리가 출현한것을 보면 된소리의 형성은 고려말기로부터 조선조초기에 이루어진것으로 추정하는 견해가 합리한것 같다.

둘째, 일부 학자들은 합용병서를 복합자음으로 보고 일부 학자들은 《ㅂ》계렬만 복합자음으로 보고 《ㅅ》계렬은 된소리로 보며 각자병서에 대해 일부 학자들은 된소리로 보고 일부 학자들은 된소리로 보지 않는다. 《ㅂ》계렬의 합용병서는 《계림류사》에서의 사용이나 현대어에서의 《ㅂ》의 잔재를 볼 때 중세조선어에서 복합자음이였을것이라고 추정된다. 《ㅅ》계렬의 합용병서는 사이시웃이 뒤의 순한소리와 결합한것으로 볼 때 또한 근대조선어시기에 와서 된소리가 《ㅅ》계합용병서로 단일화 되였는것을 감안할 때 된소리였을 가능성이 크다. 합용병서를 복합자음으로 보는 경우 된소리의 형성시기는 근세조선어시기로 볼수밖에 없다. 각자병서는 훈

---

53) 최윤갑 《중세조선어문법》, 26-28페지.

민정음 창제초기에 한자음표기에만 사용되였고   조선어의 경우에도 《ㅆ, ㆅ》만 어두에서 쓰였을뿐 그외의 각자병서는 어중에서만 쓰였다는 점에서 《ㄲ, ㄸ, ㅃ, ㅉ》는 된소리표기로 보기 힘들다.

★ 참고문헌

리기문 《국어사개설》, 1996년, 탑출판사.
김종훈 등 《한국어의 력사》, 1998년, 대한교과서.
안병희, 리광호 《중세국어문법론》, 2001년, 학연사.
박병채 《국어발달사》,1992년, 세영사.
김형규 《국어사개요》, 1982년, 일조각.
최범훈 《한국어발달사》, 1985년, 통문관.
최윤갑 《중세조선어문법》, 1987년, 연변대학출판사.
최윤갑 《조선어한국어연구》, 1998년, 홍문각.
렴종률 《조선어문법사》, 1980년, 김일성종합대학출판사.
렴종률 《조선말력사문법》, 2001년, 역락출판사.
김영황 《조선민족어발전력사》, 1989년, 김일성종합대학출판사.
김영황 《조선어사》, 1997년, 김일성종합대학출판사.
사회과학원력사연구소 《조선전사》 8권, 1979년, 과학,백과사전출판사.
류 렬 《조선말력사(2)》, 1992년, 사회과학출판사.
고려대학교민족문화연구소 《한국문화사대계v언어,문학사(상)》, 1978년,
                                    고대민족문화연구소출판부.
한국어문학회 《한국어문학대계11고려시대의 언어와 문학》, 1975년, 형설출판사.

조선어 고유어의
어음형태변화에 대하여[1]

채 옥 자

들어가면서

본 론문에서는 고유어에 대하여 그 구조적인 특성을 어음구조의 측면에서 고찰하였는바 고유어의 음절수가 현대에 와서 증가되였는가 감소되였는가 아니면 음절수는 변하지 않고 다만 그 내부에서 음운구조의 변화를 일으켰는가를 살펴보고 그 원인이 어디에 있는가 하는 문제를 중심으로 연구분석하였다. 이는 조선어 고유어의 형태변화에 대한 어제와 오늘을 인식함으로써 자료제공의 차원에서뿐만아니라 고유어에 대한 옳바른 리해와 정확한 사용에도 도움을 줄수 있다는데 의의가 있다고 생각된다.

지금까지 고유어 형태변화에 대한 연구는 대부분 경우 단편적인것으로서 전면적이 되지 못했다. 필자는 본 연구에서 1973년에 보정재판된 《고어사전》[2]에 수록된 11,315개의 표제어중 어근적단어 6,164개를 분석대상으로 하였다.

본 연구는 고유어의 어음형태변화에 대하여 15세기부터 현재까지의 범위에서 문자기록에 의하여 고찰하게 된다. 따라서 일부 어휘들의 원형이 분명하지 않은것도 《고어사전》의 올림말을 기준으로 했음을 밝힌다.

1. 음절의 확대

1) 음절이 확대된 어휘의 류형

음절이 확대된 어휘의 총수는 205개이다. 그중 우선 접미사가 보충

---

1) 본 론문은 1989년 연변대학 조선어문학부 대학원에 제출했던 석사학위론문을 약간 수정한것이다.
2) 남광우의 《고어사전》은 1960년 9월 일조각 출판사에서 초판발행되였다.

되여 확대된 어휘가 76개로 가장 많은 비중을 차지하는바 전체의 37.0
7%를 차지한다. 다음, 다른 단어와 합성되여 확대된 어휘는 44개로 전체
의 21.46%를 차지하고 그다음 일부 음절이 보충되여 확대된 어휘는 38
개로 전체의 18.53%를 차지한다. 기타 수단으로 확대된 어휘는 34개로
전체의 16.58%를 차지한다. 그외 확대된 방식이 분명하지 않는 어휘[3]는
13개로 전체의 6.34% 차지한다.

음절이 확대된 어휘의 류형은 크게 네가지 류형으로 나누어 볼수 있다.

(1) 접미사가 붙어 확대된 어휘

례: 긷>기둥(웅)　　　굿>구석(억)　　　　골>고랑(앙)　　　　죽>주걱(억)

항>항아리(아리)　그력>기러기(이)　　ᄀ랏>가라지(이)　물>무리(이)

두텁>두꺼비(이)　남샹>남생이(이)　　부헝>부엉이(이)

허위다>허위적거리다(거리)　　　흐느기다>흐늘거리다(거리)

슬갑다>슬기롭다(롭)　　　　　놀캅다>날카롭다(롭)

(2) 다른 단어와 합성되여 확대된 어휘

례: 노고>노구솥　　느틔>느틔나무　　　드레>두레박　　　돗[4]>돗자리

벽>벽돌　　　　　봇>벗나무　　　　술[5]>숟가락　　　싣>싣나무

잉무>앵무새　　　ᄇ라다>바라보다　　　뜨리다>깨뜨리다

(3) 일부 음절이 보충되여 확대된 어휘

례: 둥물>둥마루(우)　　실>시루　　　　숡>삵괭이　　　ᄇ다>부수다

애닯다>애달프다　　납다>납작하다　비롯>비로소　스싀>스스로

츠기>측은히

(4) 기타 수단에 의하여 확대된 어휘

① 《하다》가 보충되여 확대된 어휘

례: 그윽다>그윽하다　　고ᄉ다>고소하다　닉숙다>익숙하다　미욱다>미욱하다

---

3) 확대된 방식이 분명하지 않는 어휘들의 례는 다음과 같다.
　례:ᄀ족다>가지런하다, 희오리>해오라기, 좋다>조아리다, 엄>어금니.
4) 《돗》은 한국의 《우리 말 큰 사전》(신기철, 신용철)에는 표제어로 올랐지만 《문화어사
　전》에는 표제어로 오르지 못하고있다.
5) 《술》은 《우리 말 큰 사전》에는 표제어로 오르지 않고 《문화어사전》에는 표제어로 올랐
　다.

불다>부러워하다   슬다>슬퍼하다   우묵다>우묵하다

여기에서 동사 《하다》는 그 행동성이 약화되고 상태, 성질, 특징 등의 뜻을 나타내면서 형용사조성의 수단으로 되고있다. 따라서 이 부류에 속하는 어휘들은 대부분 형용사로 되여있는데 동사는 《곱다>곱하다, 이받다>이바지하다, 비릇다>비롯하다》 등이 있을뿐이다.

② 일부 어근이나 접사가 변화되면서 확대된 어휘

례: 싑밑>샘구멍   지간하다>재간부리다   부지대>부지깽이

       ᄉ랑홉다>사랑스럽다   머믓다>머믓거리다   다라나다>달아오르다

       새삼듸비>새삼스럽게

2) 음절확대의 원인

첫째, 단음절어의 형성을 기피하는 현상은 어휘의 형태를 확대시켰다.

력사적발달과정에서 조선어어휘의 형태는 점차 축소되여가는 경향이 나타났는데 그것이 심해진 결과 단음절어가 급격히 증가되였다. 그런데 부단히 변화, 발전하는 과학기술과 인간의 문화수준은 어휘의 내용인 뜻에 대하여 더욱더 명확하고 완벽한 개념을 나타내여 정확성, 생동성 및 세련성을 기함으로써 어휘의 표현성을 높이도록 요구하게 되였다. 그리하여 단음절어의 일음절의 어음형식으로선 이러한 내용을 담기에 매우 부족하여 도저히 그 요구를 만족시킬수 없었다. 결과 단음절어의 형성을 기피하는 현상이 나타났는바 이는 음절확대의 경향을 초래하였다.

례: 맏>마당   굳>구덩이   모>모퉁이

       밖>바깥   올>오리   벽>벽돌

       져>저가락

둘째, 동음이의어를 기피하는 현상은 어휘의 형태를 확대시켰다.

동음이의어의 형성 및 존재는 언어의 발전과정에 필연적인것으로서 언어 전반에 존재하는 현상이다. 그것은 어음은 제한되여있으나 개념은 무한한것이기때문이다. 그렇다면 무엇때문에 조선어의 력사적발전과정에 동음이의어를 기피하는 현상이 나타났는가? 알다싶이 인간의 언어변천의 커다란 경향의 하나가 노력을 절약하려는 경제적본능에 의하게 된다. 음

운변화로 나타나는 음운의 동화, 음운의 탈락, 음운의 소실 그리고 구개음화 등은 음운적관점에서 노력을 절약하려는 경제적본능에 의하고있으나 동음이의어를 기피하는 현상은 의미적관점에서 노력을 절약하려는 경제적본능에 의하고있다. 그것은 동음이의어의 존재는 언어교제의 비리상적인 상태로서 동음이의어가 지나치게 많이 형성되여 범람한다면 언어의 표현능력을 약화시키고 단어의미의 혼란을 초래하는 결과를 가져오기때문이다. 이리하여 동음이의어를 기피하는 현상이 나타났는바 이는 또한 음절이 확대된 원인의 하나로 되였다.

《갓》은 원래《안해, 가죽, 물건》 등의 뜻을 나타내는 세개 단어의 동음어였다. 후에 동음어기피를 하여《안해》의 뜻을 나타내던《갓》은《가시>각시》로 변화되고《물건》의 뜻을 나타내던《갓》은《것》으로 되였으며《가죽》의 뜻을 나타내던 《갓》은《갓》에 접미사《옥》이 보충되여《가죽》으로 음절이 확대되는 형태변화를 입게 되였다.

《쥭》은《죽(음식)》과《주걱》의 뜻을 나타내는 두개 단어의 동음어였는데 동음어기피를 하여《쥭(음식)》은 음운구조의 변화를 일으켜《죽》으로 되고《주걱》의 뜻을 나타내던《쥭》은 접미사《억》이 보충되여 《주걱》으로 음절이 확대되는 형태변화가 일어났다.

《ㅂ룸》은《바람(風)》과《벽(壁)》의 동음어였는데 동음기피를 하여 후자가 한자어《벽》과 합성되여《바람벽》으로 음절이 확대되는 형태변화가 생겼다.

셋째, 일부 어휘는 다의어의 파괴 즉 다의어의 의미적련계가 끊어짐과 동시에 어음형태가 변화되면서 그 어음형태가 확대되였다. 다의어의 의미적상관성이 파괴되여 그 련계가 끊어지면 두가지 현상이 나타나는데 하나는 별개의 단어로 되여 새로운 단어를 생성하는 현상이고 다른 하나는 동음이의어를 형성시키는 현상이다. 새로운 단어를 생성함에 있어서 기본적인 어근에 접사가 붙거나 다른 단어의 어근이 붙어서 생성된 어휘들은 그 형태가 확대되는 경향을 초래하였다.

단어《ㅂ라다》는 원래《바라보다(望見)》와《바라나(希望)》의 두가지 뜻을 가진 다의어였다. 후에 그 다의성이 파괴되여 새로운 단어 《바라보다》를 생성시켰는데 이는《바라다》의 어근《바라》에《보다》의 어근《보》가 덧붙어 음절형태가 확대된것이다.

넷째, 일부 어휘는 표현의 명확성을 기하려는 목적으로 류개념을 덧붙인 결과 그 음절형태가 확대되였다.

단어 《느틔》는 나무의 한 종류라는 의미를 명확하게 밝히려고 류개념 《나무》를 덧붙인 결과 《느티나무》로 음절형태가 확대되였다.

단어 《잉무》는 새의 일종이라는 개념을 명확히 하여 표현성을 높이려는 의도에서 《새》를 덧붙인 결과 《앵무새》로 음절이 확대되였다.

이런 례들은 그외에도 《늘읍>느릅나무》, 《신>신나무》, 《봇>봇나무》, 《지약>조약돌》 등을 들수 있다.

다섯째, 일부 어휘는 합성되였던 어휘에서 일부 어근이 바뀌거나 파생되였던 어휘에서 접사가 바뀌여지면서 음절형태가 확대되였다.

례: 밀>샘구멍   부지대>부지깽이

    스랑홉다>사랑스럽다   머뭇하다>머뭇거리다

    다라나다>달아오르다

여섯째, 음절확대의 원인은 조선어의 단어조성법의 특징과도 밀접히 관계된다.

확대된 어휘의 류형을 살펴보면 접미사가 보충되여 확대된 어휘와 다른 단어와 합성되여 확대된 어휘 및 일부 음절이 보충되여 확대된 어휘 등 세부류가 절대다수를 차지하고있다. 따라서 음절확대의 수단은 확대의 이유에는 상관없이 흔히 접미사나 단어 및 일부 음절이 보충되는것임을 알수 있다.

여기에서 흥미있는것은 이러한 음절확대의 수단은 조선어 단어조성법의 두가지 기본수단인 접사법 및 어근합성법과 맞먹는다는것이다. 력사적으로 내려오면서 조선어에선 전통적으로 주로 접사법, 어근합성법에 의하여 어휘를 풍부히 하고 발전시켜왔다. 즉 의미있는 단어를 토대로 하여 접사법에 의하여 새로운 단어를 파생시키거나 어근합성법에 의하여 새로운 단어를 합성시켜 어휘를 풍부히 한 결과 음절이 확대되는 경향을 초래하게 되였다.

2. 음절의 축소

1) 음절이 축소된 어휘의 류형

음절이 축소된 어휘 총수는 207개이다. 그 중 모음이 축약 또는 탈락되여 축소된 어휘가 가장 많은 비중을 차지하는바 81개로 전체의 39.13%를 차지하고 폐음절이 형성됨에 따라 축소된 어휘는 45개로 전체의 21.73%를 차지하며 자음의 탈락에 의하여 축소된 어휘는 44개로 전체의 21.26%를 차지하고 기타 수단에 의하여 축소된 어휘가 26개로 전체의 12.6%를 차지한다. 그리고 축소된 리유가 분명하지 않는 어휘6)가 11개로 전체의 5.31%를 차지한다.

음절이 축소된 어휘는 다음과 같은 네가지 류형으로 나누어 볼수 있다.

(1) 모음이 축약 또는 탈락되여 음절이 축소된 어휘

례: 사이다>새다   더이다>데다   씌이다>깨다(覺)
    귀우리>귀리   부우리>부리   괴오다>괴다
    허영가래>헹가래   므싀엽다>무섭다   아이예>아예
    고을다>골다   싀을다>끌다(拖)   재여리>재리

그 밖에 모음 / · /의 소실로 인하여 축소된 어휘들도 있다.

례: 가ᅌᅵ멸다>가멸다   거ᅌᅵ지>거지   비얌>뱀
    ᄒᆞ올로>홀로   ᄒᆞ옷>홀

(2) 자음탈락 및 그에 따른 모음축약에 의하여 축소된 어휘

례: 가히>개   넛다히다>잇대다   다히다>대다   자히다>재다
    그어긔>거기   이어긔>여기   나리>내   누리>뉘
    수볼>수을>술   ᄀᆞ삼>감

(3) 폐음절의 형성과 발달에 의하여 축소된 어휘

례: 드르>들   ᄂᆞᄆᆞ새>남새   기르마>길마   너므다>넘다
    믄드기>믄득   버리>벌   주머괴>주먹   우지지다>우짖다

(4) 합성되였거나 파생되였던 단어중 어근이 탈락되여 축소된 어휘

례: 쟈개돌>자갈   열갑다>열다   ᄂᆞᆺ갑다>낮다

2) 음절 축소의 원인

단어의 어음형태의 축소는 확대와 반대되는 경향으로 조선어뿐만아니라 기타 다른 언어에서도 존재하는 언어현상이다. 이러한 축소는 어음

---

6) 축소된 리유가 분명하지 않는 어휘들의 례는 다음과 같다.
례: 쏨도야기 >땀띠, 쟈긔야미>자개미, 마초아>마침, 헐믓다(헐무다)>헐다.

적면에서의 노력을 절약하려는 인간의 경제적본능에 의한것이라고 할수 있다. 즉 발음이 쉬운쪽을 따르려는 인간의 생리적본능으로부터 음절이 축소되는 경향이 일어나게 된다.

첫째, 일부 음운의 소실에 의하여 어음형태 즉 음절이 축소되였다.

조선어의 음운구조에서 자음 /ㅸ/과 /ㅿ/는 15세기와 16세기를 거쳐 없어졌고 모음 /·/는 15기말부터 동요되다가 18세기중엽부터 없어지기 시작하여 19세기초전에 벌써 사라졌다. 경순음 /ㅸ/은 양성모음과 결합되면 /오/로 변하고 음성모음과 결합하면 /우/로 되였으며 반치음 /ㅿ/은 모음사이에서는 탈락되였다. 그리고 /·/는 일반적으로 /ㅏ, ㅡ, ㅜ/ 등의 음으로 변하였다. 이러한 어음의 력사적변화는 일부 어휘들의 어음형태를 축소시켰다(례: 스ᄀᆞ볼>스ᄀᆞ올>싀골>시골).

단어 《스ᄀᆞ볼》은 자음 /ㅸ/이 사라짐에 따라 《스ᄀᆞ올》로 되였다가 또 모음 /·/가 사라지는 바람에 《싀골>시골》로 되여 음절이 축소되였다.

단어 《비얌》은 모음 /·/가 소실됨에 따라 《뱀》으로 축소되였다.

단어 《ᅙᆞᄫᅡ》는 음운 /ㅸ, ㅿ, ·/ 등의 여러가지 변화로 결국엔 《혼자》로 형태가 축소되였다.

이런 리유로 축소된 례는 그밖에도 《두볼>두을>둘, ᄃᆞ비다>ᄃᆞ외다>되다, 가ᄉᆞ멸다>가멸다>가멸다, 둘기알>달걀》 등이 있다.

둘째, 자음이 탈락되고 그 음절모음이 앞음절모음과 축약되여 하나의 모음으로 되면서 음절이 축소되였다.

조선어의 력사적발달과정에서 어중의 자음 /ㄱ, ㅇ, ㄹ, ㅎ/ 등은 빈번히 탈락되여 모음련속을 초래하게 되였으며 또한 모음련속에 대한 기피는 어휘의 어음적형태를 축소시켰다.

례컨대 《막다히>막대, 가히>개, 닛다히다>잇대다》 등은 /ㅎ/이 탈락되고 그 앞뒤모음이 축약되였다가 다시 단모음화됨에 따라 음절이 축소되였고 《그어긔>거기, 이어긔>여기》는 /ㅇ/이 탈락되고 앞모음과 뒤모음이 축약되였다가 단모음화됨에 따라 음절이 축소되였으며 《누리>뉘, 나리>내》는 /ㄹ/이 탈락되고 모음의 축략 및 단모음화가 일어나는 바람에 음절이 축소되게 되였다.

셋째, 모음의 동음중복을 기피하는 현상에 의하여 음절이 축소되였다.

한 단어에서 같거나 비슷한 모음이 중복되여 나타날 때 의미표현에 영향을 주지 않는 범위에서 번거로움을 피면하고 발음에서의 노력을 절약하기 위하여 그중 하나를 탈락시키는 현상이 있다. 이러한 음운현상은 단어의 음절형태를 축소시키게 된다.

례컨대 《구우실>구실, 부우리>부리, 두위틀다>뒤틀다》 등은 모두 모음 /ㅜ/의 중복을 기피하기 위하여 축소되였고 《소옴>솜, 소옥>속, 조올다>졸다》 등은 /ㅗ/가 동음중복을 기피하여 탈락되는 바람에 축소되였으며 《수을>술, 두을>둘》은 모음 /ㅡ/와 /ㅜ/ 의 충돌을 기피하여 축약됨에 따라 음절이 축소되였다.

넷째, 페음절의 발생과 발달에 따라 음절이 축소되였다.

페음절은 자음련속을 허용하지 않았던 고대조선어의 음절배렬관계가 점차 파괴되면서 형성되기 시작하였다.

조선어의 력사적발달과정에서 모음의 탈락은 자음중복을 초래하였다. 이리하여 페음절의 형성을 초래하게 되였는데 이는 단어의 어음형태를 축소시킨 원인의 하나로 되였다.

례컨대 《사티가시>살가시>살갓》에서 모음 /ㅣ/가 탈락되고 《사》와 《가》가 페음절로 됨에 따라 축소되였고 《시ᄆ다>심다》에서는 모음 /·/가 탈락되여 페음절 《심》을 형성함에 따라 축소되였으며 《주머괴》가 《주먹》으로 축소된것은 모음 /ㅚ/가 탈락되여 음절 《머》가 페음절로 되였기때문이다.

다섯째, 일부 어근이나 접사가 빠지면서 음절이 축소되였다.

례컨대 《쟈개돌》은 어근 《돌》이 빠지면서 《자갈》로 음절이 축소되였다. 그리고 《옅갑다>옅다, 놋궂다>낮다》에서는 형용사 조성의 접미사 《갑》이 없어짐에 따라 음절이 축소되였다.

이상의 여러가지 원인으로 말미암아 일부 조선어 고유어의 음절이 축소되게 되였다.

3. 음운구조의 변화

1) 음운구조가 변화된 어휘의 류형

조선어에서 음절수는 변화되지 않았으나 음절내의 음운구조가 변화된 어휘들이 매우 많은 비중을 차지한다. 이 부류의 어휘들은 크게 자음이 변화된 어휘와 모음이 변화된 어휘 및 자음과 모음이 모두 변화된 어휘 등 세부류로 나눌수 있다.

첫째, 자음이 변화된 어휘

자음이 변화된 어휘 총수는 580개이다. 그 중 된소리화되여 음운구조가 변화된 어휘가 204개로 가장 많은 비중을 차지하는바 전체의 35.17%를 차지하고 종성이 변화된 어휘는 111개로 19.13%를 차지하며 구개음화된 어휘는 72개로 12.41%를 차지하고 종성이 형성되여 변화된 어휘는 44개로 7.58%를 차지하며 소실된 음운 /ㅸ/에 의하여 변화된 어휘는 15개이고 /△/에 의하여 변화된 어휘는 28개로 7.41%를 차지한다. 그밖에 거센소리화된 어휘는 30개로 전체의 5.17%를 차지하고 어두자음 /ㄴ/의 탈락으로 변화된 어휘는 28개로 전체의 4.82%를 차지하며 자음 /ㄹ/이 첨가된 어휘는 21개로 전체의 3.62%를 차지하고 받침이 탈락된 어휘는 10개로 전체의 1.72%를 차지하며 기타 자음의 변화는 17개로 전체의 2.93%를 차지한다.

a. 어두에서의 자음변화

① 된소리화된 어휘

례:　　끝>끝　　　갓기다>깎이다　　　도리개>도리깨　　　지르다>찌르다

② 구개음화된 어휘

례:　　딮>짚　　　디타>찧다　　　둏다>좋다　　　티다>치다

③ 거센소리화된 어휘

례:　　틈>틈　　　고>코　　　갈>칼　　　바회>바퀴

④ 음운 /ㅸ, △/의 소실로 인한 변화

례:　　표범>표범　　　　　　두려비>두려이>두렷이(이상 《ㅂ》)
　　　기슴>기슴>기음　　　　　몸소>몸소

⑤ 자음 /ㄴ/의 탈락

례:　　닛다>잇다　　　닢>잎　　　닐혼>일혼　　　닉다>익다

⑥ 자음 /ㄹ/의 첨가

례: 둘에>둘레   벌에>벌레   올이다>올리다   물이다>물리다

⑦ 기타 자음의 변화

례: 고라>소라   더품>거품   멋>벗   소홈>소름

b. 어말에서의 자음변화

① 받침이 형성된 어휘

례: 가린길>갈림길   다리>달리   부어>붕어   더지다>던지다

② 받침이 변한 어휘

례: 볃>볏   붇>붓   붑>북   옷>옻   몯>못

③ 받침이 탈락된 어휘

례: 걷니다>거니다   짓아비>지아비   걸리다>거리끼다

둘째, 모음이 변화된 어휘

모음이 변화된 어휘는 총 954개이다. 그 중 모음 /·/가 변화된 어휘가 상당히 많아 459개로 전체의 48.11%를 차지한다. 모음 /·/의 변화에서는《·>ㅏ》의 변화가 201개로 가장 많은 수를 차지하며 이는 이 부류의 43.7%를 차지한다. 다음《·>ㅡ》의 변화가 96개로 이 부류 전체의 20.9%를 차지하며《·>ㅐ》의 변화는 63개로 이 부류의 13.7%를 차지한다. 그리고《·>ㅜ》의 변화는 34개로 이 부류의 7.4%를 차지하며《·>ㅣ》의 변화는 25개로 이 부류의 5.4%를 차지한다.

모음의 변화에서 두번째로 많은 비중을 차지하는 경우는《ㅡ>ㅜ》의 변화로 그 수가 78개로 이는 모음이 변화된 류형 전체의 8.17%를 차지한다. 그리고《ㅗ>ㅜ》의 변화가 76개,《ㅡ>ㅣ》의 변화가 43개, 《·ㅣ>ㅣ》의 변화가 40개로 각각 이 부류 전체의 7.95%, 4.50%, 4.19%를 차지하게 된다.

a. 단모음의 변화

① ㅏ>ㅐ, ㅓ, ㅡ, ㅕ, ㅜ

례:　사기다>새기다　　　밧다>벗다　　　　할기다>홀기다
　　ᄀ랍다>가렵다　　　모다>모두

② ㅓ>ㅏ, ㅔ, ㅗ, ㅣ, ㅜ
례:　설>살　　　　　　　어러미>어레미　　　퍼괴>포기
　　머욱>미역　　　　　어리>우리

③ ㅗ>ㅜ, ㅡ, ㅏ, ㅓ, ㅔ
례:　나모>나무　　　　　고롬>고름　　　　　새옴>새암
　　몬져>먼저　　　　　모밀>메밀

④ ㅜ>ㅡ, ㅟ, ㅣ, ㅕ, ㅓ
례:　머굼다>머금다　　　후지다>휘지다　　　춤>침
　　게움>게염　　　　　우정워정>어정어정

⑤ ㅡ>ㅜ, ㅣ, ㅏ, ㅓ, ㅗ
례:　므리>무리　　　　　즐다>질다　　　　　다믄>다만
　　버슷>버섯　　　　　비르소>비로소

⑥ ㅣ>ㅡ, ㅐ, ㅓ, ㅗ, ㅟ, ㅜ
례:　보십>보습　　　　　너시>너새　　지지괴다>지저귀다　　갈키>갈퀴

⑦ ㅐ>ㅏ, ㅣ, ㅔ
례:　활고재>활고자　　　엄재가락>엄지가락　　성애>성에

⑧ ㅔ>ㅐ, ㅏ, ㅓ
례:　무지게>무지개　　　그림제>그림자　　　게여목>거여목

⑨ ㅚ>ㅟ, ㅔ, ㅗ, ㅣ, ㅐ
례:　사마괴>사마귀　　　뵈>베　　　　　　괴외다>고요하다
　　담뵈>담비　　　　　쇠오다>새우다(밤)

⑩ ㅟ>ㅣ, ㅔ, ㅜ

례: 두디쥐>두더지   둥위>둥에   쥐무르다>주무르다

b. 겹모음의 단모음화

① ㅢ>ㅣ, ㅐ, ㅜ, ㅟ, ㅡ

례: 슬긔>슬기   구틔여>구태어   율믜>율무
    흰ᄌ의>흰자위   스싀로>스스로

② ㅑ>ㅏ, ㅐ

례: 개얌>개암   먀욱다>매욱하다

③ ㅕ>ㅓ, ㅔ, ㅖ, ㅗ, ㅏ, ㅣ

례: 셤>섬   벼개>베개   겨시다>계시다
    ᆞ멱>목   잘코셔니>잘코사니   곡셕>곡식

④ ㅛ>ㅗ, ㅜ, ㅚ, ㅏ

례: 죠개>조개   겨요>겨우   쇼시랑>쇠스랑   납죡다>납작하다

⑤ ㅠ>ㅜ, ㅣ

례: 듁>죽   츄마>치마

⑥ ㅞ>ㅔ

례: 몌다>메다

⑦ ㅙ>ㅐ

례: 닷쇄>닷새

⑧ ㅒ>ㅜ

례: 여쉰>예순

⑨ ㅙ>ㅚ

례: 쇠머리>쇠머리

c. 《·》의 변화

① ·>ㅏ

례: ᄀᄆᆯ다>가물다   ᄇᄅᆷ>바람

② ·>ㅡ
례: 가ᄉᆞᆷ>가슴   기ᄅᆞ다>기르다

③ ·>ㅜ
례: 아ᄋᆞ>아우   마ᄆᆞ오다>마무르다

④ ·>ㅓ
례: 일ᄏᆞ다>일컫다   ᄇᆞ리다>버리다

⑤ ·>ㅣ
례: 기ᄎᆞᆷ>기침   아ᄎᆞᆷ>아침

⑥ ·>ㅗ
례: 바ᄅᆞ>바로   ᄉᆞ매>소매

⑦ ·>ㅐ
례: ᄆᆞ이다>매이다   ᄂᆞ리다>내리다

⑧ ·ㅣ>ㅣ, ㅐ, ㅚ, ㅓ, ㅜ
례: 모ᄀᆡ>모기   ᄇᆡ>배   히ᄃᆡ다>희다
     ᄐᆡᆨ>턱   부ᄎᆡ>부추

셋째, 자음과 모음이 동시에 변화된 어휘
한 단어내에서 자음과 모음이 모두 변화된 어휘 총수는 964개이다.
례: 굼죽이다>깜짝이다   쳐섬>처음   빅빅하다>빽빽하다
     셔ᄫᅳᆯ>셔울>서울   사호다>싸우다

2) 음운구조가 변화된 원인

첫째, 한 음운을 그 앞뒤의 다른 소리와 같거나 비슷하게 하려는 동

화작용에 의하여 음운구조가 변화되였다.

자음의 변화에서 전형적인것은 구개음화현상이다. 례컨대 《디니다>지니다, 고티다>고치다, 힘술>심술, 힘힘하다>심심하다》 등에서 모음/ㅣ/에 의하여 /ㄷ, ㅌ/는 /ㅈ, ㅊ/로 /ㅎ/은 /ㅅ/으로 구개음화됨에 따라 음운구조의 변화가 일어났다. 그리고 《손삐>솜씨》에서는 받침소리 /ㄴ/이 /ㅂ/에 의해 /ㅁ/으로 동화됨에 따라 음운구조가 변하게 되였다. 모음의 변화에서 보면 《사기다>새기다, 어러미>어레미》 등에서 모음 /ㅏ, ㅓ/는 앞모음 /ㅣ/의 영향을 입어 /ㅐ, ㅔ/로 앞모음화되는 바람에 음운구조가 변화되였다. 그리고 《거즛>거짓, 며츨>며칠, 슲다>싫다, 부츠다>부치다》 등에서는 모음 /ㅡ/가 치음 /ㅅ, ㅈ, ㅊ/ 의 영향을 입어 모음 /ㅣ/로 됨에 따라 음운구조가 변화되였고 《그믈>그물, 붉다>붉다, 플>풀》 등은 모음 /ㅡ/가 /ㅁ, ㅂ, ㅍ/과 결합되여 순음의 영향을 입어 원순성을 가지면서 모음 /ㅜ/로 됨에 따라 음운구조의 변화를 일으켰다.

둘째, 말의 속도를 빨리하고 노력을 절약하기 위하여 일부 음운을 생략하거나 탈락시킴에 따라 음운구조가 변화되였다.

례컨대 《몰래>모래, 돈니다>다니다, 걸리끼다>거리끼다, 움믈>우물》 등에서 단어내의 동일한 음의 중복을 기피하여 그중 하나가 생략되는 현상에 의하여 음운구조가 변하게 되였다. 그리고 《닞다>잊다, 님자>임자, 니마>이마》 등은 모음 /ㅣ/ 앞에서 /ㄴ/의 탈락으로 말미암아 변화된것이다. 모음의 변화에서는 선행모음의 탈락현상과 이중모음음소의 탈락현상이 이 부류에 속하게 된다. 례컨대 《개얌>개암, 쟈라>자라, 방셕>방석, 쥭>죽, 졀구>절구》 등은 이중모음에서 선행모음 /ㅣ/가 탈락되여 단모음화됨에 따라 음운구조가 변하게 되였다. 그리고 《외얏>오얏, 부쇠>부시, 쥐무르다>주무르다, 뷔다>비다, 멀믜>멀미》 등은 이중모음중의 한 음소의 탈락에 의하여 음운구조가 변화된 례들이다.

셋째, 한 단어내에 같거나 비슷한 음소들이 중복되여 나타날 때 그중 하나를 다른 음소로 바꾸는 현상에 의하여 음운구조의 변화가 생기게 되였다.

모음조화현상은 15세기 조선어의 특징적인 현상으로 단어의 어근내부에서도 일어나기도 하였다. 그러던것이 음운 /·/의 변화와 한자어의 차용 등 원인으로 말미암아 점차적으로 파괴되였다. 소실된 음운 /·/의 변화양상을 보면 대체로 선행음절 모음이 /ㅏ/일 경우, /ㅏ/가 아닌 /ㅡ, ㅗ, ㅜ/ 등으로 변화되였다.

례:　ᄀᆞ득기>가득히　　　ᄌᆞᄅᆞ다>자르다　　　ᄒᆞ믈며>하물며
　　　 ᄂᆞ물>나물　　　　ᄂᆞ죽ᄒᆞ다>나직하다　바ᄂᆞᆯ>바늘
　　　 ᄆᆡᆫᄃᆞᆯ다>만들다

넷째, 발음을 한 층 더 분명히 하려는 목적으로 일부 다른 음소를 첨가하는 현상은 음운구조의 변화를 일으켰다.

례:　가래>갈래　　소진>송진　　　벌에>벌레　　　사리>살림

다섯째, 거센소리화현상과 된소리화현상에 의하여 음운구조가 변하게 되였다.

력사적인 언어자료에 의하면 거센소리는 15세기 조선어에서 자기의 체계를 가지고 엄연히 존재하였으며 15세기후에도 순한소리의 거센소리화현상은 계속되였다는것을 알수 있다.

거센소리는 일종 결합적변화의 결과로서 /ㅎ/과 자음의 결합으로 인하여 이루어진다(례: 딕히다>지키다). 그리고 어두 자음의 거센소리는 /ㅎ/의 역행동화로 인하여 이루어진다(례: 고ㅎ>코, 갈ㅎ>칼, 불ㅎ>폴>팔).

된소리는 15세기 조선어의 음운체계에서는 아직 체계를 이루지 못했다. 그 이후 15세기 조선어에서 자음결합으로 나타나던 복자음이 된소리로 변화되였고 초성 /ㅂ, ㅅ/과 앞음절의 음절말 폐쇄음의 영향에 의해 순한소리가 된소리로 되였으며 어중의 초성의 역행적영향에 의해서도 어두자음의 된소리화현상이 일어났다.

례:　ᄡᅳ물>뜨물　　　ᄠᅳ다>뜨다　　씨다>끼다　　　　ᄢᅳᆯ기>쓸개
　　　 뵈앗브다>바쁘다　돗긔>도끼　　돗고마리>도꼬마리
　　　 낟브다>나쁘다　　것고로>거꾸로>꺼꾸로

된소리화현상은 또한 사회생활이 날따라 복잡해짐에 따라 강한 음으로 사상감정을 표현하여 표현성을 강화하려는데서도 일어나게 되였다. 이와 같이 거센소리화현상과 된소리화현상은 음운구조의 변화를 일으키게 된 원인의 하나로 되였다.

여섯째, 조선어 음운체계에서 음운 /ㅸ, ㅿ, ·/의 소실은 고유어의

음운구조의 변화를 일으킨 주요한 요인으로 된다. 자음 /ㅸ, △/은 15, 16
세기에 거쳐 소실되였으며 /·/는 15세기말부터 동요되다가 18세기중엽
부터 사라지기 시작하여 19세기초전에 벌써 사라졌다.

> **례:** 이슥고>이윽고   거위>거위   더뷔>더위   갓가비>가까이
> ㅂ룸>바람   기르다>기르다

이상과 같은 여섯가지 현상이 조선어 고유어의 음운구조의 변화를
일으킨 주요원인이라고 할수 있다.

나오면서

《고어사전》에 오른 표제어 11,315개중에서 한자어, 토와 결합된 어
휘 및 같은 단어의 여러가지 변종 등을 제외한 어근적단어 6,164개를 대
상으로 고찰한 결과 음운구조가 변화된 어휘가 2,448개로 가장 많은 비
중을 차지하고있다. 이 부류 어휘들의 변화의 원인은 바로 조선어음운체
계의 변화이므로 15세기부터 현대에 이르는 조선어음운체계의 력사적인
변천을 여실히 보여주고있다.

어음형태의 변화 즉 음절수의 변화라고 할수 있는 음절의 확대는 주
요경향이 접미사가 보충되여 확대된 류형, 다른 단어와 합성되여 확대된
류형, 일부 음절이 보충되여 확대된 류형 등이다. 이들은 모두 기본어근
에 파괴를 주지 않고 음절이 보충되여 확대되였는바 이는 개념을 나타내
는 단어의 뜻을 분명히 하여 표현성을 강화하려는 의도로 말미암은것이라
고 할수 있다.

음절의 확대와 반대되는 경향인 음절의 축소는 음운의 력사적변화에
동반하여 모음의 축략 또는 탈락, 페음절의 형성 등으로 말미암은것으로
서 이는 발음을 쉽게 하여 노력을 적게 들이려는 인간의 경제적의식이 작
용한 결과라고 할수 있다.

여기에서 흥미있는 사실은 음절변화가 일어난 어휘의 총수가 412개
인데 그중 음절이 확대된 어휘가 205개이고 음절이 축소된 어휘가 207
개로, 이는 오차 범위를 감안하면 비슷한 수자가 된다는것이다. 다시 말
하면 15세기로부터 현대에 이르는 조선어고유어의 어음형태의 변화에서

음절의 확대와 음절의 축소는 거의 같은 규모의 양상으로 나타났음을 알
수 있다.

★ 참고문헌

김영황(1978)　《조선민족어발전력사연구》, 평양, 과학백과사전출판사.

김용구(1989)　《조선어리론문법》, 평양, 과학백과사전출판사.

김형규(1976)　《증보판국어사개설》, 일조각.

남광우(1973)　《고어사전》, 일조각.

리득춘(1987)　《조선어어휘사》, 연변대학출판사.

유창돈(1984)　《리조어사전》, 연세대출판부.

박병채(1989)　《국어발달사》, 세영사.

최범훈(1981)　《중세한국어문법론》, 이우출판사.

최윤갑(1980)　《중세조선어문법》, 연변대학출판사.

허　웅(1981)　《국어음운학》, 정음사.

홍기문(1966)　《조선어력사문법》, 평양, 사회과학출판사.

최세진과 그의 저서 《훈몽자회》

리 득 춘

최세진은 조선어학사상에 있어서의 탁월한 어학자이다. 아울러 한학자이며 리문의 대가이다. 최세진은 부친 정발(正汶)의 전공을 계승하여 중국어를 전공한 학자이다.

조선조는 《사대교린(事大交鄰)》특히 중국과의 래왕을 위하여 태조 2년 9월에 사역원(司譯院)을 설치하였다. 이는 고려시기의 통문관(通文館)과는 비할수도 없이 방대하였다. 태조 원년 8월 과거법을 정할 때에도 문과, 리과(吏科)와 더불어 역과를 설치하였다.

그러나 역학과 역관의 지위는 시종 높지 못하였다. 태조 2년 기사(記事)에는 《設六學, 令良家子弟肄習, 一兵學、二律學、三字學、四譯學、五醫學、六算學》이라 규정했고 태종 6년 기사에는 《置十學, ……一曰儒、二曰武、三曰吏、四曰譯、五曰陰陽風水、六曰醫、七曰字、八曰律、九曰算、十曰樂》이라 규정했다.

그들은 외국어를 막연히 역어(譯語)라고 하고 역학에 종사하는 사람들을 《譯語之人, 譯語人, 譯人, 譯者, 舌人, 舌者, 象胥, 譯言, 譯學人》 등으로 불렀다.

조선조초기에는 명나라와의 외교로 문신들간에는 역관에 대하여 천시하지 않았다. 그러나 세종말기부터 천대하기 시작하였다. 지어 《舌人, 不齒士大夫之列》이라거나 《夫東西兩班, 皆三韓世族, 其間或有微者, 皆由科目而進。豈可使舌人醫人, 雜處於期間, 卑朝庭而辱君子乎》라고까지 하였다.

역관에 대한 이러한 대우는 최세진에게도 례외가 아니였다. 최세진은 단순한 역관출신이 아니였다. 그는 문벌좋은 량반출신이 못되고 변변치 못한 중인출신으로서 문신이 되였었다.

최세진은 자(字)가 공서(公瑞)이며 충청도 괴산(槐山)사람이다. 어려서부터 학문에 힘을 써서 자기의 학업을 닦았고 성종때부터 중국에 래왕

하였으며 비단 한어뿐만아니라 리문(吏文)에도 정통하였고 문학수양도 얕지 않은 사람이였다. 허지만 봉건통치배들은 역관이라 하여 《崔世珍, 本無物望, 不合長官》이라 하면서 천시하였다.

최세진은 연산군의 언문금란시기에도 역관이라는 유리한 위치를 리용하여 조선어문에 대한 수양을 쌓았으며 한어를 교수한다는 명목하에 후진들에게 조선글을 보급시키기 위하여 힘을 아끼지 않았다.

연산군페위후 최세진은 허다한 《언해》를 지어 16세기전반기에 있어서의 조선글보급에 기여가 아주 컸다. 그의 재능에 대하여는 봉건통치배들도 절찬을 금치 못했는바 그들은 《今文臣曉解吏文及漢音者, 獨崔世珍一人而已》라고까지 하였다.

최세진의 언어학로작들은 언문금란으로 의해 도외시되였던 정음을 건져내는데 커다란 의의를 가졌다. 또 그의 로작은 리조시기의 언어발전과 조선글 보급에 아주 커다란 역할을 놀았다.

그가 남긴 저서들은 다음과 같다.

《번역박통사》(飜譯朴通事)	《번역로걸대》(飜譯老乞大)
《로박집람》(老朴輯覽)	《사성통해》(四聲通解)
《운회옥편》(韻會玉篇)	《리문집람》(吏文輯覽)
《친영의주언해》(親迎儀註諺解)	《책빈의주언해》(冊嬪儀註諺解)
《훈몽자회》(訓蒙字會)	《번역녀훈》(飜譯女訓)
《소학편몽》(小學便蒙)	《언해효경》(諺解孝經)

최세진은 1542년 중종 37년에 70세전후의 나이로 서거하였다.

1. 《훈몽자회》의 체계

《훈몽자회》는 1527년에 최세진이 저술한 한자자전이다. 이는 아동의 한자학습서로서 저술되였지만 매우 귀중한 고전적문헌으로 된다.

《훈몽자회》이는 3권 1책으로 되여있다. 《훈몽자회》의 머리글에서 지적하고있는바와 같이 이 책은 아이들에게 한자를 가르치기 위하여 편찬한것으로서 종래의 《천자문》이나 《류합》이 추상적인 어구를 많이 수록하여 아이들의 한자습득에 불편함을 느끼고 《한갖 인연이 먼 고사(故事)》와 《깨치기 어려운 추상적인 글자》로부터가 아니라 일상적으로 보고듣는 구체적인것으로부터 시작하여 점차 추상적인것에로 넘어가는 방향에서 한자를 배렬하였다. 이에 대하여 권두(卷頭)에 붙어있는 《訓蒙字會引》에서 다음과 같이 쓰고있다.

《저자가 세상에서 어린 아이들이 글을 배우는것을 보면 반드시 천자(千字)를 먼저 읽고 그다음에 류합(類合)을 읽은 연후에야 비로소 다른 모든 책을 읽는다.》

《천자는 그 글됨이 고사에서 따서 이것을 빌려 글을 만든것은 잘된 것이다. 그러나 어린 아이들이 배우는데 있어서는 단지 글자나 배우게 될 뿐이지 어찌 능히 이것이 고사나 그것을 가지고 만든 글의 뜻을 살펴서 알수가 있겠는가.

또 류합은 우리 나라에서 지어낸 책인데 누구의 손에 이루어졌는지는 알길이 없다. 비록 이것이 여러 모든 글자를 류합했다고는 하나 그 내용에 모인 글자가 허자(虛字)가 많고 실자(實字)가 적어서 이것만 가지고는 형명(形名)의 실상을 알수가 없다. 만일 어린이에게 글을 배워 글자를 알게 하려고 한다면 마땅히 사물에 해당하는 글자를 먼저 알도록 해서 보고 듣는 형명(形名)의 실상에 부합되도록 할것이니 이와 같이 된후에라야 비로소 다른 책을 시작할것인즉 바로 이렇다고 하면 우리 어린이들이 옛일을 알게 되는데 있어서 어찌 또 천자를 배우는것만을 기다려야 할것인가.》

이와 같이 저자는 《천자문》이나 《류합》의 장점을 들어 말하고 그 단점도 지적하였는데 이것이 훈몽자회저작의 동기가 된것이라고 본다. 또 이것은 최세진의 한자교육방법에 대한 주장인것이다.

《훈몽자회》는 류문별로 된 총수 3,360자(거듭된것을 포함하여)의 한자를 넉자씩 모아 운에 맞춰서 상, 중, 하 세권으로 편성하였는데 대체로 물명에 속하는 글자는 상, 중권에 수록하고 상, 중권에서 취급되지 않은 일부 실자와 허자들은 하권에 실었다.

권별로 수록된 한자수는 다음과 같다.

上卷

天文 (72)	地理 (136)	花品 (16)
草卉 (64)	樹木 (40)	果實 (40)

禾穀 (24)	蔬菜 (64)	禽鳥 (88)
獸畜 (64)	鱗介 (40)	昆蟲 (104)
身體 (208)	天倫 (96)	儒學 (32)
書式 (32)		

中卷

人類 (112)	宮宅 (96)	官衙 (88)
器皿 (312)	食饌 (80)	服飾 (88)
舟船 (32)	車輿 (24)	鞍具 (34)
軍裝 (64)	彩色 (24)	布帛 (24)
金寶 (32)	音樂 (16)	疾病 (80)
喪葬 (24)		

下卷

| 雜語 (1120) | | |

이 책에서는 매개 한자마다 그 음과 뜻을 정음자로 표기하고있으며 또 경우에 따라서는 한문으로 그 뜻을 보충설명하기도 하였다.

한자음의 표기에 있어서는 한자교정음을 따른것이 아니라 당시의 통용음에 의거하였으며 그 철자에 있어서도 인민들의 일상생활에서 쓰이고 있었던 편법적철자를 원칙으로 하였다. 그뿐만아니라 사성점을 표하여놓았다.

《훈몽자회》의 첫머리에는 범례가 붙어있다.

최세진은 범례에서 《언문자모 27자》를 들어 설명하기 시작하였다. 초성종성통용 8자와 초성독용 8자, 중성독용 11자를 지적하였다. 그리고 초중성합자례와 초중종 3성합자례를 들어 정음자의 음절적합성원칙을 설명하였다.

범례에서는 《一字有兩三名者今亦兩三收之(如葵: 葵菜, 葵花; 朝字朝夕, 朝廷; 行:德行, 市行, 行步)之類是也》라고 하였는데 이것은 뜻에 따라 거듭 나온 다음과 같은 자들을 말한다.

| 朝 | 아츰 됴 | 上·2 |
| | 됴횟 됴 | 中·7 |

葵	규홧 규	上 · 7
	아옥 규	上 · 15

行	져제 항	中 · 8
	녈 힝	下 · 27
	힝뎍 힝	下 · 31

沙	몰애 사	上 · 4
	일 사	下 · 11

萑	달 환	上 · 8
	눈비얏 츄	하 · 9

观	집 관	中 · 10
	볼 관	下 · 28

梁	둘 량	上 · 5
	싱동츌 량	上 · 12

柚	유즛 유	上 · 11
	믈숩 튝	中 · 18

炙	젹 젹	中 · 21
	구을 쟈	下 · 13

이렇게 아홉자가 중복된 셈인데 《行》자는 세번 거듭되였으므로 이것들을 빼면 3,350자가 수록된 셈이다.

이리하여 실지상 3,350자의 한자음과 그 성조를 기록하고있는데서 조선한자음(통용음)연구에서 귀중한 사료로 되고있을뿐만아니라 그 한자의 뜻을 새김에 있어서 중세어휘 2,261(그중 고유어희 1,700여개)개를 수록하여 놓음으로써 조선어력사어휘연구에 있어서도 높은 사료적가치가 인정되고있다. 또한 이 책은 조선어어음론과 맞춤법에 대한 저자의 견해도 수록하고있어 조선어력사어음론연구에 있어서도 적지 않은 도움을 주고있다.

특히 우리 글자의 매개 자모에 대하여 이름을 달아놓은것은 문헌상 최초인바 이는 의의가 깊다.

《훈몽자회》는 아이들의 한자학습을 위한 참고서로 편찬된것만큼 한자를 획수나 운에 따라 분류하지 않고 류문별로 나누어 수록하였기에 편리한 점이 있으면서도 한자자전으로서의 리용에서는 불편을 주고있다.

《훈몽자회》는 옛날 서당(書堂)에서 교과서로 쓰이던것인만큼 천자문, 류합 등과 함께 한자교육과 그 실용의 규범을 세움에 있어서 많이 리용되여왔다.

《훈몽자회》는 초간이후 각처에서 간행되였고 또 몇차례의 중간을 거듭하여 오늘날 여러가지 판본이 전해지고있다.

2. 훈몽자회범례의 기본내용

훈민정음이 창제된 그 당시에 세워놓았던 규정들은 일정한 시기까지 준수되여왔다. 그러나 15세기말부터는 그 규정이 발전하는 언어현실과 맞지 않거나 또는 그 쓰임이 불편한데로부터 점차 바뀌게 되였다.

①《언문자모》27자

훈몽자회범례에서는 언문자모라는 제목아래 다시《이른바 반절 27자》라고 주를 달아놓은 다음 정음자의 전체 자수와 그 음절구성방법을 다음과 같이 소개하였다.

初聲終聲通用八字 ;

ㄱ	其 役
ㄴ	尼 隱
ㄷ	池 (末)
ㄹ	梨 乙
ㅁ	眉 音
ㅂ	非 邑
ㅅ	時 (衣)
ㆁ	異 凝

여기서《기, 니, 디, 리, 미, 비, 시, 이》는 초성에 쓰는것임을 지적하

고《역, 은, 귿, 을, 음, 읍, 옷, 웅》은 종성에 쓰는것임을 지적했다.

初聲獨用八字；

ㅋ	箕
ㅌ	治
ㅍ	皮
ㅈ	之
ㅊ	齒
ㅿ	而
ㅇ	伊
ㅎ	屎

中聲獨用十一字；

ㅏ	阿
ㅑ	也
ㅓ	於
ㅕ	余
ㅗ	吾
ㅛ	要
ㅜ	牛
ㅠ	由
ㅡ	應(不用終聲)
ㅣ	伊(只用中聲)
·	思(不用初聲)

初中聲合用作字例；

가갸거겨고교구규그기ㄱ

初中終三聲合用作字例；

간간갈감갑갓강

肝笠刀柚甲皮江

이상에서 보다싶이 자모수에서 종전의 《ㆆ》를 빼버리고 27자로 하였다. 《ㆆ》는 15세기중엽만 해도 삽입자모의 표기나 한자교정음의 표기에 많이 쐬였다. 그러나 《ㆆ》는 이미 《금강경언해》, 《두시언해》, 《삼강행실도언해》에서 쓰이지 않았으며 16세기 전반기에 와서는 자모구성에서 완전히 빠져나가기에 이르렀다.

《훈몽자회범례》에서는 초성자를 통용과 독용 두가지로 구별해서 《ㄱ》를 《기역》, 《ㅋ》를 《키》로 하는것과 같이 이름을 들고있다. 이것은 《이른바 반절 27자》라고 한것으로 보아 최세진 개인의 자의적규정이 아니라 이미 세상에서 널리 공인되던것임이 틀림없다.

물론 그 이전에도 종성의 사용이 일정하게 제한되여온것은 사실이지만 이와 같이 명확하게 규정된것은 훈몽자회범례에서 처음이다. 이는 보다 표음주의 철자법에 철저하게 의거하였음을 의미하나 동시에 종성제한이 하나의 서사규범으로 확정되였음을 보여주고있다.

그러나 이것은 우연한것이 아니다. 그전에 《룡비어천가》에서 써오던 《ㅈ, ㅊ, ㅿ, ㅍ》 등의 받침은 이미 《훈몽자회》이전부터 쓰이지 않았다. 조선어음운변화화 즉 페음절로의 이행에 따라 이러한 받침은 다른 받침 (ㅅ, ㅂ)과 구별할수 없게 되였다. 《훈몽자회》는 이 언어현실을 규범하였을따름이다. 기실 《훈민정음(해례)》종성해에도 《然ㄱㅇㄷㄴㅂㅁㅅㄹ八字可足用也》라 하고 그 례를 들었다. 그러나 훈몽자회시기에 와서는 훈민정음시기보다 현실과 문자와 발음에 통일을 보게 됐고 똑똑히 확정되게 되였다.

범례에서는 또한 《ㅇ》과 《ㆁ》의 음이 서로 류사하여 사람들이 흔히 혼동하고있다고 지적하였다. 그리고 여기에서는 《ㆁ》는 초성으로 쓰지 않고 오직 종성으로만 썼다.

이것 역시 《두시언해》나 《삼강행실도언해》에서 이미 나타나고있었던 현상으로서 이때에 비로소시작된것은 아니다. 존경토 《이》의 경우에 《ㆁ》을 하철로부터 상철로 하거나 또는 아주 탈락하여버린 례를 얼마든지 찾아볼수 있는것이다.

  ◉ 苦樂을 기리 여희리이다(《월인석보》二十一 7)
  ◉ 흔번 가보실 버비 이시링이다(《삼강행실도언해》상 18)
  ◉ ㄱ장 깃게이다(《로걸대언해》상 50장)

이러한 현상으로 미루어 이것은 단순한 철자법상의 변천이라기보다 음운자체의 일정한 변화와 관련된것이다. 여기에서 《ㅇ》와 《ㆁ》의 혼동, 《ㅇ》의 종성만의 사용 등은 후세에 와서 둘이 하나로 합해지고마는 결과를 초래한 요인으로 되였다.

②자모의 배렬순서

훈민정음창제자들은 자음은 아, 설, 순, 치, 후, 반설, 반치의 순서에 따라 《ㄱㅋㆁ ㄷㅌㄴ ㅂㅍㅁ ㅈㅊㅅ ㆆㅎㅇ ㄹㅿ》로, 모음은 기본자로부터 초출재출의 순서로 《· ㅡ ㅣ ㅗㅏㅜㅓ ㅛㅑㅠㅕ》로 배렬하였다. 최세진은 아설순치후의 순서에 의하면서도 초성과 종성에 통용되는것을 한단락 먼저 놓고 초성에만 쓰이는것을 뒤에 놓았다. 《ㄹㅿ》는 반설반치이나 본질상 설음과 치음의 한계를 벗어나지 못하므로 각각 설, 치에 소속시켜 배렬하였다. 훈민정음의 《ㆆ》는 취소해버렸지만 《ㅇ》와 《ㆁ》만은 속간에서 혼용됨을 지적하면서도 자형으로는 구별하여 문자에 넣었다.(《ㄱㄴㄷㄹㅁㅂㅅㆁㅋㅌㅍㅈㅊㅿㅇㅎ》) 결국 자음은 현대보다 《ㅿ, ㆁ》가 더 있는것으로 된다.

모음은 홑모음에서는 열린모음으로부터 닫힌모음, 뒤모음으로부터 앞모음에로의 순서로 배렬하였는바 《ㅏ ㅑ ㅓ ㅕ ㅗㅛㅜㅠㅡ ㅣ ·》로 되였다.

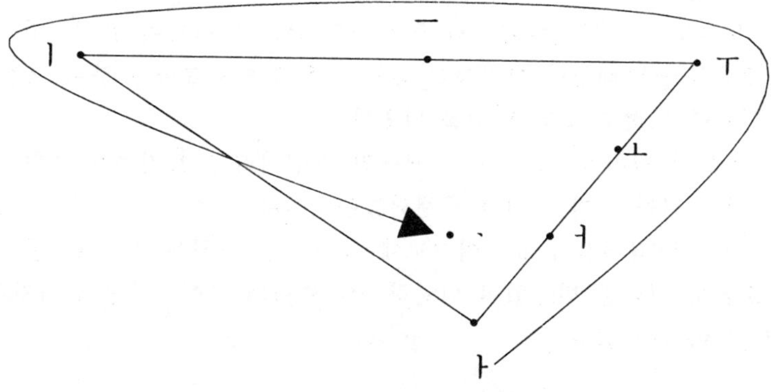

그리고 자음에서는 같은 계렬의 음이면 획이 적은것을 먼저 놓고 획이 많은것을 뒤에 놓았다. 모음에서 겹모음인 경우에는 후행모음과 같은 홑모음 뒤에 해당한 겹모음을 놓았다.

자모의 순서는 최세진 개인의 선택일수 없으나 그에 의해 정식화된 조선어자모순은 글자교육에서 후세에까지 큰 영향을 주었고 현재의것과도 큰 차이가 없다. 이렇듯 높은 과학성과 실천성, 그리고 전통성을 가졌기에 조선어학회의 《한글맞춤법통일안》에서 결정한 순서와는 《ㅈㅊ》가 뒤에 있을뿐 다른것은 같다.

③자모의 명칭

정음창제자들은 일체 문자는 만들었지만 그 문자의 이름은 내놓지 못하였다. 그들은 다만 한자에 비해서 그 한자의 어느 부분음에 해당한다는것만 밝혔다. 《훈몽자회》에 이르러 비로소 정음문자는 이름을 가지게 되였는데 최세진은 매개 자모가 가지는 음가에 따라 이름지었다.

[자음(초성과 종성)]

초성종성통용자는 어두와 받침에서의 음가에 따라 모음 《이》(초성)와 《ㅡ》(종성)와 결합시켰는데 초성일 경우엔 《ㅣ》앞에, 종성일 경우엔 《ㅡ》뒤에 놓았다. 초성독용자는 모음 《이》와만 음절결합을 시켰다. 이렇게 지은 이름의 표기는 부득이 한자음을 빌었으며 초종성통용자는 두자로 초성독용자는 한자로 하였다. 한자에 해당한 음이 없는 경우에는 근사음 (례 役 윽/역)이거나 한자의 새김을 리용하고 〇로서 표시하였다.

[모음(중성)]

모음도 그 음가에 해당한 한자음으로써 그 이름이 표시되였다. 만약 그 모음음가에 해당한 한자음이 없는 경우에는 필요한 부분이 포함되여있는 한자를 택하고 그밑에 주를 달았다.

자모의 명칭을 지은 이도 최세진 개인이라고 보기는 어렵다. 자모의 이름과 순서는 이미 당시에 류행되였을것이다.

그러나 최세진이 조선어자모에 정착시킨 명칭은 450여년전의것이지만 오늘도 커다란 변동없이 의연히 생명력있게 쓰이고있는데 이것은 그의 공로가 아닐수 없다.

④사성점

사성점에 대한 서술은 문헌마다 똑같지 않다. 여기서 《훈민정음》(언해) 등 분헌과 《훈몽자회》를 대비하면 다음과 같다.

◉ 左加一点則去聲, 二則上聲, 無則平聲, 入聲加点同而促急。(《훈민정음》例義)

左加一点爲去聲，二点爲上聲，無点爲平聲，而文之入聲於去聲相似，諺之入聲無定或似平聲… 或似上聲… 或似去聲，其加点則與平上去同。(《훈민정음(해례)》합자해)

◉ 平聲則無点，上聲則二点，去聲則一点，入聲則亦一点。(《四聲通考》凡例)

◉ 平聲無点，上聲二点，<u>去聲入聲皆一点</u>。(《訓蒙字會》)

◉ 入聲有平入聲上入聲去入聲…平入則無点，上入者二点，去入則一点。(李思質《韓山世稿》卷十八《訓音宗訓》)

이상에서 보는바와 같이 사성점을 몇개씩 찍는가에도 일치하지 않고 있는데 특히 입성이 그러하다.

아울러 사성에 관한 음질적설명도 일치한 점과 일치하지 않는 점들이 있다.

평성:

　　못놋가볼 소리(정음언해)

　　놋가온 소리(훈몽자회)

상성:

　　처서미 놋갑고 내죵이 노픈소리(정음언해)

　　기리혀 나죵 들티는 소릭(훈몽자회)

거성:

　　못노픈 소리(정음언해)

　　곧고 바른 노픈 소릭(훈몽자회)

입성:

　　섈리 긋돈는 소리(정음언해)

　　곧고 샌른 소릭(훈몽자회)

본래 사성이란 한자음운학과 등운학에 래원을 둔것이지만 조선어에서는 한자음에는 물론, 고유어휘에까지 이 사성을 저용하려고 하였다. 그리하여 한자음에 대한 표점은 한어운서의것과 맞추었으나 고유어휘에 대한 표점은 그 기준이 어디까지나 고유의 독자적인 성격을 가지게 되였다.

그런데 여기서 류의해야 할것은 최세진이 사성의 다름으로 인한 단어의 뜻의 분화에 충분한 류의를 돌리고있었다는것이다. 그는 범례에서 《行》자를 례를 들어 다음과 같이 썼다.

<pre>
    行 녈 힝   平평聲성
                       本본音음
    行 져제 항   平평聲성
    行 힝뎍 힝   去거聲성
</pre>

이리하여 우리는 사성이 당시에 있어서 비음질음운(非音質音位)으로서 존재했는가 하는 과제를 내놓게 된다. 《훈몽자회》의 이러한 례들(한자)만이 아니라 다음과 같은 단어(고유어)들도 사성에 의하여 뜻이 구별되고있다.

◉ 내① 어저씌 다숫가짓 꾸믈 꾸우니…세흔 家生들히 내②몸안해 들며
(《월인석보》-17)

우의 례에서 ①은 거성으로 표점되고 ②는 아무런 표시도 없기때문에 평성이다. 하나는 주격으로 되고 다른 하나는 속격의 의미로 쓰이였다. 사성의 부동으로 주격과 속격의 구분된 대명사는 다음과 같다.

<pre>
    내   거성(주격)   평성(속격)
    네   상성(주격)   평성(속격)
    뉘   거성(주격)   상성(속격)
    제   상성(주격)   평성(속격)
</pre>

사성점은 《룡비어천가》와 《월인석보》에서 상당한 규범성을 가지고 표시되여있었으나 《두시언해》나 《금강경언해》(1482)에 와서 많은 혼란을 보이다가 16세기에 넘어서서는 규범성이 파괴되고말았다.

3. 《훈몽자회》 한자전통음의 변화

앞에서 이미 말한바 《훈몽자회》의 한자음은 고대로부터 내려오면서 조선어에 정착된 전통음이다. 이를 일명 통용음이라고도 한다. 《훈몽자회》음이

오늘에까지 전습되면서 일부 변화된것들이 있다. 물론 커다란 변화는 아니다. 그것은 조선한자음이 고려시기에 벌써 정리되여 확고히 자리잡았기때문이다. 전통음이 확립된 이후 조선한자음은 극히 완고한 태도를 견지해오고있다. 그러나 그것도 조선어어음체계의 견제를 받지 않을수 없었고 그에 따라 조선어어음변화의 영향을 떨어뜨릴수 없었다. 례를 들어 16세기까지 존재했던 《△》와 18세기까지 존재하였던 《ㆍ》는 한자음에도 반영되여 《△》는 탈락되고 《ㆍ》는 《ㅏ》로 대치되였다. 례:

妊	심→임
孺	슈→유
姉	ᅀ→자
妹	ᄆᆡ→매
兒	ᅀᆞ→아

한편 《훈몽자회》 음은 《동국정운》식의 교정음의 영향을 받아 일부 변하기도 하였다.

潜	줌(《훈몽자회》)
	첨(《주해천자문》)
母	모(《훈몽자회》)
	무(《주해천자문》)
巾	건(《훈몽자회》)
	근(《주해천자문》)
土	토(《훈몽자회》)
	투(《맹자언해》 三.28)
左	좌(《훈몽자회》)
	자(《맹자언해》 二.25)
務	무(《훈몽자회》)
	모(《시경언해》 九.7)

이상의 례들에서 보다싶이 유경언해에 벌써 교정음이 침투되고있었고 19세기초의 《수해천자문》에도 교정음이 침투되였음을 알수 있다. 그러나 이상의 례에 나타난 침투된 음들은 현대에 이르러 다 불규칙적 낡은 음으로 되여버리고 전통음이 다시 그대로 쓰이고있다. 일반적으로 보아 교정음이 통용음에 침투되는 과정은 후대에 이를수록 더 확대되였다. 특히

《규장전운》과 《전운옥편》편찬이후 서로 혼용되면서 그러하였다.

례를 들어 현대에 이르러 편찬된 《자전석요(1909)》는 《畝》자를 《무》라고 하였는데 이는 교정음이다. 그런데 《새옥편(1963)》에서는 《묘》라고 하였다. 결국 현대 《무》가 인정되지 않는것으로 취급되었다. 그럼에도 불구하고 일부 지방에서는 《자전석요》에 따라 《무》로 쓴다.

이상에서 말한 이러저러한것들은 통용음이라고 하여 고정불변이 아니라는것을 설명함에는 유족하다. 그러나 《훈몽자회》의 전통음이 오늘에까지 이르는 사이의 주요한 변화는 우에서 말한것이 아니라 아래의 두가지다.

첫째, 앞자음의 구개음화

중세조선어에서는 극히 개별적인것들을 내놓고는 《ㄷ》,《ㅌ》의 구개음화가 되지 않고 《ㄷ》,《ㅌ》 그대로 발음되였다. 그후 구개음화현상은 고유조선어에서 점차로 실현하게 되였다. 이에 따라 한자음도 17세기이후 《ㄷ》,《ㅌ》가 《ㅈ》,《ㅊ》로 변화되기 시작하였다. 그러나 19세기말~20세기초까지도 조선 서북지방과 동북지방의 일부에서는 이러한 현상이 일어나지 않았다. 현대에 이르러 과학문화의 전파와 교육의 발전으로 하여 이런 폐쇄적현상은 깨뜨러지고있다.

그럼 《훈몽자회》에서 초성이 《ㄷ》,《ㅌ》인 한자음들이 오늘에 이르러 모조리 《ㅈ》,《ㅊ》로 변화하였단 말인가? 그렇지 않다. 《ㅣ》나 《ㅣ》를 선행모음으로 한 중성들앞에 있는것만 변화하였단 말인가? 물론 그렇게 되고있지만 일률적으로 그렇게 찍어 말할수 없다. 한자음은 한자음로서의 체계를 갖고있기때문이다.

《훈몽자회》의 《ㄷ》,《ㅌ》초성의 한자들은 모두 《단(端)》조와 《지(知)》조의 자들이다. 이 두조의 한자들이 모두 《ㄷ》,《ㅌ》초성을 가졌는데 그중 단조 4등자와 지조의 3등자들이 《ㅣ》모음과 결합되였다. 현대에 이르러 단조의 4등자와 지조의 3등자는 구개음화를 실현하였다. 그외 단조 1등자와 지조의 2등자의 대부분은 의연히 《ㄷ》.《ㅌ》로 되였다. 2등의 일부가 구개음화하고있다.

	(훈몽자회)	(현대음)
端透定1	ㄷ ㅌ —————	ㄷ ㅌ
知彻澄2	ㄷ ㅌ —————	ㄷ ㅌ(ㅈ, ㅊ)
知彻澄3	ㄷ ㅌ —————	ㅈ ㅊ
端透定4	ㄷ ㅌ —————	ㅈ ㅊ

몇글자 례를 들면 다음과 같다.

(한자)	(훈몽자회)	(현대음)	
丁	뎡	정	(4등)
帝	뎨	제	"
地	디	지	"
店	뎜	점	"
体	톄	체	"
帖	텹	첩	"
天	텬	천	"
中	듕	중	(3등)
張	댱	장	"
直	딕	직	"
雉	티	치	"
晝	듀	주	"
蟄	팁	칩	"
哲	텰	철	"
茶	다	다	(2등)
濁	탁	탁	"
澤	퇴	택	"
卓	탁	탁	"
謫	뎍	적	"
嘲	됴	조	"
蠆	태	채	"
東	동	동	(1등)
讀	독	독	"
德	덕	덕	"
土	토	토	"
呑	튼	탄	"
統	통	통	"
湯	탕	탕	"

둘째, 《ㅣ》모음의 기피현상

우에서 자음(초성)의 변화를 말했는데 중성의 변화를 말해보면 《ㅣ》모음의 기피현상이다.

구개음화의 결과 《댜뎌됴듀디》 등이 《쟈져죠쥬지》로 《탸텨툐튜티》
가 《챠쳐쵸츄치》로 변화하게 되였다.

場	댱→쟝	滴	뎍→젹
兆	됴→죠	住	듀→쥬
知	디→지	着	탹→챡
哲	텰→철	超	툐→쵸
筑	튝→축	稚	티→치

그런데 현대에 이르러 이러한 한자들은 모두 《ㅏ ㅓ ㅗ ㅜ》모음으로
바꿔여지면서 선행모음 《ㅣ》를 탈락시켰다. 비단 《ㄷ》, 《ㅌ》의 구개음화
된 한자들에서만이 아니라 기타의 한자들에서도 전면적으로 이렇게 되였
다. 다시 말해서 《훈몽자회》에서 본디 《ㅈ》, 《ㅊ》, 《ㅅ》였던것까지 모두
《ㅣ》선행모음을 기피하여 탈락시켰다.

	(훈몽자회)	(현대음)
借	챠	차
寫	샤	사
妻	쳐	처
書	셔	서
詔	죠	조
笑	쇼	소
主	쥬	주
秋	츄	추
水	슈	수

물론 이러한 현상들은 갑자기 일어난것이 아니라 이미 오래전부터
점차적으로 일어나기 시작한것이다.

15세기 조선한자음의 실제와
16~17세기 현실한자음

리 승 자

1. 15세기 조선한자음의 특징

조선조초기뿐만아니라 그 이전에도 조선의 전통한자음은 쓰이고있었음은 당연하다. 그러나 15세기 문헌기록으로는 많이 확인되지 않는다. 훈민정음이 창제되자 곧 《동국정운》이 편찬되면서 15세기 언해류 문헌의 한자음은 거의 《동국정운》 한자음을 따르게 되여 그 당시 현실한자음의 실상을 반영한 문헌이 극히 희소하기때문이다. 본고는 《삼강행실도(三綱行實圖)》(동경대본, 1471년)와 《구급간이방언해(救急簡易方諺解)》(1489년)를 대상으로 15세기 한자음의 실상을 알아보려 한다.[1]

《삼강행실도》와 《구급간이방언해》에 보이는 산견된 자례들로 당시 현실한자음의 모습을 살펴보면 다음과 같다.

아음(牙音)에서 《ㄲ, ㅇ》초성이 쓰인 자례가 없고 《고(苦), 교(巧), 과(瓜), 계(桂), 귀(貴), 경(經), 간(肝), 감(甘), 격(激) 골(骨)》등과 같이 견모로 사용된 자례들이 나타난다. 계모 《ㅋ》초성 용자례가 보이지 않는다. 그러나 현실적으로는 발음되였던것으로 보인다. 왜냐 하면 《동국정운》 신

---

1) 본 론문에서 대상한 동경대본 《삼강행실도》와 《구급간이방언해》는 《21세기 세종계획 한글맞춤법 검색기》의 《국어기초자료구축》 전자파일을 리용한 자료이다. 자료상의 부족으로 원본과 대조하지 못하였기에 입력 상에 나타난 착오를 시정하지 못하고 혹간 그대로 따른것이 있을수 있음을 밝힌다. 리돈주(1995)는 《류조법보단경언해》(1496), 《시식공권언해》(1497)부터는 거의 전부의 한자음이 전통한자음으로 주음되였다고 하였지만, 필자가 가지고있는 자료에는 한자음의 표기가 되여있지 않아 확인할수 없다.

숙주 서문에서 계모로 발음되는 한자음은 《夬(쾌)》 한글자뿐이라고 밝히고있어 15세기에도 《ㅋ》초성한자음이 존재했음을 알수 있기때문이다.

설음(舌音)에서 《ㄸ》이 사용되지 않고 《당(唐), 두(豆), 탕(湯), 통(通), 내(乃), 난(難), 릭(來), 루(淚)》 등으로 기타 설음자들은 다 사용되였다. 《디(地), 듕(重, 中), 됴(調, 朝), 뎡(定, 廷), 뎐(田), 뎨(弟, 第, 帝), 듁(竹), 티(治), 텬(天), 텰(鐵)》 등으로 구개음화를 보여주지 않고있으며 래모(來母)가 니모(泥母)로도 표기되여 《凉(량, 닝), 禮(례, 녜)》와 같은 모습이 혹 보이기도 하지만 《량(兩, 粮), 로(路), 록(綠), 리(里, 李, 吏), 렬(烈)》, 《녀(女), 노(怒)》 등으로 래모와 니모가 비교적 분별되여 사용되고있다.

순음(脣音)에서 전탁계의 음이 쓰이지 않은외에 《ㅁ, ㅂ, ㅍ》을 보여준다. 《모(母, 謀), 밍(盟), 믹(脈), 변(便), 병(病), 부(否), 폐(肺), 피(皮), 평(平)》 등 자례들이 보인다. 순음아래에서 《ㅡ》가 원순음화되지 않고 《븍(北), 블(不)》 등으로 사용되고있다. 《殯》자가 종성에서 변화를 보여 《殯所-빈소》가 《빙소》로 기록되였다.

치음(齒音)에서 《싄(人), 싀(二), 션(然), 샥(弱)》으로 일모자가 비교적 분명히 사용되고있음을 볼수 있다. 이는 특히 《구급간이방언해》에서 그러한데 《삼강행실도》에서는 《人》자가 《싄(삼, 충31b)》, 《인(삼, 효11a)》으로 혼기를 보인다. 치음아래에서 반모음 《ㅣ》가 탈락되지 않고 《샤(赦), 샹(相, 尙), 셕(石), 셩(聖), 션(善), 쇼(小), 슈(守, 髓, 誰, 讐), 슌(筍), 쳔(千, 賤), 쳥(淸)》 등과 같이 사용되고있다.

후음(喉音)에서 《ㅎ, ㅇ》초성만 사용되였다. 《황(黃, 皇), 허(虛), 회(灰), 향(響), 형(兄), 하(下), 효(孝), 힝(行), 우(牛), 안(安), 월(月), 언(言), 양(羊, 養), 역(亦)》 등 자례들이 보인다.

15세기의 현실한자음의 특징을 비교적 총괄적으로 보여준것은 신숙주의 《동국정운》 서문이다.

용렬한 스승이나 속된 선비들은 반절의 방법도 모르고 뉴섭의 이치에도 어두워 혹 글체가 비슷하다고 하여 한음을 만들고 혹 전대에서 기피하던 글이라 하여 딴 음을 빌고 혹은 두개의 한자를 하나의 음으로 여기거나 하나의 한자를 두개의 음으로 나누었다. 혹 다른 글자를 차용하고 혹은 점과 획을 더하거나 감하고 혹은 중국음에 의하고 혹은 우리 말에 따라서 자모, 칠음, 청탁, 사성에 모두 변함이 있게 되었다. 아음으로 말하건대 계

모의 글자가 태반 견모에 들어갔으니 이는 자모의 변함이요, 계모의 자가
혹 효모에 들어갔으니 이는 칠음의 변함이다. 우리 어음에서는 청탁의 분
간이 중국과 다름없는데 자모에서만 탁성이 없으니 이 어쩐 도리냐. 이는
청탁의 변함이다. 어음에는 사성이 뚜렷하지만 자음에서는 상성과 거성이
구별이 없고 질물의 제운에서는 마땅히 단모로써 종성을 삼아야 하나 속습
에 래모를 써서 그 소리가 느려 입성에 맞지 않으니 이는 사성의 변함이
다.(庸师俗儒不知切字之法, 昧於紐躡之要, 或因字體相似, 而爲一音, 或
因前代避諱, 而假他音, 或合二字爲一, 或分一字爲二, 或借用他字, 或加
減點畫, 或依漢音, 或從俚語, 字母七音、淸濁、四聲皆有變焉。若以牙音
言之, 溪母之字, 太半入於見母, 此字母之變也。溪母之字, 或入於曉母,
此七音之變也。我國語音, 其淸濁之辨與中國無異, 而於字音, 獨無濁聲,
豈有此理, 此淸濁之變也。語音則四聲甚明, 字音則上去無別, 質物諸韻,
宜以端母爲終聲, 而俗用來母, 其聲徐緩, 不宜入聲, 此四聲之變也。)

신숙주의 이 서문은 당시 현실적으로 쓰인 조선한자음의 실상을 부
정하는 시점에서 서술된것이지만 현실 조선한자음의 제반 특징 및 그 생
성 원인에 관한 혜안으로 귀중한 자료로 된다. 서문에서 언급된 내용에
근거하여 초기 조선한자음의 여러 특징을 고찰하면 다음과 같다.

첫째, 중국음에서 계모(溪母)《ㅋ[k']》으로 발음되는 자음이 현실 조
선한자음에서는 대부분 견모(見母)《ㄱ[k]》음으로 발음되였다. 례하면
《輕》은 《梗》섭의 개구 삼등자로서 반절음은 《去盈切》(《溪》모 《淸》운)
이였다. 그러나 현실조선한자음에서는 《켱[k'iəŋ]》으로 반영하지 않고 견
모의 《경[kiəŋ]》으로 반영하였다. 《輕》은 원래 계모자였으나 현대한어음
으로는 성모가 《q[ʨ']》로 변한 음이다. 《通》섭의 합구 일등자인 《空》은
《東》운의 계모자로서 반절음은 《苦紅切》이고 현대 한어음에서도 계모음
을 유지하고있으나 당시 현실조선한자음에서는 견모의 《공[koŋ]》으로 반
영하였다. 중국음의 계모자가 조선한자음에서 대부분 견모로 반영된 현상
은 당시에도 그랬고 현실에서도 그러한, 조선한자음의 특징이다. 이러한
자례들을 더 들어 보면 다음과 같다.

한자　　　음 운 지 위[2]　　　한어중고음　　　15C현실음　　　음성기호

---

2) 음운지위에서의 배렬은 《섭(摄) — 개합구(开合口) — 등(等) — 성조(声调) — 운부(韵
部) — 성모(声母)》의 순위이고 반절음은 《广韵》의 음이다. 정성수(丁声树)의 《고금
자음대조수책(古今字音对照手册)》에 따랐다.

氣	止開三去未溪	去旣切	긔	[kɰi]
窮	通合三平東溪	去宮切	궁	[kuŋ]
苦	通合一上姥溪	康杜切	고	[ko]
屈	臻合三入物溪	區物切	굴	[kul]
勸	山合三去願溪	去願切	권	[kuən]
巧	效開二上巧溪	苦絞切	교	[kĭo]

중국음의 계모음이 조선음에서도 그대로 계모로 반영된것은 《夫 [k' uɛ]》 한음절뿐이다. 이러한 특징은 현재에도 마찬가지이다.

둘째, 중국음의 일부 계모음이 조선한자음에서 효모(曉母) 《ㅎ[h]》으로 발음되였다.

례하면 《抗》은 《宕》섭의 개구 일등자로서 반절음은 《苦浪切》이다. 조선한자음으로는 《항[haŋ]》이다. 이처럼 중국음의 계모자가 조선한자음에서 효모로 반영된 자들로 《炕, 伉, 亢, 閌》 등이 더 있다.

한자	음 운 지 위	한어중고음	15C현실음	음성기호
炕	宕開一去宕溪	苦浪切	항	[haŋ]
伉	宕開一去宕溪	苦浪切	항	[haŋ]
亢	宕開一去宕溪	苦浪切	항	[haŋ]
閌	宕開一去宕溪	苦浪切	항	[haŋ]

《삼강행실도》와 《구급간이방언해》 등 15세기문헌에는 출현하지 않았으나 중국음의 계모자가 조선음에서 효모로 반영된 자례들로는 또 《榼(苦蓋切) 합》, 《篋(苦協切) 협》 등이 있다.

셋째, 중국음에서 구별되는 설두음과 설상음, 순중음과 순경음, 치두음과 정치음은 현실 조선한자음에서는 변별되지 않는다.

한자음의 성모를 발음부위에 따라 분류하였던 중국의 음운학의 명칭에는 오음(五音)과 칠음(七音)이 있었다. 오음이란 《아음(牙音), 설음(舌音), 순음(脣音), 치음(齒音), 후음(喉音)》을 말하고 여기에 《반설음(半舌音)》과 《반치음(半齒音)》을 더한것이 칠음이다. 오음을 더 세분하면 《아음, 설두음(舌頭音), 설상음(舌上音), 순중음(脣重音), 순경음(脣輕音), 치두음(齒頭音), 정치음(正齒音), 후음, 반설음, 반치음》 등으로 나누어진다.

당시 중국음에서 구별되는 설두음 단모(端母), 투모(透母), 정모(定

母)와 설상음 지모(知母), 철모(徹母), 징모(澄母)는 조선한자음에서 변별되지 않고 《ㄷ》과 《ㅌ》으로 반영되었다. 그리고 설두음의 니모(泥母)와 설상음의 냥모(娘母)는 《ㄴ》으로 투영되었다.

한자	음운지위	한어중고음	15C현실음	음성기호
帝	蟹開四去霽端	都計切	뎨	[tĭəi]
天	山開四平先透	他前切	텬	[t'ĭɐn]
通	通合一平東透	他紅切	통	[t'oŋ]
定	梗開四去徑定	徒徑切	뎡	[tĭɐŋ]
同	通合一平東定	徒紅切	통	[t'oŋ]
忠·	通合三平東知	陟弓切	튱	[t'ĭuŋ]
竹	通合三入屋知	張六切	듁	[tĭuk]
治	止開三去志澄	直吏切	티	[t'i]
朝	效開三平宵澄	直遙切	됴	[tĭo]
年	山開四平先泥	奴顚切	년	[nĭən]

순중음 《幫, 滂, 並, 明》모와 순경음[3] 《非, 敷, 奉, 微》모는 향가표기의 전승자음에서나 《계림유사》, 《조선관역어》 등에서도 분별된 흔적이 보이지 않는다.[4] 15세기 조선한자음에서도 《幫, 並》모와 《非, 奉》모[5]; 《滂》모와 《敷》모; 《明》모와 《微》모는 순중음과 순경음들로 분별되지 않고 《ㅂ, ㅍ》과 《ㅁ》으로 반영된다. 자례들을 례시하여 보면 다음과 같다.

한자	음운지위	한어중고음	15C현실음	음성기호
碑	止開三平支幫	彼爲切	비	[pi]
叛	山合一去換並	薄半切	반	[pan]
番	山合三平元敷	孚袁切	번	[pən]
父	遇合三上麌奉	扶雨切	부	[pu]
飯	山合三去願奉	符万切	반	[pan]

---

3) 중국한자음에서 순경음이 분화된 시기를 왕력(王力)(1958:115)은 12세기를 넘을 수 없다고 하였다. 이돈주(1995:184)는 《실제로 순경음은 8~9세기 사이의 唐代 長安 방언에서 분화되기 시작한것으로 보인다》고 하였다.
4) 리윤동(1995) 《한국한자음의 이해》, 형설출판사, p34.
5) 중국음의 《非》모는 조선음에서 《ㅂ》으로 반영됨이 일반적이나 《ㅍ》으로 반영되기도 한다.

匹	臻開三入質滂	譬吉切	필	[pʻil]
風	通合三平東非	方戎切	풍	[pʻuŋ]
迷	蟹開四平齊明	莫兮切	미	[mi]
望	宕合三去漾微	巫放切	망	[maŋ]
亡	宕合三平陽微	武方切	망	[maŋ]

치두음《精, 淸, 從, 心, 邪》모와 정치음《照, 穿, 牀, 審, 禪》모 역시 한어중고음에서 구별되였으나 조선한자음에서는 변별되지 않고 《ㅈ, ㅊ, ㅅ》계렬의 음운체계로 투영되였다.

한자	음운지위	한어중고음	15C현실음	음성기호
子	止開三上止精	卽里切	ㅈ	[tsʌ]
請	梗開三上靜淸	七靜切	청	[tsʻïəŋ]
自	止開三去至從	疾二切	ㅈ	[tsʌ]
髓	止合三去紙心	息委切	슈	[sĭu]
四	止開三去至心	息利切	ㅅ	[sʌ]
囚	流開三平尤邪	似由切	슈	[sĭu]
祠	止開三平之邪	似玆切	ㅅ	[sʌ]
氏	止開三上紙禪	承紙切	시	[si]
石	梗開三入昔禪	常隻切	셕	[sĭək]

넷째, 당시 현실 조선한자음에는 전탁음이 없었다.

조선어고유어의 어음체계에서 순한소리와 된소리는 변별적이였다. 된소리는 《ㅅ》계, 《ㅂ》계, 《ㅄ》계의 합용병서자들로 표기되였다.[6] 고유어에서 구별되는 순한소리와 된소리가 한자음에서는 구별되지 않아서 중국음이 조선에 들어올 때 전탁음은 대부분 청음계렬의 음으로 대체되여 군모(羣母)를 견모(見母)로, 정모(定母)를 단모(端母)로, 병모(並母)를 방모(幇

---

6) 중세조선어에는 《ㅅ》계 합용병서자로 《ㅺ, ㅼ, ㅽ》, 《ㅂ》계 합용병서자로 《ㅲ, ㅳ, ㅄ, ㅷ》, 《ㅄ》계 합용병서자로 《ㅴ, ㅵ》가 있었다. 그중 《ㅄ》계 합용병서자는 17세기에 소멸되였다. 근대조선어에서 《ㅅ》의 된소리가 《ㅆ》이 아닌 《ㅄ》으로 표기된 례를 제외하고 된소리의 표기가 《된시옷》으로 통일되는 경향이 분명하여진것은 19세기에 와서의 일이다. 합용병서자의 음가에 관하여 최현배는 병서된 자들이 본래 제 음가대로 소리나던것이였는데 받침이 없던 조선어가 음절축약에 의하여 받침이 생겨나면서 차차 된소리처럼 인식되고 발음된것이라고 하였다. 안병희,이광호(1999)《중세국어문법론》, pp.43~44, 최현배, 《고친 한글갈》, pp.546~563 참조.

母)로, 종모(從母)를 정모(精母)로, 사모(邪母)를 심모(心母)로, 갑모(匣母)를 효모(曉母)로 대체시켰다.

한자	음 운 지 위	한어중고음	15C현실음	음성기호
翹	效開三平宵羣	渠遙切	교	[kǐo]
定	梗開四去徑定	徒徑切	뎡	[tǐəŋ]
叛	山合一去換並	薄半切	반	[pan]
自	止開三去至從	疾二切	즈	[tsɐ]
祠	止開三平之邪	似玆切	스	[sɐ]
下	假開二上馬匣	胡雅切	하	[ha]

《雙, 氏, 喫》 등에서 현대 조선한자음에 《ㅆ》과 《ㄲ》이 쓰이고 있으나 운서에서 《雙, 氏, 喫》이 된소리로 표기된것은 근현대에 들어서서의 일이다. 15세기에 《氏》는 《각시, 이시 왕조》 등으로 항상 《시[si]》로 표기되였고 《훈몽자회》, 《신증유합》에서도 《시》로 되여있다. 《雙》은 《솽[suaŋ]》으로 기록되였다. 《雙, 氏》가 언해서에서 《쌍, 씨》로 기록된것은 17세기 전반기에 이르러서이고7) 운서에서는 《화동정음》에서 보인다. 《喫》은 《자전석요》, 《신자전》에 이르기까지 제 운서와 옥편에서는 항상 《긱》으로 기록되여 왔다. 류희의 《언문지(諺文誌)》(1824)에 《요사이 우리나라 한자음에는 쌍(雙), 긱(喫) 두 자를 제외한 이외에는 전탁성이 없는데 이는 대개 옛사람들이 글자의 획을 간단하게 생략하여 쓴 까닭으로 그렇게 된것이다.(近日東俗除雙쌍 喫긱 二字之外, 都無全濁之聲, 蓋由古人簡省諺畫之故也。)》라는 기록이 있다. 운서, 옥편, 자전에는 20세기 초기까지 《긱》음이 반영되지 않았지만 현실발음에서 《喫》의 경음화는 적어도 19세기 전에 이루어졌던것으로 보인다.

다섯째, 중국절운음에서 단모(端母)로 발음되는 종성 《ㄷ》은 현실 조선한자음에서 《ㄹ》로 발음되였다.

조선한자음에 있어서 중국음의 《ㄷ》종성은 신라말기에 이미 《ㄹ》종성으로 변하여 고려시대, 소선소에도 그렇게 발음되였고 힌새도 마찬가지다.8)

신숙주가 서문에서 말한 당시 현실한자음의 특징은 그때만 존재한것

---

7) 문선규 《한자음의 현실과 문제점》, p272~273 참조.
8) 문선규(1972) 「/-t/入声音의 /-l/音化考」, 한양대 《논문집》 6.

이 아니고 오늘에도 마찬가지임을 보면 그 앞선 몇세기 전에도 그러했을 수 있다.

단모가 래모로 변한 자례는 종성뿐만아니라 초성에도 있었다. 례하면 《次第(차데)》가 《차례》로 발음되고 《牡丹(모단)》이 《모란》으로 읽혀졌는데 이는 한자어가 조선어어음체계의 영향을 받아 생긴 어음변화이다.

여섯째, 초성에서 영모(影母)《ㆆ》, 의모(疑母)《ㅇ》는 유모(喩母)《ㅇ》와 서로 혼동되여 엄격히 구별되지 않았다. 례하면, 《山》섭의 개구 일등자인 《安》은 성운으로 볼 때《寒》운의 《影》모자이고 《語》는 《遇》섭의 합구 삼등자로서 《疑》모자이지만 조선한자음에서 《안》과 《어》로 동일한 초성으로 반영되였다. 더 보면 다음과 같다.

한자	음운지위	한어중고음	15C현실음	음성기호
吳	遇合一平模疑	五乎切	오	[o]
月	山合三入月疑	於厥切	월	[uəl]
一	臻開三入質影	於悉切	일	[il]
怨	山合三去願影	於願切	원	[uən]
養	宕開三上養以	餘兩切	양	[ĭaŋ]
亦	梗開三入昔以	羊益切	역	[ĭək]

실제상, 신숙주가 《동국정운》 서문에서 밝힌 조선한자음의 제반 특징에 대한 개괄은 15세기 한자음에만 국한되는것이 아니고 현재에 이르기까지 조선한자음의 전반 발전과정에 거치는 특징적 현상이라 할수 있다.

이상 15세기 당시 현실한자음의 양상에 대하여 살펴보았다. 《취(醉), 폐(肺)》와 같이 3중모음도 쓰이고있음을 보아 한자음표기에 사용된 중성의 모습도 대개 파악할수 있으나 고찰의 대상으로 삼은 15세기 문헌에서 보이는 자료들은 산견된것이고 중성이 사용된 모습을 전면적으로 보여주지 않고 있어 중성 그 전체를 잠시 아우를수 없다. 전반적 모습이 비교적 뚜렷한 초성만을 대상으로 그 체계를 다음과 같이 정리한다.

15세기 현실한자음의 초성체계

七音	牙音	舌音	脣音	齒音	喉音	半舌音	半齒音
全淸	ㄱ	ㄷ	ㅂ	ㅈ, ㅅ			
次淸	ㅋ	ㅌ	ㅍ	ㅊ	ㆆ		
不淸不濁		ㄴ	ㅁ		ㅇ(零聲母)	ㄹ	ㅿ

종성의 사용은《ㄱ, ㄹ, ㅂ, ㅇ, ㄴ, ㅁ》으로 후기나 현재와 동일함을
볼수 있다.

2. 16~17세기의 현실한자음

16~17세기는 조선한자음 운서의 공백기이다. 15세기에 《동국정
운》이 편찬된 뒤 줄곧 새로운 조선한자음 운서가 편찬되지 않다가 18세
기에 이르러서《화동정음》,《삼운성휘》,《규장전운》등 운서들이 나타났
다. 운서로서는 공백기였지만 조선문자로 한자의 음과 훈을 단《훈몽자
회》(1527),《신증류합》(1576),《천자문》(광주 - 1575, 석봉 - 1583),《류
합》(1664) 등 자서가 등장하였다. 상술한 자서류들은 계몽위주의 한자음
학습서로서 현실한자음을 기록하고 있다. 16세기에 이르러 여러 언해서들
에서도 현실한자음을 기록하고있어서 이 시기의 한자음의 실상을 료해하
는데 좋은 자료를 제공해준다. 본 절에서는 자서류의 한자음 외에《속삼
강행실도(續三綱行實圖)》를 대상으로 현실한자음을 고찰코저 한다.《속삼
강행실도》의 원간본은 1514년에 나왔는데 1581년의 중간본과 대비하면
약 5백자에 달하는 한자의 음을 확인할수 있다.9)

《속삼강행실도》에서 보이는 한자음의 수는 제한되여있다. 그를 대
상으로 전반적인 한자음의 체계적양상을 고찰한다는것은 신중하지 못한
면이 있으므로 먼저《훈몽자회》를 대상으로 16세기 한자음의 성운(聲韻)
에 대하여 종합하고 거기에 비추어《속삼강행실도》의 초성, 중성, 종성
사용의 정황을 살펴보도록 한다.

2.1 성모와 운모체계10)

1) 성모체계

《훈몽자회》에 사용된 초성체계를 살펴보기 위하여 각 초성별로 용
자례를 보이기로 한다.

---

9) 내용은 동일하지만 원간본은 한자어를 직접 한자로 기록하고 음을 밝히지 않았고 중간
   본에서는 반대로 모든 한자어를 조선문자로 기록하고 한자를 사용하지 않았다.
10) 성모와 운모는 중국음운학의 용어지만, 의미에 혼란이 생기는 특별한 경우가 아
   니면 편의상 각기 조선한자음의 초성과 성조를 포함한 중성종성에 대응하는 개념
   으로 사용하기로 한다.

《ㄱ》 : 家, 科, 開, 系, 技, 基, 闌, 九, 間, 桔, 京, 角, 國
　　《ㄴ》 : 儒, 內, 尼, 紐, 女, 奴, 尿, 南, 捻, 納, 暖, 訥, 兩
　　《ㄷ》 : 茶, 代, 弟, 池, 宙, 頭, 度, 朝, 潭, 店, 踏, 旦, 電
　　《ㄹ》 : 羅, 雷, 禮, 里, 柳, 漏, 旅, 老, 覽, 帘, 獵, 笠, 烈
　　《ㅁ》 : 馬, 賣, 每, 袂, 米, 武, 矛, 苗, 晚, 眠, 蚊, 民, 沫
　　《ㅂ》 : 杯, 匕, 夫, 步, 法, 邊, 貧, 拂, 繃, 博, 碧, 腹, 鳳
　　《ㅅ》 : 沙, 刷, 洗, 氏, 水, 西, 所, 士, 三, 心, 習, 善, 室
　　《ㅇ》 : 牙, 野, 瓦, 愛, 外, 衣, 梧, 腰, 暗, 音, 業, 腕, 宴
　　《ㅈ》 : 左, 宰, 罪, 祭, 枝, 酒, 奏, 姐, 早, 自, 潛, 占, 緝
　　《ㅊ》 : 叉, 借, 菜, 梔, 醉, 處, 草, 厠, 站, 寢, 妾, 川, 唱
　　《ㅌ》 : 打, 汰, 退, 體, 稚, 鬪, 土, 探, 添, 塔, 炭, 奪, 宅
　　《ㅍ》 : 波, 佩, 陛, 皮, 鋪, 布, 瓢, 品, 板, 騙, 八, 筆, 坪
　　《ㅎ》 : 夏, 火, 咳, 惠, 彙, 姬, 好, 舍, 賢, 血, 杏, 黑, 核
　　《ㅿ》 : 餌, 二, 仁, 耳, 乳, 汝, 兒, 任, 染, 人, 日, 讓, 肉

　　보다싶이 《훈몽자회》 한자음에 사용된 초성은 《ㄱ, ㄴ, ㄷ, ㄹ, ㅁ, ㅂ, ㅅ, ㅇ, ㅈ, ㅊ, ㅌ, ㅍ, ㅎ, ㅿ》 등 14초성이다. 《훈몽자회》에 나타나는 일모자는 총 55자인데 그중 47자가 일모자로 표기되여[11] 일모 《ㅿ》가 비교적 활발히 사용되였음을 볼수 있다. 《ㅋ》 초성은 현대한자음에서도 극히 제한된 음절에서만 보이는데 《훈몽자회》에 《ㅋ》 초성 한자음이 보이지 않는다. 후기 문헌들에서 《쾌》음으로 등장하고 현대에도 《쾌》음으로 읽히는 《噲》의 음을 《회》로 기록하였다. 《훈몽자회》에 《ㅋ》초성을 사용한 용례가 없지만 실제 초성체계에서는 존재했던것으로 보아야 한다. 《동국정운》에서 신숙주가 《우리 말에는 계모(溪母)를 많이 쓰는데 자음(字音)에는 다만 쾌(夬) 한 종류뿐》[12]이라고 밝혔던것처럼 15세기 현실음에서는 《ㅋ》초성이 엄연히 존재하였음이 한 리유이고, 《훈몽자회》에는 보이지 않지만 《신증류합》에 《快쾌》자가 보인다는것이 다른 한 리유이다.

　　따라서 16~17세기 현실한자음의 초성체계는 《ㅋ》초성도 함께 고려하여 《ㄱ, ㄴ, ㄷ, ㄹ, ㅁ, ㅂ, ㅅ, ㅇ, ㅈ, ㅊ, ㅋ, ㅌ, ㅍ, ㅎ, ㅿ》 등 15초성이 되는것이다.

---

11) 나머지 자들은 《ㅇ》과 《ㅅ, ㄴ》 초성으로 사용되였다. 이돈주(1979) 《훈몽자회 한자음연구》, p157.
12) 《国语多用溪母 而字音则独夬之一音而己》『동국정운』 序.

2) 운모체계

　　《훈몽자회》에서 사용된 중성의 모습과 운들의 정황을 알아보기 위하여 먼저 다음과 같은 표를 만들어본다. 용자례를 선택함에 원칙상 《ㅇ》 초성자를 취하고 상응한 초성자의 자례가 없을 경우 《ㄱ》, 《ㅎ》 등 기타 초성자들에서 택한다.

중성	무종성	종성					
		ㄱ	ㄹ	ㅂ	ㅁ	ㄴ	ㅇ
ㅏ	我아	樂악	斡알	壓압	暗암	岸안	仰앙
ㅑ	夜야	藥약	○	○	○	○	陽양
ㅘ	瓦와	郭곽	括괄	○	○	腕완	王왕
ㅓ	魚어	億억	蘖얼	業업	嚴엄	言언	○
ㅕ	予여	易역	血혈	葉엽	炎염	研연	英영
ㅗ	吾오	玉옥	兀올	○	○	瘟온	瓮옹
ㅛ	腰요	浴욕	○	○	○	○	勇용
ㅜ	字우	旭욱	蔚울	○	品품	雲운	雄웅
ㅠ	油유	育육	橘귤	○	○	閏윤	忠튱
ㅡ	○	極극	釳을	邑읍	音음	銀은	鷹응
ㅣ	伊이	翌익	一일	十십	心심	姻인	孕잉
ㅐ	崖애	○	○	○	○	○	○
ㅙ	倭왜	○	○	○	○	○	○
ㆎ	愛ᄋᆡ	客긱	○	○	○	○	櫻잉
ㅚ	外외	馘귁	○	○	○	○	肱굉
ㅟ	位위	○	○	○	○	○	○
ㆌ	醉취	○	○	○	○	○	○
ㅝ	○	○	月월	○	○	原원	○
ㅔ	饐에	○	○	○	○	○	○
ㅖ	譽예	○	○	○	○	○	○
ㅞ	卉훼	○	○	○	○	○	○
ㅞ	捶췌	○	○	○	○	○	○
ㅢ	衣의	○	○	○	○	○	○
ㆍ	事ᄉᆞ	刻극	脖볼	○	蚕줌	呑튼	○

　　표에서 볼수 있다싶이 《훈몽자회》에서는 기본 중성 《ㅏ, ㅑ, ㅓ, ㅕ, ㅗ, ㅛ, ㅜ, ㅠ, ㅡ, ㅣ, ·》 등 11자 외에 《ㅣ》 상합자로 《ㅐ, ㆎ, ㅚ, ㅟ, ㆌ, ㅔ, ㅖ, ㅢ》 등 8자, 2자 합용중성 《ㅘ, ㅝ》 등 2자, 3자 이상 합용중

성으로 《ㅐ, ㅔ, ㅖ》 등 3자로 총 24중성이 사용되였다. 그중 《ㅡ》중성과 《ㅓ》중성은 종성 없이 홀로 사용된 자례가 없다. 사용된 종성은 《ㄱ, ㄹ, ㅂ, ㅁ, ㄴ, ㅇ》 6종성이다. 이 6종성과 24중성이 결합된 운의 종류는 60자이다. 《훈몽자회》에 사용된 운모의 수는 받침자가 없는 운이 22개, 받침자 있는 운이 60개로서 총 82자에 달하는 셈이다.

　　《속삼강행실도》는 기본적으로 《훈몽자회》와 일치한 모습을 보인다. 초성에 따라 각기 몇글자씩만 보이되 중성이 사용된 모습도 함께 보기 위하여 《ㅇ》초성의 자례들은 사용된 중성에 따라 하나씩 보인다.13)

《ㄱ》:

哥가「열, 9a」	艱간「효, 24a」	監감「효, 14a」	甲갑「효, 32b」
黔검「효, 22b」	激격「효, 24a」	鏡경「충, 4a」	啓계「열, 19a」

《ㄴ》 :

難난「효, 24a」	南남「열, 23a」	奴노「효, 22a」	女녀「열, 7a」
羅나「효, 34a」	樂낙「열, 3a」	落낙「충, 5a」	來늬「효, 24a」

《ㄷ》 :

丹단「열, 24a」	達달「열, 12a」	潭담「열, 22a」	答답「열, 15a」
堂당「효, 14a」	大대「효, 14a」	對되「열, 15a」	德덕「열, 4a」

《ㄹ》 :

賴뢰「열, 22a」	廉렴「효, 5a」

《ㅁ》 :

馬마「열, 7a」	幕막「효, 21a」	萬만「효, 28a」	亡망「열, 10a」
媒미「열, 26a」	盟밍「열, 1a」	免면「효, 3a」	命명「열, 26a」

《ㅂ》 :

朴박「충, 4a」	叛반「열, 22b」	方방「열, 16a」	背비「열, 22b」
伯빅「충, 4a」	法법「효, 3a」	變변「효, 3a」	別별「열, 10b」

《ㅅ》 :

史사「열, 24a」	赦샤「효, 3a」	思스「열, 12a」	朔삭「효, 32a」
裳상「효, 23a」	上샹「열, 6a」	稅세「열, 2a」	誓셰「열, 1a」

《ㅇ》 :

娥아「효, 3a」	岳악「효, 36a」	安안「열, 17a」	愛의「충, 4a」
約약「열, 11a」	陽양「열, 22a」	魚어「효, 26a」	嚴엄「열, 8a」

---

13) 자례 뒤의 출처와 페지는 원간본의것을 따랐다.

易역「충, 2a」　　演연「효, 25a」　　悅열「효, 22a」　　炎염「충, 1a」
永영「열, 2b」　　影영「효, 25a」　　獄옥「충, 4b」　　王왕「효, 1a」
容용「충, 1a」　　寓우「열, 22a」　　郁욱「효, 11a」　　云운「충, 4a」
願원「열, 2a」　　衛위「효, 12a」　　惟유「열, 22a」　　閏윤「효, 23a」
隱은「열, 4a」　　乙을「열, 9a」　　陰음「열, 25a」　　邑읍「효, 20a」
應응「효, 29a」　　依의「열, 10a」　　伊이「열, 21a」　　益익「열, 14a」
仁인「효, 24a」　　日일「열, 11a」

《ㅈ》：

自ᄌ「열, 23a」　　葬장「효, 14a」　　章쟝「충, 4a」　　宰ᄌ「효, 26b」
政정「효, 25a」　　精정「열, 10b」　　制제「충, 1a」　　諸제「충, 1b」

《ㅊ》：

泉쳔「효, 3a」　　賤쳔「효, 21a」　　妾쳡「효, 10a」　　請쳥「효, 3a」
草초「열, 17a」　　焦쵸「효, 2a」　　摠총「충, 1a」　　崔최「열, 11a」

《ㅌ》：

托탁「열, 10a」　　嘆탄「효, 24a」　　脫탈「효, 6a」　　塔탑「열, 5a」
統통「효, 7a」　　追튜「효, 32b」　　天텬「열, 5a」　　體톄「열, 8a」

《ㅍ》：

平평「효, 8a」　　廢폐「효, 6a」　　布포「열, 21a」　　表표「열, 8b」
豊풍「효, 31a」　　避피「효, 22a」　　必필「열, 13a」

《ㅎ》：

河하「열, 17a」　　韓한「열, 11a」　　咸함「열, 15a」　　合합「충, 4a」
抗항「충, 3a」　　海ᄒᆡ「열, 21a」　　香향「열, 7a」　　許허「열, 21a」

　　《속삼강행실도》는《훈몽자회》와 마찬가지로《ㅋ》초성 용자례가 보이지 않는다. 또한《훈몽자회》가《仁, 日》등에서 사용한 일모《ㅿ》를 사용하지 않았다.《人》은 15세기 현실한자음에서도《인》과《ᅀᅵᆫ》으로 혼용되고있었던것이다.《속삼강행실도》에서는《인》으로 되여있고《ᅀᅵᆫ》음이 보이지 않는다. 따라서 일모자는 이 시기에 변동기에 있었다고 볼수 있다.

　　중성사용의 정황을 보면《州쥐, 樞취》등에서《ㅣ》상합자로《ㆌ》중성을 보이고있다.《ㅐ》,《ㅔ》,《ㅖ》등 3자 합용중성이 사용된 자례는 보이지 않는다. 한자음의 출현이 제한되여있어 중성사용의 선모를 난정하기는 어렵지만《훈몽자회》의 중성체계와 크게 다르지 않을것으로 보인다.

2.2 한자음의 특징

《훈몽자회》등 자서류와 《속삼강행실도》를 대상으로 이 시기 현실 한자음의 뚜렷한 양상과 특징을 살펴보기로 한다.

첫째, 가장 뚜렷한 특징의 하나로 설음계의 《ㄷ, ㅌ》초성이 치음의 《ㅈ, ㅊ》으로 구개음화 되지 않고 본음대로 사용된 현상을 들수 있다.

앞에서 이미 살펴본바 중국음의 설음에는 설첨음(舌尖音)과 치음(齒音)사이에서 파렬로 의해서 이루어지는 설두음과, 설면음(舌面音) 앞에서 파렬되여 발음되는 설상음14) 두 종류가 있었다. 설상음의 분화시기를 이돈주(1995)는 륙조말에서 당나라시기로 보았다. 물론 그 분화조건은 반모음 《i》가 후행하는 경우이다.

조선한자음에서는 설두음과 설상음이 구별되지 않았기에 훈민정음에서도 설음은 《斗(ㄷ), 呑(ㅌ), 覃(ㄸ), 那(ㄴ)》네자모로 설정하고 따로 분별하지 않았다. 즉 조선한자음에서는 설두음과 설상음의 구별이 없이 설두음 한가지로 발음되였던것이다. 그러던것이 후기에 이르러 설음의 3등자와 4등자에 속하는 《ㄷ, ㅌ》초성의 한자음들이 모음 《ㅣ》나 반모음 《ㅣ》를 가진 《ㅑㅕㅛㅠ》등 중성 앞에서 《ㅈ, ㅊ》으로 변하면서 《田뎐》, 《地디》 등이 《뎐 > 전》, 《지》 등으로 읽히게 되였다. 이 점을 료해하기 위하여 음운지위로 살펴보면 다음과 같다.

한자	음운지위	중고한어음	15~16현실음	현대음
丹	山開一平寒端	都寒切	단	단
堂	宕開一平唐定	徒郞切	당	당
逃	效開一平豪定	徒刀切	도	도
打	梗開二上梗端	德冷切	타	타
張	宕開三平陽知	陟良切	댱	장
場	宕開三平陽澄	直良切	댱	장
池	止開三平支澄	直離切	디	지
地	止開三去至定	徒四切	디	지
天	山開四平先透	他前切	텬	천
鐵	山開四入屑透	他結切	텰	철
第	蟹開四去霽定	特計切	뎨	제

---

14) 왕력(1957), 《汉语音韵学》, p. 51.

| 帝 | 蟹開四去霽端 | 都計切 | 데 | 제 |

즉 설음의 1, 2등자에는 변함이 없으나 3, 4등자에 한하여는 설음이 치음으로 변한것이다. 이와 같은 현상은 구개음화현상이라 한다. 《속삼강행실도》는 구개음화현상을 전혀 보이지 않고 본음대로 《ㄷ, ㅌ》을 보인다.

張댱「열, 2a」	傳뎐「열, 7a」	田뎐「효, 22a」	奠뎐「효, 7a」
貞뎡「열, 22a」	旌뎡「열, 8b」	鄭뎡「충, 4a」	丁뎡「충, 4a」
亭뎡「효, 3a」	定뎡「효, 4a」	弟뎨「효, 22a」	第뎨「효, 32a」
堤톄「열, 10a」	趙됴「열, 9a」	朝됴「효, 24b」	知디「충, 3a」
地디「효, 22a」	重듕「열, 10a」	中듕「열, 26a」	陳딘「열, 2a」
鎭딘「효, 6a」	追튜「효, 32b」	天텬「열, 5a」	體톄「열, 8a」
忠튱「열, 11a」	治티「효, 32b」		

이와 같은 현상은 《훈몽자회》에서도 마찬가지로 《弟, 帝》 등은 《뎨》음으로 나타난다.

조선어음운사에 있어서 설단 치경음 《ㄷ, ㅌ》이 전설 경구개 파찰음 《ㅈ, ㅊ》으로 구개음화가 활발하게 확산된 시기는 18세기 초기부터나[15] 한자음에서는 전반적 변화발전 양상으로 볼 때 구개음화가 17세기 후반에 비교적 분명하여졌고 18세기말 19세기초에는 설상음계뿐만아니라 설두음 4등자에서도 구개음이 완성되였다.[16]

둘째, 《ㄹ》 초성의 기피현상이 뚜렷하다.

이 시기 한자음의 다른 한 특징으로 《ㄹ》초성의 기피현상을 들수 있다. 《속삼강행실도》에서 《ㄹ》 초성의 한자음은 《賴뢰》, 《廉렴》 두자에서만 보인다. 래모에 속하는 자로서 조선한자음에서 응당 《ㄹ》초성으로 나타나야 할 음들이 《ㄴ》초성으로 많이 발음되였다. 례하면, 《落》, 《老》 등 래모(來母)자들이 《難난, 南남, 奴노, 女녀》 등 니모(尼母)자에 편입되여 《락>낙》, 《로>노》의 변화를 보여주고 있다. 이와 같은 자례들로는 다음과 같은것들이 더 있다.

| 祿녹「효, 17a」 | 陵능「충, 3a」 | 羅나「효, 34a」 | 樂낙「열, 3a」 |

---

15) 이돈주(1995) 《한자음운학의 이해》, p356.

16) 문선규(1969) 「리조초이래의 한자음운변화에 대한 일고찰」(전북대 논문집 11), p10 ; 리득춘(1987) 《漫谈朝鲜汉字音舌音的演变》(연변대학학보, 1987년 1호).

來너「효, 24a」	魯노「열, 13a」	梁냥「효, 11a」	領녕「효, 25a」
靈녕「효, 9a」	連년「효, 17a」	烈녈「열, 8b」	吏니「열, 13a」
李니「열, 15a」	鯉니「효, 26a」		

이상의 자례들중 《祿, 陵, 羅, 樂, 來, 魯》 등을 제외한 나머지 자들
은 현대한자음에서 소위 두음법칙이라 하여 제일음절 어두에서 《ㄴ》마
저도 탈락시켜 《ㅇ》 초성으로 발음하는 자들이다. 이 시기에는 아직
《ㄴ》을 탈락시킨 자례들은 보이지 않는다. 《劉류, 뉴「열, 5a」, 禮례(원),
녜(중)「효, 2a」》 등과 같은 자례들도 보이는데, 래모자와 니모자의 혼기
는 16~17세기의 자서류들에서도 흔히 나타나는 현상이다.

자례	훈몽	천자문	신증
禮	례	녜	녜
祿	녹	녹	록
農	농	농	롱

셋째, 치음과 반모음 《ㅣ》계 겹모음의 배합이 자유로왔다.
치음의 《ㅈ》, 《ㅊ》 초성들에 《章쟝, 浙졀》 등과 같이 반모음 《ㅣ》계
겹모음이 활발히 사용되였다. 이와 같은 자례들은 다음과 같은것이 더 보
인다.

精정「열, 10b」	諸졔「충, 1b」	接졉「효, 22a」	終죵「효, 12a」
粥쥭「효, 1a」	彰챵「열, 5a」	處쳐「충, 1a」	賤쳔「효, 21a」
妾쳡「효, 10a」	請쳥「효, 3a」	焦쵸「효, 2a」	樞츄「효, 29a」
春츈「효, 27a」			

이와 같은 음들은 현대한자음에서 반모음 《ㅣ》가 소실되여 단모음화
한 음들이다. 치음계의 한자음에서 《ㅛ, ㅑ, ㅠ, ㅕ》가 단모음화한 시기는
19세기 후반기에 이르러서이다.[17]
넷째, 《氏》의 《시 > 씨》 변화가 이루어지지 않았다.
《氏》는 《훈몽자회》, 《속삼강행실도》에서 《시》로 표기되였을뿐만아
니라 《류합》에서도 《시》로 표기되였다. 현대한자음에서 《씨》로 표음되는

---

17) 문선규(1969)「리조초이래의 한자음운변화에 대한 일고찰」, p29.

《氏》자는 16~17세기의 자서류뿐만아니고 18세기의 운서들에서도 줄곧 경음화하지 않은 《시》로 나타난다. 《화동정음》에서는 《雙》은 《쌍》으로 경음을 보여주면서도 《氏》는 여전히 《시》로 표음하였다. 따라서 《氏》가 경음화한 시기는 현재에서 오래지 않은것으로 볼수 있다. 《동국신속삼강행실도(東國新續三綱行實圖)》(1617), 《권념요록(勸念要錄)》(1637) 등 17세기 전반기의 일부 언해서들에서 《송씨, 구씨, 림씨, 김씨》 등으로 어중에서 경음화한 표기가 보여 이 시기를 경음화한 시기로 보는이들도 있다.

3. 15세기 현실음과 16~17세기 한자음과의 관계

공동히 보이는 한자들에 한하여 16~17세기의 음과 15세기의 《삼강행실도》, 《구급간이방언해》의 음을 대비하여 보면 큰 차이가 없음을 알 수 있다.

한자	15세기현실음	16~17세기현실음
貝	패	패
對	디	디
宰	지	지
肺	폐	폐
帝	뎨	뎨
體	톄	톄
祭	졔	졔
世	셰	셰
桂	계	계
灰	회	회
碑	비	비
迷	미	미
地	디	디
李	리	니
吏	리	리
氏	시	시
醉	취	취
氣	긔	긔
淚	루	류
誰	슈	슈
二	싀	싀/이
然	션	연

人　　　　　　　신/인　　　　　　신/인

　　이상의 대비로부터 16~17세기의 한자음은 대체로 15세기의 음을
받아들이고있음을 볼수 있다. 한자음의 전반적특징을 볼 때에도 설음의
비구개음화현상, 설음과 치음계 초성과《ㅣ》계 겹모음의 활발한 결합 등
에서 일치한 모습을 보인다. 굳이 다른 점을 찾는다면 15세기에는 일모자
의 사용이 좀 고집스러웠다거나 래모자의 사용이 16~17세기보다 강했다
는 점을 들수 있겠지만18) 총체적으로 15~17세기의 현실한자음은 일치하
였다고 볼수 있다.

---

18) 구체적인 양상은 앞부분의 상응한 장절을 참고하기 바란다.

근 대 편

로걸대언해

조선한자음의 정리와 규범

리 승 자

1. 조선한자음에 대한 인식

1.1. 용어사용

운서편찬자들은 항상 중국음의 존재와 중국음과의 관계속에서 조선한자음을 인식하였는데 이 점은 조선한자음을 지칭하는 용어사용에서도 여실히 보인다. 조선한자음 운서들을 대상으로 각 운서에서 사용한 용어를 살펴보기로 한다.

《동국정운》은 중국음을 《화음(華音)》이라 하고 고유어, 고유어발음은 《어음(語音)》, 한자음은 《문자의 음(文字之音)》 혹은 《자음(字音)》으로 구별하여 사용하였다.

> 문자의 음에 이르러는 마땅히 화음과 서로 합함즉하건만…저절로 어음에 끌리게 되니 이는 곧 자음이 또한 따라서 변한 바이다.(至於文字之音, 則宜若與華音相合矣, 然……自牽於語音者, 此其字音之所以亦隨而變也。)「序」

> 어음에는 사성이 아주 똑똑하건만 자음에는 상성과 거성이 구별이 없고… (語音則四聲皆明, 字音則上去無別……)「序」

> 우리 말에는 계모를 많이 쓰는데도 자음에는 다만 쾌(夬)의 한 종류뿐이니…(國語多用溪母, 而字音則獨夬之一音而己……)「序」

《동국정운》에서 한자음을 《자음(字音)》이라고 지칭한것은 한자만을 문자로 인정하여 한자, 한문을 숭상하고 새로 창제된 문자 훈민정음은 한자음을 기록하기 위한 표기기호로써 아직 나라의 제1문자로 인정받지 못하였던 사정과 무관하지 않다.

> 옛사람이 글을 짓고 도표를 만들어 음화(音和)니 류격(類隔)이니 정절(正切)이니 회절(回切)이니 그 법이 참으로 소상하건만 얼버무림과 우물쭈물함을 면치 못하여 조협(調協)에 어둡더니, 정음이 나면서부터 만고의 한 소리가 조금도 틀림이 없게 되었다.(古人著書作圖, 音和類隔, 正切回切, 其法甚詳, 而尙不免含糊囁嚅, 昧於調協, 自正音作, 而萬古一聲, 豪釐不差。)

또한 후기문헌들에서 많이 사용하던 《동음(東音)》, 《아음(我音)》 등으로 조선한자음을 지칭하지 못하고 《字音》이라고만 불렀던것은 조선에서만의 독특한 음으로 조선한자음을 인식하지 않고 중국음의 음운체계에 따라 현실한자음을 전면 교정하여 인위적으로 가상적인 한자음을 만들게 된 기본인식과도 무관하지 않다.
《화동정음통석운고(華東正音通釋韻考)》(이하 《화동정음》이라 한다.)은 중국음 《화음(華音)》에 대응하는 용어로 《아음(我音)》, 《동음(東音)》 등 용어를 사용하였다.

> 글자 아래에 우리 글로 주해한것은 바른쪽이 화음이고 왼쪽이 아음이다.(字下諺註, 右華音, 左我音。)「범례」

> 삼운통고를 취하여 글자아래 화음을 달고… 화음의 초성에 따라 아음을 정하였다.(取三韻通考, 懸華音於字下…依華音初聲, 而定我音。)「序」

《아음》의 사용은 범례에서 아주 많이 보인다. 《화음(華音)》에 대응하여 조선한자음을 지칭하던 전형적인 용어인 《동음(東音)》은 범례, 서문에서 직접 사용한 례는 없다. 운서의 책명을 《華東正音通釋韻考》라 하여 중국음에 대응한 조선한자음을 《동음(東音)》이라 불렀다.

> 삼운통고를 가지고 글자 아래에 화음을 달되 오로지 본국의 최세진이 편찬한 사성통해의 음을 따르고, 널리 자서를 모아서 바로잡는데 참고로 하였다. 화음의 초성으로 아음을 정하니 우리 나라의 5음청탁이 거의 바로 잡히여 이로 인하여 화동정음통석운고라고 이름을 붙였다.(取三韻通考,

懸華音於字下，一依本國崔世珍所撰四聲通解之音，而廣集字書，以定參
考；依華音初聲，以定我音，我音之五音淸濁，庶有歸正，因命名華東正音
通釋韻考。）「序」

　　《언문초중종삼성변(諺文初中終三聲辨)》의 《각운중성(各韻中聲)》에서
도 중국《華》와 조선《東》이 대응된다.《화동정음》에서부터 중국음에 대
응되는 조선한자음 지칭으로 《동음(東音)》이라는 용어가 많이 사용되였
다.《동음》은 지리적인 위치를 인식한 용어로써 《동쪽나라(조선)》의 한자
음이라는 뜻이다. 조선을 《동쪽나라》로 인식한 선례는 《홍무정운》의 영향
하에 조선의 규범적인 한자음운서로 편찬된 《동국정운(東國正韻)》에서 이
미 보인다.1)
　　《화동정음》에서 조선한자음을 《아음》,《동음》으로 부를수 있었던것
은 《화동정음》이 중국음과 조선음의 체계를 각기 세우고 조선한자음을
중국한자음과 나란히 병기하였던 사정과 무관하지 않다.
　　《삼운성휘》에서 중국한자음과 조선한자음의 용어는 아주 다양하게
사용된다.

　　　매 글자의 음은 아음을 반드시 먼저 크게 쓰고 화음을 나누어 썼다.
（每音必先大書我音，而分書華音。)「序」

　　　세상에서는 모두 한음(중국음)을 귀하게 여기고 방음(方音)을 천대하
는데 한음의 입성에 종성이 없는것과 침(侵), 담(覃) 여러 운이 ㄴ으로 종
성을 삼고 있는것 등은 방음이 아직도 옛 모습을 지니고 있는것만 같지 못
하다.(世皆貴漢音，而賤方音，然漢音入聲之無終聲，侵覃諸韻之以ㄴ爲終
聲，反不如方音之猶有古意。)「범례」

　　　아음(我音)과 정음(正音)을 모두 조선문자로 적되 먼저 아음을 크게
적고 정음을 다음에 적었다.(我音、正音幷翻諺字，而先書我音，次書正
音。)「범례」
　　　최세진의 사성통해는 정음에 밝은데 이 책은 다만 정음만을 기록하고
방음은　언급하지 못하였다.(崔世珍之四聲通解，正音雖明，然是書只詳於
正音，而不及乎方音。)「跋」

---

1) 주지하는바 실제로 《동국정운》은 그와 같은 초기의 기대에 만족주지 못하였다.

이처럼 《삼운성휘》에서는 중국음 지칭어로 《화음》, 《한음(漢音)》, 《정음(正音)》이 쓰이고 조선한자음 지칭어로 《아음》, 《방음(方音)》이 쓰이고 있다. 《방음(方音)》은 중국한자음을 표준음으로 삼고 조선한자음은 방언음으로 본, 《정음(正音)》에 대응하는 용어이다.

《규장전운》은 중국한자음을 《화음》으로 지칭한데 대응하여 조선한자음을 《동음》이라 불렀다.

<blockquote>
같은 글자로서 음과 뜻이 각기 다른것과 화음과 동음이 글자에 따라 달리 읽히는것은 네모꼴을 더하여 나타내였다.(同字而音義各殊者, 華音東音之逐字異讀者, 標以方識之。)

「義例」
</blockquote>

이상과 같이 제 운서에서는 중국음 지칭어로 《화음》, 《한음》, 《정음》을 사용하고 그에 대응하여 조선한자음은 《자음(字音)》, 《동음》, 《아음》, 《방음》으로 지칭하였다. 《자음(字音)》은 한자만을 문자로 인정하던데서 비롯된 용어라고 하면 《동음》은 지리적인 위치를 인식한 용어이고 《방음》은 동일한 한자문화권내에서 조선을 중국어의 한 방언구역으로 인정하고 조선에서의 한자발음을 방언음으로 본 개념이다. 이상 사용된 제 용어들에서 《아음》과 《동음》은 중국한자음과 대등하게 조선한자음의 상대적 독자성을 인정한 개념들이라 할수 있다.

1.2. 조선한자음의 인식

조선조 운서의 편찬목적은 증자(增字), 증훈(增訓)이 하나의 목적이고 규범음을 정리하는것이 또 하나의 목적이였다. 따라서 새로운 운서가 편찬될 때마다 전시기 운서의 글자수가 적고 주석이 소략함을 지적하고있으며 당시 조선한자음의 혼란과 비규범성을 지적하였다. 한자음의 규범문제를 둘러싸고 나타난 조선한자음에 대한 운서 편찬자들의 관점을 서문, 범례, 발문에서 설명한 내용들로써 살펴보도록 한다.

운서는 필요한 기능에 따라 각각 다른 편찬목적과 원칙을 갖게 되고 이런 편찬목적과 원칙의 차이에 따라 전혀 다른 체재와 내용을 수록한 운서가 편찬된다. 즉 《삼운통고》와 같은 무음유석의 운서들은 한시를 지을 때 압운용으로 간편하게 보기 위한 휴대용 목적으로 편찬된 운서이고 《사성통해》와 같은 류의 운서들은 중국어 학습과 발음을 위한 목적에서 편찬된 중국음운서이며《화동정음》과 같은 병기류 운서들은 중국음과 조선음의 규범과 정리에 목적을 두고 편찬된 운서이고《동국정운》은 조선한자음의 규범과 정리에 목적을 두고 편찬된 국정운서이다.

이처럼 부동한 목적과 취지로 편찬된 조선조의 운서들은 음계의 각도에서 중국음계와 조선음계 운서로 대분되는데《동국정운》을 제외하고 조선음을 기록하고있는 운서들은 중국음도 함께 기록하고있음이 특징이다. 이 점은 운서 편저자들의 조선음에 대한 인식과 무관하지 않다. 즉 한자음의 조선식 발전과 변화, 존재를 인정하지 않던데로부터 피동적으로 접수하고 다시 능동적으로 인정하는 제 과정이 나타나게 된것이다. 조선 최초의 운서인《삼운통고》는 아예 음을 기록하지 않았고, 《사성통해》는 중국음만을 기록하였으며 조선문자로 한자음을 최초로 기록한《동국정운》은 현실조선한자음을 인정하지 않고 실제와 거리가 먼 가상적인 음을 만들어냈다. 18세기에 이르러《화동정음》,《삼운성휘》,《규장전운》등 운서들에서 조선한자음이 독자적인 체계로 중국음과 대응을 이루며 기록되었다. 이처럼 조선한자음은 항상 중국음과의 관계하에 그 존재가 인식되었다. 이는 조선한자음의 특수한 사정상 불가피한 인식이였다 할수 있다. 중세, 근대뿐아니라 현대에도 옥편이나 사전을 편찬할 때 중국의 반절음의 변화와 발전을 연구하여 참작하게 되는 사정은 여전하다.

중국한자음의 큰틀안에서 당시 편저자들이 인식하고있던 조선한자음에 대한 제 관점들은 각 시기 운서들의 서, 범례, 발에서 여실히 나타난다.

문자의 음(한자음: 필자 注)에 이르러서는 마땅히 화음과 서로 어긋남이 없으나 그 호흡이 선전하는 사이에 경중과 흡벽의 기틀이 저절로 어음에 끌리게 되니 이에 곧 자음이 따라서 변하게 된것이다. 그 음은 비록 변했다고 하나 청탁과 사성은 예와 다름이 없어야 한다.(至於文字之音, 則宜若與華音相合矣, 然其呼吸旋轉之間, 輕重翕闢之機, 亦必有自牽於語音者, 此其字音之所以亦隨而變也。其音隨變, 淸濁、四聲則猶古也。)《동국정운》

우리 나라 한자음의 초성은 본디 화음과 같고 같지 않은것은 중성뿐이다.(我音初聲, 本與華同, 不同者中聲。)《화동정음》범례

천하의 자음은 여러 가지로 다르나 화음을 기준으로 삼는다. 우리나
라 한자음은 화음에 가장 가까운데 혹 같지 않은 음이 있더라도 추정하여
보면 모두 (오음청탁의)범위를 벗어나지 않는다.(天下之字音, 有萬不同,
而當以中華爲正, 我國字音, 最近中華, 雖或有不相同者, 以例推之, 皆不
出於範圍之內。)《삼운성휘》서

조선한자음의 초성은 중국과 다름없고 발음되여 나오는 소리는 다를지라
도 오음청탁의 원리에는 어긋남이 없다는 상술한 관점은 조선조 운서편찬자
들의 공동한 인식이였다. 따라서 중국한자음과의 관계상, 중국한자음의 오음
청탁의 원리에서 벗어나 독자적으로 존재하고 변화한 조선한자음은 그들의
시각으로 볼 때 혼란과 오류 그 자체였다. 이러한 관점하에 운서의 편찬자들
은 저마다 당시 조선한자음의 문란한 질서를 지적하고 그러한 현실을 탄식하
였는데 극명한 례로는《동국정운》을 들수 있다.

용렬한 스승이나 속된 선비들은 반절의 법도 모르고 뉴섭의 이치에도
어두워서 …이리하여 자모, 칠음, 청탁, 사성에 모두 변함이 있게 되였다.
례하면 아음의 계모자가 태반이 견모로 읽히는데 이것은 자모가 변한것이
고 계모자가 혹 효모로 소속된것이 있는데 이것은 칠음이 변한것이다. 우
리나라 발음에서 청탁의 변함은 중국과 다름이 없는데 한자음에서만 유독
탁성이 없으니 이 어찌 된 도리인가. 이는 청탁이 변한것이다. 어음에서는
사성이 잘 구분되는데 자음에서는 상거무별하고 질물의 제운은 마땅히 단
모로써 종성을 삼아야 하는것인데 세속에서는 래모로써 쓰고있으니 그것
은 소리가 느려 입성이 되지 못한다. 이는 사성이 변한것이다.(庸師俗儒不
知切字之法, 昧於紐躡之要, ……而字母、七音、淸濁、四聲皆有變焉。若
以牙音言之, 溪母之字太半入於見母, 此字母之變也；溪母之字或入於曉
母, 此七音之變也；我國語音其淸濁之辨與中國無異, 而於字音獨無濁聲,
豈有此理, 此淸濁之變也。語音則四聲甚明, 字音則上去無別, 質物諸韻,
宜以端母爲終聲, 而俗用來母, 其聲徐緩, 不宜入聲, 此四聲之變也。)《동
국정운》서

조선한자음의 실상에 대한 이러한 인식은 후기 운서들에서도 여실히
보인다.

우리 나라 한자음은 오음과 청탁의 구별을 알지 못해서 자서의 반절
을 읽을 때 혼동하여 상궁인 ㅈㅊ 음을 치궁인 ㄷㅌ 음으로 잘못 읽고 있

다.(我音不知五音、淸濁之別，故字書半切之讀混淆，商宮之ㅈㅊ誤作徵宮
之ㄷㅌ。)《화동정음》범례

　　(정음 즉 중국음이) 우리 나라에 이르러서는 애당초 아·설·순·치·후 등
성모의 조음위치와 합벽 등 운모의 성격 같은 발음의 진수에 밝지 못하여
오음의 조음위치가 서로 섞이였다. 그래서 궁음이 혹 우음이 되고 상음이
혹 치음이 되여 아직도 일정한 음운이 없으니 이는 실로 우리나라에서 말
과 글을 둘로 보고 뜻에는 힘쓰나 음을 소홀히 한데서 나온 결과다.(至於我
東，則初不明其牙、舌、齒、脣、喉合闢出聲之妙，故五音相混，宮或爲
羽，商或爲徵，尙無一定之音韻，此實我東言文爲二，務於義，而忽於音之
致也。)《화동정음》서

　　우리 나라 사람들은 자학을 소홀히 하여 한자의 획이나 변에 사로잡
히고 혹은 세습에 따라 그르게 읽어서(협주 략) 화음과 판이하게 달라진것
이 많게 되였으니 한탄스러운 일이다.(我國人於字學甚鹵莽，或泥於偏傍，
或因於習俗，而謬讀(협주략)，遂與華音判異者多，可勝歎哉。)　《삼운성
휘》서

　　조선에서 한자음은 중국의 음운체계와 조선어 음운체계라는 두 요소
의 제한을 받으면서 변화, 발전해왔다.[2] 현시점에서 멀리 거슬러 올라갈
수록 두 요소의 역할중 중국음운체계의 영향과 제한이 상대적으로 컸다고
할수 있다. 특히 이는 초성의 체계에서 더욱 그러하였다.

2. 한자음정리의 규범원칙

2.1. 규범의 큰틀

　　돌이켜보면《화동정음》과《삼운성휘》를 줄기로 하는 한자음이 조선
조 운서, 옥편, 자전류 한자음의 바탕을 이루었고 그것은 또 현대조선한

---

2) 이와 같은 원인으로 하여 한자와 한문은 그 특수성을 가지게 되는데 중국의것과도
　다르고 또 조선적인것으로 완전 독립하지도 못하였던 지위에 관하여 최남선의 다음
　과 같은 지적은 당시 상황을 잘 설명하였다. 《汉字와 汉文이 그러틋 长久한 既往이
　有하되 이미 邦语에 同化하지 못하고 또한 汉文으로도 独立하지 못하야 그 成绩이
　确实하지 못함은 实로 非我非人의 模糊한 境界에 在하얏슴이로다.》「신자전 敍」

자음으로 이어졌다. 거듭하면 《화동정음》과 《삼운성휘》에서 정리된 한자음에 그때그때의 현실음들이 조금씩 더 가미되면서 오늘의 한자음을 이루었던것이다. 따라서 이 두 운서에서 한자음을 정리할 때 삼았던 규범원칙을 파악하는것은 곧 조선조의 조선한자음정리의 규범원칙을 인식하는것이라 할수 있다.

중국음의 변화와 무관하게 일정하게 변화, 발전한 조선한자음을 한자음의 와전과 오류, 혼란으로 인식하고있던 편저자들은 그와 같은 혼란과 와전을 정지(正之)하지 않으면 그 우환이 더욱더 심해져 돌이킬수 없는 페단을 일으킬것을 념려하였는데3) 그 결과로 한자음의 규범과 정리를 목적한 새로운 운서들을 편찬하게 된것이다.

운서 편찬자들의 사상이 《그 음이 변하더라도 청탁과 사성의 원리는 중국과 다름이 없어야 하는것》임으로4) 조선한자음을 정리할 때 《천지자연의 소리》5)인 중국음이 기준이 되고 오음청탁의 원리가 규범원칙으로 작용하게 될것은 당연하다.

> 우리 나라 한자음 또한 많이 변해서 초성과 함께 중국음과 달라진것이 간혹 있으나, 자서 등의 반절을 가지고 살피면 부합되지 않는것이 없으므로 오로지 중국음과 같은 초성으로 자음을 정했다.(而我音又多變訛, 並與初聲而不同者間亦有之。今以字書等反切釋之, 則無不脗合, 故一從初聲之同華者定音。)《화동정음》 범례

> 화음의 초성으로 우리 나라 한자음을 정하니 우리 나라의 오음청탁도 거의 바로잡히게 되였다.(依華音初聲, 而定我音, 我音之五音、清濁, 庶有歸正。)《화동정음》 서

> 우리 나라 음은 … 칠음에서 어긋나는 음은 바로잡고 …중성이 어긋난것 역시 화음을 표준으로 추정하여 바로잡았다.(我音則……其有違於七音者正之……中聲之舛者, 亦皆準的於華音推類, 以釐之。)《삼운성휘》 서

중국음을 기준으로 중국음운학 리론체계로 한자음을 규범해야 한다는 정리규범은 정조(正祖)대에 그대로 이어진다.

---

3) 《若不一大正之則愈久愈甚 將有不可救之弊矣》「동국정운 서」
4) 《其音随変清浊四声则犹古也》「동국정운 서」
5) 《苟且顾以素称文明之邦昧昧乎天地自然之音빌非可羞者乎》「화동정음 서」

　　　대개 화음은 고음을 가지고 바로잡고 우리나라 한자음은 화음을 기준
으로　함이　마땅하다.(蓋華音當以古爲正,　我音當以華爲宗。)《화동정음》
어제서

　　이상은 당시 운서편찬자들이 지니고있던 조선한자음의 총적인 규범태
도이다.
　　주지하는바 조선한자음은 중국음운체계에 완전히 복종되지 않고 독자
적인 체계로 발전하여 조선만의 독특한 한자음으로 고착되였다. 이 현상
을 정확히 리해하려면 상술한바의 총체적인 규범과 지도방침하에서 편저
자들이 능동적으로 적용한 가변의 규범원칙을 인식하여야 한다. 즉 구체
적으로 한자음을 정리하고 규범할 때 편저자들은 조선한자음의 일부 특징
들을 인정하면서 가변성원칙을 적용하였던것이다. 례하면 오음청탁의 소
속에서 변화를 일으켜 중국음과 달라지는것이 있더라도 음계내부의 변화
에 속하는것은 고치지 않고 그대로 둔다든가, 조선어의 어음체계에 비추
어보았을 때 조선어에서 발음되지 않는 자모는 비슷한 음으로 소속시킨다
든가 하는 등이다.

　　　설두, 설상, 순중, 순경, 치두, 정치의 류와 같은것은 우리 나라 한자
음에서는 분별할수 없는것이니 순리에 따를것이로되 36자모에 구애될 필
요가 없다.(如舌頭、舌上、脣重、脣輕、齒頭、正齒之類,　於我國字音未可
分辨,　亦當因其自然,　何必泥於三十六字乎。)《동국정운》서

　　　ㅂㅍㅁ는 순음이며 다 우음에 속하고 ㅈㅊㅅ은 치음이며 다 상음에
속하고 ㄱㅋ은 아음이며 다 각음에 속하고 ㄷㅌ은 설음이며 다 치음에 속
하고 ㅎㅇ는 후음이며 다 궁음에 속하니 이들 초성이 비록 중국음과 우리
나라 한자음 사이에서 맞지 않는것이 있으나 같은 음 안에서 조금 변한것
에 지나지 않고 소속되여 있는 궁을 잃지 않았으므로 예전의 음대로 두었
으니 책을 보는 사람은 이점을 주의하라.(ㅂㅍㅁ脣音,　而同屬於羽；ㅈㅊ
ㅅ齒音,　而同屬於商；ㄱㅋ牙音,　而同屬於角；ㄷㅌ舌音,　而同屬於徵；ㅎ
ㅇ喉音,　而同屬於宮；此等初聲雖有華我之不合,　不過同音中少變,　而不失
所屬之宮,　故因舊存俗,　觀者詳之。)《화동정음》범례

　　　여러 자모가 한음에 있으나 조선한자음에서 서로 가까운것은 일일이 바
로잡지 않았다. 비록 한음에 있더라도 뒤섞이면 안될것은 이를 바로잡았다.
비록 한음은 아니더라도 조선한자음에서 비슷한것과 우리나라에서 음을 이

루기 어려운것은 모두 속음대로 두었다.(諸母之在一音(협주략), 而我音相
近者, 不能一一釐正(협주략)。雖在一音, 而有不可混者, 則正之(협주
략)。雖非一音, 而我音相似者(협주략), 及我國之難於成音者, 竝從俗(如
日母難作△音, 故從俗或ㅅ或ㅇ。)《삼운성휘》범례

이와 같은 가변의 규범원칙은 후기 운서들에서 크게 작용하는데 바로
이러한 인소로 하여 중국음의 그늘밑에서 중국음운학리론이라는 큰틀의
제한을 받아야 하였던 조선한자음이지만 나름대로 독자적인 체계를 이루
면서 조선한자음의 특징을 이루어왔고 나아가 현대 조선한자음으로 정착
되였다고 할수 있다.

2.2. 구체양상

조선조에 편찬된 조선음 기록의 운서들은 중국한자음의 체계라는 큰
틀안에서 중국음운체계에 맞게 규범되는 공통적인 특징을 가지게 된다. 그
러나 조선한자음의 독자성을 어떻게 인식하느냐에 따라 그 규범의 정도가
달리 나타나며 현실한자음을 반영함에 차이가 생기게 된다.
《동국정운》은 중국음이 조선에 들어와 오랜 시간을 거쳐 이미 조선
어어음체계에 맞게 변화,발전한 현실을 인정하지 않고 중국의 자모체계에
맞추어 조선한자음을 규범하였는데 인위적으로 현실에서 쓰지 않는 가상한
자음을 만들어냈다. 조선한자음표기체계에 없는 전탁자를 사용하고 종성에
새로운 받침을 만들어내는 등으로 중국어음운체계에 영합하였다. 규범의
요소가 너무 강하여 독자성을 말살하기에 이르렀다고 할수 있다.
후기 운서인 《화동정음》, 《삼운성휘》, 《규장전운》에서도 중국어의 음
운체계에 맞추어 조선음을 규범하게 된다.
《화동정음》과 《삼운성휘》, 《규장전운》에서 다르게 나타나는 음은
어느 한 운서가 현실음을 교정함으로써 생성되였거나 혹은 고음과 금음,
다운다음 가운데서 각기 다른 음을 선정한데서 생성된것이다. 부동한 음
의 선정으로 생긴 음들을 제외한 이음들은 운서편저자들이 중국음에 기준
하여 현실한자음을 교정한 음들인데 《화동정음》은 상대적으로 중성에서
강한 규범을 보였고 《삼운성휘》와 《규장전운》은 초성에 대하여 교정을
하였다. 구체적으로 어떻게 교정하였는가를 살펴보기로 한다.

중국한자음과의 관계에서 볼 때 운서들에서 보이는 이음은 다음과 같은 두가지 류형으로 갈라볼수 있다.

① 중국음이 다름에 따라 조선음도 달라진 경우
② 중국음은 같은데 조선음이 다른 경우

아래에 이 두가지 경우로 나누어 각기 어떤 방법으로 규범하였는가를 살펴본다.

1) 선정된 중국음의 초성이 다름에 따라 조선한자음의 초성도 달라진 경우

《화동정음》과 《삼운성휘》가 기록한 중국음의 음계는 운서들의 범례와 서문에서 밝혀지고있다.

삼운통고를 가져다 글자아래에 중국음을 기록하였는데 우리 나라 최세진이 지은 사성통해의 음을 따랐다.(取三韻通考, 懸華音於字下, 一依本國崔世珍所撰四聲通解之音。)《화동정음》 범례

중국음은 홍무정운 자모를 위주로 하되 오로지 사성통해에서 조선글로 주음한 음을 따랐다.(華音, 則以洪武正韻字母爲主, 而一從四聲通解諺飜之音。)《삼운성휘》 서

이처럼 두 운서는 모두 《사성통해》의 음을 기준으로 중국음을 정리하였다.

그런데 중국한자음의 표준운서로 작용한 《사성통해》에는 옛 운서의 음(홍무정운 음)과 현실의 속음 두 계통의 음이 기록되여있다. 현실음은 15세기의 북방음과 최세진이 생활하던 당시의 16세기 음으로 나뉘여진다. 그러므로 다같이 《사성통해》의 음을 기준하였다고 하나 두 운서에서 기록한 중국음은 꼭같다고 할수 없는것이다. 음계를 선택함에 있어서 《삼운성휘》는 운서의 옛 음을 선택하였는데 범례에서 다음과 같이 밝히였다.

이제 사성통해 고정음을 위주로 기록하니 세속에서 사용하는 중국음을 알려면 역관들의 책을 참고하라. (今以四聲通解古正音爲主, 欲知俗用漢音, 則當考譯家諸書。)《삼운성휘》 범례

실제로 기록된 음을 보면 《화동정음》은 《사성통해》의 속음을 채택하였고 《삼운성휘》는 고정음(古正音)을 채택하였음이 확인된다. 가령 《支》운의 《兒》자를 볼 때 《사성통해》에 기록된 정음은 《ᅀᅵ》고 속음은 《ᅀᅳᆼ》이다. 16세기의 현실음은 《ᅀᅮᆯ》이다. 이 3종의 음가운데서 《화동정음》은 금속음인 《ᅀᅮᆯ》을 취하였고 《삼운성휘》는 옛 음인 《ᅀᅵ》를 취하였다. 《화동정음》은 《사성통해》의 음을 기준하되 현실의 구두어를 많이 참고하였는데 이 경우 두주(頭註)에 《華本X》, 《華或Y》 등의 형식으로 옛 음이거나 다르게 읽히는 음을 밝혀주었다.

운	한자	사성통해	화동정음	삼운성휘	화동정음 頭註
支	兒	ᅀᅵ俗ᅀᅳᆼ	ᅀᅮᆯ	ᅀᅵ	華本 ᅀᅵ, ᅀᅮᆯ 今俗音
庚	兄	횡今俗흉	흉	횡	
錫	喫	키今俗音치	치	키	華本 키
尤	牛	이ᇢ今俗音니ᇢ	뉴	위	華本 위
屋	六	루今俗音리ᇢ,中原音韻류 리ᇢ	뤽	류	華本 루
徑	剩	씽韻會音잉	싱	잉	華或 잉
迥	肯	킹俗큰蒙韻큰	큰	킹	華本 긍
篠	鳥	녀ᇢ蒙韻 韻會뎌ᇢ	냐ㄴ	뎌ㄴ	華或 댜
卦	話	봐蒙韻 韻會봬	화	봬	韻會 회

이렇게 두 운서는 《사성통해》에 기록된 음을 기준하면서도 구체적인 선정에서 같지 않은 음을 택하였는데 이 경우 조선한자음도 서로 다른 음을 기록하였다. 일례로 《虹》자의 음이 기록된 정황을 보면 중국음으로 《화동정음》은 《홍》, 《삼운성휘》는 《궁》음을 기록하였고 이렇게 선정된 중국음에 따라 조선음도 상응한 음으로 기록되였는데 《화동정음》은 중국음과 동일한 초성으로 효모(曉母)의 《홍》음을 보였고 《삼운성휘》는 견모(見母)의 《공》음을 보였다. 이와 같은 대응관계를 보이는 자례들을 더 보면 다음과 같다.

운	한자	화동정음		삼운성휘	
		조선음	중국음	조선음	중국음
送	虹	홍	홍	공	궁
冬	蚣	죵	중	숑	승
腫	嵷	죵	중	숑	승
魚	蝑	져	쥬	셔	슈
遇	鞻	루	류	구	규
佳	蝸	왜	왜	괘	괘
	騧	왜	과	괘	괘
卦	劾	히	해	긔	캐
	罫	괘	괘	홰	쾌
旱	梡	완	원	관	퀀
	脘	완	완	관	권
刪	關	관	권	완	환
	覵	간	견	한	햔
	馯	한	한	간	캰
霰	悁	연	원	견	젼
肴	撓	효	화	뇨	놔
麻	蝸	와	와	과	과
馬	踝	과	고	화	화

표면상 두 운서에서 각기 다른 음을 기록하고있어 이러한 음들을 일
자다음(一字多音)으로 볼수도 있지만 반절에 맞추어 보면 결코 꼭 그런것
이 아님을 알수 있다. 례하면 실례로 들었던 《虹》은 견모와 효모로 2음을
가지고있던 음이고 현대한어에서도 《hóng》과 《jiàng》으로 2음을 유지한
다. 그러므로 《화동정음》과 《삼운성휘》가 각기 《홍》과 《공》으로 조선한자
음을 기록한것은 교정한 음이 아니고 둘 다 현실의 음이였다고 볼수 있
다. 《훈몽자회》에 《홍》음으로 기록되여있어 《홍》음은 전통음이였음을 확
인할수 있다. 그러나 이와 같은 경우의 음은 상대적으로 아주 적고 일자
일음(一字一音)의 한자이지만 두 운서가 선정한 음의 계통이 다름으로 하

여 중국음이 달라지고 나아가 그 중국음의 5음청탁에 따라 조선한자음을 기록함으로써 생긴 이음들의 경우가 대부분이다. 례하면 《關》은 현대한어음에서도 그러하지만 상고한어음이거나 중고한어음에서도 견모에 속하는 음인데 《화동정음》은 견모로 중국음을 반영하고 조선한자음도 그에 맞는 견모로 《관》음을 기록하였으나 《삼운성휘》는 영모(影母)로 중국음을 반영하고 그에 맞는 음으로 조선한자음을 유모의 《완》음을 기록하였다. 이 경우 《완》음은 중국음의 초성에 맞추어 교정한 음이 된다.

운서에서 조선한자음은 이렇게 서로 달리 기록된 중국음의 초성체계에 맞는 음으로 선정되거나 혹은 5음체계에 맞게 교정되여 기록되였다.

2) 중국음은 같은데 조선한자음이 서로 달리된 경우

기준으로 삼은 중국음이 다름에 따라 조선한자음이 다르게 나타나는것은 중국음의 칠음의 체계내에서 조선한자음의 초성을 규범한 운서음으로 볼 때 아주 당연한 일이다. 그런데 문제되는것은 중국음이 동일한데 조선한자음이 같지 않게 나타난 음들이다. 례하면 《厖》자의 중국음은 《사성통해》에 《망》이고 《화동정음》과 《삼운성휘》에도 모두 《망》으로 기록되였지만 조선한자음은 《화동정음》에서 《방》, 《삼운성휘》에서 《망》으로 기록하였다. 중국음의 초성체계에 맞게 조선한자음을 정리하는 규범원칙으로 볼 때 《화동정음》에서도 중국음의 초성과 동일한 《망》음을 기록함이 정상일 것이다. 다음과 같은 자례들을 더 례시한다.

운	한자	화동정음		삼운성휘	
		조선음	중국음	조선음	중국음
江	厖	방	망	망	망
	駹	방	망	망	망
未	彙	휘	위	위	위
虞	姝	슈	츄	쥬	츄
寘	撫	무	부	부	부
	拊	무	부	부	부
霽	傺	졔	치	체	치
佳	娟	왜	괘	괘	괘
	絹	왜	괘	괘	괘
灰	瘣	외	휘	회	휘
軫	顫	친	친	진	친
震	峻	쥰	슌	슌	슌
阮	坂	반	반	판	반
刪	販	반	판	판	판
潸	剗	잔	찬	찬	찬
	鏟	산	찬	찬	찬
銑	躔	뎐	년	년	년

자례에서 볼수 있다싶이 운서들은 동일한 중국음을 기록하면서 서로 다른 조선한자음을 기록하였다. 그 원인은 현실의 조선한자음에 대한 저자들의 인식과 처리방법에 있다.

먼저, 《삼운성휘》는 《사성통해》의 고정음의 초성에 맞추어 그것과 다른 조선한자음의 초성에 대하여 일일이 교정하였지만 《화동정음》은 《사성통해》의 음에 제한받지 않고 중국 고금의 운서들을 널리 참고하여 조선한자음을 기록하였다.

중국음에는 옛 음과 속음이 있는데 우리 한자음이 옛 음을 따르면 현실음과 어긋나게 되고 속음을 따르면 옛 음과 어긋나게 되므로 옛 음과 현실음 가운데서 우리 음의 초성과 부합되는 음이 있는것을 두주에 기록하여 참고로 삼게 하였으니 바로 광운, 집운이라 한것들이다.(華音有古有俗, 我音從古則違於俗, 從俗則違於古, 故古俗中合於我音初聲者, 書於頭註, 以備參考, 曰廣韻、集韻等者是也。) 《화동정음》 범례

　　이와 같이 《화동정음》은 조선한자음을 기록할 때 《사성통해》음의 초성체계에 어긋나더라도 중국 고금의 운서가운데 초성이 일치한 음이 있을 때는 취음의 근거를 두주에 밝히고 한자음을 교정하지 않았다. 례하면 《諉》의 중국음은 《화동정음》과 《삼운성휘》에 모두 《뉘》로 기록되였다. 《삼운성휘》는 중국음과 동일한 초성으로 조선한자음을 《뇌》로 기록하였으나 《화동정음》은 《집운(集韻)》에 중국음이 《위》로 기록되여 있음에 주목하고 《뉘》에 따라 조선한자음의 초성을 교정하지 않고 《위》음을 그대로 기록하였다. 이 경우 조선한자음의 《위》음은 《홍무정운》이전에 《집운(集韻)》과 같은 중국음에 바탕을 두고 일찍부터 형성되여 쓰이고있던 조선한자음이라 할수 있다. 《화동정음》이 《사성통해》의 음이거나 현실 중국음에 구애되지 않고 전부터 씌여오던 조선한자음을 그대로 기입한 음들을 더 보면 다음과 같다.

운	자례	화동정음		삼운성휘		화동정음 頭註
		조선음	중국음	조선음	중국음	
寘	諉	위	뉘	뇌	뉘	集韻 위
支	漦	리	스	시	스	集韻 리
佳	媧	왜	괘	괘	괘	古韻 왜
	緺	왜	괘	괘	괘	古韻 왜
眞	窀	둔	쥰	쥰	쥰	集韻 툰
眞	迍	둔	쥰	쥰	쥰	集韻 툰
眞	勻	균	윤	윤	윤	集韻 균
合	鰈	엽	타	탑	타	華或 뎌
葉	浹	협	져	겹	져	集韻 혀
職	稙	식	지	직	지	華又 시
物	訖	홀	기	글	기	華或 히

　　이처럼 《화동정음》은 《사성통해》음을 기초로 하되 기타 여러 자서들도 널리 참고하면서 능동적으로 조선한자음을 처리하였으나 《삼운성휘》는 《사성통해》의 교정음 즉 《홍무정운역훈》음을 준거로 그에 맞추어 한자음의 초성을 일일이 교정하였다.

다음 《삼운성휘》는 동일한 음계내에서 음들의 대립체계를 정립하고 그에 따라 조선한자음의 초성을 바로잡았다. 례하면 순음(脣音)의 명모(明母)와 《ㅂ(幫母)》, 《ㅍ(旁母)》 등은 혼입될수 없다고 하여 명모에 속하는 《厖》자의 경우 조선한자음의 《방》음을 허용하지 않고 《망》으로 교정하였다. 《방》음은 《훈몽자회》에서도 보이던 음이다.

음계내에서 《삼운성휘》가 정립한 대립체계는 다음과·같다.

첫째, 각음(角音)의 《ㅇ(疑母)》와 《ㄱ(見母)》, 《ㅋ(溪母)》, 《ㄲ(群母)》는 혼입할수 없다.

둘째, 치음(徵音)의 《ㄴ(泥母)》와 《ㄷ(端母)》, 《ㅌ(透母)》, 《ㄸ(定母)》는 혼입할수 없다.

셋째, 우음(羽音)의 《ㅁ(明母)》, 《ㅱ(微母)》와 《ㅂ(幫母)》, 《ㅸ(非母)》, 《ㅍ(旁母)》, 《ㅃ(並母)》, 《ㅹ(奉母)》는 혼입할수 없다.

넷째, 상음(商音)의 《ㅅ(心母)》, 《ㅆ(邪母)》, 《ㅅ(審母)》, 《ㅆ(禪母)》와 《ㅈ(精母)》, 《ㅊ(淸母)》, 《ㅉ(從母)》, 《ㅈ(照母)》, 《ㅊ(穿母)》, 《ㅉ(牀母)》는 혼입할수 없다.6)

다섯째, 그러나 궁음(宮音)의 《ㅇ(喩母)》가 《ㅎ(曉母)》, 《ㆅ(匣母)》와 섞이는것은 허용한다. 조선음에서 유모와 영모(ㆆ)가 구별되지 않기에 그에 따라 효모와 갑모도 섞이게 된것으로서 각, 치, 우, 상 음의 경우와 다르므로 바로잡지 않는다.7)

이와 같은 원칙에 의하여 《삼운성휘》는 중국음의 의모(疑母)는 조선한자음에서 《ㅇ》로, 니모(泥母)는 《ㄴ》로, 명모(明母)와 미모(微母)는 《ㅁ》로, 심모(心母), 사모(邪母), 심모(審母), 선모(禪母)는 일률로 《ㅅ》초성으로 반영시켰다. 《화동정음》은 《삼운성휘》가 정립한 이와 같은 대립체계를 세우지 않고 현실음을 그대로 두었다. 그리하여 불청불탁의 음들과 전청, 차청자들이 음계내에서 섞여 사용된 자례들이 교정되지 않고 기록되였다. 례시(例示)하면 다음과 같다.

---

6) 《雖在一音而有不可混者則正之(角之疑不可混於見溪羣是也, 徵之泥、羽之明微、商之心邪審禪亦同)》「삼운성휘 범례」

7) 《惟宮之喩影我音无別, 曉匣亦隨而混, 則亦不得一例正之》「삼운성휘 범례」

운	한자	화동정음		삼운성휘	
		조선음	중국음	조선음	중국음
江	厖	방	망	망	망
虞	姝	슈	츄	쥬	츄
霽	撫	무	부	부	부
佳	媧	왜	괘	괘	괘
震	峻	쥰	슌	슌	슌(心)
潸	鏟	산	찬	찬	찬
先	涎	연	션	션	쎤(邪)
銑	蹍	뎐	년	년	년
勘	痁	졈	셤	셤	셤(審)
沃	蜀	쵹	슈	쇽	쑥(禪)

따라서 이와 같은 경우에도 운서에서 중국음은 동일하나 조선한자음은 서로 다르게 정리되는 현상이 나타나게 되였다.

이상은 《화동정음》에서 현실의 조선한자음을 능동적으로 처리한 경우이다. 즉 《화동정음》은 전기에 형성된 현실한자음을 많이 존중하였고 《삼운성휘》는 《사성통해》에 기록된 고정음의 오음체계에 맞추어 전기에 형성된 조선한자음을 철저하게 교정하였다. 따라서 초성자에 대한 교정은 《삼운성휘》에서 더 많이 이루어지게 되였고《화동정음》은 현실음을 많이 기록하였다. 실제로《전운옥편》등 후기 옥편, 사전들이《화동정음》의 음을 많이 계승하였던것도 이와 같은 점을 증명해준다.

조선한자음의 고음과 금음에 대한 인식에서 《화동정음》이 고음을 존중함으로써 초성에서는《화동정음》이 현실음을 많이 반영하였었다면 반대로 이러한 인식은 중성자에 한하여는 비현실적인 요소로 작용하였다.

앞장에서 살펴보았듯이 《화동정음》은 일부 운들에서 중성자에 대하여 철저한 교정을 진행하여 현실조선한자음을 정음으로 회귀시켰다.

원래 조선한자음의 중성은 초성의 그것과 달리 중국음에 대하여 비교적 자유로왔다. 《삼운성휘》는 중국음의 오음청탁에 맞추어 초성에 대하여는 많은 교정을 진행하면서도 중성에 관하여는 비교적 관용적이였다.8) 그런데《화동정음》에서 중성자에 대하여 중국음운학리론의 음운체계에 맞추어 많이 교정함으로써 이음이 나타나게 되었다.

다음의 자례들에서 볼수 있다싶이 중성의 이음례가운데서《화동정음》이《삼운성휘》,《규장전운》과 대응을 보였던 중성들은 중국음과 일치한 중성을 택함으로써 생긴것이다.

운	자례	화동정음		삼운성휘	
		조선음	중국음	조선음	중국음
麌	甫	부	부	보	부
	土	투	투	토	투
	稌	두	투	도	투
	魯	루	루	로	루
	覩	두	두	도	두
	古	구	구	고	구
	虎	후	후	호	후
	苦	구	쿠	고	쿠
遇	澍	쥬	쥬	주	쥬
	慕	무	무	모	무
	渡	두	두	도	뚜
	路	루	루	로	루
	菟	투	투	토	투
	顧	구	구	고	구
	怒	누	누	노	누
	布	푸	부	포	부

《화동정음》은《4 支 紙 寘》운,《6 魚 語 御》운,《7 虞 麌 遇》운,《8 齊 薺 霽》운의 중성자들에 대하여 특히 규범을 강조하였는바9) 상술한 운들에서 현실적으로 사용되는《ㅠ, ㅕ, ㅗ》중성을《ㆌ, ㅖ, ㅜ》중성으로 환원시켜 복고적인 모습을 보여주었다.

《화동정음》에서 중국음은 속음을 채용하여 현실음을 그대로 반영하면서도 조선한자음에 관하여는 현실의 음을 접수하지 않고 복고적인 태도

---

8)《有以久譌而不能卒正者，既正而不可从譌者(如终与中、寄与季，竝宜归一，而终从ㅛ，中从ㅠ，寄从ㅢ，季从ㅖ) 有以类多而从俗者(如衰穣诡堆之竝，宜从ㅟ而或从ㅢ从ㅖ)，盖不得已也》(《삼운성휘》범례)
9) 상세한것은 앞장의 유관부분을 참고하라.

를 취한것은 초성에서 고음을 기준했던것처럼 중성에서도 일관적으로 그
러한 립장을 견지하려 하였기때문일것이다. 이러한 결과, 중성자에 한하
여 박성원이 《화동정음》에서 기록한 조선한자음은 정음(正音)계를 따라
교정한 음이고 《삼운성휘》의 음은 교정하지 않고 현실음을 여실히 반영
한 음이다.

　　이처럼 조선한자음을 정리할 때 운서의 편저자들은 현실음을 바탕으
로 하면서도 일부 조선한자음들에 대하여 규범적인 태도를 보였는데 조선
한자음을 교정할 때 중국음에 기준을 두고 5음체계에 맞추어 초성을 교
정하거나 운에 맞게 중성을 교정하였다. 그러나 이때 능동적인 가변의 원
칙을 적용하여 각 운서들에서는 구체적음의 교정에 있어서 차이를 보이게
되였다.

《화어류초》에 나타난 어휘에 대한 검토

김 철 준

1. 《화어류초》의 문헌적성질

조선어사에서 근대조선어시기는 17세기부터 19세기말까지의 약 300년동안을 말한다. 조선어사의 시대구분에 대해서는 여러 학자들의 론의가 있었고 다소 다른 점이 있기는 하지만 대체로 《갑오경장》을 하나의 시기로 구분하는데는 동의하고있다.[1]

근대조선어는 중세조선어와 현대조선어를 이어주는 교량적인 시기의 조선어이다. 근대조선어시기는 후기중세조선어의 변화된 결과가 나타나서 새로운 체계를 보이기 시작하는 시기이며 동시에 현대조선어의 제반 특징이 출현하기 시작하는 때이기도 하다.[2] 근대조선어에서 현대조선어에로 넘어오는 시기에 가장 두드러지는 변화를 보이는것은 음운이나 문법보다도 어휘이다. 근대조선어어휘는 중세조선어어휘와 극심한 단절을 보이지 않는다. 중세조선어시기에 사용되던 어휘가 상당한 수는 그대로 근대조선어로 이어진다. 이처럼 중세조선어어휘를 이어받으면서도 언어내적으로는 일반적인 언어변화과정을 거치고 언어외적으로는 사회변화를 반영하는 어휘갱신이 일어나면서 근대조선어의 어휘모습이 형성되였다. 즉 중세조선어에서 이어받은 어휘의 형태나 의미가 바뀌기도 하였으며 새로운 단어가 등장하기도 하였다. 한문중심의 문자생활이 계속 지속되였기때문에 어휘중에서 한자어가 차지하는 비중이 계속 늘어났으며 사용자의 범위도 확장되였다. 그렇지만 유감스러운 점은 자료가 풍부함에도 불구하고 아직까지 근대조선어어휘에 대한 연구성과가 많지 않다는 점이다.

---

1) 《국어의 시대별 변천연구》, p110, 국립국어연구원 1997년.
2) 홍윤표 《근대국어연구》(1), p41-p44. 태학사 1994년.

특히《화어류초》의 어휘에 대한 연구성과는 필자의 제한된 조사에 의하면 아직 없고 다만 판본에 대한 연구성과가 두개 정도 있을뿐이다. 그중 하나는《華語類抄小考》(홍순혁 한글97 한글학회 1976년)이고 다른 하나는《조선어학사》(오꾸라 신베이, 도강서원, 소화 39년 10월 30일)에 서 론한 한 단락이다. 이런 문장들에서는 판본에 대해서만 론했을뿐이지 그 어휘에 대해서는 론하지 못하고있다. 본 론문에서는 이런 상당한 제약 을 받으면서《화어류초》에 나타나는 어휘들에 대하여 연구를 진행하여 근대말 조선어어휘연구에 조그마한 보탬이라도 주고저 한다. 주로 어휘체 계3)와 어휘변화에 대하여 론하려 한다.

《화어류초》는 근대조선어시기말기의 문헌이라는데 그 가치와 의의 가 있다.

어휘체계에서는《역어류해》의 어휘체계와의 통시적비교를 통하여 조 선어어휘체계에서의 중국어 기원의 한자어의 지위와《화어류초》가 처한 시대의 어휘체계에 대한 진일보로 되는 연구를 하게 된다.

어휘변화에서는 통시적각도에서《역어류해》,《한청문감》,《화어류초 2》와 그리고 현대어를 서로 비교하여 기술한다. 이는 조선어 기본어휘에 대한 옳바른 리해와 정확한 사용에 도움을 줄것이다. 또한 어휘변화를 통 하여 표기법과 음운의 변화 역시 간접적 혹은 직접적으로 어휘에 큰 영향 을 주고있다는것도 알아볼수가 있다.

《화어류초》는 근대조선어시기말기에 편찬된 대역사서식어휘집으로 서 그 어휘체계, 어휘변화 등에서 근대조선어시기에 나타나는 여러 특징 들을 찾아볼수 있을뿐만아니라 이들과 다른 현상들도 찾아볼수 있다. 본 론문에서는 이런 현상들을 돌출히 하기 위하여《화어류초》를 기간자료로 하면서《역어류해》,《역어류해보》,《한청문감》 등도 많이 참조하였다. 이 러한 문헌들을 선택한것은 이것들의 형식, 내용, 체재에 있어서《화어류 초》와 아주 상사한 점을 갖고있기때문이며 또한 이것들이 각각 근대조선 어 초기, 중기, 말기에 해당하는 문헌들이기때문이다.

1)《역어류해》와《역어류해보》

《역어류해》(아래에는《역해》라 한다.)는 문상국이 사역원 중국어 역

---

3) 리득춘 《조선어어휘사》, p100(연변대학출판사 1988년);《문화어어휘론》, p44(김일성종
합대학출판사 1975년)를 참조하라.

관인 신이행, 김경준, 김지남 등에게 명하여 편찬하게 하고 중국인 문가상, 정선갑 등의 수정을 받아 1690년에 사역원의 정창주, 윤지흥, 조덕현으로 하여금 2권 2책의 목판본으로 간행하게 한 중국어 어휘사전이다.

《역어류해보》(아래에는 《역해보》라 한다.)는 《역어류해》의 보편으로서 김홍철이 1775년에 《역어류해》의 단점을 보충하여 편찬한것이다.

《역어류해》는 두가지 이본(異本)을 갖고있는데 모두 서울대도서관에 있다. 규장각본보다 고도서본(古圖書本)이 그 초간본인것으로 보인다. 왜냐하면 구개음화의 표기 등이 다른 판본들보다 가장 적게 반영되여 있기 때문이다.

《역어류해》는 천문, 시령(時令), 지리, 기후 등 총항목 62부문으로 구성되였는데 어휘수가 약 5천정도에 달한다. 모든 항목은 중국어와 그에 해당하는 조선어어휘 또는 설명구의 대역구조로 되였는데 표제어로 적힌 중국어어휘에는 매 한자의 아래 좌우에 중국음(오른쪽의것은 당대의 속음이고 왼쪽의것은 력사적표기에 의한 이른바 정음임)을 적었다.

《역어류해보》는 그 체재가 《역어류해》와 동일하며 류문항목도 《역어류해》처럼 62부문으로서 《역어류해》에 오르지 않은 단어들을 1천 1백여개 새로 보충하였다.

2) 《한청문감》

《한청문감》은 18세기 70년대에 조선에서 간행한 만주어-한어-조선어 대역사전으로서 올림말수가 무려 1만 2,000여개를 초과하는 방대한 규모를 가진 사전이다. 이 책은 당시 전문번역기관이였던 사역원에서 간행한것이다.

《한청문감》의 원본은 청나라에서 간행한 《어제증정청문감》인데 46권, 48책으로 된것이다. 그중에는 총강 8권, 보편 4권, 보편총강 2권이 포함되여있는데 《한청문감》에서는 전부를 15권으로 줄이고 보편을 제15권에 요약하여 싣고 총강은 삭제하였다.

《한청문감》(아래에는 《한청》이라 한다.)은 한어단어를 올림말로 첫머리에 놓고 그 발음을 정음자로 표기한 다음 조선어역문을 보여주고 그 아래에 해당한 만주어를 제시하고 옆에다 발음을 정음으로 달아주었고 마지막에 올림말에 대한 만주어해석을 역시 정음자로 전사해놓았다.

3) 《화어류초》

《화어류초》는 19세기말에 간행된 문헌으로서 두가지 판본을 갖고있다. 하나는 목활자본이고 다른 하나는 목각본이다. 필자는 두가지 판본을 다 갖고있는데 전자는 김일성종합대학에서 복사한것이고 후자는 절강성도서관에서 복사한것이다. 이 두가지 판본은 19세기말의 문헌으로 추정된다. 그 근거는 다음과 같다.

첫째, 목각본 《화어류초》에는 《화음계몽언해》라는 책의 내용의 일부가 《화음계몽언해상》이라 하여 실려있기때문이다. 《화음계몽언해》는 당시의 역관이였던 리응헌이 1883년에 편찬한 《화음계몽》을 같은 해에 언해하여 간행한 중국어회화책이다. 홍순혁선생은 《화어류초소고》에서 다음과 같이 말하고있다.

《<화어류초>는 목활자본과 목각본이 있다. 이것은 흔히 보는 초판, 재판정도의것이 아니고 一本은 他本에서 볼수 없는 卷頭부록을 가지고있어 이것이 <화음계몽>의 卷尾부록, <화음계몽언해>의 일부를 抄略하여 옮기어 온것임을 알수 있다. 따라서 한가지 더 고찰하지 않으면 안될것은 활자본과 목각본의 인쇄년대에 대한것이다. 편집된 내용으로 보아 그 어느것이 먼저 되고 나중에 되였다고 단정하기 어려우나 활자본 <화어류초>와 <화음계몽>, <화음계몽언해>가 똑같은 글자체, 똑같은 글자크기의 목활자인것, 인쇄용지나 책의 크기가 같은 점으로 보아 더욱 이 세책의 표지에 새기어 놓은 題簽의 글씨가 같은 한 사람의 붓임을 보아 화음계몽, 동언해, 화어류초 목활자본은 고종 20년 癸未(서기 1883)간행이라고 믿으며 목각본 <화어류초>는 그 부록을 전기 화음계몽과 동언해에서 가져온 점으로 미루어 좀 더 그후에 간행된것 같다.》 4)

오꾸라 신베이도 《조선어학사》에서 판본에만 대해서 론하고있는데 그가 갖고있는것은 목각본 《화어류초》로서 그는 《화어류초》는 《화음계몽언해》와 관계가 될뿐만아니라 그 간행년대도 동시기거나 좀 그후에 간행된것5)이라 했다.

둘째, 《화초1》(편리상 활자본 《화어류초》를 《화초 1》이라 하고 목각

---

4) 홍순혁 《화어류초소고》,한글97 한글학회 1976년.
5) 오꾸라 신베이 《조선어학사》,도강서원, 소화 39년.

본 《화어류초》를 《화초　2》라　한다.)과 《화초　2》에는 《총리아문》이라는
관직명이 적혀있는데 《총리아문》(p10)은 청정부에서 1861년에 설치한 한
가지 관리기구였다. 또한 《화초 1》에서 보면 개화파들의 계몽사상을 보여
준 어휘들을 거의 찾아볼수 없다. 개화파들에 의한 자산계급혁명은 1884
년에 일어난것6)이다. 그러고 보면 《화초 1》은 1861년부터 1884년 사이
의 문헌임을 알수 있다.

　　셋째, 《화초 1》의 한장밖에 없는 서문에는 다음과 같은 구절이 있다.
《初聲ㄱ者今多從ㅈ如家字古갸而今以쟈》 이는 한어의 구개음화에 대하여
론한것으로서 중국어에서의 구개음화는 19세기말에 이루어졌다.7)

　　이런 점들로 미루어 볼 때 《화초 1》과 《화초 2》는 19세기말에 간행
된 문헌이라고 할수 있다.

　　《화어류초》는 단행본으로 된 중국어학습서로서 천문, 지리 등 총항
목 63개 부문에 약 2,100개정도의 단어가 실렸는데 모든 항목은 중국어
와 그에 대응하는 조선어어휘 또는 설명구의 대역구조로 되였다.

　　이상에서 보다싶이 이 세 문헌은 그 간행년대에 있어서 약 100년간
씩이란 차이를 보이고있다. 그러나 그 형식이라든가 내용, 성질에 있어서
는 별로 큰 차이가 없다.

　　한마디로 말해서 이 세 문헌은 모두 다 대역사서식어휘집의 기능을
하는것이였다. 이는 오늘의 시점에서 당대의 조선어어휘체계뿐만아니라
근 300년에 달하는 근대조선어의 어휘체계와 어휘변화를 파악하는데 단
서를 제공하여준다고 할수 있다.

2. 《화어류초》의 어휘체계에 대한 연구

　　주지하다싶이 세나라초기의 조선어는 단어의 체계에 있어서 단일성을
갖고있었다. 즉 단어의 체계내에 아직 외래적성격이 침투되지 않고 순수
고유어의 체계를 확보하고있었다. 그후 유교, 불교의 전파와 영향으로 하
여 한자어가 조선어에 들어오기 시작했으나 그것은 어디까지나 조선어에
없는 새로운 개념을 나타낸 낱개의 단어들이였다. 그러다 삼국통일후 특

---

6) 리득춘 《조선어휘사》,연변대학출판사, 1987년.
7) 김기석 《朝鮮韵书中所反映的明清音系研究》, p96,　박사학위론문 1998년.

히 신라 경덕왕(757)시기에 이르러 본격적으로 형성되기 시작한 한자어 계렬은 고려시기를 거쳐 후기 중세조선어시기에 이르러서는 한자어체계를 확립하였다. 하여 조선어에는 고유어와 한자어의 이중체계가 확립되였다. 이러한 상황은 간단없이 계속 지속되였다. 근대조선어의 어휘체계는 이 기존의 두개 큰 체계를 기초로 하여 발전하여왔다.

본 론문에서는《화초 1》의 어휘체계에 대하여《역해》와《역해보》의 어휘체계와 비교하면서 기술, 론의해보기로 한다.

아래에《화초 1》의 어휘를 몇개 부류로 나누어 서술한다. 여기에서 《화초 2》의 어휘에 대하여 론하지 않는것은 그 체재가《화초 1》과 같기 때문이다. 다른 점이라면 한자어풀이어가 모두 정음으로 적힌것이다. 하 기에 본 론문에서는《화초 1》을 대표로 하여 그 어휘에 대해 검토해보기 로 한다.

1) 중국어표제어를 대역한 풀이어에 대한 검토

(1) 표제어와 동일한 풀이어들

즉 日이蝕시 ○ -- 와 같이 조선말 대역어가 중국어 단어와 동일함을 나타낸 부류로서 애당초 한자로 기록되여 당시나 현대나 해당시기의 음으로 읽어 굳어진 한자어들이다.《화초 1》에는 이 부류에 속하는 어휘가 369개 로서 전체 어휘수의 약 17.2%를 차지한다.《역해》에는 이 부류에 속하는 단어가 약 300여개에 달한다. 이가운데는《역해》와《화초 1》에 다 같이 나타나는 단어도 있고《역해》에 없는것이《화초 1》에 있고《화초 1》에 없는것이《역해》에 있는 단어들도 있다.

《화초 1》에서의 이 369개 단어가운데서 현대에 이르러서도 의연히 쓰이고있는 한자어들을 일부 뽑아 적어보면 다음과 같다.

역어류해:

日蝕, 月蝕, 來月, 冬至, 咨文, 煙臺, 壯元,
果園, 念佛, 皇帝, 王子, 月經, 石灰, 藥材,
寸白蟲, 强盜, 珊瑚, 天平, 槍

역어류해보:

　　豊年, 黃昏, 溫泉, 總督, 亭子, 吶喊, 火藥,
　　合掌, 皇后, 元宵, 蛔蟲, 救療, 硫黃, 灰色,
　　五味子

화어류초:

　　日蝕, 來月, 白日, 海水, 江水, 咨文, 家信,
　　主事, 學士, 城樓, 秀才, 壯元, 亭子, 親兵,
　　短刀, 合掌, 念佛, 皇后, 王子, 月經, 黃酒,
　　沙果, 痔疾, 藥材, 火藥, 原告, 強盜, 珊瑚,
　　朱紅, 眞紅, 薄荷, 竹筒, 雨傘, 燈臺, 寸白蟲,
　　膽

　　이 부류에 속하는 어휘들에서 약 90여개의 어휘가 현대에 이르러 생명력을 잃었음을 확인해낼수 있는데 이 부류 어휘의 약 24.3%를 차지한다. 특히 《례도(禮度), 식식(食蝕), 직조(織造)》 등 부문에 속하는 어휘들에서 잊혀진 어휘가 많다. 이는 생활양식의 변화로 말미암아 잊혀진것이라고 보아진다. 례하면 《不敢, 龍鳳糕, 蜂糕, 江米條, 爐糕, 白來紅, 大八件, 冰蔞花, 蔞花, 門冬, 苽茸, 榛子糕, 五花糖, 八雲, 寶相花, 粧緞, 碎花, 八兩紬, 老紡紬, 宮稍, 通海緞, 白鳥朝鳳緞, 吉祥紗》등과 같은 단어들이다.

　　주지하다싶이 어휘는 사회의 모든 변화에 대하여 직접적으로 신속하게 반영하기때문에 아주 민감하고 변화가 빠르다. 사회적으로 새로운 사물, 현상이 나타나게 되면 그것을 반영하는 단어가 생기게 되며 사회적으로 어떤 사물, 현상이 없어지게 되면 그것을 나타내던 단어나 표현이 점차 쓰이지 않게 된다.

　　지금까지 생명력을 갖고있는 어휘는 약 280여개로서 이 부류 어휘의 약 75.7%를 차지한다. 이런 어휘들은 《시령(時令), 사관(寺觀), 수족(水族), 화초(花草), 수목(樹木)》등 부문에 속하는 어휘들이다. 례하면 《來月, 白日, 佛堂, 念佛, 合掌, 道士, 袈裟, 靑魚, 海蔘, 民魚, 牧丹, 海棠, 蓮花, 菊花, 石榴花, 鳳仙花, 梅花》등과 같은 단어들이다. 이런 어휘들이 이렇게 견인성이 강한것은 사물 자체의 계속적인 존재와 관계되기때문이라고 보아진다.

여기에서 재미있는것은 식식(食飾)에 속해있는 《沙果》이다. 《화초1》
에는 《沙果》로 씌였지만 《화초 2》에서는 정음으로 《사과》라 씌여있다.
심재기선생은 《沙果》에 대하여 《현대중국어에서는 <苹果>가 쓰이고 <沙
果>는 잊혀졌는데 오히려 조선에서 이 단어가 생명을 얻어 쓰이고 있
다.》[8] 고 하였다. 이는 옳바르지 못한 해석으로서 좀 더 검토를 해봐야
할것이다.

현대중국어에서 《沙果》는 《苹果》와 같이 의연히 쓰이고있다. 그러나
《沙果》와 《苹果》는 구별이 있다. 《沙果》는 능금을 가리키는데 사과보다
작고 과일즙이 많으며 그 맛이 시다. 그러나 그것이 조선사람들에게 있어
서 모두 능금나무과에 속하는 교목으로서 별로 큰 구별이 되지 않은것 같
다. 또한 이는 《沙果》가 조선어어휘체계에서 《苹果》보다 세력이 강했다는
것을 보여주며 그러하기에 《평과》가 《사과》에 대체되였음을 알수가 있다.
《苹果》는 사전에는 있으나 실제상 잘 쓰이지 않는다.

이 부분에서 또 하나 특기할만한것은 《화초 1》에는 관직명을 나타내
는 어휘만 해도 128개로서 《역해》와 《역해보》보다 그 수자상에서 훨씬
더 많다는것이다. 아래에 그것을 적어보면 다음과 같다.

역어류해:

　　雜職, 土官, 官御

역어류해보:

　　尚書, 侍郎, 郎中, 員外郎, 主事, 總督, 提督,
　　巡撫, 按察使, 副政使, 知府, 知州, 知縣,
　　革職

화어류초:

　　總督, 知州, 主事, 學士, 博士, 大使, 將軍, 統領, 都事, 軍校,
教授, 公, 白, 侯, 太學士, 尚書, 侍郎, 內大臣, 守備, 防禦, 佐領,
中書, 知事, 男, 子, 太師, 太傅, 太保, 太學士, 左都御, 右都御使,
知府, 參議事中, 治中, 郎中, 同知, 監察御使, 洗馬, 員外郎, 司業,
經歷, 京縣, 都事, 通判, 知縣, 贊善, 侍郎, 巡撫, 布政司, 府承, 通
政使, 太常寺卿, 府尹, 副都御使, 按察使, 大理寺卿, 太僕寺卿, 巡

---

8) 심재기 《근대국어의 어휘체계에 대하여》(《국어학의 새로운 인식과 전개》, p81) 서울
　　대학교 대학원 국어연구회 편찬, 민음사, 1991년.

街御使, 巡漕御使, 少卿, 鴻盧寺卿, 修撰, 理問, 州同, 寺正, 編修,
評事司庫, 筆帖式, 主簿, 縣丞知事, 檢討, 中書, 主判, 司務, 司獄,
學正, 訓導, 司書, 吏目, 序班, 檢校, 照磨, 巡檢, 驛丞, 孔目, 典使,
領侍衛大臣, 都統, 九門提督, 總兵, 副都統, 鑾儀使, 散秩大臣, 副
將, 冠軍使, 長史, 翼長, 營總, 參領, 總管, 城守尉, 司儀長, 都司,
典儀, 治儀正, 軍校, 守備, 副尉, 章京, 防禦, 守禦所千總, 整儀尉,
鋒校, 驍騎, 門千總, 翎長, 固山達, 把總, 城門吏, 藍翎長, 提塘, 差
館, 前程, 欽差, 革職

이들은 지난 력사시기의 제도하에서 쓰이던것으로서 사전에는 올라있으
나 지금은 사회제도의 변화로 말미암아 잘 쓰이지 않고있다. 이는 비록 중국
과 동일한 한자어를 사용한다고 할지라도 그것이 조선에서 통용되였던것이
아니라 중국에 대하여 언급할 때에 사용되였던것임을 알수가 있다.

19세기말, 20세기초에 이르러서 새로운 자본주의적인 산업과 문화가
발전하게 됨에 따라 근대국어의 어휘구성에는 그에 상응한 변화로서 새로
운 어휘가 많이 나타나게 된 반면에 붕괴되여가는 봉건사회와 운명을 함
께 하는 낡은 어휘가 소극화되여가는 현상도 생겨나게 되였다. 하기에 봉
건제도의 벼슬이름, 기관이름을 비롯하여 봉건사회에서 흔히 쓰던 일런의
어휘들이 점차 자취를 감추게 되였다.

그러나 《화초》에서 보면 이런 어휘들이 상당한 비중을 차지하고있다. 이
는 자본주의영향이 미치기전의 조선현실의 한단면을 보여주는것이라 하겠다.

(2) 조선어한자어로 된 풀이어들

즉 ○ 다음에 --이 없고 또한 표제어와 동일한 중국어가 아니라 서
로 다른 한자로 적힌 부류다. 이 경우에 풀이어(한자어)에는 그 독음이
표기되지 않았다. 《역해》에는 이 부류에 속하는 단어가 약 100여개에 달
한다. 《화초 1》에도 이 부류에 속하는 어휘가 약 116개로서 전체의 약
5.4%를 차지한다. 그중 일부를 적어보면 다음과 같다.

역어류해		화어류초	
天河	銀河	參兒	參星
拜年	歲拜	年終	歲末
前任	前職	光景	光陰
皇城	都城	內裏	大闕

徒弟	弟子	文官	東班
肝花	肝	腰刀	長刀
外婆	外祖母	話贈	追贈
拇指	第一指	小指	五指

여기서 우리는 이 부류의 어휘들에서 표제어에 대응하는 조선어한자어가 표제어보다 더 일찍 조선에 류입되였음을 알수 있다. 표제어가운데는 그후 조선어에 들어온것이 일부 있고 대부분은 인입되지 않았다. 인입된것만 일부 례로 들어보면 다음과 같은것들이다.

례:

回信(答書), 前任(前職), 原職(本職), 現官(時任)

綿羊(白羊), 腰刀(長劍), 原籍(姓本), 丈人(妻父)

丈母(妻母), 磁器(砂器), 磁石(指南石), 大砲(大碗口)

(3) 고유어와 중국어단어로 된 풀이어들

이 부류에서는 하나의 조선말 풀이어에 대하여 두개 이상의 중국어동의어들이 대응되는 셈이다. 《역해》에서는 ○ 다음에 上소이라 적은 부류의 어휘들이고 《화초 1》에서는 ○ 다음에 고유어와 중국어를 오른켠과 왼켠에 각각 적은 부류의 어휘들이다. 이 경우에 풀이어 중국어에 한하여 중국음을 표기해놓았다.

이 부류의 어휘들을 통하여 우리는 조선사람들이 중국어를 습득하고 구사함에 있어서 동의어를 많이 알고있을것이 요긴했음을 알수 있으며 또한 조선어에 대응하여 두개 이상의 중국어가 존재한다는것은 한자어로 류입될수 있는 자원이 그만큼 풍부했다는것을 말해준다.

《역해》에서는 이 부류에 속하는 어휘가 568개에 달하고 《화초 1》에서는 약 59개로서 약 2.7%를 차지한다.

역어류해:

日頭 ○히, 太陽 ○上소

日暈 ○히ㅅ모로, 日圈 ○上소

雷打了 ○별악티다, 雷震 ○上소

화어류초:

> 日頭(히 太퇴陽양)
> 日暈(히ㅅ모로 日이圈췬)
> 打雷(우릭ᄒ다 天텬鼓구)
> 坐殿(뎐좌ᄒ시다 陞승殿뎐)
> 中堂(정승 閣거老롼)
> 師傅(스승 坐조館관)
> 念書(글외오다 背븨念년)
> 上屋(몸치 正징房방)
> 馬房(ᄆᆞ오양 馬마圈췬)
> 正娘子(안히 大다娘냥子즈)
> 大便(큰믈 拉라屎시)
> 出苗(엄나다 發바芽야)
> 玉米(강낭이 包반米미)
> 酒壺(술병 酒쥐瓶펑)
> 裁衣裳(옷마르다 裁재料롼)

　　이 부류에 속하는 어휘들에서 어떤것은 현대에 이르러 조선어어휘체계속에 자리잡았으나 어떤것은 그냥 그대로 중국어어휘에 머물러있다. 우에서 례든 《日頭》와 《太陽》을 놓고 보더라도 《太陽》은 현대조선어어휘체계에서 튼튼히 발을 붙이고있으나 《日頭》는 지금도 인입되지 않았다.

(4) 순 고유어 혹은 고유어설명구로 된 풀이어들

　　이 부류에 속하는 고유어와 고유어설명구는 약 1,427여개로서 전체의 약 66.4%를 차지한다. 아래에 그중의 일부를 적어보면 다음과 같다. 《月亮(둘 볽다)19》, 虹橋(므지게)1, 流星(ᄡᅩ아가는별)1, 暴雨(쇠나기)2, 天旱(ᄀᆞᄆᆞ다)2, 天淸(하늘 볽다)2, 今日(오늘)3, 害冷(치위 ᄐᆞ다)5, 暖和(ᄃᆞᄉ다)5, 弓背路(도는길)6, 大道(큰길)6, 盖房(집짓다)24, 釣魚(고기낚다)29, 大漢子(킈큰놈)35, 身腰(허리)42, 小腿(죵아리)43, 媒人(듕미)49, 裙子(치마)54, 水酒(무술)58, 打糕(친쩍)59, 苦(쓰다)61, 淡(슴겁다)61, 膏藥(고은

---

9) 단어뒤의 수자는 《화초 1》의 페지수다.

약), 種火(불믓다)62, 小姑(아ᄋ셕누이)66, 妹子(아ᄋ누이)66, 請菜(안쥬자오)68, 不得命(죽다)71, 絞死(목자르다)76, 上用的(나라의셔쓸것)80》 등등이다.

이 부류에 속하는 어휘에 대응하는 표제어들속에는 현대조선어에서 매우 친숙하게 사용되는 한자어들도 있다. 그러나 근대조선어후기에는 어느 정도 설명이 필요할만큼 생소한 단어들도 있었으리라고 생각된다.

《쇠나기》, 《드스다》, 《큰길》 등이 《역해》에서는 《驟雨》, 《溫和》, 《大路》 등과 같이 되어있다. 《화초 1》에 이르러서는 이런 단어들과 동의어관계를 나타내는 《暴雨》, 《暖和》, 《大道》 등과 같은 단어들이 표제어로 쓰이고있다. 이는 후자보다도 전자가 먼저 조선어에 류입되였음을 보여준다.

그리고 여기에서 재미있는것은 《流星》이란 단어이다. 《역해》에서 이 단어는 《뽀아가는별》이란 풀이를 갖고있었다. 그런데 200년이 지난후에 편찬된 《화초 1》에 이르러서도 의연히 《뽀아가는별》이라는 풀이를 지니고있다. 이는 《류성》이라는 한자어가 17세기 당대뿐만아니라 19세기말에 이르러서도 의연히 세력을 얻지 못했음을 말해준다. 즉 《류성》이라는 한자어는 19세기말 이후에 조선어어휘체계속에 자리를 잡았음을 알수가 있다.

(5) 한자어와 고유어가 섞인 풀이어들

례하면 ○ 다음에 《伏兵ᄒ다》처럼 된것들이다. 이 부류에 속하는 어휘는 153개로서 전체의 약 7.1%를 차지한다.

元宵 ○ 正月보롬
正門 ○ 가온딧門
上朝 ○ 朝會가다
抄文書 ○ 文書빼닉다
糊窓 ○ 窓브릇다
挨罵 ○ 辱먹다

決案 ○ 公事못다

풀이어들에서의 한자어들은 그 대대분이 조선어어휘체계속에 자리잡고있는것들이다.

(6) 《표제어 + ᄒ다 (혹) 문》 형식으로 된 풀이어들

례하면 ○ 다음에 《--ᄒ다[heta]》처럼 된것들이다. 이 부류에 속하는 어휘는 24개로서 전체의 약 1.1%를 차지한다. 그중 일부를 적어보면 다음과 같다.

革職	○ --ᄒ다[heta]		八雲	○ --문[mun]
裝藥	○ --ᄒ다[heta]		鱗堞	○ --문[mun]
開倉	○ --ᄒ다[heta]		梅蘭	○ --문[mun]
念仏	○ --ᄒ다[heta]		七宝	○ --문[mun]
合掌	○ --ᄒ다[heta]		純鱗	○ --문[mun]

2) 외래어에 대한 검토

《화초 1》에는 다른 언어로부터 음차하여 받아들인 단어들도 있다.

(1) 한어 차용어

한어로부터 음차된 단어들은 그 차용방법에서 몇개 류형으로 분류할 수 있다. 한어단어의 형태소가 전부 음차될수도 있고 일부가 음차될수도 있다. 본 론문에서는 이는 론하지 않고 차용어의 연혁에 따라 아래와 같은 세가지로 분류하려 한다.

① 현대까지 의연히 쓰이는것.

김치 < 침치 < 醃菜 (沈菜) 60
배추 < 비치 < 白菜 93
편수 < 변시 < 匾食 60
스란(치마) < 스란 < 膝欄 85

② 《화초 1》 이후시기 조선어한자음으로 바뀐것.

법랑 < 파란 < 法琅 81
파리 < 보리 < 玻璃 81

~화 < 훠 < 靴 54

장 < 쟝 < 醬 78

③ 고유어 혹은 새로운 한자어로 바뀐것.

솔 < 사자 < 刷子 97

갈포(葛布) < 주사 < 綢絲 87

가게(假家) < 푸ᄌ < 鋪子 77

현대에 이르러 《김치》, 《배추》, 《편수》 등과 같은 단어들은 우리들에게 고유어처럼 아주 친절하게 느껴지는 단어들이다. 이 부류의 어휘들은 오랜 세월 조선어에 침투되여 사용되는 가운데서 우리의 언어의식상 한어어휘라고 인식되지 않을 정도로 굳어져 조선어어휘체계속에서 드틸수 없는 성원으로 된것들이다. 이러한것들은 이미 한자와 련계되지 않아 현대의식으로서는 그것이 한어로부터 온것이라고 도저히 생각할수 없는것들이다. 《화초 1》에서의 《침치》, 《비치》, 《변시》 등과 같은 단어들은 이런 단어들의 기원을 밝혀주는데 있어서 큰 도움이 된다.

(2) 몽고어 차용어

《매》와 《말》 이름에 관한 단어들과 같이 몽골어로부터 받아들인것도 있다.

말:

ᄌ류마(棗騮馬keire)107, 츄마말(灰馬chamorm)107, 어룽말(花馬alha)107, 잠불말(白臉馬)108, ᄉ족빅(四明馬seberi)107

매:

갈지게(黃鷹)106, 쇼로기(鶻鷹)107

(3) 기타 차용어

화냥(花娘)37, 사돈(50), 담배(78)

《화낭(화냥년)》: 이 단어의 어원을 해석하는데는 다섯가지 견해가 있다. 첫째는 한어 《豢養(환양)》으로부터 왔다는 설이고 둘째는 한어 《幻爺(환야)》로부터 왔다는 설이며 셋째로는 한자말 《還陽(환양)》으로부터 왔다는 설이고 넷째는 만주어 《hayan》으로부터 왔다는 설이며 다섯째는 한자말 《花娘(화랑)》으로부터 왔다는 설이다. 한진건선생은 앞의 네가지 설에 대해서 수긍할수 없고 다섯째 한자말 《花娘》으로부터 유래한것이라 주장하고있다. 그는 《花娘》이라는 단어는 《화랑》으로 발음되다가 어음이 변하여 나중에 《화냥》으로 쓰이게 되였다고 보면서 《花娘》은 중국 당나라시인 맹호연의 시집 《철경록(輟耕錄)》에서 맨 처음 나타나고 그후 당나라시인 리하가 쓴 글의 서문, 송나라 매요신의 글에서도 나타나는데 《花娘》이란 바로 노래하고 춤추는 기생인데 구조적으로 보나 의미적으로 볼 때 《화냥》은 한어의 《花娘》을 받아들인것이 분명하다고 주장하고있다.10)

《화초 1》에서 보면 《花娘》에 대응하는 표제어는 《養漢的》이다. 이로부터 미루어보아도 《남자를 섬기는 녀자》의 뜻 다시말하면 《기생》의 뜻으로 해석할수 있다.

필자도 이 견해에 따르기로 한다.

그리고 《사돈(sadun)11)》을 류창돈교수는 《어휘사연구》에서 만주어로부터의 차용어로 보고있다12).

이밖에도 《야미(啞口迷)4 6)》, 《담비(煙)》13) 등이 보인다.

《야미》라는 단어는 현대조선어에서는 암거래가 성행하는 《암시장》을 가리키는 《야미시장》의 말로만 쓰이고있다. 그리고 이 《야미시장》은 일본어 《야미(ヤミ・闇)》를 받아들인것으로 알고있다. 《야미》는 《화초1》에서 《賣買》에 나타나는것이 아니라 《氣息》에서 나타난다. 그렇다면 이 《야미》가 근대중국어에서 은어를 뜻하는 《야미》와 무관한것인지 자못 흥미로운 의문을 일으킨다.14) 이 《야미》가 일본어인가 아니면 중국어인가는 더 깊은 연구가 필요된다고 보아진다.

---

10) 한진건 《조선말의 어원을 찾아서》, p209, 참조 연변인민출판사, 1990년.
11) 胡增益 《新满汉大辞典》, p618, 新疆人民出版社, 1994年.
12) 류창돈 《어휘사연구》, p99, 이우출판사, 1978년.
13) 리득춘 《조선어어휘사》, p398, 연변대학출판사, 1988년.
14) 심재기 《근대국어의 어휘체계》(《국어학의 새로운 인식과 전개》 서울대 대학원 국어연구회), 민음사, 1991년.

《담배》는 문헌상 18세기부터 보인다.

○ 담비(煙) (《동문류해》 상 61)
○ 南草 담비 (《류씨물명고》 三 초)
○ 南草曰 담바 (《동언고략》)

《담비》는 임진전쟁후 일본을 통하여 받아들인 뽀루뚜갈어이다. 일본에서 《다바꼬》라 하는데 조선어에도 《담바고타령》이란 말이 있는것은 그 류사성을 보여준다.

지금까지 《화초 1》에 나오는 중국어표제어를 대역한 조선어풀이어를 고찰하였다. 아울러 중국어가 근대조선어에 끼친 영향을 살펴봄으로써 근대조선말의 어휘체계도 알아보았다.

이상에서 보다싶이 《화초 1》은 고유어와 한자어 이 두 큰 체계를 기초로 하고있다. 외래어도 있기는 하나 그 수효가 많지 않다.

대체로 19세기말의 언어현실을 반영하고있는 《화초 1》의 중국어단어는 모두 2,148개인데 그중 적지 않은 수(약 26.4%좌우)의 단어가 일면으로는 조선한자음(례하면 日蝕, 來月, 秀才, 亭子 등)으로 또 다른 일면으로는 개조된 외래어(김치, 배추 등)로 조선어의 어휘체계에 류입되였음을 알아보았다. 특히 관직명만 놓고 보아도 《역해》에서는 3개, 《역해보》에서는 14개정도인데 《화초 1》에 이르러서는 126개로 부쩍 늘어났다. 이를 통하여 근대조선어시기에 중국어가 의연히 강유력한 외래어의 자원이였음을 알수가 있다.

그러나 우리는 《화초 1》에서 19세기말 조선어어휘체계에 반영된 계몽사상을 보여주는 단어들을 거의 찾아볼수 없다.

주지하다싶이 19세기말 중국에서 일어난 자산계급개량주의운동의 영향을 입어 조선에서는 개화파들에 의한 일련의 부르죠아운동이 일어났다. 당시에 청나라 개량주의자들은 《자강》, 《양무》, 《개화》 등등의 어휘들을 많이 썼다. 이러한 단어들은 즉각 조선에 수입되여 사용되였고 또 그것들에 의한 합성어, 파생어들이 륙속 나타나게 되였다. 이때에도 새 한자어가 중국으로부터 들어오기 시작했다. 그런데 《화초 1》에서는 이런 계몽사상을 보여주는 어휘들을 거의 찾아볼수가 없다. 《洋貨》(78), 《양물(洋靛)》(88) 두개만이 나타날뿐이다.

그리고 이 운동의 실패에 뒤따르는 일본의 침략으로 하여 일본한자어
가 중요한 자리를 차지하게 된다. 그러나《화초 1》에는 자본주의관계를
반영하는 사회경제용어와 과학용어, 정치와 제도에 관계되는 단어들이 나
타나지 않는다. 이는《화초 1》이 처한 시대에 일본한자어가 아직 우세를
차지하지 못하고 중국어기원의 단어가 의연히 강유력한 우세를 차지하고
있었다는것을 보여준다. 또한 19세기말 조선왕조의 주권이 날로 상실되여
가고 광범위한 문화계몽운동이 전개되던 시기에 아직도 한자, 한문의 낡
은 틀에서 철저히 벗어나지 못한 편자의 락오사상도 어느 정도로 보아낼
수 있다.

★ 참고문헌:

1.《국어의 시대별 변천연구》, 국립국어연구원, 1997년.
2. 홍윤표《근대국어연구》(1), 태학사, 1994년.
3. 리득춘《조선어어휘사》,연변대학출판사, 1988년.
4. 홍순혁《화어류초소고》, 한글97 한글학회, 1976년.
5. 오꾸라 신베이《조선어학사》, 도강서원, 소화 39년.
6. 김기석《朝鮮韻書中所反映的明淸音系硏究》, 연변대학 박사학위론문, 1998년.
7. 심재기《근대국어의 어휘체계에 대하여》(《국어학의 새로운 인식과 전개》),
                     서울대학교 대학원 국어연구회 편찬, 민음사, 1991년.
8. 한진건《조선말의 어원을 찾아서》, 연변인민출판사, 1990년.
9. 胡增益《新滿漢大辭典》, 新疆人民出版社, 1994年.
10.류창돈《어휘사연구》,이우출판사, 1978년.

17세기 우리 말
계칭에 대한 약간한 고찰

-문헌자료 《사씨남정기》와 《첩해신어》를 중심으로

김 광 수

1. 문제의 제기

계칭이란 말을 하는 사람이 말을 듣는 사람에 대해 상하급관계, 년령관계, 친소관계, 남녀관계, 공적관계, 사적관계 등을 고려하면서 례절규범에 맞게 말씨를 골라 쓰는데 의해 생기는 형태론적범주이다. 조선어는 세계 어느 언어에 비하여 계칭(Levels of speech)이 다양할뿐아니라 상당히 발달하였는데 이는 조선말의 중요한 민족적특성을 나타내며 또한 조선어의 이미지를 한층 높여준다.

우리 말의 계칭은 현대조선어에서는 물론 근대조선어에서도 잘 표현되고있다. 《사씨남정기》와 《첩해신어》는 근대조선어를 연구함에 있어서 훌륭한 문헌자료들이다. 《사씨남정기》는 17세기후반기에 활동했던 작가 김만중이 지은 국문소설이다. 이 소설은 17세기에 이름이 밝혀진 작가에 의하여 직접 우리 말로 창작된 작품으로서 그 당시 언어적특성을 많이 반영하고있기에 언어력사연구에서 일정한 사료적가치가 있다. 《첩해신어》는 일본어교과서로서 임진전쟁때 일본에 끌려가 10년동안 있다가 돌아온 강우성이 1618년에 편찬한것을 1676년에 이르러 처음으로 간행한것이다. 이 두 책은 17세기 조선어의 입말체로 씌여져있어 조선어 계칭력사연구의 귀중한 사료로 되고있다.

필자는 상술한 두 책의 입말자료를 통하여 17세기에 나타난 우리 말 계칭을 고찰하려 한다.

2. 입말에 나타난 다양한 계칭형태

17세기 문헌인 《사씨남정기》와 《첩해신어》의 입말에 나타난 계칭을
식과 함께 고찰하면 아래와 같다.

우선 가장 높임의 계칭을 찾아보면 다음과 같다.

서술식:

◉ **《-습ᄂᆞ(늬)이다, -옵ᄂᆞ(늬)이다, -옵닝이다, -스오리이다》**

1. 술은 一切 못ᄒᆞᆸ건마는 하 먹과댜 니르시니 그러ᄒᆞ온디
ᄀᆞ장 취ᄒᆞ오되 正根을 계요 출혀 <u>안잣습ᄂᆞ이다</u>.(捷解新語四·18)

2. 한림으로 의심을 니틔고 낭ᄌᆡ 참소ᄒᆞ여 한림을 공동ᄒᆞ
면 낭ᄌᆡ의 쯧도 엇고 근심ᄒᆞ실빅 <u>업습ᄂᆞ이다</u>.(《사씨남정기》) 심
낭-교녀의 대화

3. 과즐과 건믈과 머글거슬 다 머검즉이 쟝만ᄒᆞ엿<u>스오니</u> 깃
거ᄒᆞ<u>옵ᄂᆞ이다</u>.(捷解新語二·9)

4. 오늘은 이러투시 틔졉ᄒᆞ시믈 가 正官의 니르오면 뵈<u>옵</u>디
몯호믈 ᄀᆞ장 셜이너겨 病이 더 重홀까 너기<u>옵닝이다</u>¹⁾.(捷解新語
二·6)

5. 쇼인이 모져 술올써슬 이리 御意ᄒᆞ시니 감격히 너기<u>옵닝</u>
<u>이다</u>.(捷解新語三·2)

6. ᄂᆞᆽ출보쇼셔. 머그라 니르신 잔마다 먹<u>습</u>고 正體업슨건마는
이 盞으란 御意ᄀᆞ티 다 먹<u>스오리이다</u>.(捷解新語三·13)

우의 말들은 모두 말을 하는 사람이 말을 듣는 상대방을 가장 높게 대
우하는 말들인데 그 인간관계로 보면 낮은 신분인 《심낭》이 《교녀》에게
한 말이고, 또 신분관계를 확정할수는 없으나 문장에 나타나는 문법적
형태 《-습-》²⁾이나 《-쇼셔》 등과의 조응으로 보아도 상대방을 가장 높게

---

1) 이런 어음변화현상은 15세기에도 나타난다. 일부 학자들은 이러한 형태를 가장 높
임의 계칭보다 조금 낮은 계칭으로 보고있는데 필자는 이것을 조금 낮은 계칭으로
보지 않고 《ㅇ》음의 역행동화현상으로 가장 높임의 계칭으로 본다. 이러한 어음변
화현상은 한자음에서 《鯉魚(이어)》가 《잉어》가 되고 일부 방언에서 《메아리》를
《멩아리》로 하는것과 같은 현상이다.

2) 허웅(1961:p13) 《국어존대법연구》에서 용언의 어미로써 표시되는 존대법으로서는
말할이가 자기 자신을 낮추고 동시에 들을이를 높이는것이 있으며 그 방법은 첫째,
용언의 접속법과 자격법에 있어서는 소위 겸양의 보조어간 「-옵-, -압-, -삽-, -
잡-, -사오-」 따위를 사용한다고 하였다.

대우하는것이 틀림없는 사실이다. 17세기 문법적형태《-습ᄂ(ᄂᆡ)이다, -ᅀᆞᆸᄂ(ᄂᆡ)이다, -ᅀᆞᆸ닝이다》등은 이후 어음변화를 거쳐 현대에 와서는 《-습니다, -ㅂ니다》로 된다.

◉ 《-ᄂ이(ᄂᆡ)다, -ᄂ니이(닝)다》

1. 다만 그 손을 비러 슈고를 ᄃᆡ신ᄒᆞᆯ ᄯᆞ름이오 하물며 ᄯᅩ 뎌로 더브러 친구 아닌즉 단정치 아닌거시 나의 관계홀빈 아닌가 ᄒᆞᄂ이다. (《사씨남졍기》) 한림-샤부인의 대화
2. 미파 ᄃᆡ 왈 부인이 구ᄒᆞ시ᄂᆞᆫ바는 ᄌᆞ품이 슌박ᄒᆞ고 싱산이나 잘홈이 어늘 이 사름은 그러치 아니ᄒᆞ고 지식이 ᅘᅭ휼ᄒᆞ오니 그러므로 부인 죤의에 합당치 아닐가 ᄒᆞᄂ이다. (《사씨남졍기》) 매파-샤부인 의 대화
3. 후원에 목단이 쌍이 픠엿시니 가히 구경ᄒᆞ염즉 ᄒᆞ나이다. (《사씨남 졍기》)시비츈방-샤부인의 대화
   명죠에 미파ㅣ 고 왈 ᄆᆞ춤 흔 녀ᄌᆡ 잇스오나 부인의 구ᄒᆞ시ᄂᆞᆫ바 에 맛당치 못홀가 ᄒᆞᄂ이다. (《사씨남졍기》)매파-샤부인의 대화
4. 이거시 뎨일이요 류씨의 젼릭ᄒᆞᄂᆞᆫ거시온ᄃᆡ 선로야ᄭᅴ오셔수 급ᄒᆞ신 빈니이다. (《사씨남졍기》) 셜ᄆᆡ-교녀의 대화

우의 대화들은 낮은 신분에 있는이가 자기보다 높은 신분에 있는이에 게 대우하여 한 말이고 또는 특수하게 높은 신분에 있는 가정에서 남편이 안해를 대접하여 한 말이다.《첩해신어》에도 주인과 손님과의 대화에 이 러한 문법적형태들이 나타나고있다.

1. 주인의 도리를 출혀 권홀양으로 왓스오니 술도 내 ᄆᆞ음을 바다 그 러흔가 너기ᄂᆞ이다.(捷解新語三·17)
2. 奇特흔 지간이라 니르니 우리도 듯고 ᄀᆞ장 아름다와 ᄒᆞᄂᆡ이다.(捷解 新語三·13)
3. 올스와이다. 島中의셔도 그리 니르ᄂᆞ니이다.(捷解新語三·13)
4. 어와어와 거르기 머흔ᄃᆡ 아므 일 업시 건너시니 아름다와 ᄒᆞ닝이 다.(捷解新語一·10)
5. 그러ᄒᆞ므로 長老의 뎔의 朝鮮御牌를 두고 常常 節句日마다 拜禮를 ᄒᆞᄂᆞ닝이다.(捷解新語三·20)

◉ 《-리이다, -더이다, -지이다, -로소이다, -오이다, -어이다》

1. 샹공이 져로 더브러 친구는 아니나 오릭 혼가지 이시면 쳥덕에 히
   로올듯 ᄒ오니 션존구ᄭ셔 만일 계오시면 이런 사름을 용납지 아니
   ᄒ리이다. (《사씨남졍기》) 샤부인-한림의 대화
2. 심낭이란 녀인이 슐법이 고명ᄒ다 ᄒ오니 불너 무르면 남녀를 판단
   ᄒ오리다. (《사씨남졍기》) 시비람미-교녀의 대화
3. 쟝쥬의 유모가 드러와 교녀를 보고 눈물 흘리며 고ᄒ여 왈 로야ᄭ
   오셔 홀노 린ᄋ만 안아 ᄉ랑ᄒ시고 쟝쥬는 도라보지도 아니ᄒ시더
   이다. (《사씨남졍기》) 시비람미-교녀의 대화
4. 나는 남방사름이온딕 셩명은 닝진이로소이다. 감히 못잡노니 존셩과
   대명드러지이다. (《사씨남졍기》) 낮 모를 소년-한림의 대화
5. 됴흔 일은 **多魔**라 니릭미 진실로 이로소이다.(捷解新語二·5)
6. 람미 웃고 왈 비단 금은이 아니라 어려은 갑을 쳥구ᄒ오니 나처ᄒ
   오이다. (《사씨남졍기》) 람미-교녀의 대화
7. **意**ᄀ티 처음으로 뵈오딕 하 극진히 딕졉ᄒ읍시니 술올양도 업셔이
   다.(捷解新語三·5)

문법적형태《-리이다, -더이다, -지이다, -로소이다, -오이다, -어이
다》에 의하여 이루어지는 말씨도 가장 높임의 계칭을 나타낸다.

이와 같이 문법적형태《-습ᄂ(닉)이다, -읍ᄂ(닉)이다, -읍닝이다, -
ᄉ오리이다, -ᄂ이(닉)다, -ᄂ니이(닝)다, -리이다, -더이다, -지이다, -
로소이다, -오이다, -어이다》 등은 서술과 함께 말을 듣는 상대를 가장
높게 대우하는 가장 높임의 계칭을 나타낸다.

가장 높임의 계칭의 문법적형태들을 형태소 분석을하면《-습-, -읍-, -
ᄉ오-》 등은 객체존칭에서 청자존칭으로 기능변동을 한 형태소이고《-이
다》는 청자존칭의 형태소《-이-》가《-이-》로 어음변화를 한 형태이며
《-ᄂ-, -니-, -리-, -더-》[3] 등은 시간을 나타내는 형태소들이다.

의문식:

⊙ **《-잇가, -ᄂ잇가, -리잇(릿)가, -사오리잇가, -오릿가》**

1. **長老**와 **島主**는 이나라 **臣下**ㅣ 되엿ᄉ오니 므릇 일을 엇디 얼현히 ᄒ라잇가.(捷
   解新語三·20)

---

3) 《고대조선어문선 급 중세조선어개요》(하)(리득춘 1995년 연변대학출판사 p126)에
   의하면 이러한 형태소들을 시간형태라고 하였다. 《-ᄂ-》는 현재진행, 《-니-》는 과
   거완료, 《-거-》는 현재완료, 《-더-》는 과거지속, 《-리-》는 미래진행을 나타낸다
   고 하였다.

2. 한림 왈 나는 두루 다니는 사룸이라 거처업거니와 그듸는 어듸로셔
   오며 존성과 대명이 뉘신잇가. (《사씨남정기》) 한림-낯 모를 소년
   의 대화
3. 샤부인을 향ᄒ여 문왈 젼에 션대인이 쥬시든 옥환이 어듸잇ᄂ잇가.
   (《사씨남정기》) 한림-샤부인의 대화
4. 御意 감격ᄒ여이다 立酌을 ᄒ실 쟉시면 일뎡 禮룰 背홀가 너기옵더
   니 안즈라 니ᄅ시니 술올 양이 업서이다 우리이룰 禮예 삼사오리잇
   가.(捷解新語三·11)
5. 녯 법으로 의론홀진듸 늬친다ᄒ여도 맛당ᄒ오니 엇지 쇼실듐을 투
   긔ᄒ여 류씨 후ᄉ를 업게 ᄒ리잇가. (《사씨남정기》) 샤쇼져-두부
   인의 대화
6. 녀즈의 안싴이 비록 쓸듸 업스나 츄비ᄒ즉 군즈ㅣ 엇지 갓가이 홀
   슈 잇스오며 그러ᄒ면 엇지 즈식낫키를 브라릿가. (《사씨남정기》)
   샤부인- 두부인의 대화
7. 가부의 후ᄉ를 근심치 아니믈 통한이 녁이오니 풍속은 교화치 못ᄒ
   오나 엇지 투긔로 후ᄉ를 근심치 아니ᄒ오릿가. (《사씨남정기》)
   샤부인-두부인의 대화
8. 향곡 쳐녀ㅣ 다만 음률 됴혼즐만 알앗습더니 이제 부인의 말숨을
   듯즈오니 엇지 감히 이즈오릿가. (《사씨남정기》) 교녀-샤부인의
   대화
9. 교녀 스례왈 쳔혼지됴를 엇지 즈랑ᄒ오릿가. 심구ᄒ기로 파져ᄒ옵더
   니 부인이 드러게오시니 황공ᄒ옵나이다. (《사씨남정기》) 교녀-샤
   부인의 대화

의문을 나타내는 문법적형태《-잇가, -ᄂ잇가, -리잇(릿)가, -사오리
잇가, -오릿가》 등에 의해 가장 높임의 계칭이 실현되였다.

이러한 문법적형태들을 형태소분석을 하면《-잇가》는 15, 16세기 가
장 높임의 계칭형태《-잇가》의 어음변화형태이고《-사오-》는《-습-》의
어음변화형태이다. 그외《-ᄂ-, -리-》는 시간형태,《-오-》는 의도를 나
타내는 형태이다. 이런 문법적형태들에 의해 물음과 함께 가장 높임의 계
칭이 실현되는것은 문법적형태《-잇가》가 있기때문이다.

명령식:

◉ 《-쇼셔》

1. 이리 감격혼 御意ㅣ시니 다시 술올 양이 업서이다 홀리라도 수이

도라가게 ᄒᆞ<u>쇼셔.</u>(捷解新語三·21)

2. 쇼인네는 본듸 못 먹습건마는 감부ᄒᆞ오매 먹기를 과히 ᄒᆞ엿ᄉᆞ오나 그만ᄒᆞ야 마ᄅᆞ<u>쇼셔.</u>(捷解新語二·7)

3. 안히 잇ᄉᆞ오니 判事네도 聞道ᄒᆞ야 오<u>쇼셔.</u>(捷解新語三·21)

4. 동싱은 본듸 단뎡ᄒᆞᆫ 사ᄅᆞᆷ이 아니라 두루 남의 집에 탁신ᄒᆞ다가 용납지 못ᄒᆞ고 낭픠ᄒᆞ여 여긔신지 왓다ᄒᆞ니 그 힝실을 가히 알지라. 샹공은 두시지 말고 보닉<u>쇼셔.</u>(《사씨남정기》) 샤부인-한림의 대화

명령을 나타내는 가장 높임의 계칭은 문법적형태 《-쇼셔》에 의해 표현되었다.

권유식:

닉일 나죄란 入館ᄒᆞ여 보<u>ᆸ새이다.</u> 그리ᄒᆞᆸ소. 슈고ᄒᆞᆸ시닉(捷解新語 — 20)

권유를 나타내는 아주 높임의 계칭은 문법적형태 《ᆸ새이다》에 의해 표현되었다. 여기에서 《-ᆸ새》는 17세기 높임의 계칭에 쓰이는 문법적형태이고 문법적형태 《-이다》가 결합되므로 가장 높은 계칭형태로 된다.

가장 높임의 계칭이 실현된 대화에서 그들의 인간관계를 보면 아래와 같다.

인간관계 계칭	말을 하는 사람 (대우하는 사람)	말을 듣는 사람 (대우 받는 사람)
	손님 혹은 주인	주인 혹은 손님
	안해(샤부인)	남편(한림), 두부인
가장 높임의 계칭의 실현	남편(한림)	안해(샤부인)
	매파, 시비, 유모	한림, 샤부인, 교녀
	소년	어른
	첩	본댁

17세기 조선말에는 가장 높임의 계칭외에 높임의 계칭이 있었다. 높

임의 계칭을 식과 함께 고찰하면 다음과 같다.

서술식:

서술식에서 가장높임과 다른 높임의 계칭은 문법적형태 《-숩(옵)내, -(스)외, -(옵도)쇠, -옵대》 등에 의해 표현되는데 《첩해신어》에서 주로 나타난다.

◉ 《-옵닉》
1. 엇디 혼디 일이 만하 **問安**도 주로 **숩디** 못호니 일뎡 정업순 양으로 **너기시**는가 모음의 걸리**옵닉**(**捷解新語二·**17)
2. **건너신** 날은 아줌 사오나온 브람의 다 **無事**히 **渡海**호시니 아름답다 니르시**옵닉**(**捷解新語二·**1)
3. 친히 보와 **숩올** 말이 만컨마는 요스이 일절예는 오디 아니**호시**니 노홉스와 호**옵닉**(**捷解新語二·**13)

◉ 《-스외》
1. 젼의는 그러티 아니튼니마는 이러나 뎌러나 니르**신**대로 호야 **無事**히 뭇즈오니 아름답스**외**.(**捷解新語四·**7)
2. **正官**을 반가이 보올가 녀겻**숩**더니 병드러 몯난다호니 가장 섭섭호**외**.
(**捷解新語三·**21)

◉ 《-(옵도)쇠》
1. 엇디 혼디 오며서셔브터 쏘 병드러 머글썻도 잘못 먹고 누엇**스오**니 나디 몯홀가 너기오니 우리쁜 나올**쇠**.(**捷解新語一·**38)
2. 처음이**옵**고 쏘는 싱소혼거시오니 **各各** 답답이 **너기실가** **氣**호오니 **萬事**의 두로 쓰리시믈 미들 쓰룸이**옵도쇠**.(**捷解新語一·**3)

◉ 《-옵대》
1. 젼의는 처음으로 보**옵**고 그지없호**옵대**.(**捷解新語三·**5)

서술을 나타내는 문법적형태 《-숩(옵)내, -(스)외, -(옵도)쇠, -옵대》 등에 의해 표현되는 계칭은 높임의 계칭이다.

이러한 문법적형태에 대해 형태소분석을 하면 《-숩-, -옵-, -스오-》 등은 객체존칭으로부터 청자존칭으로 기능변동을 한 형태소이고 《-ㄴ

-, -더-》등은 시간을 나타낸다. 그리고 종결토《-내, -외, -쇠, -대》등은 종결토의 간소화한 형태인데 이것들에는 전시기의 청자 존칭형태인《-이-》의 흔적이 그대로 남아있고 또《ㅐ, ㅚ, ㅟ, ㅖ》등은 17세기까지 단모음으로 발음하지 않고 길게 발음[4]하였을것이다.

문장의 내용을 보아도 말을 듣는 상대를 높이고 자기를 낮추기 위하여 주체존칭토《-시-》나 겸양토《-습-》, 겸양어《솗다》의 여러 어음변화형태를 사용하고있다.

이로 보아 이러한 문법적형태들에 의해 이루어지는 계칭은 가장 높임보다는 화계가 낮은 높임의 계칭이라는것이 증명된다.

의문식:

◉ 《-리오》

1. 신인이 다힝이 양슌ᄒ면 힝이어니와 그러치 못ᄒ면 엇지ᄒ리오?(《사씨남졍기》) 두부인-샤부인의 대화
2. 졀ᄃᆡ 가인을 엇엇시니 만일 셩품이 불량ᄒ면 다만 남즈의 몸만 불힝이 아니라 필경 류씨의 죵ᄉ를 낫지 못ᄒ리니 그 환을 장찻 엇지ᄒ리요?(《사씨남졍기》) 두부인-샤부인의 대화
3. 부인의 셩품이 유순ᄒ지라 너를 희훌리 업슬거시니 근심ᄒ지 말라. 허믈며 내가 잇스니 부인이 경의게 엇지ᄒ리오? (《사씨남졍기》) 한림-교녀의 대화
4. 나의 아는 사룸이 졍표ᄒ 거시니 본ᄉ를 알아 무엇ᄒ리오? (《사씨남졍기》) 낫 모를 소년-한림의 대화

물음을 나타내는 높임의 계칭은 문법적형태《-리오》에 의해 표현된것으로 보아진다. 여기에 문법적형태《-리요》도 나타나는데 이것은 《-리오》의 어음변화형태로 본다.

명령식:

◉ 《-소, -셔》

1. 對馬島셔도 자너 上口ㅣ 신줄 聞及ᄒ엿ᄉ오니 斟酌마옵소.(捷解新語一·28)
2. 젼브터 드르니 병드르시다 듯고 근심ᄒ옵더니 어티롤 알파ᄒ시넌고 듯

---

4) 김영황(1978:289)에서 지적한바와 같이 그 당시 말끝을 길게 끌어 발음함으로써 상대방에 대한 존경을 표시하는 당시의 오랜 언어습관과 관련된 현상으로 설명할수도 있다.

출보오 들제도 병빗치 **겨시니** 모로매 됴리ᄒᆞ<u>요소</u>.(捷解新語三·4)

3. 우리도 日記를 보고 **ᄉᆞᆯ스오니** 이후란 이러티 아니케 니ᄅᆞ<u>요소</u>.(捷解
   新語二·12)

4. 그러커니와 게셔 힘뻐 이런 **道理**를 **東萊**의 엿ᄌᆞ**와** ᄂᆞ일부터 흐양으
   로 ᄒᆞ<u>요소</u>.(捷解新語三·23)

5. <u>자ᄂᆡ</u> **보시**ᄃᆞ시 방새 파락ᄒᆞ야 누추ᄒᆞ니 一**夜**를 계유 **堪忍**ᄒᆞ<u>엿스오니</u>
   큰 대열과 공셕 五六枝만 몬져 드려주<u>요소</u>.(捷解新語三14)

6. 그러면 모뢰 **早天**브터 시작홀쩌시니 아무려나 **看品坐**의셔 ᄃᆞ토디 아
   니케 지간 ᄒᆞ<u>요소</u>.(捷解新語三·2)

7. 이ᄂᆞᆫ 내 스스로 **ᄉᆞᆯ**ᄂᆞᆫ 말이어니와 **자ᄂᆡ**네도 혜아려<u>보시소</u>.(捷解新語一·
   32)

8. 아직 **자ᄂᆡ**네 앓흔 극진이 **니ᄅᆞ시니** ᄠᅳᆺ 읊퍼거니와 쏘 **送使**다ᄒᆞ셔ᄂᆞᆫ 엇
   디 녀길디 ᄆᆞᄋᆞᆷ의 걸리오니 자네네 **送使**의ᄃᆞ려가셔.(捷解新語一·6)

　명령을 나타내는 높임의 계칭은 문법적형태《-요소, -습소, -시소, -
셔》등으로 표현되엿다.

　문법적형태《-소》는 알림에서 나타나지 않고 시킴에서 나타나며 또
그앞에《-요-》,《-시-》등 문법적형태를 동반하고있다. 16세기에도 용언
어간에 직접 붙었고 역시 명령을 나타낼 때만 쓰엿다. 때문에 시킴을 나
타내는 높임의 계칭의 문법적형태《-소》의 기원5)이《-습-》이 아니라
《-쇼셔》라고 말할수 있다.

　여기에서 높임의 계칭이 나타난 대화를 보면 가장 높게는 대우하지
않고 상대방을 일정하게 높여야 할 대상에게 즉 두부인이 샤부인(조카며
느리)에게, 교녀가 람매나 동청에게, 또는 한림이 첩(교녀)에게 한 말이다.

　마지막으로 안높임의 계칭을 보면 다음과 같다.

　서술식:

　　◉ 《-도다, -로다》

　　1. 내 비록 낭ᄌᆞ의 지됴 | 과인ᄒᆞ믈 알앗시나 능히 음률에 정통ᄒᆞᆫ줄 몰

---

5) 서정목(1990)에서도 평서법과 의문법의《오오체》형식은 모음 뒤에서《-오》혹은
　《-요》, 자음 뒤에서는《-소》로 실현되는 한 형태소의 음운론적으로 조건 된 이형
　태들로 중세의《-습/습/즙》의 교체를 보이던 화자겸양의 형태소에 연원한다는것으
　로 보았다. 명령법의《오오체》형식은 모음뒤에서는《-소》, 자음뒤에서는《-으오》
　로 실현되는 형태소로 이 형태소는 중세한국어의《-(으)쇼셔》에 유래하는것으로
　보았다.

랏더니 앗가 낭즈의 거문고ㅣ 소리를 드르니 셰샹에 <u>드므도다</u>. (《사
씨남졍기》) 샤부인-교녀의 대화

2. 샤공이 나를 취ᄒ시거는 흔갓 ᄉ속을 위홈이어늘 이졔 만일 싱녀ᄒ
   면 아이에 아니 낫ᄂ니만 못ᄒ리<u>로다</u>. (《사씨남졍기》) 교녀-심낭의
   대화

◉ 《-노라》

1. 교씨왈 샹공이 쟝찻 샤부인을 엇지코져 ᄒ신잇가. 한림 왈 젼후일이
   분명흔거슬 잡지 못ᄒ고 쏘 져와 션군의 삼년샹을 지니고 부부인의셔
   힘써 붓드시니 ᄎ마 보니지 못ᄒ<u>노라</u>. (《사씨남졍기》) 교씨-한림의
   대화

2. 일즉 옥을 만이 보아 옥품을 아ᄂ디 형의 찬 옥지환이 됴흔가시부니
   흔번 구경ᄒ기를 쳥하<u>노라</u>. (《사씨남졍기》) 한림-낯 모를 소년의
   대화

◉ 《-니라, -리라》

1. 남즈의 ᄆ음이 흔번 기우러지면 도로잡기 어려오니 현질이 타일에
   반ᄃ시 내말을 싱각ᄒ라 ᄒ고 못ᄂ 탄식ᄒ며 가<u>니라</u>. (《사씨남졍
   기》)

2. 네 비록 어려온 말이 잇셔도 넘녀말고 다ᄒ라. 내 허물치 아니ᄒ<u>리
   라</u>. (《사씨남졍기》) 한림-샤부인의 대화

3. 만일 루셜ᄒ면 너와 내 죽고 남지 못ᄒ<u>리라</u>. (《사씨남졍기》) 셜미-
   랍미의 대화

◉ 《-오리》

1. 送使의 對面ᄒ면 奇特이 너기믈 아ᄂ 앏피니 우리의 뜻으로 보탤바
   ᄂ 이실ᄃ 아니 ᄒ건마ᄂ 모시기란 ᄒ<u>오리</u>.(捷解新語一·8)

2. 東萊 드르셔도 양병이라ᄂ 녀기디 아니 ᄒ실거시니 자니 그르다ᄂ
   아니ᄒ실ᄃ ᄒ<u>오리</u>.(捷解新語一·3)

◉ 《-과댜》

1. 나셔 과연 몬져 니르실디라도 내 迷惑을 프르시<u>과댜</u>(捷解新語一·39)

서술을 나타내는 문법적형태 《-도다, -노다, -로다, -니라, -리라, -
과댜》 등에 의해 안높임의 계칭이 표현되였다. 이러한 문법적형태들이 안
높임의 계칭을 나타내는것은 우선 높임을 위한 문법적형태소가 이러한 문

법적형태에 개재되지 않았기때문이다.

여기에서 나타난 인간관계를 보면 대화에서 상대방을 높여주지 않을 때 즉 정실이 후실에게, 남편이 안해와 첩에게, 두부인이 사부인에게 한 말이거나 시비들사이에서 쓰인 대화이다.

의문식:

◉ 《-는가, -ㄴ가, -ㄹ가 》

1. 五十束 드린 公木을 半分도 아니 잡고 나여가라 ᄒᆞᆫ고 ᄒᆞᆫ갓 내 히만 생각ᄒᆞ고 일을 그리 ᄒᆞ<u>는가</u>(捷解新語四·18)
2. 져기 아라 듯ᄌᆞ올<u>손가</u>(捷解新語一·29)
3. 東으셔 굴힐 쟉시면 이대도록 폐로이 숌<u>스올가</u>(解新語四·22)

◉ 《-ㄹ고, -는고》

1. 그는 술오려니와 함ᄭᅴ 三雙도록 엇더 ᄒᆞ올고(捷解新語四·9)
2. 五十束 드린 公木을 다 나므라고 엇디 ᄒᆞ려 아ᄅᆞ시<u>는고</u>(捷解新語四·14)
3. 닉일 東萊 올라가 모뢰쯤 드리려니와 므슴비 엿칙이나 가<u>옵는고</u>(捷解新語四·7)

◉ 《-뇨, -냐》

1. 看品은 無事히 ᄒᆞ오니 아름답ᄉᆞ외 츈날의 오래 안자 계셔 언머 슈고 ᄒᆞ<u>옵션뇨</u>(捷解新語二·19)
2. 시방 어듸로 향ᄒᆞ<u>느뇨</u>. 말소릭를 드르니 남방 사름의 말소릭 아니요. 경셩 언셩과 ᄀᆞᆺ도다. (《사씨남정기》) 한림-소년의 대화
3. 한림이 고왈 가즁에 변이 잇ᄉᆞ와 고ᄒᆞ고져 ᄒᆞ느이다. 두부인이 놀라 무러 왈 무슴일이<u>뇨</u>. (《사씨남정기》) 두부인-한림의 대화
4. 네 능히 부인의 보픠를 엇을가 시브<u>냐</u>. (《사씨남정기》) 교녀-셜믹의 대화

의문을 나타내는 안높임의 계칭은 문법적형태《-는가, -ㄴ가, -ㄹ가, -ㄹ고, -는고, -뇨, -냐 》등에 의해 표현되였다. 형태적으로 보아 이러한 문법적형태들에 의해 안높임의 계칭으로 표현되는것은 높임을 위한 문법적형태소가 이러한 문법적형태에 개재되지 않았기때문이다.

여기에서 나타난 대화를 보면 상대방을 높이지 않을 때 즉 두부인이 사소저에게, 한림이 소년에게, 두부인이 한림에게, 시비들 사이에 한 대화이다.

명령식:

◉ 《-라》

1. 안히 계시면 오려ᄒ여 **案內**술오시ᄃ라 니ᄅ공오라(**捷解新語**—·2)
2. 부인 왈 낭ᄌ의 거문고 곡됴ㅣ 아람다오나 낭ᄌ와 졍분이 형뎨ᄀ고 의ᄂ 부모ᄀ기로 혼 말을 ᄒ고져 ᄒᄂ니 허물치 말ᄂ. (《사씨남졍기》) 샤부인-교녀의 대화
3. 내 낭ᄌ를 ᄉ랑ᄒᄂ고로 진졍 츙곡을 말ᄒ노라. 만일 타인ᄀ흐면 엇지 긔구ᄒ리오. 이후 나의 허물이 잇거든 ᄯ흔 말를 마를 바르게 ᄒ여 심ᄉ를 긔이지 말ᄂ. (《사씨남졍기》) 샤부인-교녀의 대화
4. 보픠즁에 부인이 사랑ᄒ고 한림이 익어보던거슬 엇어오라. (《사씨남졍기》)교녀-셜믹의 대화

명령을 나타내는 안높임계칭은 문법적형태 《-라》에 의해 표현되였다.

여기에서 나타난 대화를 보면 상대방을 높이지 않는 대상 즉 시비에게, 매파에게, 하인에게, 아들에게, 정실이 후실에게 하는 대화이다.

17세기 문헌자료 《첩해신어》와 《사씨남정기》의 입말에서 나타난 계칭과 문법적형태를 간단히 종합해보면 아래와 같다.

계칭＼서법	서술	의문	명령	권유
가장 높임	-습ᄂ(닉)이다, -욥ᄂ(닉)이다, -욥닝이다, -ᄉ오리이다, -ᄂ이(닉)다, -ᄂ니이(닝)다, -리이다, -더이다, -지이다, -로소이다, -오이다,-어이다	-잇가, -ᄂ잇가, -리잇(릿)가, -사오리잇가, -오릿가	-쇼셔	-욥새이다
높임	-습(욥)내,-(ᄉ)외, -(욥도)쇠, -욥대	-리오 (-리요)	-욥소,-습소, -시소, -셔	
안높임	-도다, -노다, -로다, -니라, -리라, -과댜	-ᄂ가, -ㄴ가, -ㄹ가, -ㄹ고, -ᄂ고, -뇨, -냐	-라,	

필자는 이렇게 문법적형태들을 종합해본 결과 17세기 조선어의 계칭에는 가장 높임의 계칭, 높임의 계칭, 안높임의 계칭이 있었다고 단정한다.

3. 결 론

첫째, 언어의 구성요소인 어음, 문법, 어휘는 늘 변화과정에 있다. 어휘는 그 변화가 가장 빠르고 어음과 문법적형태의 변화는 상대적으로 느리다. 그러나 언어의 전반 체계는 고립적인것이 아니고 서로 련계된것으로서 그중 한 요소가 변하면 잇달아 기타의 요소들도 변화를 가져온다. 17세기는 우리 말의 음운변화가 가장 많이 일어난 시기이다. 음운의 변화는 자연적으로 문법적형태의 변화에 영향을 주며 또 문법적형태의 변화는 이에 의해 실현되는 계칭의 변화를 가져왔다.

17세기 계칭은 그 이전시기와 비교해볼 때 상당한 차이를 보이고있다. 즉 객체높임을 나타내던 문법적형태 《-숩-/-줍-/-숩-》이 기능변동을 일으켜 청자높임의 기능을 하게 되였고 또 그전시기인 15세기에도 있었지만 《ㆁ》음의 변화로6) 청자높임을 실현하던 문법적형태 《-이-》가 《-이-》로 되면서 앞 문법적형태에 화석화되여 높임7)의 형태로 고정되였다. 하여 가장 높임의 새로운 문법적형태 《-숩닝이다, -숩ᄂ이다, -ᄉ오리이다》와 높임의 문법적형태 《 -ᅌᅵ도쇠, -ᅌᅵ대, -ᅌᅵ내 》등 문법적형태가 산생되였다.

례를 들면 다음과 같다.

1. 과즐과 건믈과 머글거슬 다 머검즉이 쟝만ᄒ엿ᄉ오니 깃거ᄒᅌᅵᄂ이다.(捷解新語二·9)

---

6) 《ㆁ》을 옛이응이라 하며 그 음가는 〔ŋ〕이다. 훈민정음이 반포이후 150년가량 쓰이다가 후에 《ㅇ》로 되였다. 한자음에서 硏(연), 案(안), 氷(빙), 成(셩) 고유어에서 서에(霜), 보오리(峰), 올창(따), 프성귀(蔬) 등에 씌였다. 경상도방언에 남아있는 몰개, 멀귀가 몰애, 멀위를 거처 서울방언에서 모래, 머루로 되였는데 ㆁ은 ㄱ의 약화되는 과정에 생겨나는 음운이라 하겠다. ㆁ과 ㅇ의 자형과 음가는 일찍부터 혼란하였다. 소실된 시기는 초성에서 16세기초기이전까지, 종성에서 16세기말기까지 쓰였다. 《중세한국어문법론》(최법훈 1980)

7) 근대국어에 나타나는 《-ᅌᅵ닝,-ᅌᅵ도쇠》 등이 《-네, -데》 등의 하게체로 발달하였다. 하게체는 하대가 아니고 존대 즉 수하존대로 본다.(안병희1967) 《깁더조선말본》(김두봉 1916)에서 《-네,-ㄴ가, -게》를 낮춤으로 보지 않고 높음, 가온, 낮음에서 가온에 두었다. 김종택(1982)에서도 하게체를 수하존대로 보았다. 《문화어형태론》(1980)에서 하게체를 같음에 두었다. 필자는 일부 학자들의 견해를 따르고 또 형태소 분석을 하여 이러한 하게체를 낮춤은 아니라 높임으로 본다.

여기서 《-습니이다, -습ᄂᆞ이다》등과 같은 가장 높임의 계칭의 문법적형태들은 17세기이후 어음변화를 거쳐 현대조선어의 가장 높임을 나타내는 문법적형태 《-ㅂ니다/습니다》으로 되였다.

> 2. 눗츨 보쇼셔 머그라 니르신 잔마다 먹습고 正體업ᄉᆞᆫ건마는 이盞으란 御意 ᄀᆞ티 다 먹<u>스오리이다.</u>(捷解新語三·13)

가장 높임의 문법적형태 《-ᄉᆞ오리이다》는 이후 글말체에 쓰이면서 고어형 가장 높임의 계칭형태로 되였다.

> 3. 엇디 ᄒᆞᆫ디 일이 만하 問安도 ᄌᆞ로 ᄉᆞᆲ디 못ᄒᆞ니 일뎡 졍업ᄉᆞᆫ 양으로 너기시ᄂᆞᆫ가 ᄆᆞ음의 걸리<u>ᆸᄂᆡ</u>(捷解新語二·17)
> 4. 건너신 날은 아줌 사오나온 ᄇᆞ람의 다 無事히 渡海ᄒᆞ시니 아름답다 니르시<u>ᆸᄂᆡ</u>(捷解新語二·1)

보다싶이 여기에서의 《-ᆸᄂᆡ》는 《-ᆸᄂᆡ이다》에서의 《-다》가 떨어지면서 문법적형태의 간소화를 거쳐 높임의 계칭형태로 되였다.

둘째, 17세기 문헌을 보면 명령을 나타내는 계칭의 문법적형태 《-소》가 《-습-》과 함께 많이 쓰였는데 그것은 아직 명령에만 많이 쓰였던 높임에 속한다. 이후 서술식에나 의문식에도 쓰이면서 높임의 계칭형태로 되였다.

> 1. 어와 오늘은 右之道路를 正官도 분별두셔 지간ᄒᆞ<u>ᆸ소.</u>(捷解新語四·3)
> 2. 이번은 두듸 時分을 혜아려 됴홈 구줌을 군말업시 잡<u>ᄉᆞ소.</u>(捷解新語四·18)

셋째, 16세기까지만 하여도 의문을 나타내는 가장 높임의 계칭의 문법적형태 《-잇고》가 나타나지 않았고 또 안높임의 문법적형태 《-ᄂᆞᆫ다, -ᄅᆞᆻ짜》 등도 쓰이지 않았다. 이러한 현상은 문법적형태의 간소화라고 본다. 현대조선어에 많이 쓰이는 가장 높임의 계칭의 문법적형태인 《-요》가 17세기 문헌에 처음으로 나타나고있는데 녀성들간에 대화(두부인이 사부인에게)에서 처음 나타나고있다. 그러나 여기에서의 《-리요》는 《-리오》의 어음변화형태로 보는것이 좋을것 같다.

절되 가인을 엇엇시니 만일 성품이 불량후면 다만 남주의 몸
만 불힝이 아니라 필경 류씨의 종수를 낫지 못후리니 그 환을 장
찻 엇지후리요. (《사씨남정기》) 두부인-샤부인의 대화

넷째, 17세기 문헌에서 보면 기능변동을 한 청자높임의 형태소인
《-습-/-숩-/-줍-》이 가장 높임의 계칭의 문법적형태 《-ㄴ이다》와는 결
합되지만 《-ㄴ잇가》와 결합된 례가 보이지 않는다.

★ 참고문헌:

1. 황부영(1959) 《15세기 조선어존칭범주연구》,과학원출판사.
2. 허 웅(1961) 《국어존대법연구》,한글 128호.
3. 김영황(1978) 《조선민족어발전력사연구》,과학백과사전출판사.
4. 최범훈(1980) 《중세한국어문법론》,이우출판사.
5. 성기철(1991) 《국어경어법의 일반적인 특성》,새국어생활 제1권 3호.
6. 렴종률(1992) 《조선말력사문법》,김일성종합대학출판사.
7. 리득춘(1995) 《고대조선어급중세조선어개요》,연변대학출판사.
8. 서정목(1997) 《경어법의 선어말어미변화》,국어사연구 태학사.
9. 김태엽(1999) 《우리 말의 높임법연구》,대구대학교출판사.

객체높임법의 소실과
청자높임법 등급의 변화

― 《-ㅂ니다/습니다》의 산생과정

김 귀 옥

1. 머리말

　　화자가 어떤 대상에 대하여 높임의 의향을 가지고 언어내용을 표현하는 문법적범주가 높임법이다.[1] 흔히 우리 말의 특징을 말할 때 높임법이 발달되여있는 점을 들 정도로 높임법은 우리 말의 특징적인 문법적범주이다. 아래의 15세기 문장에서 밑줄 친 부분은　선어말어미로서 각각 높임법을 실현한다.

　　(1)

世尊하 摩耶夫人이 엇던 功德을 닷ㄱ시며 엇던 因緣으로 如來를
나쏜┗시니잇고 [낳-ᄉᆞᇦ-ᄋᆞ시-니-잇-고] (석보상절 11,24)

　　문장 (1)에서 청자인 《世尊》에 대한 높임의향을 실현하기 위하여 《-잇-》이 나타나 있고 주어인 《摩耶夫人》에 대한 높임의 의향을 실현하기 위하여 《-ᄋᆞ시-(-으시-)》가 나타나 있고 목적어인 《如來》에 대한 높임의 의향을 실현하기 위하여 《-ᄉᆞᇦ-(-습-)》이 나타나 있다.

　　보다싶이 중세어의 높임법은 현대어에 비하여 복잡한 체계를 이루고 있었다. 현대어에는 화자가 언어내용가운데 등장하는 주체에 대하여 높임의 의향을 실현하는 문법적범주-주체높임법, 또한 화자가 청자에 대하여 높임의 의향을 실현하는 문법적범주-청자높임법[2]이 있다. 중세어에는 이

---

1) 권재일 《한국어 문법사》, P 48, 박이정, 1998.11.

밖에 화자가 언어내용가운데 등장하는 객체에 대하여 높임의 의향을 실현하는 문법적범주-객체높임법이 있어 세가지 체계로 되여있었다. 높임법체계에는 계속적인 변천이 있었는바 특히 우리 말이 중세에서 근대를 거쳐 현대어로 오는 과정에서 객체높임이 많은 변화를 하였다.

본고에서는 중세, 근대, 현대의 우리 말 문헌을 재료로 객체높임형태소 《-숩-》의 음상 변화 및 기능의 변화(객체높임>청자높임), 또한 이에 따른 청자높임법 등급의 변화를 중심으로 론의하면서 《-ㅂ니다/습니다》의 산생에 대해 파악하고저 한다.

2. 객체높임형태소 《-숩-》의 발생

객체높임은 옛날 우리민족의 언어관습과 관련하여 생겨났다. 즉 높은 사람에 대해서는 감히 자기의 대화대상으로 설정하지 못하고 직접대화도 간접대화의 형식을 취해서만 대화를 진행하였던것과 관련되여있었다. 객체높임형태소 《-숩-》은 직접대화를 간접대화로 바꾸는데서 생겨난 문법적형태로서 그것은 동사 《숣다》와 발생적 련관을 가진다고 본다.

동사 《숣다》는 《아뢰다, 사뢰다》는 뜻을 가지고 어휘론적으로 객체높임의 의미를 조성할수 있다. 고대어 자료인 향가나 리두에 표기된 객체높임법의 선어말어미는 《-白-》으로 나타나는데 이를 단일형 《-숣-》으로만 읽는다. 그 까닭을 고대어의 화석이라 할수 있는 조선시대의 리두표기에서 《白》자는 모두 《숣》의 표기로 수없이 쓰인 점과 고대어의 동사 《숣다》가 동사의 기능에서 선어말어미의 기능으로 분화되면서 동사의 어미가 상실되고 둘받침중의 《ㄹ》이 상실되는 형태상변화를 일으켜 중세어에는 《-숩-》으로 반영되였다는 점에서 찾아볼수 있다.

(2)

九世盡良禮爲白齊<九世 다아 禮ㅎ숣져>(禮敬諸佛歌)

---

2) 한국과 조선에서는 이에 대해 용어를 달리하고있다. 한국에서는 존경의 대상에 따라서 높임법을 주체높임법과 청자높임법으로 나누었다. 청자높임법을 청자대우법, 청자존대법, 공손법이라고 부르기도 한다. 조선에서는 맺음토에 의한 실현여부를 기준으로 존경법을 존경범주와 말차림범주(계칭)로 두개의 범주에 귀속시켰다. 본고에서는 권재일(1998)의 개념을 따른다.

(2)에서 《ᄒᆞᆲ》는 동사 《ᄒᆞ다》와 《ᄉᆞᆲ다》가 합친것으로서 《ᄉᆞᆲ》은 여기서 벌써 상당한 정도로 추상화되고있다. 《ᄉᆞᆲ》은 이러한 사용과정을 거쳐 더욱더 추상화되여 나갔다. 즉 《-ᄉᆞᆸ-》은 《-ᄉᆞᆲ(白)-》에서 문법화한것이다.

3. 《-ᄉᆞᆸ-》의 음상변화(음운조건에 따른 《-ᄉᆞᆸ-》의 다양한 형태)

객체높임을 나타내는 형태소 《-ᄉᆞᆸ-》은 부동한 음운조건에 따라 형태가 다양하게 나타난다. 중세어의 《-ᄉᆞᆸ-, -ᄌᆞᆸ-, -ᄉᆞᆸ-, -ᅀᆞᇦ-, -ᅀᆞᇦ-》 등이 그것이다. 이런것들은 후행요소와 선행요소의 차이에 따라 구별되는 어음론적변종이다.

《-ᄉᆞᆸ-》은 동사의 어간이 《ㄱ, ㅂ(ㅍ), ㅅ, ㅎ》 등의 자음으로 끝나고 다음에 오는 어미의 첫소리가 자음으로 시작되는 경우에 씌였다.

(3)

　　　가. 다 모다 길 잡ᄉᆞᆸ거니 (월인석보 21,203)
　　　나. 그므를 우회 듭ᄉᆞᆸ고 (월인석보 7,37)

《-ᄌᆞᆸ-》은 동사의 어간이 《ㄷ, ㅌ, ㅈ, ㅊ》 등 자음으로 끝나고 다음에 오는 어미의 첫소리가 자음으로 시작되는 경우에 씌였다.

(4)

　　　가. 뉘 아니 좇ᄌᆞᆸ고져 ᄒᆞ리 (룡비어천가 78)
　　　나. 人心이 몯ᄌᆞᆸ더니 (룡비어천가 66)

《-ᄉᆞᆸ-》은 동사의 어간이 《ㄴ, ㅁ, ㄹ》 혹은 모음으로 끝나고 다음에 오는 어미의 첫소리가 자음으로 시작되는 경우에 씌였다.

(5)

　　　가. 아ᄉᆞᆸ고 믈러가니 (룡비어천가 51)
　　　나. 말이ᄉᆞᆸ거늘 가샤 (룡비어천가 58)

《-ᄉᆞᆸ-》, 《-ᄌᆞᆸ-》, 《-ᄉᆞᆸ-》 등의 다음에 어간모음이나 기타 모음들이

오면 끝자음 《ㅂ》를 《ㅸ》로 바꾸어 각각 《-ㅅㅸ-》, 《ㅈㅸ-》, 《-ㅿㅸ-》
로 하였다.

(6)

　가. 大耳兒를 臥龍이 돕ㅅㅸ니 (룡비어천가 29)

　나. 興望이 다 몯ㅈㅸ나 (룡비어천가 11)

　다. 定社之聖씌 뉘 아니 오ㅿㅸ리 (룡비어천가 99)

그러나 17세기에 들어서서는 이러한 규칙이 파괴된다. 중세어 시기
《ㅿ》, 《ㅸ》가 소실됨에 따라. 객체 높임을 나타내는 《-습-》의 형태는 변
화되여 가고 있었다.

(7)

　가. 그 어미룰 봉양호되 반드시 돌며 만난 거스로 밧줍더라
　　(동신효 8,18)

　나. 돌마다 삭망애 반드시 금쳔 지븨 모다 ㅅ당의 뵈옵더라
　　(동신효 6,24)

　다. 쳐상애 긔년 너머셔 쥬졔홈을 못줍뇌이다 쥬지 굴ㅇ샤되
　　(가례 9,22)

　라. 藍島ㅅ지는 브트실까 아름다와 호옵닝이다 (첩해신어
　　6,13)

받침 있는 어간 말음 아래에서는 《-습-》과 《-줍-》이 혼기되기도 하
였으나 주로 《-습-》이나 이의 변이형인 《-ㅅ오-》가 씌었고 (뎍ㅅ오리잇
가), 모음 어간 말음 아래에서는 (7나, 라)처럼 《-옵-》이나 이의 변이형
인 《-오-》가 씌었다(호오리잇가).

18세기 후기 문헌인 《륜음언해》에서는 받침 어간 아래에서는 계속
《-습-, -줍-, -ㅅ오-, -ㅈ오-》형태가 쓰이고있으나 모음 어간 말음 아
래에서는 《-옵-》이 변한 《-옵-》과 또 《-옵-》의 이형태인 《-오-》가 쓰
인 모습을 보여주고있다.

이러한 객체높임을 나타내는 형태는 현대에 이르러서는 의고적인 표
현에서만 《-삽-, -잡-, -사오-, -자오-》로 쓰이고있으나, 일상적인 구어
체에서는 소멸되였다고 보아야 할것이다. 다만 《-옵-》과 《-옵-》의 이형
태인 《-오-》가 가끔 기도문이나 서간문 등에 쓰일뿐이다.

4. 《-습-》의 기능이동(객체높임>청자높임)

4.1 객체높임이 겸양으로 넘어가는 과도기-15세기

15세기에는 객체높임법이 고대로부터 내려온 자기의 고유한 기능을 아직 보존하고있었다. 그러나 객체높임형태소 《-습-》이 높임의 대상이 되는 객체와 관계되는 물건이나 일을 목적어로 하는 서술어에도 나타나 간접높임을 실현한다. 그러므로 하여 점차 존경대상에 대한 이야기하는 사람의 행동(상태)을 겸손하게 표현하는데도 쓰이게 되였다.

(8)

　　　가. 우리 옷 계우면 큰 罪를 <u>닙습고</u> (월인석보 2,72)

　　　나. 萬萬衆生들히 머리 <u>좃습고</u> <u>기쓰바</u> 讚嘆ㅎᅀᇦ 소리 天地 드러치며 (월인석보 2,51)

여기서 《닙습고》, 《좃습고》, 《기쓰바》는 그것과 관련된 목적어가 존경의 대상이 아님에도 불구하고 객체높임형태를 취하였다. 그리고 《讚嘆ㅎᅀᇦ》 역시 찬탄하는 자기 행동에 대한 겸양3)의 뜻을 나타내고있다.

보다싶이 15세기에는 객체높임이 점차 겸양으로 넘어가는 과도기에 있었다고 할수 있다. 현대어에서는 주체높임이 직접존경으로 됨에 대하여 이것은 간접존경으로서 잔재적 행태로 남아있을뿐이며 (례: 가옵고, 먹삽고) 직접존경과 간접존경의 복힙으로시 최대존경을 나타내는 수법이 특수한 경우에 남아있을뿐이다. (례: 가시옵고, 하옵시고) 객체존칭형태의 력사적변화에서 특징적인것이 바로 그것이 겸양으로 넘어갔다가 청자존칭 (즉 존대계칭)으로 합류되여가는 점이다. 이에 따라서 이 어미가 점차 어말어미쪽으로 자리를 옮기게 되고 그것이 청자존칭어미처럼 되고말았다.

4.2 근대조선어시기 청자높임형태소 《-(으)이-》의 기능약화

5세기 우리 말의 청자높임법의 실현도 다른 높임법과 마찬가지로 선어말어미에 의하여 실현하였다. 즉 《-(으)이-[-(으)잇-]》으로 실현되였다.

---

3) 겸양이란 이야기하는 사람이나 제3자의 행동(상태)을 겸손하게 낮추어 표현함으로써 상대방을 높이는 존경법의 하나이다. (김영황 《조선어사》,김일성종합대학출판사, 1997, P 211)

(9)

　　　가. **尊者**ㅣ 쏘 닐오딕 이는 **大目 犍連ㅅ 塔**이니<u>-이-다</u> (석보
상절 38.1)

　　　나. **臣下**들히 닐오딕 **功德**이 녀느 곧거시놀 엇뎨 다믄 돈 흔
나트로 **供養** 흐시느<u>니-잇-고</u>? (석보상절 10.1)

16세기 문헌에서부터 《-(으)이-[-(으)잇-]》가 나타나기 시작하여
두 형태가 공존한다.

(10)

　　　가. 고럇 짜흐로 가<u>노-이-다</u> (번역박통사 상 8)

　　　나. 날회여 말 호<u>리-이-다</u> (번역박통사 상 59)

　　　다. 왕오 왓<u>노-이-다</u> (번역박통사 상 59)

　　　라. 싱심이나 그러흐<u>리-잇-가</u> (번역박통사 상 58)

그러나 17세기에 이르러서는 《ㅇ》음의 변화로[4] 《-ㅇ이-(-ㅇ잇-)》
을 거쳐 《-(으)이-[-(으)잇-]》으로 굳어진다.

(11)

　　　가. **御懇懃**흐신 말숨 겻티 도로혀 붓그럽亽<u>왕이다</u> (첩해신
　　　　어 6,10)

　　　나. 엇디 어현히 흐<u>렁잇가</u> (첩해신어 5,25)

　　　다. **自由**히 너기읍신다 민망흐<u>여이다</u> (첩해신어 3,9)

　　　라. 싱심이나 어이 남기고 머그<u>리잇가</u> (첩해신어 3,11)

이렇게 보면 《-(으)이-》는 이미 16세기부터 불안정하기 시작하였다.
17세기에 이르러서는 《-으이-》가 자주 생략되면서 그 기능도 약화되게
되었다. 이것은 청자높임법 실현의 변화를 예고하는것이다.

청자는 항상 화자의 눈앞에 있기때문에 청자높임법은 높임법의 다른
어떤것보다 현실성이 강하다. 따라서 형태가 불안정해지고 기능이 약화되
는것을 그대로 둘수 없게 된다. 여기서 청자높임법의 수단을 강화할 필요

---

4) 《ㅇ》을 옛이응이라하며 그 음가는 [ŋ]이다. 훈민정음 반포이후 150년가량 쓰이다가 후
　에 《ㅇ》으로 되였다. 《ㅇ》과 《ㅇ》의 자형과 음가는 일찍부터 혼란하였다. 소실된 시기
　는 초성에서 16세기초기이전까지, 종성에서 16세기말기까지 쓰였다. (홍윤표 《근대국어
　연구》 태학사 1994)

가 있게 되였는데 그 결과 청자높임법의 실현은 다른데에 의지하려는 경
향이 일어나게 되였다. 바로 여기에 관여하게 된것이 객체높임어미 《-습
-》이다.

4.3 근대조선어시기 객체높임의 기능변화

4.3.1 《-습-》이 주체높임법의 덧높임에 참여

음운조건에 따라 객체높임어미 《-습-》은 우에서 언급한바와 같이
그 형태가 다양하게 변이하여 한 범주를 실현하기에 적당하지 않은데다가
또 객체의 령역도 넓어 목적어, 부사어 등에 걸쳐있어 객체라는 개념을
정의하기가 매우 어렵게 되였다. 이런 까닭으로 17세기이후에는 점차 《-
습-》의 기능이 불분명하게 되여 주체높임법을 실현하는데에도 나타나고
청자높임법을 실현하는데에도 나타나게 되였다. 즉 객체의 개념이 모호해
지면서 《-습-》은 본래기능을 잃고 그 흔적을 다른 높임법으로 넘겨주게
되였다.

17세기에 이르러 객체높임어미 《-습-》의 기능이 약화[5]되면서 이것
이 《-(으)시-》에 결합하여 주체를 더욱 높이는 표현으로 사용된다. [6] (1
2가)는 《-습-시-(-ᅀᆞ-시-)》의 례이고 (12나)는 《-시-습-(-시-ᅀᆞ-)》의
례이다.

(12)

가. 이 므스 일이옵관듸 이대도록 어렵사리 나른-옵-시-는고
(첩해신어 5,21)

나. 또 회례라 일홈 지어 므스 일을 흐려 흐-시-옵-는고 (첩
해신어 9,8)

---

5) 근대 조선어에 들어서며서 객체높임을 나타내는 표현은 대개 무시되여 간다. 그리하여
17세기 문헌에서도 객체높임의 《-습-》이 매우 드물다. 이러한 변화는 더욱 넓어져 결
국 객체높임은 《뵙다, 드리다 …》등 몇개의 특수한 단어로 표현되는 정도로 그치면서
현대에 이른다. (《국어의 시대별 변천 연구 2》 국립국어연구원 1997.12)
6) 김정수(1984)에서는 이를 덧높임이라는 개념으로 해석한바 있는데, 이미 있는 높임법
형태에 다른 형태를 덧붙임으로써 그 높임법을 조금 더 높이는 효과를 빚어내는것이라
했다. 《-습-》에 의한 주체높임법의 덧높임, 청자높임법의 덧높임을 제시하였다.

그러나 주체높임법의 《-(으)시-》는 확고한 형태를 유지하고있었기때문에 더 강화할 필요가 절실치 않았다. 그래서 《-습-》은 주로 청자높임법 강화에 관여한것으로 보인다.

4.3.2 《-습-》의 청자높임으로의 기능이동

《-습-》의 통시적인 이동현상을 확인하기 위하여서는 기준형태가 있어야 한다. 《-시-》는 기능상의 변화가 거의 없었고 위치도 고정되여 있었다. 따라서 《-시-》를 기준형태로 삼는다.

(13)

  가. 엇던 因緣으로 如來를 나쏫보시니잇고 (석보상절 11,24)

  나. 나는 曾子씌 듣줍고 曾子는 夫子씌 돌즈오시니 (소학언해 4,18)

(13가,나)는 각각 15세기, 16세기의 언어상태를 반영한것으로서 《-습-시》의 배렬순서를 보이고있으며 그 기능에 있어서도 객체(如來,夫子)가 높임의 대상임을 나타내고있는것이다. 보다싶이 《-습-》이 비록 형태의 변모를 거듭했으나 기준점이 되는 《-시-》와의 위치를 비교해 볼 때 이동의 증거를 포착하기 어렵다. 그런데 례(14)와 같이 17, 18세기 조선어를 반영하는 자료에서는 《-습-》과 《-시-》의 배렬순서에 혼란이 일어났다.

(14)

  가. 졍니에 아느만 박히 너기옵시거뇨 (안목대비 내간)

  나. 正官은 어듸 겨시온고[겨시-오-ㄴ-고] (첩해신어 1,15)

  다. 언머 지리히 너기옵시는고 (개수 첩해신어 3,35)

  라. 보옴을 술오라코 젼갈ᄒᆞ시옵데 (개수 첩해신어 1,33)

결국 17, 18세기에는 《-습-시-》형과 《-시-습-》형이 공존한 셈이다. 이러한 수의적인 공존은 공시적인 관점에서는 배렬순서의 혼란으로 볼수 있으나 통시적인 관점에서는 변화의 과정을 보여주고있는것이다. 즉 후대에는 《-시-습-》형으로 나타나고 공존의 시기이전에는 《-습-시-》형으로 나타났으므로 (14)는 《-습-》이 《-시-》뒤로 이동하는 과도기의 상황을 반영하는것으로 보아야 한다. 원리에 따르면 문법적형태는 불안정할

때 변화를 일으키는데 《-습-》의 기능이 변화했다는 사실은 《습》의 이동
에 대한 근거가 되는 셈이다.

19세기 문헌자료에서도 《-습-시-》형과 《-시-습-》형의 공존상태가
계속된다.

(15)

　　　　　가. 거편 인편의 덕<u>스오시</u>니 보<u>읍</u>고 (추사언간 제3신)
　　　　　나. 평동셔는 심녕 힝츠흐<u>오신가</u> (추사언간 제 17신)

우의 례문은 19세기의 언어상태를 반영하는것으로 (15가)은 비종결
형에 나타나는 《-습-》의 경우에 해당하며 (15나)는 종결형에 나타나는
경우인데 배렬순서가 《-습-시-》형을 그대로 유지하고있다.

그런데 아래의 례문은 우의 례문과 동일한 문헌에 속하는데도 《-습
-》의 배렬 양상이 우의 례문과 다르다.

(16)

　　　　　가. 대되들 평안이 지내<u>시</u>읍고 (추사언간 제16신)
　　　　　나. 어란 만이 어더 가지고 오<u>시</u>읍 (추사언간 제5신)

(16가)는 비종결문에 나타난 경우이고 (16나)는 종결문에 나타나는
《-습-》의 경우인데 그 당시에는 대체로 종결문에서는 《-시-》의 뒤에
《-습-》이 나타났다. 7) 이것은 종결문에서 《-습-》의 이동이 19세기에
거의 완료되였으며 이동이 완료된 《-습-》의 경우는 모두 청자높임의 기
능을 지닌것으로 해석할수 있다.

같은 19세기의 경우라고 할지라도 (15가)의 례문처럼 비종결문의 경
우에는 《청자높임》의 기능을 지녔다고 해석하기 어렵다. 청자높임은 화자
와 청자의 존비관계에 의해 결정되는것인데 이러한 기능은 종결어미가 담
당하고있기때문이다. 그렇다면 19세기의 《-습-》의 경우에 그 기능이 2가
지로 존재한것으로 볼수 있다. 다음의 례문이 이와 같은 해석을 뒤받침하

---

7) 물론 종결형이라고 해서 무조건 《-시-》의 뒤에 위치하는것은 아니다. 례를 들면 (15가,
　나)의 경우는 종결형에 나타나지만 《-시-》앞에 나타난것이다. 그러나 그 당시의 일반적
　인 경향으로 볼 때 18세기의 경우와는 달리 《-습-》이 종결형과 비종결형에서 대체적으
　로 구분되였던것이다.

고있다.

(17)

두 냥 즉시 받<u>즈오시요</u> (추사언간 제8신)

우의 경우는 《-시-》의 앞과 뒤에 《-습-》이 나타난것이다. 《-즈오-》와 《-읍-》을 동일한 기능을 지닌 형태로 보기는 어렵다. 만일 그렇다면 이와 같은 중복적 표현은 정상적인 문장으로 보기 어렵기때문이다. 중복적 표현이 아니라면 앞의 《-즈오-》는 중세조선어 당시의 객체높임이 이때까지 유지된것으로 볼수 있으며 뒤의 경우는 청자높임으로 해석할수 있다.

《-시-》를 기준으로 하여 《-습-》의 이동을 관찰한 결과 이동한 《-습-》은 중세조선어의 경우에 비해 그 기능이 달라졌음을 알수 있다. 즉 객체높임으로부터 청자높임을 나타내는데로 변화되였다. 이러한 이동현상은 원리체계에 따르면 후접성의 원리를 어겼기때문에 이동을 일으킨것이고 다시 새로운 자리를 찾은것은 《-습-》이 기능변화를 통하여 새로운 기능을 지닐수 있었기때문이다.

이와 같이 근대 조선어에 들어서면서 객체높임을 나타내는 표현은 대개 무시되여간다. 이러한 변화는 더욱 넓어져 결국 객체높임은 《뵙다, 드리다…》 등 몇개의 특수한 단어로 표현되는 정도로 그치면서 현대에 이른다.

5. 《-ㅂ니다/습니다》의 산생 및 청자높임법 등급의 변화

5.1 《·》의 소실

《·》는 《훈민정음》 제자해에 다음과 같이 기술되여있다.

(18)

ㅗ 與·同而口蹙

ㅏ 與·同而口張

《ㅗ》와 《ㅏ》는 《·》과 동일한 조음형태를 취하되 다시 말하면 삼자 모두 혀의 위치가 똑같되 《·》는 입을 오므리고 《ㅏ》는 입을 벌린다고 했으니 이를 역으로 해석하면《·》는《ㅗ, ㅏ》와 혀의 위치가 동일하되 《ㅗ》처럼 입을 오므리지 않고《ㅏ》처럼 입을 벌리지도 않는 중간 정도의 개구형태를 취한다는 뜻이 되는것이다. 그렇다면《·》는 후설모음에 속하되 개구도가《ㅗ》와《ㅏ》의 중간에 해당되는 반개모음 즉 그 음가는 /ɐ/나 /ʌ/쯤으로 추정된다.

《·》모음이 소실될 조짐은 16세기 후반부터 이미 나타나기 시작하였다. 《ᄒᆞᆰ》이《ᄒᆞᆰ》으로 표기된 례를《소학언해》(1587)에서 찾아볼수 있는것이다. 그리고 17세기 초반에 간행된《동국신속삼강행실도》(1617)에 이르면《ᄒᆞᆰ》으로 표기된 례가 더욱 자주 나타난다8). 《·》모음은 16세기에 들어서면서 제2음절 이하의 위치에서부터 소실되기 시작하다가 18세기 후반에 와서는 어두에서까지 소실되여가는 과정을 밟았던것으로 추측된다. 18세기 중반에 간행된《한청문감》은 어두의《·》모음이 소실되여가는 과정을 단적으로 보여준다. 이 책에는《·》유지형과《·》소실형이 다수 공존하고있는것이다.

(19)

  ᄐᆞ다:트다 (彈) ᄃᆞ리다:다리다 (拉)

이런 례들은 이 시기에 와서《·》모음의 소실이 광범하게 진행되고 있었음을 보여준다. 이와 같이《·》는 18세기에 이르러 음가가 소실되는 과정을 겪게 되는데 그 자리는 이내 다른 모음으로 대치되였다. 《·》를 대치한 모음으로서 가장 일반적으로 나타나는것은《ㅏ》모음이고 그다음에《ㅡ》모음이다. 이밖에《ㅗ, ㅜ, ㅓ, ㅣ》로 대치된 례도 있다.

(20)

·>ㅏ: ᄯᆞᆷ(汗)	ᄡᆞᆯ(米)	ᄉᆞ랑(思)
·>ㅡ: ᄀᆞᅀᆞᆯ(秋)	마ᅀᆞᆷ(心)	하ᄂᆞᆯ(天)
·>ㅗ: 놈(者)	ᄉᆞ매(袖)	
·>ㅜ: ᄂᆞᄆᆞᆯ(菜)	아ᅀᆞ(弟)	
·>ㅓ: 다ᄉᆞᆺ(五)	툭(頤)	
·>ㅣ: ᄆᆞᄎᆞᆷ(終)	아ᄎᆞᆷ(朝)	

《·》의 음가는 18세기 말에 와서 완전 소실된것으로 보이지만 문자

---

8) 김종훈 등 《한국어의 역사》,대한교과서주식회사, 1998, P251.

자체는 표기의 보수성에 힘입어 20세기 초까지도 그대로 사용되였다. 《·》의 소실은 많은 어음변화를 초래하게 된다. 현대어에서 가장 높임을 나타내는 문법적형태 《-ㅂ니다/습니다》9)의 형성과정과 《·》의 소실은 관계가 있는것으로 보인다.

5.2 《-ㅂ니다/습니다》의 산생

근대조선어시기에 이르러 객체높임형태소 《-습-》과 그 다양한 변이형들은 점차 청자높임의 기능을 수행하는 방향에로 이전하였다. 그 사용을 보면 접속술어에도 종결술어에도 모두 올수 있던것이 종결술어에 많이 오게 되였으며 그 위치도 문법적 추상화가 되면서 어간에서 더욱 멀어져 어말어미쪽으로 가고있었다.

(21)

　　　가. 하 졋소이 너기〻와 다 <u>먹습〻이다</u> (첩해신어 2,7)
　　　나. 病이 더 重홀까 너기<u>〻닝이다</u> (첩해신어 2,7)
　　　다. 예셔 죽〻와도 먹<u>〻오리이다</u> (첩해신어 2,7)

(21)에서 본바와 같이 이런 청자에 대한 가장 높임은 술어에 붙는 문법적형태 《-습〻이다》, 《-〻닝이다》, 《-〻오리이다》 등에 의해 표현되였다. 이러한 문법적형태에 대해 형태소분석을 하면 《-습-, -〻-, -〻오-》 등은 객체높임에서 청자높임으로 기능변동을 한 형태소이고 《-〻-, -니-, -리-》10) 등은 시간을 나타내는 형태소이고 《-이-》는 청자존칭의 형태소 《-이-》가 어음변화를 한 형태이며 《-다》는 어말종결어미이다.

　　《-〻〻(닉)이다》와 《-습〻(닉)이다》는 18세기 중반 《·》의 소실과 어음의 축약으로 각각 현대에 이르러 가장높임을 나타내는 문법적형태

---

9) 김혜숙(1994)은 《합니다체》는 대우서법 등분류형중 가장 높은 등분으로 주로 의례적이고 단정적이며 객관적인 곧 격식적 상황에서 웃어른에게 사용되는 청자대우의 종결 대우서법체라고 하였다.

10) 이러한 형태소들은 시간형태라고 한다. 《-〻-》는 현재진행, 《-니-》는 과거완료, 《-리-》는 미래진행을 나타낸다. (리득춘 《고대조선어문선 급 중세조선어개요(하)》,연변대학출판사, 1995, P 126)

《-ㅂ니다/습니다》로 된다. 그 변화과정을 아래에서 구체적으로 살펴본다.

(22)

　　　가. 술은 一切 못ᄒᆞᆸ건마ᄂᆞᆫ 하 먹과댜 니르시니 그러ᄒᆞ온디 ᄀᆞ장 취ᄒᆞ오되 正根을 계요 출혀 안잣ᅀᆞᆫ이다. (첩해신어 4,18)
　　　나. 술을 一切 몯ᄒᆞᆸ건마ᄂᆞᆫ 하 권ᄒᆞ시매 그러ᄒᆞ지 ᄀᆞ장 醉ᄒᆞ엿ᄉᆞ오되 계오계오 氣向을 출혀 안잣ᅀᆞᆫ이다. (개수 첩해신어 3,24)
　　　다. 약도 먹고 뜸도 ᄒᆞ여 이제ᄂᆞᆫ 됴화ᅀᆞᆫ이다. (첩해신어 2,4)
　　　라. 약도 먹고 뜸도 ᄒᆞ야 이제ᄂᆞᆫ 됴화ᅀᆞᆫ이다.(개수 첩해신어 2,26)

17~18세기 문헌자료(22)에서 볼수 있다싶이 같은 내용을 약 70년을 사이 두고 번역한 대화들인데 문법적형태 《-ᄉᆞᆫ이다⇔-ᅀᆞᆫ이다》의 어음동요현상이 보인다.

(23)

　　　가. 젼도ㅣ 굴ᄋᆞ되 네 이처럼 싱각ᄒᆞ면 엇지ᄒᆞ야 여긔 섯ᄂᆞ냐? 되답ᄒᆞ되 어듸로 갈 넌지 아지 못ᄒᆞ겟ᄉᆞᆫ이다. (텬로력뎡 권지샹)
　　　나. 잠간 엿주어 볼 말슴이 잇습니다. (숑뢰금 54)
　　　다. 눈물을 흘녀ᄉᆞ나이다. (설중매 2)
　　　라. 어머님 미우 느저졋습니다.(두견성 상 59)
　　　마. 처음 뵙습니다마는 셩화는 익숙히 드럿습니다. (현미경 69)

(23가, 나)에서는 《-ᄉᆞᆫ이다/습니다》를 사용하여 청자에 대한 가장 높임을 나타냈다. 《-습니다》는 《-ᄉᆞᆫ이다》의 어음축약형이다. 《-습-》은 객체높임법 《-ᄉᆞᆸ-》이 근대조선어 단계에서 상대높임법 표지로 바뀐 《-습-》의 어음변화형이고 《-니-》는 직설법형태, 《-다》는 종결어미이다.

(23)에서는 말을 듣는 사람을 가장 높게 대우할 때 문법적형태 《-ᄉᆞᆫ이다/습니다/ᄉᆞ나이다/ 습니다/습니다/》 등이 쓰였는데 이는 17,18세기 문헌에 나타났던 《-ᄉᆞᆫ(ᄂᆡ)이다》의 어음변화 형태들이다. 이와 같이

《·》의 소실과 일련의 어음축약을 거쳐 즉《-습ᄂ이다〉-습ᄂ다〉습니다〉의 어음변화과정을 거쳐 현대어에서 가장 높임을 나타내는 문법적형태 《-습니다》가 상생되였다.

(24)

　　가. 과즐과 건믈과 머글거슬 다 머검즉이 쟝만ᄒ엿스오니 깃거ᄒ<u>옵ᄂ이다</u>. (첩해신어 2,9)

　　나. 쇼인이 몬져 술올쩌슬 이리 御意ᄒ시니 감격히 너기<u>옵ᄂ이다</u>. (첩해신어 3,2)

　　다. 싱둥은 상민이기로 이것을 주의ᄒ와 엿주어 보<u>옵ᄂ다</u>. (슝뢰금 45)

　　라. 힝차만 모시고 가더릐도 그 션가는 주셔야 <u>합ᄂ다</u>. (명월뎡 89)

　　마. 그런데 그 처녀는 이샹흔 처녀<u>랍니다</u>. (힝낙도 4)

　　바. 아버지게서 황숑흔 말삼도 하<u>십니다</u>. (현미경 213)

(24)는 어른이나 자기보다 높은 계층에게 하는 말로서 《-옵ᄂ(ᄂ)이다/ㅂ(옵)ᄂ다/ㅂ 니다》 등을 사용하여 가장 높임을 나타냈다. 여기서 역시 18세기말 《·》의 소실과 어음축약현상으로 인해서 즉《-옵ᄂ이다〉-옵ᄂ다〉-ㅂ니다》의 어음변화과정을 거쳐 현대어에서 가장 높임을 나타내는 문법적형태 《-ㅂ니다》가 산생되였다.

《-ㅂ니다/습니다》의 교체는 (23마)의 《드럿습니다》와 같이 자음으로 끝난 형태소 뒤에서는 《-습니다》가 선택되고, (24바)의 《하십니다》와 같이 모음으로 끝난 형태소 뒤에서는 《-ㅂ니다》가 선택된다.

5.3 청자높임의 새로운 등급-예사덧높임의 산생

객체존칭을 나타내던 문법적형태 《-습-》이 청자존칭으로의 기능변동을 일으켜 청자를 아주 높이는 표현을 담당했을뿐만아니라 또한 《-ᄂ, -도쇠, -새, -대(디), -외, -쇠》 등과 결합하여 즉 예사표현에도 붙어 높임의 뜻을 보태주면서 본래의 높임에서 조금 더 높은 새로운 높임의 층으로 확립된다.

(25)

가. 엇디 흔디 일이 만하 **問安**도 즈로 솗디 못ᄒᆞ니언뎡 졍업
슨 양으로 너기시ᄂᆞᆫ가 ᄆᆞᄋᆞᆷ의 걸리<u>옵닉</u>. (첩해신어 2,17)

나. **今日**은 싱각받긔 술술이 ᄆᆞᆾ니 **大慶**이<u>옵도쇠</u> (개수첩해
신어 4,7)

다. 우리도 그런일을 어거이 ᄌᆞ셰히 아올고 일 모로ᄂᆞᆫ걷들이
일졍닏고 그러흔 일이<u>옵도쇠</u>. 무러보와 이제라도 드릴 양으로 니
ᄅ<u>옵새</u>.(개수첩해신어 2,25)

라. 뎐의ᄂᆞᆫ 처음으로 보옵고 그지없ᄒᆞ<u>옵대</u>. (첩해신어 3,5)

마. 하 니ᄅᆞ시니 ᄒᆞ나 먹ᄉᆞ오리, 자ᄂᆡ 말은 **對馬島** 죠히 **聞及**
ᄒᆞ엳ᄃᆞ시 잘 **通**ᄒᆞ시니 긴비 너기<u>옵ᄃᆡ</u>. (개수첩해신어 1,28)

바. 내 말을 기리시니 깃브<u>옵</u>거니와 고디 듧ᄃᆞᆫ 아니ᄒᆞ<u>외</u>. (첩
해신어 1,29)

사. 비흔 칙이 써졀ᄉᆞ오니 글로ᄒᆞ여 그심이 **限업**<u>ᄉᆞ외</u>. (개수
첩해신어 1,11)

자. 엇디 흔디 오며서셔브텨 ᄯᅩ 병드러 머글썻도 잘못 먹고
누엇ᄉᆞ오니 나디 몯홀가 너기오니 우리ᄲᅮᆫ 나올<u>쇠</u>. (첩해신어 1,38)

여기에서 종결토의 앞에 개재된 문법적 형태소《-ᄉᆞᆸ-, -옵-, -ᄉᆞ오
-》등은 객체존칭의 기능을 하는 형태소가 아니라 그 기능이 변동을 거
쳐 청자존칭의 기능을 하는 형태소이며 문법적형태《-닉, -도쇠, -새, -
ᄃᆡ, -외, -쇠》는 16세기의 높임의 계칭에 쓰였던 형태소들이다. 이러한
문법적형태에는 기능변동을 한 청자존칭형태와 함께 그전 시기 듣는 사람
을 높게 대우하던 문법적 형태소《-이-》의 흔적이 남아있다. 여기에서
《-ᄉᆞᆸ(옵)닉, -옵도쇠, -옵새, -옵대(ᄃᆡ), -ᄉᆞ외, -외, -쇠》등에 의해 표
현되는 높임의 정도는 16세기《-닉, -도쇠, -새, -대, -외, -쇠》에 의해
표현되던 높임의 정도보다 더 높은것으로 보인다. 이것이 바로 일부 학자
들이 말하는 덧높임의 현상이다. 이리하여 높임에 예사덧높임의 새로운
등급이 생겨났다.

6. 맺음말

보다싶이 언어의 구성요소인 어음, 문법, 어휘는 늘 변화과정에 있
다. 어휘는 그 변화가 가장 빠르고 어음과 문법적형태의 변화는 상대적으

로 느리다. 그러나 언어의 변화는 고립적인것이 아니고 서로 련계된것으로서 그중 한 요소가 변하면 잇달아 기타의 요소들도 변하게 된다. 음운의 변화는 자연적으로 문법적형태의 변화를 가져오기 마련이고 문법적형태의 변화는 또 높임법의 변화를 가져왔다.

사회적요인이 또한 문법적변화에 작용을 일으킨다. 장면을 형성하고 있는 청자에 대한 존대인 청자높임법은 15세기에 《이》에 의해서 표시되였었는데 16세기 후반기부터 그 《ㅇ》이 분명하지 못하게 됨에 따라 말하는 사람이 일종의 불안감(상대자에 대한 미안감)을 가지게 되였고 이때문에 청자높임법의 수축이 요구되고 이러한 요구에 희생된것이 객체높임법이라는것이다. 즉 《-습-》과 그 다양한 변이형들이 주로 청자높임을 실현하는 기능으로 변화한것은 높임의 대상가운데 가장 현실성이 강한 청자높임법을 보강하려는 의식에서 일어난것이다.

이런 사회적요인과 문법적요인에 의해 객체높임을 나타내는 형태소 《-습-》 및 그 다양한 변이형들이 기능변동을 일으켜 청자높임의 기능을 놀게 되였고 또 그전시기인 15세기에도 있었지만 《ㅇ》음의 변화로 청자높임을 나타내는 형태 《-이-》가 《-이-》로 되면서 앞 문법적형태에 화석화되여 높임의 형태로 고정되였다. 하여 가장 높임의 새로운 문법적형태 《-습ᄂ이다, -옵닝이다, 스오리이다》 등이 산생되였다. 이것이 그 이후의 《·》의 소실 또는 일련의 어음축약으로 인해 나중에 현대어의 가장 높임을 나타내는 문법적형태 《ㅂ니다/습니다》로 되였다. 《-습-》은 또한 아주 높임의 표현이외의 예사표현에도 붙어 높임의 뜻을 보태줌으로 하여 청자높임의 등급의 세분화를 초래하게 되였다. 즉 높임의 새로운 등급 예사덧높임을 산생시켰다.

◆ 참고문헌

1) 렴종렬 《조선어문법사》, 김일성종합대학출판사, 1980.10.
2) 권재일 《한국어 문법사》, 박이정, 1998.11.
3) 김종훈 박영섭 박동규 김태곤 김종학 《韓國語의 歷史》,대한교과서주식회사, 1998.7.
4) 김영황 《조선어사》, 김일성종합대학출판사, 1997.2.
5) 리득춘 《고대조선어문선 급 중세조선어개요(하)》,연변대학출판사, 1995.
6) 김민수 《현대의 국어연구사》, 서광학술자료사, 1994.8.

 7) 김승곤 《한국어 토씨와 씨끝의 연구사》,박이정, 1996.12.
 8) 최남희 《고대국어형태론》,박이정, 1996.6.
 9) 홍윤표 《근대국어연구》(1), 태학사, 1994.
10) 《국어어 시대별 변천 연구2(근대 국어)》,국립국어연구원, 1997.12.
11) 《국어의 시대별 변천 연구4(개화기 국어)》,국립국어연구원, 1999.12.
12) 김영욱 《문법형태의 역사적 연구》,박이정, 1995.9.
13) 김광수 《조선어 계칭의 역사적 고찰》,역락출판사, 2001.11.
14) 김혜숙 《현대국어대우법체계연구》,박사학위론문요약집, 경운출판사, 1994.
15) 김정수 《17세기 한국말의 높임법과 그 15세기로부터의 변천》,정음사, 1984.

개화기 조선어의 청자대우법 연구

-개화기 신소설, 번안(역)소설을 중심으로

엄 녀

1. 머리말

조선어는 다른 서구 언어와 달리 화자가 그 말을 듣는 청자나 화제에 오른 인물(주체)에 따라 알맞은 말씨를 가려 쓰는 대우법1)이 매우 발달하였다. 대우법에 대한 연구는 그동안 15세기 훈민정음 창제후와 현대조선어를 중심으로 많은 론의를 해왔으며 17세기 근대조선어에 대한 연구도 그뒤를 이어 활발히 전개되였다. 그러나 근대로부터 현대로 넘어오는 과도기의 변화양상에 대한 연구는 언어자료가 풍부함에도 불구하고 아직 부진한 상태에 놓여있다.

조선어사의 전반적인 면에서 볼 때 개화기2)는 근대조선어와 현대조선어의 분기점이 된다. 때문에 개화기의 대우법에 대한 연구는 각 시대별로의 력사적인연구를 이어가는데 가치 있는 일이라 할수 있겠다.

따라서 본고에서는 개화기의 신소설, 번안(역)소설 8작품을 분석대상으

---

1) 이와 관련하여 조선에서는 《존칭범주, 말차림범주》 등 용어를 사용하고 한국에서는 《대우법》이라는 용어외에 《경어법, 존대법, 높임법, 공대법, 존비법, 겸양법》 등 용어들을 사용하고있다. 여기에서 필자가 《대우법》이란 용어를 사용한것은 《대우법》이란 용어가 사회적인변천을 수용하여 존비의 개념에서 중립적인 립장을 취한 것이기때문이다. 《대우법》이란 용어는 성기철(1970)에서 처음으로 나타난다.

2) 민현식(1985) 《개화기 국어의 어휘》(국어교육 53, p19)에서 개화기 조선어시기를 1890년대부터 1910년대 망국 전후로 보고있다. 그 리유는 1894년 갑오경장 개혁과 국문표기의 공문서령, 1895년 학부의 교과서 편찬, 1896년 《독립신문》 발간 등 국문자료를 중시했고 특히 개화기 언어자료의 증가시기를 고려하여 본 결과라 하였다. 필자는 본고에서 민현식(1985)의 시대 획분을 따라 개화기 신소설, 번안(역)소설이 반영하는 1890년대로부터 1910년대까지의 시기를 개화기 조선어시기로 보겠다.

로 청자대우법의 등급체계를 세우고, 개화기의 대화체에 나타난 서법 종결어미의 목록을 작성하며, 종결어미 각 등급이 사용된 비률과 사용 환경을 밝힘으로써 개화기의 대우법의 특징적인 일면을 제시하고 나아가 대우법력사의 한 부분을 밝히고저 한다.

본고에서 인용한 자료와 략호는 다음과 같다.

신소설:

송뢰금(松籟琴), 육정수, 1908	<송>
산천초목(山川草木), 남궁제, 1912	<산>
힝낙도(行樂圖), 민준호, 1912	<힝>
두견성.상(杜鵑聲.上), 이해조, 1912	<두.상>
두견성.하(杜鵑聲.下), 이해조, 1913	<두.하>
현미경(顯微鏡), 김교제, 1912	<현>
명월뎡(明月亭), 이상협, 1913	<명>

번안(역)소설:

동각한매(東閣寒梅), 현공렴, 1911	<동>
죽서루(竹西樓), 현공렴, 1911	<죽>

2. 기존연구와 청자대우법 체계설정

개화기의 대우법연구에는 그 시대의 문법가 최광옥(1908), 김희상(1911), 최현배(1937)[3]의 대우법에 대한 서술과 임재수(1982), 민현식(1984), 리경우(1998)가 있다.

아래에 우에서 언급한 기존의 연구성과들에 대해 살펴보기로 하겠다.

최광옥의 《대한문전》(1908)에서는 단순한 청자대우의 각도에서 대우의 관계를 《존경》(尊敬)과 《겸공》(謙恭)으로 보았다. [4]

김희상의 《조선어전》(1911)은 개화기 조선어의 대우법체계를 처음으

3) 최현배(1937) 《우리 말본》은 개화기 조선어의 모습을 가깝게 보이고있기에 본 연구에서는 참고대상으로 하였다.

4) 최광옥 《대한문전》(1908) 《體裁는 一曰 尊敬ᄒᆞᄂᆞᆫ 意를 表ᄒᆞᄂᆞᆫ 者니 他의 動作을 尊敬홈이라. 二曰 謙恭ᄒᆞᄂᆞᆫ 意를 表ᄒᆞᄂᆞᆫ 者니 他에 對ᄒᆞ야 自己의 動作을 謙恭홈이라.》 (p41)

로 체계적으로 세웠다고 할수 있는데 《五層待遇》라는 용어로 청자대우법을 《上待(ㅎ압시오), 中待(ㅎ오), 半待(반말), 半半待(ㅎ게), 下待(ㅎ야라)》의 5개 등급으로 나누고 반말은 《半待》라는 용어로 《ㅎ오》와 《ㅎ게》의 사이에 놓고있다. 이것은 오늘날 《합쇼》, 《하오》, 《해》, 《하게》, 《해라》체에 각각 해당하는것으로 개화기 및 20세기 초기 조선어가 현대와 체계가 큰 차이가 없음을 보여준다.

최현배의 《우리 말본》(1937)에서도 대우법의 등급을 아주 낮춤(해라), 례사 낮춤(하게), 례사 높임(하오), 아주 높임(합쇼)에다 반말(해)을 설정하였다. 그는 《-요》체를 인식했으나 이것을 례사 높임(하오)체에 소속시켰으므로 사실상 5등급체계로 《해요》체를 인정하지 않았다고 할수있다. 또한 반말에 대하여 《반말은 〈해라〉와 〈하게〉, 〈하게〉와 〈하오〉의 中間에 있는 말이니 그 어느 쪽임을 똑똑히 들어내지 아니하며, 그 등분의 語感을 흐리게 하려는 境遇에 쓰이느니라. 그러므로 반말은 〈아주높임〉(極尊稱)이 아님만은 分明하니라.》(p312)고 지적하고있다.

임재수는 《20세기초기 국어의 경어법체계에 대한 연구》(1982)에서 《합쇼, 하오, 해, 하게, 해라》체의 5분체계가 개화기 조선어에 계속되였고 근대 조선어에서부터의 대우법 형태소들이 아직은 강하게 남아있다고 분석하고있다. 그는 대우법의 등분에서 《-요》체를 인정하고있지 않음을 알수 있다.

민현식은 《개화기국어의 경어법에》(1984)에서 개화기 조선어는 합쇼, 하오, 하게, 해라체의 기본 4등분체계에 해요, 해체가 두루높임, 두루낮춤의 형태소로 자리 잡았는데 구어상으로는 두루낮춤은 두루높임보다 보편화되였으나 두루높임 《요-》는 미약하여 20세기 중반이후의 본격적 사용을 준비하고있다고 하였다.

리경우는 《최근세국어 경어법연구》(1998)에서 대우법의 체계를 이원적인 체계 즉 격식체와 비격식체로 나누고 격식체에는 하소서체, 합쇼체, 하오체, 하게체, 해라체 5등급체계가 있고 비격식체에는 두루높임의 해요체와 두루낮춤의 해체가 있다고 하고있다.

이상의 론의들을 살펴보면 개화기의 청자대우법 체계연구에서는 그 당시 현실언어에서 청자대우법의 이원적인 체계를 인정하는지, 인정한다면 격식체에서는 하소서체의 존재를 인정하는지, 비격식체에서는 해체와 해요체의 각각의 독립성을 인정하는지, 해체와 해요체는 청자대우법체계에서 어느 위치에 해당되는지 등의 문제가 등분 설정의 초점이 되고있다.

　　이제 이러한 기존 성과들의 체계에 힘입어 이상의 학자들이 이미 분석한 신소설을 제외한 8편의 신소설, 번안(역)소설을 살펴 개화기 청자대우법의 체계를 설정하였는데 다음의 도표에 표시한것과 같다.

격식체	아주 높임	합쇼
	보통 높임	하오
	보통 낮춤	하게
	아주 낮춤	해라
비격식체	안 높임	해
	높임	해요

개화기 자료에서는 아직도 하소서체가 쓰이고있음이 확인된다.

　　　(1) 이 사람은 디방디 참위로 잇는 박○○이올시다 … 그 질녀 되시난 규슈를 여기서 만나뵈실줄을 누가 싱각힛겟슴닛가 … 비갓치 나니는 철환턴디에 턴우신죠로 무사히셧스니 그만큼 다힝흔 일이 업소이다 <현. 60>

　　우의 례문에서 하소서체의 사용환경을 살펴보면 합쇼체와 어울려 함께 사용되였고 합쇼체와 별다른 등분의 차이를 보이지 않는다. 때문에 본고에서는 하소서체를 합쇼체에 합류하여 청자대우법의 한 등급으로 취급하기로 한다.

　　해라체는 중세로부터 현대에 이르기까지 큰 변화없이 남아있는 유일한 대우등급이며 개화기에 가장 많이 사용된 대우등급이다. 또한 오늘날 가장 적게 사용되는 하오체나 하게체도 개화기에는 상당히 활발히 사용되였던 대우등급이다.

　　따라서 격식체의 대우등급을 아주 높임의 합쇼체, 보통 높임의 하오체, 아주 낮춤의 해라체, 보통 낮춤의 하게체로 4등분한다. 여기서 《아주》라는 수식어를 쓴것은 화자와 청자의 존비의 높낮이가 심하여 서로 통솔, 복종할수 있는 관계에 있음을 고려한것이고 《보통》이라는 수식어를 쓴것은 화자와 청자의 존비의 높낮이가 심하지 않아 서로 통솔, 복종하기 어려운 처지에 있음을 고려한것이다.

이제 개화기 청자대우법체계 설정에서 문제의 해체와 해요체를 보기로 하자.

해체는 개화기 구어문 자료에서 하오체나 하게체와 마찬가지로 활발히 사용되고있었다. 반말 해체는 화자가 청자에게 련속해서 말할 때 아주 낮춤의 해라체, 보통 낮춤의 하게체와 자연스럽게 서로 어울려서 사용되고 보통 높임의 문장과도 어울려서 사용되고있다.

(2) 가. 도망가 늬가 도망갈 필여가 잇나 가고 십혼데 가지 <두. 상73>

나. 에그 할멈이 안이면 늬가 이런 심부름을 식이겟나 에그 웬 집안에서 할멈을 구박하나 늬 마음에는 할멈이 데일인듯 십어 <현. 135>

다. 안이 이것 참 큰일 낫소 여보오 언제 그러케 말솜시가 느 럿소 이럴것 갓흐면 벽옥만 안인걸<두. 상66> (남편 봉남이가 안해 혜경에게 하는 대화이다.)

(3) 어머니가 드르시면 나보다 더 흐실터이지 <송. 75>

반말 해체는 비록 높임의 대상에 쓰였을지라도 청자대우가 정도가 《높임》이 아니라 《안높임》에 해당함을 알수 있다. 또한 청자가 화자 자신인 경우, 즉 스스로 묻고 스스로 대답할 때 많이 쓰이는것(례 4)으로 보아 이때 스스로 낮추거나 높였다고 생각되지 않으므로 반말의 청자높임의 정도를 《안높임》으로 보아야 함이 더욱 확실해진다.

그리고 청자대우의 등분을 결정하는 사회적요인이 어떻든간에 화자의 주관적판단과 사회적인 습관에 따라 청자가 높임의 대상이라 생각되여 청자를 높이고저 할 때에는 무조건 반말에 《요》가 통합되여 쓰인다. 또한 해요체는 격식체의 아주 높임, 보통 높임의 문장과 자연스럽게 호응관계를 이루기때문에 이 두가지 조건으로 보아 반말에 《요》가 통합된 해요체의 청자대우의 정도는 《높임》이라 하여야 할것이다.

이상의 론의들을 종합하여 개화기의 청자대우법 체계를 격식체인 아주높임의 합쇼체, 보통 높임의 하오체, 보통 낮춤의 하게체, 아주 낮춤의 해라체와 비격식체인 안높임의 해체, 높임의 해요체의 이원적인 체계로 설정한다.

3. 개화기 서법 종결어미 고찰

3.1 아주 높임의 합쇼체

◉ -습지요(ㅂ지요)

    (4)ㄱ. 제 도리에는 그리히야 올습지요 <헌. 184>
        (또복어미가 상전인 빙쥬에게 하는 대화이다.)
      ㄴ. 여간 샹스롬의 집에서만 구혼쟈가 잇는데 그것도 딕릴스위
            될여는 곳은 업스닛가 그릭 거졀입지요 <행. 6> (농군이
            신병사에게 하는 대화이다.)

《-습지요/ㅂ지요》는 합쇼체의 대우법표지 《-습/ㅂ-》와 해요체의 종결어미 《-지요》가 어울려 합쇼체의 서술법 종결형어미를 이루고있다. 이것은 조선시대의 량반제도가 아직도 남아있는 그 당시에 하인이나 하녀가 상전에게 사용하던것으로 현대사회에서는 거의 사용되지 않는다.

◉ -ㅂ시요/ㅂ지요/ㅂ셔요

    (5) ㄱ. 어틱로 모시랍시요 <숑. 109> (인력거군이 근암에게 하는 대화이다.)
      ㄴ. 아마 예수교를 흥신답지요 <두. 하80> (유모가 상전에게 하는 대화이다.)
      ㄷ. 쉰네들이 졀인지 즁인지 무엇을 안다고 걱졍을 합셔요 <산. 37>
      (동자앗치가 박참령에게 하는 대화이다.)

《-ㅂ시요, ㅂ지요. ㅂ셔요》는 서술법에서와 마찬가지로 사회적신분이 얕은 하위계층에서 사용되므로 하위계층어체라고 하는이도 있다.5)

◉ -ㅂ시샤/ㅂ시사

    (6) ㄱ. 사토님 살녀줍시샤 <행. 133> (간난어멈이 수사에게 하는 대화이다.)

---

5) 이경우(1998)의 《최근세국어 경어법 연구》 p42를 참조하라.

ㄴ. 부친끠 돈을 쮜여줍시사 <동. 4> (청순이가 최동식부인에
게 하는 대화이다.)

중세조선어에서 극존칭을 나타내던 하소서체가 오늘날은 편지나 기도
문 등 문어체에만 남아있고 구어체에는 사용되지 않기에 현대조선어의 대
우법 등급에서는 없어진것이다. 그러나 례에서 보다싶이 그 당시에 구두
어에 잔재적으로 씌였다.
합쇼체에 나타난 종결어미들을 서법에 따라 분류하여 제시하면 다음
과 같다.

서 술 법	의 문 법	명 령 법	청유법
오이다/외다, 옵닉다/옵니다, 소이다, 여이다, ㄴ니다/닉다, 습니다/슴(ㅁ)니다/습(ㅂ)니다, 습(ㅂ)데다/습(ㅂ)듸다, 습(ㅂ)지요, 올시다, 오리다, 습(ㅂ)니다그려, 습(ㅂ)데다그려, 올시다그려	오닛가/오닛신,오릿가/오릿신, 습더닛가/습(ㅂ)더닛가, 습닛가/습(ㅂ)닛가/슴(ㅁ)닛가, ㅂ시요/ㅂ지요/ㅂ셔요	옵소셔/소셔, ㅂ시샤/ㅂ시사, 십시오, ㅂ시오	십시다, ㅂ시다

3.2 보통 높임의 하오체

개화기에 하오체는 광범하게 사용되였으며 합쇼체와 엄격하게 구분되
지 않고 합쇼체에 훨씬 접근되여있었다.

(7) 나는 아버지 나는 산슐리 갑이라오 <두. 상34>
(7. 8세의 소년이 아버지에게 하는 대화이다.)

우의 례에서처럼 하오체는 아주 높임의 등분으로 리해되지는 않지만 요
즘의 하오체보다는 아주높임에 가까이 있음을 알수 있다. 즉 현대어에서 해
요체나 합쇼체가 사용되는 자리에 이 당시만 하여도 하오체가 사용되였다.
이와 반면에 하오체는 이보다 매우 낮은 등분에도 쓰이고있다.

(8) 그러면 줌간에 무슨 곡절이 잇나보오 <현. 18> (동네사람들끼
    리 하는 대화이다.)

　　이상에서 볼 때 하오체는 그 사용 범위가 매우 넓어 그 당시 대화체
에 일반화되여 쓰이고있었음을 알수 있다.
　　하오체에 나타난 종결어미들을 서법에 따라 분류하여 제시하면 다음
과 같다.

서술법	의문법	명령법
오, 소, 리다, (소)그려/(오)구려/(는)구료.	오, 소, 리오, 우.	오, 소, 구려/구료.

3.3 보통 낮춤의 하게체

　　개화기의 하게체는 현대어에서처럼 장년이상일 경우에 쓰이는 형식[6]
이라는 사용상의 제약이 없는 정상적인 청자대우 등급이였다. 즉 20대, 3
0대는 물론 10대의 젊은층에서도 사용되였을뿐만아니라 이들 상호간에도
자유롭게 쓰였다. 따라서 하게체는 그 당시 년령층에 제한없이 일반화되
여 쓰였던 청자대우 등급이라것을 알수 있다.

　　(9) ㄱ. 제맛듸로 사눈 세상일셰 <명. 8>
　　　　　(허원이 우주사에게 하는 대화로서 30대의 친구사이의 대화
이다.)
　　　　ㄴ. 참 동경서도 그리ᄒ라고 편지가 왓다네 <두. 상87>
　　　　　(혜경이 사촌동생인 무경에게 하는 대화로서 20대의 두 녀
인사이의 대화이다.)
　　　　ㄷ. 틱셕이도 썩 긔괴훈 말도 ᄒ네 <죽ㅡ. 5>
　　　　　(원준이가 태석에게 하는 대화로서 10대의 친구사이의 대화
이다.)

---

6) 서상준은 《〈하게〉체의 위계에 대하여》(《국어학 연구의 새지평》 p915　태학사
　1997년)에서 하게체는 장년이상의 화자가 청년층 이상의 화자에게, 또는 장년층
　이상의 화자와 청자간에 주로 쓰인다고 하였다.

◉ -는가(ㄹ가)/나베[7]

   (10) ㄱ. 아마 그 마님이 오실쩌가 되엿나베 <두. 하79>
        (혜경이 유모 로파에게 하는 대화이다.)
      ㄴ. 에그 나는 죽을가베 <행. 87> (만득이의 독백이다.)

《-는가(ㄹ가)/나 베》는 추정의 의미를 나타내는 《-는가/나 보다》의
하게체 형태이다.

◉ -ㅁ세/ㅁ셰

   (11) ㄱ. 늬 머리는 베여 신을 삼아셔라도 자네 신셰를 갑흠세
<산. 74>
        (강릉집이 하녀인 쥐불어미에게 하는 대화이다.)
      ㄴ. 에그 나는 일동일정을 자네 말듸로만 흠셰 <현. 178>
        (옥희가 하녀인 또복어미에게 하는 대화이다.)

하게체의 약속형 《-ㅁ세/ㅁ셰》는 《-겠네》와 같은 의미를 가진다. 오
늘날에는 거의 사용되지 않으나 개화기에는 많이 사용되고있었다.
  하오체에 나타난 종결어미들을 서법에 따라 분류하여 제시하면 다음
과 같다.

서술법	의문법	명령법	청유법
네, ㄹ셰/ㄹ세, 구면/구면, 로세, 네그려/ㄹ세그려, 는가(ㄹ가)/나베, 리, ㅁ세/ㅁ셰.	(ㄴ)가, 나, 노, 누, ㄴ고, ㄹ고, 게, ㄹ가/ㄹ신,	게, 게나, 게그려/게그랴.	세/셰, 세그려.

3.4 아주 낮춤의 해라체

◉ -렷다1

---

7) 《-는가(ㄹ가)/나 베》에서의 《-베》는 동사인 《보다》와 하게체의 서술법 어미 《-
   네》가 어울린 《보네》의 축약된 형태가 아닌가 생각한다.

(12) 집에를 가면 불가불 나 드른딕로 다 말ᄒ렷다 <슝. 16> (박사
과의 독백이다)

《-렷다1》은 해라체의 서술법 종결어미이다.

◉ -ㄹ다

(13) 다시 그런 싱각을 먹엇다는 춤말 죽이고 말터일다 <힝. 82>
      (금돌이가 간난어멈에게 하는 대화로서 하위계층의 부부사이
      의 대화이다.)

《-ㄹ다》는 서술격조사중의 《-이-》뒤에 오면서 개화기에는 사용되
였으나 현대에는 사용되지 않는다.

◉ -ㄹ지라

(14) 이쎠에 유위의 청년으로 ᄒ여곰 실업의 표준을 셰우면 전국에
      영향이 바람이러나듯 홀지라 <슝. 106> (꿈에 본 한 로인이
      근암에게 하는 대화이다.)

《-ㄹ지라》는 《-ㄹ것이다》의 다른 한 형태로서 추측의 의미를 나타
낸다.

◉ -렷다2

(15) 맛당이 법뎡에 굴복ᄒ야 죄샹을 명빅히 주복할것이 가ᄒ렷다
<힝. 131>
      (수사가 원식에게 하는 대화이다.)

《-렷다2》는 해라체의 명령법어미 《-라》의 다른 한 표현형태로서 화
자한테 당연시되는 내용을 청자에게 강조, 확인시키고저 할 때 사용된다.

◉ -ㄹ지어다

(16) 자 - 인제 그런 리약이는 그만 둘지어다 <두. 상102>
　　　(봉남이가 안해인 혜경에게 하는 대화이다.)

《-ㄹ지어다》는 해라체의 명령형 어미 《-라》의 다른 한 표현 형태로
서 화자가 청자에게 명령을 하면서도 《-라》보다는 그 명령의 정도가 많
이 완화되여있다. 이것은 오늘날에는 잘 사용되지 않으나 그 당시에는 많
이 사용되던 명령형 어미이다.

해라체에 나타난 종결어미들을 서법에 따라 분류하여 제시하면 다음
과 같다.

서 술 법	의 문 법	명 령 법	청유법
다, 렷다, ㄹ다, 로다, 는(ㄴ)가/나보다, 어라, 노라, 더라, 리라, 나니라/느니라, ㄹ지라, 구나, 마.	냐/ㄴ야, 늬/니, 랴.	라, 려무나/렴, 다고, 렷다, ㄹ지어다.	자

3.5 안높임의 해체

우선 반말에 대한 정의를 내리면 첫째, 반말은 자체의 종결어미를 분
명히 갖고있으며 그 종결어미로 완결된 문장의 기능을 수행하며 둘째, 반
말의 청자대우의 등분은 《안높임》을 나타내며 셋째, 반말에는 청자높임의
어미 《-요》가 통합될수 있으며 《-요》의 통합여부에 따라 높임의 정도가
다르며 넷째, 반말은 상관적인 장면에서 비격식체로서 주로 입말에 쓰인
다.

반말 해체는 19세기에 문장의 의문문에 두루 쓰이기 시작하였다가
개화기에 이르러 하나의 독립적인 등급으로 청자대우법체계에 확고히 자
리를 잡게 되였다. 이 시기에 반말 해체는 다양한 형태로 해라체, 하게체,
하오체와 어울려 씌였다.

◉ -이

　　　(17) 여보게 목젼에 덕국을 노아두고 한가스럽게 뎜심을 먹는 자네
　　　　　들이 비ㅅ심도 무던ㅎ이. <두. 하39> (젊은 사관들끼리

대화이다.)

◉ -지고

    (18) 하여간 오날은 단뎡코 쇼져를 맛느서 나의 심스를 말ㅎ고 묘
        하게 그 무흔흔 귀염을 밧도록 ㅎ야 보고지고 <죽ㅡ. 24>
        (하만홍의 독백이다.)

《-지고》는 화자의 소원을 나타내는 보조동사가 종결어미로 쓰인것
으로 현대에는 거의 사용되지 않는다.

◉ -야

    (19) 듸단히 치례ㅎ얏스니 역시 산ㅅ보라도 ㅎ는것시지야 <죽三.
10>
        (大變飾カシテ居マシタガ、矢ッ張リ散步デモシテルノデセウ)
        (림태석이 하인인 매셤에게 하는 대화이다.)

◉ -여

    (20) 그리ㅎ고 그역 계집을 손ㅅ속에 너으랴고 홈이지여 <죽二.3>
        (ソシテ矢張リ女ヲ手ニ、入レル爲メヂヤラウ)
        (두 친구사이의 대화이다.)

◉ -아

    (21) 어젯밤에 부정동 우물에서 몸을 쌔지랴 ㅎ얏지아 <동. 59>
        (昨夜富井洞の井から身を投げやうごとなすつたなア)
        (권첨지가 상점집의 하인 아이 복룡에게 하는 대화이다.)

(19), (20), (21)처럼 이 시기 번안(역)소설에서는 해체의 서술법과
의문법의 어말어미 《-지》에 《-아, 야, 여》가 어울려 《-지아, 지야, 지
여》 등이 생산적으로 많이 사용되였다. 이것은 일본어를 조선어로 번역하
는데서 생긴 특수한 현상이 아닌가 생각된다.

안높임의 해체에 나타난 종결어미들을 서법에 따라 분류하여 제시하면 다음과 같다.

서술법	의문법	명령법	청유법
지, 어, 아, 이, 야, 여, 데/듸, (ㄴ)구, 지고, 네, (ㄴ)걸, (ㄹ)걸, (로)군/곤, 데그려.	지, 어, 아, 해, 야, 여, 데/듸, (ㄴ)구, (ㄹ나)구, (ㄴ)가, 나, 담.	아, 어, 여.	지.

3.6. 높임의 해요체

해요체는 반말에 《-요》가 통합된것임에도 불구하고 크게 주목을 받아오지 못했다. 해요체 가운데서 《-지요, 아요, 어요》만이 하오체로 처리되여 왔을뿐[8] 나머지는 최근에 와서 독자적인 등분으로 대우를 받기 시작하였다. 해요체가 20세기초의 문법가들에게 부각되지 못했던것은 4원적인 체계만이 당시의 청자대우법체계에 부합되는 리상적인것이고 해요체는 어린이나 녀성들만이 즐겨 사용하는것이라고 믿었기때문이 아닌가싶다. 또한 20세기초에는 2원적인 체계가 아직 확고한 바탕우에 서있지 못했고 반말 해체에 비하여 해요체가 상대적으로 적게 사용되였던것도 그 원인으로 될것이다.

그러나 해요체는 19세기에 벌써 문장의 서술문과 의문문에 두루 나타나기 시작하였다.

(22) ㄱ. 나는 몰나요 <춘향전. 상13>
     ㄴ. 사또 그시 심심ᄒ지요<춘향전.상17>

이러한 쓰임은 개화기에 이르러 하나의 등급으로 청자대우법체계에 자리를 잡게 된다. 비록 반말 해체에 비하여 해요체는 그 쓰임이 상대적으로 덜 본격화되였지만 ㄱ 당시 청자대우의 등급에서 《높임》의 기능을 충분히 담당할수 있었다.

높임의 해요체에 나타난 종결어미들을 서법에 따라 분류하여 제시하

---

8) 최현배의 《우리 말본》 p321(연희전문대학교 출판부 1937년)을 참조하라.

면 다음과 같다.

서술법	의문법	명령법	청유법
요, 지요, 아요, 어요, 야요, 여요, (ㄹ)걸요/걸이오, 요그려.	요, 지요, 어요, 야요, 여요.	요, 어요.	지요.

4. 결 론

《숑뢰금》(류정수 1908), 《산쳔초목》(남궁제 1912), 《힝낙도》(민준호 1912), 《두견셩 (상. 하)》(리해조 1912. 1913), 《현미경》(김교제 1912), 《명월뎡》(리상협 1913), 《동각한매》(현공렴 1911), 《죽셔루》 (현공렴 1911) 등 8작품들의 대화체에서 나타난 어말 종결어미들의 목록을 작성하면 다음과 같다.

등급	서술법	의문법	명령법	청유법
아주높임 합쇼체	오이다/외다,옵니다/옵니다, 소이다, 여이다, ㄴ니다/ㄴ다 습니다/습(ㅁ)니다/습(ㅂ)다, 습(ㅂ)데다/습(ㅂ)듸다, 습(ㅂ)지요, 올시다, 오리다, 습(ㅂ)니다그려, 습(ㅂ)데다그려,올시다그려.	오닛가/오닛신, 오릿가/오릿신, 습더닛가/습(ㅂ)더닛가 습닛가/습(ㅂ)닛가/습(ㅁ)닛가 ㅂ시요/ㅂ지요/ㅂ셔요.	옵소셔/소셔. ㅂ시샤/ㅂ시사 십시오, ㅂ시오.	십시오, ㅂ시오.
보통높임 하오체	오, 소, 리다, (소)그려/(오)구려/(는)구료.	오, 소, 리오, 우.	오. 소, 구려/구료.	
보통낮춤 하개체	네, ㄹ셰/ㄹ세, 구면/구면, 로세, 네그려/ㄹ세그려, 는가(ㄹ)가/나 베, 리, ㅁ셰/ㅁ셰.	(ㄴ)가, 나, 노, 누, ㄴ고, ㄹ고, ㄹ가/ㄹ신, 게	게, 게나, 게그려/게 그랴	셰/셰, 세그려.
아주낮춤 해라체	다, 렷다, ㄹ다, 로다, (ㄴ)가/나 보다, 어라, 노라, 더라, 리라, 나니라/느니라, ㄹ지라, 구나, 마.	나/ㄴ야, 늬/니, 랴.	라, 려무나/ 렴 다고, 렷다, ㄹ지어다.	자.
안높임 해체	지, 어, 아, 이, 야, 여, 데/듸, (ㄴ)구, 지고, 네, (ㄴ)걸, (ㄹ) 걸, (로)군/곤, 데그려.	지, 어, 아, 해, 야, 여, 데/듸, (ㄴ)구, (ㄹ나)구, (ㄴ)가, 나, 담.	아, 어, 여	지.
높임 해요체	요, 지요, 아요, 어요, 야요, 여요, (ㄹ)걸요/걸이오, 요그려.	요, 지요, 어요, 야요, 여요.	요, 어요.	지요.

도표에서 보여지다싶이 개화기 청자대우법의 6개 등급가운데서 합쇼

체와 해라체가 그 형태도 가장 풍부하고 다양하며 다음으로 해체와 하게
체도 그 형태가 비교적 다양하였다. 해요체는 비록 해체에 비하여 형태가
풍부하지 못하나 그 자체로 네가지 서법을 충분히 나타낼수 있었다. 이는
해요체가 개화기에 이미 독립적인 대우 등급으로 청자대우법체계에 확고
히 자리를 차지하고있음을 충분히 증명해주고있다. 현대어와의 차이점이
라면 일부 종결어미들은 현재에는 잘 사용되지 않는다는것이다. 례하면
합쇼체의 서술법 어미 《-습(ㅂ)지요》와 《-오리다》, 의문법 어미 《-ㅂ시
요/ㅂ지요/ㅂ셔요》, 해라체의 서술법 어미 《-ㄹ다》, 해체의 서술법 어미
《-지고》, 《하게체》의 서술법 어미 《-ㅁ세/ㅁ셰》, 해라체의 서술법 어미
《-렷다》, 《-ㄹ지라》,명령법 어미 《-렷다》, 《-ㄹ지어다》 등이 여기에 속
한다.

   8개 작품에서 나타난 각 대우 등급의 사용 비률을 도표로 나타내면
아래와 같다.

작품명	총수	합쇼체	하오체	하게체	해라체	해체	해요체
숑뢰금	833	20%	12%	22%	22%	11%	13%
산천초목	524	13%	35%	17%	14%	18%	3%
힘낙도	645	22%	15%	24%	16%	16%	7%
두견성(상.하)	1374	19%	15%	10%	20%	14%	22%
현미경	962	22%	14%	16%	29%	12%	7%
명월명	580	16%	22%	13%	19%	19%	11%
동각한매	143	19%	8%	7%	37%	20%	9%
죽서루	242	13%	9%	14%	18%	33%	13%
전체 비율	5303	19%	17%	16%	21%	15%	12%

   8작품 전체에 나타난 대우법의 등급을 백분률로 집계화하여 부등식
으로 나타내면 다음과 같다.

   **해라체(21%) > 합쇼체(19%) > 하오체(17%) > 하게체(16%) > 해체(15%)
> 해요체(12%)**

   이상의 통계로 보아 개화기에 해라체가 가장 많이 사용되였고 다음으
로 합쇼체, 그다음으로 하오체와 하게체가 많이 사용되였으며 해요체가
가장 적게 사용되였다. 현대어와의 다른 점이라면 하오체와 하게체는 현
대어에서 특정된 년령층이나 격식을 차리는 경우외에 거의 사용되지 않으

나 개화기에는 년령충에 관계없이 입말에 많이 사용되였으며 오늘날 일반적으로 많이 사용되고있는 해요체와 해체가 이 당시에는 가장 적게 사용되였다는것이다.

본 론문에서 론의된 내용을 요약하여 다음과 같이 결론을 내릴수 있다.

1. 개화기의 청자대우법체계를 격식체인 합쇼체, 하오체, 하게체, 해라체와 비격식체인 해체, 해요체의 이원적인 체계로 설정한다. 그리고 해체의 청자대우의 정도는 두루낮춤이 아닌 《안높임》으로, 해요체의 청자대우의 정도는 두루높임이 아닌 《높임》으로 설정한다.

2. 해라체는 개화기의 청자대우법체계에서 가장 많이 사용되던 대우등급이다.

해라체는 중세조선어로부터 현대조선어에 이르기까지 큰 변화없이 남아있는 유일한 대우등급이다. 따라서 해라체는 모든 서법에 해당되는 종결어미가 제일 구전하며 다양하다. 해라체는 웃사람이 아래사람에게 사용하는 청자대우법으로서 부모가 자식에게 또는 상전이 하인에게 가장 많이 사용하고있다.

3. 합쇼체는 해라체 다음으로 많이 사용된 대우등급이다.

중세조선어시기의 하소서체를 나타내던 형태소 《-이-》중의 /ㅇ/음가가 16세기말부터 불확실해짐에 따라 그 미약함을 보충하기 위하여 객체대우법에 쓰이던 《-습-》이 청자대우법으로 쓰이면서 합쇼체가 발달하기 시작하였다. 따라서 높임의 대우법으로 쓰이던 하소서체는 이 시기에 구두어에서 그 사용이 최소한으로 축소되여 점차 소실되게 되였다. 그것의 사용환경을 살펴보면 절대대부분이 합쇼체와 어울려 함께 사용되였고 또 합쇼체와 별다른 등분의 차이를 보이지 않기때문에 한등급으로 취급한다.

4. 오늘날 가장 적게 사용되는 하오체나 하게체는 개화기에 상당히 활발히 사용되던 청자대우등급이다.

하오체의 종결어미는 현대어와 마찬가지로 그 형태가 적으나 그것으로 모든 서법을 충분히 표현할수 있으며 하게체는 하오체에 비하여 그 형태가 다양히다. 현대이에서는 낯선 사람에게 주로 해요체를 사용하는데 비하여 이 시기에는 하오체를 사용하였으며 오늘날 하오체는 아래사람이나 친구를 하게체보다 더 극진히 높여 대접하는 경우에 쓰는데 비하여 개화기에는 웃사람에게도 사용되였다. 따라서 당시에 하오체는 수평적이거

나 그 이상의 사람에게 사용하는 대우법이였다. 그러나 하인이 상전에게
는 합쇼체나 해요체만을 사용하였지 하오체는 사용하지 않았다. 현대조선
어에서 장년층 이상의 경우에 사용되는 하게체는 이 시기에 년령층에 제
한없이 광범하게 사용되였다.

5. 해체는 해요체 다음으로 적게 사용된 대우등급이다.

해체는 개화기에 이미 그 형태가 현대와 마찬가지로 다양하였다. 해
체의 청자대우의 정도는 《안높임》인것만큼 화자에게 등분을 깍듯이 구별
하지 않아도 좋다고 판정될 때, 그리고 화자가 청자를 대함에 있어서 높
이고저 하지 않을 때 사용되는 대우등급이다.

6. 해요체는 개화기에 가장 적게 사용되던 대우등급이다.

해요체는 비록 많은 문법가들에 의하여 인식되지 못하였거나 혹은 대
우등급에 포함시켜지지 않았지만 실제상 이 시기에 상당히 많은 수량으로
대화체에 등장하였으며 반말 해체와 아울러 청자대우법체계에 확고한 자
리를 차지하고있었다. 해요체의 종결어미는 그 형태가 해체에 비하여 다
양하지 못하나 그것으로 네가지 서법을 충분히 나타낼수 있었다. 이것은
해요체가 개화기에 독립적인 청자대우 등급으로 존재하였음을 충분히 증
명해주고있다.

해요체는 청자대우의 정도가 《높임》인데 합쇼체와 해오체가 나타날
수 있는 대화장면에 대부분 나타나게 된다. 그러나 다른 청자대우법과 달
리 독백체에는 쓰이지 않는다.

7. 친족관계, 계층, 년령, 성별 등의 다름에 따라 사용하는 대우법도
서로 다른 양상을 보이고있다.

청자대우법의 등급 결정에 영향을 주는 이상의 요인들은 결코 한가지
만 적용되는것이 아니라 여러가지 요인들이 복합적으로 적용된다.

★ 참고문헌

강신항(1967) 한국문화사대계 V 《한국어학사(상)》, 고려민족문화연구소.

강윤호(1975) 改化期의 敎科用 圖書, 교육출판사.

고영근(1984) 《현대국어의 존비법에 대한 연구》, 국어경어법 연구, 집문당.

고영근(1983) 《국어문법연구》, 탑출판사.

김정수(1996) 《높임법의 등분》, 말 제21집, 연세대학교 연세어학원 한국어
　　　　　학당편찬, 범우사.

　　　(1984)《17세기 한국말의 높임법과 그 15세기로부터의 변천》, 정음사.
김종훈(1984)《국어경어법 연구》, 집문당.
김현식(1990)《국어연구는 어디까지》, 서울대학교 대학원 국어연구회편, 동아출판사.
김혜숙(1991)《현대국어의 사회언어학적 연구-국어의 운용실태와 방향》, 태학사.
김희상(1911)《朝鮮語典》, 역대한국문법대계 ① 19, 탑출판사.
민현식(1984)《개화기국어의 경어법에 대하여》, 관역어문연구 제9람, 집문당.
　　　(1985)《개화기 국어의 어휘Ⅱ》, 국어교육 55, 구-한국국어교육연구학회.
　　　(1994)《개화기 국어 문체에 대한 종합적 연구1》, 국어교육83, 구-
　　　한국국어교육연구학회.
유송영(1993)《국어 청자대우법에서의 힘과 유대-청자대우체계 변화의 원
　　　인규명을 중심으로》, 주시경학보, 주시경연구소 편찬.
이경우(1998)《최근세국어 경여법연구》, 태학사.
임재수(1982)《20세기초기 국어의 경어법체계에 대한 연구》, 단국대 교
　　　육대학원 석사론문.
서상준(1997)《〈하게〉체의 위계에 대하여》, 국어학연구의 새지평, 태학사.
서정수(1984)《존대법의 연구-현행대우법의 체계와 문제점》, 한신문화사.
성기철(1985)《현대국어 대우법 연구》, 개문사.
신창순(1984)《현대국어 존비법 개설》, 국어경어법 연구, 집문당.
최광옥(1908) 大韓文典,《역대한국어문법대계》 ① 05, 탑출판사.
최현배(1937, 1975)《우리말본》, 정음사.
한　길(1998)《국어종결어미 연구》, 박이정.
허　웅(1975)《우리 옛말본》, 샘문화사.
　　　(1995)《20세기 우리 말의 형태론》, 샘문화사.
홍종선(1998)《근대국어 문법의 이해》, 박이정.
황부영(1959)《15세기 조선어의 존칭범주 연구》, 과학백과출판사.

3. 자료

1. 한국개화기 문학총서 신소설, 번안(역)소설 2 《송뢰금》 아세아문화사.
2. 한국개화기 문학총서 신소설, 번안(역)소설 5 《동각한매》 아세아문화사.
3. 한국개화기 문학총서 신소설, 번안(역)소설 5 《죽서루》 아세아문화사.
4. 한국개화기 문학총서 신소설, 번안(역)소설 6 《산천초목》 아세아문화사.
5. 한국개화기 문학총서 신소설, 번안(역)소설 7 《힝낙도》 아세아문화사.
6. 한국개화기 문학총서 신소설, 번안(역)소설 7 《두견성 (상, 하)》 아세아문화사.
7. 한국개화기 문학총서 신소설, 번안(역)소설 8 《현미경》 아세아문화사.
8. 한국개화기 문학총서 신소설, 번안(역)소설 8 《명월뎡》 아세아문화사.

개화기잡지어휘에 반영된 몇가지 특징

김 홍 련

서 론

개화기는 근대조선어에서 현대조선어에로 이행하는 과도기이다. 비록 짧은 기간이지만 근대와 현대의 조선어를 끈끈하게 이어주는 시기였으며 동시에 교량적인 역할을 충분히 한 시기이다. 따라서 개화기는 근대말의 조선어와 현대조선어의 특징을 동시에 나타내고있는 시기이기도 하다.

근대조선어의 특징과 현대조선어형성시기의 특징을 동시에 나타내고 있는것이 개화기 조선어의 특점이라면 이러한 특점을 가장 두드러지게 나타내는것은 음운이나 문법보다 그 시기의 정치, 경제, 문화적인 변화까지도 가장 신속하고 민감하게 반영할수 있는 어휘이다.

본 론문은 주로 조선 최초의 근현대적인 종합잡지인 《소년》, 《청춘》의 어휘를 고찰대상으로 한다. 이 잡지들은 개화기로 말하면 잡지다운 잡지의 초기라고 할수 있는바 내용상에서도 아주 풍부하였고 력사, 지리, 자연과학, 어문학 등 언급된 면이 아주 넓었다. 또한 서양 문화의 도입에서도 선구적인 역할을 하였다. 이런 면에서 이 두 잡지에 반영된 어휘들은 가히 개화기잡지어휘의 전형적인 면을 보여줄수 있을것이다.

본 문

본 론문에서는 《소년》, 《청춘》에 나타난 5,700여개의 어휘들에 대하여 고찰을 진행했다. 아래에 어휘체계의 변화양상, 음운표기에서의 과도기적현상, 한자어의 인입과 중첩어현상, 음운변화와 쌍형어현상, 외래어표기의 혼란현상 등 다섯개 부분으로 나누어 개화기잡지어휘에 반영된 특징을 귀납해보려 한다.

1. 어휘체계의 변화양상

갑오전쟁이후 어휘는 그 이전 시기에 비해서 폭증했다. 서구문화의 전파와 함께 특히 한자어와 외래어가 수량상에서 많이 증가했다. 비록 개화기에 한문(漢文)과 조선문의 위치가 뒤바뀌게 되였지만 한자어의 대량적인 증가에는 아무런 장애가 되지 않았었다. 외래어도 초기에는 중국이나 일본을 경유하여 차용한외 직접 원 언어에서 받아들이기도 했다.

잡지《소년》,《청춘》의 총 5,700여개 어휘를 주로 현시대 조선반도 남북의 어휘들을 집대성한《표준국어대사전》(국립국어연구원 1999)과 대조하는 방법으로 어휘체계의 변화양상을 살펴보았다.

아래 표는 잡지어휘와《표준국어대사전》을 대조한 결과이다.

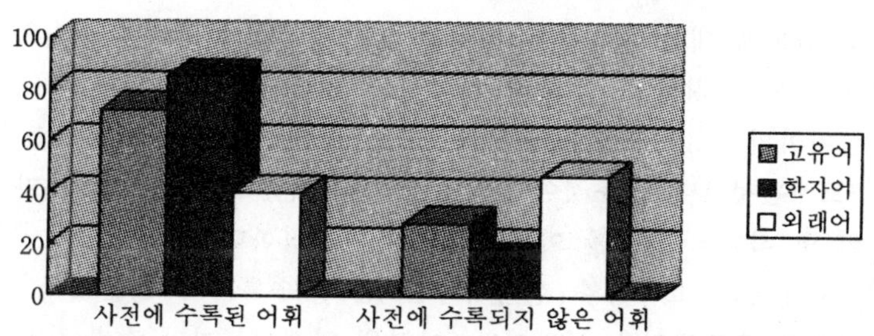

우의 표1)는 필자의 통계에 의한것이다. 고유어와 한자어는 수록되지 않은것이 수록된것보다 그 수가 현저하게 적음을 나타낸다. 허나 외래어는 이와 반대로 수록되지 않은것이 수록된것보다 좀 많다.

총적으로 약 30%의 어휘는 조선어 어휘구성에서 이 시기에 생겼다가 없어졌거나 혹은 그전 시기부터 쓰이다가 이 시기까지만 존재하였다. 그중 외래어와 한자어가 차지하는 비률이 높다.

---

1) 조사대상 고유어휘 496개중 사전에 수록되지 않은 어휘가 142개로서 고유어의 28.36%를 차지하고 조사대상 한자어 3,352개중 수록되지 않은 수가 502로 한자어의 14.98%를 차지한다. 조사대상 외래어 1,897개중 사전에 수록되지 않은 수가 1,137개로서 외래어의 59.9%를 차지한다.

또 약 60%의 어휘는 계속 사용된다. 이는 한세기가 지나도록 이러한 어휘들이 이미 조선어어휘구성속에 튼튼히 자리잡고있다는것을 설명한다.

고유어는 수록되지 않은것이 약 28%를 차지하고 수록된것이 약 72%를 차지한다. 조사대상 어휘중에서 고유어가 제일 작은 비례를 차지하는것은 조사할 때 기본어휘에 속하는 어휘들(례하면 《가다, 오다, 자다, 먹다, 하다, 아버지, 어머니, 밥, 나무, 집》)은 넣지 않았기때문이다. 다만 형태가 달리 쓰이거나 개화기까지 쓰이다가 소실되였거나 개화기에 새로 산생된 어휘들을 조사했다. 우의 표에서 고유어가 나타내는 비례수가 다소 차이점이 존재하겠지만 일정한 체계를 나타낸다고 생각한다.

한자어는 수록된것이 약 85%를 차지하고 수록되지 않은것이 약 15%이다. 이 시기 한자어는 이미 조선어어휘체계중에서 자신의 체계를 확실하게 자리잡았고 조선어어휘체계를 풍부화시킴에 있어서 결정적인 작용을 하였다. 도태된것보다는 남은것이 더 많음을 알수 있다.

훈민정음이 창제된후 언문은 개화기에 이르러 최대로 그 위치가 높아졌고 언문에 대한 대중들의 의식도 높아졌지만 한자어를 수입하는데는 큰 장애로 되지 않았다. 오히려 한자어는 개화기에 증폭되였는바 전체 조사대상어휘의 58.34%를 차지한다. 이는 방대한 수가 아닐수 없다. 한자어는 도태된것보다 남은것이 더 많다. 두가지를 합하면 개화기가 한자어수용의 또 하나의 고조를 이루었다는것을 설명한다.

외래어는 고유어와 한자어와는 달리 수록되지 않은것이 약 60%를 차지하고 수록된것은 40%이다. 이것은 외래어표기의 혼란에 의한것이 아닐가 하는 생각이 든다. 대폭적으로 수입되는 외래어에 대해서 사람마다 다르게 표기하였고 통일적인 표기방안이 없었다. 때문에 하나의 단어도 여러가지 형태로 표기하기가 일쑤이다. 따라서 개화기의 외래어들을 현대 외래어와 대비하면 큰 차이가 있는것이 당연한 일로 된다.

《표준국어대사전》과 《한국어외래어사전》과 대비해보면 외래어는 없어진것이 절대다수를 차지한다. 한세기동안 세척되여 소수만 남게 된 추세이다. 외래어가 조사대상어휘의 33.02%를 차지한다는것으로부터 이 시기가 외래어 수용의 본격적인 시기였음을 알수 있다.

2. 음운표기에서의 과도기적현상

개화기는 근대조선어에서 현대조선어에로의 과도기인것만큼 음운표기
에서도 과도기적특징을 나타내고있다. 개화기어휘는 음운상에서 근대후기
조선어와 류사한 모습을 보여줄뿐만아니라 현대조선어와도 류사한 모습을
보여준다. 따라서 개화기는 표기상에서도 일대 혼란을 가져왔다.

◉ 《ㄹ》의 표기:

    ㄱ) 아울너, 걸녀서, 아울러, 쓸려, 달는 듯이, 널니, 달녓스며…
    ㄴ) 여자:여자:女子 력사:역사:歷史, 림시: 임시:臨時…

ㄱ)에서 든 례들은 고유어에서 어두나 모음간에서 《ㄹ/ㄴ》의 표기를
나타낸다. 《ㄹ,ㄹ》 표기가 《ㄹ,ㄴ》 표기로 교체되기 시작한것은 17세기부
터이다. 개화기에 이르러서는 《ㄹ,ㄹ》 표기나 《ㄹ,ㄴ》 표기를 다 찾아볼수
있다. 이것은 일정한 혼기성을 나타낸다. 근대조선어시기에 《ㄹ,ㄴ》의 표
기가 우세를 차지했지만 개화기에 이르러서는 이 두가지 형태를 다 찾아
볼수 있다. ㄴ)에서 본 례들은 원문에서 모두 한자어 그대로 표기한것들
이다. 당시는 아직 표기통일법안이 반포되기전이라 어두에서 《ㄴ》와
《ㄹ》를 한자어의 발음대로 했는지 아니면 현대조선어에서의 어두표기원
칙에 의해 발음했는지 정확히 알수는 없다. 동시기의 다른 문헌들을 봐도
한자음은 본음대로 된것과 두음법칙에 의해 변한것이 병존하고있었다.

례:

① 임시회의(臨時會議)<황성신문1906/6/18>, 림시회(臨時會)<독립신문3.104>
② 녀즈(女子)<목단화.54>, 여학도(女學徒)<송뢰금.74>
③ 력사학(歷史學)<공립신보 1908/9/30>, 역사적(歷史的)<산천초목.1>

◉ 어두에서의 된소리표기

    쑴, 짱, 쏘야기, 까지, 째, 쏘한, 쏜서, 샨,
    쏙지, 쓸려, 짝, 쪽, 뽁, 씨름군

합용병서는 복합자음기능으로부터 점차 된소리기능을 갖게 되였다. 18세기에 이르러서 된소리를 표기하기 위해서 《ㅂ》계 합용병서와 《ㅅ》계합용병서를 사용했다. 19세기부터는 《ㅂ》계합용병서는 소수를 차지하면서 점차 《ㅅ》계 합용병서로 통일되는 추세[2]였다. 그리고 점차 각자병서도 두각을 보이기 시작했다. 개화기에는 《ㅅ》계 합용병서가 아직도 활발히 쓰이고있다.

◉ **어중모음앞의 받침표기**

업슬 것이라		업엇더면
만들어	만드러	만드난대
안이하야도		아니라
하얏으나		하얏스나
부닥겨	안지면	볽어코
	이러나매	

받침의 표기에는 보다싶이 련철, 중철, 분철현상이 두루 나타나고있다. 다시 말해서 표기현상이 개화기에 이르러서는 일대 혼란을 겪고있었다. 동일한 단어라 해도 표기가 달랐다. 우의 례중의 《업슬》과 《업엇다면》과 같은 어휘들은 련철현상과 함께 탈락현상이 나타난다. 또 《볽어코, 만들어》 등 어휘들은 분철표기를 하였으며 《부닥겨》와 같은 어휘들은 중철표기를 했다. 개화기의 이런 혼란한 표기시기를 경유하여 현대조선어에 이르게 되였다.

이러한 현상은 어간과 토사이에서뿐만아니라 《안이하야도》에서와 같이 어간 내부에서도 하철과 상철이 혼동되고있었다.

◉ **어말 또는 자음토 앞의 받침표기**

것도, 집신(짚+신), 놉달니(높+달니), 썩거(썪+어), 꼿슬 (꽃+을),

---

2) 정승철 《개화기 국어 음운》 (《국어의 시대별 변천 연구 4》 p14 국립국어연구원 1999년판).

낮잠(낮+잠), 잇지(잊+지), 맞다(맞+다), 뭇치매(묻+히
매), 엇어(얻+어), 갓바치(갖+바치), 갓옷(갖+옷),

어말에서의 표기에서 가장 돌출하게 나타나는것은 《ㅅ》, 《ㄷ》의 내파
화에 의한 표기이다. 어말위치에서 《ㅂ》과 《ㄱ》의 내파화표기에는 별로
혼란성이 없었지만 《ㅅ》와 《ㄷ》의 내파화에 대해서는 일정한 혼기상태가
나타났다. 특히 《ㄷ, ㅌ, ㅅ, ㅈ, ㅊ, ㅆ》을 《ㄷ》으로 표기하지 않고 《ㅅ》
으로 표기하였던것이다. 개화기에 이르러서 분철표기 경향이 확대되면서
부터 이런 혼기현상이 더 심하게 나타났던것[3]이다. 이것은 중세국어시기
에 《곧, 뜯》과 같은 명사가 근대에 들어서면서 《ㅅ》말음으로 재구조화한
데 있다. 이것은 8종성과 7종성의 혼기성을 표현하고있다. 이 시기는 받
침표기에 있어서 《ㅅ》과 《ㄷ》의 혼기로 인해 우와 같은 혼란성이 조성되
였다.

3. 한자어의 인입과 중첩어의 산생

개화기는 한자어 수입의 고조를 이루고있었다. 력대 그 어느 시기보
다 한자어의 수가 대폭적으로 증장되였다. 이것은 아래와 같은 원인에 의
한것으로 볼수 있다.

첫째는 력사적인 환경과 직접적인 련계가 있다.

중세, 근대, 현대에 이르면서 한자어가 하나의 체계로 자리잡게 되였
다. 특히 개화기에 이르러서는 문호개방과 더불어 서양문화의 수입으로
한자어를 대량적으로 인입하게 되였다. 또한 중국과 일본은 지리적으로
조선과 린접해있었고 당시 조선보다 서구문명을 인입하는데서 더 적극적
인 자세였다. 이런 연유로 해서 중국어계 한자어는 물론 일본어계 한자어
도 대량적으로 인입하게 되였다.

이외에 1894년 고종이 내린 칙령은 조선문을 근본으로 삼고 한역을
부가하며 혹 조한문을 혼용한다고 결정내렸다. 칙령자체는 비록 한문으로
반포되였으나 고종은 결국 조선문, 한문, 조한문 등 세가지 표기방식을

---

3) 정승철 《개화기 국어 음운》 (《국어의 시대변 변천 연구 4》 P23), 국립국어연구원,
1999년판.

다 허용했으며 종국적으로는 조선문을 위주로 한것보다는 조한문을 혼용
하여 더 많이 사용한것이 개화기의 현실4)이다. 본 론문의 자료인 《소년》
과 《청춘》도 이러한 현실에 발맞춘 잡지이다.

둘째는 계보적인 각도에서 그 리유를 찾아볼수 있다.

조선어어휘체계중의 한자어는 계보적인 각도로 살펴본다면 크게 세가
지 부류로 나누어 볼수 있다. 중국에서 인입된 한자어, 일본에서 만들어
전해온 한자어, 조선 자체로 만든 한자어로 분류된다. 중세조선어시기에
주로 중국어계 한자어가 고유어와 함께 이미 이중체계를 확립했다면 근대
조선어를 거쳐 개화기에 이르러서는 중국에서 인입하는 한자어를 초월하
여 일본어계한자어가 급증하여 한자어 수용의 새 고조를 이루게 되였다.

이러한 개화기 한자어의 대폭적인 증가와 외래어의 대량수입 결과 신
구한자어, 고유어와 한자어, 그리고 한자어와 외래어 사이에 많은 중첩어
가 산생되였다.

례:

ㄱ) 줄썩:脊椎,　째판:時局,　쌀건디:鹽分,　댝란:作亂,　가람:江,
　　무름마즘:문답(問答),　바람:風,　어루:婚姻,　언아:兄弟,　이노:
　　仙,　열음지이:농군(農軍),　드메:山峽,　　말삼하다:이르다:曰,
　　兒海:兒童,　쏠:小川:내　(內):開川…

ㄴ) 독어(獨語):독일어(獨逸語),　총통(總統):대통령(大統領),　특
　　명전권공사(特命全權公使)):특사(特使),농산물(農産物):농작
　　물(農作物),　전화(電話):발화기(送話機),　機關車:汽罐車,　飛
　　行機: 飛行器,　증기선(蒸氣船):기선(氣船),　럴차(列車):기차
　　(氣車): 화차(火車),　시험실(試驗室):시험장(試驗場),　연극장
　　(演劇場): 극대(劇臺),　理髮館:理髮所,　변사(辯士):변호사(辯
　　護士),　인기(印機):인쇄기(印刷機)…

ㄷ) 係關:관계(關係),　　소개(紹介):개소(介紹),

ㄹ) 쮸리마:듬:감옥(監獄),　싹테리아:微菌,　히쓰토리:歷史,　필닙
　　핀:필틔핀:比律賓,프랑쓰:佛蘭西,　페르시아:波斯(persia),　퍼
　　쓰쩨쓰맨:一壘手,　터어키:土耳其,　키이쓰:킷스:키스,　이달
　　늬:이탈늬아:이달리:伊太利,　웬나:원나:원:維也納,　엔사이크
　　로　페디스트:百科辭典家,　사단:惡魔,　벨기움:벨기:白耳義,

---

4)李秉根 《開化期의 語彙整理와 辭典編纂》, 《周時經學報》,1988년 7월호(탑출판사), P70.

길노메투루:길로메트루:吉路米突:基路米突:吉米突, 커피:珂
琲, 아프리카:아푸리카:亞弗利加…

　우에서 든 례들로부터 살펴보면 다음과 같은것을 알수 있다. ㄱ)부분
은 고유어와 한자어의 중첩어이다. 대부분 고유어는 이미 사어화되거나
후에 나타난 한자어에 의해 교체되었다. 례하면《줄씍, 쪠판, 무릅마즘,
어루, 열음지이》등 단어들은 한자어에 의해 교체되여 현재 사용되지 않
는다. 또 일부는 아직도 한자어와 병립적인 관계를 유지하면서 현대조선
어에서 잘 쓰이고있다. 례하면《댝란(장난), 바람, 드메(두메), 이르다, 兒
孩(아이)》등이다.
　ㄴ)부분은 한자어사이의 중첩어들이다. 대부분 경우 현대에 이르러
그중의 하나가 사용된다. 또 한자를 사용함에 있어서 동음자를 취음하다
보니 이런 중첩어가 생기게 된 리유도 있다.
　ㄷ)부분은 순서가 바뀜으로 해서 생긴 어휘들이다. 이런 어휘들은 그
수가 별로 많지 않다. 그렇지만 순서가 바뀐 중의 하나가 현대조선어에서
활약적으로 쓰이고있다.
　ㄹ)부분은 외래어와 한자어로 인한 중첩어이다. 국명이나 지명에서
많이 나타난다. 이것은 외국의 국명과 지명을 부동한 방법으로 받아들인
결과에 의해 생긴 현상이다.

4. 음운변화와 쌍형어의 사용

　개화기 잡지어휘중에는 쌍형어가 많이 등장되는데 그 원인은 여러가
지가 있다.

◉《ㆍ》의 탈락에 의한 쌍형어

　　까지:ᄭᆞ지:까디, 아들·아달·아들, ᄊᆞ와·싸와·싸홈, 아침·아
춤,
　　가멸한:가ᅀᆞ며넌:가ᅌᆞ면:가며롭다, 가람:ᄀᆞ름:가름,

　개화기에《ㆍ》가 음운상에서는 이미 소실되였으나 표기상에서는 계

속 사용되였다. 《ㆍ》에 의한 쌍형어는 근대조선어에 비하면 많이 줄어들었다.

◉ 전설모음화와 원순모음화에 의한 쌍형어

ㄱ) 즘승:짐승, 아즉:아직, 거즌말:거진말, 어츠렁어츠렁:어치렁어치렁
ㄴ) 븟터:붓터, 거믄:거문, 엇더케:웃더케…

ㄱ)부분에 속하는것은 앞에 오는 《ㅅ, ㅈ, ㅊ》뒤에 오는 후설모음 《ㅡ》가 전설모음으로 바뀌면서 산생된 쌍형어이다. ㄴ)부분에 속하는것은 원순모음화에 의하여 나타나는 쌍형어들이다.

◉ 구개음화에 의한 혼동

(보기)조케:됫다, 까디:까지, 딥신:집신, 이뎨:이제, 딤승:짐승,

개화기는 구개음화가 일부 지방외 거의 완성되여가는 시기이다. 그럼에도 불구하고 우에서 본바와 같이 구개음화에 의해서 쌍형어가 나타난다. 비록 많은 비률을 차지하지 않지만 구개음화의 혼동도 역시 쌍형어가 생기는 리유중의 하나로 됨을 보여준다.

◉ 기타 쌍형어

머리:마리, 산영:산양개, 북덕이:북덱이, 깃거하다:깃겁다:깃븐,
별애:별해, 갓흔:가튼:가티:갓하, 벗:동모:동무:**朋友**, 만드는데:만드난데,
메투리:미토리, 발감게:발감기, 어치렁어치령:어츠렁어츠렁…

모음조화와 관계되여 이루어진 쌍형어(머리—마리, 산영—산양개), 음운

교체로 이루어진것(어치렁어치렁—어츠렁어츠렁 《이:으》, 발감게—발감개 《에:이》, 부덕이—북덱이 《어:에》, 메투리—미토리 《우:오》), 《ㅎ》음의 탈락으로 이루어진것(별애—별해), 《·》의 소실과 관계된것(는데—난데), 표기법이 달라서 생긴것(갓혼—가튼—가티—갓하), 단어형태가 고정되지 않은것(죄다>깃거하다—깃겁다—깃븐) 등이다.

이와 같은 원인으로 이루어졌던 쌍형어들은 개화기를 거쳐 현대조선어에 이르러서는 세척되여 표준적으로 쓰이는 하나의 단어만 남게 되였다.

5. 외래어표기의 혼란

우에서도 언급했지만 외래어는 그것이 차용되는 경로와 방식이 다름에 따라 하나의 단어도 달리 표기된것이 허다하다. 따라서 외래어를 표기하는데 있어 동일한 대상에 한자로 표기한것과 정음자로 표기한것이 각각 나타났다. 또 동일대상에 대하여 정음자로 표기했어도 각자에 따라 달리 표기되였다. 그리고 원어를 음차하여 표기한것과 의역하여 표기한것이 병행하여 사용된것도 있다. 잡지어휘를 둘러보면 표기상에서 일대 혼란을 겪고있다.

ㄱ) 米國/亞米利加, 法國/佛蘭西/法蘭西, 德國/德意志/獨逸, 英國/英吉利, 吉路米突/基路米突/吉米突, 俱樂部, 西班牙, 我羅斯, 土耳其, 蘇格蘭, 亞剌比亞, 墺太利, 倫敦, 白耳義, 維也納, 伊太利, 比律賓, 亞弗利加, 匈牙利, 亞細亞, 歐羅巴, 瓦斯, 瓦斯燈, 파라窪扶斯, 馬太福音, 米突(미돌),

ㄴ) 크레믈닌/크레믈린, 라듸움/라디움, 쌜럿실/루쎌/룻셀/룻셀/루쎌(Brussel), 쌮다페쓰드/다페쓰/다페스트, 쌰오트쌰/트, 쌰오이/쏘이, 쩨를닌/쩨를린, 쩨를닌/쎄를닌/쎄를린, 쌔쎌론/쌔쎌논, 짤너/짤러, 까쓰/까스/까쓰, 함쌰르흐/함쌰르흐(Hamburg), 필닙핀/필틔핀, 프로렌쓰/플로렌쓰/플로렌스(Firenze),푹센쌰르흐/륙삼쌰르/륙삼쌰르흐(Luxembuoog), 포르토갈/포르토꽐/포루튜갈/포르투꽐,

트라팔까아/트라팔까(Trafalgar), 키이쓰/킷스/키쓰, 콘
쓰탄치노플 /콘스탄치노플/콘쓰탄티논플(Constantinopl
e), 캉가루/강가루, 칼늬포늬아/칼늬포오늬아/칼니포니
아/칼레포니아, 초콜렛/초코레트/초콜레트, 이달늬/이탈
늬아/이달리, 웬나/윈나/윈, 오를네안/오를레안/오률레안
(Orlea), 데임쓰/뎀쓰, 람푸/람포/람프, 로데르담/로터댐
(Roter dam), 루쓰벨트/루쑤벨트, 발틱/쌜틱…

외래어의 차용 경로를 보면 크게 두가지로 볼수 있다. 하나는 제3의
언어를 경유하여 간접적으로 차용한것이고 다른, 하나는 원 언어에서 직접
받아들인것이다5).

우에서 제기한 ㄱ)부분에 속하는 외래어들은 바로 제3의 언어를 경유
하여 간접적으로 차용한것이다. 초기 외래어를 차용할 때 중국어계 한자
어가 많았으나 이 시기에 와서는 일본어계 한자어가 더 많은 추세였다.
특이한것은 이 시기 중국어계 한자어와 일본어계 한자어를 함께 사용했다
는 점이다. 특히 국명, 지명에서 이런 현상이 많이 존재했다. ㄱ)부류는
이런 특징을 나타내는 외래어들이다. 英國, 獨逸, 西班牙, 亞細亞, 俱樂部,
歐羅巴 등은 현대어에서도 비교적 생산적으로 사용된다. 반면에 我羅斯,
米突, 吉路米突, 墺太利, 德國, 法國 등 어휘들은 현대어에서 쓰이지 않는
다.

ㄴ)부류는 일본어를 거쳐 혹은 원어에서 직접 음차해 받아들인 외래어들
이다. 이 부류에 속하는 외래어들을 살펴보면 동일한 어휘를 몇가지 형태로
표기한데서 다소 차이점을 보이고있는것을 알수 있다. 《b》를 표기할 때는
일반적으로 《ㅃ》나 《ㅂ》로 표기했고, 《p》를 표기할 때는 《ㅍ》나 《ㅂ》로,
《s》는 《ㅅ》나 《ㅆ》로, 《t》 는 《ㅌ》로, 《d》는 《ㅼ》나 《ㄷ》로, 《f》는
《ㅍ》로, 《c》와 《k》는 《ㅋ》로, 《r》와 《l》는 《ㄹ》로 표기했다. 이런 현상
들은 잡지 《소년》과 《청춘》에서는 외래어의 표기가 혼란한 중에서도 일
정한 규칙성을 나타내고있음을 보여준다.

외래어를 받아들이면서 각 문헌마다 그 표기가 다르게 나타났다. 또
한 동일한 문헌중에서도 외래어표기가 혼란함을 엿볼수 있다. 우에서 제
기한 례들로부터 잡지 《소년》과 《청춘》내의 문장들에서도 외래어의 표기가

---

5) 리득춘 《조선어 어휘사》 (연변대학출판사, 1988년 1월판), P274.

혼란함을 알수 있다. 그 원인을 다음과 같은 두가지로 볼수 있다.

하나는 당시 력사적인 배경이다. 갑오전쟁이후 선진적인 개화파에 의해 서구문명과 문물, 그리고 개념들이 조선에 륙속 들어오기 시작했다. 서구문명과 함께 다량으로 수입되는 외래어들을 모두 고유어나 한자어를 리용하여 의역해서 차용하기에는 시간상으로나 수량상으로나 모두 제한되였다.

다른 하나는 외래어를 류입하는 경로와 방식이 부동한데다가 외래어를 류입하는데 있어서 정확한 표기원칙이 없었다. 이런 리유로 해서 우에서 본바와 같이 혼동을 조성할수 있었던것이다.《소년》과《청춘》의 외래어들은《ㅜ》와《ㅡ》의 혼동, 어두에서의《ㄴ》와《ㄹ》의 혼동, 《ㅔ》와《ㅖ》의 혼동,《s》를《ㅅ》나《ㅆ》로 표기하여 나타난 혼동,《b》를《ㅄ》나《ㅂ》로 표기해서 나타난 혼동,《p》를《ㅍ》나《ㅂ》로 표기해서 나타난 혼동, 사이소리에 의한 표기혼동 등 여러가지 원인으로 해서 표기상 혼란함을 조성했다.

개화기는 그전의 어느 시기에 비해 외래어가 수량상으로 대폭적으로 증가된 시기이다. 즉 개화기를 문화사적으로 보면 서구어 및 일어의 영향시대6)라고 할수 있다. 외래어중 국명, 지명, 인명이 그 주요부분을 이루고있었다. 고유명사, 물명어, 동식물명사 및 조류명사, 의복류명사가 여러 경로를 통해 들어오는데다가 처음 받아들일 때 각자가 각각 부동한 방법으로 전사하였기에 이 시기 외래어의 표기는 일대 혼란을 일으켰다. 하지만 외래어를 류입하는데 있어서 원어의 발음을 존중하려는 노력과 일정한 규칙성이 있었음을 엿볼수 있다. 또한 이러한 혼란이 이후시기 외래어의 표기원칙제정에 중요한 영향을 주었음은 긍정할바이다. 현대조선어의 외래어는 개화기이후 여러번 신진대사를 거쳐 오늘의 모습을 갖추게 되였다.

---

6) 강신항은《외래어의 實態와 그 受容對策》(《한국 어문의 제문제》, 일지사,1988년판) P124에서 문화사적인 면에서 다음과 같이 제기했다. 외래어를 중심으로 해서 시대를 구분한다면 한어, 한문 영향시대(19세기 중기이전), 서구어 및 일어 영향시대(19세기 말기 이후)와 같이 나눌수 있다.

결 론

이상으로 개화기잡지어휘에 반영된 다섯가지 특징적현상을 고찰해보았다.

개화기어휘가 현대까지 근 한세기동안 얼마나 연용되고 얼마나 도태되였는가 하는 기본양상을 고유어, 한자어, 외래어를 각각 집계하는 방법으로 살펴보았는바 그전시기에 비해 한자어와 외래어는 하나의 수용고조를 이루었으며 고유어는 비교적 온건성을 유지했음을 알수 있다.

음운표기에서의 어두《ㄹ》와 어중《ㄹ ㄹ》의 표기, 종성표기 특히 《ㄷ》,《ㅅ》종성표기, 어두의 된소리 표기 등 과도기적특징은 개화기잡지어휘가 현대조선어의 표기특징과 근대조선어의 표기특징을 동시에 나타내고있었음을 보여줬다.

한자어의 인입과 중첩어의 산생에서는 한자어의 수용력사와 함께 중첩어의 산생원인을 고찰했는바 중첩어의 산생은 이 시기 어휘체계중의 하나의 특징적현상이다. 이는 력사적인 문자사용환경, 한자어체계의 확립과 새 한자어 급증의 결과에 의한 신어의 대량 창출에 그 원인이 있다.

쌍형어의 존재 역시 이 시기 어휘체계중의 특징적현상이다. 주로 《·》의 소실에 의해 그리고 원순모음화와 전설고모음화, 구개음화 등에 의하여 형성되였다. 일부 쌍형어들은 현대조선어에 이르러서도 표준어 혹은 방언에서 여전히 사용되고있다.

외래어는 표기상 혼란을 보여주었으며 외래어표기의 혼란성의 원인은 력사적인 문자사용배경과 부동한 외래어수입 경로와 방식에 있음을 알수 있다.

★ 참고문헌:

1. 정승철《개화기 국어 음운》(《국어의 시대별 변천 연구 4》국립국어연구원 1999년).
2. 李秉根《開化期의 語彙整理와 辭典編纂》,《周時經學報》,1988년 7월호, 탑출판사.
3. 리득춘《조선어 어휘사》(연변대학출판사, 1988년 1월판).
4. 강신항《외래어의 實態와 그 受容對策》(《한국 어문의 제문제》, 일지사 1988년판).

5. 리득춘 《한조언어문자관계사》(동북조선민족교육출판사 1992년 9월판).

6. 리득춘 《韓文与中國音韻》(흑룡강조선민족출판사 1998년).

7. 《소년》(통권 4권 총 23호)(역락출판사 2000년 5월).

8. 최남선 《청춘》(통권 15호)(역락출판사 2000년 5월).

9. 《표준국어대사전》(국립국어연구원 1999년 10월판).

10. 《조선말대사전》(사회과학출판사 1992년).

11. 강신도 《韓國語外來語辭典》(대외경제무역대학출판사 1998년).

12. 《리조어사전》(상, 하)(한국정신문화연구원, 태학사 1995년).

개화기잡지어휘의 기본양상

김 홍 련

1. 서 론

한 사회의 변혁을 가장 민감하게 나타내는것은 음운이나 문법보다도 어휘이다. 《갑오경장》이후 서구 문명과 문화의 영향으로 말미암아 외래어와 신문명어휘들을 대량으로 받아들이게 되였다. 《소년》과 《청춘》은 이 시기 대표적인 종합잡지였는바 그 언급되는 면도 상당히 넓었었다. 따라서 새롭게 출현되는 사물이나 개념을 표달하는데는 이미 있는 어휘량으로는 절대적인 부족을 느꼈다. 이같은 연유로 개화기에 한자어나 외래어가 급증하는 현상이 출현하게 된다.

본 론문에서 필자는 개화기잡지 《소년》, 《청춘》의 어휘 5,700여개를 주로 국립국어연구원에서 편찬한 《표준국어대사전》에 기준하여서 고찰한다. 《표준국어대사전》은 처음으로 남,북의 어휘를 집대성한 사전인바 문화어에 대해서는 형태나 의미상 표준어와 같게 쓰일 때에는 따로 해석하지 않았지만 의미나 형태가 부동하게 쓰일 경우에는 따로 해석했다. 외래어에 대해서는 국명이나 지명, 물명 등에 대해 《외래어사전》과 다시 대조하였다. 아울러 어휘들에 대한 사전식의 대조로 끝내지 않고 진일보 나아가서 현대어와의 비교를 통해 개화기조선어의 기본양상을 고찰하기로 한다. 아래에 크게 두 부분으로 나누어서 개화기잡지어휘의 기본양상을 살펴보겠다.

2. 사전에 수록되여있지 않은 어휘

이 부류에 속하는 어휘들은 전체 조사대상어휘의 31.19%를 차지한다. 개화기전에 사용되였으나 이 시기에 와서 없어진 어휘, 개화기에 새로 산

생되였으나 개화기까지만 사용되고 사라진 어휘, 한자어나 외래어에 교체되여
쓰이지 않게 된 어휘, 현대조선어에 존재하지만 파생어나 합성어의 근성부분
이기에 일부 수록되지 않게 된 어휘 등으로서 사전에 수록되지 않았다. 이 부
분의 어휘를 고유어, 한자어, 외래어 등 세 부분으로 나누어보겠다.

1) 고유어

ㄱ) 가래올(楸洞), 눈분배, 닙살, 둥금이, 무립, 바수, 별애,
함괴, 가벗(夫婦內外), 간두루, 검양빗, 곤흙, 곤짱, 그듬,
날달, 날웃, 남(里), 눈고앙(雪倉), 다난다리, 드러서래(當
來), 듬(獄), 맨들님, 몸밧아, 怒김, 무름마즘(물음), 물네
치, 밀목, 바담(慶福), 삭임장이, 샐(半), 시하(東西), 시노
(東北), 시(東), 신꼴, 악(史), 언놈년(善男女), 언아(兄弟),
옥쥠, 옷밥씨름군, 줄오락이(線條), 줄찌(脊椎), 터염(菜
田), 하겸(上章), 怒김…

ㄴ) 가며롭다, 늑구다, 어리숭그럴쯧하다, 열새다, 주리다, 넙
프르다, 두틈트다, 엇득엇득하다, 자질감스럽다, 쏜준하
다…

ㄷ) 가차가추, 돌처, 부치, 빗드름이, 쏘닥쏘닥, 짜옷짜옷, 나
금나금, 추얼추얼, 檀斷히,…

이상에서 든 례들은 모두 사전에 수록되지 않은 부류에 속하는 고유
어들이다. 이 부류에 속하는 고유어는 전체 조사대상 고유어의 28.62%를
차지한다. 다시 말하면 수록되지 않은 고유어가 수록된 고유어보다 그 비
례수가 현저하게 적음을 알수 있다. 이것은 이 시기 소실된 고유어명사가
적었음을 알려준다. 사전에 수록되지 않은 고유어의 거의 대부분은 현대
조선어에서 이미 쓰이지 않고있다. 이미 사라졌거나 다른 어휘에 의해 교
체되였다고 말해도 과언이 아니다.

ㄱ)은 고유어명사다. 명사는 용언이나 부사보다는 사전에 오르지 않
은 수가 엄청나게 많은것을 볼수 있다. 알다싶이 이 시기는 서구문화의
영향을 받아서 새롭게 류입되는 개념이나 물질에 대한 신조어가 많았다.

비단 한자어에 그 수가 많았을뿐아니라 고유어에도 이런 단어들이 많았다. ㄱ)에 속하는 어휘들은 그전시기부터 쓰이다가 이 시기에 와서 다른 어휘에 의해 교체된것도 있고 새로 조어되였다가 사용되지 않은것도 있다. 일부 단어는 방언에서 사용되지만(례:별애) 사전에 수록되지 않았고 현재에 사용되나 (례:怒김) 사전에 수록되여있지 않다.

ㄴ)은 고유어 용언이다. 이 부류에 속한 어휘는 별로 많은 수를 차지하지 않는다. 고유어중의 용언이 가변성이 적었음을 표징한다. 이 부류에는 중세조선어에서부터 줄곧 쓰여오던 어휘들이 상당히 많음을 알수 있다. 그리고 파생법이나 합성법에 의해 조성된 단어들이 많다. 용언의 이러한 조성법은 현대에 와서도 잘 쓰이고있는바 례를 들면《-스럽, -롭, -하》등은 단어파생능력이 상당히 높다. 개화기에도 이런 파생법은 단어조성의 주요역할을 담당했는바 ㄴ)에 속하는 어휘들은 파생법과 합성법에 의해 조성되였거나 중세조선어로부터 쓰이던것들이다. 특히 《-롭, -하》는 중세조선어로부터 쓰이던것이였으나 《-스럽》은 개화기직전에 이르러서 나타난것으로 알수 있다. 허나 이 부류에 속하는 어휘들은 현대어에서는 이미 그 흔적을 찾아볼수 없고 단지 단어조성법만 남아서 아직도 자기의 작용을 발휘하고있을뿐이다.

ㄷ)은 부사나 수식어류의 단어들이다. 의성의태어가 대부분이다. 조선어는 다른 언어보다 의성의태어적 부사가 매우 발달되였다. ㄷ)에 속한 어휘들이 비록 현대조선어의 사전에 수록되지 않았고 현재 대부분이 사용되지 않지만 발달된 의성의태어를 가지고있는 조선어의 독특한 특징을 충분히 설명해주고있다.

2) 한자어

> ㄱ) 건후(乾候), 광기(光器), 광두직악인종(廣頭直顎人種), 남구(藍球), 노동력작(勞動力作), 단속희혼례(緞屬回婚禮), 대치인종(大齒人種), 물정(物晶), 미소분자(微小分子), 미수분자(微水分子), 민본주의(民本主義), 보생번식(保生繁殖), 불평정물질(不枰定物質), 생산숙산(生算熟算), 설차(雪車), 소치인종(小齒人種), 수구(手球), 습후(濕候), 양제(洋製), 역표(驛標), 연수(研修), 염영분석(鹽影分析), 요자(凹字),

원기(元氣),　유전식물(有田植物),　유화식물(有花植
物),　육충(肉蟲),　음미전전자(陰微電塵子),　전기아(電
氣兒),　정교회당(正敎會堂),　지대(地垈),　칭정물질(稱
定物質),　핵계(核系),　핵내(核內),　희본(戱本),　호명
부(護命符),　출구화(出口貨),　맹농교육(盲聾敎育),　자
용거(自用車),　신관(新管),　총병(銃兵),　안피(顔被),
철치(鐵齒),　양식물포(洋食物포)…

ㄴ)　가정설(假定說),　간화회(懇話會),　격치학(格致學),　견
문기(見聞記),　경제론(經濟論),　계통상(系統上),　공상
계(空想界),　고정성(固定性),　고문화(高文化),　군사상
(軍事上),　궁리학(窮理學),　근세법(近世法),　끽연계
(喫煙界),　난치증(難治症),　논의적(論義的),　물질상
(物質上),　매장대(埋藏隊),　반면식(半面式),　법정학
(法政學),　변호적(辯護的),　보조대(補助隊),　분진대
(奮進隊),　사구론(思究論),　설교학(說敎學),　액동성
(液動性),　억측설(臆測說).　판별법(判別法),　편의상
(便宜上),　전신법(電信法),　무답실(舞踏室),　궁리가
(窮理家)…

　　조사대상 어휘중에서 한자어는 모두 3,352개로서 58.7%를 차지한다.
사전에 수록되지 않은 한자어는 502개로서 한자어의 14.98%를 차지한
다. 주지하는바와 같이 이 시기 한자어는 수량상에서 대폭적으로 늘어나
한자어 생성의 한차례 고조를 일으켰다. 한일합방이후 일본으로부터 인입
된 일본어 한자어가 우세를 차지하면서 중국어 한자어와 대치적인 관계를
유지하다가 점차적으로 중국어 한자어를 밀어내게 되었다.

　　ㄱ)부류에 속하는 어휘들은 당시 대량적으로 들어오는 서양문화에 대
비하여 새롭게 나타난 어휘들이다. 대부분은 중국어계 한자어라고 볼수
있다. 이런 한자어들은 일본어계 한자어와 병행하다가 점차 밀려나게 되
였다. 따라서 현대조선어에 와서는 사용되지 않게 된것이다.

　　ㄴ)부류에 속하는 어휘들은 접사와 결합되여서 이루어진 어휘들이다.
잘 살펴보면 이 부류의 어휘들은 사전에 수록되여있는것으로 알수 있을것
이다. 례하면《물질, 매장, 변호, 논의, 가정…》등 어휘들은 사전에 수록

되여있다. 그렇지만 사전에 수록되지 않은 부류에 귀속시킨것은 이러한
어휘들이 《-적, -상, -학, -법…》 등 접사들과 결합된 형태이기때문이다.
단독으로 볼 때와는 달리 접사들과 결합된후에는 현대조어법과 다르기때
문에 사전에 수록되지 않았던것이다.

　　우에서 제기한바와 같이 통계에 의하면 사전에 수록되지 않은 한자어
는 조사대상 한자어의 14.98%를 차지한다. 이 비례수는 사전에 수록되지
않은것이 그렇게 많은 비중을 차지하지 않음을 알려준다. 개화기에 한자
어가 증폭되였으나 그 대부분은 현대어에 남아있고 소부분만이 소실되였
다.

3) 외래어

　ㄱ) 가나리아, 가론수, 가마 쑤라바 쑤후니, 간 쩨르스, 곰보,
　　　그라니카쓰, 그리시아, 기더민쓰터, 나달, 나퓰, 나이살낸
　　　드, 나쨔리, 놀만지아, 늬유쓰탓트(Nystadt), 단버쓰, 데
　　　다엔, 데임쓰 . 템쓰(Thames), 뎃사리, 도오마쓰 밤바드,
　　　딘버라, 라드가, 라듸, 락카듸이브, 랑카쇠야(Lancashir
　　　e), 러브라임쓰(思想歌), 레오폴, 로데르담 . 로터댐(Rote
　　　r dam), 로얠엑스췌인지, 로흐카트린(Loch katrine), 루
　　　폴루메, 룃틀톤, 마논산, 말타, 맷터리맬 파워(物質的 權
　　　力), 문헌쌀푸씨, 바바리아, 베드로호브, 보르쇼쓰, 브리
　　　스(Vries), 사루쓰보르흐, 삼불, 싸자왁, 쏘아뉴, 아드캉
　　　겔, 야마마(Yamama), 오라, 와르샤, 월헤름 케니히, 이
　　　루크쓰크, 겔프부이, 차론쓰, 카르다고, 캄탓카, 코레쓰부
　　　르히, 텐젠트데다니, 톰레미, 툴누쎄, 틔유크, 파난드와
　　　쓰, 팜퍼나, 필그림쓰, 하루쓰, 한노펠, 헬레스폰드, 홉타
　　　운…

　　개화기 외래어의 수용양상은 날로 장성하는 추세였다. 갑자기 대폭적
으로 늘어나는 외래어로 하여 표기상 일대 혼란을 일으켰다. 허지만 이런
혼란은 그 당시로는 불가피한것이였으나 일정한 정리를 거쳐 조선어외래
어의 발전에 대해서 적극적인 역할을 했음을 부인할수 없다.

　　외래어에 대해서는 《표준국어대사전》을 위주로 하고 《한국어외래어

사전》(대외경제무역대학출판사 1998)을 결부하여 대조해본 결과 우에서
든 례들은 사전에 수록되지 않았다. 서양문화와 함께 새롭게 수입되는 물
명, 개념에 대한 어휘들을 대중이 익숙하게 알고있는 고유어나 한자어로
일일이 표기하기에는 시간상으로 너무 촉박했다. 그래서 초기에는 중국어
계나 일본어계 한자어를 경유하여 표기하던 차용방식이 이때에 와서는 직
접 음역하는 차용방식으로 변화되였으며 직접음역차용방식이 우세를 차지
했다. 방대한 수량으로 인입되는 외래어에 대한 정확한 철자법과 수입규
준을 정하는데 훌륭한 자료를 마련해주게 되였다. 외래어의 표기 세칙에
대한 통일방안이 수없이 진행되였고 여러 선인 학자들의 공동으로 되는
노력하에 그 후시기에 비교적 통일적인 표기방안이 제기되였다.

3. 사전에 수록되여있는 어휘

《표준국어대사전》에 수록되여있는 어휘들을 말해보기로 한다. 통계
해본 결과 사전에 수록된 어휘는 전체 조사대상 어휘의 대략 68.9%를 차
지한다. 사전에 수록된 고유어는 조사대상 고유어의 약 71.98%, 사전에
수록된 한자어는 전체조사대상 한자어의 85.02%, 사전에 수록된 외래어
는 전체 조사대상 외래어의 40.1%를 차지한다. 다시 말해서 이런 어휘들
은 개화기에도 활발하게 사용되였을뿐아니라 현대조선어에서도 여전히 사
용되고있음을 보여준다. 고유어와 한자어는 사전에 수록된 어휘수가 수록
되지 않은 어휘수보다 현저하게 많음을 알수 있으나 외래어는 표기상 혼
란시기를 겪었기에 수록되지 않은 수가 더 많았다.
　　현대조선어와 비교해보면 의미가 같은 어휘도 존재하나 또한 의미가
확대되거나 축소 혹은 전이된 어휘도 상당히 많다. 형태나 의미를 기준으
로 하여 사전에 수록되여있는 어휘들에 대해 다음과 같은 몇가지로 나누
어 고찰해보겠다.

1) 형태와 의미가 같은 어휘1)

　　ㄱ) 갈바람, 감발, 검(神), 겹결, 겨를, 겨리, 고동, 고수머

---

1) 1)과 2)에서 표준어와 문화어의 어휘를 같게 보았다.

리, 庫집, 길차다, 난봉, 느럭느럭, 대갈, 대님, 대야머
리, 도랑이, 도야지, 두억신, 드듸다, 망구지, 멈살이,
미욱스럽다, 부시쌈지, 쇠마치, 숙설숙설, 슬금하다,
안동하다, 용마름, 종요롭다, 질번질번하다, 트레머리,
헌걸차다, 곰팡이, 다잡어 …

　　이상의 고유어는 개화기까지 줄곧 쓰이던것이며 《표준국어대사전》에
이미 수록되여있는 어휘들이다. 일부 어휘들은 현대에 이르러 형태는 같
지만 의미상에서 변화를 일으켜 여러 의미항중의 하나가 개화기와 같게
사용된다. (여기서는 이런 어휘들을 다 형태와 의미가 같은 어휘로 보았
다.) 문장에서 이러한 단어들의 의미를 살펴보면 아래와 같다.

　　　례: 켄터키로서 갓 <u>올마온</u> 故로<청10.34>
　　　　　불길이 넓은 구역으로 <u>옮아서</u><조선말대사전>
　　　　　그는 서울에서 시골로 <u>옮아온</u> 뒤부터는 건강이 좋아졌
　　　다; 불이 옆
　　　　　마을에서 우리 마을로 <u>옮아오기</u> 전에 미리 대비했다.
　　　　　　　　　　　　　　　　　　　　　<표준국어대사전>

　　《옮아오다》는 개화기의 문장에서 《다른데서 이곳으로 자리잡아오
다》의 뜻으로 쓰이고 《표준국어대사전》에서는 《옮아오다》가 《다른 곳에
서 일정한 곳으로 자리잡아오다; 불이나 질병 따위가 번져오다》의 뜻으로
쓰인다. 《조선말대사전》에서도 《한곳에서 다른 곳으로 자리를 바꾸다; 불
이 한곳에서 다른곳으로 번지다; 한 대상으로부터 다른 대상에로 전염되
거나 감염되다; 묻거나 물들다; 어떤 대상으로부터 넘어와 생기다; 영향을
입다》와 같이 해석되였다. 이와 같이 이런 어휘들은 개화기에 내포하고있
던 의미를 현대어에 와서도 그냥 나타내고있으며 의미상에서 좀 확대되였
다. 허나 그 기본적인 의미는 변하지 않았으므로 형태와 의미가 다 같은
것으로 보았다.
　　한자어와 외래어의 수입으로 해서 고유어의 비률이 상대적으로 줄이
들었다고 볼수는 있겠지만 고유어의 체계는 계속 유지되면서 발전해왔다
는것을 알려주고있다. 고유어의 온건성에 의한것도 있겠지만 대부분 조선
어의 기본어휘로서 자기의 생명력을 보유하고있었기때문이다. 고유어는

조선어어휘체계를 지켜나가는데 중요한 요소의 하나로 되였고 한자어나 외래어보다는 평의성2)을 나타내고있었다. 때문에 우에서 제기한 고유어들은 현대에 이르기까지 줄곧 사용되여왔던것이다.

ㄴ) 가공(架空), 가극(歌劇), 가정(假定), 각도(角度), 개념(概念), 개진(開陣), 걸작(傑作), 경보(警報), 경쟁(競爭), 극한(極寒), 금성(金星), 기계(機械), 기사(記事), 가정소설(家庭小說), 감응전류(感應電流), 개국주의(開國主義), 개체발생(個體發生), 결단성(決斷性), 계급주의(階級主義), 난자(卵子), 남성(男性), 노예제도(奴隷制度), 뇌신경(腦神經), 단백질(蛋白質), 단세포(單細胞), 단세포생물(單細胞生物), 대수(代數), 동물학(動物學), 동식물(動植物), 목적지(目的地), 무신론(無神論), 문명국(文明國), 문예부흥(文藝復興), 민주주의(民主主義), 박람회(博覽會), 반원형(半圓形), 발육기관(發育器官), 보고서(報告書), 분만(分娩), 비등점(沸騰点), 사무(事務), 사실주의(寫實主義), 산화작용(酸化作用), 생리학(生理學), 수학(數學), 시각(視覺), 여성(女性), 연출(演出), 영웅주의(英雄主義), 우승(優勝), 원주형(圓柱形), 유전병(遺傳病), 인생철학(人生哲學), 자서전(自敍傳), 종류(種類), 주관적(主觀的), 지질(地質), 처녀작(處女作), 최신식(最新式), 태양계(太陽系), 파충류(爬蟲類), 포유동물(哺乳動物), 하등동물(下等動物), 합류점(合流點), 혈액순환(血液循環), 혼수상태(昏睡狀態), 회전운동(回轉運動)…

우의 어휘들이 구체적인 문장에서의 사용을 보면 아래와 같다.

가극(歌劇): 唱歌로 演藝하는 劇의 一種이니 或 歌劇으로 譯하나니라<청1.부.6>
걸작(傑作): 그 最初의 傑作은 戰爭과 平和<소8.6>
혼수상태(昏睡狀態): 昏睡狀態로만 지내엿나이다<청14.부.24>
포유동물(哺乳動物): 우리 人이 哺乳動物이라 하는 것과—청3.42>
처녀작(處女作): 處女作 幼年時代를 揭載하기는<소21.7>

---

2) 류은종 《현대조선어어휘론》,P116~119 (연변대학출판사 1999년 7월판).

우에서 든 문장들에서 이런 한자어들의 의미가 현대어와 같게 쓰인다
는것을 알수 있다. 즉 이 부류에 속한 한자어들은 이 시기에 이미 형태나
의미상에서 현대어의 모습을 갖추었다. 따라서 다른 부류에 속하는 한자
어보다 그 수가 엄청 많다.

한자어는 고유어나 외래어보다 수량상에서 많다. 즉 이 시기 한자어
의 류입경로로 보면 중국어로부터 들어온 한자어보다는 일본어계 한자어
가 많은 비중을 차지한다. 례하면 《주관(主觀), 민주(民主), 현실(現實), 작
용(作用), 박람회(博覽會), 생리학(生理學), 전자(電子), 지질(地質), 가정
(假定)…》3) 등 어휘들이다. 적지 않은 일본어계 한자어는 조선어에 류입
된후 동등한 의미적역할을 하는 중국어계 한자어와 병립적인 관계를 유지
하다가 점차 중국어계 한자어를 밀어내고 자기의 위치를 굳혀왔다. 따라
서 현재 우리가 사용하는 조선어중의 대부분 한자어는 일본어계 한자어라
고 해도 과언이 아닐것4)같다. 왜냐 하면 이 시기에 조선뿐만아니라 중국
도 개량운동을 전개하는 시기에 처해있었는바 중국어의 많은 한자어들도
일본어에서 차용하여 사용하였기때문이다. 이같은 력사적인 배경은 필경
일본어계 한자어가 우세를 차지하게 하였으며 이런 한자어들은 계속 조선
어어휘중에 남아서 어휘체계를 풍부히 하였다.

> ㄷ) 감마, 게르마니아, 고린도, **俱樂部**, 그람, 구루마, 그리
> 스도, 나폴리(Napoli), 넥타이, 노벨, 노트르담(Notre
> Dame), 라이트, 라틴, 러시아, 로이드, 루시타니아,
> 리버풀(Liver Pool), 리비아, 마스트, 마켓거리, 말레
> 이, 머큐리, 메달, 몽골Mongoloid), **米突**(미돌), 베스
> 도(**黑死病**), 빅토리아, 세르비아(Servia), 세비로, 센
> 트, 스코틀랜드, 아라비아, 아스팔트, 아폴로, 안나카
> 레니나, 암모니아, 엔진(**汽罐**), 예루살렘, 올림피아,
> 유롭파人種(Europaeus Albus), 이스라엘, 제노아, 카
> 메라, 커피, 콘크리트, 테이블, 파나마, 폴리네시아,
> 히말라야, 피스톤…

---

3) 王立達 《現代漢語中從日語借來的詞彙》, 《中國語文》 1958年2月號.
4) 王立達 《現代漢語中從日語借來的詞彙》, 《中國語文》 1958年2月號.

외래어는 그 차용 경로와 방식이 다른데다가 표기상 정확한 기준이 없었기때문에 형태나 의미가 같은 어휘가 사전에 수록되여있지 않은 어휘에 비해 그 수가 상당히 적다.

이상의 례들이 구체적인 문장에서 어떻게 사용되는가를 보겠다.

 俱樂部: 페아리 俱樂部 란것을<소18.70>; 俱樂部나 料理店에서<청10.81>
 게르마니아: 그리시아 로마 게르마니아 사라센의 要素도 잇다<청12.33>
 나폴리: 나폴리(Napoli)이달리 南西 地中海에 잇는<청1.부.54>
 메달: 명예의 銀메달<청14.부.4>
 엔진: 石油를 집힌 汽罐(엔진)으로서<소8.40>

외래어는 우에서와 같이 구체적인 문장에서 현대어의 외래어와 그 사용이 같다. 즉 이 부류에 속하는 외래어들은 개화기에 이미 현대어의 모습을 갖추었던것이다.

이상 고유어, 한자어, 외래어 등 세개 부분으로 나누어 형태와 의미가 같은 어휘들을 둘러보았다. 이 부류에 속하는 어휘는 전체 조사대상어휘의 약 57.8%를 차지하는바 제일 많은 비례이다. 즉 개화기잡지어휘중 현대조선어와 형태나 의미상 같게 쓰이는 어휘가 이처럼 많다는것은 개화기가 현대조선어의 형태를 점차 갖추어가고있다는 사실을 다시 한번 증명해준다.

고유어나 한자어, 외래어에 관계없이 표준국어대사전과 그 형태나 의미상 모두 같은 어휘들이 이같이 많은 수를 차지할수 있었다는것은 개화기가 근대조선어에서 현대조선어에로 접근하는 과도기였기때문이다. 개화기가 현대조선어의 제반 모습을 갖추어가고있었기때문에 이같이 많은 어휘들이 현대조선어와 같게 쓰이게 된것이다.

2) 형태나 표기가 다르지만 의미가 같은 어휘

개화기는 아직 조선말어휘규범이 제대로 되여있지 않은 시기이고 또한 표기상에서도 현대조선어와 차이가 있으므로 형태나 표기가 다르지만 의미가 같은 어휘가 존재하는것은 당연한 일이다. 《표준국어대사전》과 대비할 때 이 부류에 속하는 어휘는 표준어와 문화어가 같다. 이런 어휘들

은 전체 조사대상어휘중에서 대략 9.4%를 차지한다. 비록 전체 조사대상어
휘중 차지하는 비례는 많지 않지만 이 부류에 속하는 어휘들로부터 개화기
잡지어휘의 표기법과 음운상의 특징을 살펴볼수 있다.

> 갓바치-갖바치, 갓옷-갖옷, 거시적거리다-거치적거리다,
> 검부덕이-검부저기, 겨름-겨룸, 구의집(公廳)-구위집,
> 구접이-구접, 궁글니다-궁글다, 기심-기음/ 김,
> 길섭-길섶, 뎌처다-더치다, 뎍다-적다
> 돌쪼기-돌쩌귀, 맛잡이-맞잡이, 바삭이-바사기,
> 발감게-발감개, 씨불-불씨, 애명걸명-애명글명(애면글면),
> **地龍伊**-지렁이5)…

이 부류의 고유어는 어음이 변동되였거나 표기상에 차이가 생긴것들
것이다. 개화기에는 련철이나 분철로 표기되였으나 현대어에서는 분철이
나 련철로 표기되여서 형태가 다르게 된 어휘(바삭이-바사기, 실타-싫
다), 접사 《이/히》와 결합되여 이루어졌던 어휘들이 현대에 와서는 접사
가 없이 쓰이게 되면서 형태가 다르게 된 어휘(구접이-구접), 모음이 오
랜 시간을 거쳐 변환을 일으켜서 형태가 다르게 된 어휘(뎌처다-더치다),
구개음화가 되지 않았던 어휘가 현대에 와서는 구개음화되여 형태가 다르
게 된 어휘(뎍다-적다), 순서가 도치되여 다르게 된 어휘(씨불-불씨), 받
침 또는 합용병서와 각자병서의 차이로 의해서 다르게 된 어휘(돌쪼기-돌
쩌귀, 맛잡이-맞잡이), 이밖에 기타 음운이 서로 바뀌여서 이루어진 어휘
(발감게-발감개) 등으로 살펴볼수 있다.

> 례: 우리 무리의 하로 <u>맛잡이</u>가 되고도 남으리로다<청6.71>
> 아들 맞잡이로 키운 딸; 한해를 10년 <u>맞잡이</u>로<조선말대사전>
> 그때 돈 만원은 지금돈 십만원 <u>맞잡이</u>다; 결승에서는 <u>맞잡이</u>끼리
> 붙어서 승부가 잘 나지 않는다<표준국어대사전>

《맛잡이》는 개화기의 문장에서는 《서로 힘이 비등한 두 사람》으로
해석된다.《표준국어대사전》의 해석을 살펴보면 현대어에서는 《(맞잡이)

---

5) 《-》의 앞부분은 개화기잡지어휘이고 뒤부분은 《표준국어대사전》의 어휘이다.

서로 대등한 정도나 분량; 서로 힘이 비슷한 두 사람》으로 해석되였다.
《조선말대사전》에서의 해석도 《(맞잡이)서로 맞먹는 상태 또는 그런 사
물》로서 의미상에서 개화기의 의미를 가지고있다.

　개화기는 특히 조선어표기법이 상당히 혼란한 시기였다. 중세조선어
에서 정연하게 진행되던 런철표기가 근대조선어에 이르면서 파괴되여 개
화기에 이르러 상당히 혼란한 상태에 처하게 되였다. 또한 음운은 변화했
어도 표기형태는 변하지 않아 음운과 표기와의 불일치를 초래한것 등도
개화기 고유어의 표기가 혼란한 리유[6]로 되였다. 다음의 례들로부터 혼란
한 표기를 볼수 있다.

　　　엇어(얻+어)<천로역정.104>, 어더(얻+어)<국민소학.39>,
　　　바들(받+을)<심상소학.3:2>, 밧을(받+을)<소학독본17>

　훈민정음은 창제된후에도 문자생활의 주역을 담당하지 못하다가 개화
기에 이르러서야 정식으로 《국자(國字)》로서의 위치를 찾게 되였다. 다시
말해서 개화기는 조선어와 한문의 위치가 바뀌게 된 전환점이라고 할수
있었다. 국문운동의 활발한 전개하에 순조선문 혹은 정음자와 한자의 혼
용문을 쓰게 되였다. 《소년》, 《청춘》은 정음자와 한자를 혼용하여 썼으며
한자어는 거의 한자로 표기하였던것이다.

　　　분배(分排)-분배(分配), 기상(氣象)-기상(氣像),
　　　유생계(有生界)-유생계(有生系), 인용표(引用票)-인용표(引用標),
　　　의문표(疑問票)-의문표(疑問標), 주의력(主義力)-주의력(注意力),
　　　친화력(親化力)-친화력(親和力), 거액(鋸額)-거액(巨額),
　　　공중전기(公衆電氣)-공중전기(空中電氣), 연락선(聯絡船)-연락선(連絡船),
　　　기공비(紀功碑)-기공비(記功碑), 기념비(紀念碑)-기념비(記念碑),
　　　좌종(座鍾)-좌종(坐鍾)…

　우에 제시된 부류의 한자어는 그 발음상에서는 현대어와 별 차이가
없지만 한자사용에 있어서 다소 다른 점을 보이고있다. 동일한 단어에 부

---

6) 신창순 《開化期 한글專用表記의 展開와 檢討》, P135 (《國語表記法의 展開와 檢
　討》 한국정신문화연구원 1992년 8월판).

동한 한자형태소가 사용되였다. 부동한 한자이나 동음한자를 취하고있었
다는것은 특점이라 하겠다.

> 골로니(Conoly)-콜로니(Conoly), 그란드-오페라 그랜드-
> 오페라, 김나즙-김나지움, 나야가라(Niagara)-나이아가라(폭포),
> 나트리움-나트륨, 내슈낼늬틔(國粹)-내셔널리티, 네덜낸드-네덜
> 란드, 늬유쎌낸드-뉴질랜드, 늬유욕(New York)-뉴욕, 다이아몬
> 드 퓔드-다이아몬드비트, 라틘-라틴,랭게지-랑가주, 레나드(Re
> nard)-르나르(Renard), 마르세이유(Marseille)-마르세유(Marseill
> e), 미스십피/미시십피(Mississippi)-미시시피, 싼프랜시쓰코/싼
> 프란시쓰코(San,Francisco)-샌프란시스코(San Francisco), 쏘
> 프래노-소프라노7)…

형태나 표기가 다르지만 의미가 같은 어휘중에서 외래어의 수가 제일
많다. 개화기는 급작스레 밀려드는 서양문화에 의해 특히 서구어계외래어
가 많이 수입되였다. 외래어를 인입하는 과정에 그 경로와 방식이 부동했
고 명확한 표기규준이 없었기때문에 이런 현상이 나타나는것은 피할수 없
는 일이였다. 또 고유어의 표기법도 혼란했던 시기였는지라 외래어표기에
있어서 현대와 차이가 있게 된것도 당연한 일이다.

3) 표준어와 문화어에 다 존재하는 어휘

《표준국어대사전》에 수록되여있는 어휘중에는 우에서 제기한 두 부
류외에 표준어와 문화어에 동시에 존재하는 어휘들도 존재한다. 이 사전
은 문화어에 대해서는 아래와 같이 처리했다. 표준어와 같은 의미로 쓰이
는 단어에 대해서는 다른 언급이 없지만 표준어와 다르게 쓰이는 문화어
에 대해서는 설명을 가했다. 이 부류의 한자어에 대한 표준어와 문화어의
차이는 별로 크지 않다. 고작해야 표기상에서 다른 점이 있을뿐이다. 특
히 어두음절에서의 《ㄴ, ㄹ》의 표기 차이점이다. 허나 고유어는 표준어와
문화어사이에 일정한 차이가 존재한다. 형태상이나 의미상에서 다 부동한
점이 존재하는것이다. 이것은 남북의 분단후 반세기가 지나면서 형성된

---

7) 앞부분은 개화기잡지어휘이고 뒤부분은 사전어휘이다.

차이가 아닐가 하는 생각이다.

> ㄱ) 가락디, 거스럼, 눈결, 동모/동무, 속살속살, 우걱우걱,
> 다발다발, 百科全書, 기회균등(機會均等), 동작(動作), 양
> 분(養分), 화경(火鏡),

> ㄴ) 구의(公共), 쓰레질, 장구머리, 다달(子孫), 엄이(善者),
> 널치, 씨그러지다, 難捧, 馬場, 善手,

> ㄷ) 구딘날, 구딘날, 궁거울시다, 글겡이질, 날늠질, 다름질.
> 달음박질, 볏발, 북덕이. 북텍이, 솔가리, 어치렁어치렁/
> 어츠렁어츠렁, 옹송옹송, 익기(미끼), 잠방이, 지게미, 쩨
> 염쩨염, 쫄(小川), 園丁, 長明燈, 指路軍, 澗手, 魚池間,
> 次知, 감탄표(感嘆票), 긍정(肯定), 남용(濫用), 도량형(度
> 量衡), 목적물(目的物), 무대(舞臺), 분과(分科), 재촉(催
> 促), 탄소호합물(炭素化合物), 원로원(元老院), 헌납금(獻
> 納金), 고등과(高等科), 국기(國旗), 권총(拳銃), 인기/인
> 쇄기(印機 . 印刷機),

> ㄹ) 가방, 나사, 라듸움 . 라디움, 레쓰, 모터, 사시, 사포, 세
> 리움, 스틱, 애오라지, 크레믈넌/크레믈린, 따이아몬드
> 파이프(Diamond Pipe), 쩨보슌(信奉), 리마(監獄), 쌋쑤
> 라, 쎈란듸

ㄱ)부분에 속하는 어휘들은 표준어, 문화어와 다 같은 형태로 존재하
나 의미상에서 문화어와 다르게 쓰인다. 이 부류에 속하는 어휘는 모두 1
3개로서 전체 조사대상어휘의 약 0.22%를 차지하는바 비교적 적은 비례
이다. 또한 한자어보다는 고유어가 의미상 문화어와 달리 쓰이는것이 더
많다. 례로 들어보면 다음과 같다.

개화기에서 《가락디》는 한자어 반지(半指, 斑指)의 뜻으로 사용되였
다. 이 어휘가 표준어에서는 《주로 녀자가 장식으로 손가락에 끼는 두 고
리, 기둥머리나 막대기 따위의 둘레를 둘러 감은 쇠테》등 두가지 의미로
쓰였고 문화어에서는 《①손가락에 끼는 치레감의 하나, 두짝이 고리모양
으로 되여있는것이 보통이다. ②막대기, 관 및 그밖의 물건을 고정시키기

위하여 그 둘레에 끼우는 고리나 테. ③바느질할 때 골무 대신으로 쓸수 있도록 손가락의 첫째 마디에 끼는 물건. ④허리에 차기 위하여 칼 같은 것에 달아놓은 고리. ⑤원통안에 틈이 나지 않게 하기 위하여 끼우는 고리모양의 고무. ⑥녀성들의 피임하기 위하여 쓰는 고리모양의 기구. ⑦해나 달, 구름 두리에 커다란 테가 둘러진것을 비겨 이르는 말》 등 일곱가지 의미로 쓰였다.

개화기잡지에서 사용되였던 《가락디》는 표준어에서는 《가락지》라고 표기되였고 《반지》의 의미와 《기둥따위의 둘레를 감은 고리나 테》라는 의미를 찾아볼수 있다. 허나 문화어에서는 《가락지》가 이 두가지 의미외에도 다섯가지 의미가 더 해석되였음을 알수 있다. 때문에 《가락지》를 의미가 문화어와 달리 쓰였다고 보았다.

ㄴ)는 표준어, 문화어와 다 같은 형태로 존재하나 의미는 표준어와 문화어와 다 다른 어휘들이다. 이 부류에 속하는 어휘는 고유어뿐임을 볼수 있다. 또한 전체조사대상어휘의 0.17%를 차지하기에 ㄱ)부류와 같이 그 비례는 작은편이다.

례로 들어본다면 《쓰레질》은 개화기에서는 《<서레질>의 방언형. 서레로 갈아 놓은 논의 바닥을 고르거나 흙덩이를 잘게 하는 일》로 해석되였으나 표준어에서는 《비로 쓸어서 집안을 깨끗이 하는 일; 갯바위에 붙은 조개 따위를 따내는 일》로 해석되였고, 또 문화어에서는 《쓰레기를 쓸어내는 일》로 해석되였다.

이 례들로부터 형태는 다 같게 표기되나 의미는 서로 다르다는것을 알수 있다.

ㄱ)부류와 ㄴ)부류를 통해서 우리는 다음과 같은것을 알수 있다. 개화기로부터 거의 100여년이 흐르는 동안 어휘는 원래 소유하고있던 의미가 더 확대되였거나 축소되였거나 전의되여 다르게 나타났다. 또한 조선은 남북이 분단된 현실이며 반세기 남짓한 동안 서로 다른 사회체제에 처해있었다. 이런 사회적인 변혁과 각자의 발전은 어휘에 가장 민감하게 나타났다. 때문에 개화기에 쓰이던 이러한 어휘들이 오늘에 와서는 같은 형태에 다른 의미를 나타내게 된것이다.

ㄷ)부류와 ㄹ)부류는 《표준국어대사전》에서 표준어와 문화어에 그 형태가 다 존재하고 의미도 다 같은 어휘들이다. 단지 일부 어휘들은 표기

상에서 다소 다른 점이 있다. ㄷ)부류와 ㄹ)부류에 속하는 어휘는 모두 5
3개로서 전체조사대상어휘의 0.92%를 차지한다.

례하면 개화기에서《구딘날》은《날씨가 좋지 않은 날로 지칭》된다.
표준어에서는《궂은 날》로 표기되며《비나 눈이 와서 좋지 않은 날, 재
난이나 부정이 있다고 믿어 꺼리게 되는 질일》로 해석되고 문화어에서는
《궂은날》로 표기되고《(비나 눈이 와서) 날씨가 좋지 못한 날》로 해석된
다. 이로부터 표기상에서 다소 다른 점이 존재하고 의미상에서는《나쁜
날》이라는 공통된 의미를 가지고있다는것을 알수 있다. 표준어에 와서는
미신적인 경향이 조금 섞인 질일로 해석되기도 하였지만 그래도《나쁜
날》이라는 뜻이 있음을 알수 있다.

또《魚池間》는 개화기나 표준어, 문화어에 다《어지간하다, 어지간
히》로 사용되여 표기상에서 차이가 있지만 모두《수준이 그보다 더 하
다》의 뜻으로 쓰이여 의미가 같다.

ㄹ)부분에 속하는 외래어들은 표기상에서 다른 점들이 존재하지만 동
일한 사물이나 지명, 국명을 가리킨다는데서 의미가 동등하다.

우에서 알수 있듯이 표준어와 문화어에 다 존재하면서 뜻이 다른 개
화기어휘는 그 수가 비교적 적다. 또 ㄱ)부류처럼 현대에 이르러서 기본
적인 의미는 같고 대부분 의미항이 다른 어휘도 적다. 이것은 비록 수십
년을 지나오면서 어휘가 의미상에서 변화를 가져왔지만 아직 대부분은 기
본적의미를 유지하고있음을 설명한다. 어휘는 가변성이 있어서 매개 시기
마다 그 변동이 심할것 같지만 그래도 자기의 일정한 체계를 유지하면서
발전하고있다는것이다.

4) 문화어에 존재하는 어휘

ㄱ) 흙맥질, 감물다, 댕금하다, 팔맥, 門票, 吐出口, 開川, 難
捧軍, 경보(輕步), 빙세계(氷世界), 지시표(指示標), 기적
비(紀績碑), 전기가(傳記家), 다발다발, 셀론

개화기어휘가 문화어와만 같은 형태로 쓰이는 부류이다. 이 부류에
속하는 어휘가 제한되여있는것은 다름아니라 조사대상어휘들을 표준국어
대사전과 비추어 보았다는데 있다. 본 사전은 우에서도 제기했지만 문화

어에 대해서는 표준어와 같이 쓰일 때는 따로 설명이 없지만 문화어에서 쓰이는 단어가 표준어에 존재하지 않거나 형태는 같으나 의미가 달리 쓰일 때에는 따로 설명을 가했다. 이 부류는 사전에 오른 문화어와만 대비할수 있는 어휘들이다. 대부분은 문화어와 의미가 같게 쓰인다. 극소부분이 형태는 같으나 의미가 다른 어휘들이다.

례하면 《흙맥질》은 개화기에는 《미장이가 담장에 하는 흙칠》로 해석되고 문화어에서는 《흙매질》을 《흙물을 바르는 일=흙매》로 해석되여 모두 흙을 바른다는 공동한 뜻을 나타낸다. 또《쌀내집》은 문화어에서는 《빨래집》이라고 표기되나 모두 현용어 《세탁소》라는 의미로 해석된다. 《팔맥》은 개화기에는 《팔의 맥을 줄여서 팔맥이라 해석한것》이라고 추정했고 문화어에는 《팔힘》으로 해석했다. 팔에서 솟구치는 힘이라는데서 동일하다. 이와 같이 동일한 의미로 쓰이는 어휘가 대부분을 차지한다. 일부 어휘들은 의미가 다르게 사용되는것이 있다.

《댕금하다》는 개화기나 문화어에 다 존재하나 의미상에서 좀 다른 점이 있다. 개화기에는 《〈댕그랗다〉 혹 〈덩그렇다〉의 의미를 지닌 뜻으로 〈작게 웅그리고 있는 모습〉을 표현한것으로 추정》하는데 문화어에서는 《둘레에 거칫거리는것이 없이 홀로 덩그렇다; 옷이 몸에 맞지 않고 짧다》로 해석되여서 개화기와 의미상에서 좀 틀린다.

허나 이와 같이 의미가 다른 어휘들은 한두개 정도이고 기타 이 부류에 속하는 어휘들은 모두 의미가 같은것으로 나타난다.

개화기잡지어휘중 문화어와 형태나 의미가 동일하게 쓰이는 어휘들이 많지 않지만 개화기이후 이런 어휘들이 문화어에서 여전히 쓰이고있으며 그 의미도 변하지 않았음을 설명한다. 이와 반대로 이 어휘들은 표준어에는 수록되지 않았다. 남북이 분단이후 이미 다른 어휘로 대체되였거나 사용되지 않았을것이다. 허나 이런 어휘들이 아직까지 문화어에 수록되여있다는것 하나만으로도 개화기어휘가 현대조선어의 모습을 갖추고있었다는 것을 다시 한번 증명하게 된다.

5. 결 론

이상에서 말한 개화기잡지어휘의 기본양상에 대한 고찰을 귀납해보면 아래와 같다.

우선 사전에 수록되지 않은 어휘는 전체 조사대상 어휘의 31.19%를 차지했고 사전에 수록된 어휘는 전체 조사대상 어휘의 68.9%를 차지했다. 전체 어휘중 한자어의 비례가 제일 많은바 58.34%를 차지했고 외래어도 대폭적으로 인입해서 33.02%를 차지했다.

사전에 수록되지 않은 어휘들은 그전시기부터 줄곧 씌여오다가 이 시기까지 쓰인것, 이 시기에 새로 산생되였다가 그냥 소실된것, 고유어, 한자어와 외래어사이에 서로 병립상태에 있다가 도태되여 수록되지 않은것 등으로 그 부류를 갈라볼수 있다. 반면에 사전에 수록된 어휘들은 표준어와 문화어와 동일하게 쓰이거나 형태는 있으나 의미상에서 변화를 일으켜 사용되고있다. 사전에 수록된 어휘가 68.9%라는것, 특히 한자어가 수록된 어휘의 71.89%라는것은 이 시기 고유어나 한자어, 또는 외래어중 상당히 많은 어휘들이 현대어에로 이어진다는것을 말해준다. 특히 한자어는 절대다수가 계속 쓰이고있음이 확인되고있다.

★ 참고문헌:

1.조남호 《근대국어어휘》-《국어의 시대별 변천연구 2》.
2.서재극 《개화기외래어와 신용어》(동아문화 4, 1971년).
3.류은종 《현대조선어어휘론》(연변대학출판사 1999년 7월판).
4.王立達 《 現代漢語中從日語借來的詞彙 》, 《中國語文》 1958年2月號.
5.신창순 《 開化期 한글專用表記의 展開와 檢討》
　　　　(《國語表記法의 展開와 檢討》한국정신문화연구원 1992년 8월판).
6.리득춘 《한조언어문자관계사》(동북조선교육출판사 1992년 9월판).
7.리득춘 《조선어어휘사》(연변대학출판사 1987년).
8.리득춘 《韓文與中國音韻》(흑룡강조선민족출판사 1998년).
9.《소년》 (통권 4권 총 23호)(역락출판사 2000년 5월).
10. 최남선 《청춘》(통권 15호)(역락출판사 2000년 5월).
11. 《표준국어대사전》(국립국어연구원 1999년 10월판).
12. 《조선말대사전》(사회과학출판사 1992년).
13. 강신도 《韓國語外來語辭典》(대외경제무역대학출판사 1998년).
14. 《리조어사전》(상, 하)(한국정신문화연구원, 태학사 1995년).

현 대 편

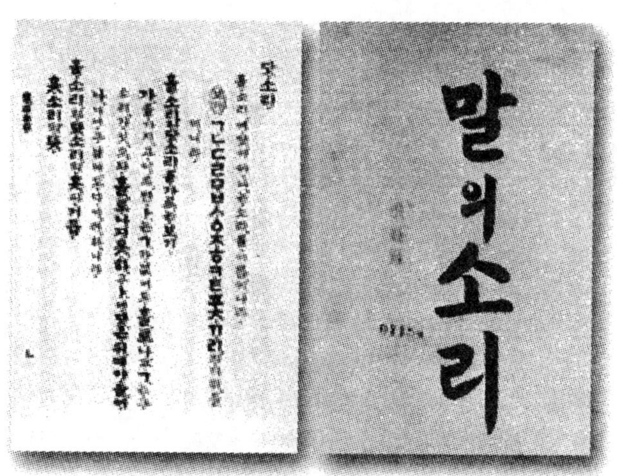

주시경의 《말의 소리》

광복후 조선어 문법연구 흐름

김 광 수

1. 들어가기

광복전 일제의 식민지통치밑에서 자기의 말과 글도 마음대로 쓰지 못하던 조선인민은 광복을 맞아 식민지통치의 멍에에서 벗어나 자기의 말과 글을 자유롭게 쓸수 있게 되였고 그에 대한 연구도 활발히 진행하였다.

필자는 광복후 조선에서의 문법연구에 대하여 몇개 단계로 나누어 고찰하련다.

2. 식민지 잔재의 청산과 새로운 언어연구

광복전 조선은 일제의 식민지적 민족어 말살정책으로 하여 자기의 말과 글을 제대로 쓸수가 없었으며 조선어연구도 민족량심을 지닌 일부 애국적 언어학자들에 의해 부분적으로만 진행되였을따름이다.

광복을 맞은 조선인민들에게 있어서 제일 처음으로 나선 문제는 문맹퇴치사업을 전 인민적운동으로 벌려나가며 한자사용을 페지하고 언어규범화사업과 언어정화사업을 힘있게 벌려나가는것이였다. 이러한 사업은 국가의 직접적인 지도하에 집단적 연구로 진행되였기에 그 어느 시기보다 휘황찬란한 모습을 보였다. 조선어문법연구도 이러한 사업의 하나로 활발히 진행되였다.

1947년 2월 조선민주주의인민공화국 림시인민위원회의 결정으로 《조선어문연구회》를 조직할데 대한 조치를 취하였다. 이때 《조선어문연구회》는 조선어문의 연구와 보급, 조선어문의 통일적인 정화, 맞춤법의 개정과 규범문법의 작성 등을 주요과업으로 하였다. 1947년에 해방전의 《한

글맞춤법통일안》을 수정, 보충한 《표준말맞춤법사전》을 간행하여 출판물
은 물론 인민들의 언어생활에도 규범으로 사용하도록 하였다.

　　1949년 《조선어문연구회》는 해방후 처음으로 조선어에 대한 비교적
과학적이고 체계적인 분석에 기초하여 서술한 규범적인 성격을 띤 《조선
어문법》을 편찬, 발행하였다. 이 문법은 언어생활속에 남아있는 일제의
식민지적 잔재를 청산하고 새로운 언어규범을 확립하는데서 일정한 역할
을 하였다고 할수 있다.

　　《조선어문법》(149)은 머리말에서 《조선인민의 통일된 의사를 대표
하는 인민공화국 중앙정부가 수립된 현단계에 진정한 민족통일의 기초가
되는 자기의 언어와 문자를 더 한층 공고히 통일, 발전시키려는 지향에서
산출된것인만큼 그곳에는 선구학자들의 모든 긍정적인 유산을 계승함과
동시에 선진 언어리론의 도달한 성과를 광범위하게 섭취하였으며 또한 언
어의 리론적인 면과 실천적인 면을 통일적으로 서술하기에 노력하였다.》
라고 말하고있다.

　　문법서는 문법의 내용을 전통적인 방식으로 어음론, 형태론, 문장론
세부분으로 나누면서도 이 세부분의 상호 관계성과 문장론이 형태론에 대
하여, 형태론이 어음론에 대하여 각기 가지는 우위성을 특히 중요시하였
다.

　　어음론에서는 언어의 성음적 면을 연구하는 문법의 한 분과가 어음론
이라고 하면서 발음기관과 그 조음, 어음과 문자, 어음의 분류, 문자와
음가, 음절, 어음의 고저와 장단, 어음의 결합적 변화, 음운, 정칙발음법
등으로 나누어 기술하였다. 가장 특징적인것은 [u], [i]는 자음의 성격을
띠면서도 모음 [ㅜ], [ㅣ]와 가깝기때문에 특히 반모음이라고 한다고 한
것이다.

　　어음과 문자에서는 두가지 공통성과 차이성을 설명하고나서 조선어의 자
모체계에 《△》, 《ㆆ》 등 소위 《6자모》를 끌어들였으며 더우기 특징적인것은
종래의 《ㅘ》, 《ㅙ》, 《ㅝ》, 《ㅞ》 등은 《u+a》, 《u+ɛ》, 《u+ɤ》, 《u+e》 등
으로 표기되는데 이는 두개의 문자가 합성된것이므로　조선어자모체계에
들어오지 못한다고 하였다.

　　어음의 분류에서 단모음을 혀의 위치, 입을 여는 정도에 따라 나누고
자음은 조음양식과 위치에 따라 갈랐다. 자모와 음가에서는 매개의 문자

와 그 음가, 매개의 음가와 그 표기의 두가지로 가르고 서술하면서 전면적으로 도표를 붙였는데 이것은 아주 가치가 있다.

어음의 결합적변화에서는 동화와 이화로 갈라 서술하였고 동화의 방향에 따라 순행동화, 역행동화, 호상동화 ; 동화의 결과에 따라 완전동화, 부분동화 ; 동화의 거리에 따라 린접동화, 격리동화로 나눈다고 하였다. 음운에서는 당시의 선진적음운리론으로써 음운의 개념을 풀이하면서 음운과 음소가 다르다는것을 밝혔고 음운과 그 변이(변종)도 옳게 갈랐으며 또 음운의 강한 위치와 약한 위치도 똑똑히 제기하였다.

형태론 부분은 어(語)의 구성과 그 표기, 품사 등 두부분으로 설명하였다. 의미 면에서 볼 때 허다한 어휘는 몇개의 부분으로 분할될수 있으며 그 매개 부분은 일정한 의의를 지니고있다고 하였다. 어휘적의미를 실질적의미와 파생적의미, 문법적의미는 파생적의미와 관계적의미로 나누었다.

의미를 가진 최소의 단위, 다시 말하면 그 언어를 사용하는 사람의 의식에 비추어 일정한 의미의 담당자로서 분해해낼수 있는 어음 련속체 중의 최소의 단위를 형태부라 하였다. 실질적의미를 나타내는 형태부를 어근, 문법적의미를 나타내는 형태부를 접사라 한다면서 각종의 파생적의미를 나타내는 접사는 어사조성접사, 각종 관계적의미를 나타내는 접사는 형태조성접사(토)라 한다고 하였다. 토는 문장에서 관계적의미를 나타내며 한 어의 문법적의미는 단지 토에 의하여서만 서로 구별된다고 하였다.

매개의 어는 그 어휘적의미에 따라 서로 구별되나 한편 문법적관점에서 볼 때 많은 어가 동일한 부류로 합동될수 있다고 하면서 문법적관점에서 어를 가장 크게 나눈것이 품사라고 하였다. 품사는 크게 자립적품사와 보조적품사로 가르는데 자립적품사는 대상과 그 수량, 행동, 상태, 성질, 특성 및 행동이나 상태의 표식을 나타내는것으로서 여기에 명사, 수사, 대명사, 형용사, 동사 및 부사가 속한다고 하였다. 보조적품사는 그 자체가 자립이 되지 못하고 언제나 다른 자립적품사와 함께 씌여 이에 의미상 각종의 뉴앙스를 부여하는것인데 조사가 여기에 속한다고 하였다. 따로 독특한 부류를 이루는것으로 감동사가 있는데 감동사는 자립적품사에도 보조적품사에도 소속되지 않으며 감정, 행동 등을 표현할뿐 이를 명명하지 않는다고 하였다. 이렇게 형태론에서 여섯개의 자립적품사, 한개의 보조적품사 그리고 감동사 도합 여덟개의 품사가 있다고 하였다.

　　문장론 부분에서는 문장성분을 우선 주성분과 부성분으로 나누고 주성분에 주어와 술어, 부성분에 규정어, 동격어, 보어(補語)를 설치하고 특수 형태에 따라 장면의 주어, 제시의 주어, 동종의 문장성분, 총괄어를 내왔다. 부분적 문장성분에 대한 정의를 보면 보어는 술어의 의미를 정밀화하는 어로서 술어로써 표현되는 행동의 객체와 행동이 진행되는 상황을 나타내는바 직접 객체의 보어, 간접객체의 보어, 전성의 보어, 장소의 보어, 시간의 보어, 원인 수단의 보어, 양태 정황의 보어로 나뉜다. 이는 보어와 상황어를 가르지 않는 표식으로 된다.

　　장면의 주어는 주어와 술어를 갖춘 문의 앞에 제시되여 진술의 장면을 규정하는 어이고, 제시의 주어는 주어 앞에 주어 그 자체를 또는 주어에 대등한 어를 제시하여 주어를 강조하는 어이며, 동종의 문장성분은 병렬관계로서 서로 련결된 둘 또는 그 이상의 문장성분이고 총괄어는 동종의 문장성분에 대하여 일반적 류개념을 나타내는 문장성분이라고 하였다.

　　이러한 문장성분을 보면 다음과 같다.

례:

저는 머리가 아픕니다. (장면의 주어)
백두산, 이산은 민족의 성산이다. (제시의 주어)
철수는 울면서 후회한다. (동종의 문장성분)
온갖 잡새가 날아든다. 참새, 봉황새, 꾀꼴새, 종달새. (총괄어)

　　문장분류에서는 《구》라는 단위를 설정하고 내포문과 단순문, 단일문과 복합문을 각기 대응범주로 잡았다.

　　《구》는 《하늘이 맑다》와 같은 문이 《맑은 하늘》처럼 응축된것으로서 규정어구와 부정형구(《하늘이 맑다》가 《하늘이 맑음》, 《하늘이 맑기》와 같이 계칭이 확정되지 않은 형태)가 있는데 내포문은 구를 포함한 문이고 복합문은 어조상에서는 단일한 전체를 이루면서도 구성상에서 둘 또는 그 이상의 단일문으로 분할될수 있는 문이다. 이러한 정의는 단일문과 복합문의 계선은 단일문의 수량에 있으며 《구》단위와는 상관없다는것을 말한다. 따라서 단순문과 내포문, 단일문과 복합문은 서로 결합될수 있다.

례:

>　이 강산에 봄이 찾아왔다. (단순단일문)
>　이 강산에 새들이 지저귀는 봄이 찾아왔다. (내포단일문)
>　이 강산에 겨울은 가고 봄이 찾아왔다. (단순복합문)
>　이 강산에 겨울은 가고 새들이 지저귀는 봄이 찾아왔다. (내포복합문)

이 시기 김일성종합대학 조선어학강좌와 조선어문연구회의 언어학자들은 언어학의 여러 분야에 대한 과학적인 연구를 진행하였다. 특히 조선어의 력사, 어음, 문법, 규범을 비롯한 언어학의 여러 문제들에 대한 주체적인 연구를 시도하여 우리 말과 글의 민족적 특성을 밝히고 그 우수성과 풍부성을 보여주려고 하였다.

이 시기 김일성종합대학의 조선어강좌의 교원과 학자들은 선조들이 이룩한 언어학유산들을 발굴, 정리하고 체계화하여 《조선어사강독》(1953)을 편찬, 출판하였으며 조선어사, 조선어력사문법, 현대조선어(대표적인 저서는 《조선어문법》(박상준 1949), 《조선어문법》(김수경 1954), 《조선어》(리근영 1956) 등) 등 분야에서 조선어를 통시적 및 공시태적으로 연구하였으며 많은 연구성과를 창출하였다.

조선어문연구회 과학리론지 《조선어연구》가 1949년 3월에 창간되였는데 여기에도 적지 않은 문법연구에 관한 론문들이 발표되였다. 대표적인 론문으로는 《조선말의 닿소리의 발음습관》(박상준), 《조선어음운론》(전몽수), 《조선어철자법기초》, 《송강가사연구》(한수암), 《룡비어천가에 보이는 삽입자모의 본질》(김수경), 《훈민정음의 음운조직》(전몽수), 《ㅎ음고(音攷)》(김종오), 《우리 글의 가로쓰기》(리만규) 등을 들수 있다.

이 당시 출판된 《조선어철자법》(1954)은 해방후 약 10년동안에 조선말에서 일어난 변화와 언어생활에서의 인민들의 지향을 반영한 과학적이며 인민적인 언어규범이라고 말할수 있는데 이에 따라 《조선어철자법사전》(1956), 《조선어소사전》(1956), 《조선어외래어표기법》(1956) 등 사전들도 나왔다.

총적으로 이 시기는 광복이후로부터 1950년대말까지인데 새 조선을 건설하는데 나서는 중요한 과업으로서 일제의 식민지적 잔재를 철저히 청산하고 민족문화를 개화, 발전시키는 시기였다. 조선어에 대한 많은 연구 그중에서도 광복후의 첫 과학문법으로서 쏘련의 언어리론을 토대로 하고

조선문법의 경험적연구를 섭취하여 이루어진 《조선어문법》(1949)은 인민들의 언어생활에 남아있는 일제의 잔재를 청산하고 새로운 언어규범을 확립하는데 일정한 역할을 하였다고 말할수 있다.

3. 주체의 언어리론에서 출발한 규범문법의 산생

1960년대에 들어서면서 조선어의 어음, 어휘, 문법, 문체를 비롯한 언어학의 모든 분야들에 대한 연구는 주체를 튼튼히 세우고 그 연구성과들이 인민들의 언어생활과 사회의 언어규범화에 실질적 도움을 줌으로써 언어학이 사회주의 민족문화건설에 적극 이바지하도록 하기 위한 연구사업이 활발히 진행되였음을 알수 있다.

우선 조선어문연구회가 펴낸 《조선어문법》(1949)이 가지고있는 일련의 결함을 지적하면서 그 결점은 조선말과 글의 특성에 맞지 않는 내용과 다른 나라의 문법을 교조적으로 받아들인것이라고 하였다. 이 문법서는 《개별적인 일군들과 언어학자들이 공명을 추구하여 독단으로 만들어낸 〈6자모〉를 받아들여 고유한 우리 문자에 섞어쓰고 그 〈문자〉를 합리화하기 위한 설명까지 하였는데 이것이 이 문법의 치명적인 약점》이라고 하였다.

그 당시 《6자모》를 받아들여 문자개혁을 하면 북과 남의 조선사람들이 서로 다른 글을 쓰게 될것이며 그렇게 되면 민족의 통일적 발전과 조국통일을 실현하는데 커다란 난관을 조성하게 될것이라고 하였다. 《6자모》는 또 나라와 민족을 영원히 둘로 갈라놓는 반민족적, 반동적 책동의 산물로서 절대로 허용될수 없다고 하였다.

학자들앞에는 하루 빨리 이러한 부족점과 결함을 가시고 새로운 과학적인 규범문법을 다시 편찬하여야 할 과업이 나섰다.

이러한 현실에서 언어학자들은 조선어의 구조를 연구하여 《조선어문법(1·2)》(과학원언어문학연구소, 1960, 1963), 《현대조선어(1·2·3)》(김일성종합대학조선어강좌, 1961~1963), 《조선어문법》(김일성종합대학, 1964), 《조선어문체론》(김일성종합대학, 1964) 등을 출판, 발행했다.

《조선어문법(1·2)》을 례를 들어 그 당시 조선어규범문법을 살펴보면 아래와 같다. 어음론에서는 주로 말소리란 무엇이고 말소리의 갈래에는 어떤것이 있으며 어음변화에는 어떤것들이 있고 단어의 발음, 문장의 발음은 무엇인가에 대해 설명하였다. 여기서 어음의 분류와 그 음가, 어음의 변화, 표준발음법 등을 중심으로 기술어음론의 각도에서 조선어 어음을 서술하였다.

음운이란 어음구조의 최소의 단위로서 언어의 유의미적단위의 성음적인 외피를 식별해주는 기능을 수행하는것이라고 하였다. 그리고 언어행위속에서 어음 상호간의 대비의 기능을 잘 나타내는 위치를 강한 위치, 그렇지 못한 위치 즉 대비적기능이 마비되는 위치를 약한 위치라 하고 소여언어에서 음운의 수란 곧 강한 위치에서 서로 대비되는 음의 총화를 의미하는것이라고 하면서 조선어의 음운 수를 모두 40개로 설정하였다. 현행철자법을 사용하고있는 자모를 그대로 사용하되 필요하다고 인정되는 어음들에 한하여 보충적인 발음기호를 사용하여 음가를 표시하였다.

음절론에서는 음절의 구성과 종류, 음절구분원칙, 어휘의 문법적구분과 음절구분 등에 대해 설명하였다. 어음의 변화에서 주로 단어의 발음을 중시하면서 절음과 련음, 어음의 동화, 모음조화, 어음의 탈락, 어음의 첨가, 된소리화, 거센소리화, 어음교체 등이 있다고 하였다. 이와 동시에 표준발음법의 개념과 그 실천적의의, 조선어의 표준발음법의 규범도 설명하였고 자모의 여러 위치에서의 발음도 설명하였다.

형태론에서는 우선 단어의 형태가 이루어지는 수법들을 연구하게 된다고 하면서 형태론은 언어의 어휘구성가운데서 개별적 단어들의 구체적 의미로부터 추상되고 공통적인 표식들에 근거하여 통합된 단어들의 개별적 부류들, 즉 품사의 문제를 연구하게 되며 매개의 품사에 관련하여 그들의 문법적특성이 발현되는 문법적범주의 체계를 고찰의 대상으로 삼게 된다고 하였다.

조선어단어의 구성에는 어근, 접두사, 접미사, 토 등 형태부(의미를 가지는 최소의 단위)들이 있는데 토는 형태조성의 접미사와 마찬가지로 단어의 문법적형태를 조성하는 형태부라고 하였다. 형태조성의 접미사와는 달리 단어의 문장론적기능과 관련된 문제를 표현하는 점에서 그리고 문장 또는 단어의 결합에서의 단어들의 련계를 표현하는 점에서 토와 접미사와의 차이점이 나타난다고 하였다. 즉 어근에 형태조성의 접미사가 붙은것만으로는 그것이 문장에서 어떠한 성분으로 될지 모르나 어근에 토가 붙으면 그것이 바로 문장에서 일정한 성분으로 규정될수 있다고 하였다.

　품사는 언어의 어휘구성에서 어휘적의미의 성격의 동일성, 문법적범주의 구성의 동일성, 문장에서의 문장론적기능의 동일성 및 단어조성의 류형의 동일성 등 일련의 표식의 총체에 의하여 합동된 부류라고 하면서 조선어 품사를 오랜 언어학적 전통과 많은 전문 학자들의 연구성과를 참작하여 여덟가지의 품사 즉 명사, 수사, 대명사, 동사, 형용사, 관형사, 부사, 감동사로 나눈다고 하였다.

　여기에서 1949년의 문법과 비해보면 대상의 표식을 나타낸다는 단어의 부류 관형사가 더 설정되였고 조사를 품사에 소속시키지 않았다. 이로부터 조선어의 문장론연구가 비약을 가져오기 시작하였는데 구조주의적 문법리론이 본격적으로 등장하여 문장성분과 단일문, 복합문의 획분에서 보다 리론적이고 보다 체계적인 분석을 가하여 과학적인 연구, 분석의 기반을 닦았다.

　문법에서는 문장성분을 단어들의 결합이나 접속의 형식에 기초하여 문장속에서 발생하며 문장의 구성요소들사이의 관계를 반영하는 문장론적 범주라고 정의하였다.

　문장성분은 하나의 자립적단어, 자립적단어에 보조적단어가 가첨된 것, 공고한 단어결합, 성구들로 이루어질수 있다고 밝힌후 우선 문장성분으로 되는 자료에 명확한 계선을 긋고 이를 토대로 문장성분을 주어, 술어, 규정어, 보어, 상황어로 나누고, 특수형으로 동종의 문장성분과 총괄어, 제시어를 설정하고 문장성분밖에 놓이는것으로 삽입어와 호칭어, 감동어를 두었다. 의미적 분류로 보어와 상황어를 각기 세분화하여 보어를 직접, 간접, 대비, 전성, 상대, 조성, 국면, 인입, 자격의 보어로 나누고 상황어를 양상, 정도, 시간, 원인, 목적, 분량의 상황어로 나누었다.

　문장분류에서 주로 문장구조의 차이를 기준으로 단순문과 복합문을 갈랐는데 단순문은 문장으로서 자질 구조적형식을 단 하나만 가진 문장으로 그 이상 분해하면 문장으로서의 특성을 상실하는 문이고 복합문은 단순문의 구조가 둘 이상 이러저러하게 련결되여서 하나의 문장을 이룬 문장으로서 이를 더 분해하면 둘 이상의 단순문 구조의 단위로 나누어지는 문이라고 규정하였다.

특수한 문장단위로 《구》(문장의 전체로써 어떤 문장성분의 단위로 되는것)를 설정하였고 《구》가 들어있는 문장을 복합문으로 다루었으며 복합문을 다시 결합복합문과 접속복합문으로 하위분류하고 접속복합문에서 특수형으로 련접복합문을 갈라냈다. 여기서 말하는 결합복합문은 《구》를 가진 복합문이고 접속복합문은 문절과 문절의 련결이 접속의 형식을 취한 복합문이며 련접복합문은 문절과 문절이 억양에만 의존하여 이루어진 복합문이다. 례를 들면 아래와 같다.

례:

당신들이 속히 돌아오기를 우리는 몹시 기다렸소. (결합복합문)
하늘이 맑고 해별이 따뜻하다. (접속복합문)
나는 로동자, 너는 농민. (련접복합문)

이 문법서의 전형적인 특점은 단순문과 복합문의 계선을 주로 구조적으로 살핀데 있다. 이를테면 동종의 문장성분으로 일부 까다로운 문장들을 해석하였는데 이는 그 이전시기의 문법서들과 확연히 달라지는 특징이다. 이 일례로 《나는 어제 그 책을 읽었고 오늘 그 요지를 베꼈다》와 같은 문장의 《읽었다》와 《베꼈다》, 《책을》과 《요지를》과 같은것을 례들면서 조선어에 동종의 보어가 있는 한 동종의 술어가 없을수 없다는것이다.

이 시기 항일혁명투쟁시기에 이룩된 언어분야의 빛나는 혁명전통, 조선로동당의 언어정책과 그 위대성과 생활력에 대한 연구도 진행되기 시작하고 조선말을 정리하고 인민들의 언어생활에서 문화성을 높이기 위한 문제들도 론의되였다. 이러한 성과로는 《조선로동당의 지도밑에 개화발전한 우리 민족어》(1962), 《말과 글의 문화성》(1963) 등을 들 수 있고 언어유산에 대한 수집정리와 그 연구도 진행하였는데 《조선어문법구조사》(1964), 《조선어사연구》(1964) 등을 들수 있다.

조선어의 기초연구를 일관성 있게 수행하던 《조선어문》(1956년 창간)잡지는 1961년에 《조선어학》이라는 이름으로 제호를 고치고 초기에는 현대조선어의 구조를 해명하는 방향으로 나가다가 그후 조선어의 력사와 방언으로 연구의 시야를 넓혔다.

1960년대중엽에는 사회적현상으로서의 언어의 본질과 발달의 합법칙성을 구명하는 방향을 취하였으며 력사비교언어학에 대한 연구와 응용언

어학에 대한 연구도 진행하였으며 한국의 언어학연구 실태와 외국언어학
에 대한 소개도 일정하게 진행하였다.

　　례를 들면 《조선어민족어형성에 관하여》(김병제 1961.1), 《조선어모
음조화에 제기되는 몇가지 문제》(류렬 1961.2), 《조선어한자어문제》(홍
기문, 1961.4), 《조선어에서의 문법적부정과 그 표현수단》(리중권 1962.
1), 《조선어의 술어성에 관한 문제》(리춘근 1962.2), 《격토〈가〉의 발생
에 관하여》(리근영 1962.3), 《조선어 형태론의 몇가지 문제에 대한 학설
사적 견해》(황부영 1962.4), 《조선어 문장성분의 종류》(김영황 1963.1),
《복합문의 접속수단으로서의 억양》(김용구 1963.1), 《조선어문법구조의
단계적성격》(김백련 1963.1), 《문법화과정에 있는 불완전명사적 단어들
에 대하여》(정순기 1963. 2), 《현대조선어 상징어의 의미론적 특성》(고
신숙 1963.3), 《통합관계와 그 성분》(정렬모 1963.4), 《언어의 사회적본
질에 관한 일부 학자들의 견해와 그에 대한 비판》(송서룡 1964.1), 《현
대조선어〈구〉의 구조-문법적특징》(김용구 1964.2), 《남조선 일부 언어
학자들의 언어리론의 반동성》(김금석 1964.2), 《우랄-알타이 가설의 발
생과 발달에 관한 몇 가지 문제점》(최정우 1964.3), 《체언에 붙는 접미
사〈이〉의 본질》(리극로 1964.3), 《남조선의 한자페지 문제와 외래어표
기의 혼란상태》(김금석 1964.5) 등을 들수 있다.

　　1960년대 중엽에 들어서면서 언어학분야에는 조선어를 사회주의제도
에 상응한 사회주의적민족어, 민족적특성이 옳게 살아나고 현대의 요구에
맞게 발전한 문화어로 건설하여야 할 과업을 내세웠다.

　　1966년에 해방후 20여년동안 언어체계 전반에서 일어난 변화발전과
인민대중의 입말 및 글말 생활에 대한 지향과 요구를 반영하여 새로운
《조선말규범집》을 내각직속 국어사정위원회의 명의로 공포, 시행하였
다.

　　이때 언어학계에서는 적지 않은 과학저서와 론문들이 나왔는데 《조선로동
당의 언어정책》(1969), 《현대조선말사전》(1968), 《향가연구》(1965), 《조
선어조연구》(1966), 《조선어력사문법》(1966), 《조선이빙인학》(1968),
《조선어문체론》(1966) 등을 들수 있다.

　　1968년 계간지 《문화어학습》이 창간되면서 문화어운동이 본격화되였
다. 《문화어학습》은 각 기마다 첫머리에 주체언어리론과 관련되는 글이

나오고 문화어지식, 생활과 언어, 물음과 대답 등의 내용이 담겨 있었다. 대중들에게 알려야 할 다듬어진 어휘를 《어휘수첩》이라는 이름아래 소개하기도 하고 어휘가 새로 사정되면 널리 쓰자는 계몽하는 글귀도 보인다.

언어연구에서 전문성을 띤 업적이 단행본으로 나오면서 1965년에 페간된 《조선어학》(이후 1966년 잡지 《어문연구》창간) 잡지의 마지막 호에는 《우리 당의 언어정책과 조선어의 발달》(1965.4), 《남조선의 부르죠아 언어관과 그 반동적조류》(김영황 1965.4), 《국어교육의 내용문제》(박재원 1965.4), 《언어학의 연구방법》(송서룡 1965.4), 《새로운 조선말사전 편찬을 위한 몇가지 문제》(김수경 1965.4), 《조선어 단어구조문제》(김백련 1965.4) 등과 같은 글들이 나왔다.

총적으로 1960년대 초기로부터 1970년대 중기까지 《조선어문법》(1949)의 부족점과 결점을 인식하고 새로운 과학적인 문법을 편찬하기 위해 노력하고 구체적인 언어연구를 진행하였다. 특히는 주체의 언어리론과 관점에서 출발하여 언어와 언어생활에 남아있는 낡은 시대의 오물을 깨끗이 걷어내는 언어혁명의 시기였다고 말할수 있다.

4. 조선어 규범문법의 확립

1976년은 문화어운동교시가 발표된 10주년이 되는 해였다. 그사이 문화어운동의 힘을 입어 특수 분야의 용어가 다듬어지고 학교에서도 문화어에 대한 지도, 보급에 힘을 기울여 많은 성과를 거두었다.

1970년대에 들어서면서 언어학분야 앞에는 말과 글, 언어과학을 온 사회의주체사상 위업을 성과적으로 실현하는데 적극 이바지하도록 더욱 발전시켜야 할 과업이 나섰고 민족어의 유구성과 단일성을 론증하고 그 변화과정의 합법칙성의 과정을 과학리론적으로 해명해야 할 과제가 나섰다.

지난날엔 주로 언어구조에 대한 분석연구에 치우쳤다면 이 시기는 그러한 편향을 극복하고 조선말을 주체적으로 발전시키며 인민대중의 언어생활을 사회주의적 생활양식에 맞게 개선시키는데 실질적으로 이바지하는 실천적인 언어학으로 전환시키는데 힘을 기울였다고 보아진다.

이 부분의 과학연구분야에서는 《주체사상에 기초한 언어리론》(197

5), 《조선민족어발전력사연구》(1978), 《조선어문법사》(1980), 《세나라시기 리두에 대한 연구》(1984), 《조선어학사》(1989), 《글다듬기》(1977), 《우리 말 어휘 및 표현》(1979), 《문화어와 사투리》(1982), 《다듬은 말》(1985) 등 많은 연구성과를 거두었다.

특히 1972년 완성된 《조선문화어문법규범》이 수정을 거쳐 1976년에 간행되였다. 이 책은 언어구조중심으로 편찬되였고 과거의 규범문법을 날카롭게 비판하고 언어사용과 밀접하게 관계시키는 방향으로 문법을 저술해야 한다고 주장하였다. 그리고 과거의 문법술어와는 달리 대부분은 고유어화하였다.

《조선문화어문법규범》은 그 내용에 따라 크게 어음론과 형태론, 문장론으로 나눈다. 어음론에서는 말소리, 단어의 소리구성과 그 발음, 말소리흐름과 문장의 발음 등 세개 장에 나누어 조선어 어음을 설명하였다. 말소리에서는 말을 할 때 발음기관의 도움으로 소리를 내는 운동 또는 이런 운동의 결과에 이루어진 말의 소리를 발음이라 하고 발음의 단위에 소리동강(문장과 일치), 소리매듭(문장에서 뜻의 큰 덩어리), 소리토막(단어와 일치), 소리마디(음절) 등을 두었다.

조선어의 말소리는 40개의 글자로 표현된다고 하였다. 단어의 소리구성에서 소리토막은 기본상 단어와 일치하고 하나 또는 그 이상의 소리마디가 소리마루에 의하여 묶이워진 발음덩어리이며 뜻있는 언어단위와 일치하는 가장 작은 발음단위라고 하였다.

소리마루란 하나의 소리토막안에서 어느 하나의 소리마디를 특별히 더 두드러지게 발음하기 위하여 그것을 다른 소리마디보다 좀 높거나 길거나 세게 발음하는 현상이라고 하였다. 소리마루는 소리토막을 발음상 하나의 통일체로 만들고 발음을 똑똑하고 분명하게 하며 말소리흐름을 음악적으로 세련되게 한다고 하였다. 소리마루의 갈래에는 높이마루, 길이마루, 세기마루 등이 있고 단어의 발음에는 소리바꾸기(닮기, 따르기, 막힘소리되기, 된소리되기), 소리끼우기, 소리빠지기(자음빠지기, 모음빠지기), 소리줄이기(거센소리되기, 모음줄이기) 등이 있나고 하였다.

말소리흐름과 억양에서는 소리동강과 소리매듭을 설명하고 억양은 단어들을 련결시켜 하나의 통일된 발음의 덩어리로 묶어주며 문장을 하나의 전일적인 발음단위로 만들고 그것을 다른 문장과 구획짓는 발음요소라고 하였다. 억양의 구성요소에는 높낮이선, 률동, 끊기 등 기본요소와 속도, 소리빛갈, 문장의 소리마루 등 부차적 요소들이 있다고 하였다. 여기서 보면 말소리를 《조선어문법(1)》보다 체계적으로 기술했다는것을 알수 있다.

형태론부분에서는 크게 단어와 그 구조, 품사, 토 등을 세개 장에 나누어 설명하였다. 단어와 단어의 구조에서는 단어란 어떠한 뜻을 가진 말소리의 덩어리로서 문장구조속에서 어휘적으로나 문법적으로 일정하게 구획되는 언어의 기본단위이고 문장에서 어휘적 또는 문법적 뜻의 덩이로 나누어지는 가장 작은 단위라고 하였다. 단어구조의 특성에서 조선말은 합침법이 풍부하고 덧붙임법도 상당히 발전하였다고 하였다.

품사에서는 품사란 모든 단어의 어휘-문법적표식의 공통성에 의하여 나눈 단어들의 문법적갈래인데 품사의 갈래에는 명사, 수사, 대명사, 동사, 형용사, 관형사, 부사, 감동사 등이 있다고 하였다.

토에서는 종합적인 체계로 다루었지만 그것을 품사내의 문법적범주별로 서술하지 않고 류별로 모두 모아 독립적인 토의 장절을 세우고 서술하였다. 토는 단어의 형태를 이루는 수단이며 토의 기본기능은 단어의 줄기에 붙어서 단어의 문법적형태를 이루는데 있다고 하였다.

토가 이웃형태부들과의 련계에서 나타나는 특성에는 뚜렷한 구획성, 앞에 있는 단어에 직접 붙는 교착성, 여러개의 토가 붙을 때 그 차례가 엄격한 규정성, 체언과 용언에 따라 달리 붙는 구별성이 있다고 하였다. 문법적 뜻과 기능에서 가지는 특성에는 문법적 뜻의 단일성, 문법적기능이 단어의 범위를 벗어나서 더 넓게 작용함이 있다고 하였다.

토의 갈래에는 자리토와 끼움토로 나누고 이것들을 다시 대상토(격토, 복수토)와 풀이토(맺음토, 이음토, 없음토, 꾸밈토), 그리고 그밖에 토라고 하고 바꿈토, 상토, 존경토, 시간토, 도움토들을 설명하였다.

문장론에서는 문장성분을 문장에서 일정한 문장론적역할을 수행하는 기능적단위이며 일정한 구조-문법적인 표식을 가지고 직접 문장을 이루는 문장구성단위라고 하였다. 문장성분은 문장에서 어떤 의미-기능적 련결를 맺는가, 어떤 형태적표식을 갖추는가, 다른 문장성분들과 구조적으로 어떤 련계를 맺는가 하는 세가지 기준에 따라 맞물린 성분에 풀이말(술어), 세움말(주어), 보탬말(보어), 들임말(인용어), 꾸밈말(상황어), 없음말

(규정어)로 나누었다. 그중 새롭게 세운 문장성분은 《들임말》인데 풀이
말에서 이야기된 내용을 구체적으로 설명하기 위하여 끌어들인 대상이나
보충적인 서술을 나타내는 문장성분으로서 《그는 조직생활을 더 잘하자
고 굳게 결심하였다.》에서의 《조직생활을 더 잘하자고.》와 같은 형태를
가리킨다.

외딴성분은 부름말(호칭어), 끼움말(삽입어), 느낌말(감동어), 이음
말(련결어), 보임말로 분류하였다. 그중 보임말은 문장가운데서 중요하다
고 생각되는 어느 한 부분을 강조하기 위하여 특별히 보여주는 말로서
《불요불굴의 투쟁정신, 혁명하는 사람은 이것을 가져야 한다.》에서의
《불요불굴의 투쟁정신》과 같은 형태를 가리킨다. 그리고 겹친성분(동종
의 문장성분)을 설치하였다.

단일문과 복합문에 대해서는 풀이의 단위를 구별표식으로 풀이의 단
위가 하나만 있으면 단일문으로 보고 풀이의 단위가 둘이상 있으면 복합
문으로 보았다. 풀이의 단위를 구별적표식으로 잡은 리유는 풀이의 단위
가 복합문의 풀이의 단위로 될 때와 단일문이 풀이성을 가지는 면에서 본
질적차이가 있기때문이라고 하였다. 그것은 첫째, 단일문은 완결된 사상
을 나타내지만 복합문안의 풀이의 단위들은 복합문이 나타내는 완결된 사
상의 한개 부분이며 둘째, 단일문은 그것만으로 자립적인 하나의 문장으
로 되지만 복합문안의 풀이의 단위들은 서로 의존, 련결되여있으며 셋째,
단일문은 그 자체로써 하나의 독자적인 억양을 가지지만 복합문안에 있는
풀이의 단위들은 억양에서도 자립성을 가지지 못하고 복합문이 가지는 하
나의 억양속에 통일되여있다고 하였다. 이와 같이 풀이의 단위는 단일문
과 복합문을 식별해준다고 하였다.

단일문과 복합문의 이 구별적표식에 따라 확대성분이 들어있는 문장
을 단일문에 귀결시키였으며 단일문이 이루어지는 특성에 따라 보통단일
문(맞물린 성분들과 이루어져있으며 맞물림성분으로 나눌수 있게 구성된
문장), 단어문장(문장성분이 될수 없는 한개 단어로 이루어진 문장), 명
명문(대상, 현상, 상태 등을 이름지으면서 확인하기만 하는 문장), 중단
문(장면의 보충이나 그밖의 다른 원인으로 인하여 채 끝나지 않은 문장)
으로 분류하고 복합문은 풀이의 단위들이 어떤 관계를 맺고있는가에 따라
겹친복합문(렬거의 수단으로 련결된것), 이음복합문(풀이의 단위가 이음토

에 의하여 련결된것), 얽힘복합문(세개 이상의 풀이의 단위들이 겹침, 벌림, 매임 등으로 복잡하게 얽힌것)으로 분류하였다.

이 문법은 또 1964년 문법과 ·달리 단일문과 복합문이 담는 내용이 그 복잡정도가 서로 다르다고 밝히고 풀이단위를 구별표식으로 잡으면서 일부 특수한 형태에 대하여서는 구별표식과 어긋나는 립장도 취하였다. 이를테면 《대동강물은 얼마나 맑고도 푸르냐?》에서 《맑고도 푸르냐?》를 두개의 풀이단위로 보지 않고 하나의 합친 결합으로 세움말과 꾸밈말과 관계를 맺는것으로 단일문으로 처리하였으며 하나의 주어에 두개 이상의 풀이단위들이 있는 문형도 단일문으로 보았다. 례를 들면《우리 당은 지금 온 사회의 주체사상화를 당사업의 총적임무로 내세우고 그 실현을 위한 전당적인 일대 진공전을 힘있게 벌려나가고있다.》라는 문장을 단일문으로 보는 근거는 풀이말로 되는 《내세우고》와 《벌려나가고있다》가 다 하나의 주어 《우리 당》과 맞물려 있기때문이라는것이다.

《조선문화어문법규범》은 조선을 대표하는 문화어가 정해지고나서 근로자들이 문화어를 바르게 리해하고 언어생활을 원만하게 해나가도록 하기 위해 펴낸 책으로서 이 시기에 바로 조선의 규범문법이 확립되였음을 설명해준다. 이 시기 출판된 《조선문화어문법》(1979)도 문화어문법을 보급할 목적에서 출판되였다고 말할수 있으며 잡지 《문화어학습》도 인민들의 언어생활을 개선하는데 많은 기여를 하였다.

총적으로 이 시기는 조선말과 글, 언어과학을 주체사상위업을 성과적으로 실현하는데 적극 이바지하도록 더욱 발전시킨 시기이며 문화어의 규범이 확립된 시기라고 말할수 있다.

5. 리론 문법에로의 이전

조선의 리론문법의 산생시기는 주로 1980년대 이후시기라고 말할수 있다. 조선에서 문법연구가 이미 1970년대 말까지 많은 연구성과를 가져왔다. 우선 주요 시기마다 《조선어를 발전시키기 위한 몇가지 문제》(김일성 1964), 《언어와 민족문제》(김정일 1964) 등과 같은 여러 편의 강령성적인 로작들이 발표되여 주체의 언어리론을 확립하는데 방향을 제기하여주었다고 말할수 있다.

　　언어학자와 근로자들은 일제의 잔재를 청산하기 위해 한자어를 페지
하고 고유어를 사용하였으며 외국의 문법리론을 받아들여 집단적 연구를
거쳐 새로운 문법을 제정하고 또 외국의 언어리론을 교조주의적으로 받아
들이던것을 극복하고 주체의 언어리론으로부터 출발하여 규범문법을 만들
기 시작하였다. 《조선문화어문법규범》(1976) 외에 《어음 및 문자론》(197
6), 《문법론(문장론)》(1976) 등 문법저서들이 나와 1970년대말에는 조선
에서의 규범문법이 확립되였다고 말할수 있다.

　　그후의 많은 문법들은 이러한 규범문법의 내용이라든가 기술체계를
크게 벗어나지 않았다고 말할수 있다. 그러다 조선어문법연구에 규범문법
이 해결하지 못하는 특수한 사실을 리론적으로 밝히는 문제가 제기되였는
데 이러한 과제를 바로 조선어리론문법이 완수했다고 말할수 있다.

　　리론문법에로의 전이를 보여주는 문법저서들로는 1980년대 문법연구
의 성과를 반영하는 《조선어리론문법(형태론)》(리근영 1985), 《조선어리
론문법(문장론)》(김용구 1986), 《조선어리론문법(품사론부분)》(고신숙 1
987), 《조선어리론문법(단어조성론부분)(김동찬 1987) 등으로 구성된다.

　　리근영의 《조선어리론문법(형태론)》은 조선에서 나온 리론문법으로
서는 처음으로 되는 책이다. 전체의 내용은 기초리론을 비롯한 토에 대한
서술로 되고있다고 말할수 있다. 이 책의 서론부분에서는 형태론에서 제
기되는 문제들을 조선어의 민족적특성에 비추어 주체성있게 해명하는 방
향에서 서술한다고 지적하고 형태론의 연구대상은 조선어의 문법적형태와
문법적형태로 표현되는 문법적의미, 그리고 문법적형태와 문법적 의미에
기초하여 이루어지는 조선어의 형태론적인 문법적범주라고 말하였다.

　　조선어형태론의 기초리론에서는 주로 다른 몇개의 언어들과 조선어를
대비하여 조선어의 교착적특성을 서술하고나서 조선어의 단어의짜임(단어
조성적짜임, 형태조성적짜임), 조선어토의 본질, 조선어의 문법적형태의
조성, 문법적형태에 의해 표현되는 문법적의미, 문법적범주와 문법적형태
와의 관계를 설명하였다.

　　다음으로 체언의 문법적범주, 용언의 문법적범주로 나누어 문법적범
주의 개념과 문법적형태에 의해 표현되는 문법적범주(격범주, 도움토에
의한 문법적범주, 수범주, 법범주, 말차림범주, 상범주, 존경범주, 시간
범주)들을 설명하였다. 그리고 강조형 《－다, －다가, －서, －써, －

까, -서도, -이, -끔, -니, -서니, -슨, -나, -그려》를 강조형토로 따로 갈라보는 리론적근거를 들고 강조형의 본질과 그 표현을 설명하였고 체언형과 용언형의 개념과 그들의 문법적특성도 설명하였다.

김용구의 《조선어리론문법(문장론)》은 조선에서 나온 리론문법으로서는 두번째로 되는 책이고 문장론의 리론문법으로서는 처음으로 되는 책이다. 이 책에서는 기초리론을 비롯한 문장류형들과 그 구조적특성을 설명하였다.

총론부분에서는 조선어문장론 분야에서도 주체사상을 리론적방법론적 지침으로 삼고 《구조주의언어리론》, 《변형문법리론》, 《만능문법리론》 등을 배격한다고 하였다.

문장론의 연구대상은 조선어의 모든 문장류형과 그 구조적특성, 전일적인 문장구조와 문장류형, 문장의 기본표식을 나타내는 각종 언어적 수단과 수법들에 대한 연구, 단어들의 결합 등이라고 하였고 문장론은 문맥이 통하는 글을 쓸수 있는 능력을 키워나가는 방도를 제시해주는것을 자기의 기본과업으로 삼는다고 하였다.

문장론의 기초리론부분에서는 문장의 본질과 기본표식을 다음과 같이 말하고있다. 문장은 끝맺이가 있는 론리-의미적계기, 의지-심리적계기 및 문법적계기들이 뚜렷한 진술단위로서 문장론적관계속에 들어있는 단어 또는 단어결합들로 완결된 사상과 감정을 나타내는 언어행위의 기본단위라고 하였다. 문장의 기본표식 즉 문장을 다른 단위와 구별시켜주는 주되는 표징은 진술성인데 진술성은 사상의 완결성을 실지로 현실화하여주는것이라고 하였다. 그밖에 문장론적관계의 표현, 문장의 구성성분과 구성자료, 문장분류에 나서는 기본문제 등도 론술하였다.

단어의 결합관계에서는 단어들의 결합관계의 본질과 기본류형, 단어들의 결합관계의 성격과 실현방식, 단어들의 결합관계의 특수류형인 조선어의 《구》와 《부》를 설명하였다. 《구》란 조선어적인 단어들의 결합관계의 전일체이며 특수한 류형에 속하는 단어들의 결합체이고 《부》란 단어들의 결합관계의 한 변종으로서 그것이 단순한 구조이건 확대된 구조이건 진술성이나 서술성을 가지지 않으며 문장구조의 가장 낮은 단계의 질서에 속하는 문장론적 구성단위라고 하였다.

문장성분부분에서는 문장성분의 본질적표식과 단위, 문장성분의 갈래와 표현, 문장성분의 상관적특성, 조선어의 어순의 특성 등을 설명하였다. 문장성분은 어디까지나 전일적인 문장을 구조-문법적립장에서 나눈 의미-기능적단위인만큼 문장성분의 단위를 확정하기 위하여서는 어디까지나 구조-문법적표식을 위주로 하는 원칙을 지켜야 한다고 하면서 문장성분을 기능에 따라 기초성분(진술어), 주도성분(진술어, 주어, 술어, 직접보어), 의존성분(간접보어, 상황어, 규정어)으로, 성격에 따라 맞물림성분, 외딴성분(끼움말, 이음말, 부름말, 느낌말), 단독성분으로 나누었다.

문장성분의 상관관계를 겹침관계, 귀일관계, 조응관계 등으로 갈라 론술하였고 문장을 내용, 형식, 기능-구조적으로 분류하였다. 복합문부분에서는 복합문의 구조를 인정하는 견해에 있어서도 복합문의 기본표식과 그 구성단위의 한계 그리고 복합문의 분류 등에서 나서는 여러 문제들을 리해하는데서 한결같지 않다고 하였다. 물론 이미 나온 문법적 견해들은 문장의 기본표식을 《풀이성》에서 찾고 그 《풀이성》을 가지는 단위를 기준으로 하여 단일문과 복합문의 한계를 그음으로써 문장론적분야에서 일정한 진전을 가져왔지만 아직 진술단위에 대한 전면적인 고찰이 없고 복합문의 류형에 대한 정밀한 분석이 부족하며 복합문의 구성요소의 구조-문법적특성에 대한 파악이 없는데서 제약성이 있다고 하였다.

복합문에 대한 일반적리해를 깊이하기 위하여서는 무엇보다도 복합문의 본질과 그 기본표식이 무엇이며 복합문의 구성부분으로서의 《단일문》의 한계와 진술단위의 계선이 어떻게 그어지는가 하는 문제부터 옳게 밝혀내야 한다고 하였다. 복합문은 두개 이상의 단일문이 문법적으로 련결되여 이루어진 전일체이다. 단일문이 두개 이상 련결되면 복합문이 되고 복합문이 있으면 그안에 두개 이상의 《단일문》이 있는 법이라고 하였다.

복합문이란 상대적으로 구획되는 두개 또는 그 이상의 진술단위로써 하나의 통일적인 복잡한 진술내용을 담고있는 언어행위의 크고 긴 단위이며 복합문의 기본표식은 상대적 구획성과 전일성이 결합된 하나의 통일체라는데 있다고 하면서 례를 들어 《조선로동당은 혁명위업계승문제를 빛나게 해결한 위대한 당이며 조선인민은 수령의 참다운 후계자를 높이 모신 영광스러운 인민이다.》, 《날이 어두워지자 압록강반에는 사람들이 모이기 시작하였다.》, 《바람이 분다, 문을 닫아라.》 등이 복합문에 속한다고 하였다. 그리고 복합문의 구조-문법적특성을 그 구성단위인 《단일문》들의 구조에서, 전일체안에서의 《단일문》의 련결방식에서, 앞 《단일문》의 술어와 뒤 《단일문》의 술어가 나타내는 진술형에서, 복합문의 전체구조에서 찾아보았다. 마지막으로 문장옮김법에서 문장옮김법의 일반적개념, 류형과 특성, 문장옮김법의 구성방식 등도 서술하였다.

고신숙의 《조선어문법(품사론)》도 조선에서 품사론의 리론문법으로서의 처음으로 되는 책이다. 전체의 주되는 내용은 기초리론을 비롯한 품사 각론으로 되고있다. 본서의 체계는 서론, 품사의 기초리론, 체언적품사, 용언적품사, 수식어적품사, 독립어적품사로 되여있다.

서론에서 조선어리론문법 품사론의 목적은 교착어인 조선어의 품사에 고유한 구조-문법적특성과 그 발전의 합법칙성을 주체적방법론에 철저히 의거하여 리론적으로 체계화하는것이며 그 과업은 품사의 본질적특성을 리론적으로 밝히고 품사분류에 대한 문제를 조선어의 고유한 특성에 맞게 옳바르게 해명하여 개별적인 품사들의 고유한 특성들을 체계적으로 해명하는것이라고 하였다.

품사론의 서술방법은 생동한 현실적자료에 기초하여 분석, 일반화하여 해당한 결론을 이끌어내고, 공시적인 고찰방법을 기본으로 하면서 통시적고찰방법도 사용하며 경우에 따라서는 다른 언어의 품사적특성과 대비하여 분석하기도 한다고 하였다.

품사론의 기초리론에서는 품사를 단어들의 어휘-문법적부류로 보면서 문법적인 일반화와 추상화의 견지에서 보면 같은 종류의 문법적단위들의 총체, 통일인것만큼 문법의 범주로 되는것이라고 하였다. 그러나 문법적범주이지만 단어를 단위로 하고있다는 특성으로 하여 순수 관계적의미를 나타내는 형태론적인 문법적범주와 구별된다고 하였다.

품사의 단위에서 자립적단어와 보조적단어의 한계와 관련된 문제, 단어와 형태부의 한계와 관련된 문제, 단어와 단어결합의 한계와 관련된 문제을 론술하고 품사의 분류기준에서는 품사의 분류는 해당 언어의 문법구조의 특성과 문법적현상에 대한 정확한 인식을 돕고 단어들을 언어실천활동의 수단으로서 원만하게 활용할수 있게 허지는데 그 목적이 있는만큼 문법적인 표식을 품사분류의 기본적인 기준으로 삼아야 한다고 하였다.

품사분류에서 단어들의 어휘-의미적표식도 언제나 고려하여야 할 중요한 식별기준으로 될수 있으며 단어조성적특성도 고려하여야 한다고 하면서 체언적품사에서는 명사, 수사, 대명사의 위치와 본질적특성; 명사, 수사, 대명사의 종류 및 문법적특성과 관련된 문제를 다루었고 용언적 품사에서는 동사, 형용사의 기본특성 및 종류; 동사와 형용사의 구별적특성을 설명하였다. 그리고 수식어적품사에서도 관형사와 부사의 기본특성과 종류, 관형사와 형용사 및 그밖의 단위들과의 차이를 설명하고 끝으로 감동사의 기본특성과 종류, 감동사와 상징사와의 차이를 설명하였다.

이 시기《조선어문(87~94)》잡지에 발표된 어학연구 주요 론문들을 보면 다음과 같은것들이 있다.

어음연구방면에《훈민정음의〈Δ〉는 음운이 아니라 어음의 특수한 표기》(렴종률 1987.1),《〈ㅐ, ㅔ, ㅚ, ㅟ, ㅢ〉등 모음계렬의 력사적변화에 대하여》(박재용 1987.1),《16~17세기 조선말 말소리 발전에서의 몇가지 문제》(리상호 1987.4),《15세기 중세한국어의 성조현상에 대하여》(김영황 1988.2),《〈디→기〉류형의 어음변화문제》(김백련 1989.1),《조선어단어의 악센트문제》(김성근 1990.1),《조선말자음체계의 음향학적특성》(양하석 1990.2) 등이 있다.

형태론방면에서는《표현수법의 실현위치와 형태에 대한 고찰》(박용순 1987.1),《조선말에서의 토의 형성에 대한 력사적고찰》(류렬 1987.3),《조선말에서 목격형태를 이루는 토들의 뜻조각인〈더〉의 발생발전에 대한 고찰》(안홍길 1988.1),《문법적수법과 복수토〈들〉과 관련한 몇가지 문제》(권승모 1988.2),《조선어입말체의 형태론적 다양성에 대하여》(강상호 1989.3),《조선어 주어의 형태론적표현수단에 관한 몇가지 문제》(리기만 1989.3),《조선어형태부의 교착성문제》(김백련 1990.1),《현대조선어의 시간형태에서 시간토가 쓰이는 각양한 구조적특성에 대한 고찰》(리근영 1991.3) 등이 있다.

품사론방면에서는《명사의 분류와 쓰임에 대한 고찰》(류옥근 1987.4),《조선어 품사체계의 특성에 대한 고찰》(고신숙 1988.4),《조선어합성어에서 단어한계문제》(림옥녀 1988.4),《조선어 부사의 기본표식과 문법적특성에 대하여》(유정심 1989.2),《동사〈하다〉의 말줄기〈하〉를 줄이여 쓸수 있는 가능성에 대하여》(정만복 1989.4) 등이 있다.

문장론방면에서는《바로 풀어옮김법의 개념과 문장론적본질》(김종선 1988.1),《현실적정보전달의 견지에서 본 문장구획》(리갑재 1988.2),

《문장의 의미와 관련된 문제에 대한 몇가지 고찰》(림봉우 1988.3), 《조선어 복합문의 구조-문법적특성》(김갑준 1988.4), 《조선어 보어의 문법적특성과 그 갈래》(심상규 1990.2), 《조선어 주어의 특성》(리기만 1990.4) 등이 있다.

어휘론방면에서는 《우리 말 고유어에서 소리마디들이 결합되는 일반적특성》(김용환 1988.2), 《반대말의 기준설정과 그 갈래》(리휘부 1989.3), 《빈도수사전의 감정에서 제기되는 몇가지 문제》(리정용 1989.4) 등이 있다.

그리고 문체론방면에서는 《과학기술문체의 특성에 대한 고찰》(리병간 1988.3), 《과학기술문체에서 쓰이는 형태론적 언어수단의 몇가지》(리병간 1988.4), 《정치론설체기사의 언어적특성》(백순경 1989.2), 《조선어 입말체의 형태론적 다양성에 대하여》(김상호 1989.3), 《회상기문체에 대한 일반적리해와 그 표현적특성에 대하여》(윤춘화 1989.3), 《문체의 발전과 19세기말 20세기초 조선어문체의 발전》(김주곡 1990.1), 《입말체의 본질과 일반적특성에 대하여》(강상호 1990.2), 《혁명적 구호문헌문장의 류형적특성》(안광호 1991.2), 《생활문체와 그 특성에 대하여》(윤일환 1991.3), 《아동문학문체의 독자성과 그 특성》(1992.1), 《우리 말 회화문장의 본질적특성》(김순국 1992.3) 등이 있다.

1980년대에 나온 언어학 론저들로는 《문화어형태론》(1980), 《조선어학개론》(1983), 《조선어어휘론연구》(1980), 《일반언어학연구》(1985), 《외국언어학사》(1989), 《조선어입말체연구》(1989), 《조선어지리학시고》(1988), 《조선어음운과 형태》(1992) 등을 들수 있으며 응용언어학도 활발히 전개되여 《계산기언어학연구》(1990), 《조선어정보처리》(1994), 《조선어실험음성학연구》(1995) 등과 같은 저서들이 나왔다.

조선에서는 이 시기 언어의 본체론연구와 결합하여 린접과학과의 관계속에서 언어를 연구하였는데 사회언어학, 심리언어학, 수리언어학, 실험언어학, 언어정보론, 환경언어학, 언어통계론, 단어 및 문장의 의미론, 본문학 등 연구도 활기를 띠게 되였다.

이와 같이 1980년대로부터 1990년대말기까지를 조선의 문법연구에서 리론문법으로의 이전과 확립시기로 잡을수 있다. 이 시기 조선어규범문법이 확립된 상황에서 규범문법에서 설명할수 없는 많은 언어학적 문제들을 해결하기 위하여 리론문법이 산생되였으며 단순히 조선어를 본체론적으로 연구하던데로부터 응용언어학 및 린접과학과의 결합속에서 넓은 범위에서 연구하여 큰 발전을 가져왔다.

　　이상과 같이 광복이후 조선의 문법연구를 크게 네개 단계로 나누어 설명하였다. 우선 일제의 잔재를 청산하고 자체의 문법리론이 없던데로부터 있게 되였다. 다음으로 다른 외국의 언어리론을 교조주의적으로 받아들이던데로부터 주체의 언어리론과 관점에서 출발한 새로운 규범문법이 산생되고 확립되여 문화어의 발전에 아주 큰 작용을 하였다. 그 기초에서 리론문법이 확립되여 규범문법이 설명하기 어려운 문제를 리론적으로 해명할수 있게 되였다고 말할수 있다.

★ 참고문헌:

1. 고신숙(1987) 《조선어리론문법(품사론)》, 평양: 과학, 백과사전출판사.

2. 과학, 백과사전출판사(1979) 《조선문화어문법》, 평양: 과학, 백과사전출판사.

3. 과학원언어문학연구소(1960) 《조선어문법1》: 어음론, 형태론, 평양: 과학원 출판사.

4. 과학원언어문학연구소(1963) 《조선어문법2 》: 문장론, 평양: 과학원출판사.

5. 김동찬(1987) 《조선어리론문법(단어조성론)》, 평양: 고등교육출판사.

6. 김영황(1983) 《문화어문장론》, 평양: 김일성종합대학출판사.

7. 김용구(1986) 《조선어리론문법(문장론)》, 평양: 과학, 백과사전출판사.

8. 김용구(1989) 《조선어문법》, 평양: 사회과학출판사.

9. 《조선어문법》, 평양: 김일성종합대학출판사(1970).

10. 《문화어문법규범》, 평양: 김일성종합대학출판사(1972).

11. 《조선문화어문법규범》, 평양: 김일성종합대학출판사(1976).

12. 렴종률(1980) 《문화어형태론》, 평양: 김일성종합대학출판사.

13. 리근영(1985) 《조선어리론문법(형태론)》, 평양: 과학, 백과사전출판사.

14. 조선어문연구회(1949), 《조선어문법》, 평양: 조선어문연구회.

우리 말 문법연구 흐름에 대한 고찰

-광복후 한국을 고찰 대상으로

김 영 수

우리 말 문법에 대한 연구는 거시적으로 세개 시기로 나눌수 있다. 첫번째 시기는 국외의 문법리론을 모방하여 우리 말의 문법체계를 구성하는 단계이고 두번째 시기는 일제식민지 통치하에 애국운동의 일환으로 우리 말을 살리기 위해 문법규범을 작성하기 위해 투쟁한 단계였으며 세번째 시기는 1945년 8.15광복을 계기로 우리 말 문법에 대한 리론체계를 세우며 발전하는 단계였다. 본 론문은 광복후부터 우리 말의 문법연구가 어떠한 방향으로 흐르는가 하는데 대한 고찰을 주요한 목적으로 삼는다.

1945년 8.15광복과 더불어 우리 말 문법연구는 학술학문으로서의 터전을 닦는 시기로부터 1950년대 중반기의 구조주의리론과 1960년대 중반의 변형생성문법리론 등을 수용하여 우리 말의 문법을 연구한 시기 등 부동한 시기를 경과하였는데 매 시기마다 많은 문법연구가와 영향력 있는 문법저서들이 배출되여 우리 말의 문법연구를 새로운 단계에로 끌어올리였다. 아래에 이 부동한 시기를 거슬러 올라가면서 그 시기들에서의 문법연구특점과 이룩한 성과들을 살펴보고저 한다.

1. 문법의 과학적토대를 닦음과 구조주의리론의 도입

광복전의 문법연구는 대체적으로 품사분류에 치우치면서 조사와 어미를 단독 품사로 보는가 보지 않는가에 따라 분석적류형과 준종합적 류형으로 나뉘여졌다. 분석적류형의 대표로는 주시경으로서 그는 조사와 어미를 다 단독품사로 다루었고 주시경의 학생으로서 많은 면에서 주시경의 리론을 흡수하고 발전시킨 최현배는 품사분류에서 스승과 달리하는 준종합체계를 내놓았는데 그 바탕으로 되는것이 바로 조사는 품사로, 어미는 품사로 보지 않는것이였다. 하여 광복전의 문법연구에는 분석적류형과 준종합적류형이 병존하게 되였다.

8.15광복을 맞으면서부터 문법연구는 이전시기의 문법연구의 성과를 공고히 하고 발전시키는 토대우에서 리론과학으로서의 문법연구기반을 닦는 방향으로 나아가기 시작하였는데 그 표징으로 조사와 어미를 다 단독품사로 보지 않는 이른바 제3류형 즉 종합주의체계가 나왔다. 이전의 문법을 과학적 립장에서 검토하는 새 문법류가 대두하고 음운론을 전통적인 문법체계에서 세간내우고 품사론과 문장론을 새로운 문법리론에 립각하여 형태론과 통사론으로 나누어보는 등 경향이 나타났다. 광복후 1950년대말까지 문법연구의 과학적터전을 닦는데 큰 기여를 한 문법저서들로는 정렬모의 《신편고등국어문법》,정인승의 《표준고등말본》,이희승의 《새고등문법》,이숭녕의 《중세국어문법》,김민수의 《국어문법연구》 등을 들수 있다.

① 《신편고등국어문법》

정렬모의 《신편고등국어문법》은 광복후 제일 먼저 나왔다는데 력사적의의가 있을뿐만아니라 그 내용상에서도 광복전의 문법서들과 다른 체계를 이루고있다. 이 책은 총론, 낱뜻, 감말(품사)의 본성론, 감말의 꼴, 감말의 빛, 감말의 상관론 여섯편으로 구성되였는데 형식면에서 대체적으로 일본의 마쓰시다의 《일본문법》을 많이 땄다. 그러나 《말씀의 됨됨이에 매인 말의 법칙》이라는 정의를 통해 종전의 문법의 테두리를 벗어나 과학적 기술문법의 체계로 넘어가려고 노력한것과 문법을 학문으로 승격시키려는 의도를 엿볼수 있다. 이러한 경향은 우선 조사를 독립단어로 인정하지 않는 새로운 종합적체계를 확립하고 문법연구에서 구실과 형식보다도 의미에 치중하였다는데서도 나타난다.

이 문법서는 언어의 구성은 생각의 구성에 따라 달라진다는 전제하에 사유의 단정과 관념을 도입하여 언어의 단위를 낱뜻, 감말, 월 세개 단위로 나누고 이 술어들을 해석하였다. 낱뜻은 감말의 재료이고 감말은 월의 성분으로 자체만으로도 관념을 나타내며 월은 단정을 나타내는 말이라고

하였다. 여기서 좀 더 세심히 고찰하면 낱뜻은 속낱뜻과 겉낱뜻으로 갈라
지는데 속낱뜻은 직접 감말을 이루고 겉낱뜻은 감말의 구성요소로 되는것
으로서 지금의 형태소에 가까운것이다. 감말은 단독론과 상관론으로 갈라
서술하였는데 단독론은 품사론에 해당되고 상관론은 문장론의 분야에 속
한다. 이러한 체계에 따라 단독론을 다시 본성론과 부성론으로 나누고 본
성론에서 감말의 본성에 따라 명사, 동사, 관형사, 부사, 감동사 5품사를
설정하고 부성론에서는 성분과 성분의 상대적 관계가 종속과 통솔의 관계
에 있다고 보면서 관계에 따라 주체관계(주어와 서술어의 관계), 객체관
계(객어와 귀착말의 관계), 실질관계(보어와 형식말과의 관계), 딸림관계
(딸림말과 딸림받을 말의 관계), 얹힘관계(얹힘말과 얹힘받을 말과의 관
계) 등 다섯가지로 나누었다. 이 문법서가 광복전의 문법들과 뚜렷이 구
별되는 점은 음운론을 문법연구에서 제외하고 조사와 어미를 다 단독품사
로 보지 않는 종합주의체계를 세운것이다. 그리고 품사의 하위분류에서
동사와 형용사를 묶어서 동사로 설정하고 관형사와 감동사를 세분하였으
며 낱뜻을 격, 형태 활용으로 따로 밝히였다.

② 《표준고등말본》

정인승의 《표준고등말본》은 1956년에 출판되였는데 우선 그 용어들
을 보면 대부분 순 우리 말로 되였고 체계도 대체적으로 최현배의 문법을
따랐다. 이는 이 시기 주시경의 분석적류형과 최현배의 준종합주의 류형,
정렬모의 종합주의류형이 서로 병존함을 의미한다. 《표준고등말본》은 최
현배의 《우리 말본》과 비슷한 점이 많지만 역시 자체로서의 특성을 띠고
있다. 우선 품사분류에서 《표준고등말본》은 기능을 주요한 분류기준으로
삼고 이름씨, 움직씨, 그림씨, 매김씨, 어찌씨, 느낌씨, 토씨 7품사로 나누
었는데 대이름씨(대명사)와 셈이름씨(수사)는 이름씨(명사)에 귀속시키였
고 토씨는 크게 자리토와 도움토로 나누고 토씨의 기능에 따라 자리토씨
를 임자자리토씨(가, 이, 께서), 풀이자리토씨(이다), 매김자리토씨(의), 어
찌자리토씨(에,에서, 로, 처럼, 만큼), 부림자리토씨(을, 를), 기움자리토씨
(이/가, 와/과, 만), 이음자리토씨(와/과, 하고, 이랑/랑, 하며)로 분류하고
도움토씨를 두루도움토씨(은/는, 만, 도, 부터, 마저, 마다), 마침도움토씨

(마는, 요, 그려), 부름도움토씨(아/야, 여/이여)로 분류하였다. 여기서 가장 특색적인것은 《이다》를 최현배처럼 잡음씨로 처리한것이 아니라 풀이자리토씨 즉 서술격조사로 다룬것이다. 다음, 월의 조각 (문장성분)을 임자말(주어), 풀이말(서술어), 매김말(규정어), 어찌말(상황어), 부릴말(목적어), 기움말(보어)로 나누었으며 씨끝의 기능에 따라 마침꼴(종지형), 이음꼴(접속형), 매김꼴(관형형)로 가르고 마침꼴의 씨끝변화에 따라 베품법, 물음법, 시킴법, 이끔법, 느낌법 등 다섯가지 서법으로 나누었는데 느낌법의 설정이 주목을 끈다. 문장의 종류는 짜임을 기준으로 홑월(단문), 거듭월(중문), 겹월(복문), 섞임월(혼문)로 분류하였다.

③ 《새고등문법》

이희승의 《새고등문법》은 1949년의 《초급국어문법》을 다시 수정하여 1957년에 출판한 문법서이다. 이 책에서는 우선 문법을 《단어가 서로서로 관계를 맺어서 글월을 이루는 법칙》이라고 정의하여 문법의 연구범위를 더욱 명확히 하였다. 품사분류에서는 의미적범주와 기능적범주를 분류조건으로 삼고 10품사 즉 명사, 대명사, 동사, 형용사, 존재사, 관형사, 부사, 감탄사, 접속사, 조사를 설정하였다. 이 체계에서 특색적인것은 존재사와 접속사를 독립시키고 수사를 대명사의 일종으로 처리하고 지정사를 체언의 활용으로 처리한것이다. 그리고 조사를 격조사, 특수조사, 감탄조사로 나누고 격조사를 기능에 따라 18격으로 세분하였으며 조사를 단독 품사로 인정은 하였지만 체언에 조사가 붙은것을 특별히 어절이라는 단위로 잡아 언어의 의미적단위를 단어, 문장으로 되게 하였다.

다음, 공대법을 존경법과 겸손법 두가지로 나누고 우리 말에서의 공대법의 표현방식에 따라 예사말외에 존경 또는 겸손의 뜻을 나타내는 단어가 따로 있는것, 예사말에 존경 또는 겸손하는 뜻을 나타내는 부분을 덧붙인것과 어간에 붙는 어미의 변화로 존경 또는 겸손의 뜻을 나타내는 것 등 세개 류형으로 갈랐다. 시제를 서술어로 쓸 때의 시제와 수식어로 쓸 때의 시제로 갈랐다. 문장성분은 주어, 서술어, 수식어, 한정어 네개 성분으로만 나누고 목적어, 보충어는 한정어에 귀결시켰으며 이외 따로 독립어를 설치하였다.

④ 《중세국어문법》

　1961년에 출판된 《중세국어문법》은 이숭녕의 문법관을 대표하는 문법저서라고 할수 있다. 이 책은 우선 체계면에서 음운편, 조어편, 형태편, 통사편으로 구성되여 이전의 문법서들과 다른 특징을 보여주고있다. 이전의 문법서들은 보통 조어법을 품사론의 뒤부분에 넣고 다루었지만 여기서는 하나의 독립된 장으로 설치하여 형태론의 앞에 놓고 다루었다. 품사론과 문장론 대신 형태론과 통사론 체계를 세워 문법연구를 주로 품사분류와 문장성분 울타리안에서만 진행하던 모식에서 벗어나 명사와 동사의 어형변화와 통사구조로 문법을 연구하는 새 방향을 개척하였다. 이는 저자가 이미 전통적인 연구방법에서 해탈되여 구미의 구조주의 문법리론을 우리 말 문법연구에 도입하였음을 말한다.

　구조주의 문법리론에 의한 분석들은 우리 말의 격의 분류기준, 후치사의 설정과 어미의 활용, 서법과 시제 및 상에 대한 분석에서도 나타난다. 《중세국어문법》은 중세국어의 격을 주체격(논, 는, 온, 은, ㄴ), 주격(이, ㅣ, 제로형), 대격(롤, 를, 올, 을, ㄹ), 속격(이, 의), 처격 (애, 에, 예), 조격(으로, 으로, 로), 공통격(과, 와), 서술격(이라, ㅣ라, 라), 호격(아, 야, 여, 하) 등 9격으로 나누었다. 조사에서 격을 독립품사로 설정하지 않고 알타어의 특성에 따라 격과 쉽게 분리되는 특수조사들을 그 의미와 문법기능에 따라 후치사로 설정하여 중세국어의 품사를 8품사로 즉 명사, 대명사, 수사, 후치사, 동사, 형용사, 부사, 감탄사로 나누었으며 동사의 활용어미에서 서법과 시제, 상을 다루었다. 여기서 서법은 화자의 서술의 태도에 따라 달리 표현되는것을 통털어 이르는것으로서 직접법, 의도법, 명령법으로 나누었고 시제를 서법체계에서 다루면서 기본형, 현재형, 미래형, 과거형으로 가르고 시제와 상을 명확히 구분하였다. 즉 시제는 과거, 현재, 미래의 시간을 끊어주며 상은 행동이나 상태가 어느 단계에서 끝나는가, 어디까지 지속되는가를 다루게 되는바 상에 완료상, 미완료상, 지속상, 기동상, 순간상 등이 있다고 하였다. 이리힌 분류는 종전의 문법서에서 전혀 볼수 없던것들인바 새롭게 구조주의 문법리론의 영향을 받은 산물이라고 말할수 있다.

⑤《국어문법연구》

　　1960년에 출판된 김민수의《국어문법연구》는 저자의 앞 시기의 문법
연구견해들을 총화한 저서인바 이 책에는 문법정의, 형태소분석, 문장성
분, 품사 등에 대한 저자의 새로운 견해들이 담겨있다.

　　우선 문법을 의미를 가진 언어단위인 문장이거나 단어에 관한 구성법
칙이라고 정의하고 문법의 령역을 품사론과 문장론으로 좁히였으며 언어
의 단위를《문장, 단어, 형태소》로 잡았다. 이리하여 언어단위의 가장 작
은 단위를 형태소로 잡고 형태, 구조, 의미 세가지 요소를 분류기준으로
자립형태소와 의존형태소로 나누었는데 이를테면《그가 학교로 갑니다.》
에서《그, 학교, 가(다)》는 자립형태소이고《-가, -로, -ㅂ니다》는 의존형
태소이다. 이는 이전 시기의 문법서들에서 볼수 없었던것이다. 그리고 품
사에 대한 연구에서는 문장을 기본 전제로 하여 문장성분에 대한 연구를
앞세웠다. 이 문법서는 문장성분을 보통성분에 서술어, 주어, 객어, 부용
어(副用语), 부체어(副体语), 련결어를 설정하고 특수성분에 독립어를 설
정하였다. 여기서 부용어는 상황어에 해당되며 부체어는 규정어(관형어)
에 해당된다. 이와 같은 문장성분에서 특징적인것은 모든 문장성분이 귀
착하는것을 서술어로 본것인데 이는 이후의 문법연구에 절대적인 영향을
주었다. 품사분류는 주로 기능에 따라 먼저 용언, 체언, 부언(副言), 상언
(相言)으로 분류하고 용언에 동사, 형용사를; 체언에 명사를;부언에 부사,
관형사를; 상언에 접속사, 환투사(감동사)를 설정하였다.

　　이 문법연구저서는 우리 말의 문법연구에서 하나의 단계를 끊는 표식
으로도 된다. 앞시기의 문법연구들을 새로운 일반 문법리론으로 검토, 비
판하면서 문법연구에서 과거와 같은 모방이나 전통적인 연구방법을 답습
할수 없음을 보여주었고 학술로서 즉 새로운 문법리론의 지도하에 문법연
구가 진행되여야 한다는것을 강조하였다.

　　이 시기의 문법연구를 개괄해보면 전시기의 문법연구방법이 계속 쓰
임과 동시에 구조주의 문법리론을 비롯한 새로운 언어리론들이 우리 말
문법연구에 도입되기 시작하였음을 알수 있다. 전시기의 문법체계와 새로
운 문법체계가 병존함과 아울러 학술로서의 문법연구가 토대를 굳힌 시기
라고 볼수 있다.

2. 구조주의 문법리론의 정착과 변형생성문법리론의 도입

　구조주의 문법리론이 우리 말 문법연구에 뿌리를 내리고 변형생성문법리론이 우리 말 문법연구에 결합되기 시작한 시기는 대체적으로 1960년대부터 1970년대 중반기까지로 잡을수 있다. 이 시기에 우리 말 문법연구는 새로운 전환기를 맞이하여 학교문법과 학술문법으로 나누어 연구되였고 50년대후반부터 도입되던 구조주의 기술분석방법이 전반 형태론연구에 성행되였고 변형생성문법도 통사론연구에 쓰이기 시작하였다. 그 대표적 문법저서들로는 김민수의 《신국어학》, 《국어문법론》, 이길록의 《국어문법연구》, 허웅의 《언어학개론》, 《표준문법》, 《우리 옛말본》 등을 들수 있다.

① 《신국어학》

　김민수의 《신국어학》은 1964년에 나온 문법서인데 이 책에서 저자는 우리 말의 새로운 문법체계를 세우기에 많은 노력을 기울였다. 우선 문법을 《일정한 뜻을 가진 단어들이 배렬되는 독특한 형에서 귀납되는 여러 규칙》이라는 정의를 내려 이전에 문법을 《의미를 가진 언어단위》라고 정의하던 의미중점으로부터 형식에 중점을 두고있다는것을 엿볼수 있다. 이는 저자가 구조주의문법리론을 수용하고있음을 말하는데 이러한 문법관은 품사론을 형태론으로, 구문론을 형태배렬론으로 바꾸어놓은데서도 나타난다. 이 책의 기본체계는 형태론에서 형태소, 의미문제, 형태소설정, 형태소목록, 형태소체계 등을 다루고 형태소배렬론에서 형태소배렬, 어절, 문장, 구문론, 문장분석, 성분배렬, 구절, 구문해부, 대우체, 문형, 품사분류 등을 다루는것으로 되여있다. 그리고 전통문법과 달리 어절을 최소자립형태소로 대치하고 어절구조를 자립형태와 의존형태로 나누었다. 이러한 문법연구항목설정과 새로운 체계는 앞시기에 구조주의문법리론을 부분적으로 받아들이던데로부터 전면적으로 수용하여 우리 말의 새로운 문법체계를 이루고있음을 말해준다.

② 《국어문법론》

　김민수의 《국어문법론》은 1971년에 나온 문법저서인데 이 책에서 저자는 변형생성문법리론을 우리 말 연구에 도입하였다. 새로운 문법리론의 대두는 구조주의리론으로 마무리지은 그의 《신국어학》을 재검토할 기회를 주었다. 저자는 우선 구조주의리론이 전통문법을 무시하는 페단을 보아내고 《국어문법론》에서 문법연구의 기점을 의미와 구문론에 둘것을 주장하여 《신국어학》에서 《형태론과 형태배렬론》으로 나누던것을 다 구문론에 귀결시키였는데 구문론의 내용도 종전의 문법서들과는 달리 의미표현, 구문분석, 구문구조로 나누었다. 그리고 구문의 바탕으로 되는 문장과 단어, 구문요소, 문법기능에 대해서는 다음과 같이 설명하였다.

문장은 단어나 단어련결로 의미표현을 하기 위한 통일체를 이룬것으로서 문장의 본질은 서술성, 통일성, 종결성에 있으며 그 3대 본질은 체언의 격, 용언의 활용, 어조로 표시된다고 하였다. 의미적단위 즉 문법적단위는 형태소, 단어(어절), 문장, 발화 등 네개 단위로 구분하고 단어는 문장속에서 관찰하되 명사, 동사, 관형사, 부사, 접속사, 감탄사 6품사로 나뉜다고 하였다. 이 품사분류기준은 주로 기능을 고려한것으로서 대명사와 수사는 명사에, 형용사는 동사에 귀결시키였다. 다음 구문요소에 대해서는 보통성분과 특수성분으로 나누고 보통성분에 주어, 술어, 객어, 보어, 부체어, 부용어를 두고 특수성분에 동격어, 련결어, 총괄어, 제시어를 설치하였으며 문법기능은 구문요소들의 표현형태인 어순과 격변화, 어미 활용 등에 의해 나타난다고 하였다. 구문류형에 대해서는 문장을 구문구조에 따라 소형문과 대형문으로 나누고 대형문에 단일문과 복합문을 두고 복합문을 다시 삽입복합문, 련결복합문, 혼성복합문으로 나누었다. 총체적으로 보면 《국어문법론》은 생성문법을 받아들이여 구조문법에서 인정하지 않던 의미를 다시 중요한 위치에 올려놓고 전반 문법을 재검토한 문법서라고 할수 있다.

③ 《국어문법연구》

1974년에 출판된 이길록의 《국어문법연구》는 변형생성문법리론이 다소 소개되기는 하였지만 구조주의 기술문법을 기본연구방법으로 서술한 문법서로서 중점은 2편 형태론과 3편 통사론에 있다. 이 문법서의 남다른 특색은 아래와 같이 살펴볼수 있다. 형태론에서 형태소를 기본요소, 파생요소, 문법요소로 분류하고 형태소의 결합방식을 기본요소와 기본요소의 결합, 기본요소와 파생요소의 결합, 기본요소와 파생요소, 문법요소들의 결합으로 나누었다. 여기서 기본요소는 자립형태소를 가리키며 파생요소는 의존형태소의 접사를 가리키며 문법요소는 토들을 말하며 결합방식은 접사법을 이르는것인데 이 접사법을 의거로 전통문법에서 다루던 조어법, 격조사와 어미활용을 분석하였다. 통사론에서 특기할만한것은 기본문형설정으로서 《주어+서술어형》, 《주어+목적어+서술어형》, 《주어+보어+서술어형》, 《주어+목적어+보어+서술어형》 등 네개 기본문형을 설정하고 수많은 종류의 문형들은 다 이 네개 기본문형에서 생성되며 새로운 문형들을 생성해낼수 있는 문법적법칙이 바로 통사법칙이라고 하였다. 그리고 기본문형을 변화방식에 따라 양태적변화와 확장적변화로 나누고 양태적변화에서 서법변화, 존비법변화, 시제법변화, 존대법변화를 다루었고 확장적변화를 그 방식에 따라 파생방식과 복합방식으로 나누었다. 여기서 서법변화는 다시 평서법, 의문법, 감탄법, 명령법, 청유법으로 나누고 존비법변화는 《해라》체, 《하게》체, 반말체, 《하오》체, 《읍니다》체로 나누고 시제법변화는 현재, 미래, 과거, 대과거, 과거미래로 나누었으며 존대법변화는 존경법과 겸손법으로 하위분류하였다. 문장에 대해서는 단문과 복합문을 나눈것은 별로 특징적인것이라고 할수 없지만 단문을 다시 기본문과 포유문으로 나눈것과 복합문을 단순복문, 혼성복문, 단순중복문, 혼성중복문으로 하위분류를 한것이 특색이다. 대체적으로 이 문법서는 기술문법으로 접사법 및 그 배합류형의 합리성과 기본문의 복합방식을 합리하게 기술하기에 공력을 들인 저서라고 할수 있다.

④ 《우리 옛말본》

이 시기의 가장 중요한 문법서로는 1975년에 출판된 허웅의 《우리 옛말본》이다. 이 책은 최현배의 《우리 말본》과 쌍벽을 이룰수 있는 문법서로서 15세기 우리 말의 형태론의 완성과 아울러 우리 말 변천사의 토대로 되는 문법연구에 특기할만한 저서로 인정받고있다. 이 책은 체계면에서는 최현배의 《우리 말 본》의 체계를 이어받고있지만 그 연구방법이나 리론면에서 《우리 말 본》과 다른 점들이 많다. 우선 연구방법론에서 이 책은 구조주의 기술문법을 기본바탕으로 하고있으며 변형생성문법도 부분적으로 중세어연구에 도입하여 우리 말 연구에 참신한 모습을 보여주고

있다.

이 문법서의 내용상의 특점들을 보면 우선 우리 말 연구에서 뜻보다 형태와 기능을 더 중시하고 문법범주에 대하여서도 보다 엄격한 구분을 한것이다. 문법범주에서 음운론을 빼고 형태론과 통어론만 남기고 그 구별표식을 《우리 말 본》처럼 단어나 문장에 둔것이 아니라 언어형식에 있어서의 자립형식, 구속형식, 최소자립형식에 두었다. 형태론은 조어법과 굴곡법으로 나누었으며 굴곡법을 또 순수한 굴곡법과 준굴곡법으로 나누었다. 여기서 말하는 조어법은 파생법과 합성법을 가리키며 굴곡은 품사의 끝이 결합될 때의 토의 변화를 가리킨다. 이와 같은 방법에 따라 어근, 굴곡접사, 파생접사 등을 형태소로 설명하였다. 다음, 형태론의 세부체계에 관해 체언의 분류, 용언의 분류, 격조사의 분류 및 맺음씨끝의 설정, 안맺음씨끝의 설정에 있어서 형태와 기능을 중요한 의거로 삼았으며 문장의 구성중심을 서술어에 두었다. 구체적으로 보면 체언을 이름씨, 대이름씨, 셈씨로, 용언을 움직씨, 그림씨, 잡음씨로, 격조사를 임자자리토씨, 부림자리토씨, 위치자리토씨, 겸줌자리토씨, 방편자리토씨, 매김자리토씨, 부름자리토씨로 나누었고 맺음씨끝은 한기능법과 두기능법으로 나누고 다시 한기능법을 마침법, 이음법으로, 두기능법을 이름법, 매김법으로 나누었으며 안맺음씨끝은 높임법, 인칭법, 주제-대상법, 때매김법, 강조-영탄법으로 나누었다. 그리고 문장성분으로 풀이말(서술어), 임자말(주어), 부림말(목적어), 위치말(위치어), 견줌말(대비어), 방편말(방편어), 어찌말(부사어), 인용말(인용어), 매김발(관형어), 홀로말(독립어) 10개로 분류하고 문장의 중심이 되는 성분을 서술어로, 다른 문장성분들은 서술어에 종속되는 관계에 있다고 하였다. 그리고 종속관계에 따라 3개 기능으로 나누었는데 서술어와 직접 관계를 맺는 주어, 목적어, 위치어, 대비어, 부사어, 방편어, 인용어를 1차 기능으로 보고 다른 말을 중간에 개재시켜서 서술어와 간접적인 관계를 맺는 관형어를 2차 기능으로 보았으며 독립성이 강해서 서술어와의 관계가 한층 더 간접적인 독립어를 3차 기능으로 삼았다. 이러한 분류와 견해 특히 서술어를 중심으로서 한 세 기능설은 이전의 문법서들에서 볼수 없는것들이다.

이 시기의 중요한 문법서들로는 김민수와 허웅의 저서외에도 박창해의 《한국어 구조론연구》, 안병희의 《문법론》, 김석득의 《국어형태론》 등을 들수 있는데 1950년대와 비교해보면 단순한 품사론연구에서 끝인것이 아니라 문장론에 대한 연구가 점차 폭넓게 이루어지기 시작하였으며 형태론의 연구를 통사론적 각도에서 연구하는 경향이 짙어지기 시작하였다. 이런 연구는 1950년대의 단순한 구조주의리론의 도입과는 달리 변형생성문법의 도입과 직접적인 련관이 있다. 그리하여 연구령역이 넓어지고 항목들이 다채로와져 격과 주어문제, 주제화, 대용과 생략, 수량화, 사동과 피동, 부정법, 관계화, 보문화, 접속화, 문체법, 경어법, 시제와 동작상, 서법, 양태, 특수조사, 조동사, 부사, 이야기, 시문법, 유아문법, 통사구조, 의미서술 등이 전문연구과제로 설정되였다. 여기서 말하는 보문화는 전통문법의 인용토《고》에 의해 인용된 종결토로 끝나는 간접인용문과 부분적 포유문의 명사절, 부사절과 관형절을 가리키며 관계화는 관형절 대부분을 말한다.

　　이러한 연구항목들에서 부분적 론의내용을 좀 더 구체적으로 보면 전시기부터 많이 연구되여온 이중주어설을 대주어와 소주어로 해석한것도 있고 큰데로부터 작은데로, 추상적인데로부터 구체적인데로의 순서배렬로 해석한것도 있으며 주제화로 해석을 노린것도 있다. 부정법에서는《-지 않다, -지 못하다》등에 대해 이전에는 부정조동사에 의존하는 절차와 《안/못》과 같은 부정부사에 의존하는 절차가 있다는 정도에 대한 인식에 그치여 의미상의 차이를 다루지 못하였지만 이 시기에 들어서 변형생성문법의 도입으로 심층구조를 분석하면서 그 의미상의 차이를 파고들었는데 종전의 연구방법과는 달리 문장속에서의 관계와 특성에 연구초점을 모으고있다.

3. 변형생성문법리론의 전성기

　　1960년대 중반부터 우리 말 연구에 가끔 도입되기 시작한 변형생성문법리론은 1970년대중반부터 1980년대말까지 전성기를 이루었다. 이 시기에는 전시기의 문법연구가 문장을 최대의 단위로 잡던데로부터 이야기까지 단위가 확대되였으며 변형생성문법을 바탕으로 한 의미론, 격문법, 화용론 등 새로운 리론들이 우리 말 연구에 도입되였다. 연구범위가 현대어, 고대어, 방언 등으로 확대되고 연구내용도 전시기의 부분별연구방법을 계승하고 체계화한데서 많은 연구성과들을 이루었다.

이 시기에 주목을 끄는 연구성과들로는 서정수의 《국어구문론연구》, 남기심의 《국어문법의 시제문제에 관한 연구》, 김종택의 《국어화용론》, 신창순의 《국어문법연구》, 노대규의 《국어의 감탄문연구》, 홍사만의 《특수조사의 연구》, 김일응의 《우리 말 내용어연구》, 박선자의 《한국어 어찌말연구》, 김영희의 《한국어 셈술화 구문의 통사론》, 권재일의 《국어의 복합문 구성 연구》, 장경희의 《현대국어의 양태범주》, 남기심, 고영근의 《국어의 통사의미론》, 김민수의 《국어의미론》, 이익섭, 임홍빈의 《국어문법론》, 박영순의 《한국어통사론》, 최창렬, 정교환, 권기석 등 15명 학자들의 분담 집필한 《국어통사론》 등이 있는데 대부분 1970년대 중반과 80년대중반에 나온 저서들로서 변형생성문법을 기본 바탕으로 우리 말의 문법현상들을 연구하였다. 이 시기의 가장 중요한 저서의 하나로는 1985년에 출판된 남기심, 고영근의 《표준국어문법론》이라고 할수 있다.

《표준국어문법론》은 크게 총론, 형태론, 통사론으로 구성되였는데 총론에서는 국어와 국어문법, 국어의 특징과 국어문법의 어제와 오늘을 개략적으로 소개하였으며 형태론에서는 형태소와 단어, 품사분류의 기준과 실제, 체언과 조사, 활용론, 관형사, 부사, 감탄사, 품사의 통용, 단어 형성의 원리 등을 다루었고 통사론에서는 문장의 성분, 문법요소의 통사적 기능과 그 의미, 문장의 짜임새 등을 취급하였다.

이와 같은 구성에서 조사는 최현배와 같은 준종합주의체계를 취하여 품사분류에 넣고 그 기능에 따라 격조사, 접속조사, 보조사로 나누었고 어미는 활용론에 귀속시키고 어미의 위치에 따라 선어말어미와 어말어미로 나누었다. 이 분류는 어미에 대해 기능을 중요한 의거로 삼고 고찰하였음을 설명한다.

그리고 문장성분을 문장을 구성하는 요소들이라고 정의하고 문장에서의 성분들의 기능을 주요한 분류의거로 삼고 문장의 구성에 어떤 성분이 필요한가에 따라 먼저 주성분(문장성립에 필수적인것으로 그것이 빠지면 불완전한 문장이 되는 성분)과 부속성분(문장성립에 필수적으로 요구되는 것이 아닌 성분)으로 나누고 주성분에 주어, 서술어, 보어, 목적어를 두고 부속성분에 관형어, 부사어를 두었으며 문장성분중의 어느것과도 관계없는 독립성분으로 독립어를 설치하였다. 여기서 특색적인것은 보어의 설정인데 이왕의 문법서와는 달리 《이다》, 《아니다》, 동사 《되다》와 결합된 《체언+ 이/가》를 보어로 본것이다. 이렇게 본 리유는 이때의 《-이/가》가 서술절의 주어도 아니고 또 수의적인 부사어도 아닌 독특한 필수적인 문장성분으로 된다는것이다. 문장성분이 될수 있는 단위로 단어, 어절, 구, 절을 설정하고 조사는 품사류에 속하지만 단독으로 문장의 성분이 될수 없으므로 반드시 체언이나 체언의 구실을 하는 말에 붙어 어절을 이루어야만 문장성분으로 될수 있다고 밝혔다. 그리고 구는 둘이상의 단어가 한 덩어리가 되여 마치 한 품사의 단어처럼 쓰이는것이며 절은 주어, 서술어를 갖춘 온전한 문장이 한 품사의 단어처럼 쓰이는것이라고 하였다.

다음 문법요소의 통사적기능에 사동과 피동, 시제와 동작상, 높임법 등을 다루었다. 사동에서는 우선 남으로 하여금 어떤 동작을 하게 하는 동작을 사동이라 하고 이러한 표현을 사동법이라고 정의한후 사동방식에 따라 사동사에 의한 사동문과 《-게 하다》에 의한 사동문으로 나누고 량자의 의미적차이와 통사적차이를 분석하였다. 피동은 어떤 행위나 동작이 주어로 나타난 인물이나 사물이 제 힘으로 행하는것이 아니라 남의 행동에 의해서 되는 행위를 피동이라 하고 이러한 표현법을 피동법이라 정의하고 피동사에 의한 피동문과 《-어지다(아지다)》에 의한 피동문으로 나누고 량자의 통사적차이를 분석하였다. 시제에 대해서는 종결형에서 표시되는 절대적시제와 관형사형으로 표시되는 상대적시제로 나누고 발화시를 중심으로 현재시제, 과거시제, 미래시제로 나누었으며 이전에 상이라고 하던 술어를 동작상이라 하고 완료상, 진행상, 예정상으로 나누었다. 예정상은 《우리도 그곳에서 <u>살게 되였다</u>》와 같은 형에서의 밑줄을 친 부분을 가리킨다. 서법에서는 우선 화자의 태도가 청자의 행동을 요구하는가 요구하지 않는가에 따라 무의지적서법과 의지적서법으로 나누고 무의지적서법은 선어말어미에 의해 나타나고 의지적서법은 어말어미에 의해 나타남을 밝히고 무의지적서법에 직설법, 회상법, 추측법, 원칙법, 확인법이 있고 의지적서법에 명령형, 청유형, 약속평서형이 있음을 설명하였다. 그리고 이전부터 대우법이요, 겸손법이요, 존대법이요 하면서 학자마다 다른 술어를 써오던 남을 높여서 말하는 법을 높임법으로 개괄하고 우리 말에서의 높임법의 특성에 따라 주체높임법, 상대높임법과 특수어휘에 의한 높임법으로 나누었으며 화자가 종결어미에 의지하여 청자에게 자기의 생

각을 표달하는 방식에 따라 평서문, 감탄문, 의문문, 명령문, 청유문으로
나누었다.

단일문과 복합문에 대해서 홑문장과 겹문장이란 술어로 나누고 주어
와 서술어의 결합이 몇번 이루어졌는가를 기준으로 잡았다. 이 책의 정의
를 보면 홑문장은 주어와 서술어가 하나씩 있어서 그 관계가 한번만 이루
어진 문장이고 겹문장은 주어와 서술어의 관계가 한번이상 이루어진 문장
이다. 이 원칙에 따라 절이 문장성분으로 되는 문장을 겹문장으로 다루고
겹문장을 안긴문장(한 문장이 그속에 다른 한 문장을 한 성분으로 안고있
는 문장)과 이어진 문장(둘 이상의 문장들이 나란히 이어져 더 큰 문장을
이루는것)으로 나누고 이어진 문장을 다시 그 의미적 련결에 따라 대등과
종속 겹문장으로 하위분류를 하였다.

이 문법서는 전반 문법연구의 흐름에 따라 문법연구의 범위에 이야기
를 망라시키고 우선 이야기를 문장단위와 밀접히 결부시켜 화용론적 각도
에서 문장과 이야기의 관계를 론의하였으며 이야기에서의 문장성분의 생
략, 보조사의 기능과 쓰임 및 물음과 대답의 특성을 서술하였다.

이 시기의 문법연구를 요약해보면 변형생성문법이 우리 말 문법연구
에 도입되었을뿐만아니라 해석론, 몬태규리론 등도 우리 말연구에 빛을
던져주기도 하였다. 따라서 우리 말 연구는 단순한 전통문법이나 구조주
의 문법에만 매달리던데로부터 다양한 언어리론들을 수용하게 되였다. 문
법연구가 어느 한 기준이나 리론에만 치우치지 않고 보다 전면적으로 활
발히 전개되였으며 연구령역이 넓어지고 연구항목이 세분화되었다.

4. 외부리론의 재검토와 우리 말 특성에 맞는 문법연구

우리 말 문법에 대한 연구는 1990년대에 들어서면서부터 전시기의
전통문법, 구조주의문법, 변형생성문법에 의한 문법연구들을 전면적으로
재검토하고 우리 말의 특성에 맞는 연구방법들로 문법을 연구하는 방향으
로 나아가고있다. 그리하여 전시기의 우리 말 연구에 합리한 언어리론들
이 우리 말 연구에 융합되여 체계를 이루는 한편 응용언어학이 활기 띠고
계량적연구가 심입되면서 우리 말을 기본바탕으로 하는 리론연구가 점차

주도적위치를 차지하고있다. 이 시기의 중요한 문법저서들로는 허웅의 《2
0세기 우리 말의 형태론》《20세기 우리 말의 통어론》, 서정수의 《국어문
법》 등이 있다.

① 《20세기 우리 말의 형태론》

1995년에 출판된 허웅의 《20세기 우리 말의 형태론》은 우리 말에
대한 저자의 지극한 사랑과 얼이 깃든 문법대작이라고 할수 있다. 이 책
은 말본의 기본 뼈대, 형태론(1), 형태론(2), 형태론(3) 네 묶음으로 되었
다. 첫째 묶음에서는 토씨의 갈래, 자리토씨, 이음토씨와 부름토씨, 도움
토씨, 특수토씨를 취급하였다.

이 책의 문법구성단위를 보면 형태소→낱말(단어)→말토막(어절)→월
(문장)→대목(문단)→마리(글)와 같은 단위들이 있는데 말토막과 월의 사
이에 마디와 이은말이 있을수도 있고 없을수도 있다고 하였다. 여기서 말
하는 마디는 임자말과 풀이말의 관계로 결합된 형태이고 이은말은 그런
관계로 이루어지지 못한 형태를 말하는데 이를테면 《얼굴이 희기가 눈과
같다》에서의 밑줄을 친 부분이 마디이고 《사람과 말이 다 피로하였다.》에
서의 밑줄을 친 부분이 이은말이다.

이 구성단위들을 작은데로부터 큰데로 올라가며 보면 형태소는 낱말
이나 말도막을 이룸에 있어서 그 자격에 따라 뿌리와 가지로 나뉘는데 뿌
리는 낱말이나 말토막의 중심으로 되는 형태소이고 가지는 뿌리에 딸려서
말 본뜻을 나타내거나 새로운 낱말을 만드는 형태소이다. 낱말은 그 꼴
(형태)과 구실(기능)에 따라 이름씨(명사), 대이름씨(대명사), 셈씨(수사),
움직씨(동사), 그림씨(형용사), 잡음씨(지정사), 매김씨(관형사), 어찌씨(부
사), 이음씨(접속사), 느낌씨(감탄사), 토씨(조사) 11품사로 나누었다.

월조각(문장성분)분류는 풀이말을 중심으로 다른 월조각(문장성분)들
이 풀이말에 이끌리는 역학관계에 따라 임자말, 부림말, 위치말, 방편말,
견줌말, 어찌말, 매김말, 홀로말로 나누었다. 이와 같은 분류는 우리 말에
서 풀이말이 문장의 중심으로 된다는 특성에서 나온것으로서 기타 모든
성분들이 중심성분과 어떠한 관계에 놓여있는가에 따라 확정한것이다. 이
를테면 《홀로말》은 기타 성분에 비교해보면 풀이말과의 긴밀도가 훨씬

덜하다는 리유로 설정된것이라고 할수 있다.

다음 풀이씨(용언)의 씨끝에 대해 굴곡의 형태와 기능에 따라 《맺음씨끝》과 《안맺음씨끝》으로 나누었다. 맺음씨끝은 다시 풀이말(서술어)의 한 자격만 가지는 기능과 풀이말의 자격외 다른 월성분의 자격을 더 가지는 두 자격 기능특성에 따라 한자격법과 두자격법으로 갈랐으며 한자격법에 의향법(마침법)과 들을이높임법, 이음법을 두고 두자격법에 이름법, 매김법, 어찌법을 다루었고 안맺음씨끝은 그 기능에 따라 높임법, 때매김법, 다짐법으로 분류하였다. 이러한 법들의 정의와 분류를 부분적으로 보면 의향법은 말할이가 들을이에게 어떠한 요구가 있는가 없는가를 나타내는 풀이씨의 끝바꿈법으로 서술법, 물음법, 시킴법, 함께법이 있고 들을이높임법은 말할이가 들을이를 어느 정도 대우하느냐를 나타내는 끝바꿈법의 범주로서 낮춤, 예사 높임, 아주 높임이 있으며 때매김법은 풀이씨가 나타내는 어떠한 움직임이나 상태가 때의 흐름에서 차지하는 모습, 때의 흐름과 관련된 여러가지 사실들이 풀이씨의 끝바꿈으로 표현되는 말본의 범주로서 현실법, 완결법, 미정법, 회상법이 있다고 하였다. 이외 다짐법은 말할이가 들을이에게 어떠한 사실을 확인하며 다지거나 버릇을 나타내는 굴곡의 한 범주로서 주로 《것》과 《겠》에 의해 표시된다고 하였다.

홀월과 겹월(단순문과 복합문)의 계선을 긋는데는 임자말과 풀이말의 관계가 몇번 이루어졌는가를 기준으로 임자와 풀이의 관계가 한번 이루어진것이면 홀월로 보고 두번이상 이루어진것이면 겹월로 보았다. 이러한 기준에 따라 이전에 이중주어 또는 대소주어설로 많이 론의되여온 《코끼리는 코가 길다.》와 같은 형태를 임자와 풀이의 관계가 두번 이루어진것으로 보면서 겹월로 다루었다. 겹월의 하위분류는 의미적 련결에 따라 《딸림성》(종속성)과 《맞섬성》(독립성)으로 갈랐는데 《봄이 오니 얼어붙은 땅에도 꽃이 핀다.》와 같은 문장을 딸림겹월로 보고 《오늘은 비가 오고 바람이 분다.》와 같은 문장을 맞섬겹월로 보았다.

총적으로 《20세기 우리 말의 형태론》은 일반 언어리론을 도입하여 우리 말의 짜임새를 기본바탕으로 문법체계를 구성한 대작이라고 할수 있는바 문법술어가 다 고유어로 되여있고 또 한자격과 두자격설을 제기하면서 부동한 문법범주가 한 형태에 공존하는 우리 말의 특성에 맞게 기틀을 세운데서도 이 점을 충분히 느낄수 있다.

② 《국어문법》

1996년에 나온 서정수의 《국어문법》은 최현배의 《우리 말 본》, 허웅의 《우리 옛말 본》과 어깨겨룸을 할만한 문법대작으로서 우리 말 문법연구에서 아주 중요한 위치를 차지한다. 이 책은 초기변형생성문법을 기본연구방법으로 삼고 전통문법과 구조주의문법의 장점도 도입하였는데 책의 구성을 대체로 문장의 구성소, 단순문, 복합문으로 나누고 문장의 구성소 부분에서 형태소, 낱말을 다루고 단순문부분에서 품사분류, 문장성분, 구, 시제와 상, 서법, 부정문, 대우법 등을 서술하였으며 복합문부분에서 부사절 포유문, 관계절, 보족절 및 인용절 등을 소개하였다. 우선 문장의 최소단위를 형태소로 잡고 기능에 따라 자립형태소와 의존형태소, 실질형태소와 형식형태소로 나누었고 낱말은 구조류형에 따라 단순어와 복합어로 가르고 결합방식에 따라 복합어를 파생어와 합성어로 갈랐다. 품사분류는 기능을 주요한 분류기준으로 삼고 체언에 명사, 대명사, 수사를; 용언에 동사, 존재사, 형용사, 지정사를; 수식어에 관형사, 부사를; 독립어에 감탄사, 간투사를 설치하였다.

《문장성분》에 대해서는 기능성분이란 술어를 쓰면서 기능에 의한 분류를 하였다. 여기서 말하는 기능이란 문장을 이루는 어떤 성분이 그 문장안에서 차지하는 자리나 딴 성분과의 문법적관계에 따라 드러내는 구실을 가리킨다. 이 분류기준에 따라 맞물린성분들만 분류하였는데 필수성분에 주어와 서술어, 임의성분에 관형어, 부사어, 목적어, 보어를 설치하였다. 필수성분과 임의성분의 가름은 문장에서 없어서는 안될 성분인가 아니면 그러한 성분들이 없이도 문장이 이루어질수 있는가에 기준한것이다. 여기서 특색적인것은 부사어와 보어에 대한 해석이다. 부사어는 부사나 그와 같은 수식기능을 가진 낱말이나 구 또는 절을 통털어 일컫는 문장성분으로서 이를테면 아래와 같은 례들에서 밑줄을 친 단어들이 부사어에 속한다.

례:

낙엽이 <u>우수수</u> 떨어진다.

그 사람은 <u>집에</u> 있다.

학생들은 <u>선생님께</u> 책을 사드렸다.

　　　무릇 사람은 처신을 잘해야 한다.
　　　확실히 그이는 그 녀자를 믿고 서슴없이 돈을 맡겼다.

　보어는 명사구와 지정사 《이다》거나 그 부정형 《아니다》가 어울린것
을 말한다.

　　례:
　　　　그 사람은 문지기이다.
　　　　그 사람은 내가 아는 친구이다.
　　　　그 사람은 바보가 아니다.

　이러한 형태들을 보어로 분류하는것은 《이다》를 용언의 일종으로 보
기때문인데 그 근거로는 《이다》가 동사나 형용사처럼 시제나 서법 요소
와 직접 맞물리며 또 《이다》에 실질적의미가 없기에 서술적기능을 돕는
보어가 필수적이라는것이다.
　그리고 시제는 일정한 시점을 기준으로 사태의 시간적위치를 나타내
는 문법범주로 정의하고 현재, 과거, 미래 시제로 분류하고 상은 한 상태
가 일정한 시역안에서 시간적으로 변화하는 양상을 나타내는 문법범주로
정의하고 크게 완결상과 미완결상으로 가르고 미완결상에 진행상, 반복
상, 습관상으로 하위분류를 하였다. 서법은 말할이가 문장의 내용에 대하
여 가지는 정신적태도를 나타내는 문법범주라고 정의하면서 분포관계에
따라 문말서법과 비문말서법으로 나누고 문말서법을 서술법, 약속법, 의
문법, 명령법으로 분류하고 비문말서법을 추정법, 의도법, 알림법으로 분
류하였다. 부정문에 대해서는 문장류형과 부정성분에 따라 기본부정법,
명령/청유부정법, 특수부정법, 접두부정법, 겸부정법으로 나누었고 대우법
은 크게 존대말과 비존대말로 가르고 존대말은 아주 높임과 예사 높임,
비존대말은 예사 낮춤과 아주 낮춤으로 나누었다.
　단일문과 복합문에 대해서는 단순문과 단일문을 동일한 문장단위로
보고 단순문과 복합문을 서로 대응되는 범주로 다루었는데 단순문과 복합
문의 구별표식을 주로 주어와 서술어의 결합에 두고 주어와 서술어의 결
합이 한번만 이루어진 문장은 단순문이라 하고 주어와 서술어의 결합이
두번이상 이루어진것이면 복합문이라고 하였다. 연구방법은 생성문법리론
을 바탕으로 표면구조가 심층구조에서 어떻게 표현되는가를 주요한 분석

대상으로 잡았다. 하여 주어와 서술어의 결합을 그 기저구조에서 즉 심층구조에서 살펴보고 결합이 두번이상 이루어진것이면 복합문으로 보고 한번만 이루어진것이면 단순문으로 잡았다. 이를테면《내가 읽은 책을 딴 사람에게 주었다》는 표면구조만 보아서는 주어와 서술어의 결합이 한번만 이루어진것 같지만 실상은《나는 (이) 책을 읽었다》,《나는 (이) 책을 딴 사람에게 주었다》는 기저구조에서 이루어진것으로서 주어와 서술어가 두번 결합된 문장이므로 복합문이라는것이다. 그리고 복합문의 의미적련결에 따라 대등접속문과 포유문으로 가르고 대등접속문에 병렬접속, 선택접속, 대조접속을 포유문에 부사절포유문, 관형절포유문, 인용절포유문을 포함시켰다.

　　대체적으로《국어문법》은 기존의 연구들을 객관적으로 총화하고 참고한 기초우에서 우리 말의 구조와 특성에 착안점을 두고 변형생성문법을 기본수단으로 전통문법과 구조주의 기술문법을 보충수단으로 우리 말을 전면적으로 고찰하고 분석하면서 실질적 언어재료를 바탕으로 우리 말의 문법체계를 새롭게 구성한 대작이라고 할수 있다.

　　광복후 한국에서의 우리 말의 문법연구는 규범문법으로부터 학술문법으로 과도하는 단계를 거치였고 전통문법, 구조주의문법, 변형생성문법 등 언어리론들을 수용하는 과정에 국외의 언어리론들을 맹목적으로 받아들이던데로부터 우리 말 연구에 알맞게 도입하여 우리 말의 문법체계를 세우고 발전시키였다. 특히 1990년대에 들어서서는 응용언어학과 계량적 연구방법이 성행하면서 우리 말의 언어실태를 바탕으로 하는 문법연구가 본격적으로 펼쳐지여 품사나 분류하고 문장성분이나 가르던 좁은 문법연구범위를 벗어나 언어환경연구, 다학과간의 협작 등으로 연구범위가 넓어진 동시에 구체적인 연구항목이 세분화한 방향으로 발전해왔다.

20세기 한국어 연구에서의
서구 언어이론의 유입1)

(한국) 임형재

20세기, 100년의 한 세기는 천년의 바뀜과 맞물려 앞선 어느 세기들보다 화려하게 그 마지막을 기념했다. 또 이를 계기로 한 세기, 천년을 정리하는 많은 행사들이 진행되었으며, 각종 매스컴에서는 새 세기보다는 새 천년을 말했고 많은 사람들은 이에 더 깊은 관심을 나타냈다.

국어학계에서도 여러 차례에 거쳐 20세기를 정리하는 행사가 있었고 많은 학자들이 관심어린 눈길로 이 행사들을 지켜보았다. 모두들 한 세기를 정리, 평가하는 마무리 행사라는 점에서 그렇게 흥미를 표했을 것이다. 또 21세기라는 새로운 미개척의 시간들을 개척해야 할 책임감도 한 몫 했을 것이다.

20세기 국어학의 연구는 20세기 언어학의 연구와 불가분의 관계로 따로 떼어 언급할 수는 없을 것이다. 더욱이 50년대 초 남북이 전쟁을 치른 이후 국어학은 서구 언어학의 도입으로 서구 언어학의 변화와 그 행보를 같이 하고 있다고 해도 과언이 아니다. 우리는 언어학을 다루면서 전통문법이론으로부터 구조주의이론으로, 그리고 다시 변형생성문법으로 이어지는 일련의 흐름을 익히 잘 알고 있다. 그래서 국어학의 연구에 뜻을 둔 학생들은 입문과 더불어 Saussre의 『일반언어학강의』를 필두로 Roman Jakobson, Trubetzkoy 등의 이론서적을 읽게 되고, 이어 Bloomfield의 『언어』와 Chomsky의 언어이론으로 이어지는 일련의 학습을 한다. 이러한 의미에서 20세기 국어연구에서 찾을 수 있는 서구 언어이론의 유입 과정을 정리해보는 것도 일단의 의의를 갖는다고 하겠다.

본 논문에서는 시기별로 네 부분, 전통문법시기, 구조주의 언어학의 유입, 외국이론의 수용과 적용, 21세기 과제로 나누어 정리해보고자 한다.

---

1) 이 론문의 저자는 한국인이므로 본 론문은 한국식 표기법을 그대로 적용한다.—편자

1. 전통문법시기

1.1 언어학에서의 전통문법

전통문법(Traditional Grammar)은 바른 언어생활이라는 실용적인 목적에서 전통문법이 기술되고 활용되어 왔다는 점에서 학교문법(School Grammar) 또는 실용문법 (Practical Grammar)이라 부르기도 했다. 이는 전통문법이 확립된 뒤로는 그것은 학문의 대상이라기보다는 교육과 언어생활의 기준으로 여겨지는 것에서 기인한다.

이 전통문법의 특징을 정리해 보면 아래 다섯 가지로 정리할 수 있다.

첫째, 전통문법의 가장 두드러진 특징은 규범문법(Prescriptive Grammar)이라는 점에 있다. 이 문법이 바로 쓰고 바로 말하는 기준, 곧 규범이 되는 것이다.

둘째, 전통문법의 또 한 가지 특징은 언어의 의미기능을 중요시하는 점이다. 언어는 형식(말소리)과 내용(의미)의 두 가지 요소로 이루어지는 것인데 전통문법에서는 후자에 더 중점을 둔다. 전통문법에서는 문법의 기초가 되는 품사의 이름 같은 것도 대부분 의미를 바탕으로 결정하였다.

셋째, 전통문법에서는 인간의 모든 언어는 본질적으로 공통성을 가진다고 보는 언어 보편성의 언어관이 주가 되었다. 로마의 문법가들이 그리스어를 바탕으로 구분한 문법범주(품사, 격, 수, 시제 따위)를 거의 그대로 따다가 라틴말 문법체계를 세운 사실만 하더라도 두 언어가 본질적으로 동일하다는 견해를 가지고 있었기 때문이다.

넷째, 전통문법은 공시성과 통시성의 구분이나 구어와 문어의 구분을 하지 않고 언어자료를 다루는 것이 또한 특징이다. 언어자료를 분석하는 데에 일정한 시기를 구획하지 않고 옛말과 현재 쓰이는 말을 한데 섞어서 다루기도 하고, 일상 쓰이는 구어체와 문헌에 적혀있는 문자언어, 심지어는 문어체의 글까지도 가리지 않고 다룬다.

다섯째, 전통문법은 소리, 의미 및 구문론적 관계들의 층위(level)를 특별히 구분하지 않고 함께 포괄하여 다루는 경향을 가진다. 그래서 전통문법에서의 문법은 음운론, 의미론(또는 어휘론), 문장론(형태론과 구문론)들이 다 포함된 것을 가리킨다.

　　전통문법은 오랜 발달사를 거쳐서 인류에게 문법의식을 심어주었고 언어 현상에 나타나는 문법적 특성을 수없이 많이 수집하고 분석하였다. 또 그 나름대로의 문법체계를 여러 가지로 시도하고 문법사실을 설명하는 업적을 꾸준히 쌓아 왔다. 이런 점에서 그 목적이 실용적인 면에 있었다고 할 수 있으며, 전통문법이 오랜 세월에 걸쳐서 쌓아 올린 문법의 교육과 실용 및 언어분석에 끼친 성과는 참으로 크다고 할 수 있다. 하지만 과학적인 방법론이 현대처럼 발전하지 못한 시기에 이루어졌으므로 조금은 모자라고 부족한 점이 있다.

　　전통문법은 비록 인간에게 내재된 언어 능력을 밝히려는 뚜렷한 목표를 내세운 이론은 아니지만 언어사용자의 언어적 직관을 기술, 설명하려고 노력하였으며 아울러 많은 연구거리를 제공하였다는 점에서 언어학적 문법을 이루는 토대와 발판을 마련하여 주었다고 할 것이다. 그러나 일반적으로 전통문법에 대해 언급함에 있어 단점으로 비판받는 부분이 많지만 위에 언급한 내용 중에서 두 가지만 간단히 언급한다면, 네 번째 특징은 전통문법의 대표적인 단점으로 지적이 된다.

　　앞서 언급했듯이 전통문법에서는 통시성과 공시성을 갖는 자료를 한꺼번에 다루고 있을 뿐만 아니라 오히려 고전적 언어가 순수한 것으로 받아들여져 이를 더 중시하는 경향이 있었다. 이를 현대 구조주의에서 비판하는 것이다. 두 번째로 비판을 받는 부분은 전통문법이 실용적인 면, 즉 언어 교육과 실생활의 언어생활 규범을 세우는데 중점이 있어 학문적 관심사로서의 언어연구나 과학적인 언어기술에서 많은 모자란 점이 많다는 것이다.

　　일반적으로 전통문법을 학문적인 관점에서 보게 된 것을 19세기 중엽으로 본다. 이때부터 문법의 연구가 학문적인 연구의 대상으로 인식되면서 과학적인 분석이 드러나기 시작하였다. 그것은 역사언어학과 비교언어학이 발전되면서 문법연구가 실용적인 단계를 벗어나 학문적 관심사로 여겨지는 경향이 나타났기 때문이다.

　　이 전통문법의 개념과 발전의 양상을 살핌과 동시에 국어에서의 전통문법을 세밀히 살펴볼 필요가 있다. 위에서 기술한 전통문법의 성격은 국어의 문법기술에도 투영이 되어 주시경(1910) 『대한국어문법(국문강의)』, 최현배(1937) 『우리 말본』, 박승빈(1935) 『조선어학』의 형태로 나타나게 되는데 이 문법서들은 현대 언어학 이론에 비추어 볼 때에는 여러 가지로 모자란 바가 있지만 국어문법의 특성을 깊이 통찰한 연구 성과가 곳곳에 스미어 있음을 쉽게 찾아볼 수 있다.

전통문법을 통한 국어연구에 대한 논란은 아래에서 좀 더 자세히 다루도록 한다.

1.2 국어문법에서의 전통적인 세 구분

실제로 현대 서구 언어학의 도입은 1897년 東文學파인 리봉운의 『국문정리』가 출간된 이후부터라고 할 수 있다. 이때부터를 현대 국어학의 시기로 정의하고 이 시기부터를 서양어학을 받아들인 국어학 연구의 시작으로 본다. 이러한 의미에서 20세기의 시작과 더불어 우리 국어학 연구에서는 서구 언어학이 도입된 것으로 볼 수 있다.

하지만 이 시기를 좀 더 세분할 필요가 있다. 1910년 전후까지는 고전 국어학인 동문학의 영향을 받아 고전 국어학을 기본으로 서구의 이론을 가미하려고 시도한 시기, 신문법시기라고 할 수 있다. 또 1930년까지는 신문법에서 일본인의 번안문법을 받아들이면서 위에서 언급한 서양의 전통문법으로 전환되는 전환문법시대로 정의할 수 있다. 이후 1950년까지는 전통문법을 다지고 서양의 선진 문법이론을 받아들이며 일본의 문법 발전을 수용하는 종합문법 시기가 이어진다.

이러한 과정에서 국내인에 의한 문법연구도 활기를 띠기 시작했는데 국내 연구자에 의한 연구의 시작은 1908년 최광옥을 시작으로 보는 견해와 유길준으로 보는 시각이 있다. 유길준으로 보는 시각은 김민수(1960) 『국어 문법론 연구』에 의한 것으로 최광옥의 『대한문전』이 유길준의 『대한문전』의 제4차 교본이라고 보는 것에 기초한다. 하지만 김석득(1983)의 『우리 말 연구사』에서는 두 책을 독자적인 견해를 가지고 있는 것으로 본다. 필자는 이러한 관점에 따라 최광옥의 『대한문전』을 시작으로 한다.

이후 1963년 학교 문법 통일안이 발표되기까지의 우리 전통문법에서 논의되어 온 주요 문법서들을 김윤경(1963)에서 제시된 구분 유형 곧

종합적 체계, 절충적 체계, 분석적 체계로 나눠 살펴보고자 한다.

　　종합적 체계는 체언과 용언에 있어서 그 구성요소가 되는 어휘 형태와 문법 형태를 전부 합하여 한 단어로 보는 견해로 어휘형태 자체가 변화를 일으켜 문법적 기능이 표시된다고 보는 것이다. 실질적인 뜻이 있는 부분을 실사 또는 어휘적 형태소, 실질적인 뜻이 없는 부분을 허사 혹은 문법적 형태소라고도 할 수 있다. 이러한 종합적 체계를 따르고 있는 학자들과 문법서를 살펴보면 아래와 같다.

　　김규식(1908)『대한문전』
　　김민수(1960)『국어문법론연구』
　　이숭녕(1954)『고전문법』
　　장하일(1949)『표준말본』
　　정렬모(1946)『신편고등국어문법』
　　최태호(1957)『중학말본』

　　절충적 체계는 체언에 붙어 문법적 기능을 표시하는 것을 따로 하나의 독립된 범주로 보고 용언에 붙는 것을 어미라고 하여 독립된 범주로 보지 않고 활용으로 처리하는 것이 대표적인 견해이다. 즉 체언에 붙는 것을 조사로 용언에 붙는 것을 어미의 활용으로 처리하는 범주 구분 체계다. 이러한 범주 구분을 했던 대표적인 문법서는 아래와 같다.

　　남궁억(1913)『조선어문법』
　　박상준(1932)『개정철자준거조선어법』
　　박종우(1946)『한글의 문법과 실제』
　　박창해(1946)『쉬운조선말본』
　　박태윤(1948)『중등국어문법』
　　이인모(1949)『재미나고 쉬운 새조선말본』
　　이희승(1955)『국어학 개설』
　　정인승(1956)『표준중등말본』
　　최현배(1937)『우리 말본』

　　분석적 체계는 한국어에서 체언과 용언에 붙는 문법형태를 나누어서 각기 다른 문법적 요소로 보는 것이다. 이러한 견해를 가진 학자들의 분류법을 살펴보면 두 가지로 다시 나누어진다. 첫째는 조사와 종결사를 각기 독립적인 범주로 묶은 것과, 둘째는 이 둘을 하나의 범주로 보는 견해이다. 북한의 문법서에서 조사와 어미를 모두 '토'로 보는 견해가 바로 이를 따르는 것이다. 이러한 견해를 가진 대표적인 학자와 문법서는 아래와 같다.

　　　　김두봉(1922)「깊더 조선말본」
　　　　김윤경(1957)「고등 나라말본」
　　　　박승빈(1935)「조선어학」
　　　　심명균(1933)「조선어문법」
　　　　유길준(1909)「대한문전」
　　　　이상춘(1925)「조선어문법」
　　　　정경해(1953)「국어강의」
　　　　주시경(1910)「국어문법」
　　　　최광옥(1908)「대한문전"
　　　　홍기문(1927)「조선문전요해」

　　이상의 세 가지 문법 범주의 분류체계를 살펴보았다. 전통문법에서의 이러한 범주 분류의 문제는 아직도 학자간의 논란이 있다. 크게는 한국은 절충적 체계를 북한은 분석적 체계를 따르고 있는 것으로 정리할 수 있지만 한국에서도 근간에 들어 분석적 체계의 지지기반이 두터워지고 있다. 이렇듯 20세기 초반과 중반, 일제통치기와 6.25전쟁을 거치는 동안 국어학계에서는 이 문제가 가장 큰 관심거리로 많은 논란을 불러왔다.

　　하지만 이러한 전통문법의 연구는 60년대를 넘어서면서 구조주의와 변형문법에 그 세력을 잃어 근래에 들어서 이러한 전통문법에 의한 국어연구는 한국에서 일부 국어사 연구를 제외하곤 찾아보기 힘든 정도에 이르렀다.

2. 서구 구조주의 언어학의 도입

　　한국과 북한의 언어학의 발전을 보면 60년대는 양쪽이 모두 중요한 전기를 마련했던 것으로 보인다. 이는 54년 전쟁이후 전후 복구기간이 지나면서 유사한 시간적 일치를 보인다. 다만 북한은 러시아의 학문적 분위기를 따랐다면 한국은 구미의 언어학을 직간접적으로 받아들였다는 것이 양쪽의 큰 차이다.

일반적으로 서구의 언어학이 본격적으로 들어오기 시작한 것은 1950년대 이후로 잡는다. 또 이시기 국어학계에서는 신진세대에 의해 변화의 기틀이 만들어지고 서구의 구조주의가 도입되면서 학계의 재건이 이루어진 시기로 요약할 수 있다. 국어학사적인 입장에서 보면 미국 언어학의 영향을 크게 받은 시기로 일본 문법이론의 영향을 크게 받는 종합문법시대와는 구분이 된다.

1950년대에는 미국식 기술언어학의 방법이 도입되면서 국내학계에서는 구조주의 음운론이 급속히 전파되었다. 구조주의 음운론의 일차적인 관심은 기본적인 음소의 분석과 그 음소들이 구성하는 음운체계를 구축하는 것에 있었는데 이진모(1953)『국어학개설』, 이숭녕(1954)「순음고-특히 순경음 /ㅸ/을 중심으로」, 이희승(1955)『국어학개설』등이 모두 구조주의 언어학을 기반으로 음운론에 대해 체계적으로 기술한 개론서들에 속한다. 특히 허웅(1958)『국어음운론』은 Bloomfield의 구조주의 방법론을 국어음운론에 적용하여 국어의 음운전반을 다룬 것으로 국어음운의 공시적 체계를 제시했다.

이시기 음운에 관한 논의는 모음에서는 /ㆍ/의 음가와 이중모음을 중심으로 거의 중세 국어연구에 집중된 것으로 보아도 무방하다. 이숭녕(1949a)「/ㆍ/음고」, (1954c)「15세기 모음체계와 이중모음의 Kontraktion적 발달에 대하여」, 허웅(1952)「/ㅐ, ㅔ, ㅚ, ㆎ/의 음가」, (1957b)「국어의 음운」등이 그 대표적인 것들이다.

구조주의 음운론에서 형태음소론이 하나의 문법부분으로 독립되고 난 이후 실제로 적용된 것은 국내의 학자가 아닌 Martin(1954)「Korean Morphophonemics」에 의해서이다. 그 이전의 형태음소에 관한 논의는 국어음운을 설명하고자하는 자리에서 예외적인 목록을 제시하는 수준이었는데 Martin(1954)이후 1960년대에 이강로, 김석득, 김민수 등의 연구로 이어지게 되면서 형태음소에 관한 연구가 깊이를 갖게 된다. 물론 50년대 형태음소에 관한 논의가 전혀 없었던 것은 아니다. 1950년대 후반기 국

어의 형태소 결합에서의 음운변동에 대한 연구들이 이숭녕(1957b)「제주
도 방언의 형태론적 연구」, 현정열(1959)「변칙용언의 역사적 고찰」, 유
창돈(1959)「러 변칙용언의 검토」등에 의해서 단편적인 연구가 이뤄졌
었다. 이렇듯 50년대는 국어 형태음소에 대한 관심의 태동기라고 볼 수
있다. 안타깝게도 외국인에 의해 시작은 되었지만 Martin의 글은 국어의
음소변동과 연결지어 1960년대 초반 및 그 이후 연구에도 직간접적인 영
향을 끼치고 있다.

　　문법분야에서의 외국인의 활약은 일찍부터 시작되었다. 국어의 조사
에 대해서 최초로 언급한 것으로 잘 알려진 Romer와 그 후 Underwood,
그리고 Ramstedt의 「Korean grammar」(1939), 특히 Ramstedt(1939)
는 영어의 전치사에 반대되는 개념으로 後置詞라는 용어를 사용함으로써
이후 국어학계에서 後置詞라는 용어가 널리 사용되었었다.2) 또 이들의 연
구는 약간의 차이는 있으나 국내 학자들에게 많은 영향을 미쳤다.

　　50년대 문법의 연구는 조사의 연구와 조사를 중심으로 해서 서술격
조사나 주격조사의 기원에 대한 것들이 중심이었는데 대부분이 자료를 중
심으로 한 귀납적 방법을 적용함으로써 이 역시 구조주의적 태도를 견지
하고 있음을 알 수 있다. 이시기 또 다른 국어문법의 논제로 떠오른 것이
被使動 접미사에 대한 것이다. 기존에는 품사론(범주문제) 중심의 연구에
서 접미사의 형태론적 문제로 옮겨온 것으로3) 김민수(1975)는 품사적 관
점에서 벗어나 동사형태로서의 '態(voice)'의 관점을 주장하고 나섰다.
이후 피사동 접미사의 형태론적 자격을 논하는 문제로 발전하게 되며 60
년대의 논쟁으로 계속된다.

　　이외에도 각각의 문법분야에서 50년대는 태동의 시기로 기록되고 있
다. 또 한국 전쟁이라는 역사적 수렁은 외국의 학자들로 하여금 한국어에
대한 관심을 불러오는 계기로 작용했고 그들의 연구는 현재의 논의에도
부합되는 탁견을 갖춘 것도 많다.

　　많은 학자들이 60년대는 구미 언어이론의 전래로 특징짓는다. 우선
1950년대 후반에 도입된 구조주의언어학이 대표적인데, 이에 대한 연구

---

2) 최광옥, 유길준은 後詞라는 용어를, 홍기문, 장하일은 그들의 연구에서 後置詞라는 용어
　를 사용했다.
3) 김민수(1955)「국어문법」, 영화출판사, 이숭녕(1956)「고등국어문법」, 을유문화사, 정인
　승(1954)「표준국어말본」, 신구문화사.

가 1960년대에 접어들자 나타나기 시작했다. 이 이론을 이끈 것은 1959년에 국어학회를 창립한 신진세대였다. 국어학회의 성립으로 변화의 토대를 맞이했던 학계는 65년 이후 밀려든 변형문법에 의해 변화의 가속도를 갖게 됐을 뿐만 아니라 이들에 의한 전환이 고조되던 1960년대 후반에는 그 연구가 심화되기도 전에 다시 생성이론이 도입됨으로써 상반된 두 이론의 충돌은 당시학계에 큰 충격을 주었다. 물론 이후 변형문법4)을 받아들이고 이를 심화하는 데도 신진학자로 형성된 국어학회가 기반이 되었다. 구조주의가 들어온 시기는 1950년대이고 변형생성문법이 들어온 것은 1960년대 후반이므로 60년대는 구조주의문법과 변형생성문법이 병행하였던 시기라고 볼 수 있다.

음운 분야에서 60년대의 변화는 무엇보다도 구조주의와 프라그학파의 음운이론5)이 본격적으로 국어에 적용되어 국어 음운체계에 대한 논의가 활발해진 것이다. 이에 대표적인 학자가 김완진이다. 김완진(1963)의 「국어모음체계의 신 고찰」, (1965)『국어학개론-음운론』은 이러한 연구의 대표적인 성과라 볼 수 있다. 또 김완진(1963)은 프라그학파의 체계개념을 중세국어의 음운체계에 적용한 것으로서 기존의 연구 성과와 다른 모형들을 제시하고 있다.

한편으로 50년대에 도입된 미국식 구조주의 역시 60년대에 들어서면서 그 뿌리를 튼튼히 하게 되었다.6) 구조주의 방법론의 확산으로 본격적으로 음소분석을 하게 되었고 음운목록, 음운체계를 세우는데 구조주의 방법론이 철저하게 적용되었다. 이에 대표적인 학자로 김민수(1962)「국어의 음소와 그 배열」을 들 수 있다. 김민수(1962)는 음소론(Phonemics)

---

4) Kats & Postal(1964)을 포용한 Chomsky(1965)의 표준이론
5) 언어이론 면에서 가장 중대한 공헌은 음성체계 및 음운론의 연구에 있었는데 음운자질(Phonological feature)의 개념과 형태음소구조(Morphophonemic structure)의 개념 도입은 현대음운론에서 특별히 중요한 위치를 차지한다.
6) 여기서 간단하게 구조주의 언어학 이론이 국어학에 끼친 큰 영향을 정리해 보면 다음과 같은 것을 들 수 있다.
  (1) 음성과 음운의 구분을 명확히 하게 하였고 문법론에서는 '음성론'이라는 명칭을 버리고 음운론으로 용어를 바꾸었다.
  (2) 문법학과 음운론이 분리되어 문법학은 품사론과 문장론을 다루는 학문으로 정립되었다.
  (3) 문법학은 형태론과 통사론으로 나누어지고 음운론, 형태론, 통사론의 각각 하나씩을 단위로 하는 연구가 행하여졌다.
  (4) 단어(품사)와 형태소가 구분되었다.

의 관점에서 현대 국어의 자음음소 체계를 제시했고 같은 시기 김석득(1
960) 『음운분석론』은 기술언어학적 관점을 대표하는 성과물로서 최소 대
립쌍(minimal pair)과 상보적 분포(complementary distribution)의 방법
으로 국어의 음운체계를 제시했다.

　1960년대 중반에 이르러 위의 세 가지 관점이 일반적인 논쟁의 대
상으로 되면서 국어 음운연구는 그 깊이를 더해갔다.7) 이렇게 해서 60년
대 후반의 음운연구는 비교적 다양한 방법론들이 제시되는 가운데 나름의
체계를 검증 받기 위한 論題를 제시한 시기였다고 할 수 있으며, 한편으
로는 중세국어의 음운연구가 계속 이어지는 모습을 가지고 있어 이들의
성과가 60년대 음운연구의 대부분을 이룬 것도 주지해야할 사실이다.

　Martin에 의해 불이 당겨진 형태음소론에 대한 논의는 50년대 말을
지나 60년대에도 계속 이어졌다. 특히 50년대 후반에 변칙용언에 대한
논의가 심화된 것을 계기로 형태음소론은 더욱 활성화되었다. 이시기 대
표적인 학자로 이강로(1961)「국어 형태 음운의 변동에 대하여」, 김석득
(1962)「형태음소론(Morphophonemics)소고」8), (1962b)「형태소(Morph
eme)의 변이형태소(Allomorphs)로의 분석」, 김민수(1963)「국어의 형태
음소」, 박창해(1967)「한국어 구조론 연구」등을 들 수 있고 이러한 성과
물로 인해서 국어의 불규칙 환경에 대한 좀 더 분석적이고 체계적인 설명
이 가능하게 되었다. 하지만 60년대의 이러한 노력은 70년대로 넘어가면서
구조주의의 쇠퇴와 더불어 지속적으로 이어지지는 못하고 생성음운론에서
단편적인 모습으로만 찾을 수 있게 됐다.

　구조주의 시각은 60년대에 들어 조어론에도 적용이 되어 국어 조어
론에 많은 영향을 미치게 된다. 60년대의 조어론은 초반기에 개념을 정립
하기 위한 시기를 거치면서 중반에 들어 IC 구조분석을 통해 단어의 구조
를 해명하는 구조주의적 방법론시기, 조어법의 확립과 연구대상의 확대시
기로 이어진다. 이런 일련의 시기를 잇고 있는 것이 구조주의적 형태분석
의 관점이었다.

---

7) 대표적인 학자로 허웅(1965)『국어음운학』을 들 수 있는데 65년의 국어음운학은 58년
　의 시각을 대폭 수정하여 내어놓은 것으로 유럽의 음운이론을 도입하여 음운분석 및 음
　운체계에 내재하는 대립의 상관관계를 다루고 있다.(김민수 1993:47)
8) 　Martin(1954)에서 제시한 중화(Reduction),동화(Assimilation), 경음화, 보강
　(Reinforcement), 음운도치를 충실히 수용해 이 5개로 형태음소를 설명하고 있다.

국어조사의 연구에서도 이러한 면을 찾을 수 있는데 구조주의적 방법을 적용한 연구로 柳龜相(1965)「現代國語의 格形配列研究」, (1966)「現代國語의 格 變異 形態考」, (1963)「國語의 後置詞」, 高永根(1968)「주격조사의 한 종류에 대하여」, 趙奎卨(1963)「所謂 助詞類의 連結考」가 있으며 생성문법에 의한 연구로는 성광수(1968)「국어격의 형태론적 연구」, 남기심(1968b)「그림씨를 풀이말로 하는 문장의 몇 가지 특질」, (1969)「문형 'N1이 N2이다'의 변형 분석적 연구」를 들 수 있다.

이러한 연구를 통해서 중반까지는 관찰과 자료를 중심으로 한 조사연구가 진행되었으며 후반에 들어 언어의 심층구조에 관심을 가지면서 2중 주어, 주제화 등의 문제가 제시되었다. 어말어미 연구에서도 구조주의 방법의 도입은 많은 영향을 가져왔다. 특히 형태소 분석을 통해서 최초로 시상형태소를 분석했다고 평가를 받는 이종철(1964)「현대국어의 시제와 상의 연구」는 시간과 시제, 시상과 서법에 대한 일반이론과 기술적 언어분석방법론을 바탕으로 현대국어의 시상과 서법범주에 대한 체계정립을 시도했다.

종결어미에서도 존경어미 형태소를 분석해서 그 존재를 확인하고 어미체계 내에서 그 위치를 정립시키는 연구로 발전했다. 종결어미에 대한 연구로는 유창돈(1961a)『국어변천사』, (1963d)「李朝語의 語末語尾考」, (1964a)『李朝국어사연구』가 있고 또 종결어미를 대립된 체계로서 파악한 연구로는 존대법과 관련된 허웅(1961)「15세기 국어의 존대법과 그 변천」, (1963b)「또 다시 존대법을 논함」, 이숭녕(1964)『경어법연구』, 신창순(1964)『尊待語論』 등의 연구가 있다. 이처럼 국어에 구조주의적 방법을 적용한 연구들이 점점 심화되는 가운데 김석득(1965), (1967)「국어형태론」이 나왔다. 특히 김석득(1965)에서는 구조언어학의 기본개념인 직접구성성분(IC) 분석을 통한 파생접미사와 굴곡접미사를 중심으로 動詞類의 내부구성요소를 분석하였다는 것이 특징적이다.

국어의 문법현상 중에 피사동 현상에 대해 변형문법이 적용된 최초의 연구는 이홍배(1966)「Transformational Outline of Korea」로 본다. 이 연구이후 피사동에 대한 연구는 이제까지의 조어론적 테두리에서 벗어나 능동과 피동 주동과 사동이라는 대립이 문장 범주들 사이의 관계로 다루어지기 시작했다.

변형생성문법은 광복 후 외래문화가 잇달아 전래되는 과정에서 단기간에 교차된 현상으로 영어학계의 이해숙(1967)「변형생성문법의 이론적 배경」과 앞서 언급했던 이홍배(1966)「A Transformational Outline of Korea」등 주로 젊은 학자들에 의해 최초로 연구가 시작되어, 1967년에 들어서면서 김민수(1967a)「On the Transformational Grammar in Korean」, 송석중(1967)「Some Transformational Rules in Korea」등이 소개되었다. 이 시기의 새로운 이론의 유입과 적용의 시작에는 영어학을 했던 학자들의 활약이 돋보이는데 이들은 이론의 도입에 그치지 않고 국어학 연구에 과감히 적용하는 자세를 보여 국어에 변형생성문법을 적용하는 데서 선도적인 위치에 서 있었다. 사실 이전 시기 서구이론의 도입이 국내학자들에 의해 개인적이고도 일본을 통한 간접적인 경로가 주를 이뤘는데 60년대 후반을 지나면서 구미의 이론이 직접 전달 되는 유입 경로의 변화가 정착되었다.

3. 서구 언어학의 수용과 토착

70년대는 무엇보다도 변형 생성문법의 발전과 심화로 특징지어 진다. 즉 60년대에 연구된 토양 아래서 본격적인 연구가 이루어졌음을 알 수 있다. 이러한 과정을 거치면서 이 시기에는 변형문법을 받아들여 통사론의 연구영역이 확장되는 시기로 파악된다. 또 언어의 보편성이라는 개념과 내재적 언어능력을 밝히는 연구과제 아래에서 국어학 역시 이를 찾고 적용하는 연구가 활발해졌다.

60년대 빠른 변화를 맞이하는 언어학계와는 달리 국어학계에서의 반응은 변형문법의 연구 성과보다 전통문법과 구조언어학의 연구가 더 활발한 결과물을 내어놓은 것도 주지해야 할 것이다. 여기에는 변형생성문법이 도입되어 완성된 모습을 갖추기도 전에 이 이론은 새로운 모형9)을 내어놓았던 것도 영향을 미쳤다. 이러한 면에서 변형문법이 국내에 들어온 것은 60년대지만 국내학계에서 정착하기 시작한 것은 상당히 시간이 흐른 70년대로 보아야 한다. 이 시기 언어연구의 각 분야를 간단히 살펴보

---

9) Gruber(1967),Lakoff(1968, 1971),McCawley(1968,1970) 등을 집약한 Chomsky (1972)—이 확대표준이론, Chomsky(1975)의 개정확대표준이론(revised extended standard theory)

자.10)

　이시기 무엇보다 큰 변화는 음운 분야에서 일어나고 있었는데, Chomsky & Halle(1968)이 국내에 소개되면서 음소를 최소단위로 보던 이전의 틀에서 벗어나 자질들의 묶음으로 보게 된 생성음운론의 방법이 확산되었다. 대표적으로 김차균(1974)「국어의 자음체계」는 생성음운론에 토대를 두면서 역사적 변천을 중요시하는 시각을 제시했으며 박의근(1975)「한국어음운의 생성 음운론적 연구」에서는 현대 국어를 생성음운론의 연구방법에 입각하여 자음을 중심으로 자음의 변별적 자음을 이분법적 방법론(binary feature)으로 표기하고 자음 음운배합에서 오는 생성 음운론적 법칙을 제시하고 있다.

　이와 함께 70년대 모음분야 연구를 몇 가지로 정리해 보면 그 첫째는 어느 시기보다 근대국어에 대한 관심이 높았다. 근대국어를 다룬 대표적인 학자로 송민(1975)「18세기 전기 한국어의 모음 체계」로 18세기 음운체계를 다루고 있으며 이병근은 19세기 음운체계를 제시하고자 했다. 또 하나의 특징은 김완진(1971b)「음운형상과 형태론적 제약」, 이기문(1971b)「모음조화의 이론」등 모음조화에 대한 논의가 전례 없이 많이 나타난 것을 들 수 있다. 이 시기 모음조화의 주된 관심사는 모음조화의 예외에 대한 것과 모음조화에 대한 형태적 정보에 대한 논의가 많았다.

　같은 맥락에서 생성이론이 국어에 본격적으로 수용되어 모음을 다루는데 있어서 자질분류의 자연성, 잉여자질, 기저형 등을 강조하였고 대역자료를 이용하여 중세국어의 음가를 규명하려는 강신항(1978c)「중국 자음과의 대음으로 본 국어모음체계」, 생성음운론의 자질 체계를 이용하여 중세국어의 모음체계를 분석한 이병근(1978)「국어의 장모음화와 상보성」등의 연구도 이 시기에 제시됐다.

　70년대를 통사론 중흥기의 시작으로 보는 데는 기본적으로 이견이

---

10) 생성문법이론이 국어학에 미친 큰 영향을 정리하면 다음 몇 가지로 정리할 수 있다.
　(1)문장을 단위로 하는 분석방법의 길이 열렸다.
　(2)동의이형어에 대한 변형의 개념을 확립하였다.
　(3)음성 이하의 분석과 음성자질의 개념을 확립시켰다.
　(4)기호의 사용과 기호식의 기술 방법을 이해시켰다.
　(5)언어의 보편성에 대한 관심을 불러 일으켰다.
　(6)문장 위주의 문법연구가 활발해졌으며 문장을 단위로 하는 의미의 연구가 이루어졌다.

없을 것이다. 연구결과에 대한 양으로 보아 여타 분야의 성과도 적은 것은 아니나 연구의 무게중심이나 이론의 변화 방향은 통사론에 그 중심을 두어야 한다. 일례로 50년대부터 논의되었던 국어 조사의 문제 역시 이시기 중요한 전환점을 맞이하게 되는데 Fillmore(1966)의 격문법 이론이 그 대표적인 것이다. 격문법 이론의 도입은 종래의 주격, 속격 등 표면적인 격의 형태로 보편적인 해결점을 찾을 수 없다 하고 이를 부정, 심층격에 초점을 맞춤으로써 보편적인 격체계 수립을 시도하게 된다. 이에 대표적인 연구결과로는 박순함(1970) 「격문법에 입각한 국어의 겹주어에 대한 고찰」, 성광수(1978b) 「국어의 관형격 구성」 등이다.

또 이시기 중요한 논제로 이중목적어에 대한 연구가 있다. Yang(1973) 「Inner and Outer Locatives in Koean」에서는 이중목적어를 이중 주어와 마찬가지로 보고 Macro-Micro 관계로 처리했으며 성광수(1974) 「국어의 주어 및 목적어의 중출 현상에 대하여」, (1975) 「국어의 대명사에 대하여」는 동일격이 중복되는 현상은 주격이든 목적격이든 복문범주 아래서 취급함으로써 단문과 진정한 의미의 이중목적어문을 구분하고자 했다.

70년대 어미에 대한 연구 역시 50년대부터 시작돼 60년대 주류를 이뤘던 구조주의적 연구와 70년대에 일어나 확산된 변형생성 문법적 연구가 병행되고 있었다. 여기에 70년대 말부터 사회언어학적인 시각이 일어나면서 양극화되던 연구의 방법론이 다양화된 시각을 갖게 되는 계기를 마련했다. 시각의 다양화는 생성문법 안에서 일어나기 시작한 생성의미론에 대한 관심이 증가되고 기존의 문법 즉 통사적 언어기술의 한계에 대한 논의가 일어나면서 새로운 출로 모색의 결과로 만들어진 것이다. 이것이 이후 화용론과 사회언어학적 방법론 모색으로 자연스럽게 귀착되는 결과를 이끌어오게 된다. 이 변화를 이끈 연구를 보면 이홍배(1970a) 「A study of Korean syntax」 11), (1971a) 「이행소(Performatives)와 국어 변형문법」, (1971b) 「The Category of Mood in Korean Transformational Grammar」, 장석진(1972) 「지시사의 생성적 고찰」, (1974) 「보이나 안 들리는 '너'와 '나'-화용상의 기술」, (1976a) 「화용론의 기술」, (1976b) 「대화의 분석-정보와 조응」 등의 일련의 연구들이 있다. 하지만 70년

---

11) 이홍배는 그 누구보다도 변형문법을 일찍 수용한 학자로 履行素(Performatives)의 개념을 소개함으로써 국어의 변형문법연구에 새로운 방향을 제시하고 履行素의 개념으로 국어의 구조연구에 도움을 주었다. (김민수 1993:277)

대에는 화용론을 언어연구의 대상으로 인식하게 되었을 뿐 화용론과 화행론에 대한 명확한 영역조차 그어지지 않았을 뿐만 아니라 의미론과도 구분되지 않은 면이 있었다. 이러한 이유에서 이 시기 화용론을 통한 연구가 체계적이었다고 할 수는 없다.

80년대 빠른 경제발전은 국어학에도 많은 영향을 미치게 되었는데, 특히 출판업의 급성장은 많은 이에게 새로운 정보를 전달하는 계기를 마련했다. 70년대의 변형생성문법은 1981년에 GB이론으로 성장 발전하게 되었다. 앞서 언급했듯이 1960년대부터 언어학계를 지배한 변형생성이론은 N. Chomsky(1981)에서 자신의 이론을 크게 수정하였다. 이렇게 이론을 수정한 큰 이유는 보편문법(General Grammar)의 추구였다. 확대표준이론까지는 대치, 이동, 삭제, 첨가의 변형규칙으로 제반 현상을 설명하였던 반면에, GB이론은 이동규칙만을 남기고 다른 규칙을 모두 없앴다. GB이론의 출현은 또 한 번의 큰 변화의 시기를 가져오는데 국어학계에서는 이를 60년대에 변형이론을 받아들일 때와는 달리 직접적이고 빠르게 수용했다. 학계에서는 이에 대한 연구와 토론이 활발히 일어났으며 이러한 열띤 토론회의 분위기만큼이나 GB이론에 대한 연구가 빠르게 확산되었다.

이와 더불어 80년대 후반에 들어서 민주화에 의한 북한 접근의 열기가 뜨겁게 달아오르면서 북한의 자료들이 일반에 소개되었는데 이에 따라 통일언어정책이라는 주제와 함께 북한의 언어연구가 왕성해 졌다. 이에 대한 본격적인 연구는 90년대의 몫으로 남겨졌지만 그 시작은 80년대 말로 보아야 한다.

음운론에서는 계층적 음운론이 도입되면서 그 동안 풀리지 않았던 문제를 해결하는 계기가 마련되었는데 이로 인해 그 동안의 생성-비생성 음운론에서 단선적 모형은 1970년대 초에 사라지게 되고 음운 분야의 시각은 새로이 바뀌게 되었다. 이와 함께 생성음운론 연구에서는 이원적 자질에 의한 음성, 음운, 음운규칙을 기술하는 것에 대해 문제점을 지적하고 많은 음운론직 현상들을 정도의 차이 즉 정도자질에 의해 기술하려는 노력이 일어났었는데 이에 대표적인 학자가 김차균이다. 김차균의 (1986) 「현대국어의 음소 체계화 변이음의 기술」에서는 울림도나 강도 같은 정도자질로 음소의 정의를 시도하여 소수의 양립적인 자질인 후두자질(유기

성과 경음성)과 정도자질인 울림도와 강도에 의해 현대국어의 음소체계를
체계화하였다.

　　1980년대는 어느 시기보다도 많은 외국의 이론들이 국어에 적용되는
시기였다. 특히 음운론 분야에서는 이러한 바람이 더 거세게 불어왔는데 C
V음운론이나 자연음운론(Natural Phonology)12), 자질기하론(Feature Ge
ometry), 어휘음운론(Lexical Phonology), 생성음운론(Generative Phon
ology) 등의 적용이 그러한 예이다. 이런 이론에 대한 연구성과로 姜昶錫
(1984)「국어의 음절구조와 음운현상」에서는 음절음운론(Syllabic Phono
logy)을 국어의 형태음소에 적용하였으며, 황봉주(1984)「한국어에 있어
형태소 경계에 대한 음운론적 분석」에서는 Khan(1976)에서 제시된 음절
이론과 상대 다원적 변별자질(relative Multi-valued distinctive feature)
을 이용하여 국어의 중화, 내파, 된소리, 위치동화 등을 설명하고 있다.

　　80년대의 형태론연구에서 중요한 것은 생성론적 관점과 이론적 발전
그리고 무엇보다 형태론 분야에 관한 실질적인 서적들이 출간되었다는 것
이다.13) 이러한 기반아래 실용적인 조어법에 대한 논의가 진행되었고 구
체적인 언어현상의 분석이 병행되어진 다각적인 발전의 시기로 정리할 수
있다. 또 몬테규문법, 화용론, 기능주의 등 다양한 서구이론 등이 활기를
띠면서 국어의 조사연구도 다양한 시각으로 전개되었다. 그러나 생성문법
이 종래의 변형부를 축소하고 통합된 원리로 바뀌며 이동이 가장 핵심적
인 요소로 떠오르고 지배와 결속으로 격이론이 전개되자 국어 조사연구에
서도 격배당 원리를 통한 연구가 일어 미해결의 문제에 대한 해결책을 제
시하고자 시도하였으나 그 성과는 그리 만족스럽지는 못했다.

　　어휘론과 어원론에서는 그 동안의 연구를 종합하고 어휘론과 어원론
의 연구사들이 간행되는 비교적 빠른 변화를 능동적으로 받아들이는 시기
로 규정할 수 있다. 단순한 어원에 관련된 논문의 수도 크게 늘었을 뿐
아니라 시간어, 공간어, 친족호칭어 등을 어원론의 영역에서 풀어내었다.
이는 이시기 연구의 눈에 띄는 성과라 할 것이다. 대표적인 연구로 이기

---

12) Stampe(1973), Venneman(1971), Hooper(1976) 등이 제의한 생성음운론의 수정이론
　　으로, 주로 음운표시와 규칙의 추상성 문제를 둘러싸고 이전의 변형생성음운론과 대립
　　하였던 이론이다.
13) 김봉주(1984)「형태론」, 한신문화사, 고영근(1989b)「국어형태론연구」, 서울대학교, 하
　　치근(1984)「국어파생형태론」, 삼영문화사.

문(1983) 「아자비와 아즈비」, (1985a) 「祿大와 加達에 대하여」, (1985b) 「어원 연구의 방법」, 최창렬(1985a) 「우리 말 친족어의 어원적 의미」, (1986a) 「우리 말 어원연구」 등을 들 수 있다.

80년대 화용론 연구는 영역의 확대14)와 연구의 심화기로 설명할 수 있는데 양적인 면과 질적인 면에서 많은 변화를 가져왔다. 또 이시기 화용론의 영역이 명확해지고 그 접근 방법 또한 다양하게 제시되면서 화용론 연구의 필요성, 중요성이 확대되어 연구자의 층도 두터워졌다. 이러한 화용론 연구의 열기는 화용론이 의미론과 통사론을 동시에 다룰 수 있는 특징을 가지고 있어 그 동안 통사론과 의미론에서 풀지 못하고 난제로 남아있던 여러 문제를 해결하는데 결정적인 방법론으로 제공되었기 때문에 일어났던 것이다. 이런 연구의 기본적인 인식 기반은 언어의 중요한 기능 중의 하나인 의사전달이라는 면에서 통사구조만으로는 그 정보전달이 원만히 이루어지지 않으므로 화자에 대한 청자의 판단과 담화환경에 따른 의미 분석을 고려할 필요가 있음에 있었다. 종합해 보면 80년대 화용론은 발전, 확대, 심화라는 단어로 규정할 수 있다.

4. 연구의 진행과 전망

세계가 탈냉전시대를 결속 짓고 세계화의 발걸음이 빨라지는 가운데, 이러한 국제적 환경은 90년대 국어학연구의 분위기를 이끌어 가는 촉매제가 되어 남북한 언어 통일 방안 연구, 해외에서의 국어연구 등의 주제를 쏟아 내어, 그 동안 국어학의 변방에서 머물렀던 이러한 주제들이 다양한 모습으로 제시되게 하였다.

북한의 언어연구는 북한에서 출간된 연구 자료가 공개되면서 더욱 활발해졌으나 분명한 것은 이 분야는 아직도 개척이 되지 않은 미개척지로 남아 있다. 미지의 언어현실에 대한 호기심에서 시작했던 연구가 침체되는 것 같은 분위기를 보이고는 있지만 자료의 확충과 방언 연구의 확충이라는 면에서 지속적인 연구가 기대된다.

90년대 음운 분야 연구는 훈민정음 해례에서 규정된 용어들의 해석과 모음추이 등의 문제에 많은 관심이 집중되었다. 또 그 동안의 연구 경

---

14) 이 시기에는 전 시기에 볼 수 없었던 담화에 관한 연구와 텍스트에 대한 연구가 나타났다.

과를 바탕으로 'ㆍ'의 소멸이나 체계 등 종합적인 연구가 진행된 시기이다. 음운 연구영역의 확대와 연구의 심도가 깊어지면서 90년대에는 그 방향이 중세 조선어나 고대 조선어, 근대조선어에 그치지 않고 현대 방언으로 이어지면서 그 역할을 확고히 했다. 이러한 음운 연구는 앞으로 고대국어의 음운체계에 대한 연구라는 큰 과제를 남겨 두고 있으며 이와 더불어 인접 언어와의 비교를 통한 지역적 탈 한반도의 과제도 함께 지고 있다.

형태론 연구는 80년대 후반에 외국의 언어 이론에 영향을 받아 국내의 연구도 정점에 닿았다 하겠다. 이를 바탕으로 앞서 언급한 바와 같이 형태론에 대한 단행본들이 출간 되었으며 90년대에 들어서면서 조어법과 같은 좀 더 세부적인 단행본들이 출판되었다. 이 중 구본관(1992)「생성문법과 국어 조어법 연구 방법론」은 생성 형태론과 관련 어휘부의 등재단위와 등재소(listeme)에 관심을 보인 것으로 생성형태론에서 조어법의 새로운 시도를 보였다는 평가를 받고 있다15). 결국 형태론 분야에서는 연구의 전체적 흐름이 생성형태론의 영향으로 정밀화와 규칙화라는 방향으로 가고 있는 것이다.

90년대 문법 분야의 연구 역시 앞서 보았던 다른 분야와 크게 다를 바는 없다. 지난 시기의 연구를 집대성해서 묶어내는 작업이 이루어졌고, 반대로 새로운 방법론을 적용하여 문제를 해결하고자하는 시도도 있었다. 하지만 후자의 이러한 연구는 80년대보다는 그 빈도나 연구 성과 면에서 많지 않다. 다만 80년대 제시되었던 지배결속(GB)이론이 90년대에 들어서면서 일단의 정리시기를 거칠 때쯤 Chomsky(1992), (1995)「The Minimalist Program」의 최소이론(Minimalist Theory)16)이 나오게 된다. 이 이론이 나오자 국내학계에서는 양동휘(1993)「최소이론 특강」과 (1985)「최소이론의 전망」, (1998)「최소이론의 탐구」에 의해서 이 이론이 소개되고 이에 대한 본격적인 연구가 진행되었다. 이 상대적 최소성 이론의 유입17)을 90년대의 대표적인 이론의 변화로 들 수 있다. 생성이론은 GB

---

15) 구본관(1992)에서는 생산성이 있는 파생방식이든 생산성이 없는 파생방식이든 모두 어휘부의 등재단위로 보아야 한다는 견해를 펴고 있다.
16) 최소주의에서 최소성은 두 가지 다른 의미 또는 개념으로 쓰이고 있다. 한 가지는 문법의 최소성이고 다른 한 가지는 언어의 최소성이다. 전자는 문법의 설명력을 높이기 위한 문법 또는 문법이론의 최소성을 지시하고, 후자는 인간 언어 자체의 속성을 지시한다. 이 두 가지 최소성의 개념은 분명히 다른 개념처럼 쓰인다.(Chomsy 1995)

이론에서 그치지 않고 파생 경제성 이론을 다시 심화해서 한 보 더 전진한 것이다. 또 국어학계에서 이를 능동적으로 받아들이는 실험자세 역시 90년대에 보이는 특징이라 할 수 있다. 그러나 이러한 이론의 빠른 도입 중에서 한국어가 서구 이론의 틀 속에 들어맞느냐 하는 의문도 제기 되었는데, 이 의문은 지난 수 십 년간 외국의 이론을 들여와 국어에 적용하면서 갖게 된 한계점을 지적한 것으로 앞으로의 언어학의 발전에 던지는 중요한 과제이다.

21세기 연구의 흐름은 어떤 방향성을 가질 것인가? 새로운 백년의 연구를 전망한다든지 제시한다는 것은 불가하다. 다만 20세기를 마감하는 이 시기의 연장선상에서 변화에 대한 예측 또는 남겨진 과제로 미루어 기본 분야별 연구와 더불어 생각이 미치는 것은 크게 두 가지 방향이 있다. 그 첫째는 주변학문과의 통합이라는 시각에서 보는 것이고 둘째는 정보화, 전산화에 맞추기 위한 노력일 것이다.

다시 말하면, 언어를 주변학문과 연관지어, 언어학을 독립적 분야로서 연구했던 지금까지와는 다른 종합적인 연구방법이 등장할 것으로 보인다. 최근에 들어 문학과 언어, 예술과 언어, 사회와 언어, 언어와 심리 등의 강의 제목으로 강의가 개설되고 있는데, 이런 변화는 교양과목에 국한되지 않고 국어학과 전공과목에도 적용이 되어 앞으로의 연구방법론에도 영향을 미칠 것으로 보인다.

국어학 연구가 언어학의 개별언어학으로서의 연구로 마치 고정된 듯한 분위기에 변화가 있음은 지역학과 민족학의 발전과 더불어 더욱 분명해졌다. 근래에 들어 국어학은 한국학과 관련지어 지역학의 범위에서 국어학을 한국학의 일부로 연구하는 경향이 뚜렷해지고 있고 탈 민족주의 시기에서 신민족주의 시기로의 이동과 더불어 이런 새로운 분위기가 일고 있다.

둘째로 최근 컴퓨터 인터넷에 대한 열기가 일고 있다. 세계 10대 정보화 대국을 말하면서 우리는 컴퓨터와 인터넷의 홍수를 맞고 있는 것이다. 이런 컴퓨터의 발전은 언어연구에도 많은 변화를 가져다주고 있다. 요즘 신문지상에서 UMS라는 말을 자주 대하는데 이는 <통합 메시지전달 시스템>을 가리키는 말이다. 기존의 정보전달의 체계는 음성과 문자라는

---

17) Rizzi(1990) 등의 이론을 수용한 Chomsky(1991, 1992)의 경제성 및 최소이론.

두 분류로 명확히 나뉘어 있었다. 하지만 UMS라는 개념을 보면 이 정보 전달의 두 수단 문자와 음성이 자동으로 전환되는 것을 기본으로 하고 있다. 음성 메시지를 문자로, 문자 메시지를 음성으로 전달해준다는 것이다. 이것은 컴퓨터와 국어라는 주제가 제시된지 10년만의 성과로 국어전산화가 연구·응용 단계에서 활용단계에로 전환함을 의미하는 것이다.

지난 80년대 중반 '한국어전산학회', '국어정보학회'가 창립되고 KAIST, ETRI 등에서 본격적인 연구가 시작되면서 자동번역, 음성인식 등의 연구가 진행되고 있다. 국어에서 자동철자검색은 80년대 말, 문법검사는 90년대 말, 자동색인은 90년대 말, 기계번역은 90년대 중반으로 정리할 수 있다. 물론 이들 초기 연구들은 전산학자들이 주도하고 있어 국어학계에서 정리하는 것과는 약간의 차이가 있었다. 하지만 최근 들어 한글학회 전자사전, 조재수 전자사전, 유재원 맞춤법 교정기 등 컴퓨터와 관련한 어학자들의 많은 결과물들이 나오고 있는 것도 주지 할만하다.

이러한 연구 방법과 연구 주제는 21세기 국어연구에서도 계속 이어질 것이다. 언어의 장벽을 주변의 학문과 함께 연구하는 통합 국어학과 그 장벽을 허물기 위한 자동번역, 음성인식 등의 연구는 새로운 세기로 넘겨주는 국어학의 가장 큰 과제다.

20세기를 보내면서 이 시기 언어연구에 대해 정리한다는 것은 그리 간단한 일이 아니다. 다만 다양화, 개성화 그리고 신구 이론의 방법론을 이용한 연구의 많은 성과들은 20세기 초 빈약했던 언어학계를 돌아보게 한다. 수적, 질적으로 이 세기의 시작점과는 다른 나름의 풍성한 수확을 얻었다는데서 21세기 언어학계의 희망을 보게 한다.

조선어 품사에 대한 학자들의 견해상 차이에 대한 고찰

김 일

언어행위의 기본단위-단어들의 부류인 품사와 그 제반 문제들을 론한것을 보면 한결같이 품사론, 품사분류문제가 문법의 가장 중요한 부분이라는것을 공인하면서도 구체적으로 이 문제에서 의견들이 일치되지 못하고있는것이 우리 조선어학계의 현주소이다.

매개의 언어에서 품사는 가장 기본적이고 일반적이며 필수적인것이다.

이런 기본적이고 필수적인 문제상에서 학계의 견해의 불일치는 우리 문법연구뿐만아니라 우리 문법교육, 교수에서도 상당한 혼란과 어려움을 조성하여주고있다. 필자는 우리 말의 품사분류기준문제, 구체적품사설정문제, 구체적품사의 하위분류문제 등에 대한 학자들의 견해상 차이를 밝혀보려 한다.

본 론문은 조선, 한국, 중국 등 3국의 조선어문법학자들의 견해만 연구범위에 넣었을뿐 다른 나라 학자들의 견해는 연구대상으로 하지 않았음을 미리 밝혀두는바이다.

1. 품사를 가르는 기준에서 나타나는 차이

우리 말 품사에 관한 제반문제들에서 견해가 일치하지 못하게 되는 주요한 원인의 하나가 바로 품사를 가르는 기준이 다르기때문이다. 또한 품사분류에 대한 문제는 품사론의 전반적체계를 확립하고 매 개별적인 품사들의 특성을 밝히기 위한 기초리론문제로서 품사론의 주되는 연구대상으로 된다.

품사분류의 기준을 어떻게 세우며 그것을 어떤 원칙에서 적용하는가 하는데 따라 해당 민족어의 품사체계가 규정되며 품사론의 전반적인 서술내용이 좌우지된다.

품사의 분류는 바로 개별적인 민족어에 존재하는 모든 단어들을 대상으로 하여 이루어지는것만큼 언제나 민족적인 특성을 가진다. 부동한 민족어는 해당 언어의 구조적특성에 따라 그 분류의 기준도 서로 달리 설정될수 있다.

우리 말 품사를 가르는 기준에 대하여 처음으로 연구가 시작된것은 현대적인 언어리론에 기초한 문법이 개척되던 20세기초부터였다. 당시 주시경의 《국어문법》(1910)을 비롯하여 최현배(1937)의 《우리 말본》등 일련의 문법리론서들이 세상에 발표되였는데 이런 초기의 문법서들에서는 단어들이 지니고있는 어휘-의미적특성을 품사분류의 주되는 기준으로 삼아서 단어들을 분류하다가 그후에는 문법적측면에 비중을 두기도 하였다. 현대에 들어서면서부터는 순수문법기능의 측면에서만 품사를 가르자는 주장들도 있었다. 최근에 와서는 단어가 지니고있는 표식들을 전면적으로 고찰하여 단어의 어휘-의미적특성, 문법적특성뿐만아니라 단어조성적특성까지도 고려하여야 한다는 주장이 제기되였다.

품사를 가르는 기준으로 단어의 형태론적특성, 문장론적특성, 어휘-의미적특성 등 방면들이 응당 고려되여야 한다는것은 요즘 보면 별 이의(異議)가 없는듯하다. 그러나 단어조성기능을 그 기준으로 설정해야 하는가 하는데 대하여서는 서로 다른 견해들을 보이고있다.

㉠ 단어조성기능이 품사분류기준으로 되여야 한다는 견해

《조선어리론문법》등 조선의 대부분 문법서들과 학자 그리고 중국의 조선어문법학자들은 단어조성특성은 어휘의미론적특성과도 문법적특성과도 다 같이 밀접한 련계를 맺고 있기때문에 품사를 규정하는데서 응당 고려되여야 한다고 주장하고있다.

구체적으로 그 리론적근거를 보면 다음과 같다.

매개 품사는 자체의 고유한 단어조성적접사의 체계를 갖고있다. 실례로 조선어에서 《질》, 《기》, 《음》과 같은 뒤붙이는 명사를 이루는데만 쓰이고 《거리》, 《대》, 《치》 등과 같은 뒤붙이는 동사를 이루는데만 쓰이며 《답》, 《롭》, 《스럽》과 같은 뒤붙이는 형용사를 이루는데 쓰인다.

뿐만아니라 단어조성의 수법이 차지하는 비중도 품사에 따라 서로 같지 않다. 앞붙이법, 뒤붙이법, 합침법이 명사나 동사에서는 매우 풍부하게

조선어 품사에 대한 학자들의 견해상 차이에 대한 고찰 381

발달되여있다면 부사나 형용사에서는 앞붙이법이 아주 빈약한 반면에 뒤붙이법이 비교적 다양하게 발달되여있다.

그들은 또 단어조성적접사의 성격이나 단어조성수법에서의 특성은 품사를 가르는데서 일정하게 고려하여야 할 표식으로 되나 이 표식 하나만으로 단독적 품사소속을 결정할수 없다는것을 승인한다.

품사분류의 기준을 적용하는데서는 단어들이 지니고있는 서로 다른 특성에 따라 그 적용의 범위와 비중에서 차이가 있으며 그에 따라 분류의 결과도 달라진다. 어휘적표식은 거의 모든 단어들에 언제나 적용되는것은 아니다. 그것은 단어들을 먼저 문법적인 표식에 따라 갈라놓은 다음에 다시 단어들을 리론실천적인 견지에서 보다 합리적으로 나누어야 할 경우에 적용할수 있는 표식으로 된다는것이다.

《단어의 이루어짐새의 특성은 어떤 개별적인 단어의 품사소속을 판정하는데 일정하게 작용할수 있다.》[1]

《〈온, 넷〉등과 같은 단어는 새로운 단어를 만들수 없으나 〈영웅〉은 〈영웅성, 영웅적, 영웅답다〉등과 같은 새로운 단어를 만들어낼수 있으며 〈날리다〉도 〈휘날리다〉와 같은 앞붙이를 붙일수 있으나 〈싸우다〉와 같이 대상의 움직임을 나타내는 단어에는 〈풋-〉이 붙지 않으므로 단어 만들기에서의 이와 같은 특성도 단어의 뜻이나 그 문법적특성과 함께 중요한 의의가 있다.》[2]

이들은 단어조성특성을 품사분류 기준으로 드는것은 교착어로서의 조선어의 고유특성을 잘 반영한것이라고 주장한다.

- ⓛ 단어조성특성을 고려할 필요가 없다는 견해

한국의 대부분 학자들과 최준영과 같은 조선의 일부 학자들은 품사란 단어를 문법적성질의 공통성에 따라 몇갈래로 묶어놓은것이라 하면서 품사분류의 기준으로는 의미, 기능, 형식만을 들고 단어조성기능은 제외시켰다.

그들의 리론적근거는 다음과 같다.

그들은 단어 만들기는 모든 단어에 일률적으로 나타나는 현상이 아니

---

1) 《조선문화어문법》 p182.
2) 《조선문화어문법규범》 p144.

며 또 같은 뿌리가 취하는 접사에 있어서도 특이성과 변칙성이 심하기때문에 품사설정의 기준이 가져야 할 보편성을 잃고있다고 한다.3) 따라서 품사의 기능에 관여하는 굴곡접사는 어형 변화표에 빈칸이 없는것이 원칙이지만 낱말 만들기에 관여하는 파생접사는 그 결합이 매우 제약되여있어서 보충법을 적용시킬수 없다고 한다.4) 그들은 또 단어조성적기준은 접사의 류형과 품사의 분류를 혼동하는감이 들어 불필요한것이라고 지적한다.5)

남기심, 고영근 등 학자들은 단어조성류형의 동일성을 품사분류기준으로 취급하는것은 쏘련문법의 영향을 받은것6)이라고 했는데 일정한 일리가 있는것 같다.

2. 구체적 품사설정에서 나타나는 차이

구체적 품사설정문제에 앞서 먼저 품사란 용어사용에 대해 살펴보는것도 필요가 있는 문제이다. 품사를 주시경은 《기》라고 쓰다가 《씨》란 용어로 바꾸었다. 《씨》를 비롯한 우리 말 문법용어는 최현배에 의해 확대사용되여왔다. 현재 대부분 학자들이 품사란 개념을 쓰고있지만 허웅선생은 《씨》란 용어를 쓰고있다.

조선어품사체계를 둘러싸고 력대문법가들은 적게는 5품사에서 많이는 13품사에 이르기까지 서로 다른 품사분류를 보였다.

먼저 해방전의 대표적 문법학자들의 품사분류상황을 보면 다음과 같다.

유길준(8): 명사, 대명사, 동사, 조동사, 형용사, 접속사, 후사, 감동사.

주시경(9): 임, 엇, 움,수, 잇, 언, 억, 놀, 끗.————————《국어문법》

주시경(6): 몸씨-임, 엇, 움, 토씨-겻, 잇, 끗.————————《말의 소리》

최현배(10): 이름씨, 대이름씨, 셈씨, 움즉씨, 어떻씨, 잡음씨, 어떤씨, 어찌씨, 느낌씨, 토씨.

박승빈(12): 명사, 대명사, 동사, 존재사, 형용사, 관형사, 부사, 접속

---

3) 하치근 《국어파생형태론》 p65.
4) 허웅 《국어학》 p252.
5) 민현식 《국어문법연구》 p241.
6) 《표준국어문법론》 p58.

사, 감탄사, 조사, 지정사, 조용사(助用词).

　　홍기문(9): 명사, 동사, 형용사, 부사, 감탄사, 격사, 후계사, 접속사, 종결사.

　　오늘날의 품사체계는 우에서와 같은 복잡한 품사체계에 대한 상승이고 종합이다.

　　《표준국어문법론》(남기심, 고영근)은 품사를 《명사, 수사, 대명사, 조사, 동사, 형용사, 관형사, 부사, 감탄사》등 9품사로 나누었고 《20세기 우리 말 형태론》(허웅)은 품사를 《이름씨, 대이름씨, 셈씨, 움직씨, 그림씨, 잡음씨, 매김씨, 어찌씨, 이음씨, 느낌씨, 토씨》등 11개로 설정하였으며 《국어문법론》(리익섭, 임홍빈)은 품사를 크게 6개로 작게는 9개로 나눌수 있다고 하였다. 《조선어문법(1)》, 《조선문화어문법규범》, 《조선문화어문법》, 《조선어문법》(89), 《조선문화어》, 《조선어문법》(최윤갑), 《조선어문법》(동3성) 등에서는 《명사, 수사, 대명사, 동사, 형용사, 관형사, 부사, 감동사》등 8품사를 설정하였다. 그리고 《문화어형태론》, 《현대조선어》(강은국), 《조선어문법》(형태론) 등에서는 《명사, 수사, 대명사, 동사, 형용사, 관형사, 부사, 상징사, 감탄(동)사》등 9품사를 제기하였다.

　　해방전과 해방후의 차이를 비교하여보면 해방전에는 적지 않은 책들에서 인정이 되지 않던 수사가 해방후에는 거의 모든 학자나 문법서들에서 설정이 되여있고 상징사란 새로운 개념이 일부 문법서들에서 새롭게 제기된것이다.

　　우에서 볼수 있는바와 같이 요즘 품사설정에서의 쟁점은 조사설정문제와 상징사설정문제이다.

　　조선의 정렬모의 영향아래 체계정립된 문법서 즉 1960년대이후의 문법서들, 중국의 대부분 조선어문법서들과 한국의 《고등국어문법》(리숭녕), 《국어문법론》(김민수) 등에서는 어미나 조사를 모두 독립된 품사로 보지 않는 종합적관점을 취하고있다.

　　그들은 단어란 일정한 말소리에 쓰인 뜻의 덩어리로서 문장을 짜는데 쓰이는 언어적 기본단위라고 하면서 단어는 일정한 말소리에 싸여 있어야 하고 일정한 뜻을 가져야 한다7)고 했다. 여기서 단어가 가지는 뜻이란 문법적인 뜻이 아니라 어휘적인 뜻을 말한다. 따라서 조사 [토]는 문법적인

---

7) 《조선문화어문법》 p169.

뜻은 있으되 어휘적인 뜻이 없으므로 단어의 자격을 가질수 없다는 관점이다. 다시 말하면 단어들의 어휘적의미를 떠난 상관관계는 공허한것일뿐 그것에서 어떤 문법적 상관관계를 찾으려는 시도는 생활의 론리, 사유의 법칙을 무시한것으로서 결과적으로 문법적 현상을 공허한것이 되게 한다는것이다.

따라서 그들은 조사를 따로 설정하지 않고 토라는 문법적범주에 포함시켜 취급하고있는데 조선어토에 대한 견해도 같지는 않다. 1963년 7월에 평양에서 《조선어문법연구에서의 주체를 철저히 확립할데 대하여》라는 주제로 토론이 진행되였는데 여기서 토의 본질에 대하여 다음의 네가지가 피력되였다. ㉠조선어의 토는 접사도 조사도 아닌 제3의것이라는 견해, ㉡조선어의 토는 교착적접사라는 견해, ㉢체언토는 조사이고 용언토는 어미라는 견해, ㉣조선어의 토는 보조적단어라는 견해 등이다.

조사를 독립품사로 인정하는 견해도 3가지로 나누어 볼수 있다. ㉠어미나 조사를 모두 독립품사로 보는 주시경파로서 한국의 김유경(《중등말본》), 조선의 김두봉(1958년이전의 문법서) 등이 그 대표이다, ㉡어미는 품사로 보지 않고 조사(체언토)만을 품사로 보는 최현배파로서 한국의 리희승(《국어학개설》), 허웅(《국어학》), 리숭녕(《중세국어문법》1981년), 조선의 박상준(《조선어문법》1948년재판), 조선어문연구회의 《조선어문법》(1949) 등이다. 이런 견해들도 체언토를 조사로 인정하는 면에서는 의견이 대개 비슷하지만 준굴곡법 등 용어의 사용(허웅, 리기문, 고영근등)이라든지 조사의 하위분류 등에서는 또 차이들이 좀씩 보이고있다.

상징사를 설정하지 않는 학자들의 견해(《조선어리론문법》(고신숙), 《조선어문법》(1989년), 《조선문화어문법규범》, 《조선어문법-형태론》 등)를 보면 대체로 상징사와 부사는 개념상 같은 차이가 별로 없는 즉 모두 사물현상이나 행동의 성질 상태를 특징짓는것으로 보면서 부사의 하위분류로서 상징부사나 의성의태어를 두자는 립장이다.

상징사를 설정하는(《조선어문법》1권 1960, 《현대조선어》 강은국)학자들의 리론적근거는 형태론적측면에서 주로 수식어로 쓰이는 점은 비슷하지만 어음-의미론적측면과 문장론의 다른 측면에서는 차이가 있다는것이다. 그리고 상징사의 설정은 조선어의 민족적특성을 살리는 좋은 일례라고 주장한다.

　품사분류문제에서 《이다》를 독립품사로 인정하는가 하지 않는가 하는 문제가 복잡하게 제기되기도 한다.

　《이다》를 독립품사로 보는 학자들도 견해는 같지 않다. 홍기문을 비롯한 학자들은 후계사로 보고있으나 박승빈을 비롯한 학자들은 지정사란 개념을 쓰고있다. 이런 견해들을 보면 《이》는 어간이고 《다》는 어미라는 것이다. 요즘 또 다른 견해들이 많다. 대체로 조선학자들은 《-이》를 체언으로 바꾸는 전성어미로 보나 한국의 대부분 학자들은 《이다》를 서술격조사로 보고있다. 조선의 김수경 등 일부 학자들은 《이》를 개음이라고 주장하기도 한다.

　품사분류문제에서 이상의 여러 부동한 견해외에도 후치사, 접속사 등을 설정하자는 견해도 있다.

3. 구체적 품사의 하위분류에서 나타나는 차이

　조선어학계는 구체적 품사설정에서뿐만아니라 그 품사들의 하위분류에서도 많은 차이를 보이고있다.

　명사의 하위분류에서 《조선어리론문법》, 《현대조선어》(강은국) 등 조선과 중국의 많은 문법서들에서는 명사를 보통명사와 고유명사, 불완전명사와 완전명사, 활동체명사와 비활동체명사 등으로 하위분류하나 한국의 《표준국어문법론》을 대표로 한 많은 문법서들에서는 명사를 보통명사와 고유명사, 자립명사와 의존명사로 하위분류하면서 활동체명사와 비활동체명사로 설정함은 《-에》와 《-에게(더러, 한테)》차이, 《-에》와 《-에서》의 차이를 설명하는데나 도움이 될뿐 그 이상의 의미는 없다고 하면서 명사의 하위분류에서 제외시켰다.

　그리고 《현대조선어》(강은국)에서는 명사의 하위분류로 동명사와 형명사를 더 설정한것이 특이하다.

　수사의 하위분류는 별로 다른 점은 없으나 용어상의 차이는 있다. 《조선어문법》(1960), 《조선어리론문법》, 《현대조선어》(강은국) 등은 수사의 하위분류를 수량수사와 순서수사로, 《조선문화어문법규범》(1976), 《조선문화어문법》(1979)에서는 수량수사와 차례수사로, 《표준국어문법론》, 《고

등국어문법》(리숭녕)에서는 량수사와 서수사로, 《20세기 우리 말 형태론》
(허웅)에서는 으뜸셈씨와 차례셈씨로 명명하고있다. 수량수사의 하위분류에
서는 《조선어리론문법》, 《현대조선어》(강은국) 등에서는 개략적수량수사를
설정하고 《조선어문법》(1989)에서는 복합수사를 설정하였다. 《국어학》(허
웅) 등에서는 아예 수량수사의 하위분류를 하지 않고있는것도 주목된다.

그리고 한국에서는 부정수사(不定數詞)로 취급하는 《몇, 얼마》 등을 조
선과 중국에서는 물음대명사 혹은 의문대명사로 취급하는 등 차이도 있다.

대명사는 인칭대명사(사람대명사), 지시대명사(가리킴대명사), 물음대
명사(의문대명사), 재귀대명사로 분류함이 통례이다. 여기서 물음대명사설
정과 재귀대명사설정에서 의견들이 엇갈리고있다.

조선의 대부분 문법서들은 물음대명사를 대명사의 하위분류에, 중국
의 모든 문법서들에서는 의문대명사를 대명사의 하위분류에 넣고있으나
한국의 대부분 문법서들은 물음대명사를 설정하지 않고 이 부류를 인칭대
명사나 지시대명사의 미지칭, 부정칭(不定稱)으로 다루고있다.

동사와 형용사문제에서는 그들간의 문법적특성상에서의 많은 공통점
으로 하여 개별적 단어들에 대한 품사소속문제에서 의견들이 통일되지 못
하고있다. 특히 《싶다》, 《있다》, 《없다》의 품속소속문제에서 쟁론이 심하
다.

《싶다》에 대하여 조선과 중국의 문법서들은 동사의 하위분류인 보
조동사로 보고있다. 그 리유라면 단어 《싶다》는 어휘-의미적 측면을 보더
라도 욕망을 나타내는 단어로서 형용사의 표징보다 동사의 표징에 가까우
며 문장론적 기능측면에서도 형용사와 다른 특성을 가진다는것이다. 단어
《싶다》는 형용사와 문법적으로 결합하여 형용사의 문장론적 기능을 노
는것이 아니라 자립적인 동사와 결합하여 그 동사에 종속되면서 합성적인
문장성분을 이룬다는것이다. 다시 말하면 단어 《싶다》는 자립적동사의 문
장론적기능을 돕는 역할을 하며 이 경우에 보조적으로 쓰인 단어 《싶다》
는 보조동사의 뜻을 양태적인 뜻으로 돕는 역할을 한다는것이다.

고영근, 남기심, 허웅 등 학자들을 비롯한 한국의 대부분 학자들은
단어 《싶다》는 형태론적변화의 측면에서 볼 때 동사의 형태변화체계에
따라 변하지 않고 형용사의 형태변화체계에 따라 변한다. 즉 현재시간토
(술어와 규정어의 경우)에서 형용사적인 특성을 가진다(《동생이 보고싶

다》,《보고싶은 동생》)는 근거로 단어 《싶다》를 형용사의 하위분류인 보조형용사에 소속시키고있다.

단어 《있다》,《없다》의 품사소속문제를 가지고도 여러가지 주장들이 있다.

㉠ 단어 《있다》,《없다》를 다같이 동사로 보는 견해

강은국 등 학자들이 이런 견해를 주장하고있는데 그 근거로는 단어 《있다》와 《없다》가 형태론적면에서 형용사의 특성도 다 갖추지 못하고 동사의 특성도 불충분하여 각각 일면적인 면이 있으나 (《힘이 있다》-형용사적특성,《있는 힘》-동사적특성,《재주가 없다》-형용사적 특성,《없는 재주》-동사적특성) 어휘-문법적의미에서는 존재하는가 존재하지 않는가 하는 뜻만 나타내기때문에 다같이 어느 한 품사에 소속시켜야 한다는것을 들고있다. 그런데 이 단어들은 그 공간적, 위치적 성격으로 하여 동사적의미에 더 가까우며 문장론적기능에서도 동사적이기때문이라는것이다.

㉡단어 《있다》,《없다》를 다 같이 형용사로 보는 견해

이 견해를 주장하고있는 학자들로는 최현배, 리숭녕, 남기심, 고영근 등 한국의 대부분 학자들이다. 그들은 《있다》가 움직임을 나타내는것이 아니라 상태를 나타낸다는것을 근거로 들고있다. 형용사는 성질과 상태를 나타내기때문에 존재한다는 상태를 나타내는 《있다》는 동사에 소속시킬 수 없다는것이다. 그리고 단어 《없다》가 형용사의 문법적표식을 갖추고있기때문에 형용사에 소속시켜야 하며 따라서 《있다》도 역시 형용사로 보아야 한다는것이다. 그러면서도 《표준국어문법론》에서는 《이곳에서는 종결평서형에 근거하여 두 단어를 형용사로 간주하는 편에 서지만 실제로 〈있다〉는 동사에 가깝다.》(P132)고 하기도 한다.

㉢ 단어 《있다》는 동사에,《없다》는 형용사로 간주하자는 견해

고신숙, 김용구 등 조선의 대부분 학자들과 한국의 정인승 등 학자들은 이를 주장한다. 이 견해에 의하면 품사분류기준으로 보아 두 단어를 같은 품사에 소속시키자는것 자체가 불합리하다는것이다. 즉 품사분류기준을 적용하는데서 반의적인 현상이 품사분류를 위한 어휘-문법적 기준으로 될수 없는 조건에서 단어 《있다》와 《없다》를 반드시 같은 품사에

소속시켜야 한다는 근거는 없다는것이다.

뿐만아니라 단어《있다》나《없다》는 다같이 상태를 나타내지만 문법적인 표식을 기본적인 기준으로 하여 적용하여볼 때《있다》는 동사의 형태변화에 따라 변하며 또한 자립적인 동사를 돕는 기능을 놀고있는 조건하에서 동사로 보는것이 타당하다는것이다. 반면 단어《없다》는 형용사의 형태변화체계에 따라 변하며 그것이 동사와 결합하여 쓰이는 일이 없는 조건하에서 형용사로밖에 달리 볼수는 없다는것이다.

ㄹ)《있다》,《없다》를 존재사로 보자는 견해

리희승(《국어학개설》), 박승빈, 심의린 등 학자들은 이 단어들이 성질의 의미도 행동의 의미도 없고 단지 존재를 의미하며 또한 형용사의 형태변화와 동사의 형태변화의 특성을 다 가지고있어 형용사와 동사의 중간에 있는 단어들이므로 품사의 한 종류로 따로 설정할수 있는 리유가 다분히 있기때문에 존재사를 설정하여야 한다고 주장한다.

조사의 하위분류에서는 보조사를 또 다른 하위로 설정하는데서 서로 다른 의견들이 제기되고있다.

허웅은《우리 옛 말본》(1975년),《국어학》(1991)에서 토씨를 자리토씨, 도움토씨, 이음토씨, 특수토씨 등 4개로 나누었고 남기심, 고영근은《표준국어문법론》에서 조사를 격조사, 접속조사, 보조사로 나누면서 보조사를 도움토씨 또는 특수조사라 하여 같은 개념으로 보고있다. 리희승(《초급국어문법》 1949)은 특수조사를 처음으로 설정하였는가 하면 정인승은《표준고등말본》(1956)에서 보조사를 다시 통용보조사와 종결보조사로 분류한것이 특징적이다.

관형사의 하위분류에서는 수관형사설정이 문제로 나서고있다.

남기심, 고영근, 김민수등 학자들은 관형사의 하위분류로 수관형사를 설정하고있으나《조선어리론문법》을 비롯한 조선의 대부분 문법서들과 한국의《국어학》(허웅)에서는 수관형사를 설정하지 않고《한, 두, 세/서/석, 네/너/넉》 등을《하나, 둘, 셋, 넷》의 어음변종으로 처리하고 있다.

부사의 하위분류는 종류가 가장 많으며 따라서 문법서들마다 거의 견해가 같지 않다. 여기서 몇개 문법서들만 례를 들어 보면《조선어문법1》(1960)에서는 부사를 양상의 부사, 정도의 부사, 시간의 부사, 장소의 부사, 접속의 부사, 양태의 부사 등 6개의 하위로,《조선어리론문법》(품사론)에서는 부사를 일반부사, 상징부사, 보조적부사, 접속부사 등 4개 하위로 나누고 다시 일반부사를 행동부사, 성질부사, 양태부사로 보조적부사를 부정부사와 의존부사로 나누었다.《표준국어문법론》은 부사를 크게 성분부사와 문장부사 두개로 나누고 다시 성분부사를 성상부사, 의성부사, 의태부사, 지시부사로, 문장부사를 양태부사와 접속부사로 나누었다.《현대조선어》(강은국)는 부사를 상황부사, 삽입부사, 접속부사, 부정부사 등 4개 하위로만 나누었다. 이외 개별적단어들인 《모름지기, 만일, 비록, 하다가》 등이 양태부사인가 아니면 접속부사인가에 대해서도 의견들이 좀 다르다.

감동사(감탄사)하위분류로는 ㉠화자의 여러 감정을 나타내는 감탄사, ㉡화자의 의견을 나타내는 감탄사, ㉢화자의 일정한 요구를 나타내는 감탄사로 대체로 분류하고있지만 남기심, 고영근의 《표준국어문법론》에서는 ㉠를 감정감탄사, ㉡㉢를 묶어 의지감탄사라 하고 따로《말이지, 어, 에, 거시기, 음》 등을 《입버릇 및 더듬거림》이라고 별도로 설정하였다.

이상의것을 종합하여보면 품사분류기준문제에서는 단어조성기능을 그 기준으로 고려하자는 조선의 여러 학자들의 견해와 기준으로 설정함이 의의가 없다는 한국의 학자들의 견해가 대립되고있으며 품사설정문제에서는 조사설정과 상징사설정에서 큰 차이를 보이고있다. 해방전에 많이 론의되던 계사문제, 지정사문제가 계속 쟁론이 되고있다. 품사의 하위분류문제에서는 동명사와 형명사 설정, 물음대명사와 재귀대명사 설정, 수관형사설정과 개별적 단어들의 소속문제에서 많은 차이를 보이고있고 조사의 하위분류에서도 약간한 차이가 나타나고있다.

★ 참고문헌

중국:
1. 연변대학조선어학부(1972)《조선어문법(형태론)》, 연변교육출판사.
2. 동북3성조선어문법편찬소조(1983)《조선어문법》, 연변인민출판사.
3. 강은국(1987)《현대조선어》, 연변대학출판사.
4. 최윤갑(1987)《조선어문법》, 료녕민족출판사.
5. 리귀배(1988)《조선어문법리론》,연변인민출판사.
6. 김동익, 강은국(1995)《조선어문법》,연변대학조문학부.

조선:

7. 박상준(1946) 《조선어문법》, 민중서관.
8. 홍기문(1947) 《조선문법연구》, 서울신문사.
9. 언어문화연구소(1960) 《조선어문법(1)》, 과학원출판사.
10. 김수경 (1976) 《조선문화어문법규범》,김일성종합대학출판사.
11. 김수경(1976) 《조선문화어문법》,과학, 백과사전출판사.
12. 렴종률(1980) 《문화어형태론》,김일성종합대학출판사.
13. 렴종률 (1980) 《조선문화어》,김일성종합대학출판사.
14. 리근영(1985) 《조선어리론문법(형태론)》,과학, 백과사전출판사.
15. 고신숙,리근영(1985) 《조선어리론문법(품사론)》,과학, 백과사전출판사.
16. 김용구(1989) 《조선어문법》,사회과학출판사.

한국:

17. 리희승(1949) 《초급국어문법》,박문출판사.
18. 리승녕(1951) 《고등국어문법》,을유문화사.
19. 정인승(1956) 《표준고등말본》,신구문화사.
20. 김민수(1974) 《국어문법론》,일조각.
21. 김민수(1980) 《신국어학사》,일조각.
22. 리익섭, 임홍빈(1983) 《국어문법론》,학연사.
23. 허 웅(1983) 《국어학》,샘문화사.
24. 류동석(1984) 《양태조사의 통보적기능에 대한 연구》,國語硏究(60).
25. 남기심, 고영근(1985) 《표준국어문법론(개정판)》,탑출판사.
26. 하치근(1993) 《남북한문법비교연구》,한국문화사.
27. 서정수(1996) 《국어문법(개정판)》,한양대학교출판부.
28. 민현식(1999) 《국어문법연구》,역락도서출판사.

기 초 편

문헌해독

리 득 춘

1. 훈민정음언해

[해제] 《훈민정음언해》는 1443년 12월에 창제된 《세종어제훈민정음(世宗御製訓民正音)》을 정음으로 번역해놓은것이다. 례의(例義)라고 불리우고있는 이 세종어제훈민정음은 세종실록 28년 9월조에 한문으로 실려있으며 또 훈민정음해례의 첫머리에도 실려있다.

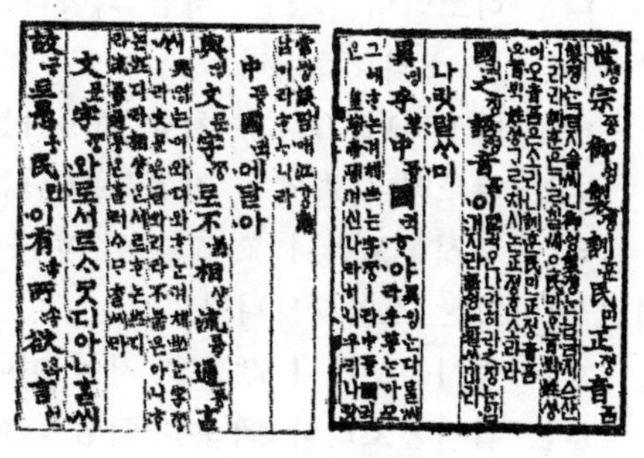

훈민정음언해

　　《훈민정음언해》는 례의원문에 구결식토를 달고 매개 한자마다에는 《동국정운》식의 교정음을 표시했으며 그다음 한자의 주석들을 하였다. 그리고는 언해문을 놓았다. 언해문의 매 글자와 정음으로 표시한 매 한자음에 사성점을 찍었다. 이 책에서는 언해문만 실었다.

《훈민정음언해》의 간행년대에 대하여는 똑똑한 문헌기록이 없다. 여러면으로 보아 대체로 1447년이후 1459년이전시기에 이루어진것으로 추정할수 있을뿐이다. 《훈민정음언해》의 례의원문과 대체로 같으나 한자의 중국음표기를 위한 문자는 례의에 없고 언해에만 있다.

《훈민정음언해》는 《월인석보》 권두의 례의본, 희방사복각본, 박승빈본 및 기타 사본들이 전해지고있다.

[언해문]

나랏말ᄊᆞ미 中國에 달아 文字와로 서르 ᄉᆞᄆᆞᆺ디 아니ᄒᆞᆯᄊᆡ 이런 젼ᄎᆞ로 어린 百姓이 니르고져 �홇배 이셔도 ᄆᆞᄎᆞᆷ내 제 ᄠᅳ들 시러 펴디 몯ᄒᆞᇙ노미 하니라.

내 이ᄅᆞᆯ 爲ᄒᆞ야 어엿비 너겨 새로 스믈여듧字ᄅᆞᆯ 밍ᄀᆞ노니 사ᄅᆞᆷ마다 ᄒᆡ여 수비 니겨 날로 ᄡᅮ메 便安킈 ᄒᆞ고져 ᄒᆞᇙ ᄯᆞᄅᆞ미니라.

ㄱᄂᆞᆫ 엄쏘리니 君ㄷ字 처ᅀᅥᆷ 펴아나ᄂᆞᆫ 소리ᄀᆞᄐᆞ니 굴ᄫᅡ쓰면 虯ㅸ字 처ᅀᅥᆷ 펴아나ᄂᆞᆫ 소리ᄀᆞᄐᆞ니라.

ㅋᄂᆞᆫ 엄쏘리니 快ㆆ字 처ᅀᅥᆷ 펴아나ᄂᆞᆫ 소리ᄀᆞᄐᆞ니라.

ㆁᄂᆞᆫ 엄쏘리니 業字 처ᅀᅥᆷ 펴아나ᄂᆞᆫ 소리ᄀᆞᄐᆞ니라.

ㄷᄂᆞᆫ 혀쏘리니 斗ㅸ字 처ᅀᅥᆷ 펴아나ᄂᆞᆫ 소리ᄀᆞᄐᆞ니 굴ᄫᅡ쓰면 覃ㅂ字 처ᅀᅥᆷ 펴아나ᄂᆞᆫ 소리ᄀᆞᄐᆞ니라.

ㅌᄂᆞᆫ 혀쏘리니 呑ㄷ字 처ᅀᅥᆷ 펴아나ᄂᆞᆫ 소리ᄀᆞᄐᆞ니라.

ㄴᄂᆞᆫ 혀쏘리니 那ㆆ字 처ᅀᅥᆷ 펴아나ᄂᆞᆫ 소리ᄀᆞᄐᆞ니라.

ㅂᄂᆞᆫ 입시울쏘리니 彆字 처ᅀᅥᆷ 펴아나ᄂᆞᆫ 소리ᄀᆞᄐᆞ니 굴ᄫᅡ쓰면 步ㆆ字 처ᅀᅥᆷ 펴아나ᄂᆞᆫ 소리ᄀᆞᄐᆞ니라.

ㅍᄂᆞᆫ 입시울쏘리니 漂ㅸ字 처ᅀᅥᆷ 펴아나ᄂᆞᆫ 소리ᄀᆞᄐᆞ니라.

ㅁᄂᆞᆫ 입시울쏘리니 彌ㆆ字 처ᅀᅥᆷ 펴아나ᄂᆞᆫ 소리ᄀᆞᄐᆞ니라.

ㅈᄂᆞᆫ 니쏘리니 卽字 처ᅀᅥᆷ 펴아나ᄂᆞᆫ 소리ᄀᆞᄐᆞ니 굴ᄫᅡ쓰면 慈ㆆ字 처ᅀᅥᆷ 펴아나ᄂᆞᆫ 소리ᄀᆞᄐᆞ니라.

ㅊᄂᆞᆫ 니쏘리니 侵ㅂ字 처ᅀᅥᆷ 펴아나ᄂᆞᆫ 소리ᄀᆞᄐᆞ니라.

ㅅᄂᆞᆫ 니쏘리니 戌字 처ᅀᅥᆷ 펴아나ᄂᆞᆫ 소리ᄀᆞᄐᆞ니 굴ᄫᅡ쓰면 邪ㆆ字 처ᅀᅥᆷ

펴아나는 소리ㄱ트니라.

ㆆ는 목소리니 挹字 처엄 펴아나는 소리ㄱ트니라.
ㅎ는 목소리니 虛ㆆ字 처엄 펴아나는 소리ㄱ트니 글바쓰면 洪ㄱ字 처엄 펴아나는 소리ㄱ트니라.
ㅇ는 목소리니 欲字 처엄 펴아나는 소리ㄱ트니라.
ㄹ는 半혀쏘리니 閭ㆆ字 처엄 펴아나는 소리ㄱ트니라.
ㅿ는 半니쏘리니 穰ㄱ字 처엄 펴아나는 소리ㄱ트니라.

·는 呑ㄷ字 가온딧 소리ㄱ트니라.
ㅡ는 卽字 가온딧 소리ㄱ트니라.
ㅣ는 侵ㅂ字 가온딧 소리ㄱ트니라.
ㅗ는 洪ㄱ字 가온딧 소리ㄱ트니라.
ㅏ는 覃ㅂ字 가온딧 소리ㄱ트니라.
ㅜ는 君ㄷ字 가온딧 소리ㄱ트니라.
ㅓ는 業字 가온딧 소리ㄱ트니라.
ㅛ는 欲字 가온딧 소리ㄱ트니라.
ㅑ는 穰ㄱ字 가온딧 소리ㄱ트니라.
ㅠ는 戌字 가온딧 소리ㄱ트니라.
ㅕ는 彆字 가온딧 소리ㄱ트니라.

乃終ㄱ소리는 다시 첫소리를 쓰느니라.

ㅇ를 입시울쏘리아래 니어쓰면 입시울 가비야본 소리 드외느니라.
첫소리를 어울워 뿔디면 글바쓰라. 乃終ㄱ소리도 흔가지라.
·와 ㅡ와 ㅗ와 ㅜ와 ㅛ와 ㅠ와란 첫소리아래 브텨쓰고 ㅣ와 ㅏ와 ㅓ와 ㅑ와 ㅕ와란 올흔녀긔 브텨쓰라.
믈읫 字ㅣ 모로매 어우러사 소리 이느니
왼녀긔 흔 點을 더으면 뭇노픈 소리오
點이 둘히면 上聲이오
點이 업스면 平聲이오
入聲은 點 더우믄 흔가지로딕 샏르니라.

中國소리옛 니쏘리는 齒頭와 正齒왜 글히요미 잇느니

ㅈㅊㅉㅅㅆ字는 齒頭ㅅ소리예 쓰고 ㅈㅊㅉㅅㅆ字는 正齒ㅅ소리예 쓰
느니

엄과 혀와 입시울와 목소리옛 字는 中國소리예 通히 쓰느니라.

[한문]

訓民正音

國之語音. 異乎中國. 與文字不相流通. 故愚民有所欲言而終不得伸其情
者多矣. 予爲此憫然. 新制二十八字. 欲使人人易習. 便於日用耳[1].

ㄱ. 牙音. 如君字初發聲　並書. 如虯字初發聲
ㅋ. 牙音. 如快字初發聲
ㆁ. 牙音. 如業字初發聲
ㄷ. 舌音. 如斗字初發聲　並書. 如覃字初發聲
ㅌ. 舌音. 如呑字初發聲
ㄴ. 舌音. 如那字初發聲
ㅂ. 脣音. 如彆字初發聲　並書. 如步字初發聲
ㅍ. 脣音. 如漂字初發聲
ㅁ. 脣音. 如彌字初發聲
ㅈ. 齒音. 如卽字初發聲　並書. 如慈字初發聲
ㅊ. 齒音. 如侵字初發聲
ㅅ. 齒音. 如戌字初發聲　並書. 如邪字初發聲
ㆆ. 喉音. 如挹字初發聲
ㅎ. 喉音. 如虛字初發聲　並書. 如洪字初發聲
ㅇ. 喉音. 如欲字初發聲
ㄹ. 半舌音. 如閭字初發聲
ㅿ. 半齒音. 如穰字初發聲
ㆍ. 如呑字中聲　ㅡ. 如卽字中聲　ㅣ. 如侵字中聲　ㅗ. 如洪字
中聲　ㅏ. 如覃字中聲　ㅜ. 如君字中聲　ㅓ. 如業字中聲　ㅛ. 如欲字

---

1) 경상북도에서 발견된 원본에서는 《矣》로 되여있는데 학계에서 고증한데 의하면 응당히
《耳》로 되여야 한다. 때문에 여기서는 《耳》로 고쳐 적는다.

中聲 ㅑ. 如穰字中聲 ㅠ. 如戌字中聲 ㅕ. 如彆字中聲

　　終聲復用初聲. ㅇ連書脣音之下. 則爲脣輕音. 初聲合用則並書·
終聲同. ·ㅡㅗㅜㅛㅠ·附書初聲之下. ㅣㅏㅓㅑㅕ·附書於右. 凡字必
合而成音. 左加一點則去聲·二則上聲·無則平聲. 入聲加點同而促急.

[고어해석]2)

1. 스뭇다 (동) 통하다.
2. ㄹ씨 (토) 원인접속을 나타낸다.

　　《ㄹ씨》는 《ㄹ시》가 변해서 된것인데 《시》는 《스》에 토 《익》가 결
합된것이다. 《스》는 불완전명사이다. 《스》는 다음과 같이 토와 결합되
여 쓰인다.

◉ 주격: 시, 씨

　　져머 아비 업슬시 孤ㅣ오(어려 아비 없는것이 孤이요)

　　거짓말일시 분명하다(현대어)

◉ 지정토: 순

　　다토미 업슬순 다문 인가 너기로라(다툴것이 없는것은 다만 이
것인가 생각하노라) (《루항사》)

◉ 대격: 술

　　ᄂ물 업시울술 닐오딕 增上慢이라(남을 업신여기는것을 말하여
增上慢이라) (《법화》)

◉ 위격: 싟, 씨

　　자라쳐ᅀᆞ와 니별ᄒᆞᆯ싟(자라 처자와 리별할 때에)

　원인접속형으로도 쓰인다.

◉ 전성토: 시, 씨

　　訓은 ᄀᆞᄅ칠씨오(訓은 가르칠것이오) (《훈민정음언해》)

3. 젼ᄎ (명) 詮次, 까닭

◉ 故눈 젼ᄎ리라 (《훈민정음언해》)

4. 어리다 (형) 어리석다, 미욱하다.

---

2) 이하 《훈민정음언해》는 《정음언해》, 《룡비어천가》는 《룡가》, 《훈몽자회》는 《자회》라고
　　략칭한다.

◉ 愚는 어릴씨라 (《훈민정음언해》)

5. 시러 (부) 능히, 얻어

◉ 如來일홈 시러 듣ᄌᆞ보미 쪼 어려보니 (《석보상절》九·28)

◉ 譜 밍ᄀᆞ로니 잇거늘 시러 보디 (《월인석보》 서·12)

◉ 시러 通티 몯ᄒᆞ리라(莫得而通) (《릉엄경언해》九·53)

6. 하다 (형) 크다, 많다.

◉ 多는 할씨라 (《훈민정음언해》)

　　싸호는 한쇼 (《룡비어천가》·85)

7. 어엿브다 (형) 가엾다, 불쌍하다

8. 너기다 (동) 여기다

9. 밍ᄀᆞᆯ다 (동) 만들다

10. ᄒᆞ여: 《ᄒᆞ다》의 사역형, 하여금

11. 수비 (부) 쉽게

12. 닉다 (동) 익다

◉ 니글 슉 熟 (《훈몽자회》下·12)

13. 닉이다→익히다

◉ 溫習 글닉이다 (《동문류해》上·43)

◉ 금 여러번 닉이다 (鍊熟金) (《한청문감》359)

14. 엄 (명) 어금이

◉ 牙는 어미라 (《정음언해》)

15. 처엄 (명)(부) 처음

16. ᄀᆞᆲ다 (동) 아울다(幷)

◉ ᄀᆞᆯ바쓰다: 나란히 쓰다.

17. ᄃᆞ외다 (동) 되다

18. 닛다 (동) 잇다

◉ 聖神이 니ᅀᅳ샤도 (《룡가》·125)

◉ 나랏位를 닛긔코져 ᄒᆞ더시니 (《석보상절》十一·30)

19. 가비얍다 (형) 가볍다

◉ 輕은 가비야ᄫᆞᆯ씨라 (《정음언해》)

20. 쁘다 (동) 쓰다

　　쓰다(苦, 用), (書, 冠)

《쁠디면》은 《쓸것이면》의 뜻인데 《디》는 불완전명사 《ᄃ》의
용언형이다. 《ᄃ》는 다음과 같이 토와 결합되여 쓰인다.

◉ 주격: 디

일ᄒᆞ얀디 오라니 (일한지 오래니) (《삼강행실도》)

◉ 지정토: ᄃᆫ

願ᄒᆞᆫᄃᆫ (원컨대, 원하는것은) (《월인석보》)

◉ 대격: ᄃᆯ

釋迦佛 ᄃ외싫ᄃᆯ 普光佛이 니ᄅᆞ시니이다 (석가불 되실줄을 보광
불이 말하셨습니다.) (《월인천강지곡》)

◉ 위격: 디

몰애 ᄒᆡᆫ디 새 ᄂᆞ라 도라오놋다 (모래가 흰곳에 새가 날아 돌아오는구
나) (《두시언해》)

◉ 조격: ᄃᆞ로

이런ᄃᆞ로 金剛ᄋᆞ로 가줄비시고 (이런 까닭으로 金剛으로 비유하
시고)

21. 모로매 (부) 반드시, 마땅히, 모름지기

◉ 必은 모로매 ᄒᆞ논 ᄠᅳ디라 (《정음언해》)

22. 뭇높다 (형) 가장 높다.

《맏아들, 맏형, 맏며느리》 의 《맏》은 《뭇》에서 왔다. 《뭇높
다》에 대응되는 《뭇ᄂᆞᆺ갑다(가장 낮다)》가 있다.

23. ᄀᆞᆯ히다 (동) 가리다, 구별하다

◉ 別은 ᄀᆞᆯ힐씨라 (《정음언해》)

24. 일다 (동) 되다, 이루어지다

◉ 모로매 어우러ᅀᅡ 소리 이ᄂᆞ니 (《정음언해》)

◉ 葡萄ᄂᆞᆫ 츤 이스레 이ᄂᆞ니라 (葡萄寒露成) (《두시언해》)

[현대어새김]

나라의 말쓈(말소리)이 중국과 달라 문자로써 서로 통하지 아니하므
로 이런 까닭으로 어리석은 백성이 말하고저 할바가 있어도 마침내 제 뜻
을 능히 펴지 못할놈이 많으니라. 내 이를 위하여 딱하게 (불쌍히) 여겨

새로 스물여덟자를 만드노니 사람마다로 하여금 쉽게 익혀 날로 씀에 편
안케 하고저 할따름이니라.

ㄱ는 어금이소리니 君字 처음 펴나는 소리와 같으니 나란히 쓰면 虯
字 처음 펴나는 소리 같으니라.

ㅋ는 어금이소리니 快字 처음 펴나는 소리와 같으니라.

ㆁ은 어금이소리니 業字 처음 펴나는 소리와 같으니라.

ㄷ는 혀소리니 斗字 처음 펴나는 소리와 같으니 나란히 쓰면 覃字 처
음 펴나는 소리와 같으니라.

ㅌ는 혀소리니 呑字 처음 펴나는 소리와 같으니라.

ㄴ는 혀소리니 那字 처음 펴나는 소리와 같으니라.

ㅂ는 입술소리니 彆字 처음 펴나는 소리와 같으니 나란히 쓰면 步字
처음 펴나는 소리와 같으니라.

ㅍ는 입술소리니 漂字 처음 펴나는 소리와 같으니라.

ㅁ는 입술소리니 彌字 처음 펴나는 소리와 같으니라.

ㅈ는 이소리니 卽字 처음 펴나는 소리와 같으니 나란히 쓰면 慈字 처
음 펴나는 소리와 같으니라.

ㅊ는 이소리니 侵字 처음 펴나는 소리와 같으니라.

ㅅ는 이소리니 戌字 처음 펴나는 소리와 같으니 나란히 쓰면 邪字 처
음 펴나는 소리와 같으니라.

ㆆ는 목소리니 挹字 처음 펴나는 소리와 같으니라.

ㅎ는 목소리니 虛字 처음 펴나는 소리와 같으니 나란히 쓰면 洪字 처
음 펴나는 소리와 같으니라.

ㅇ는 목소리니 欲字 처음 펴나는 소리와 같으니라.

ㄹ는 반혀소리니 閭字 처음 펴나는 소리와 같으니라.

ㅿ는 반이소리니 穰字 처음 펴나는 소리와 같으니라.

ㆍ는 呑字 가운데소리와 같으니라.

ㅡ는 卽字 가운데소리와 같으니라.

ㅣ는 侵字 가운데소리와 같으니라.

ㅗ는 洪字 가운데소리와 같으니라.

ㅏ는 覃字 가운데소리와 같으니라.

ㅜ는 君字 가운데소리와 같으니라.

ㅓ는 業字 가운데소리와 같으니라.
ㅛ는 欲字 가운데소리와 같으니라.
ㅑ는 穰字 가운데소리와 같으니라.
ㅠ는 戌字 가운데소리와 같으니라.
ㅕ는 彆字 가운데소리와 같으니라.
나중소리는 다시 첫소리를 쓰느니라.
ㅇ를 입술소리아래에 이어쓰면 입술 가벼운 소리로 되느니라. 첫소리
를 어울러 쓸것이면 거듭하여 쓰라. 나중소리도 한가지다.
ㆍ와 ㅡ와 ㅗ와 ㅜ와 ㅛ와 ㅠ랑 첫소리 아래에 붙여쓰고 ㅣ와 ㅏ와
ㅓ와 ㅑ와 ㅕ랑 오른쪽에 붙여쓰라.

무릇 字가 반드시 어울려야 소리가 되느니.
왼녘에 한점을 더하면 가장 높은 소리요, 점이 둘이면 上聲이요, 점
이 없으면 平聲이요, 入聲은 점 더함은 한가지로되 빠르니라. 中國소리의
이소리는 齒頭와 正齒와의 구별이 있느니라.
ㅈㅊㅉㅅㅆ字는 齒頭의 소리에 쓰고 ㅈㅊㅉㅅㅆ字는 正齒의 소리에
쓰나니.
어금이와 혀와 입술과 목소리의 字는 中國소리에 通히 쓰느니라.

2. 훈민정음해례(訓民正音解例)(발취)

[해제] 훈민정음이 창제된후 그 창제 원리를 밝히고 사용규칙과 규범을 제정하고 그 보급을 위한 대책을 세워야 했다. 이리하여 집현전(集賢殿)안에 설치된 언문청(諺文廳)의 학자들에 의하여 이 사업이 진척되였다. 이리하여 나온 책이 《훈민정음해례(解例)》이다.

이 책의 편찬사업에는 정린지(집현전대제학), 최항(집현전응교), 박팽년(집현전부교리), 신숙주(집현전부교리), 성삼문(집현전수찬), 강희안(동녕부주부), 리개(집현전부수찬), 리선로(집현전부수찬) 등 8명의 학자들이 참가했다. 그들은 이 책을 1446년 음력 9월에 완성하였다.

훈민정음해례

이 책은 먼저 례의원문을 싣고 그다음 해례부분에서는 제자해, 초성해, 중성해, 종성해, 합자해, 용자례의 순서로 6개부분으로 갈라 서술하였다. 매개 《해》의 마지막에 7언한시형식으로 그 기본내용을 《결(訣)》로 개괄하였다. 이 책은 마지막에 서문을 붙였는데 그 서문은 정린지가 썼다. 이 책은 훈민정음의 원본으로 된다.

《훈민정음해례》는 세상에 일찍 전해지지 않다가 1940년 경상북도 안동군 와룡면의 리한걸(李漢杰)의 집에서 발견되였다. 이 책이 발견됨으로써 조선문자의 창제원리를 똑똑히 알수 있었으며, 문자창제의 여러가지 여론들을 물리칠수 있었다.[1]

[원문제자해]

訓民正音解例
制字解(발취)

---

[1] 최근 《한글 새소식》(2005년 9월호)에 의하면 리한걸의 소장(所藏)이라는데 대해 이의(異議)를 제기하는 주장도 있다.

　　天地之道, 一陰陽五行而已. 坤復之間爲太極, 而動靜之後爲陰陽, 凡有生類在天地之間者, 捨陰陽而何之, 故人之聲音, 皆有陰陽之理, 顧人不察耳. 今正音之作, 初非智營而力索, 但因其聲音而極其理而已. 理旣不二, 則何得不與天地鬼神同其用也.

　　正音二十八字, 各象其形而制之.

　　初聲凡十七字, 牙音ㄱ, 象舌根閉喉之形. 舌音ㄴ, 象舌附上顎之形. 脣音ㅁ, 象口形. 齒音ㅅ, 象齒形. 喉音ㅇ, 象喉形. ㅋ比ㄱ, 聲出稍厲, 故加畫. ㄴ而ㄷ, ㄷ而ㅌ, ㅁ而ㅂ, ㅂ而ㅍ, ㅅ而ㅈ, ㅈ而ㅊ, ㅇ而ㆆ, ㆆ而ㅎ, 其因聲加畫之義皆同, 而唯ㆁ爲異. 半舌音ㄹ, 半齒音ㅿ, 亦象舌齒之形而異其體, 無加畫之義焉.……

　　又以聲音淸濁而言之. ㄱㄷㅂㅈㅅㆆ 爲全淸. ㅋㅌㅍㅊㅎ 爲次淸. ㄲㄸㅃㅉㅆㆅ 爲全濁. ㆁㄴㅁㅇㄹㅿ 爲不淸不濁.

　　ㄴㅁㅇ, 其聲最不厲, 故次序雖在於後, 而象形制字則爲之始. ㅅㅈ雖皆爲全淸, 而ㅅ比ㅈ, 聲不厲, 故亦爲制字之始. 唯牙之ㆁ, 雖舌根閉喉聲氣出鼻, 而其聲與ㅇ相似, 故韻書疑與喩多相混用, 今亦取象於喉, 而不爲牙音制字之始. ……

　　全淸竝書則爲全濁, 以其全淸之聲凝則爲全濁也. 唯喉音次淸爲全濁者, 蓋以ㆆ聲深不爲之凝, ㅎ比ㆆ聲淺, 故凝而爲全濁也.

　　ㅇ連書脣音之下, 則爲脣輕音者, 以輕音脣乍合而喉聲多也.

　　中聲凡十一字. ·舌縮而聲深, 天開於子也. 形之圓, 象乎天也. 一舌小縮而聲不深不淺, 地闢於丑也, 形之平, 象乎地也. ㅣ舌不縮而聲淺, 人生於寅也, 形之立, 象乎人也.

　　此下八聲, 一闔一闢. ㅗ與·同而口蹙, 其形則·與一合而成, 取天地初交之義也. ㅏ與·同而口張, 其形則ㅣ與·合而成, 取天地之用發於事物待人而成也. ㅜ與一同而口蹙, 其形則一與·合而成, 亦取天地初交之義也. ㅓ與一同而口張, 其形則·與ㅣ合而成, 亦取天地之用發於事物待人而成也. ㅛ與ㅗ同而起於ㅣ, ㅑ與ㅏ同而起於ㅣ, ㅠ與ㅜ同而奇於ㅣ, ㅕ與ㅓ同而起於ㅣ.

　　ㅗㅏㅜㅓ始於天地, 爲初出也. ㅛㅑㅠㅕ起於ㅣ而兼乎人, 爲再出也. ……ㅗㅏㅛㅑ之圓居上與外者, 以其出於天而爲陽也. ㅜㅓㅠㅕ之圓居下與內者, 以其出於地而爲陰也.

　　·之貫於八聲者, 猶陽之統陰而周流萬物也.……

　　初聲有發動之義, 天之事也, 終聲有止定之義, 地之事也, 中聲

承初之生, 接終之成, 人之事也. 盍字韻之要, 在於中聲, 初終合而成
音……

[역문](발취)

　세상만물의 리치는 하나의 음양오행일뿐이다. 건과 복의 사이가 태극
이 되고 동과 정의 뒤가 음양이 된다.
　이 세상에 존재하는 모든 생물유기체가 음양을 떠나 어떻게 있을수
있겠는가. 그러므로 사람의 말소리에도 다 음양의 리치가 있는것이지만
다만 사람들이 그것을 미처 살피지 못할뿐이다. 훈민정음을 지은것도 처
음부터 지혜로 마련하고 힘으로써 찾은것이 아니라 다만 그 말소리에 따
라서 그 리치를 다하였을뿐이다. 리치가 둘이 있는것이 아니므로 어찌 그
신묘한것을 밝혀내지 못하겠는가.
　정음 28자는 각각 그 모양을 본따서 만들었다. 초성은 17자이다. 어금이
소리 《ㄱ》는 혀뿌리가 목구멍을 막는 모양을 본떴다. 혀소리 《ㄴ》는 혀가
웃이몸에 닿는 모양을 본떴다. 입술소리 《ㅁ》는 입모양을 본떴다. 이소리
《ㅅ》는 이의 모양을 본떴다. 목구멍소리 《ㅇ》는 목구멍의 모양을 본떴
다. 《ㅋ》는 《ㄱ》에 비하여 소리가 조금 세다. 때문에 획을 더하였다. 《ㄴ》
에서 《ㄷ》, 《ㄷ》에서 《ㅌ》, 《ㅁ》에서 《ㅂ》, 《ㅂ》에서 《ㅍ》, 《ㅅ》에서
《ㅈ》, 《ㅈ》에서 《ㅊ》, 《ㅇ》에서 《ㆆ》, 《ㆆ》에서 《ㅎ》는 그 소리로 하여
획을 더한 뜻은 모두 같다. 오직 《ㆁ》만은 다르다. 반혀소리 《ㄹ》와 반이소
리 《ㅿ》 또한 혀와 이의 모양을 본떴으나 글자모양을 달리하여 획을 더한
뜻은 없다.…
　또 말소리의 맑고흐림으로 말하면 《ㄱ, ㄷ, ㅂ, ㅈ, ㅅ, ㆆ》는 전청이
며 《ㅋ, ㅌ, ㅍ, ㅊ, ㅎ》는 차청이고 《ㄲ, ㄸ, ㅃ, ㅉ, ㅆ, ㆅ》는 전탁이며
《ㆁ, ㄴ, ㅁ, ㅇ, ㄹ, ㅿ》는 불청불탁이다.
　《ㄴ, ㅁ, ㅇ》는 그 소리가 가장 거세지 않다. 때문에 순서로서는 비
록 뒤에 있으나 모양을 본떠서 글자를 만드는데 있어서는 시초로 삼았다.
《ㅅ, ㅈ》는 비록 다 전청이라도 《ㅅ》는 《ㅈ》에 비해 소리가 거세지 않
다. 때문에 글자를 만드는 시초로 삼았다. 오직 어금이소리 《ㆁ》만은 혀
뿌리가 목구멍을 막아서 소리기운이 코로 나오나 그 소리는 《ㅇ》와 서로

비슷하다. 때문에 운서에서는 《ㅇ》와 《ㆆ》가 많이 혼동되고있다. 이것 또한 목구멍에서 모양을 취하였으나 어금이소리글자를 만드는 시초로 삼지 않았다.…

전청을 나란히 쓰면 전탁이 된다. 그 전청의 소리가 엉키면 전탁이 되기때문이다. 오직 목구멍소리만은 차청으로 전탁이 된다. 그것은 대개 《ㆆ》는 소리가 깊어서 엉키지 않기때문이다. 《ㅎ》는 《ㆆ》에 비해 소리가 얕다. 때문에 엉키여 전탁이 된다. 《ㅇ》를 입술소리아래 이어쓰면 입술 가벼운소리가 되는것은 가벼운 소리로 입술이 잠간 합하고 목구멍소리가 많기때문이다.

중성은 11자다.

《ㆍ》는 혀가 끌어들고 소리가 깊다. 하늘이 자에서 열림이다. 그 모양이 둥근것은 하늘을 본떴기때문이다.

《ㅡ》는 혀가 조금 끌어들고 소리가 깊지도 얕지도 않다. 땅이 축에서 펼친것이다. 그 모양이 평평한것은 땅을 본떴기때문이다.

《ㅣ》는 혀가 끌어들지 않고 소리가 얕다. 사람이 인에서 생긴것이다. 그 모양이 선것은 사람을 본떴기때문이다. 이 아래의 8음은 한 부류는 입을 여는 음이며 다른 한 부류는 입을 닫는 음이다.

《ㅗ》는 《ㆍ》와 한가지나 입이 오무라진다. 그 모양은 곧 《ㆍ》가 《ㅡ》와 합한것이다. 천지가 처음으로 사귄 뜻을 취한것이다.

《ㅏ》는 《ㆍ》와 한가지나 입이 벌어진다. 그 모양은 곧 《ㅣ》가 《ㆍ》와 합하여 된것이다. 천지의 쓰임이 사물에서 출발하여 사람의 힘을 입어 이루는 뜻을 취한것이다.

《ㅜ》는 《ㅡ》와 한가지나 입이 오무라진다. 그 모양은 곧 《ㅡ》가 《ㆍ》와 합하여 된것이다. 또한 천지가 처음으로 사귀는 뜻을 취한것이다.

《ㅓ》는 《ㅡ》와 한가지나 입이 벌어진다. 그 모양은 곧 《ㆍ》가 《ㅣ》와 합하여 된것이다. 또한 천지의 쓰임이 사물에서 출발하여 사람의 힘을 입어 이루는 뜻을 취한다.

《ㅛ》는 《ㅗ》와 한가지나 《ㅣ》에서 일어나고 《ㅑ》는 《ㅏ》와 한가지나 《ㅣ》에서 일어나고 《ㅠ》는 《ㅜ》와 한가지나 《ㅣ》에서 일어나고 《ㅕ》는 《ㅓ》와 한가지나 《ㅣ》에서 일어난다. 《ㅗ, ㅏ, ㅜ, ㅓ》는 하늘과 땅에서 시작한것이다. 초출이 된다. 《ㅛ, ㅑ, ㅠ, ㅕ》는 《ㅣ》에서 일어나서 사람을 겸한것이다. 재출이 된다.

《ㅗ, ㅏ, ㅛ, ㅑ》에서 둥근 점이 우나 밖에 놓인것은 그것이 하늘에서 나와서 양이 되기때문이다. 《ㅜ, ㅓ, ㅠ, ㅕ》에서 둥근점이 아래와 안에 놓인것은 그것이 땅에서 나와서 음이 되기때문이다.…

《·》가 이 여덟음에 다 있는것은 양이 음을 이끌어 만물에 두루 흐름과 같다.

초성에는 발동의 뜻이 있으니 하늘의 일이요 종성에는 끝맺는 뜻이 있으니 땅의 일이다. 중성은 초성의 남을 잇고 종성의 이룸을 받으니 사람의 일이다. 대개 자운의 기본중심은 중성에 있고 초성과 종성이 합하여 음을 이룬다.…

3. 룡비어천가(발취)

[해제] 《룡비어천가(龍
飛御天歌)》는 조선왕조의 창
업송가로서 태종에 이르기까
지의 리성계의 전후 6대조(穆
祖, 翼祖, 度祖, 桓祖, 太祖,
太宗)의 창업과 왕업에 대하
여 읊었으며 아울러 왕조의
미래에 대하여 훈계하였다.

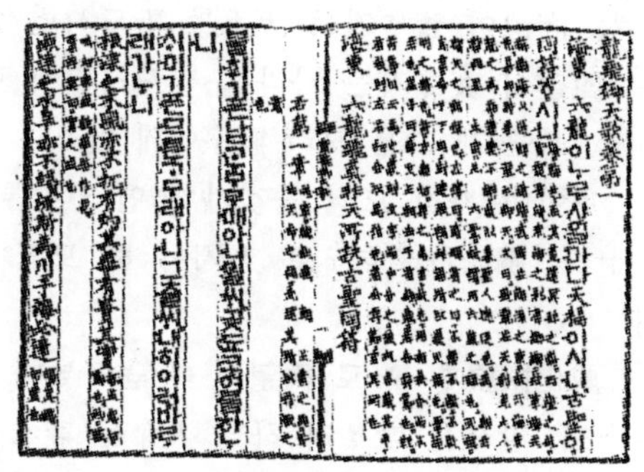

龍飛御天歌 第一章과 第二章

　　《룡비어천가》는 정음으
로 엮어진 최초의 문헌으로
된다. 이는 당시에 갓 창제된 문자로 조선말을 적은 규범으로 내놓은것이다.
하여 우리는 룡비어천가를 통하여 문자창제초기의 조선어의 면모를 엿볼수
있으며 정음자의 특징, 맞춤법, 그리고 어음, 어휘, 문법에 이르기까지 연구할
수 있다.

　　《룡비어천가》는 모두 10권 125장으로 되였다. 매장마다 정음으로
된 노래와 한문시 및 주해가 있다. 제1장은 한절로 되고 제125장은 세절
로 되였으며 그 나머지는 각각 두절로 되였다. 이 책에서는 정음으로 된
가사만 실었다.

　　세종실록 27년 4월조에 《권제(權踶), 정린지, 안지(安止) 등이 룡비어
천가 10권을 바쳤다.》고 기록되여있으며 《룡비어천가》 권말에는 세종 29
년에 쓴 최항의 발문이 있다. 이로써 1445년에 창작된후 주석 등을 가한
다음 1447년에 간행되였음을 알수 있다.

　　세종의 명에 의해 된 이 책은 광해군 4년(1612년), 효종 10년(1659년),
영조 41년(1765년)에 각각 중간된 일이 있었다. 초간본 가람문고본은 전질
이 전해지지 않고있으며 원간본으로 추정되는 규장각본이 있다.

[원문]

一. 海東六龍이 ᄂᆞ르샤 일마다 天福이시니 古聖이 同符ᄒ시니

二. 불휘 기픈 남ᄀᆞᆫ ᄇᆞ르매 아니 뮐ᄊᆡ 곶 됴코 여름 하ᄂᆞ니

시미 기픈 므른 ▽▽래 아니 그츨씨 내히 이러 바ᄅ래 가ᄂ니

三. 周國大王이 豳谷애 사ᄅ샤 帝業을 여르시니

　우리 始祖ㅣ 慶興에 사ᄅ샤 王業을 여르시니

六. 商德이 衰ᄒ거든 天下를 맛ᄃ시릴씨 西水ㅅ▽싀 져재 ᄀᆮᄒ니

　麗運이 衰ᄒ거든 나라ᄒ 맛ᄃ시릴씨 東海ㅅ▽싀 져재 ᄀᆮᄒ니

七. 블근 새 그를 므러 寢室이페 안ᄌ니 聖子革命에 帝祜ᄅ 뵈ᅀᄇ니

　ᄇ야미 가칠 므러 즘겟가재 연ᄌ니 聖孫將興에 嘉祥이 몬졔시니

十一. 虞芮質成ᄒᄂ로 方國이 해 모ᄃ나 至德이실씨 獨夫 受ㄹ 셤기시니

　威化振旅ᄒ시ᄂ로 興望이 다 몯ᄌᄇ나 至忠이실씨 中興主를 셰시니

十三. 말ᄊᄆᆯ 슬ᄇ리 하ᄃᆡ 天命을 疑心ᄒ실씨 ᄭᄆ로 뵈아시니

　놀애를 브르리 하ᄃᆡ 天命을 모ᄅ실씨 ᄭᄆ로 알외시니

十四. 聖孫이 一怒ᄒ시니, 六百年天下ㅣ 洛陽애 올ᄆ니이다.

　聖子ㅣ 三讓이시나 五百年 나라히 漢陽애 올ᄆ니이다.

十六. 逃亡애 命을 미드며 놀애예 일홈 미드니 英主△알ᄑᆡ 내내 붓그리리

　올모려 님금 오시며 姓글히야 員이 오니 오ᄂᆳ아래 내내 웃ᄇ리

十九. 구든 城을 모ᄅ샤 갏길히 입더시니 셴 하나비를 하ᄂᆯ히 브리시니

　쇠 한 도ᄌᄀᆯ 모ᄅ샤 보리라 기드리시니 셴 할미를 하ᄂᆯ히 보내시니

二十. 四海를 년글 주리여 ▽ᄅ매 빈 업거늘 얼우시고 ᄯᅩ 노기시니

　三韓을 ᄂ몰 주리여 바ᄅ래 빈 업거늘 녀토시고 ᄯᅩ 기피시니

二十六. 東都애 보내어시늘 하리로 말이ᅀᄇᆞ둘 이곧 뎌 고대 後△날 다ᄅ리잇가

　北道애 보내어시늘 글발로 말이ᅀᄇᆞ둘 가샴겨샤매 오늘 다ᄅ리잇가

二十七. 큰 화리 常例 아니샤 얻ᄌᄫᅡ ▽초ᅀᄫᅡ 濟世才를 後人이 보ᅀᄇ니

　큰 사리 常例 아니샤 보시고 더디시나 命世才를 即日에 깃그시니

三十. 뒤헤는 모딘 도죽 알ᄑᆡᄂ 어드ᄫᆫ 길헤 업던 번게를 하ᄂᆯ히 ᄇᆯ기시니

　뒤헤는 모딘 즁싱 알ᄑᆡᄂ 기픈 모새 열ᄫᆫ 어르믈 하ᄂᆯ히 구티시니

三十四. 믈 깊고 빈 업건마른 하ᄂᆯ히 命ᄒ실씨 믈툰자히 건너시니이다.

城 높고 ᄃ리 업건마ᄅᆫ 하늘히 도ᄫ실ᄊᆡ 물톤자히 ᄂ리시니이다.

三十五. 셔ᄫᆳ긔벼를 알ᄊᆡ ᄒᄫᅡ 나ᅀᅡ가샤 모딘 도ᄌᄀᆯ 믈리시니이다

스ᄀᆓᆳ 軍馬를 이길ᄊᆡ ᄒᄫᅡ 믈리조치샤 모딘 도ᄌᄀᆯ 자ᄇ시니이다

四十. 城아래 닐혼살 쏘샤 닐흐늬 모미 맛거늘 京觀을 밍ᄀᄅ시니

城우희 닐혼살 쏘샤 닐흐늬 ᄂ치 맛거늘 凱歌로 도라오시니

四十三. 玄武門 두도티 흔사래 마ᄌᆞ니 希世之事를 그려 뵈시니이다

졸애山 두놀이 흔사래 ᄲᅦ니 天縱之才를 그려ᅀᅡ 아ᅀᆞᄫᆯ까

四十四. 노ᄅᆺ샛 바오리실ᄊᆡ 믈우희 니ᅥ티시나 二軍鞠手쌴 깃그니이다

君命엣 바오리어늘 믈겨틔 엇마ᄀᆞ시니 九逵都人이 다 놀라ᅀᆞᄫ니

四十五. 가리라 ᄒᆞ리 이시나 長者를 브리시니 長者ㅣ실ᄊᆡ 秦民을 깃기시니

활 쏘리 하건마ᄅᆫ 武德을 아ᄅᆞ시니 武德으로 百姓을 救ᄒᆞ시니

四十八. 굴허에 ᄆᆞ를 디내샤 도ᄌᆞ기 다 도라가니 ᄲᅡ길 노ᄑᆡᆫᄃᆞᆯ 년기 디나리잇가

石壁에 ᄆᆞ를 올이샤 도ᄌᄀᆯ 다 자ᄇ시니 현번 ᄲᅱ운ᄃᆞᆯ ᄂᆞ미 오ᄅᆞ리잇가

五十. 내 님금 그리샤 後宮에 드르싫제 하ᄂᆞᆳ벼리 눈 곧 디니이다

내 百姓 어엿비 너기샤 長湍을 건너싫제 힌 므지게 ᄒᆡ예 ᄲᅦ니이다

五十二. 請드른 다대와 노니샤 바ᄂᆞᆯ 아니 마치시면 어비아ᄃ리 사ᄅᆞ시리잇가

請으로 온 예와 싸호샤 투구 아니 밧기시면 나랏小民을 사ᄅᆞ시리잇가

五十七. 세살로 세샐 쏘시니 府中엣 遼使ㅣ 奇才를 과ᄒᆞᅀᆞᄫ니

흔살로 두샐 쏘시니 긼ᄀᆞ샛 百姓이 큰 功을 일우ᅀᆞᄫ니

五十八. 말이ᅀᆞᆸ거늘 가샤 긼ᄀᆞ새 軍馬두시고 네사ᄅᆞᆷ ᄃ리샤 셕슬 치자ᄇ시니

내 니거지이다 가샤 山미틔 軍馬두시고 온 사ᄅᆞᆷ ᄃ리샤 기ᄅᆞ말 밧기시니

六十七. ᄀᆞᄅᆞᆳᄀᆞ새 자거늘 밀므리 사ᅌᆞ리로ᄃᆡ 나거ᅀᅡ ᄌᆞᄆᆞ니이다.

셤안해 자싫제 한비 사ᅌᆞ리로ᄃᆡ 뷔어ᅀᅡ ᄌᆞᄆᆞ니이다

六十八. ᄀᆞᄅᆞᆶ 아니 말이샤 밀므를 마ᄀᆞ시니 하늘히 부러 ᄂᆞ믈 뵈시니

한비를 아니 그치샤 날므를 외오시니 하늘히 부러 우릴 뵈시니

六十九. 드르헤 龍이 싸호아 四十將이 일우려니 오라혼들 오시리잇가
　　城밧긔 브리 비취여 十八子ㅣ 救ᄒ시려니 가라혼들 가시리잇가
七十七. ᄂᆞᄆᆞᆫ 仇讎ㅣ라커늘 日月之明이실ᄊᆡ 다시 쓰샤 富庶를 보시니
　　ᄂᆞᄆᆞᆫ 주규려커늘 天地之量이실ᄊᆡ 다시 사ᄅᆞ샤 爵祿을 주시니
八十. 武功샌 아니 爲ᄒ샤 션ᄇᆡᄅᆞᆯ 아ᄅᆞ실ᄊᆡ 鼎峙之業을 셰시니이다.
　　討賊이 겨를 업스샤ᄃᆡ 션ᄇᆡᄅᆞᆯ ᄃᆞᅀᆞ실ᄊᆡ 太平之業이 빛나시니이다
八十四. 님그미 賢커신마ᄅᆞᆫ 太子ᄅᆞᆯ 몯 어드실ᄊᆡ 누본 남기 니러셔니
이다
　　나라히 오라건마ᄅᆞᆫ 天命이 다아갈ᄊᆡ 이본 남기 새닢 나니이다
八十六. 여슷놀이 디며 다슷가마괴 디고 빗근 남ᄀᆞᆯ ᄂᆞ라나마시니
　　石壁에 수멧던 녜닛굴 아니라도 하ᄂᆞᆲᄠᅳ들 뉘 모ᄅᆞᅀᆞᄫᆞ리
八十七. ᄆᆞᆯ우횟 대ᄇᆞᆷ믈 ᄒᆞᆫ소ᄂᆞ로 티며 싸호ᄂᆞᆫ 한쇼ᄅᆞᆯ 두소내 자ᄇᆞ시며
　　ᄃᆞ리예 ᄲᅥ딜 ᄆᆞᄅᆞᆯ 넌즈시 치혀시니 聖人神力을 어ᄂᆞ 다 ᄉᆞᆲᄫᆞ리
八十八. 마ᅀᆞᆫ 사ᄉᆞ미 등과 도ᄌᆞ기 입과 눈과 遮陽ㄱ 세쥐 녜도 잇더
신가
　　굿ᄇᆞᆫ 쥐ᅌᅳᆯ 모ᄃᆡ 놀이시니 聖人神武ㅣ 엇더ᄒ시니
八十九. 숤바올 닐굽과 이본 나모와 투구 세사리 녜도 ᄯᅩ 잇더신가
　　東門밧긔 독소리 젓그니 聖人神功이 ᄯᅩ 엇더ᄒ시니
九十. 두 兄弟 쾨 하건마ᄅᆞᆫ 藥이 하ᄂᆞᆯ 계우니 아바님 지ᄒ신 일훔 엇
더ᄒ시니
　　두 버디 빈 배야마ᄅᆞᆫ ᄇᆞᄅᆞ미 하ᄂᆞᆯ 계우니 어마님 드르신 말 엇더ᄒ
시니
九十一. 아바님 이받ᄌᆞᄫᇙ제 어마님 그리신 눉므를 左右ㅣ 하ᅀᆞᄫᅡ 아
바님 怒ᄒ시니
　　아바님 뵈ᅀᆞᄫᇙ싫제 어마님 여희신 눉므를 左右ㅣ 슬ᄊᆞᄫᅡ 아바님 일
ᄏᆞᄅᆞ시니
九十六. 孝道ᄒᆞᆯᄯᅵ 그를 어엿비 너겨 보샤 漢家仁風을 일우시니이다
　　孝道ᄒᆞᆯ 아ᄃᆞᆯ우루믈 슬피 너겨 드르샤 聖祖仁政을 도ᄫᆞ시니이다
一百二. 시름ᄆᆞᅀᆞᆷ 업스샤ᄃᆡ 이 지븨 자려 ᄒ시니 하ᄂᆞᆯ히 ᄆᆞᅀᆞᆷ믈 뮈우
시니
　　ᄆᆞ맷 病 업스샤ᄃᆡ 뎌 지븨 가려 ᄒ시니 하ᄂᆞᆯ히 病을 ᄂᆞ리오시니

一百一十. 四祖ㅣ 便安히 몯 겨샤 현고둘 올마시뇨, 몃間ㄷ지븨 사르시리잇고

九重에 드르샤 太平을 누리싏제 이 쁘들 닛디마르쇼셔

一百二十. 百姓이 하늘히어늘 時政이 不恤홀씨 力排群議ᄒ샤 私田을 고티시니

征斂이 無藝ᄒ면 邦本이 곧 여리ᄂ니 이 쁘들 닛디 마르쇼셔

一百二十一. 내그에 모딜언마른 제 님금 爲타 ᄒ실씨 罪를 니저 다시 브려시니

ᄒᄆᆞᆯ며 衰職 돕ᄉᆞ보려 面折廷爭커든 이 쁘들 닛디 마르쇼셔

一百二十二. 性與天合ᄒ샤ᄃᆡ 思不如學이라 ᄒ샤 儒生을 親近ᄒ시니이다

小人이 固寵호리라 不可令閑이라커든 이 쁘들 닛디 마르쇼셔

一百二十五. 千歲우희 미리 定ᄒ샨 漢水北에 累仁開國ᄒ샤 卜年이 ᄀᆞ업스시니

聖神이 니ᅀᅠ샤도 敬天勤民ᄒ샤ᅀᅡ 더욱 두드시리이다.

님금하 아르쇼셔
洛水예 山行 가이셔 하나빌 미드니잇가

[고어해석]

1. 놀다 (동) 날다
　　◉ 飛 놀 비(《훈몽자회》 하 · 3)
2. 불휘 (명) 뿌리
　　◉ 根 불휘 근 (《훈몽자회》 하 · 3)
　남 (명) 나무
　ᄇᆞ름 (명) 바람
　뮈다 (동) 움직이다, 흔들다
　둏다 (형) 좋다
　　◉ 好 됴ᄒᆞᆯ 호 (《훈몽자회》 하 · 31)
　　善 됴ᄒᆞᆯ 션
　　美 됴ᄒᆞᆯ 미

淑 됴홀 슉

△좋다 (형) 깨끗하다

◉ 淨 조홀 정(《신증류합》 하·48)

潔 조홀 결(《석봉천자문》 35)

여름 (명) 열매

△ 녀름: 여름(夏)

싐 (명) 샘

ᄀᄆᆯ (명) 가물

내ᄒ (명) 내(川)

중세에 어떤 명사는 그 어근아래에 꼭《ᄒ》를 가졌다. 몇개의 례를 들어보면 다음과 같다.

나라ᄒ(國), 나조ᄒ(夕), 짜ᄒ(地), 바다ᄒ(海), 고ᄒ(鼻), 길ᄒ(道), 늘ᄒ(刃), 돌ᄒ(石), 하늘ᄒ(天), 암ᄒ(雌), 움ᄒ(穴), 안ᄒ(內), 보ᄒ(褓)

6. ᄀᆽ (명) 가(邊)

◉ 邊 ᄀᆽ 변(《훈몽자회》 중·7)

◉ 際는 ᄀ시라(《월인석보》 一·1)

져재 (명) 저자, 시장

◉ 市 져제 시(《훈몽자회》)

7. 잎 (명) 문(門)

◉ 南녀긔 와 노라셔 北녁이플 여노라(南游北戶開) (《두시언해》 초八·40)

△ 입 (명) 입(口)

△ 닢 (명) 잎

뵈ᅀᅡᆸ다 (동) 뵈옵다, 뵈다(謁)

바얌 (명) 뱀

즘게 (명) 나무

◉ 樹는 즘게라 (《월인석보》 二·30)

◉ 즘게 본듸 그르메 업서 (樹元無影) (《금강경삼가해》 二·21)

엱다 (동) 얹다

11. 해 (부) 모두, 대단히, 많이

형용사 《하다》의 부사형, 《하+ㅣ》의 구조로 됨.

몯다 (동) 모이다

《몯ㅈㅸ나》에서의 《ㅈㅸ나》는 《줍+ㅇ나》로 된것인데 《줍》은 토 《ㅅㅸ》의 변종이다. 15세기에 《ㅅㅸ》은 객체존칭토였다. 15세기 조선어존칭토는 세가지 부류로 나뉘여지는데 주체존칭토에 《시》, 대화자존칭토에 《이》, 객체존칭토에 《ㅅㅸ》(여러가지 변종이 있음)이 있었다.

례:

古聖이 同符ᄒ시니(《룡가》 1)

五百年 나라히 漢陽애 올ᄆ니이다(《룡가》 14)

我後를 기드리ᅀᆞᄫᅡ(《룡가》 10)

셰다 (동) 세우다.

△ 셔다(立) +이+다>셔이다>셰다, 현대어에서는 《이》 아래에 《우》가·더 첨가되었다.

서다>서이우다>세우다

차다>차이우다>채우다

쓰다>쓰이우다>씌우다

△ 셰다 (형) 세다

◉ 셰다 (髮白) (《동문류해》 상 18)

13. ᄉᆞᆲ다 (동) 사뢰다, 아뢰다

◉ 奏 ᄉᆞᆲ올 주 (《석봉천자문》 32)

◉ 白 ᄉᆞᆲ올 빅 (《왜어류해》 상 25)

뵈아다 (동) 재촉하다

◉ 催 뵈알 최 (《석봉천자문》 40)

◉ 서르 뵈알가(相催) (《두시언해》 초十八·8)

알외다 (동) 알리다

◉ 誥 알욀 고 (《자회》 상35) 諷 알욀 풍 (《신증류합》 상19)

16.일홈 (명) 이름

붓그리다 (동) 부끄러워하다

웃브다 (동) 우습다

19.브리다 (동) 부리다 (使), 시키다

입다 (형) 혼미하다

쇠 (명) 꾀

기드리다 (동) 기다리다

◉ 俟 기드릴 ㅅ (《신증류합》 하·30)

20.녀 (명) 다른, 남(他)

녙다 (형) 옅다

△ 녀토다: 옅게 하다

26.하리: 참소

△ 할다 (동) 하소하다, 참소하다

27.ㄱ초다 (동) 감추다

◉ 제모믈 ㄱ초ᄂ니 (藏其身) (《두시언해》 초간 七·24)

더디다 (동) 던지다

◉ 擲 더딜 텩 (《자회》 하22)

◉ 投 더일 투 (《신증류합》 하41)

깄다 (동) 기뻐하다

◉ 歡喜ᄂ 깃글씨라 (《석보상절》 十三·13)

◉ 喜 깃글 회 (《신증류합》 하3)

◉ 欣 깃글 흔 (《석봉천자문》 32)

◉ 悅 깃글 열 (《석봉천자문》 37)

30.모딜다 (형) 모질다, 악하다

◉ 惡 모딜 악 (《신증류합》 하2)

◉ 暴 모딜 포 (《훈몽자회》 하 26)

볼기다 (동) 밝히다

즁싱 (명) 짐승

△ 불교어 《衆生》에서부터 온 단어다.

34.자히 (불완명) 채, 채로

(접미사) 째

35.셔블 (명) 서울

스ㄱ블 (명) 시골

ㅎᄫᅡ (부) 혼자

40.닐흔 (수) 일흔

맛다 (동) 맞다

놏 (명) 낯

　◉ ᄂᆞ치 넙고 ᄂᆞ치 두렵고 (《월인석보》二 · 56)

43. 돝 (명) 돼지

　◉ 豕 돝 시 (《자회》 상19)

　◉ 猪 돝 뎌 (《신증류합》 상14)

놀 (명) 노루

　◉ 노로爲獐 (《훈밍졍음》 용자례)

ᄢᅦ다 (동) 꿰다

44. 노릇 (명) 노릇

　◉ 耍 노릇 솨

　◉ 戲 노릇 희 (《자회》 하15)

바올 (명) 방울

　◉ 鈴은 바오리라 (《월인석보》 卄一 · 209)

　◉ 鈴 방올 령 (《자회》 중16)

45.깃기다 (동) 기뻐하게 하다

　◉ 物을 깃겨 (喜物) (《법화경언해》 一 · 47)

　◉ 喜ᄂᆞᆫ 깃기실씨오 (동상 一 · 141)

48.굴헝 (명)구렁

현 (대) 몇

　◉ 현천겁 (几千劫) (《牧牛子修心訣》 43)

　◉ 현분 (几分) (《번역박통사》 초상 · 61)

　◉ 현희 (几年) (《박통사언해》 중간單4)

ᄠᅱ다 (동) 뛰다

ᄠᅱ우다: 뛰게 하다

50. ᄀᆞᆮ (부) 같이

　◉ 하늘ᄀᆞᆮ 셤기ᅀᆞᆸ다니 (《월인천강지곡》140)

　塵ᄀᆞᆮ 沙ᄀᆞᆮ닷 마리라 (《금강경삼가해》二 · 15)

52. 다대 (명) 되 (胡)

　◉ 韃 다대 달 (《자회》 중4)

　◉ 韃靼洞 다대골 (《룡가》五 · 33)

◉ 되다대의 道ㅣ니 (夷虜之道) (《내훈》 一·79)

◉ 다대 놀애 브르며 (唱達達曲) (《번역박통사》 초상7)

◉ 東녀킈 가 다대 자보믈 얻고져 ㅎ놋다 (欲得東擒胡) (《두시언해》 중간 十九·47)

예 (명) 왜 (倭)

◉ 倭 예 외 (《자회》 중4)

57. 과ㅎ다 (동) 칭찬하다

58. 곬ㄱ (명) 길가

드리다 (동) 더불다, 거느리다, 데리다

◉ 率 드릴 솔

셙 (명) 고삐

◉ 轡 셕 비(《자회》 중 27)

◉ 물셕슬 ㄱ즈기ㅎ며 (齊轡) (《두시언해》 초간 二十·17)

니다 (동) 가다

△ 《니다》는 《녀다(다니다)》와 비슷한 점이 있다.

◉ 行 녈 힝 (《자회》 하27)

◉ 니건 겨스레 (去冬) (《두시언해》 초간二十五·37)

온 (수) 백(百)

기르마 (명) 길마, 안장

◉ 鞍 기르마 안 (《신증류합》 상31)

67. 즈므다 (동) 잠기다, 잠그다

한비 (명) 큰비, 장마

뷔다 (형) 비다 (空)

샤 (토) 야 (도움토)

68. 날믈 (명) 날물, 큰물. 《나가는 물》 즉 《썰물》과 같은 말이지만 여기서는 《썰물》이 아니라 《큰물》을 가리킨다.

외오다 (동) 벗어나게 하다, 돌리다, 에워가다

◉ 날므를 외오시니 (迴回潢洋) (《룡가》68)

◉ 외온 길로 가다 (外路) (《역어류해》보·5)

69. 드르ㅎ (명) 들

◉ 郊 드르 교 (《자회》 상4)

밨 (명) 밖

十八子: 《李》의 파자

싸호다 (동) 싸우다

77. 주규려커늘: 《주기다(殺)》와 결합모음 《우》, 토 《려》 및 《하거늘》을
결합한것.

80. 션비 (명) 선비

    ◉ 士 션비 ᄉ (《석봉천자문》24)

돗다 (동) 사랑하다

    ◉ 愛 ᄃ숄 ᄋᆡ (《훈몽자회》하 · 32)

      네 내무ᅀ믈 ᄃᆞᆫᄰ며(汝愛我心) (《릉엄경언해》四 · 31)

84. 이볼다 (동) 시들다

86. 빗다 (형) 비뚤다, 비끼다(橫)

    ◉ 橫 빗글 횡 (《훈몽자회》하 · 17)

녜넷글: 옛날의 글

87. 대범 (명) 큰범(大虎)

한쇼 (명) 황소

88. 마ᅀᆞᆫ (수) 마흔

모ᄃᆡ (부) 반드시

    ◉ 모ᄃᆡ 求티 마롤디니라 (切莫求) (《牧牛子修心訣》3)

    ◉ 各各모ᄃᆡ (各須) (《六祖法寶壇經諺解》상 · 29)

    ◉ 모ᄃᆡ 마롤디어다 (切莫) (《野云自警》48)

굿블다 (동) 엎드리다

    ◉ 굿브러 請ᄒᆞ노니 (《금강경삼가해》二 · 67)

    ◉ 伏 굿블 복 (《신증류합》하 · 5)

    ◉ 굿브러 받줍더라 (伏受) (《릉엄경언해》一 · 50)

89. 독솔 (명) 우죽이 무지러진 솔, 보득솔

90. 계우다 (동) 이기지 못하다.

  △ 계우디 > 계윱다 > 거읍다 > 겹다

배다 (동) 꺼지다, 망하다

91. 이받다 (동) 공양하다, 공궤하다, 이바지하다

    ◉ 餉 이바돌 향 (《신증류합》상 · 30)

△이바디 (명) 연회

이바디하다 (동) 연회하다

◉ 宴 이바디 연 (《훈몽자회》하 · 10)

슳다 (동) 슬퍼하다, 슬프다

◉ 悲 슬홀 비 (《석봉천자문》9)

◉ 悲논 슬흘씨오 (《월인석보》二 : 22)

102. 시름ᄆᅀᆞᆷ: 시름된 마음, 근심된 마음

ᄂᆞ리다 (동) 내리다

◉ 우희 오ᄅᆞ락 아래 ᄂᆞ리락ᄒᆞ야 (《석보상절》十一 · 13)

110. 살다 (동) 살다

△사ᄅᆞ다 (동) 살리다, 살게 하다

120. 여리다 (형) 약하다

◉ 여린 홀ᄀᆞᆯ 하ᄂᆞᆯ히 구티시니(泥淖之地天爲之凝) (《룡가》37)

121. 내그에: 내게, 나에게

△그(대명사)＋에(격토)>그에>게

닞다 (동) 잊다

◉ 忘 니즐 망 (《신증류합》하13)

ᄒᆞᄆᆞᆯ며 (부) 하물며

125. 우ㅎ (명) 우

◉ 하ᄂᆞᆯ우 하ᄂᆞᆯ아래 나뿐 尊ᄒᆞ라 (《석보상절》六 · 17)

ᄀᆞᆺ없다: 가없다 (無邊)

◉ 虛空이 ᄀᆞᆺ업서 (《금강경언해》27)

山行 (명) 사냥

산ᄒᆡᆼ>산잉>산양>사냥

◉ 洛水예 山行 가 이셔 (《룡비어천가》125)

◉ 狩 산ᄒᆡᆼ 슈(《훈몽자회》하 · 9)

◉ 고기 자ᄇᆞ며 산영ᄒᆞ야 (漁猎) (《동국신속삼강행실도》 효六 · 5)

◉ 산녕ᄒᆞ다 (打圍) (《역어류해》상 · 22)

△산ᄒᆡᆼ>산잉>산영>산녕>사녕(함남방언)

하 (토) 호격의 존경형

[현대어새김]

1. 해동륙룡이 날으시여 일마다 天福이시다. 古聖이 同符하시다.

2. 뿌리깊은 나무는 바람에 아니 움직이므로 꽃이 아름답고 열매가 많다.

    샘이 깊은 물은 가물에 아니 그치므로 내를 이루어 바다에 간다.

3. 周國大王이 豳谷에 살아 帝業을 여시다.

    우리 시조가 경흥에 사시여 王業을 여시다.

6. 商德이 衰하거든 天下를 맡으시려 하므로 西水가가 저자같으니이다.

    麗遠이 衰하거든 나라를 맡으시려 하므로 東海가가 저자같으니이다.

7. 붉은 새 글을 물어 침실문에 앉으니 聖子革命에 천복을 보이옵시다.

    뱀이 까치를 물어 나무가지에 얹으니 聖孫將興에 嘉祥이 먼저이시다.

11. 虞芮質成한것으로 方國이 많이 모이나 文王은 至德하신분이므로 獨夫 受를 섬기시다.

    威化振旅한것으로 興望이 다 모이오나 太祖는 至忠하신분이시므로 中興主(恭讓王)를 세우시다.

13. (紂王을 치자고) 말씀을 여쭐 사람이 많되 天命을 疑心하시므로 꿈으로 재촉하다.

    (李成桂를 노래로) 부를이 많되 天命을 모르시므로 꿈으로 알리시다.

14. 聖孫이 한번 노하시니 6백년천하가 洛陽으로 옮으십니다.

    聖子가 세번 사양하였으니 5백년 나라가 漢陽으로 옮으십니다.

16. 도망에 명을 믿으며 노래에 이름 믿으니 영주앞에 내내 부끄러우리라.

    옮으려 임금 오시며 성을 가리여 관원이 오니 오늘날에 내내 우스우리라.

19. 굳은 성을 모르시여 갈길이 섞갈리여 머리센 할아버지를 하늘이

부리시다.

　　꾀많은 도적을 모르시여 보리라고 머리센 할미를 하늘이 보내시다.

20.　四海를 남을 주랴, 강에 배 없거늘 얼구시고 또 녹이시다.

　　三韓을 남을 주랴, 바다에 배 없거늘 옅게 하시고 또 깊게 하시다.

26.　東都에 보내시거늘 참소로 말린들 이곳이거나 저곳이거나 후일이야 다르리까.

　　北道에 보내시거늘 글월로 말리신들 가거나 계시거나 오늘에 다름이 잇으리까.

27.　큰 활이 보통것이 아니시여 얻어감추어 세상을 구제하는 재주를 後人이 보옵시다.

　　큰 살이 보통것이 아니시여 보시고 던지시나 세상에 이름난 재주를 즉일에 기뻐하시다.

30.　뒤에는 모진 도적 앞에는 어두운 길에 없던 번개를 하늘이 밝히시다.

　　뒤에는 모진 짐승 앞에는 깊은 못에 엷은 얼음을 하늘이 굳히시다.

34.　물 깊고 배 없건마는 하늘이 命하시므로 말탄채로 건너시니이다.

　　성 높고 다리 없건마는 하늘이 도우시므로 말탄채로 내리시니이다.

40.　성아래 일흔살을 쏘시여 일흔의 몸이 맞거늘 京觀을 만드시다.

　　성우에 일흔살을 쏘시여 일흔의 낯이 맞거늘 개가로 돌아오시다.

43.　현무문 두 돼지가 한살에 맞으니 希世之事를 그리여 보이시니이다.

　　졸애산 두 노루가 한살에 꿰이니 天縱之才를 그려야 알리이까.

44.　노름의 방울치기이므로 말우에 이어치시나 二軍鞠手만 기뻐하시니이다.

　　군명의 방울치기이므로 말곁에 엇막으시니 九逵都人이 다 놀라옵시다.

45.　가려는 사람이 있으나 長者를 부리시니 長者이시므로 秦民을 기뻐하게 하나이다.

　　활쏠 사람이 많건마는 武德을 아시니 武德으로 百姓을 救하시다.

48.　구렁에 말을 지내시여 도적이 다 돌아가니 반길 높인들 남이야 지나리이까.

　　석벽에 말을 올리시여 도적을 다 잡으시니 몇번 뛰운들 남이야

오르리이까.

　50.　내 임금을 그리시여 후궁에 들어갈제 하늘별이 눈같이 떨어지니
이다.

　　　　내 백성을 가엾게 여겨 長湍을 건너실제 흰 무지개 해에 꿰니이다.

　52.　청을 들은 되와 노니시여 바늘을 아니 맞히시면 아비아들이 살
아계시리까.

　　　　청으로 온 왜와 싸우시여 투구를 아니 벗기시면 나라의 小民을
살리시리까.

　57.　세살로 세 새를 쏘시니 府中의 遼使가 奇才를 칭찬하시다.

　　　　한살로 두 새를 쏘시니 길가의 백성이 큰 功을 이루옵시다.

　58.　말리옵거늘 가시여 길가에 軍馬를 두시고 네사람 데리시여 고삐
를 치잡으시다.

　　　　내 가고싶소이다 하고 가시여 山밑에 軍馬를 두시고 백사람을
데리시여 길마를 벗기시다.

　67.　강가에 자거늘 밀물이 사흘이로되 나간 다음에야 잠겼나이다.

　　　　성안에 잘제 큰비가 사흘이로되 빈 다음에야 잠그니이다.

　68.　강가에 (진을 치는것을) 아니 말리시여 밀물을 막으시니 부러
남을 뵈시니이다.

　　　　큰비를 아니 그치시여 큰물을 돌리시니 하늘이 부러 우리를 뵈
시니이다.

　69.　들에서 룡이 싸워 四十將이 이루려니 오라고 한들 오시리까.

　　　　성밖에 불이 비추어 十八子가 구하려 하시니 가라고 한들 가시
리까.

　77.　남은 仇讎라 하거늘 日月之明이시므로 다시 쓰시여 富庶를 보시다.

　　　　남은 죽이려 하거늘 天地之量이시므로 다시 살리시여 爵祿을 주
시다.

　80.　무공만 아니 위하시여 선비를 아시므로 鼎峙之業을 세우시니이다.

　　　　討賊이 겨를 없으시되 선비를 사랑하시므로 太平之業이 빛나시
니이다.

　84.　임금이 어지시건마는 太子를 못 얻으시므로 누은 나무가 일어서
니이다.

나라가 오래건마는 天命이 다해가므로 시든 나무에 새잎이 나니이다.

86. 여섯노루가 떨어지며 다섯까마귀가 떨어지고 비긴 나무를 날아넘으시다.

석벽에 숨어있던 옛글이 아니라도 하늘뜻을 누가 모르오리까.

87. 말우의 큰범을 한손으로 치시며 싸우는 황소를 두손에 잡으시며

다리에 떨어질 말을 넌지시 치당기시니 聖人神力을 어찌 다 사뢰리까.

88. 마흔 사슴의 등과 도적의 입과 눈과 遮陽의 세쥐가 옛날도 있으시던가.

엎드린 꿩을 반드시 날리시니 聖人神武가 어떠하시니이까.

89. 솔방울 일곱과 마른 나무와 투구 세살이 옛날에도 또 있으시던가.

東門밖의 우죽이 무지러진 솔을 꺾으니 聖人神功이 또 어떠하신가.

90. 두 형제 꾀가 많건마는 약이 하늘을 못 이기니 아버님 지으신 이름 어떠하시니이까.

두 벗의 배가 꺼졌건마는 바람이 하늘을 못 이기니 어머님 들으신 말 어떠하시니이까.

91. 아버님을 공궤할제 어머님 그리신 눈물을 左右가 참소하여 아버님 노하시다.

아버님을 뵈오실제 어머님 여희신 눈물을 좌우가 슬퍼하여 아버님 칭찬하시다.

96. 효도할 딸의 글을 가엾이 여겨보시여 漢家仁風을 이루시니이다.

효도할 아들의 울음을 슬피 여겨 들으시여 聖祖仁政을 도우시니이다.

102. 근심되는 마음 없으시되 이 집에 자려 하시니 하늘이 마음을 움직이시다.

몸에 병이 없으시되 저 집에 가려 하시니 하늘이 병을 내리오시다.

110. 四祖가 편안히 못 게시어 몇곳을 옮으시뇨, 몇간집에 사시였겠습니까.

九重에 드시여 太平을 누리실제 이 뜻을 잊지 마시소서.

120. 백성이 하늘이거늘 시정이 불휼할새 群議를 힘써 물리치시여

私田을 고치시다.

　　　　정렴이 절조없으면 나라의 근본이 여릴것이니 이 뜻을 잊지 마
소서.

　　121. 나에게 모질건마는 제 임금을 위한다 하실새 죄를 잊고 다시
쓰시다.

　　　　하물며 王職을 도우려고 面折廷爭커든 이 뜻을 잊지 마소서.

　　122. 性與天合하시되 思不如學이라 하여 유생을 친근히 하시니이다.

　　　　小人이 고총하리라 불가령한이라 하거든 이 뜻을 잊지 마소서.

　　125. 千世전에 미리 정하신 漢水北에 累仁이 開國하시여 卜年이 끝
없으시다.

　　　　聖神이 이으셔도 敬天勤民하시여야 더욱 굳으시리이다.

　　　　임금이여, 아시소서

　　　　洛水에 사냥가서 한아비를 믿겠습니까.

4. 월인석보

[해제] 세종은 1446년 (세종 28년) 3월 24일에 죽은 소헌왕후(昭憲王后) 심씨 (沈氏)의 명복을 빌기 위하여 수양대군 (후의 세조)을 시켜 석가모니의 전기를 편찬하게 하였다. 이것이 《석보상절(釋譜詳節)》이다.

세종은 자기의 명에 의하여 만들어진 《석보상절》을 보고 자기자신의 석가에 대한 찬송을 노래하였는데 그것이 곧 《월인천강지곡(月印千江之曲)》이다.

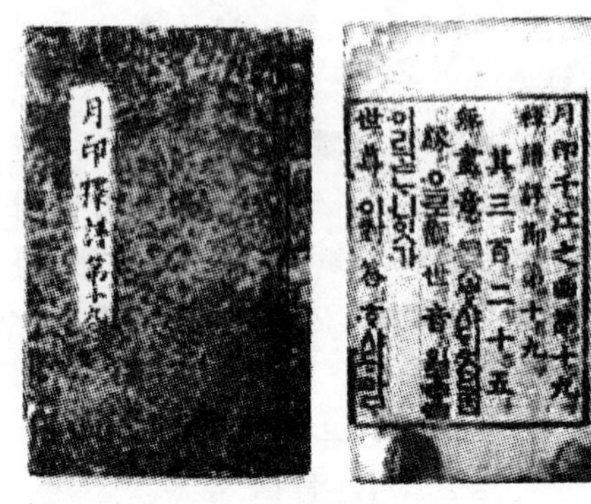

월인석보

이렇게 각각 따로 간행된 《석보상절》과 《월인천강지곡》을 세조가 왕위에 오른 다음 수미(守眉), 신미(信眉) 등 중과 김수온(金守溫)을 시켜 한데 합본하여 1459년에 간행하였다. 이 합편하여 간행한것을 《월인석보》라 한다. 이 책에서 《월인천강지곡》의 각절은 본문처럼 되고 그에 해당되는 내용의 《석보상절》부분은 주석처럼 되여있다.

《월인석보》는 20여권이 넘는 방대한것이였으나 전질이 전하지 않는다. 중간본도 결본이 있어 그 전모를 알수 없다. 1992년 공개된 초간본 권 23의 내용으로 미루어 권수가 더 많았으리라 짐작된다.

《월인석보》는 경상북도 영주군의 희방사장판(喜方寺藏版, 1568년), 경상북도 안동군의 광흥사장판(1542년), 충청남도 론산군 쌍계사장판(双溪寺藏版, 1569년) 등이 현존하는데 다 전질이 전하지 못하고있다.

[원문]

月印千江之曲 第一
釋譜詳節 第一

其一

巍巍釋迦佛 無量無邊功德을 劫劫에 어느 다 술보리

其二
世尊ㅅ일 술보리니 萬里外ㅅ일이시나 눈에 보논가 너기ᅀᄫᆞ쇼셔
世尊ㅅ말 술보리니 千載上ㅅ말이시나 귀예 듣논가 너기ᅀᄫᆞ쇼셔

其三
阿僧祇前世劫에 님금位ㄹ 브리샤 精舍애 안잿더시니
五百前世怨讐ㅣ 나랏천 일버사 精舍ᄅᆞᆯ 디나아가니

其四
兄님을 모ᄅᆞᆯ씨 발자쵤 바다 남기 쎼여 性命을 ᄆᆞᄎᆞ시니
子息업스실씨 몸앳필 뫼화 그르세 담아 男女를 내ᅀᄫᆞ니

其五
어엿브신 命終에 甘蔗氏 니ᅀᄋᆞ샤ᄆᆞᆯ 大瞿曇이 일우니이다
아ᄃᆞᆨᄒᆞᆫ 後世예 釋迦佛 ᄃᆞ외싫ᄃᆞᆯ 普光佛이 니ᄅᆞ시니이다

其六
外道人 五百이 善慧ㅅ德 닙ᅀᄫᅡ 弟子ㅣ ᄃᆞ외야 銀돈을 받ᄌᆞᄫᆞ니
賣花女 俱夷 善慧ㅅ뜯 아ᅀᄫᅡ 夫妻願으로 고ᄌᆞᆯ 받ᄌᆞᄫᆞ시니

其七
다ᄉᆞᆺ곶 두고지 空中에 머믈어늘 天龍八部ㅣ 讚嘆ᄒᆞᅀᄫᆞ니
옷과 마리ᄅᆞᆯ 路中에 펴아시ᄂᆞᆯ 普光佛이 ᄯᅩ 授記ᄒᆞ시니

其八
닐굽고ᄌᆞᆯ 因ᄒᆞ야 信誓 기프실씨 世世예 妻眷이 ᄃᆞ외시니
다ᄉᆞᆺ꿈을 因ᄒᆞ야 授記 ᄇᆞᆯᄀᆞ실씨 今日에 世尊이 ᄃᆞ외시니

○   ○   ○

녯 阿僧祇劫時節에 흔 菩薩이 王드외야 겨샤 나라홀 아슨 맛디시고
道理빙호라 나아가샤 瞿曇婆羅門을 맛나샤 주걋 오슨란 밧고 瞿曇이 오슬
니브샤 深山애 드러 果實와 믈와 좌시고 坐禪ᄒ시다가 나라해 빌머그라
오시니 다 몰라 보숩더니 小瞿曇이라 ᄒ더라

菩薩이 城밧 甘蔗園에 精舍빙ᄀᆯ오 ᄒ오사 안자잇더시니 도ᄌᆨ 五百이
그 윗거슬 일버서 精舍ㅅ겨ᄐ로 디나가니 그 도ᄌᆨ기 菩薩ㅅ前世生ㅅ怨讎
ㅣ러라

이튿나래 나래해이셔 도ᄌᆨ기자최 바다가아 그 菩薩올 자바 남기 모믈
쎄슨바 뒷더니 大瞿曇이 天眼으로 보고 虛空애 ᄂᆞ라와 묻ᄌᆞ보ᄃᆡ 그디 子
息업더니 므슷 罪오 菩薩이 對答ᄒ샤ᄃᆡ ᄒ마 주글 내어니 子孫올 議論ᄒ
리여 그 王이 사ᄅᆞᆷ브려 쏘아주기ᄉᆞᆸ니라

大瞿曇이 슬허 ᄲᅵ리여 棺애 녀쏩고 피무든 흘ᄀᆞᆯ 파가져 精舍애 도라
와 왼녁피 닫 담고 올흔녁피 닫 다마두고 닐오ᄃᆡ 이 道士ㅣ 精誠이 至極
ᄒ단디면 하ᄂᆞ리 당다이 이 피를 사ᄅᆞᆷ드외에 ᄒ시리라 열ᄃᆞᆲ마내 왼녁피는
男子ㅣ 드외오 올흔녁피는 女子ㅣ 드외어늘 姓을 瞿曇氏라 ᄒ더니 일로브
터 子孫이 니스시니 瞿曇氏 다시 니러나시니라

普光佛이 世界예 나거시늘 그ᄢᅴ 善慧라홈 仙人이 五百外道이 그르 아
논 이를 ᄀᆞᄅ쳐 고텨시늘 그 五百 사ᄅᆞ미 弟子ㅣ 드외아지이다 ᄒ야 銀돈
흔낟곰 받ᄌᆞᆸ니라

그저긧 燈照王이 普光佛을 請ᄒᆞᅀᆞᄫᅡ 供養호리라 ᄒ야 나라해 出令호
ᄃᆡ 됴흔 고ᄌᆞ란 ᄑᆞ디 말오 다 王ᄭᅴ 가져오라 善慧 드르시고 츠기 너겨 곳
잇는 ᄯᅡ홀 곧가 가시다가 俱夷를 맛나시니 곳 닐굽줄기를 가져겨샤ᄃᆡ 王
ㄱ出令을 저ᄊᆞᄫᅡ 瓶ㄱ소배 ᄀᆞ초아 뒷더시니 善慧 精誠이 至極ᄒ실ᄊᆡ 고지
소사나거늘 조차 블러 사아지라 ᄒ신대 俱夷니ᄅᆞ샤ᄃᆡ 大闕에 보내ᅀᆞᄫᅡ 부
텻긔 받ᄌᆞᄫᅩᆯ 고지라 몯ᄒ리라 善慧니ᄅᆞ샤ᄃᆡ 五百銀 도ᄂᆞ로 다숫줄기를 사
아지라 俱夷묻ᄌᆞᄫᆞ샤ᄃᆡ 므스게 쓰시리 善慧對答ᄒ샤ᄃᆡ 부텻긔 받ᄌᆞ보리라
俱夷 ᄯᅩ 묻ᄌᆞᄫᆞ샤ᄃᆡ 부텻긔 받ᄌᆞᄫᅡ 므슴호려 ᄒ시ᄂᆞ니 善慧對答ᄒ샤ᄃᆡ 一
切種種智慧를 일워 衆生올 濟渡코져 ᄒ노라

俱夷 너기샤ᄃᆡ 이 男子ㅣ 精誠이 至極홀ᄊᆡ 보ᄇᆡ를 아니 앗기놋다 ᄒ
야 니ᄅᆞ샤ᄃᆡ 내 이 고ᄌᆞᆯ 나소리니 願흔든 내 生生애 그딧가시 드외아지라
善慧對答ᄒ샤ᄃᆡ 내 조흔 힝뎌글 닷가 일업슨 道理를 求ᄒ노니 죽사릿 因

緣은 듣디 몯호려다

俱夷 니르샤딕 내 願을 아니 從호면 고즐 몯 어드리라 善慧니르샤딕 그러면 네 願을 從호리니 나는 布施를 즐겨 사르미 뜨들 거스디 아니호노니 아뫼어나 와 내 머릿바기며 눉즈쉬며 骨髓며 가시며 子息이며 도라호야도 네 거틇뜯호야 내 布施호는 모수물 허디 말라 俱夷니르샤딕 그딧말 다히 호리니 내 겨지비라 가져가디 어려볼씩 두 줄기를 조쳐 맛디노니 부텻긔 받즈바 生生애 내 願을 일티 아니케 호고라

그쯰 燈照王이 臣下와 百姓과 領코 種種供養가져 城의 나아 부텨를 맛즈바 저습고 일훔난 고즐 비터라 녀느 사르미 供養모차눌 善慧 다숫고즐 비흐시니 다 空中에 머므러 곳臺 드외어늘 後에 두 줄기를 비흐니 쪼 空中에 머므러잇거늘 王이며 天龍八部ㅣ 과호야 녜 업던 이리로다 호더니 普光佛이 讚嘆호야 니르샤딕 됴타 네 阿僧祇劫을 디나가 부톄드외야 號를 釋迦牟尼라 호리라

授記 다 호시고 부텨 가시논 짜히 즐어늘 善慧 니버잇더신 鹿皮오술 바사 짜해 신르시고 마리를 두퍼퍼시눌 부톄 볼바 디나시고 쪼 授記호샤딕 네 後에 부톄드외야 五濁惡世예 天人濟渡호말 썰비 아니호미 당다이 나룬호리라

그쯰 善慧 부텃긔 가아 出家호샤 世尊ㅅ긔 술보샤딕 내 어저씌 다숫 가짓 꾸물 꾸우니, 호나흔 바르래 누보며 둘흔 須彌山올 볘며 세흔 衆生들히 내몸안해 들며 네흔 소내 히를 자보며 다스슨 소내 드를 자보니 世尊하 날 爲호야 니르쇼셔

부톄 니르샤딕 바르래 누본이른 네 죽사릿 바르래 잇논 야이오 須彌山 볘윤이른 죽사리를 버서날 느지오 衆生이 모매 드로몬 衆生이 歸依홇 쯰 드욀 느지오 히를 자보몬 智慧 너비 비췰 느지오 드를 자본이른 묽고 간다본 道理로 衆生올 濟渡호야 더본 煩惱를 여희의홀 느지니 이 꾸믜 因緣은 네 쟝춫 부텨드욇 相이로다

善慧 듣줍고 깃거호더시다 後에 普光佛滅渡호거시눌 善慧 比丘ㅣ 正혼 法을 護持호샤 二萬힛수쉬예 衆生濟渡호물 몯 니르 혜에 호시고 命終호야 四天王이 드외샤 天衆敎化호시다가 그 하늘 목숨 다 사르시고 人間애 느리샤 轉輪王이 드외야 四天下를 다스리시다가 쪼 命終호샤 올아 忉利天에 나샤 그 목숨 다 사르시고 쪼 느려와 轉輪王이 드외시며 쪼 梵天

에 올아 天帝 두외야 겨시다가 도로 느려와 聖王이 두외샤 各各 셜흔 여슷
디위를 오릭 느리시니 그 스시예 시혹 仙人이 두외시며 外道大師ㅣ 두외시
며 婆羅門이 두외시며 小王이 두외샤 이러트시 고텨 두외샤미 몯 니르혜
리러라

[고어해석]

어느 (부) 어찌(관) 어느

△용언우에서 부사로 되고 체언우에서 관형사로 된다.

⊙ 어느 다 슬\> 리 (《룡가》 118)

⊙ 어느 고대 업스리오 (何所無) (《두시언해》)

⊙ 어느 뉘 請ᄒ니 (誰其請爾) (《룡가》18)

△명사적으로도 쓰인다.

⊙ 이런 일이 慈悲 어늬신고 (《월인천강지곡》144)

⊙ 어늬 구더 兵不碎ᄒ리잇고 (何敵之堅) (《룡가》47)

쳔 (명) 재물, 돈

⊙ 賄 쳔량줄 회(《훈몽자회》잡어)

⊙ 슬위우희 쳔 시러 보내시니 (《월인천강지곡》61)

⊙ 쳔내라 가노라 (錢去) (《번역박통사》상·19)

일벗다 (동) 훔치다, 도적하다

⊙ 竊盜ᄂᆞᆫ 일버슬씨라 (《법화경언해》二·167)

⊙ 金을 일벗디 아니ᄒ리라 (不偸金) (《두시언해》 초二十一·35)

받다 (동) 밟다, 좇다

⊙ 버믜자괴 바다 가니 (《삼강행실도》효·32)

아ᅀᅳ (명) 아우

⊙ 弟曰丫兒(《계림류사》)

⊙ 아ᅀᅳ爲弟 (《훈민정음해례》)

빌먹다 (동) 빌어먹다

⊙ 나라해 빌머그라 오시니 (《월인석보》一·5)

⊙ 샹녜 빌머금과 누비옷 니붐과 (《월인석보》七·31)

ᄒᆞ오ᅀᅡ (부) 홀로, 혼자

△ᄒᆞᄫᅡ, ᄒᆞ오ᅀᅡ, ᄒᆞ오야, ᄒᆞ오와, ᄒᆞ온ᅀᅡ, ᄒᆞ올로 등은 다 같은 형

태의 변종이다.

　그위 (명) 관청

　　◉ 官 그위 관 (《자회》)

　　　公 그위 공 (《자회》)

　삐리다 (동) 싸다, 안다, 꾸리다

　　◉ 拥은 삐릴씨라 (《릉엄경언해》五·55)

　　　衞 삐릴 위 (《자회》중·7)

　삐 (명) 때

　　◉ 삐로 서르 보니 (時相見) (《두시언해》초九·12)

　　◉ 뎌 즈음삐 됴흔 政事를 셰니 (頃來樹嘉政) (《두시언해》 초八·3)

　　　삐: 때에, 때의

　　　삘: 때를

　　　삐니: 끼니

　받다 (동) 드리다, 받들어바치다

　　◉ 獻 받ㅈ올 헌 (《자회》하·15)

　　◉ 奉은 바들씨라 (《월인석보》서·13)

　　△ 받＋ 줍(객체존칭)＋ 다

　　◉ 받ㅈ올거시 업도다(無獻) (《두시언해》초二十三·50)

　　◉ 발 받ㅈ보미 둘히오 (《월인석보》二·37)

　솝 (명) 속

　　◉ 裏 솝 리 (《자회》하·34)

　　◉ 精 솝 졍 (《자회》상·33)

　　◉ ᄂᆞ못소배 이시며 (囊中) (《릉엄경언해》九·108)

　　◉ 구뭇소배 (穴中) (《법화경언해》二·128)

　　◉ 솝오시라 (裏衣) (《릉엄경언해》五·19)

　　◉ 일업슨 匣소배 (無事匣裏) (《법어》·6)

　뒷다 (동) 두었다, 두어있다.

　　◉ 뜯뒷ᄂᆞ 사ᄅᆞᆷ(有志之士) (《몽산법어》·68)

　　◉ 뉘 大法 뒷ᄂᆞ니오 (誰有大法者) (《법화경언해》四·156)

　고라 (토) 고싶도다

　　△ 《하고지라》의 준말

과호다 (동) 칭찬하다, 사모하다

  ◉ 모다 과호야 (聚而嗟之) (《삼강행실도》렬 · 16)

  ◉ 八月十五夜룰 모다 엇디 과호는고 (《송강가사》一 · 21)

둪다 (동) 덮다

  ◉ 盖 두플 개 (《신증류합》상 · 29)

  ◉ 아래룰 둡ᄂ니 (覆其下) (《릉엄경언해》七 · 13)

쉽다 (형) 어렵다

  ◉ 썰본 稀有혼 이룰 (難希有之事) (《아미타경언해》 · 27)

  ◉ 무스기 썰브리잇고 (《월인석보》八 · 93)

간답다 (형) 간동하다, 단출하다, 서늘하다

  ◉ 묽고 간다븐 도리 (《월인석보》一 · 18)

     간다온 ᄇᄅ미 일오 (凉風起) (《백련초해》33)

디위 (명) 번(회수)

  ◉ 흔디위 마즘을 니버도 올흐니라 (一頓打也是) (《박통사언해》상

· 33)

     흔디위 놀며 보다 (游賞一遭) (《역어류해》하 · 53)

  ◉ 一百디위옴 흐라 (一百迴) (《두시언해》二十五 · 22)

시혹 (부) 혹시

빚다 (동) 뿌리다

  ◉ 그우희 供養흐야 비코 (供散其上) (《법화경언해》六 · 182)

  ◉ 뻬쩨타 (撒種) (《자회》하 · 5)

낫다 (동) 드리다, 나아가다

  ◉ 이고줄 나소리니 (《월인석보》一 · 11)

  ◉ 進 나ᅀᆞᆯ 진 (《자회》하26)

[현대어새김]

月印千江之曲 第一
釋譜詳節 第一

  其一
높고 큰 釋迦佛의 無量無邊한 功德을 오랜 시절에 어찌 다 여쭈리.

其二

世尊일 여쭈리니 萬里外의 일이시나 눈에 보는가 여기옵소서.
世尊말을 여쭈리니 천년전의 말이시나 귀에 듣는가 여기옵소러.

其三

그지없는 前世劫에 임금位를 버리시여 寺院에 앉아있으시였다.
五百前世 怨讐가 나라의 재물을 도적하여 寺院을 지나가다.

其四

兄님을 모르시므로 발자취를 좇아 나무에 꿰여 性命을 마치시다.
子息이 없으시므로 몸의 피를 모아 그릇에 담아 男女를 내옵시다.

其五

불상하신 命終에 甘蔗氏 이으심을 大瞿曇이 이루시다.
아득한 後世에 釋迦佛이 되실줄을 普光佛이 이르시다.

其六

外道人 五百이 善慧의 德을 입어 弟子가 되여 銀돈을 드리시다.
賣花女 俱夷 善慧의 뜻을 알아 夫妻願으로 꽃을 드리다.

其七

다섯 꽃 두 꽃이 空中에 머물거늘 天龍八部가 讚嘆하옵시다.
옷과 머리를 路中에 펴시거늘 普光佛이 또 授記하시다.

其八

일곱 꽃으로 인하여 信誓 깊으시므로 世世에 妻眷이 되시다.
다섯 꿈으로 인하여 授記 밝으시므로 今日에 世尊이 되시다.

옛 阿僧祇劫時節에 한 菩薩이 王이 되여 계시여 나라를 아우에게 맡기시고 道理 배우러 나아가서 瞿曇婆羅門을 만나시여 자기옷을랑 벗고 瞿曇의 옷을 입으시여 深山에 들어 과실과 물을 잡수시고 坐禪하시다가 나라에 빌어먹으러 오시니 다 몰라 보옵더니 小瞿曇이라 하더라.

　　菩薩이 城밖 甘蔗園에 精舍를 만들고 홀로 앉아있으시더니 도적 五百
이 官家의것을 도적하여 精舍곁으로 지나가니 그 도적이 菩薩의 前世生의
원쑤이더라.

　　이튿날에 나라에서 도적의 자취를 따라가 그 보살을 잡아 나무에 몸
을 꿰여 두었더니 大瞿曇이 天眼으로 보고 虛空에 날아와 묻사오되 그대
子息 없더니 무슨 죄오? 보살이 대답하시되 이미 죽을 내거니 子孫을 신
칙하랴, 그 王이 사람을 시켜 쏘아 죽이오니라.

　　大瞿曇이 슬퍼 껴안아 관에 넣으시고 피묻은 흙을 파가지고 精舍에
돌아와 왼녘피 다르게 담고 오른녘 피 달리 담아두고 이르되 이 道士가
精誠이 지극하다고 할것이면 하늘이 응당 이 피를 사람되게 하시리라. 열
달만에 왼녘피는 남자가 되고 오른녘 피는 녀자가 되거늘 姓을 瞿曇氏라
하더니 이로부터 子孫이 이으시니 瞿曇氏 다시 일어나시니라.

　　普光佛이 세상에 나시거늘 그때 선회라 할 仙人이 五百外道의 그르게
아는 사람을 가르쳐 고치시거늘 그 五百사람이 弟子가 되고싶다하시여 은
돈 하나씩(한낱씩) 드리오니라. 그적에 燈照王이 普光佛을 청하와 供養하
오리라 하여 나라에 出令하되 좋은 꽃을랑 팔지 말고 왕께 가져오라. 善
慧 들으시고 측은히 여겨 꽃 있는 땅을 가쁘게 (혹은 따라) 찾아 가시다
가 俱夷를 만나시니 꽃 일곱줄기를 가지고 계시되 王의 出令을 저어하여
瓶속에 감추어 두시었더니 善慧 精誠이 至極하시므로 꽃이 솟아나거늘 따
라가 불러 사고싶다 하시니 俱夷 이르시되 大闕에 보내와 부처께 드릴 꽃
이라 못하겠노라 하더라.

　　善慧 이르시되 五百銀돈으로 다섯줄기를 사고싶다. 俱夷 또 물으시되
무엇에 쓰시리까. 善慧 對答하시되 부처께 드리오리다. 俱夷 또 물으시되
부처께 드리여 무엇하려 하시나이까. 善慧 대답하시되 一切種種智慧를 이루
어 衆生을 濟渡하고저 하노라. 俱夷 여기시건대 이 男子가 精誠이 至極하시
므로 보배를 아니 아끼는구나 하여 이르시되 내 이 꽃을 드리려니 願하는것
은 내 평생에 그대의 각시가 되고싶노라. 善慧 대답하시되 내 깨끗한 行德
을 닦아 다시없는 도리를 구하노니 生死의 인연은 듣지 못하리어다.

　　俱夷이르시되 내 願을 아니 從하면 꽃을 못 얻으리라. 善慧 이르시되
그러면 네 願을 從하리니 나는 布施를 즐겨 사람의 뜻을 거슬리지 아니

하노니 아무나 와서 내 머리박이며 눈자위며 骨髓며 妻며 子息이며 달라
하여도 네 逆意하여 내 布施하는 마음을 허물지 말라. 俱夷 이르시되 그
대의 말대로 하리니 내 계집이라 가져가기 어려울것이므로 두 줄기를 마
저 맡기노니 부처께 드리시여 평생에 내 願을 잃지 아니하게 하고싶도다.
그때 燈照王이 臣下와 百姓을 거느리고 種種 供養을 가지고 城에 나와 부
처를 맞아 절하옵고 이름난 꽃을 뿌리더라.

다른 사람이 공양을 끝마치거늘 善慧 다섯 꽃을 뿌리시니 다 공중에
머물러 꽃臺되거늘 後에 두 줄기를 뿌리니 또 공중에 머물러있거늘 王이
며 天龍八部가 찬탄하여 이르시되 좋다 네 阿僧祇劫을 지나가 부처되여
號를 釋迦牟尼라 하리라.

授記 다 하시고 부처 가시는 땅이 질거늘 善慧 입고 있던 鹿皮옷을
벗어 땅에 깔고 머리를 풀어 덮으시거늘 부처 밟고 지나시고 또 授記하시
되 네 後에 부처되여 五濁惡世에 天人濟渡함을 어렵게 아니함이 응당 나
와 같으리라.

그때 善慧 부처께 가서 出家하시여 부처께 여쭈시되 내 어저께 다섯
가지 꿈을 꾸니 하나는 바다에 누우며 둘은 須彌山을 베며 셋은 衆生들이
내 몸안에 들며 넷은 손에 해를 잡으며 다섯은 손에 달을 잡으니 世尊이
시여, 나를 위하여 이르소서

부처 이르시되 바다에 누운 일은 네 生死가 바다에 있는 樣이오, 須
彌山을 벤 일은 生死를 벗어날 징조요, 衆生이 몸에 듦은 衆生이 歸依할
땅이 될 징조요, 해를 잡음은 智慧 널리 비칠 징조요, 달을 잡은 일은 맑
고 단출한 道理로 衆生을 濟渡하여 더운 煩惱를 여희게 할 징조이니 이
꿈의 因緣은 장차 부처될 相이로다. 善慧 듣고 기뻐하시더라.

後에 普光佛 滅度하시거늘 善慧 比丘의 바른 법을 護持하시여 二萬年
사이에 衆生濟渡함을 이루다 못 헤아리게 하시고 命終하여 四天王이 되시
여 天衆敎化하시다가 그 하늘 목숨 다 살으시고 人間에 내리시여 轉輪王
이 되여 四天下를 다스리다가 命終하시여 올라 忉利天에 나시여 그 목숨
다 살으시고 또 내려와 轉輪王이 되시며 또 梵天에 올라 天帝가 되여 계
시다가 도로 내려와 聖王이 되시여 各各 서른여섯번을 오르내리시니 그
사이에 혹 仙人이 되시며 外道六師가 되시며 婆羅門이 되시며 小王이 되
시여 이렇듯이 고쳐 되심이 이루 못 헤아리로다.

5. 두시언해

[해제] 《두시언해》란 당나라시인인 두보의 시를 정음으로 번역한것을 가리키는데 원명은 《분류두공부시언해(分類杜工部詩諺解)》이다. 공부란 두보의 관명(官名)이며 분류란 그의 시를 내용별로 분류한것을 말한다.

《두시언해》에는 초간본과 중간본이 있다. 초간본은 성종 12년 (1481년)에 활자본으로 간행되였는데 류윤겸(柳允謙)이 주석하고 조위(曺偉)와 의침(義砧) 등이 번역하였다. 도합 25권 19책이다. 전질이 전하지 않고 그중의 일부분은 현존하지 않는다.

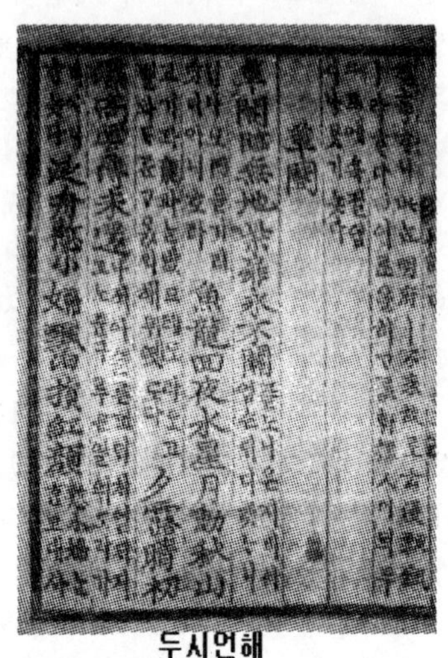

두시언해

중간본은 초간본이 나온 150년후인 인조 10년(1632년)에 초간본을 교정하여 간행한것이다. 중간본은 목판본으로서 완질이 전하고있다. 그러나 중간본은 초간본의 단순한 복각이 아니고 수정하여 간행하였으므로 근대 조선어의 귀중한 문헌이 된다. 중간본은 초간본에 비해서 철자가 정연하지 못하고 변화가 적지 않다. 례를 들어 《ㅿ》의 사용이 초간본에서는 정연하였으나 중간본에서는 정연하지 못하고 대부분 빠지고있으며 초간본엔 사성점이 있었으나 중간본에는 없는것과 같은 점들이다.

《두시언해》는 그 번역문이 정형시적인 특징을 가지지 않으며 오히려 산문적이라고 할수 있다. 광범한 백성들의 생활을 반영하였으므로 언어형식이 다양하며 어휘도 풍부하다.

[원문]

1) 蜀相(초간본)

丞相이 祠堂올 어딕 가 츳즈리오
錦官ㅅ잣밧긔 잣남기 森列혼딕로다

(丞相祠堂何處尋, 錦官城外栢森森)

버텅에 비취옛는 프른 프른 절로 봄비치 두외옛고
니플 스시ᄒ얏는 곳고리는 쇽졀업시 됴흔 소리로다.
(映階碧草自春色, 隔葉黃鸝空好音)

세번 도라보물 어즈러이 호믄 天下를 爲ᄒ야 혜아료미니
두 朝를 거리츄믄 늘근 臣下의 ᄆᅀ미니라
(三顧頻繁天下計, 兩朝開濟老臣心)

軍士를 내야 가 이긔디 몯ᄒ야셔 모미 몬져 주그니
기리 英雄으로 ᄒ여 눉므리 옷기제 ᄀ득게 ᄒᄂ다
(出師未捷身先死, 長使英雄淚滿襟)

(권 6)

2) 江村(초간본)

ᄆᆯ근 ᄀᆞᄅᆞᆷ 흔고비 ᄆᅀᆞ홀 아나 흐르ᄂ니
긴 녀름 江村애 일마다 幽深ᄒ도다
(淸江一曲抱村流, 長夏江村事事幽)

절로 가며 절로 오ᄂ닌 집우휫 져비오
서르 親ᄒ며 서르 갓갑ᄂ닌 믌가온ᄃᆡᆺ 글며기로다
(自去自來堂上燕, 相親相近水中鷗)

늘근 겨지븐 죠히를 그려 쟝긔파ᄂᆯ 밍ᄀ러놀
져믄 아ᄃᆞᆫ 바ᄂᆯ를 두드려 고기낫굴 낙술 밍ᄀᄂ다
(老妻畫紙爲碁局, 稚子敲針作釣鉤)

한 病에 얻고져 ᄒ는바는 오직 藥物이니
져구맛 모미 이밧긔 다시 므스글 求ᄒ리오

(多病所須唯藥物, 微軀此外更何求)

(권 7)

3) 春望(초간본)

나라히 破亡ᄒ니 뫼콰 ᄀ롬쑨 잇고
잣앉 보미 플와 나모쑨 기펫도다
(國破山河在, 城春草木深)

時節을 感歎ᄒ니 고지 늦므를 ᄲ리게코
여희여슈믈 슬후니 새 ᄆᅀᆞ물 놀래ᄂ다
(感時花濺淚, 恨別鳥驚心)

烽火ㅣ 석ᄃᆞ롤 니예시니
지빗 音書ᄂ 萬金이 ᄉ도다
(烽火連三月, 家書抵萬金)

셴머리롤 글구니 ᄯ 뎌르니
다 빈혀롤 이긔디 몯홀돗ᄒ도다
(白頭搔更短, 渾欲不勝簪)

(권 10)

4) 到村(중간본)

프른 시내해 비록 비 해 오나
ᄀ읈몰애예 ᄇᆞᆯ셔 홀기 젹도다
(碧澗雖多雨, 秋沙先少尼)

蛟龍은 삿기 늘 혀 디나가고
蓮과 말와믄 고졸조차 ᄂᆞ즉ᄒ얏도다
(蛟龍引子過, 荷芰逐花低)

늘거가매 戎幕애 參預호니
도라오매 믈발를 흩노라
(老去參戎幕, 歸來散馬蹄)

稻粱머구리라 朝列에 모로매 나아가노니
프서리예 곳 서르 迷路ᄒ리로다
(稻粱須就列, 榛草卽相迷)

蓄積홀시 江漢을 ᄉ랑ᄒ노니
어리며 踈拙ᄒ야 町畦호믈 疑惑ᄒ노라
(蓄積思江漢, 頑踈惑町畦)

잢간 몸아ᄂ 義分을 갑고
녜수픐기세 도로 드로리라
(暫酬知己分, 還入故林棲)

(권 7)

5) 玉華宮(중간본)

시내 횟돈ᄃᆡ 솘ᄇᄅ미 기리 부ᄂ니
프른 쥐 녯 디샛서리예 숨ᄂ다
(溪回松風長, 蒼鼠竄古瓦)

아디 몯ᄒ리로다 어느 님긊 宮殿고
기든 지은거시 노푼 石壁ㅅ아래로다
(不知何王殿, 遺構絶壁下)

어득흔 房앤 귓거시 브리 프르고
믈어딘 길헨 슬픈 므리 흐르놋다
(陰房鬼火靑, 壞道哀湍瀉)

여러가짓소리 眞實ㅅ 뎌와 피릿소리 ᄀ도소니

ᄀᆞᆯ비치 正히 ᄌᆞᆺᄌᆞᆺ호도다
(萬籟眞笙竽, 秋色正蕭洒)

고온 사ᄅᆞᆷ미 누른 흘기 되오니
ᄒᆞ믈며 粉黛ᄅᆞᆯ 비러 ᄡᅥ던거시ᄯᆞ녀
(美人爲黃土, 況乃粉黛假)

그 時節에 金輿ᄅᆞᆯ 侍衛ᄒᆞ던
녯거슨 호올로 잇ᄂᆞᆫ 돌ᄆᆞ리로다
(當時侍金輿, 故物獨石馬)

시름 오매 프를 지즐 안자셔
훤히 놀애 블오니 눗므리 손애 ᄀᆞ독호도다
(憂來藉草坐, 浩歌淚盈把)

어른어른 녀ᄂᆞᆫ 긿ᄉᆞ이예
뉘이 나홀 기리 살 사ᄅᆞᆷ고
(冉冉征途間, 誰是長年者)

(권 6)

6) 石壕吏(중간본)

나조히 石壕村애 가니 잇ᄂᆞᆫ 吏ㅣ 바미 와 사ᄅᆞᆷ믈 잡더라(暮投石壕村, 有吏夜捉人)

늘근 한아비ᄂᆞᆫ 다믈 너머 ᄃᆞᆺ거늘 늘근 겨지비 門의 나 보더라(老翁踰墻走, 老婦出門看)

吏의 블로믄 흐ᄀᆞᆯᄋᆞ티 ᄌᆞ모 怒ᄒᆞ야커늘 겨지븨 우루믄 흐ᄀᆞᆯᄋᆞ티 ᄌᆞ모 苦ᄅᆞ외도다(吏呼一向怒, 婦啼一向苦)

겨지븨 나아가 말ᄊᆞᆷ호믈 드로니 세 아ᄃᆞ리 鄴城에 가 防戍ᄒᆞ더니 ᄒᆞᆫ 아ᄃᆞ리 브튼 글워리 오니 두 아ᄃᆞ리 새려 사호다가 죽도다(聽婦前致詞, 三男鄴城戍, 一男附書至, 二男新戰死)

사랫ᄂᆞ니도 ᄯᅩ 사라쇼믈 일버어잇고 주그닌 기리 말리로다(存者且偸

生, 死者長已矣)

  집안해 또 사르미 업고 오직 졋먹는 孫子옷 잇느니 져믄 孫子ㅣ 이셔 어미 브리고 가디 몯호리오 또 드나드로매 암몬 フ외도 업스니라(室中更無人, 唯有乳下孫, 孫有母未去, 出入無完裙)

  늘근 할미 히미 비록 衰殘호나 請흔돈 吏를 조차 바미 가 샐리 河陽 役事를 對答호면 오히려 시러곰 새볏 밥지일 フ초호리라(老嫗力雖衰, 請從吏夜歸, 急應河陽役, 猶得備晨炊)

  바미 오라아 물숨소리 그츠니 우러 그으기셔 수우워류믈 듯논돗호더니 하늘히 볽거늘 앏길흐로 올아올제 호오아 늘근 한아비와로 여희요라(夜久語聲絶, 如聞泣幽咽, 天明登前途, 獨與老翁別)

(권 4)

[고어해석]

1)蜀相

蜀相 (명) 제갈량(諸葛亮)

  760년봄 두보는 성도성(成都城) 서북쪽에 있는 제갈량사당을 찾아 이 시를 썼다.

錦官城 (명) 성도의 별칭

춫다 (동) 찾다

  ◉ 尋 츠줄 심 (《석봉천자문》31)

잣남기 (명) 잣나무

버텅 (명) 뜰층계

  ◉ 陛 버텅 폐 (《자회》중·6)

스싀 (명) 사이

속졀업시 (부) 속절없이

거리치다 (동) 건지다

세번 도라보믈: 제길량이 隆中(今湖北襄陽縣西)에 은거했을 때 류비(劉備)가 세번이나 그를 찾아 천하대사를 의논하였다.

두朝: 제갈량은 류비(先主)와 劉憚(後主)부자의 두 조대를 겪었다.

모미 몬져 주그니: 제갈량은 234년 魏나라를 정벌하다가 군중(軍中)

에서 병고하였다.

2) 江村

고비 (명) 굽이
져비 (명) 제비
굴며기 (명) 갈매기
죠희 (명) 종이
쟝긔 (명) 장기
졈다 (형) 어리다.
 ◉ 幼 져믈 유 (《자회》상·32)
 ◉ 少 져믈 쇼 (《석봉천자문》35)
낛다 (동) 낚다
 ◉ 釣 낫글 됴 (《신증류합》하·7)
져구맛 (관) 조그만한
므슥 (대) 무엇

3) 春望

-콰 (토) 《ㅎ과》의 축약형태
 ◉ 귀와 고콰 眉間앳 光을 다 펴 (《릉엄경언해》一·79)
 ◉ 됴흔 나라콰 宮殿臣妾을 곧 ㅂ리고 (《법화경언해》一·77)
 ◉ 하늘과 짜콰도 두르혀리로소니 (回天地) (《두시언해》초二十一
·12)
잣 (명) 성 (城)
 ◉ 城 잣 셩 (《자회》 중8)
  잣았봄→잣안봄(성안의 봄)
쓰리다 (동) 뿌리다
 ◉ 沃 쓰릴 옥 (《자회》하·11)
 ◉ 灑 믈쓰릴 쇄 (《류합》하·8)
 ◉ 甘露룰 쓰리어늘 (《월인천강지곡》189)
슬호니: 슬퍼하니
 슬ㅎ+오+니>슬호니
烽火ㅣ 셕ᄃᆞ롤 니어시니 지빗音書ᄂᆞᆫ 萬金이 ᄉᆞ도다:

757년 정월부터 삼월까지 史思明, 蔡希德 등이 太原을 포위공격하여 李光弼의 대항을 받았고 郭子儀가 군사를 거느리고 鄜州로부터 출격하여 崔乾祐를 河東에 내쫓았다. 安守忠 등은 장안에서 서쪽으로 출병하였다. 두보의 집은 鄜州에 있었는데 이 3개월동안 편지가 아주 희소했다. 두보는 그때 장안에 있었다.

ᄊ다 (형) 값이 있다. 싸다

뎌르다 (형) 짧다

◎ 短 뎌를 단 (《류합》 하 48)

◎ 히 뎌르다 (日短) (《同文》 상·3)

빈혀 (명) 비녀

◎ 簪 빈혀 줌 (《류합》 상·31)

◎ 玉 빈혀 (《역어류해》 상·44)

이긔다 (동) 이기다

◎ 勝 이긜 승 (《자회》 하·22)

◎ 克 이긜 극 (《류합》 하·4)

◎ 剋 이긜 극 (《석봉천자문》 9)

셴 머리를 글구니 쏘 뎌르니 다 빈혀를 이긔디 몯훌돗 ᄒ도다:
이 구의 뜻은 머리가 짧아서 비녀도 꽂기 어렵다는 뜻이다

4) 到村

혀다 (동) 끌다 (引), 다리다, 데리다

◎ 引 혈 인 (《자회》 상 35)

◎ 혀고 發티 아니ᄒ샤 (引而不發) (《법화경언해》 四·98)

말왐 (명) 마름

◎ 菱 말왐 룽 (《자회》 상12)

◎ 芰 말왐 기 (동상)

몸알다 (동) 속마음을 알아주다

◎ 몸알리를 貴히 너기ᄂ니 (貴知己) (《두시언해》 초二十二·55)

-ᄀ: 접속토 《고》를 강조하여 《곡》으로 함.

◎ 날브리곡 머리 가디말라 (《석보상절》 十一·37)

◎ 名區勝地를 굴희곡 갈희여 (《청구영언》)

5) **玉華宮**

횟돌다 (동) 휘돌다

◉ 輪迴는 횟돌씨라 (《월인석보》)

◉ 環은 횟돌씨라 (《릉엄경언해》十·7)

디새 (명) 기와

◉ 瓦 디새 와 (《자회》 중·18)

◉ 殿엣 디새는 (殿瓦) (《두시언해》 초二十·32)

귓것 (명) 귀신

믈어디다 (동) 무너지다

◉ 頹 믈어딜 퇴 (《자회》 하·17)

◉ 내년희 믈어디거든 (明年倒了時) (《번역박통사》 상·10)

ᄀᆞᆯ (명) 가을

ᄀᆞ슬>ᄀᆞᆯ

ᄌᆞᆺᄌᆞᆺᄒᆞ다 (형) 깨끗하다

粉黛 (명) 분바른 얼굴과 먹으로 그린 눈섭. 미인을 비유.

ᄒᆞᆯ며 (부) 하물며

-ᄯᅜ녀 (맺음토) -ㄴ뿐이랴, -랴, -겠느냐

돌ᄆᆞᆯ (명) 돌말(石馬)

지즐 (부) 눌러, 깔고

어른어른 (부) 염염히 (冉冉), 느리게, 약하게

녀다 (동) 다니다

◉ 行 녈 힝 (《신증류합》 하·1)

◉ 녀며 녀 가 (行行) (《두시언해》 초二十二·42)

6) **石壕吏**

나조ㅎ (명) 저녁

石壕村 (명) 당나라 섬주(陝州) 성현의 석호진, 현 하남성 섬현(陝縣) 동쪽에 있었음.

ᄃᆞᆮ다 (동) 닫다 (走)

◉ 奮 ᄃᆞ롤 분 (《신증류합》 상·14)

◉ 跑 ᄃᆞ롤 포 (《자회》 하·27)

흔글ㅇ티 (부) 한결같이

ᄌ모 (부) 자못

苦ᄅ외다 (형) 괴롭다

사호다 (동) 싸우다

기리 (부) 길이

-옷 (토) -만, 강조를 나타냄.

암ᄆᆫ (관) 완전한, 온전한

ᄀ외 (명) 치마, 고의, 아랫도리

  ◉ 기브로 ᄀ외ᄒᆫ 사ᄅᄆᆫ 주려죽디 아니ᄒ거늘(紈褲不餓死)(《두시
언해》19·1)

          옷ᄀ외 니브를 게을이 ᄒ노라 (嬾衣裳) (《두시언해》 초七·5)
  ◉ 어미 나흔 ᄀ외오 (孃生袴子) (《금강경삼가해》二·61)
  ◉ 암ᄆᆫ ᄀ외도 업스니라 (無完裙) (《두시언해》 중四·8)
河陽役事 (명) 하양병영에 가서 복역함, 하양은 현 하남성 맹현 (孟縣)
새배 (명) 새벽
  ◉ 晨 새배 신 (《자회》상·11)
ᄀ초다 (동) 갖추다
  ◉ 具 ᄀ출 구 (《석봉천자문》34)
  ◉ ᄀ초다(全備) (《한청문감》 P336)
  △ᄀ초다 (동) 감추다
    ◉ ᄆᄉ매 ᄀ초아슈미(藏心) (《내훈》一·1)
수우워리다 (동) 떠들어대다, 수떨다, 수다스럽게 떠들다

[현대어새김]

1) 蜀相

丞相의 祠堂을 어디 가 찾으리오
錦官城 성밖에 잣나무 森列한데로다.
뜰층계에 비치여있는 푸른 풀은 절로 봄빛이 되여있고
잎을 사이해있는 꾀꼴새는 속절없이 좋은 소리로다.

세번 돌아봄을 어지럽게 함은 天下를 위하여 헤아림이니
두 조대를 건짐은 늙은 臣下의 마음이니라.
軍師를 내여가서 이기지 못하여서 몸이 먼저 죽으니
길이 영웅으로 하여금 눈물이 옷깃에 가득하게 하도다.

2)江村

맑은 강 한굽이 마을을 안아 흐르나니
긴 여름 江村에 일마다 그윽하도다.
절로 가며 절로 오는것은 집우의 제비요
서로 친하며 서로 가까운것은 물가운데의 갈매기로다.
늙은 계집은 종이를 그려 장기판을 만들거늘
어린 아들은 바늘을 두드려 고기 낚을 낚시를 만든다.
많은 병에 얻고저 하는바는 오직 약물이니
조그마한 몸이 이밖에 다시 무엇을 구하리오

3) 春望

나라가 破亡하니 산과 강만 (남아) 있고
성안(에 온) 봄에 풀과 나무만 깊어있도다.
시절을 感歎하니 꽃이 눈물을 뿌리게 하고
리별하였음을 슬퍼하니 새 (우는 소리) 마음을 놀래인다.
봉화가 석달을 이었으니
집의 소식은 만금이 싸도다
센 머리를 긁으니 또 짧아
다 비녀를 이기지 못할듯 하도다

4) 到村

푸른 시내물에 비록 비가 많이 오나
가을모래에 벌써 흙이 적도다,
교룡은 새끼를 데리고 지나가고

련하와 마름은 꽃을 따라 나직해있도다.
늙어가매 戎幕에 참여하니
돌아오매 말발굽을 흩널리노라
稻粱 먹으려고 朝列에 꼭 나가노니
우거진 잡초속에 곧 서로 길 잃으리로다.
蓄積할새 江漢 (장강과 한수)을 생각하노니
어리석고 소졸하여 町畦함을 의혹하노라.
잠간 지기의 義分을 갚고
옛수풀깃에 도로 들리라.

5) 玉華宮

시내물 휘도는 곳에
송풍(松風)이 길게 부나니,
푸른 쥐 옛 기와사이에 숨는다.
알지 못하리로다, 어느 임금의 궁전인고
짓고 남은것이 높은 석벽아래로다.
어득한 房엔 귀신의 불이 푸르고
무너진 길엔 슬픈 물이 흐르도다.
여러가지 소리 眞實의 저와 피리소리 같으니
가을빛이 正히 깨끗하도다
고운 사람이 누른 흙이 되오니
하물며 粉黛를 빌어쓰던것이랴,
그 시절에 임금의 수레를 시위하던
옛것이 홀로 있는것은 돌말이로다.
시름이 오매 풀을 깔고 앉아서
크게 노래를 부르오니
눈물이 손에 가득하도다.
염염히 다니는 길사이에
누가 나이를 오래 살 사람인고.

6) 石壕吏

저녁에 석호촌에 가니 (와) 있는 관리가 밤에 와 사람을 붙잡더라.
늙은 한아비는 담을 넘어 닫거늘 늙은 계집이 문에 나와 보더라.
관리의 부름은 한결같이 자못 노하였거늘
계집의 울음은 한결같이 자못 괴롭도다.
계집이 나아가 말씀함을 들으니 세 아들이 鄴城에 가서 수자리하더니
한 아들의 부친 글월이 오니 두 아들이 새로 싸우다가 죽었도다.
살아있는이는 또 살았음을 훔쳐있고 죽은이는 길이 (죽어) 말것이로다.
집안에 또 사람이 없고 오직 젖먹는 손자만 있노니
어린 손자가 있어서 어미 버리고 가지 못하리오.
또 드나듦에 온전한 치마도 없느니라.
늙은 할미 힘이 비록 쇠잔하나 청컨대 관리를 따라 밤에 가서
빨리 河陽役事를 대답하면 오히려 능히 새벽 밥짓기를 갖출수 있으리라.
밤이 오래서야 말씀소리 그치니 울어 그윽해서 수떠는 소리 듣는듯하
더니
하늘이 밝거늘 앞길로 올라올제 혼자 할아버지와 리별하였어라.

6. 동 동

[해제] 《동동》은 《악학궤범》(樂學軌範)에 실려있다. 《악학궤범》은 성종 24년(1493년)에 성현(成俔) 등이 성종의 명령에 의하여 장악원에 소장되여있는 의궤악보에 수정을 가하여 편찬한것으로서 여기에는 아악(雅樂), 속악(俗樂), 당악(唐樂)의 여러 사항이 풀이되여있다. 전통적인 민족음악과 관련한 자료를 집대성하였는바 그 중에는 각종 형식의 노래도 수록되여있다. 모두 9권 3책이다.

《악학궤범》에는 정음으로 《여민락》, 《동동》, 《정읍사》, 《처용》, 《삼진작》 등의 가요가 기록되여있다. (《여민락》은 《룡비어천가》를 이름을 달리 한것이고 《삼진작》은 고려사의 《정과정》과 같다.)

이 책은 1610년(광해군 2년), 1655년(효종 6년)에 중간된바 있다.

고려사에서는 고려시대 속악을 말하면서 《동동》을 그 대표적인것으로 들었다. 이 노래는 풍토-세시(歲時)적생활전통을 배경으로 한 최초의 월령체(月令體)형식의 노래이다.

《동동》은 매우 광범히 류행된 곡조여서 그 가사도 한가지가 아니였다. 《고려사》 권71 악지의 《동동이라는 놀이는 그 가사에 송축하는 말은 많은데 대체로 신선의 말을 본따서 지은것이다. 그러나 가사가 리속해서 기재하지 않는다.(動動之戲, 其歌詞多有頌禱之詞, 盖效仙語而爲之, 然詞俚不載.)라는 기록에서도 그것을 알수 있다.

리익의 《성호새설(星湖塞說)》에 의하면 《動動》이란 그 당시 광대들이 입으로 북소리를 흉내내면서 춤의 장단을 맞추는것으로 북소리의 《둥둥》과 같다고 하였다. 《동동》을 고구려노래라고 하는이도 있다.

《동동》은 고려시기에 창작되였지만 15세기중엽 문자로 기록된 시기의 언어를 주로 반영한다.

[원문]

德으란 곰비예 받줍고
福으란 림비예 받줍고
德이여 福이라 호늘
나ᅀ라 오소이다
아으 動動다리

正月ㅅ 나릿므른
아으 어져녹져 ᄒᆞ논듸
누릿가온듸 나곤
몸하 ᄒᆞ올로 녈셔
아으 動動다리

二月ㅅ 보로매
아으 노피 현
燈ㅅ블 다호라
萬人 비취실 즈싀샷다
아으 動動다리

三月 나며 開ᄒᆞᆫ
아으 滿春들 욋고지여
ᄂᆞ미 브를 즈슬
디녀 나샷다
아으 動動다리

四月 아니 니저
아으 오실셔 곳고리새여
므슴다 錄事니믄

녯나를 닛고신뎌
아으 動動다리

五月五日애
아으 수릿날 아춤藥은
즈믄힐 長存ᄒ샬
藥이라 받줍노이다
아으 動動다리

六月人보로매
아으 별해 ᄇ룐 빗다호라
도라보실 니믈
젹곰 좃니노이다
아으 動動다리

七月人보로매
아으 百種 排ᄒ야 두고
니믈 ᄒ듸 녀가져
願을 비읍노이다
아으 動動다리

八月人보로몬
아으 嘉俳나리마른
니믈 뫼셔 녀곤
오늘낤 嘉俳샷다
아으 動動다리

九月九日애
아으 藥이라 먹논 黃花
고지안해 드니
새셔가만ᄒ애라

아으 動動다리

十月애
아으 져미연 보롯다호라
것거 보리신 後에
디니실 호부니 업스샷다
아으 動動다리

十一月ㅅ 봉당자리예
아으 汗衫 두퍼누워
슬홀ㅅ라온뎌
고우닐 스싀옴 녈셔
아으 動動다리

十二月ㅅ 분디남ㄱ로 갓곤
아으 나술盤잇 져다호라
니믜 알픠 드러 얼이노니
소니 가재다 므릇숩노이다
아으 動動다리

[고어해석]

곰비 (명) 다음 잔, 뒤잔 (後杯)
　　　◉ 舳 빗고믈 튝 (船後持柁處) (《훈몽자회》 중·26)
　　　◉ 妾 고마 쳡 (《훈몽자회》 상·31)
　　　　　肱 (굉) 팔곰치 (俗語) – 팔꿈치
　　　　　趾 (지) 발곰치 (俗語) – 발꿈치
　　　◉ 杯 잔 비 (《훈몽자회》 器皿)
림비 (명) 먼저 잔, 앞잔(前杯)
　　　◉ 額 니마 액 (《훈몽자회》 상·24)
　　　◉ 艫 빗니믈 로 (《훈몽자회》 중·26)

◉ 主 님 쥬 (《훈몽자회》 중·1)

◉ 紅裳을 니믜 추고 (《송강가사》)

△ 《곰비》와 《림비》>《님비》는 결합되여 부사로 되였다.

◉ 곰비님비 지촉ᄒ고 (《계축일기》 상·98)

　곰뷔님뷔 님뷔곰븨 천방지방 지방천방 ᄒᆞ번도 쉬지 말고 (《청구영언》)

◉ 보션 버서 품에 품고 신버서 손에 쥐고

　곰븨님븨 천방지빙 지방쳔방 즌ᄃᆡᄆᆞ른ᄃᆡ 굴히지 말고 (《청구영언》)

나ᅀᅡ다 (동) 나아가다, 드리다, 진상(進上)하다

나ᅀᅳ다>나ᄋᆞ다

◉ 進賜 나ᅀᅳ리 堂下官尊稱也 (《리두편람》)

◉ 進 나ᅀᅳᆯ 진 (《훈몽자회》 하·26)

◉ 就 나ᅀᅡ갈 취 (《신증류합》 하·36)

나리 (명) 내 (川)

나리>내　　　　가히>개

누리>뉘　　　　사이>새

◉ 阿利那禮河 (慶州의 閼川) (《日本書紀》)

◉ 久麻那利 (卽熊川) (동상)

◉ 尺川洞 자나리 (지명)

◉ 彦河洞 어나리 (지명)

혀다 (동) 켜다

◉ 燃은 블 혈씨라 (《월인석보》 一·8)

◉ 燈의 블 혀고 (《석보상절》 九·30)

즛 (명) 모양, 짓

◉ 容 즛 용 (《훈몽자회》 상·24)

滿春들 (명) 晩春들, 三月

욋곳 (명) 배꽃

滿春들 빛곳>滿春들 읫ㅅ곳>滿春들 욋곳

◉ 올벼>오려

　찰밥>찰압>차랍

말밤 > 마름

이 단어를 다음과 같이 해석하기도 한다.

△ 滿春돌 욋고지여 (외얏곳-李花)

△ 滿春돌욋 고지여 (滿春달의 꽃)

△ 滿春 돌욋고지여 (달래꽃, 진달래꽃)

블다 (동) 부러워하다

◉ 鶴을 브노니 (羨鶴) (《두시언해》 초七·12)

◉ 내의 브논배라 (吾所羨) (동상·十六·53)

니지 (부) 잊어

◉ 忘 니즐 망 (《석봉천자문》8)

△ 닞+이 > 니지(부사형)

곳고리 (명) 꾀꼬리

◉ 鶯 곳고리새 영 (《훈몽자회》 상)

◉ 鸝 곳고리 례 (동상·상·17)

무슴 (대) 무엇, 어찌, 무슨

◉ 무슴 노래 부르는다 (무슨) (《월인석보》八·10)

◉ 무슴호려 ㅎ시ᄂ니 (무엇) (동상·一·10)

◉ 무슴 슬허 눘므를 비ᄀ티 흘리거니오(어찌) (《두시언해》

二十五·14)

錄事 (명) 관직명

ㄴ뎌 (토) 감탄형종결토, ㄴ것이여, 구나

수리 (명) 단오

◉ 端午爲車衣 (《삼국유사》 권2)

◉ 端午俗名戌衣, 戌衣者東語車也 (《동국세시기》)

수릿날 (端午日) (《구급간이방》六·58)

즈믄 (수) 천

별ㅎ (명) 벼랑

◉ 淵遷 쇠벼ᄅ (《룡비어천가》 3·13)

◉ 遷 方言別吾 (《아언각비》 권2)

젹곰 (부) 조금

젹(다) + 곰 > 젹곰

454   조선어언어력사연구

좇니다 (동) 좇아가다

　　좇(다) + 니다>좇니다

　　△ 니다 (동) 가다

녀가다 (동) 가다, 흘러가다, 다녀가다

　　니어>녀 +가다

　　◉ 萬里예 녀가 (行萬里) (《두시언해》 초간七·2)

　　◉ 그듸 녀가미 (君行) (《두시언해》 초八·67)

嘉俳 (명) 가위(8월 15일), 한가위

　　◉　王(儒理王)旣定六部, 中分爲二, 使王女二人各率部內女子, 分
朋造黨, 自秋七月旣望, 每日早集大部之庭, 績麻, 乙夜而罷。　至八月
十五日, 考其功之多少, 負者置酒食以謝勝者。於是歌舞百戲皆作, 謂
之嘉俳。(《三國史記》卷一)

고지 (명) 고조, 술주자, 술통

　　△《고지》를《꽃이》로 해석하기도 한다.

새셔 (명) 세월의 흐름 (歲序)

만ᄒ다(동) 늦어지다 (晩하다)

　　△《새셔가 만ᄒ애라》를《새셔　가만ᄒ애라》로 꺾어　해석하는
이도 있다. 이 경우에 주격토《가》를 인정하지 않는다. 이러한 경
우에　또《새셔》를《茅椽》으로 보는 사람도 있다.

져미다 (동) 저미다

스싀옴 (부) 스스로, 각기 따로

분디 (명) 분지나무

　　◉ 분디曰山椒 (《훈몽자회》 상·12)

갓ㄱ다 (동) 깎다 (削)

얼이다 (동) 시집보내다

　　△ 얼다 (동) 교배하다

　　◉ 嫁　얼일 가 (《훈몽자회》 상·33)

[현대어새김]

덕을랑 뒤잔에 드리고
복을랑 앞잔에 드리고

덕이며 복이라 하는것을
진상하러 오소서
아으, 동동다리

정월 내물은
아으 얼려 녹으려 하는데
이 세상에 나서는
몸이여, 홀로 살아갈것이로구나
아으, 동동다리

이월 보름에
아으, 높이 켠 등불같아라
만인 비추실 모양이시였다
아으, 동동다리

삼월 지나며 핀
아으, 늦은 봄 배꽃이여
남이 부러워할 모양을
지니고 태여났구나
아으, 동동다리

사월 아니 잊고
아으, 오셨구나 꾀꼴새여
어쩐 일인가 록사님은
옛날의 나를 잊으셨구나
아으, 동동다리

오월 오일에
아으, 단오날 아침약은
천년을 장수하실
약이라 드리나이다

아으, 동동다리

류월 보름에
아으, 벼랑에 버린 빗같구나
돌아보실 님을
조금 좇아가나이다
아으, 동동다리

칠월 보름에
아으, 百種 차려놓고
님과 함께 지내고자
원을 비옵니다
아으, 동동다리

팔월 보름은
아으, 한가위날이지마는
님을 모셔 지내고서야
오늘날이 한가위날이로다
아으, 동동다리

구월 구일에
아으, 약이라 먹는 국화
고조안에 들어가니
철도 이미 늦었어라
아으, 동동다리

시월에
아으, 저민 보로쇠같아라
꺾어 버리신 후에
지니실 한분이 없구나
아으, 동동다리.

십일월 봉당자리에
아으, 속적삼 덮고 누워
서글프도다
고운 이를 갈라져 지낼것이로다
아으, 동동다리

십이월 분지나무로 깎은
아으, 진상소반의 저가락같도다
님의 앞에 들어 가지런히 놓았더니
손님이 가져다 입에 뭅니다
아으, 동동다리

7. 서경별곡

[**해제**] 《서경별곡(西京別曲)》은 《악장가사(樂章歌詞)》에 실려있다. 《악장가사》는 편찬자와 간행년도는 똑똑히 알수 없는 민족음악과 관련된 책으로서 일명 《국조악장》(國朝樂章)이라고 한다. 여기에는 《악학궤범》과 중복되는 《여민락》, 《처용가》 외에도 정음가요로 《정석가》, 《청산별곡》, 《서경별곡》, 《사모곡》, 《쌍화점》, 《리상곡》, 《가시리》, 《만전춘》 등이 있다. 그리고 《한림별곡》 등 한림체로 된 한시체가요도 있다.

《악학궤범》, 《악장가사》, 《시용향악보》의 노래들을 흔히 《고려가요》라고들 한다. 고려가요란 고려시기에 창작된 가요를 말한다. 일부는 그 이전시기의 노래가 고려시기에 계속 불리워진것도 있다. 고려시기에 조선문자가 없었던만큼 고려가요의 절대 대부분은 언어적형태 그대로 정착되지 못하였다가 이상의 책들에 비로소 적혔다. 따라서 고려가요는 리조시기의 언어를 반영하고있으며 일부 고려시기의 언어를 보존하고있을것이라고 말하게 된다.

《서경》은 오늘의 평양을 일컫는다.

리제현(李齊賢)(1287-1367)의 《익재란고(益齋亂藁)》에는 이 시의 한 역이 있다.

縱然巖石落珠璣, 纓縷固應無斷時;
與郞千載相離別, 一點丹心何改移。

그리고 《성종실록》에는 다음과 같이 기록되여있다.

傳曰, 宗廟樂如保太平, 定大業則善矣, 其餘俗樂如西京別曲, 男女相悅之詞, 甚不可樂譜, 則不可卒改, 依曲調別制詞何如。(권215, 19년 4월)

이상의 점들로 보아 이는 고려의 속요였음이 분명하다. 《고려사》 권71에도 《서경》이란 기록이 있으나 이 《악장가사》의 노래와는 부합되지 않는다.

[**원문**]

西京이 아즐가
西京이 셔울히 마르는

위 두어렁셩 두어렁셩 다링디리

닷곤딕 아즐가
닷곤딕 쇼셩경 고외마른
위 두어렁셩 두어렁셩 다링디리

여히므론 아즐가
여히므론 질삼뵈 브리시고
위 두어렁셩 두어렁셩 다링디리

괴시란딕 아즐가
괴시란딕 우러곰 좃니노이다
위 두어렁셩 두어렁셩 다링디리

구스리 아즐가
구스리 바회예 디신들
위 두어렁셩 두어렁셩 다링디리

긴히똔 아즐가
긴히똔 그츠리잇가 나눈
위 두어렁셩 두어렁셩 다링디리

즈믄히를 아즐가
즈믄히를 외오곰 녀신들
위 두어렁셩 두어렁셩 다링디리

信잇둔 아즐가
信잇둔 그츠리잇가 나눈
위 두어렁셩 두어렁셩 다링디리

大同江 아즐가

大同江 너븐디 몰라셔
위 두어렁셩 두어렁셩 다링디리

빈내여 아즐가
빈내여 노흔다 샤공아
위 두어렁셩 두어렁셩 다링디리

네가시 아즐가
네가시 럼난디 몰라셔
위 두어렁셩 두어렁셩 다링디리

널빈예 아즐가
널빈예 연즌다 샤공아
위 두어렁셩 두어렁셩 다링디리

大同江 아즐가
大同江 건너편 고즐여
위 두어렁셩 두어렁셩 다링디리

빈타들면 아즐가
빈타들면 것고리이다 나는
위 두어렁셩 두어렁셩 다링디리

[고어해석]

아즐가: 음률을 맞추기 위한 음절묶음.
위 (감) 감탄사
두어렁셩 두어렁셩 다링디리: 음률을 맞추기 위한 후렴적 음절묶음.
닷ㄱ다 (동) 닦다
고외마른: 괴(사랑하다) + 오(결합모음) + 이(존칭토) + 마른(접속토, 마는)
질쌈 (명) 길쌈

뵈 (명) 베

　　　◉ 布 뵈 포 (《훈몽자회》 중·30)

　　　◉ 잇뵈(伊布) (《룡비어천가》 3·13)

우러곰 (부) 울면서라도

　　　울어 + 곰(강조토) > 우러곰

바회 (명) 바위

긴ᄒ (명) 끈

-이쫀 (토) (=잇둔, 잇쫀) 이야

외오곰 (부) 홀로, 외오 + 곰

　　　△ 외오 (부) 외따로

　　　◉ 님 외오 살라면 (《청구영언》)

　　　◉ 므스일로 외오두고 글이는고 (《송강가사》)

-ㄴ돌 (토) ㄴ들

샤공 (명) 배사공

럼난다 (동) 넘나다, 발정하다, 음란하다

　　　《네가시럼난디몰라셔》를 《네가　시럼난지　몰라셔》로　끊어보는
　　이도 있는데 이러면 3·3·3 음률수에 맞지 않는다.

녈비 (명) 떠나는 배

겨다 (동) 껴다

[현대어새김]

西京이 아즐가
西京이 서울이지마는
위 두어렁셩 두어렁셩 다링디리

닦은데 아즐가
닦은데 소성경 사랑하지마는
위 두어렁셩 두어렁셩 다링디리

리별보다는 아즐가

리별보다는 길쌈베 버리시고
위 두어렁셩 두어렁셩 다링디리

사랑하신다면 아즐가
사랑하신다면 울면서 좇아가나이다
위 두어렁셩 두어렁셩 다링디리

구슬이 아즐가
구슬이 바위에 떨어지신들
위 두어렁셩 두어렁셩 다링디리

끈이야 아즐가
끈이야 끊어지리이까 나는
위 두어렁셩 두어렁셩 다링디리

천년을 아즐가
천년을 홀로 가 계신다 하더라도
위 두어렁셩 두어렁셩 다링디리

믿음이야 아즐가
믿음이야 끊어지리이까 나는
위 두어렁셩 두어렁셩 다링디리

大同江 아즐가
大同江 넓은지 몰라서
위 두어렁셩 두어렁셩 다링디리

배 내여 아즐가
배 내여 놓는가 사공아
위 두어렁셩 두어렁셩 다링디리

네 처가 아즐가
네 처가 음란한지를 몰라서
위 두어렁셩 두어렁셩 다링디리

가는 배 아즐가
가는 배에 없는가 사공아
위 두어렁셩 두어렁셩 다링디리

大同江 아즐가
大同江 건너편 꽃을요
위 두어렁셩 두어렁셩 다링디리

배 타 들면 아즐가
배 타 들면 꺾으리오다 나는
위 두어렁셩 두어렁셩 다링디리

8. 신라향가

[**해제**] 신라향가란 《삼국유사(三國遺事)》에 실린 14편의 향가를 말한다.

《삼국유사》란 13세기의 고려의 일연(一然)이라는 중이 지은 야사체의 세나라시기의 력사책이다.

향찰로 기사된 이 책의 향가는 모두 신라에서 창작되고 널리 불리여왔던것으로서 우리는 이것을 통해 신라시기 언어형태에 대하여 연구할 수 있게 된다. 이 향가의 내용들은 종교적이며 봉건적인 색채를 다분히 띠고있다. 14편의 작품은 196년간 약 2세기에 걸친 동안의 작품이다. 아래에 수록된것은 그중의 몇편이다.

<찬기파랑가>

(1) 헌화가

[**삼국유사의 기록**] 신라 성덕왕(702-737)대에 순정공이 강릉태수로 부임하는 도중 바다가에 당도해서 점심을 먹고있었다. 옆에는 돌산이 병풍처럼 바다를 둘러서 그 높이 천길이나 되는데 맨 꼭대기에 진달래꽃이 흠뻑 피여있었다. 공의 부인 수로가 꽃을 보고서 《꽃을 꺾어다 날 줄 사람이 누가 있는가?》고 하자 모두들 《사람이 올라갈데가 못됩니다.》 하고 대답하였다. 이때 새끼 밴 암소를 끌고 지나가던 늙은이가 부인의 말을 듣고서 그 꽃를 꺾어오고 또 노래를 지어 드리였다.

[**원문**]

紫布岩乎邊希,

執音乎手母牛放敎遣,

吾肹不喩慚肹伊賜等,

花肹折叱可獻乎理音如。

[고어해석]

1. 紫布岩乎邊希

紫布: 紫 (의독), 布 (음독), 사보. 붉은빛을 뜻함.

 ◉ 沙伏忽 > 赤城 (《삼국사기》 35권)

 ◉ 沙非斤乙 > 赤木 (《삼국사기》 37권)

 ◉ 所非浦: 所北浦 > 赤島 (《삼국사기》 36권)

 《紫布》는 《沙伏》(사보), 《沙比》(사비)처럼 고대에는 《붉은 빛》을 나타내던 말이다. 《布》는 음절말음을 다시 반복한것이다.

岩 (의독) 바호

乎 (보충법): (음) 호.

邊 (의독) ㄱ

希 (음독) 희. 여기서 토로 사용되였는데 모음조화를 위해 류사음 《희》로 고친다.

  ㄱ(양성) + 희(양성)

2. 執音乎手母牛放敎遣

執 (의독) 잡다. 執 자볼 집 (《석봉천자문》 18)

音 (음독) 모음조화를 위해 류사음 《옴》으로 고친다. 그리고 모음만 쓴다.

乎 (의독) 온 호

手 (의독) 손

 △ 잡+옴+온+손 > 자ᄇ온손

放 (의독) 놓다. 뒤에 결합모음을 두면 《놓ㅇ > 노ᅙ》로 된다.

敎是 (리두어) 계시-, 이시-

遣 (토) 고

3. 吾肹不喩慚肹伊賜等

吾 (의독) 나

肹 (음독) 힐, 흘. 모음조화에 따라 《홀》로도 쓸수 있다. 대격토로 ㅎ를 가진 명사뒤에 온것으로 추측된다.

不喩 (리두어) 아닌디 > 아니, 아니라

慚 (의독) 부끄럽다. 慙 붓그릴 참(《신증류합》하·15)

　　△ 붓쓰리다: 붓쓰려서 (《삼역총해》七·1)

　　△ 붓쓰럽다: 붓쓰러오미(《첩해신어》九·13)

　　△ 붓그리다: 붓그리리 (《룡비어천가》16)

　　△ 붓그럽다: 붓그리브를 (《삼강행실도》충 12)

伊 (음독) 이

賜 (음독) 주다. 賜 줄 ᄉ(《훈몽자회》중)

等 (음독) 등

　　賜는 존칭 《샤》로, 等은 류사음 《든/둔》으로 된다.

　　△ 《慚肹伊》에서 肹伊는 보충법으로 된다. 慚의 뜻 《붓그리》의 《그리》에 해당된다. 《ㄱ》와 《ㅎ》는 한자음에서 혼용될 때가 많다.

　　見 (견, 현)

　　중세에는 《儈》(쾌)자도 《회》로 되고있다. 어금이소리가 목구멍소리로 된 례는 적지 않다.

　　割(見모) 할　　　　扤(見모) 항　　　　肛(見모) 항

　　孑(見모) 혈　　　　缸(見모) 항

4. 花肹折叱可獻乎理音如

折 (의독) 꺾다. 折 것글 졀(《신증류합》하·46)

叱 (반음독) 꾸짖을 질. 리두에서 叱은 많이는 《ㅅ》로 된다. 여기서는 折의 뜻 《져》의 《ㅅ》에 대한 보충법이다.

可 (음독) 음 《가》가 모음조화를 위해 《거》로 되고 또 그것은 《져》의 받침 《ㄱ》에 대한 보충법으로 된다.

獻(의독) 드리다. 15세기에는 《드리다》를 《받줍다》라 하였다.

理 (음독) 음(음독) 유사음으로.

如(토) 다. 如자의 의독으로부터 고대에 이루어진 음이다. 《다비》 《-답》

등에 유래한다.

[중세어번역]

사보 바호ㄷ히
자보온손 어미쇼 노ㅎ겨시고
나홀 아닌디 붓그리샤돈
곶홀것거 받즈호리미다

[현대어번역]

붉은 바위가에서
손에 잡은 어미소 놓으시고
나를 아니 부끄러워 하시면
꽃을 껶어 드리오리다.

(2) 안민가

[삼국유사의 기록] 이 노래는 삼국유사 제2권 《경덕왕 충담사 표훈
대덕(景德王, 忠談師, 表訓大德)》이라는 제목아래 나온다. 삼국유사의 기
록에 의하면 신라 경덕왕(742-756)이 기파랑가의 작자로 유명하던 중 충
담에게 《나를 위해서 백성을 편안히 살도록 다스리는 노래를 지으라(爲朕
作理安民歌)》라고 하니 그 명령에 의해 충담이 이 노래를 지었다 한다.

[원문]

君隱父也,
臣隱愛賜尸母史也,
民焉狂尸恨阿孩古爲賜尸知,
民是愛尸知古如。

窟理叱大肹生以支所音物生,
此肹喰惡支治良羅。
此地肹捨遣只於冬是去於丁爲尸知,
國惡支持以支知古如。
後句
君如臣多支民隱如爲內尸等焉,
國惡太平恨音叱如。

[단어해석]

君 (의독) 임금
　　◉ 君 님금 군 (《훈몽자회》 상)
愛 (의독) 둣다
　　◉ 션븨룰 둣스실씨(且愛儒生) (《룡가》 80)
隱 (음독) (토) 온, 은, 눈, 는, ㄴ
尸: ㄹ, 리
　　◉ 管城郡: 古尸山郡 (《삼국사기》 잡지 3)
　　　管城: 古利山 (《김유신렬전》 하)
　　　武靈郡: 武尸伊郡 (《삼국사기》 잡지 5)
　　　文峴縣: 斤尸波衣 (동상 6)
母史: 어이
　　母 (의독) 어이:어이새끼(母子)(중부방언) 어이딸(母女) (서북방언)
　　史 (음독) 시, 이
　　　母: 丫彌(《계림류사》)
焉 (음독) 隱과 같은 토
　　　焉 잇기 언 (《새옥편》)
狂 (의독) 어럽다.
　　◉ 어러운 客 (狂客) (《두시언해》 三·4)
　　◉ 어러운 놀애 (狂歌) (《두시언해》 초 十五·50)
　　◉ 어러운 ᄇᆞᄅᆞ미 (狂風) (《두시언해》 중 十九·46)
　　◉ 어러이 ᄃᆞ로몰 催促ᄒᆞ던 (狂催走) (《두시언해》 초八·34)

《어렵다》는 《얼》에 《업다》가 붙은것이다.

    ◉ 어린 百姓이 (愚民) (《훈민정음언해》)

    ◉ 愚 어릴 우(《류합》 하·2)

恨 (음독) 한, 흔

    狂尸恨: 《얼》+《흔》>《얼흔》.　여기서 《얼흔》은 《어리석다》는
뜻을 나타낸다. 《尸》는 《얼》의 받침 《ㄹ》에 대한 중복표기이다.

阿孩古 (음독) 아히고

爲 (의독) ᄒ(리두음)

    ◉ 爲 하 위(《새옥편》)

知 (음독) 디

    爲賜尸知: ᄒ샬디

是 (의독) (토) 이

知古如: 알고다

    知(의독) 古(음독) 如(의독)

    ◉ 如: 다(리두토)

      如可: 다가(리두토)

    ◉ 法다비 參究ᄒ야(如法參究) (《蒙山和尙法語略錄諺解》 21)

窟理叱大 (음독): 구릿대

    窟(음독) 굴, 理(음독) 리, 大(음독) 대

    ◉ 굴리>구리

      夜味: 밤미>바미

      赤古里: 적고리>저고리

   叱: ㅅ (窟理叱大), ㄹ

    ◉ 厚叱只: 훗기(《룡가》 53주)

    ◉ 佐叱: 잣 (《향약집성방》)

      岾: 욋(리두자)

      廛: 곳 (리두자) (이상 《ㅅ》)

      辭叱都(《祭亡妹歌》) (이상 《ㄹ》)

    ◉ 구릿대: 굴대(車軸)

生 (의독) 목숨

以 (토) 로/으로

支 (의독) 괴오다. 支 괴올 지(《신증류합》 하 · 12)

　◉ 어루 흔 남ㄱ로써 괴오리라(可以一木支) (《두시언해》 六 · 44)

　◉ 베틀 괴온 돌흘(支機石) (동상 十三 · 30)

所音 (음독) 솜＞손

　△ 《音》이 규정형으로 될수 있었다.

　◉ 官物持音物色(《大明律直解》 私役鋪兵)

　　持音 디님＞디닌＞지닌

物(음독) 물,무리

　◉ 衆 물 즁(《신증류합》 상 · 5)

物生: 衆生

此 (의독) 이

惡支(음독) 아디(토) －서, －도록, －로서, －라도

　惡의 《ㄱ》 말음 탈락. 리두토 爲良只의 良只와 惡只는 음이 같

다. 모음조화에 따라 《아디》는 《어디》로 될수 있다.

治 (의독) 다ᄉ리다

　◉ 治 다ᄉ릴 티(《신증류합》 하 · 10)

　　理 다ᄉ릴 리(《자회》 하 · 32)

良羅 (토) 아라, 어라

　　爲良 ᄒ야 (리두토)

　　除良 덜어 (리두토)

地 (의독) 짜ㅎ

捨 (의독) ㅂ리다

只 (음) 기 (리두음)

　　幷只 (리두토) 다모기＞도무지

　　最只 (리두토) 안즈기＞가장

　△ 《고》의 강조형으로 변함

　　어즈로이 곳곡(亂挌) (《두시언해》 초 十五 · 8)

　◉ 날ㅂ리곡(《석보상절》 十一 · 37)

於冬是: 어드리＞이듸

　　於(음독) 늘 어 (《신증류합》 상 · 16)

　　冬: 冬音 두름(둘음), 리두어

是: 이 시(《새옥편》)
　　◉ 어드리 내티료(《월인석보》 二·6)
去 (의독) 가다
於 (음독) 어 (모음조화) 아
丁 (음독) 뎡 > 뎌
　　去於丁 > 가아뎌 > 가뎌
持以支 (의독, 음독) 디니디
　　◉ 이 經 디뉴딕(持於此經) (《금강경언해》·150)
　　◉ 私丁兵器持是㫆 (아름뎌 병기 디니며) (《대명률직해》·1)
　　　持是 = 持以
多支 (음독) 如(다비)와 같은 뜻
爲內尸等焉: ᄒᆞᄂᆞᆯ든
　　爲(의독) ᄒᆞ
　　內尸等隱(음독) ᄂᆞᆯ든
國惡: 國惡支에서 《支》 탈락
恨音叱如: ᄒᆞ니밋다 > ᄒᆞ니잇다, 《헌화가》의 《音如》 가운데 삽입자모
《叱》 삽입한것이다.

[중세어번역]

임금은 아비야
신은 ᄃᆞᅀᆞᆯ 어이야
민은 얼흔 아히고 ᄒᆞᆯᄯᅵ
민이 ᄃᆞᅀᆞ리 알고다
구릿대ᄒᆞᆯ 목숨으로 괴일손 즁생
이ᄒᆞᆯ 머거디 다ᄉᆞᆯ아라
이 ᄯᅡᄒᆞᆯ ᄇᆞ리곡 어듸 가뎌 ᄒᆞᆯ디
나라아디 디니디 알고다
아야
임금다비 신다히 민은다비 ᄒᆞᄂᆞᆯ든
나라아디 태평ᄒᆞ니잇다.

[현대어번역]

임금은 아비여
신하는 자애로운 어미여
백성은 어린 아이라 할지
백성이 사랑하는이 아노라
굴대를 목숨으로써 괴인 창생
이들을 먹여서 다스리여라
이 땅을 버리고 어디 갈가 할지
나라를 지닐지를 아는구나
임금답게 신하답게
백성은 백성답게 한다면
나라가 태평하오리이다.

(3) 제망매가

[삼국사기의 기록] 이 노래는 경덕왕때(742-756)의것이다. 삼국유사의 기록가운데 《월명사(月明師)가 일찌기 죽은 누이를 위해서 재를 올리면서 향가를 지어서 제사 지냈다.》는 말이 있다.

[원문]

生死路隱,
此矣有阿米次肹伊遣,
吾隱去內如辭叱都,
毛如云遣去內尼叱古。
於內秋察早隱風未,
此矣彼矣浮良落尸葉如,
一等隱枝良出古,
去奴隱處毛冬乎丁。
阿也

彌陀刹良逢乎吾,
道修良待是古如。

[고어해석]

生死 (음독) 생사
路 (의독) 길
有 (의독) 잇다, 이시다
阿 (음독) 아
米 (음독) 미, 메 (莫禮切, 혹 母禮切)(모음조화, 메＞매)
次 (음독) 류사음 즈＞저
肹伊 (음독) 흘이＞히
　　　◉ 公州ㅣ 江南을 저ᄒᆞ샤(公州江南, 畏且訓嗣) (《룡가》·15)
　　　◉ 부러 저히샤 살아 자ᄇᆞ시니 (《룡가》·115)
遣 (토) 고
去 (의독) 가다
內 (음독) 류사음 ㄴ
辭 (의독) 말
都 (음독) 도
毛如 (음독, 의독) 모ᄃᆞ
　　　毛如는 毛冬(모ᄃᆞᆯ)(《모죽지랑가》)에서 《ㄹ》말음이 탈락된것.
　　　△ 모ᄃᆞᆯ＞모ᄃᆞ＞몯
云 (의독) 니ᄅᆞ다＞이르다
　　　◉ 云 이를 운(《새옥편》)
　　　◉ 說 니를 셜(《자회》하·18)
　　　◉ 謂 니를 위(《류합》상·10)
　　　◉ 云 니를 운(《석봉천자문》·27)
尼 (음독) 니
古 (음독) 고
於內 (음독) 어ᄂᆞ
　　　◉ 어ᄂᆞ 나래 비 개야(《두시언해》十二·11)

秋 (의독) ᄀ술

察 (음독) 웃단어에 대한 보충법으로 씌였다.

早 (의독) 이르다

　　◉ 早 이를 조 (《자회》 상·1)

風 (의독) ᄇ룸

未 (음독) 미 (모음조화)

彼 (의독) 뎌

　　◉ 이 곧 뎌 고대(於此於彼) (《룡가》·26)

浮 (의독) 뜨다

　　◉ 泛 뜰 범(《신증류합》 하·50)

　　◉ 浮 뜰 부 (《석봉천자문》·18)

落 (의독) 디다

　　◉ 落 딜 락 (《자회》 하·5)

葉 (의독) 닙

如 (의독) 다비

一 (의독) ᄀ다>같다, ᄀ하다

　　◉ 一: 同也 (《廣韻》)

　　◉ 禮樂刑政其極一也 (《禮樂記》)

　　◉ 韓生推詩之意而爲內外傳數萬言, 其語頗與齊魯間殊, 然其歸一也

　　　　　　　　(《史記》卷 121, 列傳 第61 儒林)

等 (음독) 들, 든(리두음)

枝 (의독) 가지

出 (의독) 나다

古 (토) 고

奴 (음독) 노

處 (의독) 곧

毛冬: 모들 > 모ᄅ다

　　모들>모롤>모ᄅ~(不知)

乎 (의독) 온

　　◉ 乎爲: ᄒ온 (《전률통보》)

　　◉ 乎爲矣: ᄒ오ᄃᆡ (《고금석림》)

ᄒᆞ오딕 (《유서필지》)

　　　◉ 平 온 호 (《석봉천자문》·42)

丁 (음독) 뎡 > 뎌

阿也 (음독) 아야, 감탄사

彌陀刹 <불교어> 극락세계

逢 (의독) 맛보다 > 만나보다

　　　◉ 누룩 시른 술위를 맛보아든(逢麴車) (《두시언해》초十五40)

　　　◉ 맛볼 사ᄅᆞᆷ 묻노라(逢人間) (동상·七32)

待 (의독) 기드리다

　　　◉ 俟 기드릴 ᄉ (《신증류합》하·30)

　　　◉ 我後를 기드리ᅀᆞᄫᅡ(爰徯我後) (《룡가》·10)

　　　◉ 밧긔기드롬 업수미시니라 (無待于外) (《法華經諺解》·五81)

是 (의독) 이

古如 (음독, 의독) 고다, =고라 (소원)

　　　△ 修良待是古如 닷가 기드리고다

　　　◉ 술위 메옴을 기들이디 아니코 (《소학언해》二·42)

[중세어번역]

生死길은
이ᅌᅵ 이샤매 저히고
나는 가ᄂᆞ다 말ㅅ도
모ᄃᆞ 니ᄅᆞ고 가ᄂᆞ닛고
어느 ᄀᆞᅀᆞᆯ 이른 ᄇᆞᄅᆞ미
이에 뎌에 ᄠᅥ딜 닙다비
ᄀᆞᄐᆞᆫ 가재 나고
가논 곧 모ᄃᆞᆯ온뎌
아야
彌陀刹애 맛보올 내
도 닷가 기드리고다

[현대어번역]

生死의 길은
이(여기)에 있음이 두려워
나는 간다는 말도
못 이르고 가는가,
어느 가을철 이른 바람에
이리저리 떨어질 잎처럼
같은 가지에 나서
가는 곳 모르는구나.
아야,
彌陀刹에서 만나볼 내
도를 닦아 기다리리라.

9. 균여향가

[**해제**] 균여향가 11편은 고려초엽의 중 균여(均如, 917-973)가 저작한것인데 1075년에 이르러 혁련정(赫連挺)이 지은《균여전》에 실렸다. 균여전은 균여의 행장을 10분절로 나누어 기록했는데 향가 11수는 7부분에 수록되였고 8부분에는 균여와 동시대인인 최행귀(崔行歸)가 번역한 한시가 수록되여있다.

균여향가는 고려전반기의 리두문자생활에 대해서와 이 시기 언어발전에 대해서 연구할수 있는 사료로 되고있는점에서 가치가 크다.

(1) 례경제불가

[원문]

心未筆留
慕呂白乎隱佛體前衣,
拜內乎隱身萬隱
法界毛叱所只至去良。
塵塵馬洛佛體叱利亦
刹刹每如邀里白乎隱
法界滿賜隱佛體
九世盡良禮爲白齊。
歎曰
身語意業無疲厭
此良夫作沙毛叱等耶。

(역가)

禮敬諸佛頌
以心爲筆畫空王,　瞻拜唯應遍十方。

一一塵塵諸佛國, 重重刹刹衆尊堂。
見聞自覺多生遠, 禮敬寧辭浩规長。
身體言語兼意業, 總無疲厭此爲常。

[고어해석]

心: (의독) 므ᄉᆞᆷ
未 (음독) 미, 미
筆 (의독) 붇
留 (음독) (토) 조격, 루/으루
慕 (의독) 그리다
呂: 앞단어에 대한 보충법으로 씌었다.
佛體 (음독) 부텨
前 (의독) 앒, 앞
衣 (음독) 의, 이, 히
拜 (의독) 절(명), 저숩다(동)
　　　◉ 拜 절 빈 (《자회》 하 · 26)
內乎隱 (음독) 논 (ㄴ+ㅗ+ㄴ)
身 (의독) 몸
萬 (음독) 만, 믄, 보충법으로 씌움
　　　　身萬隱: 모믄(身→모萬→ㅁ隱→은)
法界 (음독) <불교어> 법계
毛叱 (음독) 못, (류사음) 멋, 뭇
所只: ᄃᆞ로기, ᄃᆞ록>도록
　　　◉ 爲巴只 (리두토) ᄒᆞ도로기, ᄒᆞ도록
　　　◉ 所ᄂᆞᆫ 배라 (《훈민정음언해》)
　　여기서 《바(所)》와 《巴》의 음은 고대에 같다. 결국 所只와 巴只
　가 같다. 즉 《ᄃᆞ록, ᄃᆞ로기》로 량사는 다 된다.
至 (의독) 니르다
去 (음독) 거 (의독) 가
良 (토) 라

去良 (토) 거라
塵 (음독) 진
　　<불교어> 속세 (俗世)
馬洛 (음독) 마락 > 마다(토)
　　《ㄹ》이 《ㄷ》로 교체되고 《ㄱ》이 탈락된것.
刹 (의독) 뎔 > 절
　　◉ 寺 뎔 ᄉ (《류합》 상·18)
亦 (토) 이, 주격표시
每如 = 馬洛
邀 (의독) 뫼시다
　　◉ 陪 뫼실 비 (《석봉천자문》·22)
　　◉ 侍 뫼실 시 (동상·35)
　　◉ 陪 뫼실 비 (《신증류합》 하·14)
　　삼국유사 도솔가에 《陪立》이 나오는데 한시에서 《邀》로 번역
되였다.
　　　邀 = 陪立
里 (음독) 리
滿 (의독) 츠다
　　◉ 充 츨 츙 (《신증류합》 하·56)
　　◉ 滿 출 만 (《석봉천자문》·17)
賜 (음독) ᄉ, 샤, 시, 존칭토
九世 (음독) 오랜세월, 세대
盡 (의독) 다ᄋ다 > 다ᄒ다
良 (음독) 아, 盡의 어간모음표시, 보충법
身語意業無疲厭 신어의업무피염
　　(한자성구) 몸, 말, 뜻, 행실 어느면에서나 피곤과 싫증을 느끼
지 않는다는 뜻.
　　身業: 몸으로 하는 착한 일
　　語業: 말로 하는 착한 일
　　意業: 생각으로 하는 착한 일
夫 (의독) 뎌

◉ 逝ᄒᄂᆫ 者ㅣ 이ᄀᆞᆮᄐᆞ며 (逝者如斯夫) (《론어언해》)

◉ 뎌 二三子와 다르니이다 (異乎夫二三子也) (동상)

作 (의독) 지러

◉ 反作 = 반질 혹 번질

◉ 作文 = 질문

◉ 作廳 = 질청 (리두어)

◉ 저즈논 배니라 (所作) (《내훈》 초간 三·44)

◉ 내 저즐어 내 밧다 (自作自受) (《譯語類解》 하·53)

◉ 作爲似俗子 (ᄒᆞ저지르미 俗子ᄀᆞᆮᄒᆞ야) (《法語略錄》)

夫作: 뎌지러. 현대의 《저질러》의 뜻과 통한다.

沙毛叱 (음독) 사못, 사뭇: 꿰뚫게, 透徹히, 사뭇, 통달하다

◉ 구스리 ᄉᆞ못 ᄇᆞᆯ곰 ᄀᆞᆮᄒᆞ야(《원각경언해》상 一·二140)

◉ ᄉᆞ못 블가 (《六祖法寶壇經諺解》 상·39)

◉ 萬象ᄋᆞᆯ ᄉᆞ못 비취며 (萬象徹照) (《법화경언해》六·25)

◉ 光明이 世界를 ᄉᆞ못 비취샤 (《석보상절》六·18)

◉ 佛眼도 ᄯᅩ ᄉᆞ못거신마ᄅᆞᆫ (佛眼亦乃通) (《금강경삼가해》 四

·29)

等耶 (의독, 음독) 들야>드야, 희망표시토

[중세어번역]

ᄆᆞᅀᆞ미 부드루
그리ᅀᆞᆯ본 부텨알ᄑᆡ
저ᄉᆞᆸ논 모ᄆᆞᆫ
法界 ᄆᆞᆺᄃᆞ로기 니르거라
塵塵마다 부텨ㅅ뎌리
뎔널마다 뫼시리ᅀᆞᆯ본
法界ᄎᆞ샨 부텨
九世 다ᄋᆞ 禮ᄒᆞᅀᆞᆸ져
아으
身語意業無疲厭

이러히 뎌지러 사뭇드야

[현대어번역]

마음의 붓으로
그리옵는 부처앞에
절하옵는 이 몸은
法界가 끝나도록 이르거라
세상마다 부처절에
절절마다 모셔놓은
法界에 가득 찬 부처
九世가 다하도록 례하자
아으
몸으로 하는 선업
말로 하는 선업
맘으로 하는 선업들을
하다가 고되다 말고
이렇게 하여 통달해보자

(2) 수희공덕가

[원문]

迷悟同體叱
緣起叱理良尋只見根
佛伊衆生毛叱所只
吾衣身不喩仁人音有叱下呂。
修叱賜乙隱頓部叱吾衣修叱孫丁
得賜伊馬落人米無叱昆
於內人衣善陵等沙
不冬喜好尸置乎理叱過。

後句
伊羅擬可行等
嫉妬叱心者至刀來去

(역가)

隨喜功德頌

聖凡眞妄莫相分,　同體元來普法門。
生外本無餘佛儀,　我邊寧有別人論。
三明積集多功德,　大趣修成少善根。
他造盡皆爲自造,　惣堪隨喜惣堪尊。

[고어해석]

迷吾同體　<불교어> 깨닫고 깨닫지 못함이 한가지라는 뜻
緣起 (음독) <한자어> 인연
理 (음독) <한자어> 리치
尋 (의독) 춫다
　　　　◉ 尋 츠즐 심 (《신증류합》하 · 61)
只 (음독) 지
見 (의독) 보다
根 (음독) 근 > 곤
伊 (의독) 뎌
　　　　佛伊 부뎌 > 부텨
仁 (음독) 인
人 (의독) 늚, 사람
音 (음독) 웃단어에 대한 보충법
頓部 (음독) <불교어> 돈각(頓覺)하는 주비 즉 비근한 교리를 신봉하
는 교도
孫丁 (음독) 손뎌, 션뎡(토)

◉ 나즈란 디내와 손뎌(《청산별곡》)

◉ 오직 芝蘭으로 히여 됴케 홀션뎡(《두시언해》 二十·29)

得 (의독) 얻다

伊 (음독) 이

昆 (음독) 곤

善陵 (음독) <불교어>善의 높은 언덕에 가는것

等 (의독) 둘 > 들(복수토)

沙 (음독) 사, 사 (도움토)

不冬 (리두어) 안들 > 아니한다

喜 (의독) 짓다 > 기뻐하다

◉ 喜 깃글 희(《신증류합》 하·3)

好 (음독) 호

△ 喜好尸 짓홀이→깃호리

置 (의독) 두다

◉ 置 둘 티(《신증류합》 하·13)

理 (음독) 리

過 (음독) 과>고, 과>가

伊羅 (음독) 이라

《이러저러하다》 의 《이리》 에 해당

擬 (의독) 비기다(의지하다), 너기다(여기다)

◉ 비길 의 (《새옥편》)

◉ 즈스로 그 아비게 비기디 마를디니라(不敢自擬於其父) (《家
禮諺解》 二·10)

◉ 香氣로운 수를 받줍고져 너기놋다(準擬獻香醪) (《두시언
해》 五·4)

◉ 漸漸 져근 비를 노코져 너기노라(漸擬放扁舟) (《두시언해》
十四·8)

行 (의독) 녀다, 녜다, 니다

◉ 行 녈 힝 (《신증류합》 하·1)

◉ 行 녤 힝 (《倭語類解》 상·29)

◉ 東이 니거시든 (《룡가》 ·28)

等 (음독) 든, 둔
嫉妬 (한자어) 질투
至 (의독) 니르다
　　◉ 起 닐 긔 (《신증류합》 하·5)
　　　여기서 《起》의 동음이의어 《至》를 바꾸어썼다.
刀 (음독) 도 (강조의 도움토)
　　◉ 반가운 벗 오도고야 (해동가요)
　　◉ 니르도 몯흐는 사르몰 (《관음경언해》·7)
　　◉ 곳 업도 아니흐다 (송강가사)
　　◉ 적도 크도 아니흐고 (《월인석보》一·26)

[중세어번역]

迷悟同體ㅅ
연기ㅅ리예 츠지보곤
부텨 즁생 못드록
내몸 안딘 사름 이시아리
닷ㄱ샤른 頓部ㅅ 내 닷굴손뎡
어드샤리마다 사르미 업ㅅ곤
어느 사르미 션룡들ㅿ
안들 깃그홀 두호릿고
이라 비겨 녜든
질투ㅅ 므슴 닐도 올가

[현대어번역]

迷悟同體의
연기의 리치를 찾아보니
부처는 중생이 다하도록
내 몸 아닌 사람이 있으리?
닦으오실 頓部 내 닦건만

얻으실 이마다 사람이 없으리.
그 두구의 선릉들이나
기쁨 아니 가지오리까,
이렇게 의지해 행한다면
질투의 마음 일어날것가?

10. 대명률직해(大明律直解)

[해제] 《대명률직해》는 명나라에서 편찬한 법전인 《대명률》을 1395년에 리찰로 번역하여 출판한 책이다.

모두 30권 3백여장으로 법률의 각 조항별로 먼저 한문원문을 놓고 다음에 두줄로 리찰번역문을 달아놓았다.

례:

三曰謀叛

謂謀背本國潛從它國。　　本國乙背叛爲遣彼國乙潛通謀

叛爲行臥乎事。

직해(直解)란 말은 그 당시 주해에 대해서 다른 말 내지 다른 문제로의 번역을 의미하던것이다.

이 책의 뒤에는 1395년에 쓴 김지의 발문(跋文)이 있다. 이 발문에 의해서 이 책의 간행년대가 1395년이라는것과 역자가 김지(金祉)와 고사경(高士絅)이며 번역문을 정도전(鄭道傳)과 당성(唐城)이 교열했으며 간행은 백주(白州)지사(知事) 서찬(徐贊)이 만든 목각자로 했다는것을 알게 된다.

지금까지 전해오는 리찰문헌중에서도 저서로 된것도 이 책이 최고(最古)이며 간행된것도 이 책이 최고다.

《대명률직해》는 리성계가 리조를 세운 다음 그 정치적지반을 강화할 목적에서 명나라의 법전을 그대로 번역한것인만큼 그 내용은 더 설명할 필요가 없다.

그러나 그 언어형식이 리찰로 되여있으며 거기에 리찰의 여러 특징이 집중적으로 나타나고있어 리찰의 전 면모를 밝히는데 있어서와 리조초기의 리두문자생활을 연구하는데 있어서 사료적가치를 가지고있다.

[원문과 역문]

(1) 議功

彼將乙能斬爲旀　彼軍矣旌旗乙能奪爲旀　萬里軍鋒乙摧折爲旀　他國軍衆乙率領來降　一國人民乙安寧令是旀　邊塞彊境乙開闢有大功勞爲去等　右功勞

乙大常旗良中書上爲有臥乎人。

[단어와 토]

乙 (토) 을
爲旀 (동) 하며
矣 (토) 의
爲去等 (동) 하거든
令是旀 (동) 시키며
良中 (토) 아히 > 에(위격)
爲有臥乎 (동) 하잇누온, 하였는

[역문]

敵將을 능히 목을 베며 적군의 기를 능히 빼앗으며 萬里軍鋒을 꺾으며 他國의 軍衆을 령솔하고 돌아오며 一國人民을 안녕시키며 邊疆을 개벽하는데 큰 공로있거든(하거든) 右 공로를 大常旗에 書上하여있는 사람(써올린 사람).

(2) 男女婚姻

凡男女定婚之初良中 萬一殘疾老弱及妾妻子息收養子息等乙 兩邊弋只仔細相知爲良只 各從所願以婚書相送 依例結族爲乎矣 女家亦婚書乙曾只通報爲旀 私音丁定約爲遣臨時爲去沙卽時應對不冬爲在乙良 答五十爲乎矣 婚書乙使內不冬爲良置聘財乙受爲在乙良 罪同齊。

[단어와 토]

等乙 (토) 들을
弋只 (토) 익기(가/이)
爲良只 (동) 하얏기(하였기에)
以 (토) 로

爲乎矣 (동) 하오되
亦 (토) 여(이)
曾只 (부) 일즉이(일찌기)
私音丁 (부) 아람뎌(사사로이)
爲遣 (동) 하고
爲去沙 (동) 하거사(하여야, 하여서)
不冬 (부) 안들(아니)
爲在乙良 (동) 하견을안(한것을랑, 하거들랑)
使內不冬爲良置 (동) 바리안들하여두(부리지 아니 하여도), (쓰지 않아도)
齊 (토) 제(다, 라), 하제(爲齊)의 략.

[역문]

무릇 남녀가 定婚之初에 만일 殘疾老弱 및 첩의 자식, 수양자식들을 두편이 자세히 서로 알았기에 각각 소원대로 婚書를 서로 보내여 전례대로 집을 이루게 하되 녀자집에서 혼서를 일찌기 통보하며, 사사로이 약속하고 (혼인날자에) 림하여 즉시 응대하지 아니하거들랑 태형 50하오되 혼서를 보내지 아니하여도 례장을 받았거들랑 죄는 같다.

(3) 犯罪自首

他人乙使良代告令是旀 於法良中互相隱匿爲良音可人亦自告爲旀 互相自告爲在人乙良 犯罪人亦自告例以論爲免罪齊。

[단어와 토]

使良 (동) 쓰아 (써, 로써)
爲良音可 (동) 하야음즉(하염직)
爲在 (동) 하견 (한것, 한)
乙良 (토) 을랑
爲 (동) 하야 (하여)

[역문]

　타인으로써 대신 고발시키며 법에 서로 숨길만한 사람이 자기절로 고발하며 호상 자수한 사람을랑 범죄인이 자수한 례로 론하여 면제할지어다.

(4) 典買田宅

　凡他人田宅乙交易爲乎矣 交易文記稅錢納官斜是不冬爲在乙良 笞五十遣同田宅價本一半生徵沒官齊。買者賣者親相授受不冬爲在乙良　一畝以至五畝是去等笞四十。每五畝加一等 罪止杖一百 其田沒官。已放賣爲乎田土家舍等乙更良他處良中冒弄放賣爲在乙良　捧上爲乎價本數爻計數爲竊盜例以論罪遣鈒面安徐爲旀　價本生徵本主還給齊。田宅乙良初亦交易人亦中還給齊。其買者及知情爲在中人等乙良犯人罪同　價本生徵沒官爲乎矣不知者不坐。典當爲乎田宅果園林果碾磨等物乙年限已滿爲去乙 本主亦價本準備還退爲去等 典買人亦雜頉下推遣延拖還給不冬爲在乙良笞四十齊。年限外邊利乙良生徵給主價本良中合計還退齊。年限已滿爲去乃本主亦價本全無　還退不得爲在乙良不拘此律。

[단어와 토]

　田宅 (명) 논밭과 집
　文記 (명) 문서, 문권(文卷)
　稅錢 (명) 세금
　斜是 (명) =斜只, 빗기: 계출한 서면에 관아의 증명을 받음
　遣 (토) 고
　生徵 (명) 물어주게 함, 받아들임, 세를 물게 하거나 빚을 물게 하는 일
　沒官 (명) 죄인의 가족이나 그 재산을 거두어들임.
　是去等 (토) 이거든
　爲乎 (동) 하온, 한
　更良 (부) 가싀아(다시)
　捧上 (명) 받자, 밧자: 관아에서 환곡이나 조세를 받아드리는것, 捧物,
上納

鈒面 (명) 삽면 = 刺字, 형벌의 하나
安徐 (명) 잠시 보류함(부) 아니
初亦 (부) 초여(처음)
亦中 (토) 여희(에, 바에, 때에)
等乙良 (토) 들을안
果 (토) 과
爲去乙 (동) 하거늘
爲去乃 (동) 하거나
不得爲在乙良 (동) 모질하견을랑 > 못한것을랑, 못한것이거든

[역문]

무릇 他人의 田宅을 교역하오되(사되) 교역문서, 세금바친 증명을 받지 아니하였거들랑 태형 50하고 함께 田宅값의 절반을 물게 하여 걸어들인다. 산 사람이나 판 사람이나 친히 서로 주고받지 아니하거들랑 1무로부터 5무이거든 태형 40에, 매 5무에 한등급을 加하며 죄가 장형 1백에 이르면 그 논밭을 몰수한다.

이미 放賣한 땅이나 집들을 다시 다른 곳에 흐리멍텅하게 放賣하였거든 상납한 수효를 계산하여 절도례로 론죄하고 삽면을 잠시 보류하며 값은 물리여 본 주인에게 주며 땅은 처음 산 사람에게 돌려준다.

그 산 사람이거나 내막을 아는 중개인들을 범인과 같은 죄로 돈을 받아들여 몰수하오되 내막을 모른 사람은 죄에 걸리지 않는다.

전당한 田宅과 원림과 매돌 등 물건을 년한이 이미 만기하거늘 원주인이 돈을 갖추어 물리려 하거든 전매한 사람이 잡탈로써 뒤에 미루고 시간을 끌며 돌리지 아니하거들랑 태형 40을 한다. 년한의 리자(변돈에서 쓰는 리자)를 물리여 임자를 주는데 값에 합계해서 물린다. 년한이 이미 만기하였으나 원 임자가 돈이 전혀 없어 물리지 못한것이거든 이 률에 속하지 않는다.

(5) 强占良家妻女

凡豪勢之人等亦良家妻及女乙强奪　妻妾爲奸占爲在乙良絞死遣婦女乙良歸還父母齊。子孫弟姪及家人亦中交嫁令是在乙良置罪同爲乎矣男女各不坐罪爲乎事。

[단어와 토]

等亦 (토) 들여(들이)
令是在乙良置 (토) 시기견을안두 (시킨것도, 시킨것이라도)

[역문]

무릇 권세있는 사람들이 선량한 백성의 집 안해거나 딸을 강탈하여 안해나 첩으로 하여 어지럽게 차지한것을랑 絞死하고 부녀를랑 부모에게 돌린다. 아들, 손자, 동생, 조카거나 집안친척에게 시집보내게 한것이라도 죄가 동일하오되 남녀쌍방은 각기 죄에 걸리지 않을 일.

(6) 擅離職役

凡官吏亦擅自離職役爲在乙良笞四十爲乎矣　難苦爲去向入回避爲要因而在逃爲在乙良杖一百　停職不用爲旀　所避事重爲在乙良各從重論罪齊。次第當直當宿爲去乙直宿闕爲在乙良笞二十齊。主掌倉庫內雜物果獄囚等乙主掌員亦直宿當次爲去等闕爲在乙良各笞四十爲乎事。

[단어와 토]

爲去 (동) 하온가(爲乎去의 략)
△ 爲乙去 (爲乎乙去): 하올가, 할가
向入 (동) 앗드러 (…려, …고자)
爲要 (동) 하랴고 (하려고)
次第 (명) 차례
當直 (명) 낮수직의 당번, 낮번, 일직
當宿 (명) 밤수직의 당번, 밤번

[역문]

무릇 관리가 제마음대로 관직이나 공역을 떠나거늘랑 태 40에 처하

오되 어렵고 괴로울가 여기여(向入) 회피하려고 도망하거늘랑 장 1백에
처하고 벼슬을 버리여 등용치 않으며 회피한바의 일이 重하거늘랑 각각
더 중하게 론죄할것이다. 순번에 따라 일직을 맡게 되고 숙직을 맡게 되
거늘 일직이나 숙직을 비게 하거늘랑 태 20에 처할것이다. 창고안의 각종
물건을 맡거나 옥의 죄수들을 맡은 인원이 일직이나 숙직의 순번을 당했
는데 비게 하거늘랑 각각 태 40에 처하올 일.

11. 구결문

(1) 童蒙先習 (발취)

天地之間萬物之衆匡唯人伊最貴爲尼所貴乎人者隱以其有五倫也羅是故奴
孟子伊曰父子有親爲旀君臣有義爲旀夫婦有別爲旀長幼有序爲旀朋友有信是羅
爲時尼人而不知有五常則其違禽獸伊不遠矣里羅然則父慈子孝爲旀君義臣忠爲
旀夫和婦順爲旀兄友弟恭爲旀朋友伊輔仁然後匡沙方可謂之人矣里羅。

[구결토]

匡: 애(에)
伊: 이(가/이)
爲尼: 하니
隱: 은/는
羅: 라
奴: 로
爲旀: 하며
是羅爲時尼: 이라하시니
里羅: 리라
匡沙: 에야

[역문]

천지간 만물중에 오직 사람이 가장 귀하니 사람에게서 귀한바는 오륜
이 있음이라. 이런고로 맹자가 가라사대 부자사이는 친함에 있으며 군신
사이에는 의리가 있으며 부부사이에는 구별이 있으며 장유사이에는 차례
가 있으며 벗사이에는 신임이 있다 하시니 사람으로서 오상(五常:仁義禮
智信)이 있음을 알지 못하면 금수와 어그러짐이 멀지 않느니라. 그런즉
아버지는 사랑하고 아들은 효도하며 남편은 화애롭고 안해는 순종하며 형

은 우애하고 아우는 공손하며 벗은 어진 성품으로 도운 연후에야 비로소
사람이라 이를수 있느니라.

(2) 金庾信傳(발취)

金庾信ß 王京人也ㅅ。十二世祖首露ß 不知何許人也ㅅ。以後漢建武十八
年壬寅乙ㅈ 登龜峰ㆍㄱ 望駕洛九村ㆍㅁ 遂至其地ㆍㄱ 開國ㆍㅁ 號曰加耶ㅅ可 後
改爲金官國ㆍㅁ 其子孫ㆍ相承ㆍㄱ 至九世孫仇亥或云仇次休ㆍㅌ 於庾信ſ 爲曾
祖ㅌㅅ羅人ㆍ自謂少昊金天氏之後ㅅ故ㅈ姓金ㆍㅅㆍㅁ 庾信碑ſ 亦云軒轅之裔
少昊之胤ㆍㅅㆍㅌ 則南加耶始祖首露ㆍ與新羅同姓也ㅌㅅ。

······

[구결토]

ß (隱): 은

ㅅ (羅): 라

乙ㅈ (乙奴): 으로

ㆍㄱ (爲也): 하야(하여)

ㆍㅁ (爲古): 하고

ㅅ可 (羅可): 라가, 다가

ㆍㅌ (爲尼): 하니

ſ (厓): 에

ㅌㅅ (尼羅): 니라

ㅈ (奴): 로

ㅅㆍㅁ: 라 하고

ㅅㆍㅌ: 라 하니

ㅌㅅ: 니라

ㅅㆍ刀ㅅ: 라 하도다, 라 하더라

ㆍ (是): 이(가/이)

ㆍㅌㅅ: 하니라

ㆍㅓㆆ: 하던고

ㆍㅓㅌㅅ: 하더니라

김유신은 서울사람이다. 12대 할아버지 수로는 어떤 사람인지 모른다. 그후 한(漢)건무 18년 임인에 구봉에 올라 가락구촌을 바라보고 드디여 그곳에 이르러 나라를 세우고 호를 가야라 하다가 후에 금관국이라 고치고 그 자손이 이어 아홉대 손자를 구해 혹은 구차휴라 하니 유신의 증조가 되느니라. 신라사람들이 스스로 소호 김천씨 후손이라 하는고로 성을 김씨라 하고 유신비에 역시 헌원지예 소호지윤이라 하니 그런즉 남가야 시조 수로가 신라와 동성이니라. (략)

집 필 진

리득춘(李得春)　　　　　연변대학
김영수(金永壽)　　　　　연변대학
김광수(金光洙)　　　　　연변대학
김 일(金 日)　　　　　　연변대학
김철준(金哲俊)　　　　　연변대학
리승자(李承子)　　　　　연변대학
황영철(黃永哲)　　　　　연변대학
김귀옥(金貴玉)　　　　　연변대학
렴광호(廉光虎)　　　　　청도대학
채옥자(蔡玉子)　　　　　복단대학
임형재(林亨栽)　　　　　한국외국어대학
리홍매(李紅梅)　　　　　남경사범대학
엄 녀(嚴 女)　　　　　　연변교육출판사
김홍련(金紅蓮)　　　　　천진사범대학